AF743296

वैश्विक बुद्ध

बुद्ध का भाग दो और अन्तिम

notionpress.com

वैश्विक बुद्ध
बुद्ध का भाग दो और अन्तिम

लव कुश सिंह "विश्वमानव"

सत्यकाशी पीठ
पांचवां और अन्तिम शंकराचार्य पीठ

Notion Press

Old No. 38, New No. 6
McNichols Road, Chetpet
Chennai - 600 031

First Published by Notion Press 2020

ISBN 978-16-49835-21-5

समर्पण

यह पुस्तक समर्पित है -

उन सभी खोजी आत्माओं को,

जो सत्य की ज्योति को अपने भीतर

और संसार के हर कोने में जलाना चाहते हैं।

भारतीय संविधान के धारा-51 (ए)

नागरिक का मौलिक कर्तव्य के अनुसार

01. संविधान के प्रति प्रतिबद्धता, इसके आदर्शों, धाराओं, राष्ट्रीय ध्वज व राष्ट्रीय गान का आदर करना।
02. स्वतंत्रता के लिए संघर्ष हेतु प्रेरित करने वाले सुआदर्शों का अनुकरण करना व उन्हें चिरस्थायी बनाना।
03. भारत की सर्वोच्चता, एकता और अखण्डता की रक्षा करना तथा समर्थन करना।
04. जब भी आवश्यकता पड़े देश की रक्षा करना व राष्ट्रीय सेवाओं हेतु समर्पित होना।
05. समाज में भाई-चारें की भावना का विस्तार करना, मातृत्व भाव, धार्मिक, भाषायिक, क्षेत्रीय विभिन्नताओं में एकता कायम करना तथा नारी सम्मान आदि का ध्यान देना।
06. अपने मिश्रित संस्कृति का मूल्यांकन करना उसको स्थायित्व देना और इसकी परम्परा को कायम रखना।
07. प्राकृतिक सम्पदा की रक्षा करना जिसमें जलवायु, जंगल, झील, नदियां, जंगली जीवों व समस्त जीवों के प्रति दया का भाव सम्मिलित है।
08. वैज्ञानिक भावना को प्रोत्साहित करना, मानवीय भावनाओं के स्वरूप की परख करते रहना।
09. जन सम्पत्ति की सुरक्षा करना और हिंसा आदि का परित्याग करना।
10. व्यक्तिगत, सामूहिक गतिविधियों के प्रत्येक क्षेत्र में सर्वोच्चता हासिल करना, जिससे राष्ट्र शतत उत्थान, प्रयत्न व प्राप्ति की ओर अग्रसर होता रहे।
11. जो कि माता-पिता या अभिभावक हो, वे अपने 6 साल से 14 साल के बच्चों को शिक्षा या अन्य ऐसे सुअवसरों का लाभ उन्हें मुहैया करावें।

मूल जीवन मंत्र

"हे प्रभु, तेरे प्यार में बस दो ही बातें है। एक तो अपना कल्याण करूँ, दूसरा तुझ जैसा बन सबका कल्याण करूँ"

विश्वमानव

प्रकृति प्रदत्त नाम के अलावा जब व्यक्ति को आत्मज्ञान होता है तब वह स्वयं अपने मन स्तर का निर्धारण कर एक नाम स्वयं रख लेता है।

जिस प्रकार

"कृष्ण" नाम है "योगेश्वर" मन की अवस्था है,

"गदाधर" नाम है "राम कृष्ण परमहंस" मन की अवस्था है,

"सिद्धार्थ" नाम है "बुद्ध" मन की अवस्था है,

"नरेन्द्र नाथ दत्त" नाम है "स्वामी विवेकानन्द" मन की अवस्था है,

"रजनीश" नाम है "ओशो" मन की अवस्था है।

उसी प्रकार "लव कुश सिंह" नाम है "विश्वमानव" मन की अवस्था है और उसी प्रकार व्यक्तियों के नाम, नाम है "भोगेश्वर विश्वमानव" उसकी चरम विकसित, सर्वोच्च और अन्तिम अवस्था है जहाँ समय की धारा में चलते-चलते मनुष्य वहाँ विवशतावश पहुँचेगा।

विषय- सूची

र. भारतीय परिवार स्तर पर धर्म की स्थिति
ल. भारतीय व्यक्ति स्तर पर धर्म की स्थिति

4. व्यापार की स्थिति

अ. विश्व स्तर पर व्यापार की स्थिति
ब. भारत देश स्तर पर व्यापार की स्थिति
स. अन्तर्राष्ट्रीय स्तर पर व्यापार की स्थिति
द. राज्य अर्थात् शासन स्तर पर व्यापार की स्थिति
य. भारतीय समाज स्तर पर व्यापार की स्थिति
र. भारतीय परिवार स्तर पर व्यापार की स्थिति
ल. भारतीय व्यक्ति स्तर पर व्यापार की स्थिति

5. समाज की स्थिति

अ. विश्व स्तर पर समाज की स्थिति
ब. भारत देश स्तर पर समाज की स्थिति
स. अन्तर्राष्ट्रीय स्तर पर समाज की स्थिति
द. राज्य अर्थात् शासन स्तर पर समाज की स्थिति
य. भारतीय समाज स्तर पर समाज की स्थिति
र. भारतीय परिवार स्तर पर समाज की स्थिति
ल. भारतीय व्यक्ति स्तर पर समाज की स्थिति

6. परिवार की स्थिति

अ. विश्व स्तर पर परिवार की स्थिति
ब. भारत देश स्तर पर परिवार की स्थिति
स. अन्तर्राष्ट्रीय स्तर पर परिवार की स्थिति
द. राज्य अर्थात् शासन स्तर पर परिवार की स्थिति
य. भारतीय समाज स्तर पर परिवार की स्थिति
र. भारतीय परिवार स्तर पर परिवार की स्थिति
ल. भारतीय व्यक्ति स्तर पर परिवार की स्थिति

7. व्यक्ति की स्थिति

अ. विश्व स्तर पर व्यक्ति की स्थिति
ब. भारत देश स्तर पर व्यक्ति की स्थिति
स. अन्तर्राष्ट्रीय स्तर पर व्यक्ति की स्थिति
द. राज्य अर्थात् शासन स्तर पर व्यक्ति की स्थिति
य. भारतीय समाज स्तर पर व्यक्ति की स्थिति
र. भारतीय परिवार स्तर पर व्यक्ति की स्थिति
ल. भारतीय व्यक्ति स्तर पर व्यक्ति की स्थिति

ब. परिणाम

01. राज्य अर्थात् शासन का परिणाम

अ. विश्व स्तर पर राज्य अर्थात् शासन का परिणाम

ब. भारत देश स्तर पर शासन अर्थात् राज्य का परिणाम
स. अन्तर्राष्ट्रीय स्तर पर राज्य अर्थात् शासन का परिणाम
द. राज्य अर्थात् शासन स्तर पर राज्य अर्थात् शासन का परिणाम
य. भारतीय समाज स्तर पर राज्य अर्थात् शासन का परिणाम
र. भारतीय परिवार स्तर पर राज्य अर्थात् शासन का परिणाम
ल. भारतीय व्यक्ति स्तर पर राज्य अर्थात् शासन का परिणाम

02. विज्ञान का परिणाम

अ. विश्व स्तर पर विज्ञान का परिणाम
ब. भारत देश स्तर पर विज्ञान का परिणाम
स. अन्तर्राष्ट्रीय स्तर पर विज्ञान का परिणाम
द. राज्य अर्थात् शासन स्तर पर विज्ञान का परिणाम
य. भारतीय समाज स्तर पर विज्ञान का परिणाम
र. भारतीय परिवार स्तर पर विज्ञान का परिणाम
ल. भारतीय व्यक्ति स्तर पर विज्ञान का परिणाम

03. धर्म का परिणाम

अ. विश्व स्तर पर धर्म का परिणाम
ब. भारत देश स्तर पर धर्म का परिणाम
स. अन्तर्राष्ट्रीय स्तर पर धर्म का परिणाम
द. राज्य अर्थात् शासन स्तर पर धर्म का परिणाम
य. भारतीय समाज स्तर पर धर्म का परिणाम
र. भारतीय परिवार स्तर पर धर्म का परिणाम
ल. भारतीय व्यक्ति स्तर पर धर्म का परिणाम

04. व्यापार का परिणाम

अ. विश्व स्तर पर व्यापार का परिणाम
ब. भारत देश स्तर पर व्यापार का परिणाम
स. अन्तर्राष्ट्रीय स्तर पर व्यापार का परिणाम
द. राज्य अर्थात् शासन स्तर पर व्यापार का परिणाम
य. भारतीय समाज स्तर पर व्यापार का परिणाम
र. भारतीय परिवार स्तर पर व्यापार का परिणाम
ल. भारतीय व्यक्ति स्तर पर व्यापार का परिणाम

05. समाज का परिणाम

अ. विश्व स्तर पर समाज का परिणाम
ब. भारत देश स्तर पर समाज का परिणाम
स. अन्तर्राष्ट्रीय स्तर पर समाज का परिणाम
द. राज्य अर्थात् शासन स्तर पर समाज का परिणाम
य. भारतीय समाज स्तर पर समाज का परिणाम
र. भारतीय परिवार स्तर पर समाज का परिणाम
ल. भारतीय व्यक्ति स्तर पर समाज का परिणाम

भाग-7: परिवर्तन

सीधी समझ
नये भारत में, नये मनुष्य के उदय के लिए
व्यवस्था के परिवर्तन या सत्यीकरण का पहला प्रारूप और उसकी कार्य विधि
वे शब्द जिसके बिना युग परिवर्तन सम्भव नहीं

भाग-8: केन्द्र या मध्य (भारत) में पांचवां और अन्तिम सत्यकाशी पीठ

सत्यकाशी पीठ: स्थान
सत्यकाशी पीठ: इतिहास और उद्देश्य
पाँचवाँ और अंतिम शंकराचार्य पीठ: इसकी विशेषता

भाग-9: सत्यकाशी पीठ के कार्य

धारा-उद्धार: धर्म की पुनर्स्थापना
मनुष्य चेतना का रूपांतरण
साधना, दीक्षा और आध्यात्मिक अनुष्ठान
वैश्विक कार्य: मानवता के लिए संदेश
शिव-तत्व और कल्कि-तत्व का मिलन
"सार्वभौम सत्य-सिद्धान्त" पर आधारित "युग परिवर्तन श्रृंखला" के नवयुग के शास्त्र-साहित्य

मुख पृष्ठ की व्याख्या

यह पुस्तक-आवरण बुद्धत्व की सार्वभौमिक, कालातीत और बहु-आयामी चेतना को एक दिव्य दृश्य-रूप में प्रस्तुत करता है। कवर के केंद्र में ध्यानस्थ बुद्ध का अलौकिक स्वरूप, प्रकाश-वलयों और ब्रह्मांडीय ऊर्जा से घिरा हुआ दिखाई देता है-मानो बुद्ध का आंतरिक प्रकाश पूरे विश्व-चक्र को प्रकाशित कर रहा हो। यह छवि न केवल करुणा और शांति का रूपक है, बल्कि यह संकेत भी देती है कि बुद्ध एक व्यक्ति मात्र नहीं, बल्कि एक वैश्विक चेतना-शक्ति हैं, जो युगों-युगों से मानवता को ज्ञान, विवेक और मुक्तिपथ की ओर मार्गदर्शन देती आई है।

बुद्ध के पीछे विस्तृत ब्रह्मांड, घूमते हुए आकाशगंगा-चक्र और दिव्य प्रतीकों का मंडल यह दर्शाता है कि ज्ञान का क्षेत्र केवल पृथ्वी तक सीमित नहीं-यह अनंत, असीम और सार्वत्रिक है। इन ज्योतिवलयों में उकेरे गए विभिन्न आध्यात्मिक प्रतीक यह बताते हैं कि बुद्ध-चेतना किसी एक परंपरा तक सीमित नहीं, बल्कि सभी धर्मों और सभ्यताओं के केंद्र में निहित 'सार्वभौमिक सत्य' को प्रकट करती है।

कमल के ऊपर प्रकट होती बुद्ध की मुद्रा पवित्रता, उदात्तता और आत्मबोध की उच्चतम स्थिति का प्रतीक है। कमल स्वयं अंधकार और कीचड़ से उठकर प्रकाश की ओर खिलने वाला प्रतीक है-जैसे मानवता संघर्षों, अज्ञान और पीड़ा से उठकर अंततः ज्ञान और मुक्ति के शिखर तक पहुँच सकती है।

शीर्षक "वैश्विक बुद्ध-बुद्ध का भाग-दो और अंतिम" यह संकेत देता है कि यह ग्रंथ बुद्ध के शिक्षण का विस्तार, परिपूर्णता और विश्वस्तरीय दृष्टि का अगला चरण प्रस्तुत करता है-जहाँ बुद्ध के उपदेश आधुनिक मानव, वैश्विक चेतना और भविष्य के युग के संदर्भ में नए अर्थ प्राप्त करते हैं।

नीचे प्रमुखता से अंकित "सत्यकाशी पीठ: पाँचवां और अंतिम शंकराचार्य पीठ" इस पुस्तक को एक आध्यात्मिक-दार्शनिक परंपरा से जोड़ता है, जो न केवल ज्ञान की प्रामाणिकता का प्रतीक है, बल्कि यह भी दर्शाता है कि यह ग्रंथ युग-परिवर्तन, धर्म-चेतना और मनुष्य की अंतिम क्षमता के उदय को समझाने का एक गंभीर प्रयास है।

समग्र रूप से यह आवरण प्रकाश, ध्यान, ब्रह्मांडीय विज्ञान, आध्यात्मिक ऊर्जा और बुद्धत्व के सर्वव्यापी आयामों को एकीकृत कर एक ऐसा दृश्य रचता है जो पाठक को गहराई, स्थिरता और दिव्य ज्ञान की अनुभूति के साथ पुस्तक की यात्रा आरम्भ करने के लिए प्रेरित करता है।

भूमिका

"वैश्विक बुद्ध – बुद्ध का भाग-दो और अंतिम" केवल एक दार्शनिक ग्रंथ नहीं है, बल्कि मानव इतिहास, सामाजिक विकास, राज्य-व्यवस्था, व्यापार, विज्ञान, मनोविज्ञान और आध्यात्मिक उन्नयन-इन सबको जोड़ने वाला एक अद्वितीय प्रयत्न है। यह ग्रंथ बुद्धावतार (567–487 ई.पू.) से लेकर आने वाले अंतिम अवतार तक के उस संक्रमण-काल को समझने का प्रयास है जिसमें मानव सभ्यता ने स्वयं को कई बार पुनर्परिभाषित किया-कभी संघर्षों के माध्यम से, कभी व्यापार के विस्तार से, कभी राज्य और सत्ता की संरचनाओं के बदलते रूपों द्वारा, और कभी मनुष्य की सूक्ष्म आध्यात्मिक चेतना में उठती तरंगों के माध्यम से। यह पुस्तक बताती है कि व्यक्तियों, समाजों और राष्ट्रों की स्थिति-जो कभी केवल भौतिक विकास से मापी जाती थी-अब चेतना, नैतिकता, ज्ञान और वैश्विक सहभागिता के नए आधारों पर पुनर्गठित हो रही है।

इस पुस्तक में बुद्धावतार से आरम्भ होने वाले परिवर्तन-युग को केवल एक धार्मिक घटना नहीं माना गया, बल्कि उसे मानव-चेतना के उस मोड़ के रूप में देखा गया है जिसने दुनिया के राजनीतिक, आर्थिक और सामाजिक तानों-बानों को गहराई से प्रभावित किया। बुद्ध के समय से लेकर आधुनिक युग की कगार तक-व्यक्ति की स्थिति, समाज की संरचना, व्यापार का चरित्र, शासन की दिशा, परिवार की भूमिका और अंततः मनुष्य की स्वयं के प्रति जागरूकता-इन सबकी विस्तृत विवेचना इस पुस्तक में क्रमबद्ध और तथ्यपरक रूप से की गई है। इसी विश्लेषण के आधार पर लेखक यह स्थापित करता है कि अंतिम अवतार का अवतरण कोई चमत्कारिक घटना नहीं, बल्कि मनुष्य के भीतर और बाहर चल रहे सूक्ष्म-परिवर्तनों का अनिवार्य परिणाम है।

ग्रंथ यह भी दर्शाता है कि इस दीर्घ परिवर्तन-काल के दौरान दुनिया ने किस प्रकार द्वंद्व, संघर्ष, भ्रष्टाचार, असमानता और नैतिक पतन के दौर देखे-जहाँ व्यक्तियों से लेकर राज्य-तंत्र तक सब कुछ शक्ति, लाभ और प्रभुत्व की दौड़ में जकड़ गया। व्यापार, जो कभी समाजों को जोड़ने का माध्यम था, धीरे-धीरे लालच और दमन का उपकरण बन गया; शासन, जो न्याय का आधार होना चाहिए था, अनेक स्तरों पर भय, नियंत्रण और भ्रष्टाचार का केंद्र बन गया; और व्यक्ति, जो आध्यात्मिक उत्कर्ष का प्रतिनिधि होना चाहिए था, धीरे-धीरे भय, भ्रम, तनाव और विभाजन का प्रतीक बनता चला गया। इस पूरी प्रक्रिया ने मानवता को उस मोड़ पर पहुँचा दिया जहाँ एक "अन्तिम जागरण" की आवश्यकता अनिवार्य हो उठी-एक ऐसा जागरण जो मनुष्य को फिर से उसके मूल स्वभाव-कर्तव्य, समभाव, सत्य और बोध-की ओर लौटा सके।

पुस्तक का एक महत्त्वपूर्ण भाग यह दर्शाता है कि कैसे विज्ञान-दृश्य पदार्थ विज्ञान और अदृश्य आध्यात्म विज्ञान-दोनों की उन्नति मानवता को एक नए वैश्विक युग में प्रवेश करा रही है। एक ओर पदार्थ विज्ञान ब्रह्माण्ड के रहस्यों को खोल रहा है, वहीं दूसरी ओर आध्यात्म विज्ञान मनुष्य की अन्तःचेतना और उसके ब्रह्माण्डीय सम्बन्धों को समझने की क्षमता को परिपक्व कर रहा है। यह पुस्तक इन दोनों धाराओं को संघर्षरत नहीं मानती, बल्कि इन्हें एक ही महावास्तविकता के दो पूरक पक्ष मानती है-जिनके संयोग से "वैश्विक बुद्ध" की अवधारणा जन्म लेती है।

वैश्विक बुद्ध" कोई एक व्यक्ति नहीं, बल्कि वह चेतना है जो समस्त मानवता के भीतर प्रस्फुटित होने वाली है-वह चेतना जो बुद्ध के करुणा-मार्ग, वेदों की एकात्म-भावना, उपनिषदों के ज्ञान-मार्ग, गीता के कर्म-योग, और आधुनिक विज्ञान के सार्वभौमिक नियमों को एक ही सूत्र में पिरोती है। यह पुस्तक इस चेतना के विकास को ऐतिहासिक, दार्शनिक और आध्यात्मिक संदर्भों में समझाती है और बताती है कि अंतिम अवतार का अर्थ किसी दैहिक हस्तक्षेप से नहीं, बल्कि इस वैश्विक चेतना के परिपूर्ण और मूर्त रूप से है।

लेखक ने अत्यंत सूक्ष्मता से यह विवेचना की है कि व्यक्ति-परिवार-समाज-राज्य-विश्व-इन सभी स्तरों पर किस प्रकार परिवर्तन की लहरें चल रही थीं। व्यक्ति का नैतिक आधार डगमगाया, परिवार संरचना टूटने लगी, समाजों में विभाजन बढ़ा, राज्यों में सत्ता-संघर्ष तीव्र हुआ और विश्व-व्यवस्था बहुध्रुवीय संघर्ष में फँस गई। इन सभी के परिणामस्वरूप वह परिस्थितियाँ निर्मित हुईं जिनमें अंतिम अवतार का अवतरण केवल धार्मिक भविष्यवाणी नहीं, बल्कि वैश्विक आवश्यकता बन गई-एक ऐसी आवश्यकता जो मानवता को पुनः एकात्म दिशा दे सके।

इस पुस्तक की विशेषता यह है कि यह केवल विमर्श नहीं करती, न ही केवल भविष्यवाणी करती है; यह विश्लेषण करती है-तथ्यों, इतिहास, शास्त्रों, सामाजिक संकेतों, वैज्ञानिक सिद्धान्तों और मानव व्यवहार की गहन प्रवृत्तियों के आधार पर। पुस्तक का यह दूसरा और अंतिम भाग इस बात पर केन्द्रित है कि आने वाला परिवर्तन क्या होगा, कैसा होगा, किस दिशा में मानवता को ले जाएगा और मनुष्य को अपने भीतर कौन-सा बोध जाग्रत करना होगा ताकि वह इस अंतिम वैश्विक परिवर्तन का सहभागी बन सके, न कि उसका शिकार।

"वैश्विक बुद्ध" का यह अंतिम भाग पाठक को एक ऐसे भविष्य की ओर ले जाता है जहाँ मानवता न केवल बाहरी दुनिया में, बल्कि अपनी आन्तरिक चेतना में भी एक बड़े रूपांतरण से गुजर रही है। यह ग्रंथ बताता है कि अंतिम अवतार का अर्थ किसी एक युगांतकारी घटना से नहीं, बल्कि उस सामूहिक चेतना-जागरण से है जिसके बाद मनुष्य स्वयं को, समाज को और ब्रह्माण्ड को एक नई दृष्टि से देखना सीख जाएगा।

इस प्रकार यह पुस्तक केवल आध्यात्मिक या धार्मिक विचारों का संग्रह नहीं है; यह मनुष्य के सम्पूर्ण विकास की कथा है-अतीत की, वर्तमान की और उस भविष्य की जिसे मानवता शीघ्र ही अनुभव करने वाली है। यही इस ग्रंथ का उद्देश्य है-दिखाना कि "बुद्ध" एक इतिहास नहीं, बल्कि एक प्रक्रिया है; "अवतार" एक घटना नहीं, बल्कि चेतना का उत्कर्ष है; और "अंतिम जागरण" कोई अंत नहीं, बल्कि एक नए वैश्विक युग की शुरुआत है।

✍ ***लव कुश सिंह "विश्वमानव"***

एक शोधक, चिंतक और मार्गदर्शक, जिन्होंने अपना जीवन *मानवता, आत्मा और नव-सृष्टि* के अध्ययन एवं लेखन को समर्पित किया है।

- प्रमुख ग्रंथ: *विश्वशास्त्र*
- दृष्टि: *नव-मनुष्य और नव-संसार का निर्माण*

प्रारम्भ के पहले दिव्य-दृष्टि

मेरे इस जीवन की एक अलग यात्रा में "दिव्य" शब्द का जो दर्शन हुआ वह इस प्रकार है। "दिव्य" शब्द का प्रयोग वेदों के समय से ही हो रहा है और वह दूसरे शब्दों के साथ मिलकर "दिव्य दृष्टि", "दिव्य रूप", "दिव्य दिन", "दिव्य वर्ष", "दिव्य युग" इत्यादि के रूप में हमारे सामने है। अनेक विद्वान व तत्वद्रष्टाओं ने इस दिव्य शब्द का अनेक-अनेक प्रकार से अर्थ बतायें हैं। यहाँ दिव्य शब्द के प्रयोग व उसके अर्थ को नीचे दिया जा रहा है जिससे हम सभी को उसके अर्थ के प्रति समझ बन सकें।

01. "महाभारत" का युद्ध और "गीता" ज्ञान का प्रारम्भ जिस दृश्य से होता है, वह है-"संजय" और "धृतराष्ट्र" के बीच वार्तालाप। जिसमें महर्षि व्यास द्वारा युद्ध को देखने व धृतराष्ट्र को उसका "जैसा हो रहा है वैसा ही हाल" सुनाने के लिए संजय को एक दृष्टि दी जाती है जिसे हम सभी "दिव्य दृष्टि" के नाम से जानते हैं।

02. "अखिल विश्व गायत्री परिवार" के संस्थापक, "युग निर्माण योजना" के संचालक व 3000 से भी अधिक पुस्तक-पुतिकाओं के लेखक पं0 श्रीराम शर्मा आचार्य (जन्म-20 सितम्बर, 1911, मृत्यु-2 जून, 1990), जिनके कई लाख समर्थक-सदस्य हैं, के अनुसार "दिव्य का अर्थ देवता नहीं हो सकता। ऋग्वेद (2,164.46) में कहा गया है-अग्नि रूपी सूर्य को इन्द्र मित्र वरूण कहते हैं। वही दिव्य सुपर गुरूत्मान है। निरूक्त दैवत काण्ड (7,18) में कहा गया है-जो दिवि में प्रकट होता है उसे दिव्य कहते हैं। दिवि, द्यु को कहते हैं। नैघण्टुक काण्ड में दिन के 12 नाम लिखे हैं उनमें द्युु शब्द भी दिन का वाचक है। अब दिव्य का अर्थ हुआ कि-जो दिन में प्रकट होता है। और यह प्रत्यक्ष है कि दिन में सूर्य ही प्रकट होता है। अतः दिव्य सूर्य का नाम है। ऋग्वेद (1,16:3,10) के मन्त्र में कहा गया है कि-आग का घोड़ा (सूर्य) है। इसमें भी सूर्य का ही वर्णन है। वेद में दिव्य नाम सूर्य का है, देवता को दिव्य कदापि नहीं कहते। व्याकरण से भी दिव्य शब्द का अर्थ देवता नहीं बनता। दिव् धातु में स्वार्थेयत प्रत्यय लगाने से दिव्य शब्द बनता है। इसकी व्युत्पत्ति यह हुई-दिव भवं दिव्यन अर्थात् जो दिवि में प्रकट होता है। अतः दिव्य केवल सूर्य ही को कहते हैं। दिवि, द्युु को कहते हैं और द्युु दिन का नाम है। देवता शब्द दूसरें देवातल आदि सूत्रों से बनता है। इस कारण भी दिव्य और देवता शब्दों का आपस में कोई सम्बन्ध नहीं है। "दिव्य" शब्द और "देवता" शब्द बनाने के रूप ही अलग-अलग हैं।"

03. "ज्ञान व संस्कृति" और "बाबा भोलेनाथ" की नगरी काशी (वाराणसी, उ0प्र0, भारत) के बनारसी संस्कृति में दिव्य शब्द का अन्य शब्द के साथ प्रयोग कर "दिव्य निपटान", "दिव्य स्नान", "दिव्य आनन्द" की परम्परा है। इस परम्परा का वाहक काशी (वाराणसी) का अस्सी मुहल्ला है जिस पर प्रो0 काशी नाथ सिंह द्वारा पुस्तक "काशी की अस्सी" भी लिखा गया है और फिल्म भी बना है। काशी ज्ञान की नगरी है। यहाँ के लोगों का जन्म ही ज्ञान में होता है और ज्ञान में ही जीवन जीते है, ज्ञान ही बोलते हैं तथा ज्ञान में ही शरीर त्याग करते हैं। इनकी जीवन शैली और भाषा में सारा शास्त्र समाहित होता है। इसके उदाहरण को केवल "दिव्य निपटान" के अर्थ से

ही जाना जा सकता है। सुबह हो या शाम, सामने गंगा बह रही हो, उपर खुला आकाश हो, भांग को गोला पेट में जा चुका हो, और जब किनारे पर निपटने (नित्य क्रिया) करने बैठते हैं तो बनारसी उसे "दिव्य निपटान" कहते हैं अर्थात् उस प्रकार से क्रिया जिसमें कुछ भी बनावटी न हो अर्थात् प्राकृतिक हो उसे "दिव्य" कहते हैं। इस प्रकार आधुनिक सुविधाओं से युक्त शौचालय में नित्य क्रिया करना बनारसी ज्ञान में किसी भी स्थिति में "दिव्य निपटान" नहीं हो सकती। इसी प्रकार कपड़े पहनकर नहाना "दिव्य स्नान" नहीं और आधुनिक सुख-सुविधाओं से आनन्द में होना "दिव्य आनन्द" नहीं।

सन् 1893 से सन् 1993 के 100 वर्षों के समय में विश्व के बौद्धिक शक्ति को जिन्होंने सबसे अधिक हलचल दी वे हैं-धर्म की ओर से स्वामी विवेकानन्द और धार्मिकता की ओर से आचार्य रजनीश"ओशो"। दृष्टि के सम्बन्ध में इनके निम्न विचार हैं। स्वामी विवेकानन्द के अनुसार-"अनात्मज्ञ पुरूषों की बुद्धि एकदेश-दर्शिनी होती है। आत्मज्ञ पुरूषों की बुद्धि सर्वग्रासिनी होती है। आत्मप्रकाश होने से, देखोगे कि दर्शन, विज्ञान सब तुम्हारे अधीन हो जायेंगे।" (राम कृष्ण मिशन, विवेकानन्दजी के संग में, पृष्ठ-118) आचार्य रजनीश "ओशो" के अनुसार-"श्रीराम कितने ही बड़े हों, लेकिन इस मुल्क के चित्त में वे पूर्ण अवतार की तरह नहीं हैं, अंश हैं उनका अवतार। उपनिषद् के ऋषि कितने ही बड़े ज्ञानी हों, लेकिन अवतार नहीं हैं। श्रीकृष्ण पूर्ण अवतार हैं। परमात्मा अगर पृथ्वी पर पूरा उतरे तो करीब-करीब श्रीकृष्ण जैसा होगा। इसलिए श्रीकृष्ण इस मुल्क के अधिकतम मन को छु पाये हैं; बहुत कारणों से। एक तो पूर्ण अवतार का अर्थ होता है, मल्टी-डाइमेन्सनल; जो मनुष्य के समस्त व्यक्तित्व को स्पर्श करता हो। श्रीराम वन-डाइमेन्सनल है। अब तक श्रीकृष्ण को पूरा प्रेम करने वाला आदमी नहीं हुआ। क्योंकि पूरे श्रीकृष्ण को प्रेम करना तभी सम्भव है, जब वह आदमी भी मल्टी-डाइमेन्सनल हो। हम आम तौर पर एक आयामी होते हैं। एक हमारा ट्रैक होता है व्यक्तित्व का, एक रेल की पटरी होती है, उस पटरी पर हम चलते है। जो एक गुरू बोल रहा है, वह अनन्त सिद्धों की वाणी है। अभिव्यक्ति में भेद होगा, शब्द अलग होंगे, प्रतीक अलग होंगे मगर जो एक सिद्ध बोलता है, वह सभी सिद्धों की वाणी है। इनसे अन्यथा नहीं हो सकता है। इसलिए जिसने एक सिद्ध को पा लिया, उसने सारे सिद्धों की परम्परा को पा लिया। क्योंकि उनका सूत्र एक ही है। कुंजी तो एक ही है, जिससे ताला खुलता है अस्तित्व का।"

उपरोक्त विचारों से यह स्पष्ट होता है कि "दिव्य" का अर्थ सीधा सा प्राकृतिक रूप अर्थात् "जैसा है ठीक वैसा ही" है तथा "दिव्य दृष्टि" का अर्थ सर्वग्रासिनी या बहुआयामी (मल्टी-डाइमेंन्सनल) दृष्टि होता है। इस प्रकार ब्रह्मा का "दिव्य रूप" चार सिर वाला, विष्णु का "दिव्य रूप" चार हाथ वाला और शिव-शंकर का "दिव्य रूप" पाँच सिर वाला पुराणों में प्रक्षेपित है। किसी भी वस्तु को एक दिशा से देखकर उसके वास्तविक रूप लम्बाई, चौड़ाई, ऊँचाई इत्यादि के साथ नहीं देख सकते। हम सभी अपनी आँखों से ही आँखों या पूरे शरीर को नहीं देख सकते। उसके लिए हमें दर्पण की आवश्यकता पड़ती है अर्थात् स्वयं से बाहर आकर ही पूरे को देखना सम्भव हो पाता है। इसी प्रकार पृथ्वी को देखने के लिए हमें पृथ्वी से बाहर जाना पड़ता है और सारी पृथ्वी के विकास के चिन्तन के लिए मन को पृथ्वी से बाहर ले जाना पड़ता है। "विश्वशास्त्र" ऐसे ही मन की स्थिति का परिणाम है। वर्तमान और भविष्य के समय के लिए सबसे सत्य दृष्टि तो यही है-

"एक गुण से देखना दृष्टि है,
अनेक गुणों से एक साथ देखना दिव्य दृष्टि है,
सिर्फ विद्वता को देखना दृष्टि दोष है"
और
"जो मन कर्म में न बदले, वह मन नहीं और व्यक्ति का अपना स्वरूप नहीं।"

सार्वभौम सत्य-सिद्धान्त के अनुसार काल, युग बोध एवं अवतार

सार्वभौम सत्य-सिद्धान्त के अनुसार काल और युग परिवर्तन और उसके माध्यम अन्तिम अवतार के सम्बन्ध में समय और रूप की व्याख्या निम्नवत् है।

विश्व-ब्रह्माण्ड के सर्वोच्च और अनन्त कार्यक्षेत्र का सार्वभौम दृश्य, विवादमुक्त, सार्वजनिक प्रमाणित सत्य-सिद्धान्त है- परिवर्तन। जिसे आदान-प्रदान (TRANSACTION) या क्रिया या व्यापार (TRADE) भी कहा जा सकता है। जिसे वैदिक साहित्य ने "सिद्धान्त", गीता ने "परिवर्तन", पुराण ने "शक्ति ", कपिलमुनि ने "क्रिया" कहा है। इसे ही प्राकृतिक- ब्रह्माण्डीय सत्य, कर्म, आदान-प्रदान, परिधि, व्यापार, काल, सर्वशक्तिमान भी कहा गया। इस सत्य की व्याख्या करने वाला शास्त्र-साहित्य सार्वजनिक प्रमाणित दृश्य समष्टि वेद, उत्पन्न नाम या शब्द को समष्टि ईश्वर नाम तथा नाम के अर्थ की व्याख्या करने वाले साहित्य को समष्टि उपनिषद् कहा जाता है।

उपरोक्त परिवर्तन जिस उत्प्रेरक की उपस्थिति में संचालित होता है उसे ही वैदिक साहित्य ने "ब्रह्म" या "आत्मा", गीता ने "मैं", पुराण ने "शिव "", कपिल मुनि ने "कारण", संतों ने "एक", हिन्दुओं ने "ईश्वर", सिखों ने "वाहे गुरू", इस्लाम ने "अल्ला" ईसाई ने "यीशु" इत्यादि कहा। इसे ही पूर्ण, धर्म, ज्ञान, सम, सार्वभौम, चौतन्य, केन्द्र, GOD, सत्य, अद्वैत, सर्वव्यापी, अनश्वर, अजन्मा, शाश्वत, सनातन इत्यादि भी कहा गया है। इस सत्य की व्याख्या करने वाला शास्त्र-साहित्य व्यक्तिगत प्रमाणित अदृश्य व्यष्टि वेद, उत्पन्न नाम या शब्द को व्यष्टि ईश्वर नाम तथा नाम के अर्थ की व्याख्या करने वाले साहित्य को व्यष्टि उपनिषद् कहा जाता है। इसी को सार्वभौम सत्य-सिद्धान्त में केन्द्र (CENTRE) कहा गया है।

वर्तमान पदार्थ विज्ञान भी यह स्वीकार कर चुका है कि इस ब्रह्माण्ड में कही भी कुछ भी स्थिर नहीं है। सभी का परिवर्तन या आदान-प्रदान हो रहा है। दृश्य पदार्थ विज्ञान के महान वैज्ञानिक आइन्सटाइन $E=MC^2$ से इसे सिद्ध भी किये है।

इस प्रकार विश्व-ब्रह्माण्ड को हम सर्वोच्च व्यापार केन्द्र (TRADE CENTRE) भी कह सकते हैं और विश्व-ब्रह्माण्ड के पर्यायवाची नाम के रूप में प्रयोग कर सकते हैं।

समस्त परिवर्तन या आदान-प्रदान मुख्यतः तीन बलों द्वारा ही संचालित होता है- मानवीय बल, प्राकृतिक बल व आत्मीय बल। और ये तीनों बल मूलतः तीन क्षेत्र के माध्यम से परिवर्तन लाता है। ये हैं- शारीरिक, आर्थिक व मानसिक। इस प्रकार हम देखते हैं कि यदि सर्वप्रथम मानवीय बल परिवर्तन लाने के लिए सक्रिय होता है तब वह पहले शारीरिक, फिर आर्थिक और अन्त में मानसिक कारण को माध्यम के रूप में प्रयोग करता है। इसी प्रकार प्राकृतिक बल और आत्मीय बल भी इसी क्रम से माध्यमों का प्रयोग करता है।

जब मानवीय बल और प्राकृतिक बल, आवश्यक परिवर्तन लाने में असफल हो जाता है तब सार्वाधिक शक्तिशाली व सर्वोच्च आत्मीय बल के प्रयोग का समय आ जाता है। चक्र रूप में मानवीय बल एक छोटा परिवर्तन, प्राकृतिक बल एक मध्यम स्तर का परिवर्तन तथा अन्तिम आत्मीय बल उस समय के सर्वोच्च स्तर का परिवर्तन लाता है जिस समय वह प्रभावी होता है।

यह आत्मीय बल ही अवतारों, पैगम्बरों, स्वर्गदूतों, धर्म प्रवर्तकों-स्थापकों के बल थे जो समयानुसार अपने-अपने क्षेत्रों में प्रयोग किये गये थे और जिसके कारण आज भी उनकी पहचान वर्तमान है। जब यह आत्मीय बल अंश रूप में अवतारों, पैगम्बरों, स्वर्गदूतों, धर्म प्रवर्तकों-स्थापकों द्वारा प्रयोग किये जाते हैं तब ये अंश अवतार, पैगम्बर, स्वर्गदूत, धर्म प्रवर्तक-स्थापक कहलाते हैं और जब यह आत्मीय बल पूर्ण रूप में अवतारों, पैगम्बरों, स्वर्गदूतों, धर्म प्रवर्तकों-स्थापकों द्वारा प्रयोग किये जाते हैं तब ये पूर्ण अवतार, पैगम्बर, स्वर्गदूत, धर्म प्रवर्तक-स्थापक कहलाते हैं।

वर्तमान समय में मानवीय बल व प्राकृतिक बल द्वारा परिवर्तन लाने के लिए शारीरिक, आर्थिक व मानसिक माध्यम का प्रयोग किया जा चुका है। साथ ही आत्मीय बल द्वारा भी परिवर्तन लाने के लिए शारीरिक व आर्थिक माध्यम का प्रयोग किया जा चुका है। अब केवल एक ही मार्ग आत्मीय बल द्वारा मानसिक माध्यम का प्रयोग बचा है। जो आने वाले समय में निश्चित रूप से होगा।

काल अर्थात् समय को समय से बांधा नहीं जा सकता। कोई भी व्यक्ति समष्टि के लिए किसी निश्चित दिन का दावा नहीं कर सकता कि इस दिन से किसी युग का परिवर्तन, किसी युग का अन्तिम दिन या किसी युग के प्रारम्भ का दिन है। क्योंकि हम दिन, दिनांक या कैलेण्डर का निर्धारण ब्रह्माण्डीय गतिविधि अर्थात् सूर्य, चाँद, ग्रह इत्यादि के गति को आधार बनाकर निर्धारित करते है। इसी प्रकार युग का निर्धारण पूर्णतया मानव मन की केन्द्रित स्थिति से निर्धारित होता है न कि किसी निर्धारित अवधि के द्वारा। मन की केन्द्रित स्थिति निम्न स्थितियों में होती है-

0 या 5. स्थिति - अदृश्य मार्ग से मन का आत्मीय केन्द्रित स्थिति।

1. स्थिति - व्यक्तिगत प्रमाणित अदृश्य मार्ग से मन का आत्मीय केन्द्रित स्थिति अर्थात् व्यक्तिगत प्रमाणित माध्यम द्वारा आत्मा पर केन्द्रित मन। यह स्थिति सतयुग की अन्तिम स्थिति है। इस युग में कुल 6 अवतार मत्स्य, कूर्म, वाराह, नृसिंह, वामन और परशुराम हुयें।

2. स्थिति -सार्वजनिक प्रमाणित अदृश्य मार्ग से मन का आत्मीय केन्द्रित स्थिति अर्थात् सार्वजनिक प्रमाणित माध्यम - प्रकृति व ब्रह्माण्ड द्वारा आत्मा पर केन्द्रित मन। यह स्थिति त्रेतायुग की अन्तिम स्थिति है। इस युग में सातवें अवतार श्री राम हुयें।

3. स्थिति - व्यक्तिगत प्रमाणित दृश्य मार्ग से मन का आत्मीय केन्द्रित स्थिति अर्थात् व्यक्तिगत प्रमाणित व्यक्ति व भौतिक वस्तु माध्यम द्वारा आत्मा पर केन्द्रित मन। यह स्थिति द्वापर युग की अन्तिम स्थिति है। इस युग में आँठवें अवतार श्री कृष्ण हुयें।

4. स्थिति - सार्वजनिक प्रमाणित दृश्य मार्ग से मन का आत्मीय केन्द्रित स्थिति अर्थात् सार्वजनिक प्रमाणित व्यक्ति व भौतिक वस्तु माध्यम द्वारा आत्मा पर केन्द्रित मन। यह स्थिति कलियुग की अन्तिम स्थिति है। इस युग में नवें अवतार बुद्ध हुये और दसवें और अन्तिम अवतार श्री लव कुश सिंह "विश्वमानव" व्यक्त हैं।

0 या 5. स्थिति - दृश्य मार्ग से मन का आत्मीय केन्द्रित स्थिति।

उपरोक्त स्थिति में स्थित मन से ही उस युग में शास्त्र-साहित्यों की रचना होती रही है। और उस अनुसार ही प्रत्येक व्यक्ति अपनी स्थिति का पता लगा सकता है कि वह किस युग में जी रहा है।
उपरोक्त में से कोई भी स्थिति जब व्यक्तिगत होती है तब वह व्यक्ति उस युग में स्थित होता है चाहे समाज या सम्पूर्ण विश्व किसी भी युग में क्यों न हो। इसी प्रकार जब उपरोक्त स्थिति में से कोई भी स्थिति में समाज या सम्पूर्ण विश्व अर्थात् अधिकतम व्यक्ति उस स्थिति में स्थित होते है तब समाज या सम्पूर्ण विश्व उस युग में स्थित हो जाता है।

युग परिवर्तन सदैव उस समय होता है जब समाज के सर्वोच्च मानसिक स्तर पर एक नया अध्याय या कड़ी जुड़ता है। और एक नये विचार से व्यवस्था या मानसिक परिवर्तन होता है। इस प्रकार यह आत्मसात् करना चाहिए कि सम्पूर्ण समाज इस समय चौथे युग-कलियुग के अन्त में है और जैसे-जैसे "विश्वशास्त्र" के ज्ञान से युक्त होता जायेगा वह पाँचवे युग-स्वर्ण युग में प्रवेश करता जायेगा। और जब बहुमत हो जायेगा तब सम्पूर्ण समाज या विश्व पाँचवे युग-स्वर्ण युग में स्थित हो जायेगा।

सम्पूर्ण आध्यात्मिक सूक्ष्म एवं स्थूल सिद्धान्तों को व्यक्त करने का माध्यम मात्र मानव शरीर और कर्म क्षेत्र मात्र मानव समाज ही है। साथ ही उसका मूल्यांकनकर्ता मानव का अपना मन स्तर ही है। इसलिए अवतार सम्पूर्ण सिद्धान्तों को कालानुसार व्यक्त सगुण रूप मानव शरीर ही होता है। मूलरूप से अवतार शिव-आत्मा-ईश्वर-ब्रह्म अर्थात् सार्वभौम सत्य-सिद्धान्त के अवतार होते हैं परन्तु एकात्म ज्ञान अर्थात् ब्रह्मा और एकात्म ध्यान अर्थात् शंकर सार्वजनिक प्रमाणित दृश्य न हो सकने के कारण एकात्म कर्म-विष्णु के ही अवतार के रूप में जाना जाता है। क्योंकि एक मात्र कर्म ही मानव समाज में सार्वजनिक प्रमाणित होता है। इस एकात्म कर्म का कारण एकात्म प्रेम और एकात्म प्रेम का कारण मात्र एकात्म कर्म होता है।

विष्णु अर्थात् एकात्मकर्म का अव्यक्त रूप एकात्म प्रेम अर्थात् लक्ष्मी हैं। एकात्म कर्म का कारण एकात्म प्रेम तथा एकात्म प्रेम का कारण एकात्म कर्म होता है। वह कर्म जो आत्मा के लिए हो और वह प्रेम जो आत्मा के लिए हो अर्थात् समभाव और कर्म युक्त मानव शरीर ही विष्णु का अवतार है।

भगवान विष्णु के 24 अवतार (1. श्री सनकादि, 2. वाराह अवतार, 3. नारद मुनि, 4. नर-नारायण, 5. कपिल, 6. दत्तात्रेय, 7. यज्ञ, 8. ऋषभदेव, 9. पृथु, 10. मत्स्यावतार, 11. कूर्म अवतार, 12. धन्वन्तरि, 13. मोहिनी, 14. हयग्रीव, 15. नृसिंह, 16. वामन, 17. गजेन्द्रोधारावतार, 18. परशुराम, 19. वेदव्यास, 20. हन्सावतार, 21. राम, 22. कृष्ण, 23. बुद्ध, 24. कल्कि) का वर्णन श्री विष्णु पुराण एवं श्री भविष्य पुराण में स्पष्ट उल्लेख है। जिनमें मुख्य 10 अवतार (1. मत्स्य, 2. कूर्म, 3. वाराह, 4. नृसिंह, 5. वामन, 6. परशुराम, 7. राम, 8. कृष्ण, 9. बुद्ध, 10. कल्कि) ही माने जाते हैं।

ग्रन्थों में अवतारों की कई कोटि बतायी गई है जैसे अंशाशावतार, अंशावतार, आवेशावतार, कलावतार, नित्यावतार, युगावतार इत्यादि, जो भी सार्वभौम सत्य-सिद्धान्त को व्यक्त करता है वे सभी अवतार कहलाते हैं। व्यक्ति से लेकर समाज के सर्वोच्च स्तर तक सार्वभौम सत्य-सिद्धान्त को व्यक्त करने के क्रम में ही विभिन्न कोटि के अवतार स्तरबद्ध होते हैं। अन्तिम सार्वभौम सत्य-सिद्धान्त को व्यक्त करने वाला ही अन्तिम अवतार के रूप में व्यक्त होगा। अब तक हुये अवतार, पैगम्बर, ईशदूत इत्यादि को हम सभी उनके होने के बाद, उनके जीवन काल की अवधि में या उनके शरीर त्याग के बाद से ही जानते हैं। परन्तु भविष्य अर्थात् "आने वाले कल" के लिए कल्पित एक मात्र महाविष्णु के अवतार-कल्कि के आने से पूर्व ही जानने लगे हैं।

अदृश्य सत्य-सिद्धान्त से सार्वजनिक या ब्रह्माण्डीय प्रमाणित दृश्य सत्य-सिद्धान्त तक के व्यक्त होने की क्रिया में प्रयुक्त मानव शरीर ही अवतारों का शरीर है। इस क्रम में प्रत्येक अगला अवतार अपने पिछले अवतार का अगला चरण अर्थात् सामाजिक आवश्यकताओं की कालानुसार पूर्तिकर्ता सहित उसका पुर्नजन्म होता है। क्योंकि सत्य-सिद्धान्त को व्यक्त करने की इच्छा तब तक अवतारों में रहती है जब तक सत्य-सिद्धान्त पूर्णरूप से दृश्य सार्वजनिक या ब्रह्माण्डीय प्रमाणित रूप नहीं ले लेता। कोई भी मानव शरीर अवतारी ज्ञान, कर्म और ध्यान को रखते हुये भी यदि सम्पूर्ण सामाजिक या ब्रह्माण्डीय आवश्यकताओं का कालानुसार हल नहीं प्रस्तुत करता तो वह गुणों को रखते हुये भी अवतारी शरीर नहीं हो सकता। इस प्रकार प्रत्येक अगला अवतार अपने पिछले अवतार का संग्रहणीय, संक्रमणीय, गुणात्मक रूप का प्रतीक होता है। अवतारों का स्थूल शरीर किसी भी स्थूल अटलनीय, अपरिवर्तनीय, प्राकृतिक नियम-परिवर्तन या आदान-प्रदान से मुक्त नहीं होता सिर्फ उनका सूक्ष्म शरीर और व्यक्त सत्य-सिद्धान्त ही उससे मुक्त और अप्रभावी होता है जिसे दुःख-सुख, जन्म-मृत्यु इत्यादि से मुक्त कहते हैं।

सत्य से सार्वभौम सत्य-सिद्धान्त तक का मार्ग अवतारों का मार्ग है। सार्वभौम सत्य-सिंद्धान्त की अनुभूति ही अवतरण है। इसके अंश अनुभूति को अंश अवतार तथा पूर्ण अनुभूति को पूर्ण अवतार कहते हैं। अवतार मानव मात्र के लिए ही कर्म करते हैं न कि किसी विशेष मानव समूह या सम्प्रदाय के लिए। अवतार, धर्म, धर्मनिरपेक्ष व सर्वधर्मसमभाव से युक्त अर्थात् एकात्म से युक्त होते है। इस प्रकार अवतार से उत्पन्न शास्त्र मानव के लिए होते हैं, न कि किसी विशेष मानव समूह के लिए। उत्प्रेरक, शासक और मार्गदर्शक आत्मा सर्वव्यापी है। इसलिए एकात्म का अर्थ संयुक्त आत्मा या सार्वजनिक आत्मा है। जब एकात्म का अर्थ संयुक्त आत्मा समझा जाता है तब वह समाज कहलाता है। जब एकात्म का अर्थ व्यक्तिगत आत्मा समझा जाता है तब व्यक्ति कहलाता है।

अवतार, संयुक्त आत्मा का साकार रुप होता है जबकि व्यक्ति व्यक्तिगत आत्मा का साकार रुप होता है। शासन प्रणाली में समाज का समर्थक दैवी प्रवृत्ति तथा शासन व्यवस्था प्रजातन्त्र या लोकतन्त्र या स्वतन्त्र या मानवतन्त्र या समाजतन्त्र या जनतन्त्र या बहुतन्त्र या स्वराज कहलाता है और क्षेत्र गणराज्य कहलाता है। ऐसी व्यवस्था सुराज कहलाती है। शासन प्रणाली में व्यक्ति का समर्थक असुरी प्रवृत्ति तथा शासन व्यवस्था राज्यतन्त्र या राजतन्त्र या एकतन्त्र कहलाता है और क्षेत्र राज्य कहलाता है ऐसी व्यवस्था कुराज कहलाती है। सनातन से ही दैवी और असुरी प्रवृत्तियों अर्थात् दोनों तन्त्रों के बीच अपने-अपने अधिपत्य के लिए संघर्ष होता रहा है। जब-जब समाज में एकतन्त्रात्मक या राजतन्त्रात्मक अधिपत्य होता है तब-तब मानवता या समाज समर्थक अवतारों के द्वारा गणराज्य की स्थापना की जाती है। या यूँ कहें गणतन्त्र या गणराज्य की स्थापना ही अवतार का मूल उद्देश्य अर्थात् लक्ष्य होता है शेष सभी साधन अर्थात् मार्ग।

अवतारों के प्रत्यक्ष और प्रेरक दो कार्य विधि हैं। प्रत्यक्ष अवतार वे होते हैं जो स्वयं अपनी शक्ति का प्रत्यक्ष प्रयोग कर समाज का सत्यीकरण करते हैं। यह कार्य विधि समाज में उस समय प्रयोग होता है जब अधर्म का नेतृत्व एक या कुछ मानवों पर केन्द्रित होता है। प्रेरक अवतार वे होते हैं जो स्वयं अपनी शक्ति का अप्रत्यक्ष प्रयोग कर समाज का सत्यीकरण जनता एवं नेतृत्वकर्ता के माध्यम से करते हैं। यह कार्य विधि समाज में उस समय प्रयोग होता है जब समाज में अधर्म का नेतृत्व अनेक मानवों और नेतृत्वकर्ताओं पर केन्द्रित होता है।

इन विधियों में से कुल दस अवतारों में से प्रथम सात (मत्स्य, कूर्म, वाराह, नृसिंह, वामन, परशुराम, राम) अवतारों ने समाज का सत्यीकरण प्रत्यक्ष विधि के प्रयोग द्वारा किया था। आठवें अवतार (श्रीकृष्ण) ने दोनों विधियों प्रत्यक्ष ओर प्रेरक का प्रयोग किया था। नवें (भगवान बुद्ध) और अन्तिम दसवें अवतार की कार्य विधि प्रेरक ही है।

जल-प्लावन (जहाँ जल है वहाँ थल और जहाँ थल है वहाँ जल) के समय मछली से मार्ग दर्शन (मछली के गतीशीलता से सिद्धान्त प्राप्त कर) पाकर मानव की रक्षा करने वाला ईश्वर (सार्वभौम सत्य-सिद्धान्त) का पहला अंशावतार मत्स्यावतार के बाद मानव का पुनः विकास प्रारम्भ हुआ। दूसरे कूर्मावतार (कछुए के गुण का सिद्धान्त), तीसरे- वाराह अवतार (सुअर के गुण का सिद्धान्त), चौथे- नृसिंह (सिंह के गुण का सिद्धान्त), तथा पाँचवे वामन अवतार (ब्राह्मण के गुण का सिद्धान्त) तक एक ही साकार शासक और मार्गदर्शक राजा हुआ करते थे और जब-जब वे राज्य समर्थक या उसे बढ़ावा देने वाले इत्यादि असुरी गुणों से युक्त हुए उन्हें दूसरे से पाँचवें अंशावतार ने साकार रुप में कालानुसार भिन्न-भिन्न मार्गों से गुणों का प्रयोग कर गणराज्य का अधिपत्य स्थापित किया।

ईश्वर (सार्वभौम सत्य-सिद्धान्त) के छठें अंश अवतार परशुराम के समय तक मानव जाति का विकास इतना हो गया था कि अलग-अलग राज्यों के अनेक साकार शासक और मार्गदर्शक राजा हो गये थे उनमें से जो भी राज्य समर्थक असुरी गुणों से युक्त थे उन सबको परशुराम ने साकार रुप में वध कर डाला। परन्तु बार-बार वध की समस्या का स्थाई हल निकालने के लिए उन्होंने राज्य और गणराज्य की मिश्रित व्यवस्था द्वारा एक व्यवस्था दी जो आगे चलकर "परशुराम परम्परा" कहलायी। व्यवस्था निम्न प्रकार थी-

1. प्रकृति में व्याप्त तीन गुण- सत्व, रज और तम के प्रधानता के अनुसार मनुष्य का चार वर्णों में निर्धारण। सत्व गुण प्रधान - ब्राह्मण, रज गुण प्रधान-क्षत्रिय, रज एवं तम गुण प्रधान-वैश्य, तम गुण प्रधान-शूद्र।
2. गणराज्य का शासक राजा होगा जो क्षत्रिय होगा जैसे-ब्रह्माण्डीय गणराज्य में प्रकृति जो रज गुण अर्थात् कर्म अर्थात् शक्ति प्रधान है।
3. गणराज्य में राज्य सभा होगी जिसके अनेक सदस्य होंगे जैसे-ब्रह्माण्डीय गणराज्य में प्रकृति के सत्व, रज एवं तम गुणों से युक्त विभिन्न वस्तु हैं।
4. राजा का निर्णय राज्यसभा का ही निर्णय है जैसे-ब्रह्माण्डीय गणराज्य में प्रकृति का निर्णय वहीं है जो सत्व, रज एवं तम गुणों का सम्मिलित निर्णय होता है।
5. राजा का चुनाव जनता करे क्योंकि वह अपने गणराज्य में सर्वव्यापी और जनता का सम्मिलित रुप है जैसे-ब्रह्माण्डीय गणराज्य में प्रकृति सर्वव्यापी है और वह सत्व, रज एवं तम गुणों का सम्मिलित रुप है।

6. राजा और उसकी सभा राज्यवादी न हो इसलिए उस पर नियन्त्रण के लिए सत्व गुण प्रधान ब्राह्मण का नियन्त्रण होगा जैसे- ब्रह्माण्डीय गणराज्य में प्रकृति पर नियन्त्रण के लिए सत्व गुण प्रधान आत्मा का नियन्त्रण होता है।

ईश्वर (सार्वभौम सत्य-सिद्धान्त) के सातवें अंश अवतार श्रीराम द्वारा इसी परशुराम परम्परा का ही प्रसार और स्थापना हुआ था।

ईश्वर (सार्वभौम सत्य-सिद्धान्त) के आठवें अवतार श्रीकृष्ण के समय तक स्थिति यह हो गयी थी राजा पर नियन्त्रण के लिए नियुक्त ब्राह्मण भी समाज और धर्म की व्याख्या करने में असमर्थ हो गये। क्योंकि अनेक धर्म साहित्यों, मत-मतान्तर, वर्ण, जातियों में समाज विभाजित होने से व्यक्ति संकीर्ण और दिग्भ्रमित हो गया था और राज्य समर्थकों की संख्या अधिक हो गयी थी परिणामस्वरुप मात्र एक ही रास्ता बचा था- नवमानव सृष्टि। इसके लिए उन्होंने सम्पूर्ण धर्म-साहित्यों और मत-मतान्तरों के एकीकरण के लिए आत्मा के सर्वव्यापी व्यक्तिगत प्रमाणित निराकार स्वरुप का उपदेश "गीता" व्यक्त किये और गणराज्य का उदाहरण द्वारिका नगर का निर्माण कर किये। उनकी गणराज्य व्यवस्था उनके जीवन काल में ही नष्ट हो गयी परन्तु "गीता" आज भी प्रेरक बनीं हुई है।

ईश्वर (सार्वभौम सत्य-सिद्धान्त) के नवें अवतार भगवान बुद्ध के समय पुनः राज्य एकतन्त्रात्मक होकर हिंसात्मक हो गया परिणामस्वरुप बुद्ध ने अहिंसा के उपदेश के साथ व्यक्तियों को धर्म, बुद्धि और संघ के शरण में जाने की शिक्षा दी। संघ की शिक्षा गणराज्य की शिक्षा थी। धर्म की शिक्षा आत्मा की शिक्षा थी। बुद्धि की शिक्षा, प्रबन्ध और संचालन की शिक्षा थी जो प्रजा के माध्यम से प्रेरणा द्वारा गणराज्य के निर्माण की प्रेरणा थी।

ईश्वर (सार्वभौम सत्य-सिद्धान्त) के दसवें और अन्तिम अवतार के समय तक राज्य और समाज स्वतः ही प्राकृतिक बल के अधीन कर्म करते-करते सिद्धान्त प्राप्त करते हुए पूर्ण गणराज्य की ओर बढ़ रहा था परिणामस्वरुप गणराज्य का रुप होते हुए भी गणराज्य सिर्फ राज्य था और एकतन्त्रात्मक अर्थात् व्यक्ति समर्थक तथा समाज समर्थक दोनों की ओर विवशतावश बढ़ रहा था।

भारत में निम्लिखित रुप व्यक्त हो चुका था।

1. ग्राम, विकास खण्ड, नगर, जनपद, प्रदेश और देश स्तर पर गणराज्य और गणसंघ का रुप।
2. सिर्फ ग्राम व नगर स्तर पर राजा (ग्राम व नगर पंचायत अध्यक्ष) का चुनाव सीधे जनता द्वारा।
3. गणराज्य को संचालित करने के लिए संचालक का निराकार रुप- संविधान।
4. गणराज्य के तन्त्रों को संचालित करने के लिए तन्त्र और क्रियाकलाप का निराकार रुप-नियम और कानून।
5. राजा पर नियन्त्रण के लिए ब्राह्मण का साकार रुप- राष्ट्रपति, राज्यपाल, जिलाधिकारी इत्यादि।

विश्व स्तर पर निम्नलिखित रुप व्यक्त हो चुका था।

1. गणराज्यों के संघ के रुप में संयुक्त राष्ट्र संघ का रुप।
2. संघ के संचालन के लिए संचालक और संचालक का निराकार रुप- संविधान।
3. संघ के तन्त्रों को संचालित करने के लिए तन्त्र और क्रियाकलाप का निराकार रुप- नियम और कानून।
4. संघ पर नियन्त्रण के लिए ब्राह्मण का साकार रुप-पाँच वीटो पावर।
5. प्रस्ताव पर निर्णय के लिए सदस्यों की सभा।
6. नेतृत्व के लिए राजा- महासचिव।

जिस प्रकार आठवें अवतार द्वारा व्यक्त आत्मा के निराकार रुप "गीता" के प्रसार के कारण आत्मीय प्राकृतिक बल सक्रिय होकर गणराज्य के रुप को विवशतावश समाज की ओर बढ़ा रहा था उसी प्रकार अन्तिम अवतार द्वारा निम्नलिखित शेष समष्टि कार्य पूर्ण कर प्रस्तुत कर देने मात्र से ही विवशतावश उसके अधिपत्य की स्थापना हो जाना है।

1. गणराज्य या लोकतन्त्र के सत्य रुप- गणराज्य या लोकतन्त्र के स्वरुप का अन्तर्राष्ट्रीय/ विश्वमानक।

2. राजा और सभा सहित गणराज्य पर नियन्त्रण के लिए साकार ब्राह्मण का निराकार रुप- मन का अन्तर्राष्ट्रीय/ विश्वमानक।
3. गणराज्य के प्रबन्ध का सत्य रुप- प्रबन्ध का अन्तर्राष्ट्रीय/ विश्वमानक।
4. गणराज्य के संचालन के लिए संचालक का निराकार रुप- संविधान के स्वरुप का अन्तर्राष्ट्रीय/ विश्वमानक।
5. साकार ब्राह्मण निर्माण के लिए शिक्षा का स्वरुप- शिक्षा पाठ्यक्रम का अन्तर्राष्ट्रीय/ विश्वमानक।

इस समष्टि कार्य द्वारा ही काल व युग परिवर्तन होगा न कि सिर्फ चिल्लाने से कि "सतयुग आयेगा", "सतयुग आयेगा" से। यह समष्टि कार्य जिस शरीर से सम्पन्न होगा वही अन्तिम अवतार के रूप में व्यक्त होगा। धर्म में स्थित वह अवतार चाहे जिस सम्प्रदाय (वर्तमान अर्थ में धर्म) का होगा उसका मूल लक्ष्य यही शेष समष्टि कार्य होगा और स्थापना का माध्यम उसके सम्प्रदाय की परम्परा व संस्कृति होगी।

जिस प्रकार केन्द्र में संविधान संसद है, प्रदेश में संविधान विधान सभा है उसी प्रकार ग्राम नगर में भी संविधान होना चाहिए जिस प्रकार केन्द्र और प्रदेश के न्यायालय और पुलिस व्यवस्था है उसी प्रकार ग्राम नगर के भी होने चाहिए कहने का अर्थ ये है कि जिस प्रकार की व्यवस्थायें केन्द्र और प्रदेश की अपनी हैं उसी प्रकार की व्यवस्था छोटे रुप में ग्राम नगर की भी होनी चाहिए। संघ (राज्य) या महासंघ (केन्द्र) से सम्बन्ध सिर्फ उस गणराज्य से होता है प्रत्येक नागरिक से नहीं संघ या महासंघ का कार्य मात्र अपने गणराज्यों में आपसी समन्वय व सन्तुलन करना होता है उस पर शासन करना नहीं तभी तो सच्चे अर्थों में गणराज्य व्यवस्था या स्वराज-सुराज व्यवस्था कहलायेगी। यही राष्ट्रपिता महात्मा गाँधी की प्रसिद्ध युक्ति "भारत ग्राम (नगर) गणराज्यों का संघ हो" और "राम राज्य" का सत्य अर्थ है।

पूर्ण मनुष्य के निर्माण प्रक्रिया में निम्नलिखित दस चरण पूरे हुए हैं अर्थात् पूर्णता के लिए इन दस चरण में व्यक्त मुख्य-गुण सिद्धान्त का संयुक्त व्यक्तित्व ही पूर्ण मनुष्य के रूप में निर्मित होता है। विष्णु के निम्न दस अवतार के मुख्य-गुण सिद्धान्त निम्न प्रकार हैं-

काल का प्रथम रूप

अदृश्य काल

धर्म ज्ञान का प्रारम्भ

01. वैदिक धर्म-ऋषि-मुनि गण-ईसापूर्व 6000-2500

पहलायुग: सत्ययुग

02. ब्राह्मण धर्म-ब्राह्मण गण-ईसापूर्व 6000-2500

अ. व्यक्तिगत प्रमाणित पूर्ण प्रत्यक्ष अवतार

01. अदृश्य काल के व्यक्तिगत प्रमाणित काल में व्यक्तिगत प्रमाणित अदृश्य प्राकृतिक चेतना से युक्त सत्य आधारित सतयुग में विष्णु के प्रथम अवतार - मत्स्य अवतार

मुख्य-गुण सिद्धान्त - मछलियों के स्वभाव जल की धारा के विपरीत दिशा (राधा) में गति करने से ज्ञान (अर्थात् राधा का सिद्धान्त) प्रथम अवतार मत्स्य अवतार का गुण था जो अगले अवतार में संचरित हुई।

02. अदृश्य काल के व्यक्तिगत प्रमाणित काल में व्यक्तिगत प्रमाणित अदृश्य प्राकृतिक चेतना से युक्त सत्य आधारित सतयुग में विष्णु के द्वितीय अवतार - कूर्म या कच्छपावतार

मुख्य-गुण सिद्धान्त - एक सहनशील, शांत, धैर्यवान, लगनशील, दोनों पक्षों के बीच मध्यस्थ की भूमिका वाला गुण (समन्वय का सिद्धान्त) सहित प्रथम अवतार के गुण सहित वाला गुण द्वितीय अवतार कूर्म अवतार का गुण था जो अगले अवतार में संचरित हुई।

03. अदृश्य काल के व्यक्तिगत प्रमाणित काल में व्यक्तिगत प्रमाणित अदृश्य प्राकृतिक चेतना से युक्त सत्य आधारित सतयुग में विष्णु के तृतीय अवतार - वाराह अवतार

मुख्य-गुण सिद्धान्त - एक मेधावी, सूझ-बुझ, सम्पन्न, पुरूषार्थी, धीर-गम्भीर, निष्कामी, बलिष्ठ, सक्रिय, अहिंसक और समूह प्रेमी, लोगों का मनोबल बढ़ाना, उत्साहित और सक्रिय करने वाला गुण (प्रेरणा का सिद्धान्त) सहित द्वितीय अवतार के समस्त गुण से युक्त वाला गुण तृतीय अवतार वाराह अवतार का गुण था जो अगले अवतार में संचरित हुई।

04. अदृश्य काल के व्यक्तिगत प्रमाणित काल में व्यक्तिगत प्रमाणित अदृश्य प्राकृतिक चेतना से युक्त सत्य आधारित सतयुग में विष्णु के चौथे अवतार - नृसिंह अवतार

मुख्य-गुण सिद्धान्त - प्रत्यक्ष रूप से एका-एक लक्ष्य को पूर्ण करने वाले (लक्ष्य के लिए त्वरित कार्यवाही का सिद्धान्त) गुण सहित तृतीय अवतार के समस्त गुण से युक्त वाला गुण चतुर्थ अवतार नरसिंह अवतार का गुण था जो अगले अवतार में संचरित हुई।

05. अदृश्य काल के व्यक्तिगत प्रमाणित काल में व्यक्तिगत प्रमाणित अदृश्य प्राकृतिक चेतना से युक्त सत्य आधारित सतयुग में विष्णु के पाचवें अवतार - वामन अवतार

मुख्य-गुण सिद्धान्त - भविष्य दृष्टा, राजा के गुण का प्रयोग करना, थोड़ी सी भूमि पर गणराज्य व्यवस्था की स्थापना व व्यवस्था को जिवित करना, उसके सुख से प्रजा को परिचित कराने वाले गुण (समाज का सिद्धान्त) सहित चतुर्थ अवतार के समस्त गुण से युक्त गुण पाँचवें अवतार का गुण था जो अगले अवतार में संचरित हुई।

ब. सार्वजनिक प्रमाणित अंश प्रत्यक्ष अवतार

06. अदृश्य काल के व्यक्तिगत प्रमाणित काल में व्यक्तिगत प्रमाणित अदृश्य प्राकृतिक चेतना से युक्त सत्य आधारित सतयुग में विष्णु के छठवें अवतार - परशुराम अवतार

मुख्य-गुण सिद्धान्त - गणराज्य व्यवस्था को ब्रह्माण्ड में व्याप्त व्यवस्था सिद्धान्तों को आधार बनाने वाले गुण और व्यवस्था के प्रसार के लिए योग्य व्यक्ति को नियुक्त करने वाले गुण (लोकतन्त्र का सिद्धान्त और उसके प्रसार के लिए योग्य उत्तराधिकारी नियुक्त करने का सिद्धान्त) सहित पाँचवें अवतार के समस्त गुण से युक्त वाला गुण छठें अवतार परशुराम का गुण था जो अगले अवतार में संचरित हुई।

दूसरायुग: त्रेतायुग

03. वैदिक धर्म-श्रीराम-ईसापूर्व 6000-2500

स. सार्वजनिक प्रमाणित पूर्ण प्रत्यक्ष अवतार

07. अदृश्य काल के सार्वजनिक प्रमाणित काल में सार्वजनिक प्रमाणित अदृश्य प्राकृतिक चेतना से युक्त यज्ञ (अदृश्य कर्म) आधारित त्रेता युग में विष्णु के सातवें अवतार - श्री राम अवतार- रामायण (मानक व्यक्ति चरित्र)

मुख्य-गुण सिद्धान्त - आदर्श चरित्र के गुण तथा छठें अवतार तक के समस्त गुण को प्रसार करने वाला गुण (व्यक्तिगत आदर्श चरित्र के आधार पर विचार प्रसार का सिद्धान्त) सातवें अवतार श्रीराम का गुण था जो अगले अवतार में संचरित हुई।

तीसरायुग: द्वापरयुग

04. वेदान्त अद्वैत धर्म-श्रीकृष्ण-ईसापूर्व 3000

द. व्यक्तिगत प्रमाणित पूर्ण प्रेरक अवतार

08. दृश्य काल के व्यक्तिगत प्रमाणित काल में व्यक्तिगत प्रमाणित पूर्ण दृश्य सत्य चेतना से युक्त भक्ति और प्रेम आधारित द्वापर युग में विष्णु के आठवें अवतार -योगेश्वर श्री कृष्ण अवतार महाभारत (मानक सामाजिक व्यक्ति चरित्र)

मुख्य-गुण सिद्धान्त - आदर्श सामाजिक व्यक्ति चरित्र के गुण, समाज में व्याप्त अनेक मत-मतान्तर व विचारों के समन्वय और एकीकरण से सत्य-विचार के प्रेरक ज्ञान को निकालने वाले गुण (सामाजिक आदर्श व्यक्ति का सिद्धान्त और व्यक्ति से उठकर विचार आधारित व्यक्ति निर्माण का सिद्धान्त) सहित सातवें अवतार तक के समस्त गुण आठवें अवतार श्रीकृष्ण का गुण था। जिससे व्यक्ति, व्यक्ति पर विश्वास न कर अपने बुद्धि से स्वयं निर्णय करें और प्रेरणा प्राप्त करता रहे। जो अगले अवतार में संचरित हुई।

चौथा युग: कलियुग

05. यहूदी धर्म
06 .पारसी धर्म-जरथ्रुस्ट-ईसापूर्व 1700
07. बौद्ध धर्म-भगवान बुद्ध-ईसापूर्व 1567-487
08. कन्फ्यूसी धर्म-कन्फ्यूसियश-ईसापूर्व 551-479
09. टोईज्म धर्म-लोओत्से-ईसापूर्व 604-518
10. जैन धर्म-भगवान महावीर-ईसापूर्व 539-467
11. ईसाइ धर्म-ईसा मसीह-सन् 33 ई0

12. इस्लाम धर्म-मुहम्मद पैगम्बर-सन् 670 ई0
13. सिक्ख धर्म-गुरु नानक-सन् 1510 ई0

य. सार्वजनिक प्रमाणित अंश प्रेरक अवतार

09. दृश्य काल के व्यक्तिगत प्रमाणित काल में सार्वजनिक प्रमाणित अंश दृश्य सत्य चेतना से युक्त संघ और योजना आधारित कलियुग के प्रारम्भ में विष्णु के नवें अवतार - बुद्ध अवतार

मुख्य-गुण सिद्धान्त - प्रजा को प्रेरित करने के लिए धर्म, संघ और बुद्धि के शरण में जाने की मूल शिक्षा देना नवें अवतार भगवान बुद्ध का गुण (धर्म, संघ और बुद्धि का सिद्धान्त) था। जो अगले अवतार में संचरित हुई।

काल का द्वितीय और अन्तिम रूप

दृश्य काल

धर्म ज्ञान का अन्त

पाँचवाँयुग: सत्ययुग/स्वर्णयुग

14. विश्व/सत्य/धर्मनिरपेक्ष/लोकतन्त्र धर्म-लव कुश सिंह "विश्वमानव"-सन् 2012 ई0

र. सार्वजनिक प्रमाणित पूर्ण प्रेरक अवतार

10. दृश्य काल के सार्वजनिक प्रमाणित काल में सार्वजनिक प्रमाणित पूर्ण दृश्य सत्य चेतना से युक्त संघ और योजना (दृश्य यज्ञ या कर्म) आधारित कलियुग के अन्त में विष्णु के दसवाँ और अन्तिम - भोगेश्वर श्री लव कुश सिंह "विश्वमानव" निष्कलंक कल्कि अवतार - विश्वभारत (मानक वैश्विक व्यक्ति चरित्र)

आदर्श वैश्विक व्यक्ति चरित्र सहित सभी अवतारों का सम्मिलित गुण व मन निर्माण की प्रक्रिया से निर्मित अन्तिम मन स्वामी विवेकानन्द के मन के गुण मिलकर दसवें अन्तिम अवतार श्री लव कुश सिंह "विश्वमानव" में व्यक्त हुआ।

मुख्य-गुण सिद्धान्त - विश्व धर्म / वेदान्त धर्म / अद्वैत धर्म / एकता धर्म / लोकतन्त्र धर्म / समष्टि धर्म / प्राकृतिक धर्म / सत्य धर्म / संयुक्तमन धर्म / ईश्वर धर्म / हिन्दू धर्म / सार्वजनिक धर्म / दृश्य धर्म / मानव धर्म / धर्मनिरपेक्ष धर्म - लव कुश सिंह "विश्वमानव" - सन् 2012 ई0 - पूर्ववर्ती सभी धर्मों व मतों का समन्वय व एकीकरण करते हुये निराकार आधारित लोकतंत्र व्यवस्था का वृक्ष शास्त्र विश्व-नागरिक धर्म का धर्मयुक्त धर्मशास्त्र-कर्मवेद: प्रथम, अन्तिम तथा पंचम वेदीय श्रृंखला विश्व-राज्य धर्म का धर्मनिपेक्ष धर्मशास्त्र- विश्वमानक-शून्य: मन की गुणवत्ता का विश्वमानक श्रृंखला, आदर्श मानक सामाजिक व्यक्ति चरित्र समाहित आदर्श मानक वैश्विक व्यक्ति चरित्र अर्थात् सार्वजनिक प्रमाणित आदर्श मानक वैश्विक व्यक्ति चरित्र का प्रस्तुतीकरण।

भाग-1

चौथा युग: कलियुग

य. सार्वजनिक प्रमाणित अंश प्रेरक अवतार

09. दृश्य काल के व्यक्तिगत प्रमाणित काल में सार्वजनिक प्रमाणित अंश दृश्य सत्य चेतना से युक्त संघ और योजना आधारित कलियुग के प्रारम्भ में विष्णु के नवें अवतार - बुद्ध अवतार

मुख्य-गुण सिद्धान्त - प्रजा को प्रेरित करने के लिए धर्म, संघ और बुद्धि के शरण में जाने की मूल शिक्षा देना नवें अवतार भगवान बुद्ध का गुण (धर्म, संघ और बुद्धि का सिद्धान्त) था। जो अगले अवतार में संचरित हुई।

विष्णु के नवें अवतार - बुद्ध अवतार

चौथायुग : कलियुग

सार्वजनिक प्रमाणित दृश्य मार्ग से मन का आत्मीय केन्द्रित स्थिति अर्थात् सार्वजनिक प्रमाणित व्यक्ति व भौतिक वस्तु माध्यम द्वारा आत्मा पर केन्द्रित मन।

यह स्थिति कलियुग की अन्तिम स्थिति है।

9. नौवां अवतार : बुद्ध अवतार
सार्वजनिक प्रमाणित अंश प्रेरक अवतार

चौथायुगः कलियुग
य. सार्वजनिक प्रमाणित अंश प्रेरक अवतार
९. नौवां अवतार : बुद्ध अवतार

ईश्वर के अंश अवतार
ब्रह्मा के अंश अवतार
विष्णु के अंश अवतार
महेश के अंश अवतार

बुद्ध अवतार (पूर्व कथा)

श्रीराम तथा श्रीकृष्ण के जीवन द्वारा प्रदर्शित आदर्शों पर चलकर भारत की खूब उन्नति हुई थी। लोगों ने समझ लिया था कि ईश्वर-प्राप्ति ही जीवन का उद्देश्य है, उसी में सुख-शान्ति है। इसीलिए वे लोग जीवन के सभी कर्म भगवान की प्राप्ति के लिए किया करते थे। इस प्रकार देश से पाप चला गया और सर्वत्र शान्ति की स्थापना हुई।

शान्ति के माहौल में लोग क्रमशः आराम-पसन्द होने लगे ईश्वर और धर्म केवल बातों में रह गए; मान-ऐश्वर्य तथा सांसारिक सुख ही जीवन का सार, है, यही भाव प्रबल होने लगा। धर्म-कर्म गौरव की वस्तु हो गयी, लोग भूल गये कि इसका उद्देश्य शान्ति है। अपने-अपने वर्ण का गौरव बढ़ाने के लिए ही लोग धर्म का आचरण करने लगे।

राजा-महाराजा अत्यन्त व्ययसाध्य योग-यज्ञ किया करते थे, परन्तु उसका उद्देश्य मान-यश हो गया। योगी तथा ब्राह्मण अत्यन्त कष्टसाध्य तपस्या करते हुए देहपात कर देते; परन्तु इस सबका एकमात्र उद्देश्य रह गया सम्मान, पूजाप्राप्ति तथा शिष्य बनाना। जाति का गौरव तथा सांसारिक उन्नति को ही लेकर मानव भटक गया। देश से भगवान चले गये और धर्म का स्थान लोकाचार ने ग्रहण कर लिया। मनुष्य के प्राणों में सुख-शान्ति नहीं रही। जीवन भगवद्भक्ति-विहीन श्मशान में परिणत हुआ और उसमें धू-धूकर वासना की आग जलने लगी।

कपिलवस्तु नगरी में शुद्धोदन नाम के एक राजा थे। काफी आयु में उनकी एक सन्तान हुई। ज्योतिषियों ने गणना करके बताया, "यह बालक संसार में रहे तो चक्रवर्ती राजा बनेगा और संन्यासी होगा तो जगद्गुरू होगा।" उसका नाम सिद्धार्थ रखा गया। खूब सुन्दर, बुद्धिमान तथा धीर-स्थिर होने के कारण सबका उसके प्रति स्नेह था, बालसुलभ चपलता का उसमें अभाव था, यहाँ तक कि खेलकूद भी उसे पसन्द न था। आयु के साथ साथ उसकी गम्भीरता में भी वृद्धि होने लगी। राजा शुद्धोदन सर्वदा शंकित रहते कि बालक कहीं संन्यासी न हो जाय। इसीलिए वे सिद्धार्थ को सदा प्रफुल्ल रखने का प्रयास करते।

बाल्यकाल से ही उसके हृदय में सर्व जीवों के प्रति समान रूप से दयाभाव दीख पड़ता। एक दिन देवदत्त नामक शाक्त बालक ने एक जंगली हंस पर तीर चलाया। आकाश में तीर से घायल होकर हंस सिद्धार्थ के निकट आ गिरा। सिद्धार्थ ने हंस को गोद में उठा लिया और तीर निकालकर उसे स्वस्थ कर दिया। देवदत्त अपना शिकार लेने को दौड़ता हुआ आया, परन्तु सिद्धार्थ किसी भी हालत में हंस देने को राजी नहीं हुए। इसी बात को लेकर दोनों के बीच विवाद छिड़ गया। निपटारे के लिए वृद्धों के पास जाने पर उन लोगों ने कहा, "जो प्राणी की रक्षा करता है, उसी का उस पर अधिकार होता है।"

कपिलवस्तु नगर में एक कृषि-महोत्सव हुआ करता था। उस अवसर पर राजा, मंत्री आदि सभी खेतों में हल चलाते थे। इससे मिट्टी के भीतर से बहुत सारे कीट-पतंग बाहर निकल आते थे। उनमें से कुछ लोगों के पाँव-

तले आकर मर जाते और बाकी को पक्षी पकड़कर खा जाते। जीवों के इस भयानक कष्ट को सह पाने में असमर्थ होकर सिद्धार्थ ने अपने पिता से यह प्रथा बन्द कर देने का अनुनय-विनय किया।

गोपा (यशोधरा) नाम की एक रूप-गुणवती कन्या के साथ सिद्धार्थ का विवाह हुआ। उनके वैराग्यग्रसित मन को आमोद-प्रमोद में मग्न रखने के लिए राजा ने एक प्रमोद-उद्यान का निर्माण कराया, जिसमें प्रतिदिन नृत्य-गीत के आयोजन हुआ करते थे। सिद्धार्थ उनमें सम्मिलित होते, परन्तु अन्य लोगों के समान रस नहीं ले पाते।

मनुष्य के दुःखों का कोई अन्त नहीं; एक को दूर करने पर दूसरा दुःख स्वतः ही आकर प्रकट हो जाता है। किसी के जीवन में दुःख देखते ही सिद्धार्थ का मन द्रवीभूत हो जाता और उन्हें इच्छा होती कि प्राण देकर भी यदि हो सके तो उस दुःख का मोचन किया जाय। एक दिन नगर-भ्रमण को निकलने पर उन्होंने देखा कि एक व्यक्ति रोग की पीड़ा से बड़ा कष्ट पा रहा है। इसके साथ ही उनके चिन्तनशील मन में हलचल मच गई और भ्रमण वहीं स्थगित कर देना पड़ा।

एक अन्य दिन एक वृद्ध की दुर्दशा ने उनका ध्यान आकृष्ट किया। मानव-शरीर के इस सुनिश्चित परिणाम के विषय में सोचकर वे अधीर हो गए। दूसरे दिन एक अन्य दृश्य ने उन्हें और चंचल कर डाला। उन्होंने देखा कि एक मृत व्यक्ति को दाह करने हेतु श्मशान में लाया गया है और उसके स्त्री-पुत्र व्याकुल होकर रो रहे है। इस दृश्य ने सिद्धार्थ के मन में प्रबल वैराग्य का संचार किया। अहा! ऐसे अनित्य दुःखमय जीवन को लेकर हम लोग भूले हुए है! हो, तो फिर इस जीवन का मूल्य ही क्या है? सोचते-सोचते सिद्धार्थ इस विचार का कोई भी ओर-छोर न पा सके।

एक दिन एक शान्तमूर्ति संन्यासी का निर्विकार भाव देखकर उनके मन में एक नवीन विचार का उदय हुआ। उन्होंने सोचा - मैं भी ऐसा ही संन्यासी होकर तपस्या करके देखूँगा कि जरा-व्याधि-मृत्यु से छुटकारा पाने का कोई उपाय है या नहीं। उन्होंने पिता के समक्ष अपनी इच्छा व्यक्त की। राजा यह सुनकर बड़े विचलित हुए, किसी भी युक्ति पर उन्होंने पुत्र के संन्यास का अनुमोदन नहीं किया; बल्कि कहीं सिद्धार्थ बिना बताए ही चले न जायँ, इसलिए उन्होंने कड़े पहरे की भी व्यवस्था कर दी।

उन्हीं दिनों गोपा के एक पुत्र हुआ। सिद्धार्थ ने देखा कि वे क्रमशः संसार में उलझते जा रहे है; अतः अब देरी करना उचित न समझकर एक दिन आधी रात के समय उन्होंने राज्य छोड़कर प्रस्थान किया।

सिद्धार्थ त्यागी के वेश में तपस्वियों के पास जाकर योग की शिक्षा ग्रहण करने लगे। उन दिनों लोग भाँति-भाँति की कठोर तपस्या करते थे और थोड़ी-सी कुछ अनुभूति होते ही अपने को सिद्ध समझकर उसका प्रचार करने लगते थे। सिद्धार्थ ने इसी श्रेणी के अनेक योगियों का शिष्यत्व स्वीकार कर उनके धर्ममतों में सिद्धि प्राप्त की। परन्तु उन्होंने देखा कि ये अनुभूतियाँ मनुष्य को जरा-मरण के हाथ से नहीं बचा सकती। इस पर उनके मन की अशान्ति और बढ़ गई।

विभिन्न स्थानों पर घूमते-घूमते क्लान्त एवं निराश होकर सिद्धार्थ ने निश्चय किया कि वे स्वयं ही ध्यान-तपस्या आदि करके जरा-मरण के निवारण का उपाय ढूँढ़ निकालने का प्रयास करेंगे। अतः वे गया के निकट निरंजना नदी के तट पर स्थित ऊरूबिल्व ग्राम के एक मनोहर स्थान पर योगासन में बैठकर ध्यान में डूब गए। पाँच अन्य साधक भी उनकी तपस्या एवं तेजस्विता पर मुग्ध होकर उनके शिष्य बन गये और सिद्धार्थ की सेवा में लग गए।

सिद्धार्थ आहार-निद्रा को त्यागकर दिन-रात एकासन में बैठे ध्यान करने लगे। उपवास के कारण उनका शरीर इतना दुर्बल हो गया कि एक दिन स्नान करके नदी के तट पर चढ़ते समय वे मूर्छित हो गए। शिष्यों ने सोचा कि उनकी मृत्यु हो गयी है। मूच्र्छा टूटने पर उन्होंने सोचा कि इस प्रकार कठोरता के द्वारा शरीर बरबाद करने से सिद्धिलाभ सम्भव नहीं है। अतः वे पुनः आहार ग्रहण करने लगे। उन दिनों लोगों की धारणा थी कि अन्न-पान में कठोरता बरतना ही साधना है। सिद्धार्थ के उस कठोरता का त्याग कर देने पर शिष्यों ने सोचा कि उनका पतन हो गया है, अतः वे उन्हें छोड़कर चले गये।

सिद्धार्थ का शरीर स्वस्थ एवं सबल हुआ। फिर ध्यान करते करते उनका मन निर्वाण-सागर में मिल गया और उन्हें बुद्धत्व की प्राप्ति हुई। आनन्द और शान्ति से उनका हृदय परिपूर्ण हो उठा।

सिद्धार्थ बाल्यकाल से ही जीवों के दुःख से कातर थे। बुद्धत्व की उपलब्धि के साथ ही वे दुःखमोचन का उपाय जान गये, परन्तु मुक्ति अथवा निर्वाण की बातें किसे सुनाते? सामान्य जन तो ये बातें समझ नहीं सकते थे। उन्हीं पाँच शिष्यों की बात उन्हें याद हो आई। खोजते-खोजते वे उन्हें काशी के निकट सारनाथ में मिले। उनके उपदेशों से निर्वाण प्राप्त कर शिष्यगण कृतार्थ हो गये। फूल खिलने पर भ्रमरों का अभाव नहीं रहता। सैकड़ों लोग उनसे धर्म की शिक्षा पाने को आ जुटने लगे। अनेक लोग सर्वस्व त्यागकर संन्यासी होने लगे।

शुद्धोदन अपने पुत्र के गौरव की बातें सुनकर बड़े आनन्दित हुए। उन्होंने बुद्धदेव को कपिलवस्तु ले आने को आदमी भेजा। बुद्धदेव का आगमन होने पर नगर के लोग उन्हें देखने को दौड़े आए। शुद्धोदन, गोपा आदि सबने निर्वाण-धर्म का उपदेश पाकर सुख-दुःख से मुक्ति पायी। शाक्यवंश के अनेक बालकों तथा युवकों ने संन्यास लेकर बुद्धदेव का अनुसरण किया; यहाँ तक कि बुद्धदेव का पुत्र राहुल भी संन्यासी हुआ।

बुद्धदेव उत्तरी भारत में सर्वत्र निर्वाण-धर्म का उपदेश देते हुए भ्रमण करने लगे। जो साधकगण कठोर तपस्या के उपरान्त भी अभीष्ट नहीं प्राप्त कर पा रहे थे, बुद्धदेव की कृपा से उन लोगों ने सिद्धिलाभ किया। संसार की ज्वाला में भुनकर मर रहे सहस्त्रों लोगों को भी बुद्धदेव के उपदेशों से शान्ति मिली। घृणित-पतित के रूप में जिन्हें समाज में हेय दृष्टि से देखा जाता था, बुद्धदेव ने शिष्य बनाकर उनका भी उद्धार किया। भारत में पुनः धर्मभाव जाग उठा, लोगों के मन में शान्ति का संचार हुआ।

अस्सी वर्ष की आयु में बुद्धदेव ने महानिर्वाण प्राप्त किया।

परिचय

भगवान बुद्धदेव का जन्म राजा शुद्धोदन और मायादेवी के पुत्र के रूप में कपिलवस्तु के समीप लुम्बिनी में हुआ था। उनका नाम सिद्धार्थ रखा गया, जिसका अर्थ है- "वह जिसने अपना उद्देश्य पूर्ण कर लिया है।" उनके पिता ने शिशु राजकुमार को देखने के लिए एक विद्वान ब्राह्मण ऋषि को आमन्त्रित किया और उसे देखते ही ऋषि ने भविष्यवाणी की- "अलौकिक लक्षणों से यह ज्ञात होता है कि नवजात शिशु सारे संसार को मुक्ति प्रदान करेगा।" किन्तु ऋषि ने राजा को यह चेतवानी भी दी कि अगर बालक किसी समय रोगी वृद्ध या मृतक को देखेगा, तो वह संसार का त्याग भी कर सकता है। राजा यह सुनकर अत्यन्त चिन्तित हो उठे। उन्होंने अल्पावस्था में ही सिद्धार्थ का विवाह कर दिया और उन्हें एक प्रकार से सुखोपभोग के समस्त साधनों से परिपूर्ण विलास उद्यान में बन्दी ही बना लिया, पर अवश्यम्भावी को कौन रोक सकता है? जिस प्रकार जंजीरो में बंधी हाथी जंगलों में घूमने के लिए व्यग्र हो उठता है। उसी प्रकार राजकुमार भी संसार को देखने के लिए आतुर हो उठे। सारे पथ सजाये गये और सारा नगर उत्साह से भर उठा। नगर का परिभ्रमण करते हुए सिद्धार्थ ने एक बूढ़े को, एक रोगी को, एक मृतक को और अन्त में एक सन्यासी को देखा। सिद्धार्थ को बताया गया कि प्रथम तीन दृश्य बिरले नहीं है, क्योंकि ये तो समस्त जीवित प्राणियों की अवश्यम्भावी नियति है। इससे सिद्धार्थ अत्यन्त विचलित हुए और गहन चिन्तन में डूब गये। जब वे राजभवन वापस लौटे, तब किसी ने उन्हें यह शुभ समाचार प्रदान किया कि उनकी पत्नी यशोधरा ने एक पुत्र को जन्म दिया है और उसका नाम राहुल रखा गया है। इस समाचार से प्रसन्न होने के बदले सिद्धार्थ ने विचार किया, "यह तो बन्धन के उपर लदा बन्धन है", और उन्होंने सत्य की खोज के लिए संसार का त्याग करने का निश्चय किया। उनका यह निश्चय तब कार्य रूप में परिणत हुआ, जब उन्होंने अपने अवतरण के प्रयोजन को पूर्ण करने के लिए सर्वस्व का परित्याग करते हुए प्रव्रज्या ग्रहण कर ली। वे उरूविल्व (बुद्धगया) पहुँचे और वहाँ एक वट वृक्ष के नीचे आत्मज्ञान प्राप्त करने का संकल्प लेकर आसीन हो गये। छह वर्षों की कठिन साधना के उपरान्त उन्हें चिरवांछित आत्मज्ञान प्राप्त हुआ और वे बोधिसत्व हो गये तदुपरान्त उन्होंने अपने नये सन्देश का प्रचार करना आरम्भ किया। बुद्ध ने वाराणसी के निकट सारनाथ में पहला उपदेश प्रदान किया। अपने महान सन्देशों का पूरे पैतालिस वर्षों तक प्रचार करते हुए तथा एक सुव्यवस्थित संघ की स्थापना के द्वारा उन्होंने अपने अवतरण के उद्देश्य को पूर्ण किया।

तदुपरान्त वैशाख पूर्णिमा को अस्सी वर्ष की प्रौढ़ अवस्था में कुशीनारा में उनका महापरिनिर्वाण हुआ। यह दिन तिगुना पुनीत माना जाता है क्योंकि इसी दिन वे उत्पन्न हुए थे तथा इसी दिन उन्होंने बोध प्राप्त किया था। भगवान बुद्ध "महापरिनिब्बानसुत" में कहा है कि (1) वह स्थान जहाँ उन्होंने जन्म लिया अर्थात् लुम्बिनी (2) वह स्थान जहाँ उन्होंने स्वयं बोधत्व प्राप्त किया अर्थात् बुद्धगया (3) वह स्थान जहाँ उन्होंने धम्मचक्कपवत्तनसुत्त "प्रथम उपदेश" दिया अर्थात् सारनाथ या इशिपत्तन और (4) वह स्थान जहाँ उन्होंने महापरिनिब्बान ग्रहण किया अर्थात् कुशीनारा ये ऐसे स्थान हैं, जो धार्मिक प्रेरणा और प्रायश्चित की भावना का संचार करते है तथा उन लोगों के लिए तीर्थ है जो उन पर विश्वास करते है। यद्यपि हम प्रकट रूप से बौद्ध नहीं है, तथापि हम बुद्ध को दस अवतारों में से एक मानते है। महात्मा गाधी के अनुसार, "बुद्ध के उपदेशों का प्रमुख भाग आज हिन्दू धर्म का एक अपरिहार्य अंग बन गया है। गौतम ने हिन्दू धर्म में जो महान सुधार किया है। उससे विरत होना या उसके विपरीत कार्य करना आज हिन्दू भारत के लिए असम्भव है। उन्होंने अपने त्याग, अपने महान् वैराग्य तथा अपनी चरम पवित्रता के द्वारा हिन्दू धर्म पर अमिट छाप छोड़ी है तथा हिन्दू धर्म इस महान् उपदेष्टा का चिरन्तन ऋणी है। गौतम हिन्दू धर्म के सर्वोत्कृष्ट तत्वों से परिपूर्ण थे। तथा उन्होंने वेदों में गड़े हुए उन कुछ उपदेशों को पुनर्जीवित किया जो कचरे के साथ लिपटे हुए पड़े थे। वे केवल "एशिया की ज्योति" ही नही थे, अपितु सारे "संसार की ज्योति" थे। मानवता के आध्यात्मिक एवं सांस्कृतिक उन्नयन के लिए उनका अवधान महान् तथा अपरिमेय है। उनके जीवन एवं उपदेशों ने लक्ष-लक्ष लोगों के दैनन्दिन जीवन तथा चिन्तन को प्रभावित किया है। हमारी प्रार्थना है कि प्रेम और करूणा के मूर्तिमान विग्रह भगवान बुद्ध अपनी कृपा हम सब पर करे!

भगवान बुद्ध की वाणी

जो व्यक्ति भ्रम से मुक्त नहीं है, वह न तो मछली छोड़ने से पवित्र हो सकता है और न मांस छोड़ने से, न नग्न घूमने से और न मुण्डित होने, से न जटा धारण करने से और न वल्कल पहनने से, न भस्म रमाने से और न ही अग्नि को आहुति देने से। माँस भक्षण से अपवित्रता का जन्म नहीं होता, प्रत्युत क्रोध, प्रमाद, हठ, व्यभिचार, छल, ईश्र्या आत्मप्रशंसा, दूसरे की निन्दा, उद्धतता और अशुभ अभिप्रायों से अपवित्रता जन्म लेती है। सम्यक् दृष्टि उसके पथ को प्रकाशित करने वाली मशाल होगी। सम्यक् उद्देश्य उस के पथदर्शक होंगे। सम्यक् वचन पथ में निवास करने के लिए उसके आश्रय स्थल होंगे। उसकी पद गति सीधी होगी क्योंकि यह सम्यक् आचार है। वही सुखी है, जिसने स्वार्थपरायणता को जीत लिया है। वही सुखी है जिसने शान्ति प्राप्त कर ली है और वही सुखी है जिसने सत्य को पा लिया है। सत्य आर्य और मधुर है, सत्य ही तुम्हें अशुभ से मुक्त कर सकता है। संसार में सत्य के अतिरिक्त कोई दूसरा मुक्तिदाता नहीं है। सत्य पर आस्था रखो भले ही तुम उसको धारण न कर सको, भले ही तुम उसकी मधुरता को कटु समझो, भले ही तुम पहले इससे विमुख हो जाओ। सत्य पर दृढ़ आस्था रखो। सत्य जैसा है वह वैसे ही सर्वोत्कृष्ट है। कोई इसमें परितर्वतन नहीं कर सकता न कोई उसमें सुधार ही कर सकता है। सत्य पर आस्था रखो और उसे जीवन में उतारो। संसार के सभी भागों में सत्य का प्रसार और सद्धर्म का प्रचार करो ताकि अन्त में समस्त प्राणी धर्मराज्य के नागरिक हो जाएँ। उससे कहो, मैं किसी प्रतिदान की आशा नहीं करता, न ही मैं स्वर्ग में पुर्नजन्म चाहता हूँ। परन्तु मैं मनुष्यों के कल्याण की खोज करता हूँ। उन लोगों को वापस लाना चाहता हूँ जो पथविचलित हो गये हैं। उन लोगों को आलोकित करना चाहता हूँ जो भ्रम की निशा में जी रहे हैं। संसार से समस्त पीड़ा और समस्त दुःखों को निकालना चाहता हूँ। जो दूसरों को दुःख पहुँचाकर स्वयं आनन्द पाना चाहता है, वह घृणा से नहीं बच सकता, क्योंकि वह स्वयं को घृणा के पाशों में फाँस लेता है। मन सभी प्रवृत्तियों का अगुवा है। मन समस्त इन्द्रियों की शक्तियों से उत्कृष्ट है। सभी सापेक्ष विचार मन में ही पैदा होते हैं। मन सभी संवेदनाओं का अग्रगामी है। इस भौतिक विश्व के समस्त तत्वों की अपेक्षा मन सबसे सूक्ष्म है। समस्त विषयभूत चेतना मन में ही उत्पन्न होती है। यदि कोई शुद्ध मन से बोलता है या काम करता है तो आनन्द उसकी छाया के समान उसका अनुसरण करता है। जिसने स्वयं पर अधिकार प्राप्त कर लिया है, वह वस्तुतः उस व्यक्ति से भी महान विजेता है, जिसने यद्यपि स्वयं से हजार गुना अधिक शक्तिशाली हजार शत्रुओं को पराजित तो किया है, पर जो अपनी इन्द्रियों का दास बना हुआ है।

जिसका मन काम से लिप्त नहीं है, जो घृणा से प्रभावित नहीं है, जिसने शुभ और अशुभ दोनों का परित्याग किया है ऐसे जागरूक व्यक्ति को कोई भय नहीं होता। जिस प्रकार तीर बनाने वाला तीर को सीधा करता है, ठीक वैसी ही विवेकी व्यक्ति अस्थिर, चंचल, दुर्रक्षित और दुर्नियंन्त्रित मन को सीधा कर लेता है। जितनी हानि शत्रु, शत्रु की और वैरी, वैरी की करता है, उससे अधिक बुराई झूठे मार्ग पर लगा हुआ चित्त करता है। जितनी भलाई माता, पिता या दूसरे भाई बन्धु नहीं कर सकते, उससे अधिक भलाई ठीक मार्ग पर लगा हुआ चित्त करता है और वह व्यक्ति का उन्नयन करता है। पूर्वजन्मों से प्राप्त वस्तुओं से लगाव, लोलुपता और इन्द्रियशक्ति दुःख के तथा संसार की असरता के कारण है। स्व की शरण स्व है क्योंकि इसके अतिरिक्त और कौन शरण हो सकता है। एक पूर्ण संयमित स्व के द्वारा व्यक्ति ऐसी शरण प्राप्त करता है, जिसे पाना कठिन है। स्वयं के द्वारा ही बुराई की जाती है, स्वयं के द्वारा ही कोई भ्रष्ट होता है, स्वयं के द्वारा ही बुराइयों से बचा जाता है, स्वयं के द्वारा ही व्यक्ति तक पवित्र होता है। स्वयं पर ही पवित्रता और अपवित्रता निर्भर है, कोई दूसरे को पवित्र नहीं कर सकता। वह व्यक्ति जिसके हाथ, पैर, वाणी और मस्तिष्क संयमित है, वह व्यक्ति जिसे ध्यान में आनन्द आता है और जो प्रशान्त है, वह व्यक्ति, जो एकाकी और आत्मसंतुष्ट है, उसे वे भिक्षु कहते हैं। सत्य के सद्धर्म को ग्रहण करो, इसे रक्षित करो, इसे पढ़ो और पुनः पढ़ो, इसकी थाह लो, इसे प्रकाशित करो तथा विश्व के सभी भागों के समस्त प्राणियों में इसका प्रचार करो। धर्म के कल्याणकारी और प्रशान्तदायी वचनों को सुनने की इच्छा करने वाले श्रोताओं तुम चारो ओर एकत्रित हो जाओ। अविश्वासियों को सत्य को ग्रहण करने के लिए जाग्रत करो और उन्हें हर्ष एवं उल्लास से परिपूर्ण कर दो। उन्हें उत्प्रेरित करो, उन्हें उपदेश दो और उन्हें तब तक उँचे से उँचा उठाओ जब तक वे सत्य को उसके समस्त वैभव और अनन्त गरिमा के साथ आमने-सामने न देख लें। हजारों निरर्थक शब्दों की अपेक्षा वह एक उपयोगी वाक्य उत्तम है, जिसके सुनने से व्यक्ति शान्ति प्राप्त करता है। अच्छा व्यक्ति सब कुछ त्याग देता है। साधु प्रेरित होकर नहीं बोलता। सुख या दुःख से प्रभावित होकर विवेकी व्यक्ति न तो हर्ष प्रकट करता है और न विशाद ही। मैं तुझसे कहता हूँ कि तू जीवन के अपने व्यवसाव में स्थित रह और अपने कर्म को परिश्रमपूर्वक सम्पन्न कर। जीवन, धन और शक्ति पुरूष को नहीं बाँधते बल्कि जीवन, धन और शक्ति के प्रति आसक्ति ही उसे बाँध लेती है। चूँकि अपने कर्मों के फल से बचना असम्भव है, इसलिए हम सत्कर्म करें। दूसरों का दोष देखना आसान है किंतु अपना (दोष) देखना कठिन है। व्यक्ति अपने पड़ोसी के दोषों को तो भूंसों की तरह उड़ाता फिरता है किंतु अपने दोषों को वह वैसे की ढ़ाकता है जैसे एक धोखेबाज झूठ पासों को जुआरी से छिपाता है। दोनों पक्षों की धैर्यपूर्वक सुनो जो व्यक्ति दोनो पक्षों को तोलता है, उसे मुनि कहा जाता है। जब दोनों पक्ष अपने मामले प्रस्तुत कर देते हैं तब संघ को समझौता सम्पन्न करने दो और एकता की स्थापना करने दो। ऐसा कोई व्यक्ति न तो हुआ था, न होगा और न है, जो पूरी तरह से निन्दित हो या पूर्णतः प्रशंसित। विजय से द्वेष उत्पन्न होता है, पराजित दुःखपूर्ण जीवन व्यतीत करते हैं। विजय और पराजय का त्याग करने पर ही सुखपूर्ण शान्त जीवन बिताया जा सकता है। काम के समान कोई अग्नि नहीं है तथा द्वेष के समान कोई अपराध नहीं है। शरीर के समान कोई व्याधि नहीं और शान्ति (निर्वाण) से उँचा कोई आनन्द नहीं।

बौद्ध धर्म

बौद्ध धर्म भारत की श्रमण परम्परा से निकला धर्म और दर्शन है जो ईश्वर के बारे में खामोश है। इसके बजाय बौद्ध धर्म और कर्म के सिद्धान्तों को मानते हैं। इसके प्रस्थापक महात्मा बुद्ध शाक्यमुनि-गौतम बुद्ध थे। वे छठवीं से पाँचवीं शताब्दी ईसापूर्व तक जीवित थे। उनके गुजरने के अगले पाँच शताब्दियों में बौद्ध धर्म पूरे भारतीय महाद्वीप में फैला और अगले 2000 वर्षों में मध्य, पूर्वी और दक्षिण-पूर्वी जम्बू महाद्वीप में भी फैल गया। आज बौद्ध धर्म में तीन सम्प्रदाय हैं- थेरवाद, महायान और वज्रयान। "बुद्ध" वे कहलाते हैं जिन्होंने सालों के ध्यान के बाद यथार्थता का सत्य भाव पहचाना हो। इस पहचान को बोधि नाम दिया गया है। जो भी "अज्ञानता की नींद " से जागते हैं, वे "बुद्ध " कहलाते हैं। कहा जाता है कि बुद्ध शाक्यमुनि केवल एक बुद्ध हैं-उनके पहले बहुत सारे थे और

भविष्य में और होंगें। उनका कहना था कि कोई भी बुद्ध बन सकता है अगर वह उनके "धर्म" के अनुसार एक धार्मिक जीवन जीए और अपनी बुद्धि को शुद्ध करे। बौद्ध धर्म का अन्तिम लक्ष्य है-इस दुःख भरी स्थिति का अंत।

बौद्ध धर्म के प्रमुख सिद्धान्त

बौद्ध धर्म के प्रमुख सिद्धान्त इस प्रकार हैं-

1. अनीश्वरवाद- बौद्ध धर्म ईश्वर जैसी किसी नित्य एवं सृष्टिकर्ता व सृष्टिनियामक सत्ता के अस्तित्व को स्वीकार नहीं करता।

2. अनात्मवाद- बौद्ध धर्म जीवों में विद्यमान किसी नित्य या अनन्त, स्वरूपवान या अस्वरूपवान आत्मा का अस्तित्व नहीं स्वीकारता। वास्तव में बुद्ध ने आत्मा जैसे विवादास्पद मुद्दे को स्पर्ष ही नहीं किया।

3. अनित्यवाद- प्रकृति में उपस्थित प्रत्येक वस्तु क्षणभंगुर और परिवर्तनशील है तथा कुछ भी नित्य नहीं है।

4. चार आर्य सत्य-

1. दुःख, इस दुनिया में सब कुछ दुःख है। जन्म में, बुढ़े होने में, बीमारी में, मौत में, प्रियतम से दूर होने में, नापसंद चीजों के साथ में, चाहत को न पाने में, सब में दुःख है।
2. दुःख प्रारम्भ, तृष्णा या चाहत दुःख का कारण है ओर फिर से सशरीर करके संसार को जारी रखती है।
3. दुःख निरोध, तृष्णा से मुक्ति पाई जा सकती है।
4. दुःख निरोध का मार्ग, तृष्णा से मुक्ति आर्य अष्टांग मार्ग के अनुसार जीने से पाई जा सकती है।

5. अष्टांग मार्ग- गौतम बुद्ध कहते थे कि चार आर्य सत्य की सत्यता का निश्चय करने के लिए इस अष्टांग मार्ग का अनुसरण करना चाहिए।

1. सम्यक दृष्टि- चार आर्य सत्य में विश्वास करना।
2. सम्यक संकल्प-मानसिक और नैतिक विकास की प्रतिज्ञा करना।
3. सम्यक वाक- हानिकारक बातें और झूठ न बोलना।
4. सम्यक कर्म- हानिकारक कर्म न करना।
5. सम्यक जीविका- कोई भी स्पष्टतः या अस्पष्टतः हानिकारक व्यापार न करना।
6. सम्यक प्रयास- अपने आप सुधारने की कोशिश करना।
7. सम्यक स्मृति- स्पष्ट ज्ञान से देखने की मानसिक योग्यता पाने की कोशिश करना।
8. सम्यक समाधि- निर्वाण पाना और स्वयं का गायब होना।

6. दस शील- बौद्ध धर्म व्यक्ति को अपना आचरण सुधारने हेतु दस शीलों-अहिंसा, सत्य, अस्तेय, अपरिग्रह, ब्रह्मचर्य, आमोद-प्रमोद का त्याग, सुगन्धित पदार्थों का त्याग, असमय भोजन का त्याग, कोमल शैया का त्याग तथा कामिनी कंचन का त्याग, का उपदेश देता है।

7. प्रतीत्य समुत्पाद- प्रतीत्य समुत्पाद का तात्पर्य है कि एक वस्तु की प्राप्ति होने पर दूसरे की उत्पत्ति। दूसरे वस्तु से तीसरे की उत्पत्ति। इस प्रकार यह हेतु प्रत्यय का सिद्धान्त है। चार आर्य सत्य इसी सिद्धान्त पर आधारित हैं।

8. मध्यम प्रतिपदा- बुद्ध ने धर्म पालन हेतु मध्यम मार्ग अपनाने का उपदेश दिया। अर्थात् न तो कठोर तप करने का और न ही भोग विलास करने का समर्थन करते हैं। बल्कि समान्य रूप से अष्टागिंक मार्ग का अनुसरण करने पर बल दिया।

9. बौद्ध धर्म ग्रन्थ- बौद्ध धर्मावलम्बियों के सर्वप्रमुख धर्मग्रन्थ त्रिपिटक हैं। जिसके अन्तर्गत तीन ग्रन्थ समूह आते हैं। 1. विनय पिटक-पाँच ग्रन्थों का संग्रह, 2. सुत्त पिटक- दीघनिकाय, मझिम निकाय, संयुक्त निकाय, अंगुतर निकाय और खुद्दक निकाय का संग्रह, 3. अभिधम्म पिटक।

10. बौद्ध धर्म की चार संगीति (सम्मेलन)- प्रथम संगीति (483 ईसापूर्व), द्वितीय संगीति (383 ईसापूर्व), तृतीय संगीति (251 ईसापूर्व), चतुर्थ संगीति (100 ईसवी) में हुई। चतुर्थ संगीति के समय बौद्ध धर्म हीनयान तथा महायान दो सम्प्रदायों में बँट गया।

महायान मतावलम्बी बुद्ध को अलौकिक शक्तियों से युक्त मानकर उनकी भव्य प्रतिमाएँ बनाकर उसकी पूजा अर्चना करते थे।

हीनयान मतावलम्बी बुद्ध को मनुष्य और बौद्ध धर्म का प्रवर्तक मात्र मानते थे।

कालान्तर में वज्रयान नामक एक नवीन सम्प्रदाय निकला जिसके पालक भैरवीचक्र के संस्कार रूप में मदिरा, मांस, स्त्री सम्भोग और मन्त्रोच्चारण का पालन करते थे। इसी वज्रयान से आगे चलकर 85 सिद्धों का सिद्धमार्ग निकला, जो शराब के नशें में मस्त खोपड़ी का प्याला लिए श्मशान या वनों में रहते थे।

बौद्ध दर्शन

बौद्ध धर्म के अनुयायी आर्य अष्टांग मार्ग के अनुसार जीकर अज्ञानता और दुःख से मुक्ति और निर्वाण पाने की कोशिश करते हैं। गौतम बुद्ध के गुजरने के बाद, बौद्ध धर्म के अलग-अलग संप्रदाय उपस्थित हो गये हैं परन्तु इन सब के कुछ सिद्धान्त मिलते हैं।

प्रतीत्यसमुत्पाद का सिद्धान्त कहता है कि कोई भी घटना केवल दूसरी घटनाओं के कारण ही एक जटिल कारण-परिणाम के जाल में विद्यमान होती है। प्राणियों के लिए इसका अर्थ है- कर्म और विपाक (कर्म के परिणाम) के अनुसार अनन्त संसार का चक्र। क्योंकि सब कुछ अनित्य और अनात्म (बिना आत्मा के) होता है। कुछ भी सच में विद्यमान नहीं है। हर घटना मूलतः शून्य होती है। परन्तु मानव, जिनके पास ज्ञान की शक्ति है, तृष्णा को जो कि दुःख का कारण है त्यागकर, तृष्णा में नष्ट की हुई शक्ति को ज्ञान और ध्यान में बदलकर, निर्वाण पा सकते हैं। बुद्ध का पहला धर्मोपदेश जो उन्होंने अपने साथ के कुछ साधुओं को दिया था, इन चार आर्य सत्यों के बारे में था-

1. दुःख, इस दुनिया में सब कुछ दुःख है। जन्म में, बुढ़े होने में, बीमारी में, मौत में, प्रियतम से दूर होने में, नापसंद चीजों के साथ में, चाहत को न पाने में, सब में दुःख है।
2. दुःख प्रारम्भ, तृष्णा या चाहत दुःख का कारण है और फिर से सशरीर करके संसार को जारी रखती है।
3. दुःख निरोध, तृष्णा से मुक्ति पाई जा सकती है।
4. दुःख निरोध का मार्ग, तृष्णा से मुक्ति आर्य अष्टांग मार्ग के अनुसार जीने से पाई जा सकती है।

गौतम बुद्ध कहते थे कि चार आर्य सत्य की सत्यता का निश्चय करने के लिए इस अष्टांग मार्ग का अनुसरण करना चाहिए।

1. सम्यक दृष्टि- चार आर्य सत्य में विश्वास करना।
2. सम्यक संकल्प-मानसिक और नैतिक विकास की प्रतिज्ञा करना।
3. सम्यक वाक- हानिकारक बातें और झूठ न बोलना।
4. सम्यक कर्म- हानिकारक कर्म न करना।
5. सम्यक जीविका- कोई भी स्पष्टतः या अस्पष्टतः हानिकारक व्यापार न करना।
6. सम्यक प्रयास- अपने आप सुधारने की कोशिश करना।
7. सम्यक स्मृति- स्पष्ट ज्ञान से देखने की मानसिक योग्यता पाने की कोशिश करना।
8. सम्यक समाधि- निर्वाण पाना और स्वयं का गायब होना।

कुछ लोग आर्य अष्टांग मार्ग को पथ की तरह समझते हैं जिसमें आगे बढ़ने के लिए पिछले स्तर को पाना आवश्यक हैं। अन्य लोगों को लगता है कि इस मार्ग के स्तर सब साथ-साथ पाये जाते हैं। मार्ग को तीन स्तर में वर्गीकृत किया जाता है-प्रज्ञा, शीला और समाधि। गौतम बुद्ध से पाई गई ज्ञानता को बोधि कहते हैं। माना जाता है कि बोधि पाने के बाद ही संसार से छुटकारा पाया जा सकता है। सारी पारमिताओं (पूर्णताओं) की निष्पत्ति, चार आर्य सत्यों की पूरी समझ, और कर्म के निरोध से ही बोधि पाई जा सकती है। इस समय लोभ, दोष, मोह, अविद्या,

तृष्णा और आत्मा में विश्वास सब गायब हो जाते हैं। बोधि के तीन स्तर हैं-श्रावकबोधि, प्रत्येकबोधि और सम्यकसंबोधि। सम्यकसंबोधि बौद्ध धर्म की सबसे उन्नत आदर्श मानी जाती है।

बौद्ध दर्शन के अनुसार, इस दुनिया में सब कुछ क्षणिक है और नश्वर है। कुछ भी स्थायी नहीं परन्तु वैदिक मत से विरोध है (क्षणिकवाद)। आत्मा नाम की कोई स्थायी चीज नहीं है, जिसे लोग आत्मा समझते हैं वह चेतना का अविच्छिन्न प्रवाह है (अनात्मवाद)। बुद्ध ईश्वर की सत्ता नहीं मानते क्योंकि दुनिया प्रतीत्यसमुत्पाद के नियम पर चलती है। परन्तु अन्य जगह बुद्ध ने सर्वोच्च सत्य को अवर्णनीय कहा है। कुछ देवताओं की सत्ता मानी गयी है पर वो ज्यादा शक्तिशाली नहीं हैं (अनीश्वरवाद)। शून्यता महायान बौद्ध सम्प्रदाय का प्रधान दर्शन है (शून्यतावाद)। बौद्ध धर्म में दो मुख्य सम्प्रदाय हैं- थेरवाद या हीनयान-बुद्ध के मौलिक उपदेश ही मानता है। महायान-बुद्ध की पूजा करता है और थेरवादियों को "हीनयान" (छोटी गाड़ी) कहता है।

भाग-2

बुद्ध से वैश्विक बुद्ध तक

(आकड़े सन् 2000 तक के हैं तात्पर्य केवल मनुष्य की संसाधन क्षमता को बताना है।)

अ. स्थिति

1. राज्य अर्थात् शासन की स्थिति

अ. विश्व स्तर पर राज्य अर्थात् शासन की स्थिति
ब. भारत देश स्तर पर शासन अर्थात् राज्य की स्थिति
स. अन्तर्राष्ट्रीय स्तर पर राज्य अर्थात् शासन की स्थिति
द. राज्य अर्थात् शासन स्तर पर राज्य अर्थात् शासन की स्थिति
य. भारतीय समाज स्तर पर राज्य अर्थात् शासन की स्थिति
र. भारतीय परिवार स्तर पर राज्य अर्थात् शासन की स्थिति
ल. भारतीय व्यक्ति स्तर पर राज्य अर्थात् शासन की स्थिति

2. विज्ञान की स्थिति

अ. विश्व स्तर पर विज्ञान की स्थिति
ब. भारत देश स्तर पर विज्ञान की स्थिति
स. अन्तर्राष्ट्रीय स्तर पर विज्ञान की स्थिति
द. राज्य अर्थात् शासन स्तर पर विज्ञान की स्थिति
य. भारतीय समाज स्तर पर विज्ञान की स्थिति
र. भारतीय परिवार स्तर पर विज्ञान की स्थिति
ल. भारतीय व्यक्ति स्तर पर विज्ञान की स्थिति

3. धर्म की स्थिति

अ. विश्व स्तर पर धर्म की स्थिति
ब. भारत देश स्तर पर धर्म की स्थिति
स. अन्तर्राष्ट्रीय स्तर पर धर्म की स्थिति
द. राज्य अर्थात् शासन स्तर पर धर्म की स्थिति
य. भारतीय समाज स्तर पर धर्म की स्थिति
र. भारतीय परिवार स्तर पर धर्म की स्थिति
ल. भारतीय व्यक्ति स्तर पर धर्म की स्थिति

4. व्यापार की स्थिति

अ. विश्व स्तर पर व्यापार की स्थिति
ब. भारत देश स्तर पर व्यापार की स्थिति
स. अन्तर्राष्ट्रीय स्तर पर व्यापार की स्थिति
द. राज्य अर्थात् शासन स्तर पर व्यापार की स्थिति
य. भारतीय समाज स्तर पर व्यापार की स्थिति
र. भारतीय परिवार स्तर पर व्यापार की स्थिति
ल. भारतीय व्यक्ति स्तर पर व्यापार की स्थिति

5. समाज की स्थिति

अ. विश्व स्तर पर समाज की स्थिति

ब. भारत देश स्तर पर समाज की स्थिति
स. अन्तर्राष्ट्रीय स्तर पर समाज की स्थिति
द. राज्य अर्थात् शासन स्तर पर समाज की स्थिति
य. भारतीय समाज स्तर पर समाज की स्थिति
र. भारतीय परिवार स्तर पर समाज की स्थिति
ल. भारतीय व्यक्ति स्तर पर समाज की स्थिति

6. परिवार की स्थिति

अ. विश्व स्तर पर परिवार की स्थिति
ब. भारत देश स्तर पर परिवार की स्थिति
स. अन्तर्राष्ट्रीय स्तर पर परिवार की स्थिति
द. राज्य अर्थात् शासन स्तर पर परिवार की स्थिति
य. भारतीय समाज स्तर पर परिवार की स्थिति
र. भारतीय परिवार स्तर पर परिवार की स्थिति
ल. भारतीय व्यक्ति स्तर पर परिवार की स्थिति

7. व्यक्ति की स्थिति

अ. विश्व स्तर पर व्यक्ति की स्थिति
ब. भारत देश स्तर पर व्यक्ति की स्थिति
स. अन्तर्राष्ट्रीय स्तर पर व्यक्ति की स्थिति
द. राज्य अर्थात् शासन स्तर पर व्यक्ति की स्थिति
य. भारतीय समाज स्तर पर व्यक्ति की स्थिति
र. भारतीय परिवार स्तर पर व्यक्ति की स्थिति
ल. भारतीय व्यक्ति स्तर पर व्यक्ति की स्थिति

1. राज्य अर्थात् शासन की स्थिति

बुद्धावतार (567-487 ई0 पू0) से अन्तिम अवतार के अवतरण तक राज्य अर्थात् शासन की स्थिति विभिन्न स्तरों पर निम्न प्रकार थी।

अ. विश्व स्तर पर राज्य अर्थात् शासन की स्थिति
ब. भारत देश स्तर पर शासन अर्थात् राज्य की स्थिति
स. अन्तर्राष्ट्रीय स्तर पर राज्य अर्थात् शासन की स्थिति
द. राज्य अर्थात् शासन स्तर पर राज्य अर्थात् शासन की स्थिति
य. भारतीय समाज स्तर पर राज्य अर्थात् शासन की स्थिति
र. भारतीय परिवार स्तर पर राज्य अर्थात् शासन की स्थिति
ल. भारतीय व्यक्ति स्तर पर राज्य अर्थात् शासन की स्थिति

अ. विश्व स्तर पर राज्य अर्थात् शासन की स्थिति

बुद्धावतार (567-487 ई0 पू0) से अन्तिम अवतार के अवतरण तक विश्व की राज्य अर्थात् शासन स्थिति व्यापक उतार-चढ़ाव के बाद एक ध्रुवीय हो स्थिरता की ओर बढ़ चुकी थी परन्तु आतंकवाद और परमाणु शक्ति के प्रयोग का भय विश्व को विनाश की ओर भी ले जाने के लिए पूर्ण रुप से सक्षम हो गया था। इस स्थिति तक आने में जो काल क्रम थे वे संक्षिप्त रूप में इस प्रकार थे।

सन् 0001 ई0 से सन् 1000 ई0 के काल में राज्यों द्वारा धर्म को अपनाने अर्थात् राज्य व धर्म के एकीकरण का काल रहा जो बुद्धावतार के समय से ही प्रारम्भ हो गया था। राज्यों के राजा एक दूसरे पर अधिपत्य जमाने के लिए आक्रमण करते थे और अपने राज्य का विस्तार करते थे। सन् 70 ई0 में चार वर्ष के भीषण युद्ध के बाद रोमन साम्राज्य ने जेरुशलम पर कब्जा जमाया। सन् 199 ई0 में मेसापोटामिया रोमन साम्राज्य का हिस्सा बना। सन् 150 ई0 में बौद्ध धर्म चीन पहुँचा। सन् 285 ई0 में कन्फ्यूशियसवाद जापान पहुँचा। सन् 300 ई0 में आर्मेनिया के सम्राट ने ईसाई धर्म स्वीकार कर प्रथम ईसाई राज्य बनाया। सन् 315 ई0 में रोमन साम्राज्य में ईसाई धर्म को मान्यता। सन् 331 ई0 रोमन साम्राज्य के एक आदेश द्वारा रोमन देवी-देवताओं पर कब्जा। सन् 369 ई0 में जापान का दक्षिण कोरिया पर विजय प्राप्त कर उपनिवेश की स्थापना। सन् 410 ई0 में रोम का तहस-नहस। सन् 447 ई0 में हूणों ने थ्रेस पर आक्रमण कर रोमन साम्राज्य को तहस-नहस किया। सन् 449 ई0 में ब्रिटेन पर आक्रमण। सन् 455 ई0 में वंडालों ने रोम को तहस-नहस किया। सन् 477 ई0 में चीन में बौद्ध धर्म, राज्य धर्म घोषित। सन् 480 ई0 में ब्रिटेन में सेसेक्स साम्राज्य की स्थापना। सन् 526 ई0 में सीपियन भिक्षु टियोनिसियस इक्सीगूस ने ईसा मसीह के जन्म के आधार पर ईसवी पद्धति विकसित की। सन् 538 ई0 में बौद्ध मत का कोरिया से जापान में प्रवेश। सन् 630 ई0 में पैगम्बर मोहम्मद द्वारा मक्का पर कब्जा। सन् 636 ई0 में अरबों का सम्पूर्ण सीरिया पर कब्जा। सन् 637 ई0 में अरबों ने पारसी सेना को पराजित किया। सन् 638 ई0 में अरबों ने जेरुशलम पर कब्जा किया। सन् 641 ई0 में अरबों का मिश्र पर कब्जा। सन् 649 ई0 में अरबों ने साइप्रस पर कब्जा किया। सन् 650 ई0 में तिब्बत स्वतंत्र राज्य बना। सन् 655 ई0 में अरबों ने काबुल और कान्धार पर कब्जा किया। सन् 670 ई0 में अरबों ने उत्तरी अफ्रीका पर कब्जा किया। सन् 685 ई0 में जापान में बौद्ध धर्म राज्य धर्म बना। सन् 711 ई0 में अरबों ने स्पेन पर कब्जा किया। सन् 746 ई0 में यूनानियों ने साइप्रस पर कब्जा किया। सन् 751 ई0 में ताशकंद, समरकंद और बुखारा पर अरबों ने कब्जा कर चीन को हराया और सम्पूर्ण एशिया पर प्रभाव जमाया। सन् 774 ई0 में फ्रैको का इटली पर विजय। सन् 775 ई0 में श्री जय साम्राज्य का मलेशिया पर विजय। सन् 787 ई0 में ब्रिटेन पर स्कैंडीनेविया निवासी वाइकिंगो का आक्रमण। सन् 828 ई0 में बेसेक्स के इग्वर्ट का सम्पूर्ण इग्लैण्ड पर अधिकार। सन् 842 ई0 में वाइकिंगो ने इग्लैण्ड में लन्दन, रोबेस्टर और क्वेन्टोविक को तहस-नहस किया। सन् 866 ई0 में इग्लैंड में डेनिस साम्राज्य की

स्थापना। सन् 900 ई0 से दक्षिणी और पश्चिमी चीनियों ने थाइलैण्ड में बसना प्रारम्भ किया। सन् 908 ई0 में अरबों ने सोमालिया में बसना प्रारम्भ किया। सन् 911 ई0 में वाइकिंगो ने फ्रांस और ब्रिटेन में बसना प्रारम्भ किया। सन् 925 ई0 में खाड़ी के अरबों ने जंजीबार द्वीपों पर कब्जा किया। सन् 926 ई0 में मंगोल रिवतान साम्राज्य ने मंचूरिया और उत्तरी कोरिया पर कब्जा किया। सन् 931 ई0 में कोरडोबा ने मोरक्को पर कब्जा किया। सन् 939 ई0 में वियतनाम स्वतंत्र साम्राज्य बना। सन् 954 ई0 में वेसेक्स ने इग्लैण्ड का एकीकरण किया। सन् 965 ई0 में अरबों से साइप्रस छिन गया। सन् 966 ई0 में पोलैण्ड में ईसाईयत, राज्य धर्म बना। सन् 989 ई0 में रुस में ईसाई राज्य धर्म बना। सन् 993 ई0 में मंगोल साम्राज्य में कोरिया को मिलाया। सन् 998 ई0 में महमूद गजनी अफगानिस्तान का सम्राट बना। सन् 1000 ई0 में वाइकिंग अमेरिका (विनलैण्ड) पहुँचे।

सन् 1000 ई0 से 1400 ई0 का काल साम्राज्यों के लिए विजेता बनने की धुन का काल रहा। इस काल के बीच अधिकांश समय यूरोप के ईसाई और पश्चिम एशिया के मुसलमान एक दूसरे के खिलाफ युद्धरत रहे। इन युद्धों को धर्मयुद्ध कहा गया। यद्यपि धर्म प्रेरक ताकत जरुर था लेकिन इन युद्धों का मुख्य उद्देश्य ज्यादा से ज्यादा भू-भाग पर कब्जा जमा लेना था। यूरोप में इस दौरान सामन्तवाद जीवन के हर पहलू पर हावी था। इस काल के उत्तरार्ध में एशिया और यूरोप दोनों महाद्वीपों में मंगोल साम्राज्य का बोलबाला रहा। पूर्व में कोरिया से लेकर पश्चिम में कीव तक कोई भी जगह चंगेज खान की मंगोल सेनाओं के आक्रमण से अछूती नहीं बची। यहाँ तक की मंगोल सेनाओं ने चीन पर भी अधिपत्य जमा लिया था। इस अवधि में ही तुर्की में ओटोमन मुख्य ताकत के रुप में उभरे। इससे वाइजैंटिन साम्राज्य के लिए खतरा पैदा हुआ। दुनिया के दूसरे हिस्सों में नई सभ्यताएं व संस्कृतियाँ जन्मी। अफ्रीका में माली साम्राज्य फला-फूला। दक्षिणी अमेरिका में चीमू समुदाय ने चिमोरे साम्राज्य स्थापित किया। एजटेक जनजाति ने मध्य अमेरिका में कई शहर और मन्दिर स्थापित किये। सन् 1096 ई0 में प्रथम धर्मयुद्ध के द्वारा ईसाईयों ने तुर्कों से डोरीलेईउम छीना। एंटीओच तथा जेरुशलम पर कब्जा किया। सन् 1147 ई0 में द्वितीय धर्मयुद्ध प्रारम्भ हुआ। सन् 1189 ई0 में तृतीय धर्मयुद्ध, सन् 1202 ई0 में चौथा धर्मयुद्ध, सन् 1217 ई0 में पाँचवा धर्मयुद्ध, सन् 1229 ई0 में छठां धर्मयुद्ध, सन् 1248 ई0 में सातवाँ धर्मयुद्ध, सन् 1270 ई0 में आठवाँ धर्मयुद्ध हुआ। सन् 1337 ई0 में इग्लैण्ड व फ्रांस के बीच युद्ध प्रारम्भ हुआ।

सन् 1401 ई0 से 1800 ई0 का काल औपनिवेशिक विस्तार का काल रहा। इस काल में पूरी दुनिया में ताकतवर साम्राज्यों का उदय हुआ और एक दूसरे से जुड़ने की प्रक्रिया शुरु हुई। यूरोपिय नाविकों ने लम्बी-लम्बी यात्राएं कर नए व्यापार के मार्ग खोजे। अफ्रीका और एशिया के बीच व्यापारिक सम्बन्ध प्रगाढ़ हुये। यही वह दौर है जब अन्तर्राष्ट्रीय अर्थव्यस्था ने पहली बार आकार लेना शुरु किया। यूरोप में नवजागरण का दौर चला। तुर्की के ओटोमन साम्राज्य ने अपना विस्तार अफ्रीका व यूरोप तक किया। 18 वीं सदी आते-आते युरोपिय देशों ने पूरी दुनिया को अपने प्रभाव में ले लिया। अमेरिका, एशिया, अफ्रीका, प्रशांत सभी महाद्वीपों में यूरोपिय देशों ने अपने उपनिवेश स्थापित किये। लेकिन इसी सदी ने जाते-जाते नई व्यवस्थाओं नये मूल्यों के बीज भी बो दिये। फ्रांस की क्रांति ने पूरी दुनियाँ को नया संदेश दिया और अमेरिका ने ब्रिटेन के औपनिवेशिक शासन को उखाड़ फेका। सन् 1414 ई0 में मलक्का प्रायद्वीप में इस्लाम धर्म की स्थापना। सन् 1420 ई0 में फ्रांस और इग्लैण्ड में सन्धि। सन् 1441 ई0 में प्रथम बार पश्चिम अफ्रीका से पुर्तगाल को दासों और सोने का आयात। सन् 1481 ई0 में जापान में कर व्यवस्था के खिलाफ किसानों का कर विद्रोह। सन् 1488 ई0 में चीन की दीवार का मिंगवंश द्वारा पुनर्निर्माण। सन् 1497 ई0 में नार्वे, स्वीडन और डेनमार्क का एकीकरण। सन् 1504 ई0 में बाबर ने काबुल पर कब्जा किया। सन् 1510 ई0 में दासों का अफ्रीका से अमेरिका में आयात प्रारम्भ। सन् 1529 ई0 में इग्लैंड में पाँच वर्षों के लिए प्रथम संसद प्रारम्भ। सन् 1545 ई0 में मुगल सम्राट हुमायूँ का कान्धार पर अधिकार। सन् 1562 ई0 में फ्रांस में कैथोलिकों एवं प्रोटेस्टेंटों के बीच धार्मिक युद्ध। सन् 1566 ई0 में नीदरलैण्ड में कैथोलिक एवं प्रोटेस्टेंटों के बीच धर्मयुद्ध। सन् 1581 ई0 में नीदरलैण्ड में संयुक्त प्रान्तों को स्वतत्रता। सन् 1582 ई0 में जापान का एकीकरण। इटली में ग्रेगोरियन कैलेण्डर का शुरुआत। सन् 1587 ई0 में जापान से ईसाईयों का निष्कासन। सन् 1594 ई0 में मुगल सेनाओं ने मध्य एशिया मकरान व बलूचिस्तान पर अधिकार जमाया। सन् 1595 ई0 में डचों ने ईस्ट इण्डिज

का औपनिवेशीकरण आरम्भ किया। सन् 1622 ई0 में पर्सिया ने मुगलों से कन्धार छीना। इंग्लैण्ड की संसद भंग। सन् 1641 ई0 में जापान में पश्चिमी देशों के नागरिकों के प्रवेश पर पूर्णतया रोक। सन् 1642 ई0 में इंग्लैण्ड में गृहयुद्ध। सन् 1643 ई0 में फ्रांस ने स्पेन को युद्ध में हराया, इंग्लैंड महासंघ का निर्माण। सन् 1644 ई0 में इंग्लैण्ड में संसदीय प्रणाली के समर्थकों ने राजतंत्र समर्थकों को हराया। सन् 1645 ई0 में संसदीय प्रणाली के समर्थकों ने ब्रिटेन के सम्राट चाल्र्स को हराया। सन् 1648 ई0 में फ्रांस में गृहयुद्ध की शुरुआत। सन् 1649 ई0 में इग्लैण्ड स्वतंत्र राज्यों का कामनवेल्थ घोषित। सन् 1654 ई0 में रुस का उक्रेन पर अधिकार। सन् 1660 ई0 में इग्लैण्ड में संवैधानिक राज्यतंत्र की स्थापना, लन्दन में रायल सोसाईटी की स्थापना। सन् 1685 ई0 में फ्रांस के सम्राट लुई चौदहवें ने धार्मिक सहिष्णुता की नीति का अन्त किया। प्रोटेस्टेंटों के अधिकार छीने गये। सन् 1689 ई0 में रुस और चीन में संधि से सीमा विवाद हल। सन् 1710 ई0 में फ्रांस में आयकर लागू। सन् 1752 ई0 में इंग्लैण्ड में ग्रेगोरियन कलेण्डर लागू। सन् 1665 ई0 में स्टैम्प एक्ट के विरोध में अमेरिका के ब्रिटीश उपनिवेशों में विद्रोह। सन् 1775 ई0 में अमेरिकी स्वतंत्रता युद्ध प्रारम्भ। सन् 1776 ई0 में अमेरिका द्वारा स्वतंत्रता की घोषणा। सन् 1783 ई0 में ब्रिटेन ने स्वतंत्र अमेरिका को मान्यता दी। सन् 1787 ई0 में संयुक्त राज्य अमेरिका के संविधान को मान्यता। सन् 1795 ई0 में फ्रांस में नया संविधान लागू। सन् 1798 ई0 में फ्रांसिसीयों ने रोम गणराज्य की घोषणा की।

सन् 1801 ई0 से 1900 ई0 तक का काल दुनिया के लोकतंत्र की ओर बढ़ने का काल रहा। 19 वीं सदी राजनीतिक प्रबन्ध में आये बदलाव के लिए मील का पत्थर साबित हुई। विभिन्न देशों में राजशाही और पोपशाही के स्थान पर जनतांत्रिक शासन व्यवस्था का सिलसिला शुरु हुआ। न्यूजीलैण्ड में महिलाओं को मताधिकार मिला। एशिया, अफ्रीका व दुनिया के दूसरे हिस्सों में व्यापक प्रशासनिक सुधार हुये। काल माक्र्स ने अपने सामाजिक-आर्थिक चिन्तन से पूरी दुनिया में व्यवस्था परिवर्तन की ललक पैदा कर दी जिसका असर 20 वीं सदी में व्यापक रुप से दिखाई दिया। 19 वीं सदी के औद्योगिक क्रान्ति ने यूरोप में असंख्य मजदूरों को बेरोजगार कर विद्रोह की स्थिति पैदा कर दी थी लेकिन बाद में मशीन और मजदूर के युक्तिसंगत इस्तेमाल से एक ठोस और सुदृढ़ अर्थव्यवस्था का आधार तैयार हुआ। सन् 1810 ई0 में चिली और मैक्सिको स्वतंत्र हुये। सन् 1812 ई0 में अमेरिका ने ब्रिटेन पर युद्ध घोषित किया। फ्रांस, रुस पर आक्रमण किया परन्तु फ्रांस पराजित। सन् 1814 ई0 में ब्रिटेन ने वाशिंगटन (अमेरिका) पर कब्जा कर उसे जलाया। सन् 1822 ई0 में ब्राजील ने पुर्तगाल से स्वतंत्रता की घोषणा की। सन् 1823 ई0 में ग्वाटेमाला, निकारागुआ, होन्डुरास और कोस्टारिका ने स्वतंत्रता की घोषणा की। सन् 1824 ई0 में ब्रिटेन ने म्यामार (बर्मा) पर अधिकार किया। सन् 1825 ई0 में बोलविया और उरुग्वे ने स्वतंत्रता की घोषणा की। सन् 1830 ई0 में इक्काडोर गणराज्य की स्थापना। सन् 1832 ई0 में प्रथम सुधार कानून। सन् 1836 ई0 में टैक्सास ने स्वतंत्रता की घोषणा की। सन् 1840 ई0 में ब्रिटेन ने चीन के खिलाफ "अफीम युद्ध छेड़ा", ब्रिटेन ने न्यूजीलैण्ड पर अधिकार किया। सन् 1842 ई0 में ब्रिटेन को हांगकांग मिला, अमेरिका और ब्रिटेन के बीच समझौता से कनाडा की सीमा निर्धारित। सन् 1843 ई0 में ग्रीक में संवैधानिक राजतंत्र की स्थापना, ब्रिटेन ने दक्षिण अफ्रीका पर कब्जा जमाया। सन् 1844 ई0 में डोमेनिकन गणराज्य स्वतंत्र हुआ। सन् 1848 ई0 में फ्रांस गणराज्य घोषित, पर्सिया में नया संविधान लागू, फ्रांस में नया संविधान लागू। सन् 1849 ई0 में रोमन गणराज्य घोषित, हंगरी की स्वतंत्रता की घोषणा। सन् 1855 ई0 में फ्रांस और ब्रिटेन की संयुक्त सेनाओं ने रुस को हराया। सन् 1860 ई0 में ब्रिटेन और फ्रांस की संयुक्त सेनाओं ने चीन के ताइपिंग विद्रोहियों को हराया। सन् 1861 ई0 में अमेरिका में गृह युद्ध। सन् 1871 ई0 में जर्मन साम्राज्य की स्थापना। सन् 1873 ई0 में स्पेन स्वतंत्र घोषित। सन् 1877 ई0 में सर्बिया, मान्टेनेग्रो और रोमानिया को स्वतंत्रता। सन् 1899 ई0 में हेग में अन्तर्राष्ट्रीय न्यायालय की स्थापना।

सन् 1901 ई0 से सन् 2000 ई0 का काल दुनिया के एक ध्रुवीय होने का काल रहा। सदी के आरम्भ में सारे कूटनीतिक गलियारे साम्राज्यवाद की नशीली गन्ध से भरे हुये थे, जिसने विश्व की प्रमुख महाशक्तियों को मदान्ध कर रखा था। इसका परिणाम आया प्रथम विश्व युद्ध के रुप में। यह विश्व युद्ध समाप्त होने के साथ ही अगले महाविनाश के बीज भी पड़ गये, क्योंकि मित्र राष्ट्रों ने विजयोन्माद में यह नहीं सोचा की हारे हुये देशों को किस हद तक दबाना चाहिए। सोवियत संघ में नई राजनीतिक व्यवस्था के उदय से भयाक्रान्त पूँजीवादी देशों ने हिटलर और

मुसोलिनी जैसे तानाशाहों को बढ़ावा दिया और दूसरे विश्व युद्ध की स्थितियाँ पैदा हो गयी। दोनों विश्व युद्धों ने 19 वीं सदी के महान साम्राज्यों को खत्म कर दिया और अमेरिका नई महाशक्ति के रुप में उभरा। दुनिया अमेरिका और सोवियत संघ के नेतृत्व वाले दो खेमों में बंट गयी और शीत युद्ध शुरु हो गया। इसी काल में दुनिया के अधिकांश उपनिवेश स्वतंत्र हुये। 90 के दशक में रुस के उदारीकरण अभियान में साम्यवादी सोवियत संघ का विघटन करा दिया और अमेरिका की चौधराहट में एक ध्रुवीय विश्व व्यवस्था कायम हो गयी। सन् 1901-05 ई0 में फ्रांस में चर्च राज्य से अलग हुआ। सन् 1912 ई0 में चीनी गणराज्य की आधिकारिक घोषणा। सन् 1914 ई0 में ब्रिटेन द्वारा जर्मनी पर आक्रमण की घोषणा के साथ प्रथम विश्व युद्ध की शुरुआत। सन् 1918 ई0 में अमेरिकी राष्ट्रपति वूडरो विल्सन ने विश्व शांति के लिए 14 सुत्रीय कार्यक्रम प्रस्तुत किया। प्रथम विश्व युद्ध की समाप्ति। सन् 1919 ई0 में विश्व शांति के लिए 17 देशों द्वारा "लीग आफ नेशन्स" की स्थापना। सोवियत संघ गणराज्य की स्थापना। सन् 1928 ई0 में चीन में नया संविधान लागू। सन् 1937 ई0 में जापान का चीन पर आक्रमण। सन् 1941 ई0 में जापान ने प्रशान्त महासागर में अमेरिकी नौसैनिक अड्डे पर्लहार्बर को नष्ट किया। जर्मनी ने रुस पर आक्रमण किया। अमेरिका मित्र राष्ट्रों के तरफ से द्वितीय विश्व युद्ध में कूदा। सन् 1945 ई0 में 46 देशों द्वारा सैन फ्रांसिस्को में संयुक्त राष्ट्र संघ की स्थापना, अमेरिका ने जापान के हिरोशिमा और नागासाकी पर परमाणु बम गिराया, द्वितीय विश्व युद्ध की समाप्ति। सन् 1949 ई0 में नाटो (नार्थ एटलाण्टिक ट्रीटी आर्गनाइजेशन) की स्थापना। सन् 1951 ई0 में चीन का तिब्बत पर अधिकार। सन् 1952 ई0 में अमेरिका द्वारा प्रथम हाइड्रोजन बम का परीक्षण। सन् 1956 ई0 में अरब-इजराइल युद्ध। सन् 1959 ई0 में चीन द्वारा तिब्बत पर कब्जा। सन् 1968 ई0 में 36 देशों द्वारा परमाणु अप्रसार सन्धि पर हस्ताक्षर। सन् 1979 ई0 में ईरान में इस्लामिक गणतंत्र की स्थापना, चीन-वियतनाम युद्ध, अमेरिका-सोवियत संघ के बीच परमाणु आयुधों को कम करने के लिए साल्ट-द्वितीय संधि। सन् 1980 ई0 में जिम्बाब्वे को स्वतंत्रता, ईरान-ईराक युद्ध। सन् 1987 ई0 में अमेरिका-सोवियत संघ के बीच परमाणु अस्त्रों को घटाने के लिए आई0 एन0 एफ0 संधि (इंटरमीडिएट न्यूक्लियर फोर्सेज ट्रीटी)। सन् 1990 ई0 में ईराक का कुवैत पर कब्जा। सन् 1991 ई0 में संयुक्त राष्ट्र सेना ने कुवैत को मुक्त कराया। सोवियत संघ का विखण्डन और नये गणतंत्रों की स्थापना। सन् 1996 ई0 में अफगानिस्तान की राजधानी काबुल पर पाकिस्तान समर्थित तालिबान संगठन का कब्जा। सन् 1998 ई0 में पाकिस्तान द्वारा छः परमाणु बमों का परीक्षण, भारत द्वारा चार परमाणु बमों का परीक्षण, अमेरिका-ब्रिटेन का ईराक पर संयुक्त आक्रमण। सन् 1999 ई0 में नाटो का यूगोस्लाविया पर हमला।

साम्राज्यवाद के युद्ध, फिर धर्म समर्पित साम्राज्यवाद के धर्मयुद्ध, फिर विश्व युद्ध, फिर शीतयुद्ध और अन्त में शान्ति की स्थापना हेतु धर्म से मुक्त संयुक्त राष्ट्र संघ। अर्थात् धर्म प्रेरित साम्राज्यवाद से धर्म मुक्त लोकतन्त्र। विश्व व्यवस्था के विकास क्रम में अनेकों आतंक के पर्याय बनकर आये तो अनेको मानवता के लिए बलि वेदी पर चढ़ चुके थे। इस क्रम में शान्ति और एकता स्थापना के लिए शक्ति का प्रदर्शन और प्रयोग ही एक मात्र उपाय था। जिसने प्रत्येक क्षेत्रों से मानव तथा पृथ्वी के विकास की गति में बाधा ही पहुँचाई थी। परिणामस्वरुप विश्व आतंकवाद और परमाणु शस्त्रों के विकास को रोकने के लिए प्रयत्नशील था क्योंकि वह उसका परिणाम इतिहास से अनुभव कर रहा था। विश्व विकास, एकता, प्रबन्ध, स्थिरता, सुरक्षा, शान्ति ही एकमात्र उद्देश्य था जिसमें संयुक्त राष्ट्र संघ की भूमिका महत्वपूर्ण थी। विश्व के 185 राष्ट्र, संयुक्त राष्ट्र संघ की सदस्यता ग्रहण कर चुके थे। संयुक्त राष्ट्र संघ द्वारा लोकतांत्रिक ढंग से बनाये गये नियमों एवं प्रस्तावों को सभी सदस्य देशों को लागू करना अनिवार्यता बन गयी थी। तीसरी सहस्त्राब्दि में संयुक्त राष्ट्र संघ के समक्ष विश्व के प्रति उसका कर्तव्य और दायित्व व्यापक होकर लोकतन्त्र को पूर्ण स्वस्थता प्रदान करना हो गया था। संयुक्त राष्ट्र संघ के लोकतांत्रिक प्रबन्ध का स्वरुप निम्न प्रकार से व्यक्त हो चुका था।

1. गणराज्यों के संघ के रुप में-संयुक्त राष्ट्र संघ।
2. संघ के संचालन के लिए संचालक का नियमावली रुप-चार्टर या संविधान।
3. संघ के तन्त्रों को संचालित करने के लिए तन्त्र और क्रियाकलाप का नियम रुप-नियम और कानून।
4. संघ पर नियंत्रण के लिए नियंत्रक का साकार रुप-पाँच वीटो पावर (अमेरिका, चीन, रुस, ब्रिटेन व जर्मनी)

5. संघ के प्रस्ताव पर निर्णय के लिए सदस्यों की सभा।
6. संघ के नेतृत्व के लिए महासचिव।

संयुक्त राष्ट्र संघ अपने चार्टर में लिखित उद्देश्यों की प्राप्ति हेतु विश्व के विभिन्न मुद्दों पर विश्व सम्मेलन के द्वारा सम्पन्न करता था। जिसमें विश्व शान्ति सम्मेलन, राष्ट्राध्यक्षों का सम्मेलन इत्यादि। संयुक्त राष्ट्र संघ द्वारा 28-31 अगस्त, 2000 को सहस्त्राब्दि विश्व शान्ति सम्मेलन सभी धर्मों द्वारा शान्ति स्थापित करने के लिए 5-7 सितम्बर, 2000 को राष्ट्राध्यक्षों का सम्मेलन आयोजित हो चुका था। सी0 टी0 वी0 टी0 (परमाणु अप्रसार संधि), आतंकवाद से सम्बन्धित तथा भविष्य में विश्व शिक्षा प्रणाली जैसे मुद्दे संयुक्त राष्ट्र संघ के समक्ष थे जबकि विकास कार्यक्रमों, विश्व व्यापार इत्यादि जैसे संयुक्त विश्व की समस्याओं को वह सफलतापूर्वक हल करने की ओर अग्रसर था। राष्ट्राध्यक्षों के सम्मेलन में संयुक्त राष्ट्र महासचिव श्री कोफी अन्नान विश्व के लिए मानवता पर आधारित नया मार्ग रखने का आवाह्न कर चुके थे।

ब. भारत देश स्तर पर शासन अर्थात् राज्य की स्थिति

बुद्धावतार (567-448 ई0 पू0) से अन्तिम अवतार के अवतरण तक विश्व की ही भाँति उसके छोटे रुप में भारत देश की राज्य अर्थात् शासन स्थिति व्यापक उतार-चढ़ाव के बाद लोकतन्त्र द्वारा गणराज्य के रुप में स्थापित हो स्थिरता की ओर बढ़ गई थी परन्तु आतंकवाद, भ्रष्टाचार, बेरोजगारी, जनसंख्या, विकास, शिक्षा, अर्थव्यवस्था इत्यादि सामाजिक आर्थिक विकास की स्पष्ट नीति न होने के कारण तनाव, अपराध व अलगाववाद बढ़ रहा था। इस स्थिति तक आने में जो काल क्रम थे वे संक्षिप्त और मुख्य रुप से निम्नवत् हैं।

सन् 25 ई0 में भारत के गान्धर क्षेत्र में गौतम बुद्ध का प्रथम बार मानव रुप में निरुपण कर मूर्ति का निर्माण। सन् 48 ई0 में कुषाण साम्राज्य का विस्तार हिंदुकुश के पार से उत्तर पश्चिम भारत तक। सन् 80 ई0 में कुषाण वंश मथुरा तक फैला। सन् 125 ई0 में आन्ध्रवंश का कब्जा पूरे मध्य भारत में। सन् 200 ई0 लगभग में महाभारत का संकलन। सन् 320 ई0 में मगध सम्राट द्वारा गुप्त वंश की स्थापना। सन् 467 ई0 में गुप्त साम्राज्य का पतन हुणों द्वारा प्रारम्भ। सन् 480 ई0 में ईसाईयत नेस्टोरियनवाद भारत पहुँचा। गुप्त वंश का अंत। सन् 660 ई0 में फारस द्वारा भारत की सीमाओं पर हूणों के राज्य को नष्ट किया। सन् 711 ई0 में अरबों ने सिन्ध पर कब्जा किया। सन् 765 ई0 में बंगाल और मगध (बिहार) में पालवंश की आधारशिला रखी। सन् 770 ई0 में पाल वंश का अंत। सन् 850 ई0 में दक्षिण भारत के चोल साम्राज्य का विस्तार। लगभग सन् 900 ई0 में जावा के नये माताराम वंश ने शैव हिन्दूधर्म अपनाकर लगभग 150 हिन्दू मन्दिरों का निर्माण कराया। दक्षिण भारत के तमिलों ने श्रीलंका में बसना प्रारम्भ किया। सन् 907 ई0 में दक्कन (मध्य भारत) में राष्ट्रकूटों ने चालुक्यों को हराकर प्रभुत्व स्थापित किया। सन् 950 ई0 में मध्य भारत में चंदेल वंश की स्थापना। सन् 988 ई0 में गजनी साम्राज्य का काबुल पर अधिकार। सन् 994 ई0 में तोमरों ने दिल्ली शहर की स्थापना की।

सन् 1000-1400 ई0 के काल में इलाकावार बंटी हुई भारतीय रजवाड़ा, राजनीति के लिए भारत नाम की कोई इकाई शायद ही कोई महत्व रखती हो। शक्ति संतुलन दक्षिण की ओर चोल साम्राज्य में केन्द्रित था। भारत के पश्चिम में इस्लाम के प्रतिनिधि के रुप में जिन अरब-तुर्क सत्ताओं का उदय चार सदी पहले से होना शुरु हुआ था, उनके पहले लहर में सिंध अरबों के हाथ गया लेकिन भारतीय राजनिति पर इसका असर मामूली रहा। उत्तर भारत की अंतिम केन्द्रीकृत सत्ता गुर्जर-प्रतिहार साम्राज्य के अवशेषों का टकराव दक्षिण के चोल-चालुक्यों, पूर्व के पालों और पश्चिम की राजपूती सत्ताओं के साथ चल रहा था। ऐसे ही मोड़ पर अफगानिस्तान से उठी नव धार्मिक श्रेष्ठता बोध से ग्रस्त तुर्क-अफगान आँधी ने भारत के पश्चिमी हिस्सों को अपने लपेटे में ले लिया। सन् 1008 ई0 में महमूद गजनी का भारत पर आक्रमण। सन् 1015 ई0 में महमूद गजनी का कश्मीर पर असफल आक्रमण। सन् 1018 ई0 में महमूद गजनी ने कन्नौज को नष्ट किया। चोल वंश ने भी श्रीलंका पर विजय प्राप्त किया। सन् 1021 ई0 में चोल शासकों ने बंगाल पर कब्जा किया। सन् 1185 ई0 में मुहम्मद गोरी ने पंजाब और लाहौर पर

कब्जा कर गजनीयों को भगाया। सन् 1192 ई0 में मुहम्मद गोरी का दिल्ली पर आक्रमण और कुतुबुद्दीन ऐबक को भारत का प्रथम शासक नियुक्त किया। सन् 1206 ई0 में कुतुबुद्दीन ऐबक द्वारा गुलाम वंश के नाम से नये मुस्लिम साम्राज्य की स्थापना। सन् 1225 ई0 में दिल्ली के सुल्तान इल्तुत्मिस ने मंगोलों का आक्रमण निष्क्रिय किया। सन् 1296 ई0 में अलाउद्दीन खिलजी दिल्ली का सुल्तान बनकर खिलजी वंश की स्थापना की। सन् 1312 ई0 में अलाउद्दीन ने दक्षिण भारत तथा सन् 1318 ई0 में महाराष्ट्र पर अपना प्रभुत्व जमाया। सन् 1320 ई0 में गयासुद्दीन तुगलक ने खिलजी वंश को हरा तुगलक वंश की स्थापना की। सन् 1336 ई0 में दक्षिण भारत में विजयनगर हिन्दू साम्राज्य स्थापित हुआ। सन् 1347 ई0 में बीजापुर, वीदर और गुलबर्गा को मिलाकर बहमन शाह ने नये स्वतंत्र साम्राज्य की स्थापना की। सन् 1398 ई0 में तैमूर लंग का भारत पर आक्रमण और दिल्ली में लूटपाट।

सन् 1401 से 1757 ई0 का काल भारत के लिए गुलामी के दौर की शुरुआत की काल रही। सन् 1398 ई0 में दिल्ली पर तैमूर का हमला जैसे चौदहवीं सदी के अंत तक के साथ ही दिल्ली सल्तनत का अंत कर देने के लिए हुआ था। सुल्तान फिरोज तुगलक दिल्ली को लुट जाने के लिए छोड़कर भाग खड़ा हुआ। बाद में वह लौटा और जैसे-तैसे वह गद्दी पर पड़ा रहा लेकिन तुर्कों की धाक अब खत्म हो चुकी थी। सन् 1451 ई0 में लोदियों के नेतृत्व में अफगानों ने दिल्ली की सत्ता संभाली। पचास वर्ष राज करने के बाद बाबर की अगुवाई में मुगलों द्वारा वे उखाड़ फेके गये लेकिन जल्दी ही बिहार से उठे अफगान सरदार शेरशाह के नेतृत्व में दिल्ली फिर अफगानों के हाथ आ गयी। मुगल सल्तनत के उदय के समानान्तर एक अन्य प्रक्रिया भी देश के भीतर चल रही थी। समुद्री मार्ग से आये पुर्तगालियों, डचों, फ्रांसीसियों और अंग्रेजों द्वारा धीरे-धीरे भारत के समुद्री व्यापार पर कब्जा। सन् 1420 ई0 में दक्षिण भारत के सुल्तान फिरोज बहमन का विजयनगर के हाथों पराजय। सन् 1498 ई0 में वास्को-डि-गामा कालीकट पहुँचा। सन् 1500 ई0 में पुर्तगालियों ने भारत के पश्चिमी तट पर प्रथम पुर्तगाली व्यापारिक केन्द्र की स्थापना की। सन् 1508 ई0 में गुजरात के सुल्तान ने पुर्तगाली बेड़े को समुद्र में डुबोया। सन् 1510 ई0 में पुर्तगालियों ने गोवा पर कब्जा किया। सन् 1524 ई0 में वास्को-डि-गामा, गोवा का वायसराय नियुक्त। सन् 1526 ई0 में बाबर द्वारा दिल्ली पर कब्जा और मुगल वंश की स्थापना। सन् 1527 ई0 में बाबर ने मेवाड़ के राजा सांगा को हराया। सन् 1528 ई0 में पुर्तगाली बंगाल पहुँचे। सन् 1535 ई0 में मुगल सम्राट हुमायूँ ने गुजरात पर कब्जा किया। सन् 1540 ई0 में शेरशाह सूरी ने मुगल सम्राट हुमायूँ को हराकर दिल्ली पर कब्जा जमाया। सन् 1546 ई0 में पुर्तगालियों ने दीव में गुजराती सेना को परास्त किया। सन् 1555 ई0 में हुमायूँ ने अफगानों को हरा पुनः दिल्ली जीता। सन् 1556 ई0 में अकबर मुगल सम्राट बना। सन् 1558 ई0 में अकबर ने ग्वालियर पर विजय प्राप्त किया। सन् 1568 ई0 में मुगल सम्राट ने चित्तौड़ गढ़ के दुर्ग पर अधिकार किया। सन् 1569 ई0 में अकबर ने रणथम्भौर के दुर्ग पर कब्जा किया। सन् 1576 ई0 में मुगल सम्राट ने बंगाल पर विजय प्राप्त की, गोवा के जेसुइटों को अपने दरबार में आमंत्रित किया। सन् 1586 ई0 में अकबर ने कश्मीर पर अधिकार जमाया। सन् 1601 ई0 में अकबर ने दक्कन राज्यों बरार, खानदेश और अहमदनगर पर अधिकार किया। सन् 1611 ई0 में भारत के पूर्वी तट (मछलीपट्टनम्) पर डचों ने व्यापारिक बस्ती बनाई। 1612 ई0 में भारत के पश्चिमी तट पर ब्रिटिश ईस्ट इण्डिया कम्पनी ने पुर्तगालियों को हराकर सूरत में प्रथम फैक्ट्री को स्थापित किया। सन् 1614 ई0 में डेनिस ईस्ट इण्डिया कम्पनी की स्थापना। सन् 1615 ई0 में मुम्बई के पास अंग्रेजों ने पुर्तगालियों को समुद्र में हराया। जहाँगीर मुगल सम्राट के दरबार में अंग्रेज व्यापारी की उपस्थिति। सन् 1632 ई0 में मुगल सम्राट शाहजहाँ ने पुर्तगालियों को बंगाल में हराया। सन् 1663 ई0 में अंग्रेजों ने बंगाल में व्यापारिक केन्द्र की स्थापना की। सन् 1648 ई0 में शाहजहाँबाद (दिल्ली) मुगल दरबार की नयी राजधानी बनीं। सन् 1650 ई0 में ब्रिटिश ईस्ट इण्डिया कम्पनी ने हुगली (बंगाल) में व्यापारिक केन्द्र की स्थापना की। सन् 1661 ई0 में पुर्तगाल ने इग्लैण्ड के राजकुमार चार्ल्स द्वितीय को दहेज रुप में गोवा दिया। सन् 1664 ई0 में फ्रांसीसी ईस्ट इण्डिया कम्पनी की स्थापना। सन् 1669 ई0 में मुगल साम्राज्य के विरुद्ध मथुरा क्षेत्र के जाटों का विद्रोह। सन् 1675 ई0 में मुगल सम्राट औरंगजेब ने सिखों के नौवें गुरु-गुरु तेगबहादुर की हत्या करवाई। सन् 1687 ई0 में औरंगजेब ने दक्कन में गोलकुण्डा पर अधिकार जमाया। सन् 1739 ई0 में पर्शिया के शाह-नादिरशाह ने दिल्ली के तख्त-ए-ताउस पर कब्जा किया और नरसंहार किया। सन्

1744 ई0 में भारत में प्रथम ऐंग्लो-फ्रेंच युद्ध जिसमें फ्रांस की विजय हुई। सन् 1750 ई0 में द्वितीय ऐंग्लो-फ्रेंच युद्ध जिसमें फ्रांस जीता। सन् 1752 ई0 में अफगानी शासक अहमद शाह अब्दाली ने लाहौर पर कब्जा किया। सन् 1756 ई0 में बंगाल के शासक सिराजुद्दौला ने कलकत्ता पर कब्जा कर अंग्रेजों को निकाला। सन् 1757 ई0 में अहमद शाह अब्दाली ने पंजाब पर कब्जा किया। अंग्रजों ने बंगाल, बिहार और उड़ीसा पर सिराजुद्दौला को हराकर कब्जा किया। तृतीय ऐंग्लो फ्रेंच युद्ध से भारत में फ्रांसीसियों का प्रभुत्व समाप्त।

सन् 1758 से 1947 ई0 का काल भारत के लिए स्वतंत्रता संग्राम व स्वतंत्रता प्राप्ति का काल रहा। इस काल में बंगाल के सिराजुद्दौला को हराने के बाद अंग्रेज एक-एक करके भारतीय राज्यों को हड़पने लगे। सन् 1850 ई0 तक लगभग पूरे भारतीय महाद्वीप पर उनका कब्जा हो गया। उधर, भारत में अंग्रेजी शासन को पुख्ता करने के लिए ब्रिटेन की संसद ने एक्ट पारित कर ईस्ट इण्डिया कम्पनी के स्वरुप में बदलाव कर उसे ब्रिटिश साम्राज्य की एक प्रशासनिक इकाई में तब्दील कर दिया। लेकिन दूसरी तरफ अंग्रेजों के खिलाफ व्यापक असंतोष भी जन्म ले रहा था और असंतोष का ज्वालामुखी फूटा सन् 1857 में। भारत का यह पहला स्वतंत्रता संग्राम विफल रहा, लेकिन इसने राष्ट्रवादी आन्दोलनों के लिए जमीन तैयार कर दी। सन् 1885 में "भारतीय राष्ट्रीय कांग्रेस" की स्थापना हुई, जो आगे चलकर भारतीय स्वतंत्रता आन्दोलन की वाहक बनीं। 20 वीं सदी की शुरुआत से ही स्वराज की मांग उठने लगी। इस सदी के दूसरे-तीसरे दशक में राष्ट्रवादी आन्दोलन की बागडोर मोहन दास करमचंद गाँधी के हाथ में आ गयी। गाँधी जी ने लड़ाई का एक नया हथियार दिया-"अहिंसा" का। सन् 1942 में दूसरे विश्व युद्ध के समय उन्होंने "अंग्रजों भारत छोड़ो" का नारा दिया। द्वितीय विश्व युद्ध के बाद दुनिया के समीकरण बदले और अंग्रेजों को भारत छोड़ना पड़ा। सन् 1947 में 14-15 अगस्त की आधी रात को भारत स्वतंत्र हो गया लेकिन स्वतंत्रता के साथ उसका विभाजन भी हो गया। सन् 1758 ई0 में मराठों ने लाहौर पर कब्जा किया। सन् 1761 ई0 में अफगान शासक अहमदशाह अब्दाली ने मराठों को पराजित किया। सन् 1764 ई0 में अंग्रेजों ने बक्सर युद्ध में बंगाल के नबाब मीर कासिम, मुगल सम्राट शाह आलम तथा अवध के नवाब शुजाउद्दौला के संयुक्त सेना को हरा बंगाल में द्वैध शासन लागू किया। सन् 1767-69 ई0 में प्रथम ऐंग्लो मैसूर युद्ध में हैदर अली का पराजय। सन् 1771 ई0 में मराठों ने मुगल सम्राट शाह आलम को दिल्ली की गद्दी पर बिठाया। सन् 1772 ई0 में बंगाल में द्वैध शासन का अंत, कंपनी ने प्रशासन अपने हाथों में लिया। सन् 1773 ई0 में ब्रिटिश संसद ने रेगुलेटिंग एक्ट पास किया। कलकत्ता में सुप्रीम कोर्ट की स्थापना। सन् 1780 ई0 में भारत का प्रथम समाचार पत्र "बंगाल गजट" का जेम्स हिके के सम्पादन में प्रकाशन, द्वितीय ऐंग्लो मैसूर युद्ध। सन् 1784 ई0 में ब्रिटिश संसद ने भारत के लिए पिट्स इण्डिया एक्ट लागू किया। सन् 1790 ई0 में तृतीय ऐंग्लो-मैसूर युद्ध में टीपू सुल्तान के हारने के बाद आधे राज्य का अंग्रेजों को समर्पण। सन् 1799 ई0 में चतुर्थ ऐंग्लो-मैसूर युद्ध द्वारा अंग्रेजों का मैसूर पर अधिकार। सन् 1802 ई0 में मराठा पेशवा बाजीराव ने अंग्रेजों के साथ सन्धि किये। सन् 1805 ई0 में द्वितीय ऐंग्लो-मराठा युद्ध द्वारा मराठों की हार। सन् 1809 ई0 में मराठा रंजीत सिंह और अंग्रेजों के बीच अमृतसर की सन्धि। सन् 1813 ई0 में चार्टर एक्ट से ईस्ट इण्डिया कम्पनी का व्यापारिक एकाधिकार समाप्त। सन् 1834 ई0 में महाराजा रंजीत सिंह ने पेशावर पर अधिकार किया। सन् 1835 ई0 में सिक्कों पर से मुगल सम्राट के नाम मिटाकर कम्पनी के नाम से सिक्कों का प्रचलन। सन् 1843 ई0 में अंग्रेजों ने सिंध पर अधिकार जमाया। सन् 1845-49 ई0 में ऐंग्लो-सिख युद्ध। पंजाब का अंग्रेजी राज्य में विलय। सन् 1856 ई0 में अंग्रेजों ने अवध राज्यों को हड़पा। सन् 1857 ई0 में भारत में ईस्ट इण्डिया कम्पनी के भारतीय सिपाहियों का विद्रोह। जो दिल्ली, अवध, रुहेलखण्ड, बुंदेलखंड, कानपुर, इलाहाबाद, आगरा, मेंरठ, झाँसी और पश्चिम बिहार में फैल गया। सन् 1858 ई0 में ईस्ट इण्डिया कम्पनी भंग, भारत का प्रशासन ब्रिटेन के हाथों में। सन् 1861 ई0 में इण्डियन काउन्सिल एक्ट तथा इण्डियन सिविल एण्ड क्रिमिनल कोड पारित। सन् 1870 ई0 में मुम्बई में राजनीतिक संगठन "पूना सार्वजनिक सभा" की स्थापना। सन् 1876-77 ई0 में भारत में दिल्ली दरबार महारानी विक्टोरिया साम्राज्ञी। सन् 1878 ई0 में वर्नाकुलर प्रेस एक्ट बना। सन् 1885 ई0 में भारतीय राष्ट्रीय कांग्रेस का मुंबई में प्रथम अधिवेशन। सन् 1887 ई0 में बलूचिस्तान (अफगानिस्तान) को भारत में शामिल किया गया। सन् 1905 ई0 में बंगाल का विभाजन। सन् 1906 ई0 में आल इण्डिया मुस्लिम लीग की स्थापना। सन् 1909 ई0 में

मार्ले-मिन्टो सुधार लागू। केन्द्रीय तथा प्रांतीय विधान मण्डलों के आकार एवं शक्ति में वृद्धि। मुसलमानों के लिए पृथक निर्वाचन व्यवस्था। सन् 1912 ई0 में भारत की राजधानी कलकत्ता से दिल्ली स्थानान्तरित। सन् 1915 ई0 में भारत प्रतिरक्षा अधिनियम। सन् 1916 ई0 में कांग्रेस-मुस्लिम लीग लखनऊ समझौता। सन् 1917 ई0 में गाँधी जी द्वारा चम्पारन सत्याग्रह। सन् 1919 ई0 में माण्टेग्यू-चेम्सफोर्ड सुधार। रौलेट ऐक्ट पारित, जालियावाला नरसंहार (13 अप्रैल), गवर्नमेंन्ट आफ इण्डिया एक्ट पारित। सन् 1920 ई0 में गाँधी जी द्वारा असहयोग आन्दोलन की शुरुआत, ताशकंद में भारतीय कम्यूनिस्ट पार्टी की स्थापना। सन् 1921 ई0 में गाँधीजी का सविनय अवज्ञा आन्दोलन प्रस्ताव पारित। गाँधीजी गिरफ्तार। मोतीलाल नेहरु ओर चितरंजन दास ने "स्वतंत्र पार्टी" की स्थापना की। सन् 1924 ई0 में गाँधीजी प्रथम और अन्तिम बार कांग्रेस के अध्यक्ष बने। सन् 1925 ई0 में विठ्ठल भाई पटेल विधानमण्डल में प्रथम भारतीय अध्यक्ष चुने गये। सन् 1927 ई0 में भारत में संवैधानिक सुधारों के लिए "साइमन कमीशन" की नियुक्ति। सर्वदलीय सम्मेलन का गठन। सन् 1929 ई0 में केन्द्रीय असेम्बली में भगत सिंह और बटुकेश्वर दत्त ने बम फेंका। सन् 1930 ई0 में साइमन कमीशन का बहिस्कार, गाँधीजी द्वारा नमक कानून तोड़ने के लिए दांडी यात्रा। प्रथम गोलमेज सम्मेलन। 26 जनवरी को स्वतंत्रता शपथ का सम्पूर्ण देश में आयोजन। सन् 1931 ई0 में गाँधी-इर्विन समझौता। चन्द्रशेखर आजाद की मृत्यु। लाहौर में भगत सिंह, राजगुरु और सुखदेव को फाँसी। द्वितीय गोलमेज सम्मेलन में गाँधीजी शामिल। सन् 1932 ई0 में दूसरा सविनय अवज्ञा आन्दोलन, तृतीय गोलमेज सम्मेलन। सन् 1933 ई0 में गाँधीजी द्वारा व्यक्तिगत सत्याग्रह आरम्भ, पहली बार रहमत अली द्वारा "पाकिस्तान" शब्द का प्रयोग। सन् 1934 ई0 में गाँधीजी द्वारा सविनय अवज्ञा आन्दोलन वापस। सन् 1935 ई0 में भारत सरकार अधिनयम पारित। सन् 1937 ई0 में भारत में चुनावों के बाद 11 में से 7 प्रांतों में कांग्रेस सरकारों की स्थापना। सन् 1938 ई0 में सुभाष चन्द्र बोस कांग्रेस के अध्यक्ष निर्वाचित। सन् 1939 ई0 में त्यागपत्र। कांग्रेस मंत्रिमण्डलों का त्यागपत्र। सन् 1940 ई0 में मुस्लिम लीग द्वारा पाकिस्तान की मांग। सन् 1942 ई0 में क्रिप्स मिशन का कांग्रेस द्वारा बहिस्कार, और "भारत छोड़ो" आन्दोलन शुरु। सन् 1944 ई0 में असम पर जापानी आक्रमण, गाँधी-जिन्ना वार्ता, आजाद हिन्द फौज भारत के निकट पहुँची। सन् 1945 ई0 में आजाद हिन्द फौज का आत्म समर्पण और नेता जी सुभाष चन्द्र बोस की मृत्यु। संयुक्त राष्ट्र संघ की स्थापना में भारत संस्थापक सदस्यों में से एक। सन् 1946 ई0 में मुस्लिम लीग द्वारा 16 अगस्त को "सीधी कार्यवाही", अंतरिम सरकार का गठन, संविधान सभा की प्रथम बैठक, 18 फरवरी को मुम्बई में भारतीय नौ सैनिकों का विद्रोह। सन् 1947 ई0 में जून 1948 तक ब्रिटिश शासन द्वारा सत्ता हस्तान्तरण की ऐतिहासिक घोषणा। 14-15 अगस्त मध्य रात्रि को भारत और पाकिस्तान प्रभुसत्ता सम्पन्न राष्ट्र घोषित। हिन्दू-मुस्लिम दंगों में लाखों व्यक्ति की मृत्यु।

सन् 1947 ई0 से अन्तिम अवतार के अवतरण तक का काल भारत के लिए टुटते सपनों और कुहासों का काल था। ढेर सारे सपनों, आशाओं, आकांक्षाओं के साथ भारत के लोगों ने सन् 1947 में नये युग में प्रवेश किया। जवाहर लाल नेहरु देश के प्रथम प्रधानमंत्री तथा सरदार बल्लभ भाई पटेल गृहमंत्री बने, और मिश्रित अर्थव्यवस्था के माडल पर देश चल पड़ा। अन्तर्राष्ट्रीय स्तर पर गुटनिरपेक्षता का सूत्रपात किया तो घरेलू स्तर पर पंचवर्षीय योजनाएँ शुरु की गई। लेकिन प्रथम 15 वर्षों में ही सपने टुटते दिखाई देने लगे। चीन के युद्ध ने नेहरु की कूटनीति पर करारी चपत लगाई तो उनकी मृत्यु के कुछ वर्षों बाद ही इन्दिरा गाँधी ने राजनीति से मूल्य, नैतिकता जैसे शब्दों का सफाया शुरु कर दिया। इमरजेंसी के बाद तो सब कुछ बदल गया। आज स्थिति यह है कि अधिकतर पार्टियों के शीर्ष नेता तमाम आरोपों में डूबे हुये हैं। लेकिन बहुत कुछ ऐसा भी हुआ जिस पर गर्व किया जा सकता है। हरित क्रान्ति की सफलता ने हमें खाद्यान्न के मामले में आत्मनिर्भर बनाया, सन् 1974 ई0 में भारत ने सफल परमाणु बम विस्फोट कर दुनिया के सामने अपनी ताकत प्रदर्शित की। अनेक क्षेत्रों में अन्तर्राष्ट्रीय स्तर पर भारतीयों ने नई-नई उपलब्धियां हासिल की।

आजादी के समय भारत में 563 देशी रियासतें थी। इनमें से कई रियासतें अपनी तकदीर आजाद भारत को सौंपने को तैयार नहीं थी। कश्मीर के राजा ने भारत के साथ आने का फैसला किया, हैदराबाद निजाम स्वतंत्र रहने पर अड़े हुये थे तो गुजरात की जुनागढ़ रियासत पाकिस्तान के साथ मिलने को तैयार थी। लेकिन

गृहमंत्री सरदार पटेल ने लौह पुरुष की भूमिका निभाते हुये सबको भारत में मिला दिया। सन् 1948 ई0 में महात्मा गाँधी की हत्या जिन्हें "राष्ट्रपिता" के रुप में भारत ने सम्मान दिया था। लार्ड माउण्टवेटन के स्थान पर चक्रवर्ती राजगोपालाचारी भारत के गवर्नर जनरल बने। भारतीय सेना, पाक घुसपैठियों को कश्मीर से खदेड़ा। सन् 1950 ई0 में 26 जनवरी को भारत ने संविधान अपनाया। सन् 1952 ई0 में भारत में प्रथम आम चुनाव द्वारा कांग्रेस पार्टी को बहुमत। और पहली पंचवर्षीय योजना लागू। सन् 1954 ई0 में फ्रांसीसी उपनिवेश पाण्डिचेरी भारत में शामिल। सन् 1955 ई0 में अस्पृश्यता को कानूनन अपराध घोषित कर दिया गया। हिन्दू मैरिज एक्ट और वंशानुगत कानून में सुधार लाते हुये महिलाओं को समान अधिकार दिये गये। सन् 1956 ई0 में राज्यों का पुनर्गठन। डा0 अम्बेडकर की मृत्यु। सन् 1957 ई0 में भारत का दूसरा आम चुनाव कांग्रेस को विजय। सन् 1960 ई0 में बम्बई प्रान्त का विभाजन करके महाराष्ट्र एवं गुजरात राज्य का निर्माण। सन् 1961 ई0 में गोवा, दमन और दीव स्वतंत्र होकर भारत में शामिल। सन् 1962 ई0 में तीसरा आम चुनाव, चीन द्वारा भारत पर आक्रमण। सन् 1963 ई0 में राष्ट्रपति डा0 राजेन्द्र प्रसाद की मृत्यु, नागालैण्ड नया राज्य बना। सन् 1964 ई0 में पं0 जवाहर लाल नेहरु की मृत्यु, लाल बहादुर शास्त्री प्रधानमंत्री बने। सन् 1965 ई0 में भारत-पाकिस्तान युद्ध। सन् 1966 ई0 में भारत-पाकिस्तान के बीच ताशकन्द समझौता, लाल बहादुर शास्त्री की मृत्यु, इन्दिरा गाँधी प्रधानमंत्री बनीं। सन् 1967 ई0 में चौथा आम चुनाव कांग्रेस की विजय। सन् 1969 ई0 में कांग्रेस का विभाजन, बैंकों का राष्ट्रीयकरण। सन् 1971 ई0 में पाँचवा आम चुनाव में इन्दिरा गाँधी को विजय प्रधानमंत्री बनीं, भारत-पाकिस्तान युद्ध। सन् 1972 ई0 में भारत-पाक के बीच शिमला समझौता। मणिपुर, मेघालय और त्रिपुरा भारतीय संघ के नये राज्य बने। अरुणाचल एवं मिजोरम केन्द्र शासित प्रदेश बने। सन् 1974 ई0 में भारत का प्रथम परमाणु बम परीक्षण, सिक्किम का भारत में विलय, जय प्रकाश नारायण का "सम्पूर्ण क्रान्ति" आन्दोलन। सन् 1975 ई0 में इन्दिरा गाँधी द्वारा इमरजेंसी की घोषणा। सन् 1976 ई0 में भारत के संविधान में 42 वें संशोधन के द्वारा व्यापक फेरबदल। सन् 1977 ई0 में छठें आम चुनाव में इन्दिरा गाँधी की पराजय जनता पार्टी के नेतृत्व में मोरार जी देसाई फिर चौ0 चरण सिंह प्रधानमंत्री बने। सन् 1979 ई0 में जनता पार्टी की सरकार गिरी। सन् 1980 ई0 में सातवें आम चुनाव में इन्दिरा गाँधी पुनः प्रधानमंत्री बनीं। सन् 1984 ई0 में खालिस्तानी आतंकवादियों के विरुद्ध आपरेशन ब्लू स्टार, इन्दिरा गाँधी की हत्या, और व्यापक दंगा, राजीव गाँधी प्रधानमंत्री बने, आठवें चुनाव में कांग्रेस की विजय। सन् 1985 ई0 में खालिस्तानी उग्रवादियों ने एयर इण्डिया जम्बो जेट विमान बम से उड़ाया, राजीव गाँधी-खालिस्तानी लोगोवाल से ऐतिहासिक समझौता। सन् 1987 ई0 में वी0 पी0 सिंह ने बोफोर्स तोप घोटाला मुद्दा उठाया। भारत ने शान्ति सेना श्रीलंका भेजी, गोवा भारत का 25 वां राज्य बना। सन् 1989 ई0 के नौवें आम चुनाव में वी0 पी0 सिंह के नेतृत्व में गठबन्धन सरकार, भारत में "अग्नि" और "पृथ्वी" मिसाइलों का सफल प्रक्षेपण। सन् 1990 ई0 में कश्मीर में आतंकवादी गतिविधियां और हिंसा तेज हुई। आरक्षण के विरोध में उत्तर भारत में जोरदार प्रदर्शन, श्रीराम मंदिर-मस्जिद, अयोध्या विवाद गरमाया। वी0 पी0 सिंह सरकार का पतन। चन्द्रशेखर नये प्रधानमंत्री बने। सन् 1991 ई0 में प्रधानमंत्री चन्द्रशेखर का इस्तीफा। भूतपूर्व प्रधानमंत्री राजीव गाँधी का मानव बम द्वारा हत्या। दसवें आम चुनाव के बाद पी0 वी0 नरसिंह राव के नेतृत्व में काग्रेस की सरकार। आर्थिक सुधारों के लिए भूमण्डलीकरण प्रारम्भ। सन् 1992 ई0 में अयोध्या में बाबरी मस्जिद विध्वंस के बाद व्यापक सांप्रदायिक दंगा। सन् 1993 ई0 में कश्मीर में हजरत बल दरगाह पर आतंकवादियों का कब्जा। सन् 1994 ई0 में उग्रवादियों द्वारा छः विदेशी पर्यटकों का अपहरण। सन् 1996 में 11 वें आम चुनाव के बाद एच0 डी0 देवगौड़ा के नेतृत्व में संयुक्त मोर्चा सरकार। देवगौड़ा सरकार के पतन के बाद इन्द्र कुमार गुजराल नये प्रधानमंत्री। सन् 1997 ई0 में सर्वसम्मति से प्रथम दलित राष्ट्रपति के0 आर0 नारायणन बने। सन् 1998 ई0 में बारहवें आम चुनाव के बाद अटल बिहारी बाजपेयी के नेतृत्व में भाजपा गठबन्धन की सरकार बनीं। पोखरन में तीन परमाणु परीक्षण। अमेरिका, जापान का भारत पर आर्थिक प्रतिबन्ध। प्रसिद्ध अर्थशास्त्री अमत्र्य सेन को नोबेल पुरस्कार। सन् 1999 ई0 में कारगिल क्षेत्र से पाकिस्तानी घुसपैठियों को भारत भगाने में सफल। भाजपा गठबन्धन सरकार एक मत से गिरी। 13 वें आम चुनाव में राष्ट्रीय जनतांत्रिक गठबन्धन के नेतृत्व में अटल बिहारी वाजपेयी पुनः प्रधानमंत्री बने।

भारत अपने 50 वर्षों के लोकतन्त्र शासन प्रणाली के कार्यकाल में विश्व का सबसे बड़ा व सफल लोकतन्त्र का उदाहरण बन चुका था परन्तु यह प्रणाली सिर्फ तन्त्र पर आधारित होकर अस्वस्थता की ओर बढ़ रही थी। एक राजनीतिक दल को संसद में बहुमत प्राप्त होने से प्रारम्भ होकर, बिना अनेक दलों के बीच न्यूनतम साझा कार्यक्रम पर आधारित हो सरकार का गठन असम्भव हो गया था। केन्द्र सरकार की भाँति राज्य सरकारों में भी यही स्थिति उत्पन्न हो चुकी थी परिणामस्वरुप सरकार सहयोगी दलों के दबाव में कार्य करने लगी थी। अपने स्वार्थ को सिद्ध न कर पाने के स्थिति में संविधान के अनुसार सरकार का पतन सहयोगी दलों के अधीन नियंत्रित हो चुका था। परिणामस्वरुप सरकार के निर्धारित कार्यकाल 5 वर्ष के पूर्व भी चुनाव सम्भव होने लगा था।

राजनीतिक इच्छाओं में वृद्धि से राजनीतिक दलों का टूटना और नये राजनीतिक दलों का गठन सामान्य बात हो चुकी थी परिणामस्वरुप 70 करोड़ मतदाताओं के मतदान के लिए 8 लाख मतदान केन्द्र, 10 लाख चुनाव कर्मी, 6000 करोड़ खर्च, 5000 से अधिक उम्मीदवार और 700 राजनीतिक दल भारत के प्रत्येक आम चुनाव में आदान-प्रदान होते थे। राजनीति का मुख्य आधार जातिय जनसंख्या गणित व उसके आधार पर दलों का गठबन्धन जिससे जीत सुनिश्चित की जा सके, होती थी उसमें न तो जनता और न ही दलों की प्राथमिकता जन या लोक या गण या मानव के प्रति कार्यसूची के प्रति होती थी। वोट (मत) के लिए धन, बल, साम्प्रदायिक हिंसा इत्यादि येन-केन-प्रकारेण की विधि अपनाई जाने लगी थी। सम्पूर्ण रुप से भारत में राजनीतिक नेताओं की छवि व्यक्तिगत स्वार्थ ही प्राथमिक आधार तथा सरकार की कार्य प्रणाली में वैश्विक दृष्टि ही प्राथमिक आधार बन चुकी थी। स्थिति यह थी कि यदि किसी व्यक्तिगत राजनेता या राजनीतिक दल को व्यक्तिगत या दलगत लाभ न पहुँचे तो वह राष्ट्रहित, मानवहित, विश्वहित के विषय में भी रुचि नहीं लेता था। सत्ता में आने के लिए कुछ राजनीतिक गठबन्धन चुनाव पूर्व तो कुछ चुनाव बाद बनते थे। गठबन्धनों में राष्ट्रीय मोर्चा, संयुक्त मोर्चा, राष्ट्रीय समानान्तर मोर्चा, राष्ट्रीय जनतांत्रिक गठबन्धन, बाम मोर्चा प्रमुख थे जो अवसर के अनुसार बनते और टुटते थे। राजनीतिक दलों में भारतीय जनता पार्टी, तुलगू देशम पार्टी, जनता दल (यूनाइटेड), जनता दल (बीजू), द्रमुक, शिवसेना, तृणमूल कांग्रेस, इण्डियन नेशनल लोकदल, अकाली दल (बादल), एम0 डी0 एम0 के0, पी0 एम0 के0, हिमांचल विकास कांग्रेस, एम0 ए0 डी0 एम0 के0, ए0 डी0 एम0 के0 (एम0 जी0 आर0), लोकतांत्रिक कांग्रेस, मध्य प्रदेश कांग्रेस पार्टी, भारतीय कांग्रेस (आई0), ए0 डी0 एम0 के0, राष्ट्रीय जनता दल, एम0 यू0 एल0, राष्ट्रीय लोकदल (अजित), राष्ट्रीय कांग्रेस पार्टी, माक्र्सवादी कम्यूनिस्ट पार्टी, भारतीय कम्यूनिस्ट पार्टी, भारतीय कम्यूनिस्ट पार्टी (माले), आर0 एस0 पी0, फारवर्ड ब्लाक, मिजो सोशलिस्ट काउंसिल, मुस्लीम लीग, मजलिसे इत्तेहादुल मुसलमीन, आर0 एस0 पी0, समाजवादी पार्टी, बहुजन समाज पार्टी, समाजवादी जनता पार्टी, भारतीय आजाद पार्टी, अजेय भारत पार्टी, असम गण परिषद, राष्ट्रीय क्रान्ति पार्टी, अपना दल, समता पार्टी, गाँधीवादी कांग्रेस पार्टी, भारत दल, आल इण्डिया महिला राज पार्टी इत्यादि प्रमुख रुप से सक्रिय थे। इन दलों के संगठन स्वरुप में विभिन्न प्रकोष्ठ जैसे-अल्पसंख्यक प्रकोष्ठ, किसान प्रकोष्ठ, व्यापारी प्रकोष्ठ, कर्मचारी प्रकोष्ठ, महिला प्रकोष्ठ, युवा प्रकोष्ठ, छात्र प्रकोष्ठ, धार्मिक प्रकोष्ठ, बुद्धिजीवि प्रकोष्ठ, इत्यादि की शाखा द्वारा समाज के प्रत्येक क्षेत्र में राजनीति का प्रवेश कराया जा चुका था। भारतीय जनता पार्टी तो सन् 1925 ई0 में स्थापित हिन्दूवादी संगठन राष्ट्रीय स्वयं सेवक संघ के सोशल इंजिनियरिंग आधारित देश व्यापी शाखाओं की शक्ति द्वारा ही प्रवर्तित थी। जो अपने सहयोगी संगठनों एवं स्वयं द्वारा एक प्रक्रिया से मनुष्य का निर्माण कर अपने उद्देश्य के लिए मनुष्य का विशेषीकृत उपयोग कर रही थी।

सरकार के स्वरुप में पहला-व्यवस्थापिका (राज्य सभा, लोक सभा) दूसरा-कार्यपालिका (राष्ट्रपति, उपराष्ट्रपति, प्रधानमंत्री, मंत्री परिषद इत्यादि) तीसरा-न्याय पालिका (सर्वोच्च न्यायालय, उच्च न्यायालय इत्यादि) तथा चौथे स्तम्भ के रुप में मीडिया अर्थात् पत्रकारिता की प्रमुखता थी। व्यवस्थापिका सत्य सिद्धान्त से मुक्त संयुक्त मन अर्थात् बहुमत द्वारा संचालित थी तथा जो भी निर्णय चाहे उसके परिणाम दूरगामी रुप में अच्छे हों या बुरे, उसे कार्यपालिका द्वारा स्थापित अर्थात् प्रभावी किया जाता था। व्यवस्थापिका यह निर्णय लेने में पूर्ण रुप से अक्षम हो चुकी थी कि कौन सा कार्य प्राथमिकता के रुप में शीघ्र करना चाहिए। और कौन से कार्य बाद में। कौन सा कार्य अनावश्यक है और कौन सा आवश्यक। कौन सा कार्य सिर्फ सत्य की शक्ति के निर्णय पर करना चाहिए और कौन

सा कार्य बहुमत के निर्णय पर। सम्पूर्ण रुप से व्यवस्थापिका दिशा ज्ञान से मुक्त, समय से मुक्त और शासक इच्छा से मुक्त होकर कार्य कर रही थी। प्रतिभा पलायन का यही कारण था। व्यवस्थापिका की सम्पूर्ण कार्य प्रणाली जैसे चेतना शून्य अर्थात् अदृश्य चेतना के अधीनस्थ रुप से संचालित हो रही थी। कार्यपालिका में कार्यों का संपादन उसके सैकड़ों मंत्रालयों एवं विभागों द्वारा सम्पन्न किया जाने लगा था। कार्यपालिका के पदाधिकारी में केन्द्र स्तर पर प्रधानमंत्री तथा राज्य स्तर पर मुख्यमंत्री स्तर तक भ्रष्टाचार में लिप्त हो चुके थे। अर्थात् कार्यपालिका के प्रधान सहित मंत्री परिषद के मंत्री तक सार्वजनिक रुप में भ्रष्ट और शंका के घेरे में जनता के समक्ष व्यक्त हो चुके थे। परिणामस्वरुप कार्यपालिका के अधीन नौकरशाही भी उसी प्रकार पूर्ण रुप से भ्रष्ट हो चुकी थी। स्थिति यह बन चुकी थी कि यदि नौकरशाही को व्यक्तिगत लाभ न मिले तो समाजहित, जनहित, राष्ट्रहित के अच्छे से अच्छे कार्य को भी वे नहीं करते थे। और यदि व्यक्तिगत लाभ मिले तो एक से एक सूचना चाहें राष्ट्रहित के विरुद्ध क्यों न हो उसे संचरित कर देते थे। इस स्थिति से व्यवस्थापिका का प्रत्येक अच्छा कार्य भी नौकरशाही और कार्यपालिका के अधीन आकर उसके दुरुपयोग का शिकार होने लगा था। जो सार्वजनिक प्रमाणित रुप से पूर्व प्रधानमंत्री स्व0 राजीव गाँधी द्वारा यह कहकर व्यक्त किया जा चुका था कि-"यदि व्यक्ति के लिए केन्द्र 100 पैसे भेजता है तो वह व्यक्ति तक पहुँचते-पहुँचते 15 पैसा रह जाता है।" नौकरशाही के लिए नियम, कानून, अधिकार इत्यादि सिर्फ नैतिकता को किनारे कर भ्रष्टाचार द्वारा धन कमाने का साधन मात्र बन गयी थी। परिणामस्वरुप सरकारी तन्त्रों पर आधारित व्यावसायिक संस्थान असफल होने लगे थे और उनका नीजीकरण किया जाने लगा था। नौकरशाही के नैतिक पतन की स्थिति यह थी कि यदि सरकारी तन्त्र में रहे तो भ्रष्टाचार करते थे। यदि नीजीकरण हुआ तो विरोध, तोड़-फोड़, हंगामा इत्यादि करते थे। वेतन तथा सुविधा के लिए हड़ताल किया करते थे। और यदि समाज में हैं तो भ्रष्टाचार के विरुद्ध लम्बे-लम्बे भाषण देते थे। न्यायपालिका में भ्रष्टाचार सार्वजनिक रुप से व्यक्त नहीं हुआ था परन्तु वह भी भ्रष्टाचार से अछुती नहीं रह गयी थी। कार्यपालिका तथा जनता के पूर्ण नैतिक पतन से विवादों की संख्या न्यायालयों में लगातार बढ़ती जा रही थी। वहीं न्यायालयों का विवादों के हल के लिए समय सीमा से मुक्त होकर कार्य करना तथा कानूनी जाल के दुरुपयोग से विवादों के निर्णय में लम्बी अवधि लगने लगा था। परिणामस्वरुप अपराध, भ्रष्टाचार और कानून का दुरुपयोग साधारण विषय बनती जा रही थी। चौथा स्तम्भ कही जाने वाली पत्रकारिता की स्थिति "क्या होना चाहिए" पर कम "क्या है और क्या हो रहा है?" पर आधारित थी। पत्रकारिता की स्थिति सम्मानीय भ्रष्ट स्थिति थी। वह सभी का भ्रष्टता पर नजर रखने में सक्षम थी परन्तु स्वयं की भ्रष्टता पर उसकी नजर नहीं जाती थी। पत्रकारिता से जुड़े व्यक्ति सरकारी तंत्रों, नौकरशाहीयों और राजनीतिज्ञ दलों के प्रचारक रुप में स्थापित हो गयी थी। पत्रकारिता जनता की आवाज और जनता का स्वरुप न बनकर मात्र एक व्यवसाय व पेशा का रुप ले चुकी थी।

सन् 1997 ई0 में भारत की स्वतंत्रता की 50 वर्ष पूर्ण होने के कार्यक्रम में संसद में संसद सदस्यों के सात दिनों के "पचास वर्ष की उपलब्धि और भविष्य की कार्य योजना" पर कोई हल न निकाल सिर्फ भूतकाल की व्याख्या और आरोप-प्रत्यारोप ही प्रदर्शित कर चुकी थी। **संसद द्वारा द्वितीय स्वतंत्रता संग्राम का निर्णय** सर्वसम्मिति से हो चुका था। 10 सितम्बर 1997 को उत्तर प्रदेश के राज्यपाल **श्री रोमेश भण्डारी द्वारा** "सामाजिक अन्याय व अशिक्षा के उन्मुलन की आवश्यकता, न तो नारों से काम चलेगा और न ही योजनाओं से सभी शिक्षित होंगे, साइनबोर्ड पढ़ लेना मात्र शिक्षा नहीं है।", 22 सितम्बर 1997 को पूर्व राष्ट्रपति **श्री शंकर दयाल शर्मा द्वारा**-"आम आदमी से जुड़ा साहित्य ही कल्याणकारी", 12 जुलाई 1998 को पूर्व राष्ट्रपति **श्री आर0 वेंकटरामन द्वारा**-"भारत के लिए फ्रांस की राष्ट्रपति शासन प्रणाली ज्यादा उपयुक्त", 9 जुलाई 1998 को मानव संसाधन मंत्री **श्री मुरली मनोहर जोशी द्वारा**-"काल का बोध न रखने वाले राष्ट्र का आत्मबोध व दिशाबोध भी समाप्त हो जाता है", अप्रैल 1998 में प्रधानमंत्री **श्री अटल बिहारी वाजपेई द्वारा**-"कुछ लोग कहते हैं कि हमारी सरकार भूमण्डलीकरण के खिलाफ है लेकिन मैं आपको विश्वास दिलाना चाहता हूँ कि मैं गीता के सन्देश को सारे भूमण्डल में प्रसारित करने का हिमायती हूँ।", 11 अगस्त 1998 को मानव संसाधन विकास मंत्री **श्री मुरली मनोहर द्वारा** जारी एवम् समाचार पत्रों में प्रकाशित अपील द्वारा-"मैं आवाहन करता हूँ देश की युवा पीढ़ी का जो इस महान गौरवशाली देश

का नेतृत्व करे और संकीर्णता, भय, असमानता, असहिष्णुता से उपर उठकर राष्ट्र को ज्ञान विज्ञान के ऐसे धरातल पर स्थापित करे कि लोग कहें यही तो भारत महान है।", 27 सितम्बर को न्यूयार्क से प्रधानमंत्री **श्री अटल बिहारी वाजपेई द्वारा**-"हिन्दुत्व महज धर्म नहीं, जीवन शैली है, आने वाली सदी में हिन्दुत्व ही विश्व को रास्ता दिखाएगा।", हिन्दुत्व पर विश्व कोश तैयार करने के सम्बन्ध में-"यह बात समझ ली जानी चाहिए कि विश्वकोश तैयार करना कोई समयबद्ध कार्यक्रम नहीं हो सकता। हिन्दुत्व ज्ञान की ऐसी आकाशगंगा है, जिसे लिपिबद्ध करना तो एक सतत् प्रक्रिया तो हो सकती है लेकिन इसके लिए समय सीमा निर्धारित करना असम्भव है।" 22 अक्टूबर 1998 को कांग्रेस पार्टी अध्यक्ष **श्रीमती सोनिया गाँधी द्वारा**-"शिक्षा के भारतीयकरण, राष्ट्रीयकरण और आध्यात्मिकता से जोड़े जाने का प्रस्ताव है उसका अर्थ क्या है। क्या पिछले 50 वर्ष से लागू शिक्षा प्रणाली गैर भारतीय, विदेशी थी जिसमें भारत की भूत और वर्तमान की आवश्यकताएं नहीं थी? शिक्षा सम्बन्धी प्रस्ताव पर निर्णय से पूर्व राष्ट्रीय बहस जरुरी।" 9 दिसम्बर 1998 को मानव संसाधन मंत्री **श्री मुरली मनोहर जोशी द्वारा**-"देश के सभी विद्यालय में वेद की शिक्षा दी जायेगी।", 24 दिसम्बर, 1998 को उ0 प्र0 विधान सभा अध्यक्ष **श्री केशरी नाथ त्रिपाठी द्वारा**-"हमारी शिक्षा नीति और शिक्षा ऐसी होनी चाहिए जिससे हम भविष्य को देख सकें और भविष्य की आवश्यकताओं को पूरा कर सकें, शिक्षा में दूरदृष्टि होनी चाहिए।" 22 फरवरी 2000 को प्रेस काउंसिल आफ इण्डिया के अध्यक्ष न्यायमूर्ति **परशुराम बी0 सावंत द्वारा**-"अपने उद्देश्य और शक्ति के कारण मीडिया को "फोर्थ स्टेट" नहीं बल्कि "फर्स्ट स्टेट" का दर्जा मिलना चाहिए हालांकि कुछ वर्षों से मीडिया की भूमिका न्यूज सप्लायर की हो गयी है। मीडिया का सशक्त तंत्र, लोकतंत्र के तीनों अंगों की आलोचना करने में समर्थ है। और उनको सही दिशा में कार्य करने पर जोर देता है। लेकिन विचार और आलोचना के लिए स्वतंत्र होने का मतलब यह नहीं है कि समाज को प्रभावित करने वाली महत्वपूर्ण घटनाओं की पहले ही इच्छानुसार अभिव्यक्ति की जायें। दरअसल मीडिया की भूमिका रचनात्मक विपक्ष की तरह होनी चाहिए। जो बातें प्रशंसा के योग्य हो उन्हें अहमियत दी जाए। बुरी बात को कहने से हिचकने की जरुरत नहीं है हालांकि दुर्भाग्य से आज ऐसा नहीं हो रहा है।", राष्ट्रपति **श्री के0 आर0 नारायणन द्वारा**-"संविधान हो या सामाजिक न्याय, देश उपर।", जैसे वक्तव्यों से भारत देश स्तर के सर्वोच्च व्यक्तियों द्वारा मन-ज्ञान-बुद्धि को व्यक्त किया जा चुका था।

मई 1998 में श्री अटल बिहारी वाजपेयी सरकार के नेतृत्व में पोखरण में परमाणु बम परीक्षण के उपरान्त भारत राष्ट्र के लिए पूर्व प्रधानमंत्री स्व0 लाल बहादुर शास्त्री द्वारा व्यक्त मन्त्र-"जय जवान-जय किसान" में "जय विज्ञान" की एक और कड़ी जोड़ी जा चुकी थी। संख्या 13 को भारतीय जनता पार्टी अपने लिए शुभ मानते हुये (क्योंकि सन् 1996 में 13 दिनों के लिए तथा मार्च 1998 में 13 महीनों के लिए सरकार में थी) 13 वीं लोकसभा के गठन के लिए प्रधानमंत्री श्री अटल बिहारी वाजपेयी 13 अक्टूबर 1999 को शपथ ग्रहण कर चुके थे। वहीं भारतीय कांग्रेस पार्टी (आई) ने 13 अगस्त 1999 को 13 वीं लोकसभा के आम चुनाव के लिए अपना घोषणा पत्र जारी कर चुकी थी। सन् 2000 के अन्त तक विश्व के सबसे बड़े लोकतंत्र या संयुक्त मन या विश्वमन आधारित देश के संसद में 13 वीं लोकसभा तथा 13 वां राष्ट्रपति (यदि एक ही राष्ट्रपति के लगातार दो कार्यकाल को एक तथा एक ही राष्ट्रपति के दो अलग-अलग कार्यकाल को दो एवं कार्यवाहक राष्ट्रपति को भी शामिल किया जाये) विद्यमान थी।

भारत अपने स्वतंत्रता प्राप्ति के बाद से सन् 2000 ई0 तक एक तरफ विश्व स्तर पर अपना एक पहचान बना चुका था तथा प्रत्येक क्षेत्रों में भारतवासियों का प्रवेश और किर्तिमान स्थापित होने लगा था तो दूसरी तरफ विपरीत दिशा में जनसंख्या, बेरोजगारी, योजनाविहीन कार्यप्रणाली इत्यादि नकारात्मक दिशा की बढ़ोत्तरी भी इस भाँति हो चुकी थी कि वैश्वीकरण की नीतियों के लाभ को न तो आम जनता उठा पा रही थी न ही उसे समझ पा रही थी। परिणामस्वरुप आम जनता स्वचेतना से कम, परचेतना से अधिक संचालित होने लगी थी। अर्थात् यदि किसी लाभकारी योजना पर भी यदि कोई उसके विरुद्ध जनता को भड़काना चाहे तो आसानी से यह कार्य सम्पन्न हो जाया करता था। राजनीतिज्ञों का अपराधियों से गठजोड़, जातिवाद, सम्प्रदायवाद, ध्येय के लिए नहीं बल्कि श्रेय के लिए कार्य करना इत्यादि स्वरुप व्यक्त हो चुके थे। इतना होने के बावजूद चूंकि जनता के लिए कार्य करना ही है और

मुद्दे भी समाप्त हो जाने से समाज और जनता की आवाज के लिए विवशतावश कुछ राजनीतिज्ञ बढ़ रहे थे। व्यक्तिवाद का अधिपत्य हो चुका था तथा सिद्धान्तवाद पूर्णरुप से प्राणहीन हो चुकी थी।

13 अक्टूबर को अटल बिहारी वाजपेयी के नेतृत्व में राष्ट्रीय जनतांत्रिक गठबन्धन की 13 वीं लोकसभा की सरकार के समक्ष नई सहस्त्राब्दि के भविष्य को देखते हुये अनेक चुनौतियाँ उभर कर सामने आ चुकी थी। जैसे-

1. **जनसंख्या वृद्धि**-आबाध रुप से बढ़ती जनसंख्या प्रत्येक विकास सम्बन्धी प्रगति को प्रभावहीन कर रही थी जिसका नियंत्रण।
2. **राष्ट्रीय सुरक्षा**-स्वतंत्रता प्राप्ति के बाद भारत ने पाँच घोषित एवं अघोषित युद्ध लड़े हैं। साथ ही आतंकवाद से देश ग्रसित हो चुका था उससे निपटने एवं देश की सुरक्षा के लिए विशेष रुप से प्रबन्ध की आवश्यकता।
3. **विकास**-देश की लगभग 40 प्रतिशत जनसंख्या गरीबी रेखा के नीचे हो चुकी थी। विकास की दृष्टि से प्रादेशिक असमानताएं हो चुकी थी। खाद्य उत्पादन में आत्मनिर्भरता पाने के बावजूद कुछ क्षेत्रों में भुखमरी की स्थितियाँ उत्पन्न हो जाती थी। लाखों गांव कुपोषण की भयानक स्थितियों का सामना कर रहे थे और स्वास्थ्य, रक्षा, आवास, वस्त्र, पीने के पानी की समस्या जैसी स्थितियाँ भी व्यक्त हो चुकी थी।
4. **कृषि एवं जल संसाधन**-स्वतंत्रता प्राप्ति के 50 वर्षों बाद भी किसानों का भाग्य मानसून पर निर्भर था। भूमि सुधार, कृषि सम्बन्धी अनुसंधान, नयी तकनीकी का एक समान रुप से सभी किसानों को एक समान रुप से लाभ, कृषि उत्पादन का भण्डारण, परिवहन, विपणन इत्यादि की समस्या थी।
5. **पर्यावरण एवं वन**-न्यूनतम आवश्यक 33 प्रतिशत की तुलना में वन आच्छादन सिर्फ 20 प्रतिशत हो चुका था।
6. **बेरोजगारी**-मार्च 1995 तक देश में 1.87 करोड़ बेरोजगार एवं इतने ही आंशिक रुप से रोजगार से जुड़े लोगों की थी।
7. **सार्वजनिक व्यय**-संसाधनों का 60 प्रतिशत से भी अधिक भाग गैर योजना पर खर्च होने लगा था जिसका एक बड़ा भाग ऋण लेन-देन में लग जाता था फलस्वरुप 20 प्रतिशत से भी कम संसाधन विकास के लिए उपलब्ध होने लगा था।
8. **राष्ट्रीय नीतियाँ**-वैश्विक स्थिति को देखते हुये विदेश, आर्थिक सुधार, औद्योगिक विकास, कृषि, पर्यावरण, शिक्षा, संस्कृति, स्वास्थ्य, युवा एवं खेल सम्बन्धी, शिक्षण संस्था, स्थानीय निकाय, जनसंख्या इत्यादि से सम्बन्धित राष्ट्रीय नीति की समस्या व्यक्त हो चुकी थी।
9. **संविधान की पुनरीक्षा**-कर्म कर-कर के सिद्धान्त की प्राप्ति करते हुये 50 वर्षों में संविधान में 78 बार संशोधन हो चुके थे। फलस्वरुप संविधान को एक सत्य संविधान के रुप में विकसित करने के लिए अपरिवर्तनीय देश काल मुक्त तथा परिवर्तनीय देश काल बद्ध रुप में देखते हुये संविधान के रुप को विकसित करने की आवश्यकता व्यक्त हो चुकी थी। क्योंकि-उच्च पदों में भ्रष्टाचार एवं पद का दुरुपयोग, केन्द्र राज्य सम्बन्ध, अनुच्छेद-365, दल-बदल विरोधी कानून, अन्तर्राज्यीय विवाद, राज्यों का पुनर्गठन, आरक्षण नीति, संसद एवं विधानसभा की कार्यप्रणाली, राज्य सभा एवं विधान परिषदों का उपयोग, शीघ्र एवं सस्ती न्याय प्रक्रिया, सार्वजनिक पदों पर आसीन व्यक्तियों की जिम्मेदारी एवं प्रशासन में खुलापन, सार्वजनिक ऋण पर संवैधानिक सीमा, राजनीतिक दलों के खातों की स्वतंत्र लेखा परीक्षा के लिए संस्थागत तंत्र इत्यादि की आवश्यकता व्यक्त हो चुकी थी।
10. **संसदीय सुधार**-संसद एवं इसकी संस्थाओं की प्रक्रियाओं में भी सुधार की आवश्यकता व्यक्त हो चुकी थी। क्योंकि संसद की खर्चीली कार्यवाही फिजूल बहसों में अधिक व्यतीत होने लगा था।
11. **कार्य संस्कृति**-"कार्य नहीं" अथवा "कार्य न करने पर कोई दण्ड नहीं" जैसी कार्य संस्कृति के बदलाव की आवश्यकता व्यक्त हो चुकी थी।

सन् 2000 ई0 के अन्त तक 13 वीं लोकसभा ने उपरोक्त आवश्यकताओं पर कार्य योजना आधारित कोई भी कार्य करने में असफल सिद्ध हो चुकी थी। संविधान समीक्षा के लिए आयोग गठित किया जा चुका था परन्तु उसका कार्य पूर्ण नहीं हुआ था। साथ ही यह निश्चित था कि आयोग की तरफ से जो भी सुझाव आयेगा वह भी एक निश्चित समय सीमा के भीतर पुनः समीक्षा की आवश्यकता को प्रदर्शित करने लगेगा। कारण, संविधान कार्य कर-कर के अनुभव द्वारा तैयार हो रहा था न कि सत्य सिद्धान्त के अनुसार।

मार्च 1997 में संयुक्त राष्ट्र महासचिव **श्री कोफी अन्नान द्वारा**-"भारत, संयुक्त राष्ट्र के पुनर्गठन में अपना योगदान दे।", मार्च 2000 में संयुक्त राज्य अमेरिका के राष्ट्रपति **श्री बिल क्लिंटन अपने भारत यात्रा के दौरान**-"विश्व को लोकतंत्र, भारत का उपहार, ज्ञान और सूचना आधारित सहयोग, भारत और अमेरिका मिलकर विश्व को नई दिशा दे सकता है, भारत यदि शून्य और दशमलव न दिया होता तो कम्प्यूटर चिप्स बनाना असम्भव होता, प्रत्येक देश कहता है-हम महान पर कैसे? यह सिद्ध करना एक चुनौति इत्यादि।", सहित समय-समय पर अन्य देशों के राष्ट्राध्यक्षों, प्रधानमंत्रियों, मंत्रियों इत्यादि द्वारा भारत की यात्रा पर भारत के प्रति मित्रवत् व्यवहार, वक्तव्य व समझौते व्यक्त हो रहे थे। परिणामस्वरुप संयुक्त राष्ट्र सुरक्षा परिषद् में भारत की स्थायी सदस्यता की मांग को संयुक्त राष्ट्र सदस्यों द्वारा समर्थन प्राप्त होने लगा था। परन्तु 5-7 सितम्बर 2000 के संयुक्त राष्ट्र संघ द्वारा आयोजित राष्ट्रों के सम्मेलन में प्रतिनिधित्व के लिए भारत की ओर से गये प्रधानमंत्री श्री अटल बिहारी वाजपेयी न तो श्री कोफी अन्नान के मार्च 1997 के वक्तव्य के लिए कार्ययोजना दे पाये न ही भूमण्डलीकरण, बसुधैव-कुटुम्बकम्, बहुजन हिताय-बहुजन सुखाय, एकात्म मानवतावाद, विश्व बन्धुत्व की स्थापना के लिए कार्ययोजना दे पाये। उनका वक्तव्य सिर्फ वेद के सूत्र-"सर्वे भवन्तु सुखिनः" के सन्देश तथा आतंकवाद के विरुद्ध अन्तर्राष्ट्रीय समझौते पर हस्ताक्षर तक ही सीमित रहा जबकि भारत के समक्ष वैश्विक नितियाँ जैसे-विश्व व्यापार संगठन, सी0 टी0 बी0 टी0 इत्यादि नीति रुपी शक्तिशाली शस्त्र ही संकट बनकर उसके वैचारिक पहचान को समाप्त करने लगा था।

ईश्वर (सत्य-सिद्धान्त) के छठें प्रत्यक्ष अंशावतार परशुराम द्वारा राज्य और समाज समर्थकों के समन्वय से व्यक्त की गयी राज्य व्यवस्था जिसे ईश्वर (सत्य-सिद्धान्त) के आठवें व्यक्तिगत प्रमाणित प्रत्यक्ष एवं प्रेरक पूर्णावतार श्रीकृष्ण ने साकार व्यवस्था के पूर्ण असफल हो जाने पर नष्ट कर निराकार व्यवस्था का सूत्रपात किया था, उसका निम्नलिखित रुप भारत में आत्मप्रेरित हो व्यक्त हो चुका था।

1. ग्राम, विकास खण्ड, नगर, जनपद, प्रदेश और देश स्तर पर गणराज्य और गणसंघ का रुप।
2. सिर्फ ग्राम एवं नगर स्तर पर राजा (अध्यक्ष) का चुनाव सीधे जनता द्वारा।
3. गणराज्य को संचालित करने के लिए संचालक का निराकार रुप-संविधान।
4. गणराज्य के तन्त्रों को संचालित करने के लिए तन्त्र और क्रियाकलाप का निराकार रुप-नियम और कानून।
5. राजा पर नियन्त्रण के लिए ब्राह्मण का साकार रुप-राष्ट्रपति, राज्यपाल, जिलाधिकारी इत्यादि।

स. अन्तर्राष्ट्रीय स्तर पर राज्य अर्थात् शासन की स्थिति

अन्तर्राष्ट्रीय स्तर पर राज्य अर्थात् शासन का रुप व्यक्त नहीं था। अधिकतम देशों के अधिकतम देशों में दूतावास स्थापित थे जिनके माध्यम से शासन द्वारा व्यक्त सूचनाओं का आदान प्रदान होता था। एक देश का दूसरे देश पर अधिपत्य करने की साम्राज्यवादी संस्कृति पूरे विश्व से समाप्त हो चुकी थी। सभी देश अपने-अपने नीतियों व रीतियों द्वारा संचालित हो रहे थे। परन्तु सामाजिक-सांस्कृतिक-आर्थिक आवश्यकताओं एवं शान्ति, एकता, सुरक्षा विकास के लिए अनेक अन्तर्राष्ट्रीय संगठन संगठित हो चुके थे। जैसे-राष्ट्रमण्डल (कामनवेल्थ), पश्चिमी यूरोपीय संघ (डब्ल्यू0 ई0 यू0), यूरोपीय परिषद (सी0 ओ0 यू0), यूरोपीय संघ (ई0 यू0), यूरोपीय मुक्त व्यापार संघ (ई0 एफ0 टी0 ए0), यूरोप सुरक्षा एवं सहकारिता संगठन (ओ0 एस0 सी0 ई0), पुनर्निर्माण एवं विकास का यूरोपीय बैंक (ई0 बी0 आर0 डी0), कोलम्बो योजना, एशिया आर्थिक सहयोग समूह (ई0 पी0 ई0 सी0), दक्षिणी पूर्वी राष्ट्र संघ (ए0 एस0 ई0 ए0 एन0), अमेरिकी राज्य संगठन, पेट्रोलियम निर्यातक देशों का संगठन (ओपेक), दक्षिण एशिया

सहयोग संगठन (सार्क), उत्तर एटलांटिक संधि संगठन (नाटो), इण्टरपोल, अरब लीग, समूह-7, समूह-77, समूह-24, समूह-15, डी-8, पी-5, समूह-22, समूह-10, रेडक्रास, साउथ पैसिफिक फोरम।

द. राज्य अर्थात् शासन स्तर पर राज्य अर्थात् शासन की स्थिति

राज्य अर्थात् शासन स्तर पर राज्य अर्थात् शासन का सत्य रुप अभी व्यक्त नहीं हुआ था। क्योंकि लोकतन्त्र का वास्तविक स्वरुप धीरे-धीरे अनुभव द्वारा व्यक्त हो रहा था जिसमें तन्त्र तो विशाल हो गया था परन्तु लोक अर्थात् गण अर्थात् जन का स्वरुप अभी व्यक्त नहीं हुआ था। जबकि जन अर्थात् गण के सत्य निराकार स्वरुप को स्थापित कर राज्य अर्थात् शासक विश्व स्तर का राज्य अर्थात् शासन बन सकता था।

य. भारतीय समाज स्तर पर राज्य अर्थात् शासन की स्थिति

भारतीय समाज स्तर पर राज्य अर्थात् शासन पूर्णतया प्रभावी होकर समाज (स्वतः या व्यक्ति समूहों) द्वारा की जाने वाली व्यवस्था को लगभग प्राण शून्य कर रखा था जिससे राज्य पर समस्याओं का बोझ भी बढ़ गया था। जबकि समाज स्वयं द्वारा व्यवस्था करते हुये स्वतः तथा राज्य की सहायता करते हुये विश्व स्तर का समाज तथा राज्य विकसित कर सकता था।

र. भारतीय परिवार स्तर पर राज्य अर्थात् शासन की स्थिति

भारतीय परिवार स्तर पर राज्य अर्थात् शासन पूर्णतया प्रभावी होकर परिवार पर अप्रत्यक्ष रुप से पूर्ण प्रभाव डालने में सक्षम हो गया था। परिवार, राज्य अर्थात् शासन को पूर्णतया न समझ अपने प्रत्यक्ष लाभ, सम्बन्ध, जाति, सम्प्रदाय, धर्म पर आधारित हो राज्य अर्थात् शासन की अव्यवस्था में अप्रत्यक्ष रुप में भागीदार बन चुका था। जबकि परिवार, राज्य अर्थात् शासन को समझकर राज्य अर्थात् शासन के लिए कार्य करता तो वह परिवार सहित राज्य को विश्व स्तर का विकसित कर सकता था।

ल. भारतीय व्यक्ति स्तर पर राज्य अर्थात् शासन की स्थिति

भारतीय परिवार की भाँति भारतीय व्यक्ति स्तर पर राज्य अर्थात् शासन पूर्णतया प्रभावी होकर व्यक्ति पर अप्रत्यक्ष रुप से पूर्ण प्रभाव डालने में सक्षम हो गया था। व्यक्ति, राज्य अर्थात् शासन को पूर्णतया न समझ अपने प्रत्यक्ष लाभ, सम्बन्ध, जाति, सम्प्रदाय, धर्म पर आधारित हो राज्य अर्थात् शासन की अव्यवस्था में अप्रत्यक्ष रुप में भागीदार बन चुका था। व्यक्ति पर राजनीति इस प्रकार हावी हो चुकी थी की वह अपने दूरगामी लाभ को पहचानने में असमर्थ हो चुका था और प्रत्येक विषय में चाहे वह उसके लिए लाभकारी ही क्यों न हो राजनीति ही नजर आने लगी थी परिणामस्वरुप व्यक्ति स्वयं अपने ही व्यवहार से परेशानियों का जाल बना रखा था। जबकि व्यक्ति, राज्य अर्थात् शासन को समझकर राज्य अर्थात् शासन के लिए कार्य करता तो वह व्यक्ति सहित राज्य को विश्व स्तर का विकसित कर सकता था।

2. विज्ञान की स्थिति

बुद्धावतार (567-487 ई0 पू0) से अन्तिम अवतार के अवतरण तक विज्ञान की स्थिति विभिन्न स्तरों पर निम्न प्रकार थी।

अ. विश्व स्तर पर विज्ञान की स्थिति
ब. भारत देश स्तर पर विज्ञान की स्थिति
स. अन्तर्राष्ट्रीय स्तर पर विज्ञान की स्थिति
द. राज्य अर्थात् शासन पर विज्ञान की स्थिति
य. भारतीय समाज पर विज्ञान की स्थिति
र. भारतीय परिवार पर विज्ञान की स्थिति
ल. भारतीय व्यक्ति पर विज्ञान की स्थिति

अ. विश्व स्तर पर विज्ञान की स्थिति

अन्तिम अवतार के अवतरण के समय तक पृथ्वी पर मानव जाति ने अपनी संख्या लगभग 6 अरब तक करते हुये अपने अधिपत्य का इतना अधिक विस्तार कर लिया था कि उसका मन संसाधनों पर केन्द्रित स्वभावतः और विवशतावश हो गया था। जो मानव जीवन में सर्वाधिक महत्वपूर्ण क्रान्ति थी। परिणामस्वरुप विवशतावश वह अदृश्य आध्यात्म विज्ञान से हटकर एक नये विज्ञान-दृश्य पदार्थ विज्ञान को जन्म दे चुका था। पदार्थ विज्ञान की क्रान्ति से मनुष्य जीवन के प्रत्येक क्षेत्र में क्रांति हुई। जैसे-औद्योगिक क्रान्ति, संसाधन क्रान्ति, यातायात-वाहन क्रान्ति, ऊर्जा क्रान्ति, इलेक्ट्रानिक क्रान्ति, संचार क्रांन्ति, कम्प्यूटर क्रांति, सूचना क्रांति इत्यादि। परिणामस्वरुप विभिन्न प्रकार के उद्योग, वाणिज्य, वाहन व व्यापार का विकास हो रहा था। जिससे मनुष्य की शारीरिक और बुद्धि की गतिशीलता में अप्रत्याशित वृद्धि हुई।

यातायत वाहन क्षेत्र में साईकिल, मोटरसाइकिल, कार, ट्रक, बस, रेलगाड़ी, हवाई जहाज, समुद्री जहाज इत्यादि। अनेकों प्रकार के सुविधा-साधन युक्त वाहन विकसित हो प्रयोग में थे। संचार क्षेत्र में-डाक, टेलिफोन, फैक्स, रेडियो, टेलिविजन, वायरलेस, मोबाइल फोन, एफ0 एम0 रेडियो, कम्प्यूटर, मुद्रित सामग्री, इण्टरनेट, मल्टीमिडिया कम्प्यूटर, काम्पैक्ट डिस्क, फिल्म, आडियो-विडियो कैसेट, डिस्क, डी0 वी0 डी0 इत्यादि अत्याधुनिक तीव्रगति वाले माध्यम प्रयोग में थे। औद्योगिक क्षेत्रों में लाखों प्रकार के उत्पादों का निर्माण हो रहा था। खगोल विज्ञान में चन्द्रमा और मंगल जैसे उपग्रहों और ग्रहों पर मानव निर्मित उपग्रह भेजना तथा मनुष्य की यात्रा सहित ब्रह्माण्डीय रहस्यों को अधिकाधिक जान चुका था। रसायन विज्ञान के क्षेत्र में तत्वों, परमाणु और नाभिकीय आविष्कार को पूर्ण करते हुये अनेक रसायनों का निर्माण और उनका प्रयोग विभिन्न क्षेत्रों में जैसे-औषधि, सौन्दर्य प्रसाधन, खाद (उर्वरक), उत्पाद निर्माण, रंग-रोगन इत्यादि में हो रहा था। इसी प्रकार चिकित्सा विज्ञान, जन्तु विज्ञान, वनस्पति विज्ञान, कृषि विज्ञान के क्षेत्र में अनेकों शाखाएं विकसित हो चुकी थी। कृषि क्षेत्र में संकर बीज और खाद के निर्माण से फसल, मौसम और सामान्य क्षमता से मुक्त होकर अधिकाधिक उत्पादन देने लगे थे। जिससे खाद्यान्न की समस्या को मनुष्य की संख्या के समानान्तर नियमित किया जाने लगा था। क्लोनिंग जैसी अत्याधुनिक तकनीक से एक ही रुप के अनेकों जीव शरीरों के निर्माण में भी सक्षम हो रहा था। वहीं रोबोट के आविष्कार से मनुष्य स्वयं अपने स्थान पर मशीनी मनुष्य को स्थापित कर रहा था। दृश्य पदार्थ विज्ञान जिस प्रकार मनुष्य को उसके विकास और गतिशीलता के लिए अनेक संसाधन उपलब्ध करा दिए थे, उसी प्रकार विपरीत दिशा में विनाश के लिए भी अनेकों संसाधन उपलब्ध करा दिये थे। जैसे-अम्ल व जहर, बारुद, डाइनामाइट, बन्दूक, तोप, टैंक, हथगोला, हेलिकाप्टर, पनडुब्बी, मशीनगन, मिसाइल, राकेट इत्यादि सहित जैविक बम, परमाणु बम, न्यूट्रान बम इत्यादि जो पृथ्वी पर जीव सभ्यता को अल्प समय में ही नष्ट करने में सक्षम थे। इतना होने के बावजूद मनुष्य प्रकृति, पर्यावरण

और अन्य जीवों के संरक्षण के लिए विज्ञान का प्रयोग कर रहा था। जो उसके व्यापक दायित्व को विवशतापूर्वक व्यक्त कर रहा था।

सम्पूर्ण रुप से मानव आविष्कृत दृश्य पदार्थ विज्ञान ने मानव सहित सभी जीवों के गतिशीलता में और अधिक गति ला दी थी। मनुष्य पृथ्वी और समुद्र को पूर्ण रुप से जानकर अन्तरिक्ष की ओर कदम रख दिया था। प्रत्येक विषय के उपर शोध द्वारा मनुष्य इतनी गहराई में उतर चुका था कि विज्ञान के अनेक शाखाओं में वह बुद्धिबद्ध और विशेषीकृत होता जा रहा था। दृश्य पदार्थ विज्ञान का काल मूलतः सन् 0001 ई0 से सन् 2000 ई0 तक का था। जिसमें सन् 1901 ई0 से सन् 2000 ई0 तक सर्वाधिक अविष्कार और मनुष्य जीवन में उसके प्रयोग व प्रभाव का काल था। जबकि सन् 1980 ई0 से सन् 2000 ई0 का समय इलेक्ट्रानिक्स, कम्प्यूटर, संचार, और सूचना क्रान्ति का मनुष्य जीवन में प्रवेश का समय था।

विश्व को विज्ञान ने एक गाँव के रुप में परिवर्तित कर दिया था। इसे यदि पृथ्वी को एक गेंद की भाँति अपने समक्ष रखकर समझे तो उसकी स्थिति इस प्रकार थी। उस गेंद पर 6 अरब से अधिक मनुष्य गतिशील थे जो प्रतिदिन लगभग 3 लाख की संख्या में बढ़ रहे थे। जो प्रतिदिन 65.2 करोड़ टेलिफोन, 50 करोड़ मोबाइल फोन, 1.2 अरब पत्र, 100 करोड़ कम्प्यूटर इन्टरनेट, अनेक भाषाओं के रेडियो व टेलिविजन, समाचार पत्र-पत्रिकाएं, 45000 हवाई जहाज के उड़ान, 48 करोड़ कार, 15 करोड़ अन्य वाहन तथा रेलगाड़ी, हजारों भाषाओं द्वारा बातचीत से एक दूसरे से जुड़े थे। गेंद के चारो ओर 600 से अधिक सेटेलाइट उपग्रह विभिन्न उद्देश्यों के लिए स्थापित थे। और 35000 से अधिक राकेट और उपग्रह के टुकड़े चक्कर लगा रहे थे। स्पेस शटल नामक अन्तरिक्ष यान सात यात्रियों को एक दिन में पृथ्वी का एक चक्कर लगाने में सक्षम था। अन्तरिक्ष में यात्रा के लिये प्रतिदिन पृथ्वी पर हजारों व्यक्ति प्रशिक्षित किये जाते थे। चन्द्रमा पर मनुष्य के कदम पड़ने के उपरान्त मंगल, बृहस्पति सहित अन्य ग्रहों तथा सौर मण्डल की यात्रा तथा खोज जारी हो चुका था।

करोड़ों प्रकार के उत्पादन पृथ्वी पर होने प्रारम्भ हो गये थे। उत्पादनों और प्राकृतिक संसाधनों के दोहन के क्षेत्र में एक दिन में लगभग 52000 टन कपास, 5000 टन भेड़ का उन, 7000 टन चाय पत्ती, 7000 टन कोको बीज, 12000 टन मटर, 1.55 लाख टन अंगूर, 53000 टन खीरा, 72.70 करोड़ कि0ग्रा0 आलू, 50 करोड़ कि0ग्रा0 नमक, 21.20 करोड़ कि0ग्रा0 टमाटर, 16 लाख टन बाजरा, 32000 टन अनन्नास, 1.34 लाख टन सेव, 21000 टन नींबू, 22000 टन लहसुन, 23000 टन कद्दू, 51000 टन आम, 1.60 टन संतरा, 6000 टन स्ट्राबेरी, 39000 टन गाजर, 1.21 लाख टन नारियल, 5.33 लाख टन मीट (6.54 लाख गाय, 28 लाख सुअर, 12 लाख भेड़ और सात करोड़ मुर्गियों से), 2 अरब अण्डा, 1.34 लाख टन चीनी, 14 लाख टन गेहूँ, 9 करोड़ कि0ग्रा0 प्याज, 15 लाख टन चावल, 15 करोड़ लकड़ी के पटरे, 32 लाख टन सीमेन्ट, 90 लाख टन पेट्रोलियम, 24 लाख किलोवाट पनबिजली, 2.74 लाख हीरा (मानक कैरेट 0.02 ग्राम पर 5.5 किग्रा0), 30000 टन ताँबा, 555000 टन अल्युमिनियम, 100 टन यूरेनियम, 60 लाख घन मीटर (212 अरब घन फुट) प्राकृतिक गैस, 63000 किग्रा0 सोना, 20 लाख टन स्टील, 54000 टन साबुन और डिटर्जेन्ट पाउडर, 101000 वाशिंग मशीन, 1 लाख कारें (प्रत्येक दो बच्चों के जन्म पर एक कार), हवाई जहाज, जलपोत, जेट विमान, 23 लाख टायर, 137000 रेफ्रिजरेटर, 10000 टन जूट, सीसल और हेम्प, 20000 आई0 बी0 एम0 कम्प्यूटर, बैंकों के बीच 20 खरब पौंड का कारोबार तथा 15 लाख कम्प्यूटर संदेशों का आदान प्रदान सहित अनेकों प्रकार के विस्फोटक, औजार और युद्ध सामग्री इत्यादि का प्रतिदिन के औसत से उत्पादन सम्पूर्ण पृथ्वी पर हो रहा था। जो पृथ्वी के सुन्दर बनाने और विध्वंस करने दोनों में पूर्ण रुप से सक्षम था। **(आकड़े सन् 2000 तक के हैं तात्पर्य केवल मनुष्य की संसाधन क्षमता को बताना है।)**

विज्ञान के प्रभाव से सम्पूर्ण मानवजाति के एकीकरण की दिशा में अन्तर्राष्ट्रीय मात्रक प्रणाली के द्वारा सम्पूर्ण विश्व में एक ही मात्रक प्रणाली लागू की जा चुकी थी। जैसे-लम्बाई माप में-मीटर पद्धति, क्षेत्र माप में एयर और वर्गमीटर पद्धति, द्रव माप में लीटर पद्धति, समय माप में सेकेण्ड पद्धति, ताप माप में सेण्टीग्रेट पद्धति, कोण माप में डिग्री सेल्सियस पद्धति, घन माप में घनमीटर पद्धति, हवाई दूरी माप में नाटिकल मील पद्धति इत्यादि। निर्माण और उत्पादन आधारित औद्योगिक क्रान्ति से उद्योग क्षेत्र में निर्माण की विश्वस्तरीय विधि (World Class

Manufacturung-WCM) को प्राप्त करने के लिए सम्पूर्ण उत्पादकता परिरक्षण (Total Productive Maintenance- TPM) 5 एस (5S) तकनीकी का प्रयोग प्रारम्भ हो गया था। उत्पादन प्रक्रिया और उत्पादों की गुणवत्ता निर्धारित करने के लिए अन्तर्राष्ट्रीय मानकीकरण द्वारा मानक निर्धारण प्रारम्भ हो चुका था। जिसमें-11000 से अधिक उत्पादों की गुणवत्ता का अन्तर्राष्ट्रीय मानक का निर्धारण, प्रणाली की गुणवत्ता का निर्धारण-ISO-9000 श्रृंखला, पर्यावरण की गुणवत्ता का निर्धारण-ISO-14000 श्रृंखला। मानव संसाधन का विशेषीकृत क्षेत्र में अन्तर्राष्ट्रीय मानकीकरण के लिए "व्यक्ति भी हो सकते हैं आई0 एस0 ओ0 मार्का" को भी स्वीकार किया जा चुका था। विज्ञान के अनेकों आविष्कार के फलस्वरुप अनेकों प्रकार के व्यापार विकसित हो चुके थे। जिनके एकीकरण के लिए विश्व व्यापार संगठन (डब्ल्यू0 टी0 ओ0) का गठन हो चुका था। जिससे मानकीकरण प्रमाण पत्रों की महत्ता सर्वाधिक महत्वपूर्ण हो गयी थी। जिसे स्वीकार करना सभी देशों के लिए विवशता और आवश्यकता थी। जो स्वीकार नहीं करते थे उनके व्यापार में बाधा होने लगी थी।

ब. भारत देश स्तर पर विज्ञान की स्थिति

दृश्य पदार्थ विज्ञान के आविष्कार के प्रारम्भ से ही भारत उससे प्रभावित था। भारत अपनी स्वतंत्रता प्राप्ति सन् 1947 ई0 के उपरान्त विश्व के साथ समन्वय स्थापित करते हुये विकासशील था। भारत की स्थिति, विश्व की ही स्थिति का छोटा रुप था। भारत ने गणित में दशमलव और शून्य के आविष्कार का योगदान देकर विज्ञान को और भी गति दे दी थी।

भारत भूमि पर विश्व का छठवाँ हिस्सा अर्थात् 1 अरब की संख्या में मानव गतिशील थे। जो प्रतिदिन लगभग 46418 की संख्या में बढ़ रहे थे। और विश्व सहित आपस में 2 करोड़ से अधिक टेलिफोन, 153021 डाकघर, 1025 टेलिविजन ट्रांसमीटर, 50 से अधिक सेटेलाइट केबल टेलिविजन चैनल, अनेक भाषाओं में कई हजार दैनिक, पाक्षिक, साप्ताहिक व मासिक समाचार पत्र-पत्रिकाओं, 13000 सिनेमाघर और 4000 टुरिंग सिनेमा में प्रतिदिन 1.5 करोड़ व्यक्ति, 32 व्यावसायिक ब्राडकास्टिंग रेडियो स्टेशन, 104 एफ0 एम0 रेडियो ट्रांसमीटर, 114 रेडियो स्टेशन, करोड़ों की संख्या में पेजर, मोबाइल, फोन तथा इन्टरनेट कम्प्यूटर, 5 करोड़ से अधिक विभिन्न प्रकार के वाहन, 62495 किमी0 के रेलमार्ग से 5 अरब यात्री प्रति वर्ष, सड़क हवाई व जल मार्ग से गतिशील और जुड़े थे। अन्तरिक्ष कार्यक्रमों में भारत लगभग 25 उपग्रह विभिन्न उद्देश्यों के लिए स्थापित कर चुका था। तथा भारतीय मानवों ने भी अन्तरिक्ष यात्रा का प्रारम्भ कर दिया था।

उत्पादन और प्राकृतिक संसाधनों के दोहन के क्षेत्र में भारत में प्रतिवर्ष लगभग 822.3 लाख टन चावल, 6913 लाख टन गेहूँ, 849 लाख टन ज्वार, 650 लाख टन बाजरा, 96.1 लाख टन मक्का, 147.8 लाख टन दलहन, 817 लाख टन मूंगफली, 2422 लाख टन तिलहन, 269710 लाख टन गन्ना, 2356 लाख टन आलू, 475 लाख टन प्याज, 685.81 लाख टन दूध, 53.5 लाख टन मछली, प्रतिव्यक्ति 30 अण्डा, 3050 लाख टन कोयला, 196.57 लाख क्यूसिक घन मीटर गैस, 33 लाख टन पेट्रोलियम, 62.16 लाख टन बाक्साइट, 45.17 लाख टन तांबा, 2705 किग्रा सोना, 770.34 लाख टन लौह अयस्क, 41829 कैरेट हीरा, 23.92 लाख टन जिप्सम, 1100 लाख टन चूना पत्थर, 1526 टन अभ्रक, 22083.08 मेगा वाट पनबिजली, 91066.18 मेगावाट कुल बिजली इत्यादि के अलावा मोटर वाहन, रेलगाड़ी, हवाई जहाज, पनडुब्बी, जलपोत, हेलिकाप्टर, संचार क्षेत्र के उपकरण, अन्तरिक्ष कार्यक्रम के उपकरण, रक्षा क्षेत्र के मिसाइल, तोप, राकेट, टैंक, हथगोला, परमाणु बम, इत्यादि अनेकों प्रकार के उत्पादों का निर्माण हो रहा था। बैंकिंग क्षेत्र में 65277 बैंक कार्यालयों से व्यापार चल रहा था। **(आकड़े सन् 2000 तक के हैं तात्पर्य केवल मनुष्य की संसाधन क्षमता को बताना है।)**

एकीकरण के लिए अन्तर्राष्ट्रीय मात्रक प्रणाली, अन्तर्राष्ट्रीय मानकीकरण संगठन (आई0 एस0 ओ0), विश्व व्यापार संगठन (उब्ल्यू0 टी0 ओ0) तथा औद्योगिक क्षेत्र में विश्वस्तरीय निर्माण विधि की तकनीकी के प्रयोग सहित ISO-9000 श्रृंखला तथा ISO-14000 श्रृंखला की स्थापना भी हो रही थी। भारत अपने राष्ट्रीय स्तर के मानकीकरण के लिए संस्था-भारतीय मानक ब्यूरो (बी0 आई0 एस0) द्वारा आई0 एस0 आई0 मार्का व उत्पादों की

गुणवत्ता का मात्रक उत्पादों की गुणवत्ता का मानक प्रमाण पत्र भी देने लगा था। भारतीय मानक ब्यूरो, अन्तर्राष्ट्रीय मानकीकरण का सदस्य भी था, ब्यूरो हजारों मानक विकसित और स्थापित करने की दिशा में सफलता प्राप्त कर चुका था।

स. अन्तर्राष्ट्रीय स्तर पर विज्ञान की स्थिति

दृश्य पदार्थ विज्ञान की विश्व स्तर पर स्थिति के अनुरुप ही विश्व के सभी सक्षम देश भारत की ही भाँति विश्व के अनुसार समकक्षता प्राप्त करने के लिए प्रयत्नशील थे। देशों में आपस में विज्ञान, तकनीकी और ज्ञान योजना का आदान प्रदान हो रहा था।

द. राज्य अर्थात् शासन पर विज्ञान की स्थिति

बढ़ती जनसंख्या और समस्या को नियन्त्रित करने के लिए शासन व्यवस्था में संसाधनों के उपयोग के महत्व को समझते हुये विज्ञान के विकास में पूर्ण सहयोग कर रहा था। और संसाधनों के प्रयोग से सम्पूर्ण क्षेत्र जैसे- रक्षा, शिक्षा, संचार, उद्योग इत्यादि में पूर्ण नियन्त्रण बना रहा था। जो शासन विज्ञान को प्रयोग नहीं करता था वह शासन व्यवस्था में निश्चित रुप से असफल हो जाता था परिणामस्वरुप विज्ञान का प्रयोग शासन के लिए विवशता थी।

य. भारतीय समाज पर विज्ञान की स्थिति

समाज अर्थात् व्यक्ति समूह विज्ञान के आविष्कारों के व्यापक प्रभाव में था परन्तु समाज द्वारा व्यवस्थित कार्य करने की चेतना के लगभग पूर्ण अभाव के कारण, समाज सिर्फ आविष्कारों तक ही सीमित था। राज्य की भाँति समाज के लिए भी विज्ञान के द्वारा उत्पन्न संसाधनों का प्रयोग विवशता थी। बिना विज्ञान के संसाधनों और सिद्धान्तों के प्रयोग के समाज का गठन असम्भव हो गया था।

र. भारतीय परिवार पर विज्ञान की स्थिति

समाज की भाँति रक्त सम्बन्ध पर आधारित व्यक्ति समूह अर्थात् परिवार भी विज्ञान के आविष्कार के पूर्ण प्रभाव में था। जो परिवार विज्ञान के आविष्कारों का प्रयोग कर रहे थे वे विश्व विकास के मुख्य धारा में तथा जो प्रयोग नहीं कर रहे थे उनकी विकास गति धीमी तथा विश्व विकास के मुख्य धारा के विपरीत था। आवश्यकताओं की पूर्ति के लिए विज्ञान के संसाधनों का प्रयोग परिवार के लिए विवशता बन गयी थी।

ल. भारतीय व्यक्ति पर विज्ञान की स्थिति

परिवार की भाँति व्यक्ति भी विज्ञान के आविष्कारों के पूर्ण प्रभाव में था। जो व्यक्ति विज्ञान के आविष्कारों का प्रयोग कर रहे थे वे विश्व विकास के मुख्य धारा में तथा जो प्रयोग नहीं कर रहे थे उनकी विकास गति धीमी तथा विश्व विकास के मुख्य धारा के विपरीत थी। आवश्यकताओं की पूर्ति के लिए विज्ञान के संसाधनों का प्रयोग व्यक्ति के लिए विवशता बन गयी थी।

3. धर्म की स्थिति

बुद्धावतार (567-487 ई0 पू0) से अन्तिम अवतार के अवतरण तक धर्म की स्थिति विभिन्न स्तरों पर निम्न प्रकार थी।

अ. विश्व स्तर पर धर्म की स्थिति
ब. भारत देश स्तर पर धर्म की स्थिति
स. अन्तर्राष्ट्रीय स्तर पर धर्म की स्थिति
द. राज्य अर्थात् शासन पर धर्म की स्थिति
य. भारतीय समाज पर धर्म की स्थिति
र. भारतीय परिवार पर धर्म की स्थिति
ल. भारतीय व्यक्ति पर धर्म की स्थिति

अ. विश्व स्तर पर धर्म की स्थिति

अन्य विषयों की ही भाँति धर्म के विषय में भी अन्तिम अवतार के अवतरण के समय तक अनेक उतार-चढ़ाव व धर्मों का जन्म हो चुका था। सत्य का प्रकाश मानव शरीर के लिए, उसके माध्यम से व्यक्त होने के लिए पूर्णतया स्वतंत्र है। जिसके फलस्वरुप ही भारत में संक्रमणीय, संग्रहणीय व गुणात्मक रुप से अवतारों का अवतरण तथा अन्य देशों सहित भारत में सत्य से प्रकाशित महापुरुषों का व्यक्त होना हुआ है। प्रत्येक महापुरुष जो सत्य का अनुभव करता है वह जन कल्याण की भावना से एक कालानुसार व्यावहारिक मार्ग, आचार-व्यवहार इत्यादि निर्धारित करता है। जिससे की मनुष्य अपने वास्तविक रुप में आचरण करते हुये सत्य की अनुभूति कर सके। परिणामस्वरुप प्रत्येक सत्य अनुभूतिकर्ता एवं मार्ग प्रशस्तकर्ता महापुरुष के द्वारा या उनके शरीर त्याग करने के उपरान्त या तो उनका मार्ग एक नये धर्म के रुप में स्थापित हो गया या उन्होंने पिछले किसी धर्म को ही नये रुप में मजबूती प्रदान की। परन्तु मनुष्य उन मार्गों को साधन मार्ग न समझकर उस साधन मार्ग को ही साध्य धर्म अर्थात् सत्य समझता रहा और वह उसी में उलझकर बुद्धिबद्ध होते हुये साध्य, सत्य से दूर हटता चला गया।

परिणामस्वरुप बुद्धावतार (567-487 ई0 पू0) के मार्ग द्वारा बुद्ध धर्म, कन्फ्यूसियस (551-479 ई0 पू0) के द्वारा कन्फ्यूशि धर्म, अब्राहम (2000 ई0 पू0) के द्वारा यहूदी धर्म, लोवोत्से (604-518 ई0 पू0) के द्वारा टोइज्म धर्म, महावीर (599-529 ई0 पू0) के द्वारा जैन धर्म, जरथ्रुष्ट (ई0 पू0-6) के द्वारा पारसी धर्म, ईसा मसीह (33 ई0) के द्वारा ईसाई धर्म, मुहम्मद पैगम्बर (569 ई0) के द्वारा इस्लाम धर्म, गुरु नानक (1510 ई0) के द्वारा सिक्ख धर्म, बहा-उल्लाह (1844 ई0) के द्वारा बहाई धर्म के अलावा शिन्तो धर्म, ताओ धर्म इत्यादि अनेक धर्म स्थापित हो गये थे। जो **"धर्म (सम्प्रदाय) के मार्ग से धर्म, व्यक्ति, राष्ट्र, यन्त्र, तन्त्र और मन्त्र का निर्माण"** कर रहे थे।

उपरोक्त धर्मों के संस्थापकों के शरीर त्याग के उपरान्त, उनके द्वारा व्यक्त मार्ग से उनके समर्थक सत्य को अपने-अपने तरीके से व्याख्या करने में लगे रहे परिणामस्वरुप अधिकतम धर्मों में भी मत के अनुसार विभाजन प्रारम्भ हो गये और उन मतवाद के द्वारा व्यक्त मार्ग से अनेक नये सम्प्रदायों का जन्म हो गया था। जैसे-बौद्ध धर्म में-हीनयान, तन्त्रयान (बज्र यान), जेन इत्यादि। ईसाई धर्म में-आर्थोडाक्स, रोमन चर्च, कैथोलिक, प्रोटेस्टेंट, मेथोडिस्ट, पेटेकोस्टल, एंग्लीकेन इत्यादि। सिख धर्म में-खालसा पंथ। इस्लाम में सिया और सुन्नी। वैदिक या सनातन या हिन्दू धर्म के अनेक साहित्यों, शास्त्रों, मतों को बुद्धावतार के पहले आठवें अवतार श्रीकृष्ण द्वारा एकीकृत सत्य-धर्म-ज्ञान का शास्त्र गीतोपनिषद् के बाद भी वैदिक-सनातन-हिन्दू धर्म सैकड़ों सम्प्रदायों में विभक्त हो गया था। जैसे-शैव, शाक्त, वैष्णव, गणपति, सूर्य, बाम मार्ग, अघोर पंथ, नाथ पंथ, कबीरदास से कबीरपंथ, रविदास से संतमत इत्यादि। इनके अलावा चार्वाक दर्शन, जे. कृष्णमूर्ति पर आधारित कृष्णमूर्ति दर्शन इत्यादि भी थे। जिनके निर्माण का मार्ग था-**"मत के मार्ग से व्यक्ति, धर्म, राष्ट्र, तन्त्र और मन्त्र का निर्माण"**

दर्शन के क्षेत्र में हेराक्लिटस (544-483 ई0 पू0) यूनान, पर्मेनाइड्स (510-450 ई0 पू0) युनान, सुकरात (469-399 ई0 पू0) यूनान, प्लेटो (428-347 ई0 पू0) यूनान, अरस्तू (384-322 ई0 पू0) यूनान, एपीक्यूरस (341-270 ई0 पू0) युनान, ल्यूक्रेटियस (99-55 ई0 पू0) रोम, प्लोरियस (205-270 ई0) युनान, आगेस्टाइन (354-430 ई0) उत्तरी अफ्रीका, एक्निास (1225-1308 ई0) इटली, डस स्कोटस (1266-1274 ई0) स्काटलैंड, विलियम आफ ओक्काम (1285-1349 ई0) इग्लैंड, निकोलस आफ क्यूसा (1401-1464 ई0) जर्मनी, गियोरडानों बुनो (1548-1600 ई0) इटली, फासिस बेकन (1561-1626 ई0) इग्लैंड, हाब्स (1588-1679 ई0) इंग्लैंड, देकार्ते (1596-1650 ई0) फ्रांस, पास्कल (1623-1662 ई0) फ्रांस, स्पीनोजा (1632-1677 ई0) हालैण्ड, लाक (1632-1704 ई0) इंग्लैंड, लीबनित्ज (1646-1716 ई0) जर्मनी, विको (1668-1744 ई0) इटली, बर्कले (1685-1753 ई0) आयरलैण्ड, ह्यूम (1711-1776 ई0) स्काटलैण्ड, रुसो (1712-1778 ई0) फ्रांस, डिडरा (1713-1784 ई0) फ्रांस, कांट (1724-1804 ई0) जर्मनी, फिचे (1762-1814 ई0) जर्मनी, हेगेल (1770-1831 ई0) जर्मनी, शेलिंग (1775-1854 ई0) जर्मनी, शोपनहावर (1788-1860 ई0) जर्मनी, काम्टे (1798-1857 ई0) फ्रांस, मिल (1806-1873 ई0) इंग्लैण्ड, किर्केगार्द (1813-1855 ई0) डेनमार्क, माक्र्स (1818-1883 ई0) जर्मनी, डिल्थी (1833-1911 ई0) जर्मनी, पियर्स (1839-1914 ई0) अमेरिका, नीत्जे (1844-1900 ई0) जर्मनी, वर्गसन (1859-1941 ई0) फ्रांस, हस्सेर्ल (1859-1938 ई0) जर्मनी, लुकाच (1885-1971 ई0) हंगरी, पिट्टगेन्सटीन (1889-1951 ई0) आस्ट्रिया, हेडेग्गर (1889-1976 ई0) जर्मनी, गोडेनर (1900) जर्मनी, सात्र (1905-1980 ई0) फ्रांस, मार्लुयू पान्टी (1908-1961 ई0) फ्रांस, क्विने (1908) अमेरिका, फूको (1926-1984 ई0) फ्रांस के दर्शन भी व्यक्त हो चुके थे। जो व्यक्ति को मानसिक शक्ति प्रदान कर रहे थे।

आठवें अवतार श्रीकृष्ण के समन्वयात्मक कार्‌य के बाद श्रीरामकृष्ण परमहंस (1836-1886 ई0) ने सभी धर्मों (सम्प्रदायों) एवं मतों को "जितने मत उतने पथ" का संदेश देकर सनातन सत्य को भाव जगत से प्रयोगात्मक, वैज्ञानिक और प्रत्यक्ष समन्वय कर चुके थे। जिसके विश्वव्यापी प्रसार के लिए वे योग्य, इच्छुक और संकल्पशील युवा नरेन्द्र नाथ दत्त को प्रेरित किये थे। नरेन्द्र नाथ दत्त, स्वामी विवेकानन्द (1863-1902 ई0) के रुप में 11 सितम्बर 1893 को शिकागो में आयोजित विश्व धर्म संसद में हिन्दू धर्म की सार्वभौमिकता को विभिन्न मत सम्प्रदाय को स्तरीय रुप में स्वीकार करते हुये विज्ञान से अद्वैत ज्ञान का समन्वय स्थापित किये थे। स्वामी विवेकानन्द के द्वारा वेदान्त की व्यावहारिकता, अद्वैत दर्शन की सर्वोच्चता और अन्तिम दर्शन का प्रमाण, विश्वधर्म के लिए वेदान्त ही एक मात्र आधार, तथा सनातन संदेश-"सर्वे भवन्तु सुखिनः", "वसुधैव कुटुम्बकम्", "बहुजन हिताय-बहुजन सुखाय" का कालानुसार रुपान्तरित सन्देश-"विश्व बन्धुत्व" का प्रसार कर चुके थे। स्वामी विवेकानन्द द्वारा स्थापित श्रीरामकृष्ण मिशन के विश्वव्यापी शाखाओं से समन्वयात्मक विचार और धर्म के तत्वों पर आधारित धर्म का अर्थ, व्यावहारिक और राष्ट्रीय जीवन में उपयोगिता और उपयोगी बनाने के लिए भविष्य के सांकेतिक सूत्र, उज्ज्वल भविष्य के प्रति आशा, जितने मत उतने पथ तथा शिव भाव से जीव सेवा को लोगों को उनकी भाषा में ज्ञान उपलब्ध कराने के द्वारा प्रसार हो रहा था। स्वामी विवेकानन्द के निर्माण का मार्ग था-**"धर्म (सत्य) के मार्ग से व्यक्ति, धर्म, राष्ट्र, तन्त्र, मन्त्र और यन्त्र का निर्माण।"**

स्वामी विवेकानन्द के समकालीन महर्षि अरविन्द (जन्म 15 अगस्त 1872) द्वारा भविष्य के प्रति आशा, राष्ट्रीयता, माता, शक्ति, सत्व की सार्वभौमिकता होने पर विश्वास सहित विश्व निरन्तर अपने आपको व्यक्त कर रहा है, इत्यादि सन्देश व्यक्त किये जा चुका थे। महर्षि अरविन्द के उपरान्त पं0 दीनदयाल उपाध्याय (जन्म 25 दिसम्बर 1916) द्वारा "एकात्म मानवतावाद" का सन्देश सहित प्रबन्ध और प्रणाली का दर्शन व्यक्त किया जा चुका था। महात्मा गाँधी (2 अक्टूबर 1869-1948) द्वारा सत्य-अहिंसा परम धर्म, स्वराज्य की परिकल्पना और दरिद्रनारायण की सेवा का सन्देश दिया जा चुका था। महर्षि अरविन्द, पं0 दीनदयाल उपाध्याय और महात्मा गाँधी के सभी सन्देश उनके समकालीन एवं पूर्ववर्ती स्वामी विवेकानन्द सहित अवतारों के सन्देशों, कार्यों और दृष्टियों के ही रुपान्तरण मात्र थे। जिस प्रकार चाँद को दिखाने के लिए कोई उंगलियों से इशारा करे तो देखने वाला चाँद को न देख उंगलियों को ही देखने लगता था उसी प्रकार सर्वप्रथम सत्य के अनुभव के लिए इशारों के लिए मार्ग से धर्म (सम्प्रदाय)

निकले, फिर धर्म (सम्प्रदाय) से मत निकले फिर मत से दर्शन निकले और व्यक्ति सत्य को न अनुभव कर मार्ग, मत और इशारा करने वाले को ही पकड़ता चला जाता था। इस व्यवहार से व्यक्ति को मुक्त कर सीधे सत्य से जोड़ने के लिए सभी राजनैतिक, समाजनीतिक, धार्मिक प्रणालियों का विरोध और व्याख्या करते हुये ईसा मसीह के बाद सर्वाधिक विद्रोही व्यक्ति के रुप में आचार्य रजनीश "ओशो" (1931-1990 ई0) द्वारा उपनिषद्, पुराण, गीता, श्रीकृष्ण, महावीर, लोवोत्से, बुद्ध, झेन, सूफी, सूत्र (शिव, भक्ति अर्थात् नारद, शाण्डिल्य, आदि शंकराचार्य), कबीर, गोरख, मीरा, दादू, ईसा, मुहम्मद, जरथ्रुष्ट, नानक, फरीद, दयावाई, मलूक दास, दरिया, सहजोबाई, पलटू, चरण दास, धरम दास, रज्जब, सुन्दर दास, जगजीवन, वाजिद, सरहपा-तिलोपा, यारी, दरियादास बिहारवाले, दूलन, लाल, भीखा, रैदास, गुलाल, साधना, तन्त्रसूत्र, योगसूत्र, ध्यानसूत्र, इत्यादि सहित अनेक दार्शनिकों द्वारा इशारे की व्याख्या कालानुसार कर उन्हें मानने नहीं बल्कि अनुभव के द्वारा वैसा ही बन जाने की प्रेरणा, ध्यान की प्राथमिकता के द्वारा व्यक्त किया जा चुका था। ओशो द्वारा धर्म नहीं धार्मिकता सिखाने की कला सहित भविष्य के राष्ट्रीय, सामाजिक, शिक्षा और मनुष्य के समस्याओं सहित सत्य को भी दृष्टि द्वारा सूत्रों में व्यक्त की जा चुकी थी। ओशो के निर्माण का मार्ग था-**"व्यक्ति के मार्ग से व्यक्ति, धर्म, राष्ट्र, यन्त्र, मन्त्र और तन्त्र का निर्माण"**।

आध्यात्म विज्ञान पर आधारित ज्योतिष क्षेत्र में-वास्तु शास्त्र, शारीरिक बनावट का विज्ञान, हस्तरेखा, अंक विज्ञान, समय विज्ञान, राशि विज्ञान, टेरो कार्ड, जन्म कुण्डली, पत्थर धारण इत्यादि का भी पूर्ण विकास हो चुका था। इन सब से हटकर पं0 नारायण दत्त "श्रीमाली" के द्वारा तन्त्र, यन्त्र, मन्त्र का भी प्रसार हो रहा था। जिनके निर्माण का मार्ग था-**"विभिन्न समस्यानुसार तन्त्र, मन्त्र और यन्त्र के मार्ग से व्यक्ति, राष्ट्र, धर्म, तन्त्र, मन्त्र तथा यन्त्र का निर्माण।"** जो मुख्यतः सम्पन्नता के बाद उत्पन्न शंका द्वारा उत्पन्न बीमारी के लिए लाभकारी था। अर्थात् व्यक्तिगत मन के लिए लाभकारी था न कि संयुक्त मन के लिए।

महर्षि महेश योगी द्वारा व्यापक आधुनिक, व्यापारिक प्रणाली व विज्ञान का प्रयोग करते हुये वैदिक ज्ञान, भावातीत ध्यान, शरीर संरचना द्वारा अवतारों और ईश्वर का समन्वय स्थापना का प्रसार सहित विश्व सरकार की भविष्य की योजना के लिए वैदिक प्रशासन का प्रसार भी किया जा रहा था।

विश्व की शासन व्यवस्था लोकतन्त्र प्रणाली में हो जाने से राज्य और धर्म अलग-अलग हो गये थे परिणामस्वरुप शासनादेश से धर्म की स्थापना असम्भव हो गयी थी। धर्म के प्रसार का मुख्य आधार व्यक्ति की स्वइच्छा, प्रजनन व व्यक्ति की आवश्यकताओं की पूर्ति के द्वारा धर्म परिवर्तन ही एक मात्र मार्ग था। प्रिन्ट मीडिया-समाचार पत्र, पत्रिका, पुस्तक इत्यादि के रुप में तथा सन् 1980 के बाद के समय में, इलेक्ट्रानिक मीडिया-टेलिविजन, आडियो-विडियो, इन्टरनेट कम्प्यूटर इत्यादि सर्वाधिक भूमण्डलीकृत प्रसार के माध्यम का विज्ञान द्वारा आविष्कार हो जाने से धर्म क्षेत्र अपने प्रचार-प्रसार में उसका व्यापक प्रयोग कर रहा था। जिसका सार्वाधिक लाभ व्यापक और सार्वाधिक पौराणिक कथाओं वाले वैदिक-सनातन-हिन्दू धर्म को हो रहा था। परिणामस्वरुप रामायण, महाभारत, श्रीकृष्ण, विश्वामित्र, जय हनुमान, जय माता की, जय गंगा मैया, माँ शक्ति, ब्रह्मा-विष्णु-महेश, जय महालक्ष्मी, ऊँ नमः शिवाय, विष्णु पुराण, जप-तप-व्रत, श्री गणेश, गीता रहस्य इत्यादि पर फिल्मांकन कर प्रसारण या तो हो चुका था या हो रहा था। धर्म सीमा से बाहर आकर बोली जाने वाली प्रत्येक भाषा के अनुसार हो गया था।

स्वामी विवेकानन्द के समय 11 सितम्बर 1893 में शिकागो विश्व धर्म संसद के बाद विश्व धर्म सम्मेलन का आयोजन 100 वर्ष बाद क्रमशः सन् 1933 में गायकवाड़ महाराजा की अध्यक्षता में लन्दन में, सन् 1936 में शिकागो में, संयुक्त राष्ट्र संघ के गठन के उपरान्त उसके अभिकरण यूनेस्को द्वारा मनीला में सन् 1960 में, सैन फ्रांसिस्को में जुलाई 1965 में, लन्दन में सितम्बर 1965 में, शिकागो में सन् 1992 में मुख्यतः वैदिक, जैन, सिख, पारसी, बौद्ध, इस्लाम, ईसाई, शिन्तो, ताओ, कन्फ्यूसियस और यहूदी धर्मों के बीच सम्पन्न हो चुका था। जिसमें स्वामी विवेकानन्द के द्वारा धार्मिक तत्वों और उसकी व्यापक व्यावहारिकता के अन्तिम व्याख्या के बाद कोई भी धर्म उससे आगे न जाकर धर्मों के अनुयायी की संख्या पर आधारित ही लोकतांत्रिक रुप से सहमति, हिस्सेदारी, साझेदारी, भागग्रहण द्वारा सभी धर्मों में एकता द्वारा विश्व धर्म का निर्माण करने की नीति व्यक्त हो चुकी थी।

विश्व के 600 करोड़ जनसंख्या में मुख्य धर्मों रोमन कैथोलिक के 106 करोड़, सुन्नी मुसलमान के 106 करोड़, हिन्दू के 87 करोड़, बौद्ध के 37 करोड़, आर्थोडाक्स के 23 करोड़, शिया मुसलमान के 12 करोड़, एंग्लिकन के 6 करोड़, वैप्टिस्ट के 6 करोड़, सिख के 3 करोड़, यहूदी के 2 करोड़ अनुयायी थे।

संयुक्त राष्ट्र संघ के नेतृत्व में 28-31 अगस्त 2000 को न्यूयार्क मं विश्व शान्ति के लिए सहस्त्राब्दि विश्व धर्म सम्मेलन का आयोजन आयोजित हुआ जिसमें भारत से लगभग 150 प्रतिनिधि भाग लिए क्योंकि सम्मेलन प्रत्येक धर्मों में अनुयायी की संख्या पर आधारित होकर प्रतिनिधित्व प्रदान करने लगा था न कि आध्यात्मिक तत्वों की व्यावहारिकता और महत्ता पर जिसमें हिन्दू धर्म के प्रतिनिधियों को व्यापकता से बोलने का अवसर ही नहीं दिया गया।

ब. भारत देश स्तर पर धर्म की स्थिति

नौवें अवतार बुद्ध (567-487 ई0) के बाद बौद्ध धर्म को राज्याश्रय देने वाली केन्द्रीय सत्ता निर्बल होने लगी थी। बौद्ध राज सत्ता को हाथों से जाने नहीं देना चाहते थे जिसका लाभ उठाकर विरोधियों ने बौद्ध धर्म का प्रसार करने वाला बनकर भारत में प्रवेश किया और बौद्धों ने उनका पूर्ण सहयोग किया जिसे हिन्दू समाज सहन न कर सका। ऐसी स्थिति में आदि शंकराचार्य (8 वीं शताब्दी) ने आठवें अवतार श्रीकृष्ण के समन्वयक ज्ञान साहित्य गीता से वेदान्त दर्शन के अद्वैत दर्शन का प्रसार कर हिन्दू धर्म में ही बौद्ध धर्म को समाहित कर बुद्ध को विष्णु के दस अवतारों में नौवें अवतार का स्थान दे दिये थे। विभिन्न सम्प्रदायों में एकता के लिए उन्होंने पंचायतन का पूजन विधि दे दी थी जिसमें विष्णु, शुक्र, शक्ति, गणपति और सूर्य की पूजा विधि थी। अपनी व्यवस्था व संस्कृति को नियन्त्रित व अनुशासित रखने के लिए चार शंकराचार्यों की अध्यक्षता में भारत के चारो कोनों में चार मठ-द्वारिका, बद्रीनाथ, पुरी एवं कांचीपुरम् में स्थापित कर चुके थे।

वेदान्त दर्शन से ही श्रीरामानुजाचार्य (12 वीं शताब्दी) द्वारा विशिष्टाद्वैत वेदान्त, माध्वाचार्य (13 वीं शताब्दी) द्वारा द्वैत वेदान्त, बल्लभाचार्य द्वारा शुद्धाद्वैत वेदान्त-पुष्टि मार्ग के प्रतिपादन से वेदान्त में भी विभाजन हो गया था।

सन् 1000-1400 तक का काल भारत के लिए सांस्कृतिक अस्मिता का विलोप का काल रहा जिसमें इस्लाम धर्म के साथ मुस्लिम शासक भारत में प्रवेश कर पश्चिमी भारत पर अधिकार प्राप्त कर चुके थे।

मुसलमान और हिन्दुओं में व्याप्त कुरीतियों पर संत कबीर (1440-1518 ई0) द्वारा कड़ा प्रहार, गुरुनानक (1469-1539 ई0) द्वारा सिख धर्म, चैतन्य महाप्रभु (1485-1533 ई0) द्वारा भक्ति सम्प्रदाय, सूरदास (1484 ई0) द्वारा श्रीकृष्णभक्ति, तुलसीदास (1532-1623 ई0) द्वारा श्रीरामभक्ति, अकबर (1582 ई0) द्वारा सभी धर्मों को मिलाकर नया धर्म दीन-ए-इलाही, मीराबाई (1567-1614 ई0) द्वारा श्रीकृष्ण भक्ति का प्रसार किया गया था।

सन् 1401-1757 ई0 तक भारत के गुलामी का दौर का शुरुआत काल था। जिसमें समुद्री मार्ग से आये पुर्तगालियों, डचों, फ्रांसीसियों और अंग्रजों ने समुद्री व्यापार पर कब्जा करते हुये ईसाई धर्म का भारत में प्रवेश करा दिया था। सन् 1850 तक सम्पूर्ण भारत पर कब्जा और ब्रिटिश साम्राज्य की एक प्रसाशनिक ईकाई में बदल चुका था।

19 वीं शताब्दी भारत के लिए नवजागरण का काल रही। समाज में फैली कुरीतियों, अशिक्षा, धार्मिक रुढ़ियों के विरुद्ध आन्दोलन हुये जिसमें-राजा राममोहन राय (सन् 1829 ई0) में ब्रह्म समाज, महादेव गोविन्द रानाडे द्वारा प्रार्थना समाज, स्वामी दयानन्द सरस्वती (सन् 1824-1883 ई0) द्वारा आर्य समाज, श्रीमती एनी बेसेन्ट (सन् 1879 ई0) द्वारा थियोसोफिकल सोसाइटी की स्थापना हुई। नवजागरण में ईश्वरचन्द्र विद्यासागर, बालशास्त्री जांबेकर, परमहंस मंडली, ज्योतिबा फुले, विष्णु शास्त्री पण्डित, गोपाल हरि देशमुख "लोकहितवादी", दादाभाई नौरोजी, रवीन्द्रनाथ टैगोर तथा उनके पिता देवेन्द्र नाथ ठाकुर इत्यादि के भी प्रयास थे।

सन् 1758 से 1947 ई0 का काल भारतीय स्वतन्त्रता का काल रहा। भारत में आत्मीय शक्ति जागृत करने तथा हिन्दू धर्म के पुनर्जागरण के इस काल में श्रीरामकृष्ण परमहंस (1838-1886 ई0), स्वामी विवेकानन्द (1863-1902 ई0), महर्षि अरविन्द (1872 ई0), महात्मा गाँधी (1869-1948 ई0), पं0 दीन दयाल उपाध्याय (1916 ई0) ने विशेष योगदान दिया था। सन् 1947 ई0 में भारत को स्वतन्त्रता उसके विभाजन के साथ प्राप्त हुई। परिणामस्वरुप इस्लामी राष्ट्र के रुप में पाकिस्तान जिससे बाद में बांग्लादेश स्वतन्त्र हुआ तथा धर्मनिरपेक्ष राष्ट्र के रुप में भारत विश्व के छोटे रुप में व्यक्त हो गया था। परिणामस्वरुप सभी धर्मों को समान अवसर प्राप्त था।

संस्थागत धर्म प्रचार व सेवा कार्य के लिए स्वामी विवेकानन्द के द्वारा सन् 1897 में स्थापित "रामकृष्ण मिशन" के अनुरुप अनेक संस्थागत धार्मिक संस्थाएं स्थापित हो गयी थी। सन् 1925 ई0 में डा0 हेडगेवार द्वारा हिन्दू राष्ट्रवादी संस्था "राष्ट्रीय स्वयं सेवक संघ (आर0 एस0 एस0)", विश्व हिन्दू परिषद, बजरंग दल, दुर्गावाहिनी, अखिल भारतीय विद्यार्थी परिषद, भारतीय मजदूर संघ, भारतीय किसान संघ, ग्राहक पंचायत, इतिहास संकलन समिति, वनवासी कल्याण आश्रम, सेवा भारती, विद्या भारती, संस्कार भारती, संस्कृत भारती, शैक्षिक महासंघ, भारतीय शिक्षण मण्डल इत्यादि। महात्मा गाँधी के दर्शन पर आधारित संत आचार्य विनोवा भावे द्वारा सर्वोदय आश्रम। शिव की प्राथमिकता, काल गणना एवं गीता पर आधारित प्रजापिता ब्रह्माकुमारी ईश्वरीय विश्वविद्यालय। श्रीकृष्ण भावना को लेकर श्री प्रभुपाद द्वारा भक्ति वेदान्त आधारित अन्तर्राष्ट्रीय श्रीकृष्ण भावनामृत संघ (इस्कान)। गायत्री मन्त्र को लेकर पं0 श्रीराम शर्मा आचार्य द्वारा शान्तिकुंज। बाबा हरदेव सिंह के नेतृत्व में निरंकारी मिशन या यूनिवर्सल ब्रदरहुड। श्री सुधांशु जी महाराज के नेतृत्व में विश्व जागृति मिशन। श्री आशा राम जी के नेतृत्व में योगवेदान्त सेवा समिति। श्री श्री आनन्द मूर्ति के नेतृत्व में आनन्द मार्ग। साधु वासवानी के नेतृत्व में साधु वासवानी मिशन। स्वामी श्री चिदानन्द जी "मुनीजी" के नेतृत्व में परमार्थ निकेतन दैवी सम्पद मण्डल। स्वामी श्री सत्यमित्रानन्द गिरि के नेतृत्व में समन्वय परिवार। साध्वी ऋतम्भरा के नेतृत्व में वात्सल्य मन्दिर। सतपाल महराज के नेतृत्व में मानव धर्म आधारित मानव सेवा संघ। रामसुख दास जी, श्री जयदयाल गोयन्दका एवं श्री हनुमान प्रसाद पोद्दार के नेतृत्व में विश्व विख्यात गीता प्रेस। माँ आनन्दमयी द्वारा माँ आनन्दमयी आश्रम। स्वामी रामतीर्थ के नेतृत्व में रामतीर्थ मिशन। स्वामी शिवानन्द के नेतृत्व में डिवाईन लाईफ सोसाईटी। स्वामी करपात्री जी महाराज के नेतृत्व में धर्म संघ शिक्षा मण्डल। अवधूत भगवान राम द्वारा सर्वेश्वरी समूह। आचार्य रजनीश "ओशो" द्वारा ओशो कम्यून इत्यादि स्थापित थे। इनके अलावा आदि शंकराचार्य द्वारा स्थापित चारों पीठों के शंकराचार्य, अनेक पीठों के महामण्डलेश्वर, स्वामी अड़गड़ानन्द, श्री मोरारी बापू, श्री स्वामी रामदया, श्री किशोर जी महाराज, पू0 पा0 गो0 इन्दिरा बेटी जी, श्री निवासाचार्य, श्री विजय कौसल, श्री रमेश भाई ओझा, श्री कीरीट भाई जी, श्री निम्बार्काचार्य, श्री पाण्डुरंग शास्त्री जी आठावले, स्वामी अंसगानानन्द, प्रमुख स्वामी जी (स्वामी नारायण सम्प्रदाय), रामकिंकर जी, स्वामी शरणानन्द, संत डोगरे, स्वामी अखण्डानन्द, स्वामी विद्यानन्द "विदेह", आचार्य महाप्रज्ञ, आचार्य वागीश शास्त्री, स्वामी अखिलेश जी, स्वामी श्याम जी, योगेश्वर जी, बाल योगेश्वर जी, बाबा जय गुरूदेव इत्यादि हजारों की संख्या में भारतीय धर्म शास्त्रों- रामायण, वेद, पुराण, उपनिषद्, गीता, भागवत की व्याख्या तथा सेवा कार्य सहित आध्यात्म, योग, ध्यान, साधना, भक्ति इत्यादि का प्रसार व्यक्ति के मन निर्माण द्वारा कर रहे थे।

ईश्वर के दस अवतारों में नौ के अवतरण हो चुके थे। जिनमें प्रथम पाँच अंशावतार के उद्देश्य का ज्ञान विलुप्त हो रहे थे। ईश्वर के छठें अंशावतार परशुराम द्वारा प्रदत्त व्यवस्था में से राज्य प्रबन्ध प्राकृतिक रुप से सक्रिय होकर अंश रुप में व्यक्त हो चुकी थीं। जबकि गुणों के आधार पर मानव जाति का विभाजन-ब्राह्मण, क्षत्रिय, वैश्य व शूद्र जन्म आधारित हो पूर्वजों के नाम पर अनेक जातियों में विभाजित हो चुकी थी जो मात्र नाम रुप से ही थी, कर्म रुप से नहीं थी। इन जातियों पर आधारित जातिवाद द्वारा समाज के प्रत्येक विषय प्रभावित हो रहे थे। परन्तु ज्ञान सभी के लिए खुल चुका था। अनेक जाति में विभाजन से मूल मानव जाति भी इनमें खो चुकी थी। ईश्वर के सातवें अंशावतार तथा ब्रह्मा के पूर्णावतार श्रीराम आदर्श व्यक्ति चरित्र के रुप में स्थापित हो रामलीला में परिवर्तित हो चुके थे। जिसमें वाल्मिकि रचित रामायण और तुलसीदास रचित रामचरित्रमानस का महत्वपूर्ण योगदान था। ईश्वर के आठवें अंशावतार और विष्णु के पूर्णावतार श्रीकृष्ण आदर्श सामाजिक व्यक्ति चरित्र के रुप में स्थापित हो कृष्ण

लीला में परिवर्तित हो चुके थे। जिसमें महर्षि व्यास रचित श्रीमद्भागवत् का महत्वपूर्ण योगदान था। श्रीकृष्ण द्वारा सभी मतांतरों, वेदों, उपनिषदों के सार रुप में व्यक्त गीता उपदेश व्यक्ति में आत्मतत्व का बोध कराते हुये कर्म की ओर प्रेरित कर रही थी। गीता से भी उसके व्याख्याकारों द्वारा दर्शन पर आधारित विभाजन के उपरान्त व्याख्याकार गुरू के रुप में प्रतिष्ठित होते थे। और उनका एक मठ-सम्प्रदाय स्थापित होने लगे थे। जिस व्याख्याकार गुरू का जितना प्रसार था वह उतना बड़ा गुरू था परन्तु वह व्यक्ति (व्यष्टि मन) का गुरू था न कि संयुक्त व्यक्ति (समष्टि या संयुक्त मन) का गुरू है। ईश्वर के नौवें अंशावतार बुद्ध एक अलग धर्म के रुप में स्थापित हो गये थे। उनके द्वारा प्रवर्तित व्यवस्था विलुप्त हो चुकी थी परन्तु उनके द्वारा प्रदत्त ध्यान और ज्ञान पर दर्शन विकसित किया जा रहा था जो प्रचार-प्रसार में था। अवतारों के उद्देश्य, कार्यप्रणाली, गुण इत्यादि पर व्यापक प्रकाश न होने से अवतारों का अवतरण होने पर भी उन्हें पहचान पाना भी मुश्किल हो गया था।

धार्मिक-सांस्कृतिक आयोजनों में यज्ञ जैसे-विष्णु महायज्ञ, ज्ञान यज्ञ, अश्वमेघ यज्ञ, रुद्र यज्ञ इत्यादि, पूजा में-शिव-शंकर पूजा, श्रीकृष्ण पूजा, श्रीराम पूजा, सरस्वती पूजा, दुर्गा पूजा, काली पूजा, लक्ष्मी पूजा, गणेश पूजा इत्यादि, चैत्र व शारदीय नवरात्रों में देवी मन्दिरों सहित सभी मन्दिरों में व्यापक स्तर पर पूजा अर्चना की जाने लगी थी। राम लीला व कृष्ण लीला का व्यापक प्रसार हो चुका था। जैसे-जैसे सम्पन्नता बढ़ रही थी प्रवचन, यज्ञ, पूजा, मठ आदि का आयोजन व स्थापना भी तेजी से बढ़ रही थी। इन सभी आयोजनों व कार्यक्रमों में विज्ञान के आविष्कारों-टेलिविजन, साउन्ड सिस्टम, मोटर वाहन, बिजली सजावट इत्यादि के व्यापक स्तर पर प्रयोग हो रहे थे।

"समन्वय परिवार" के संस्थापक स्वामी सत्यमित्रानन्द गिरि जी महाराज द्वारा सप्तसरोवर, हरिद्वार (उ0 प्र0) भारत में समन्वय रुपी एक अतुलनीय अभिनव कृति के रुप में सात मंजिलों का "भारत माता मन्दिर" का निर्माण कराया जा चुका था तथा उसके प्रत्येक तलों पर समन्वयात्मक साधना और कर्मों के द्वारा व्यक्त महापुरुषों की मूर्तियां लगनी प्रारम्भ हो गयी थी। सनातन वैदिक हिन्दू धर्म से विभाजित अनेक सम्प्रदायों के एकीकरण के लिए स्वामी मुक्तानन्द सरस्वती अखिल भारतीय सन्त समिति के माध्यम से सक्रियता प्रारम्भ कर दी थी। उनके द्वारा धन के प्रधानता वाले व्यक्तियों को सामाजिक धार्मिक कार्यक्रमों में धन से भागीदारी करने एवं उसकी सार्थकता सिद्ध करने के लिए "दस्तक" नाम से अभियान भी प्रारम्भ कर दिया गया था।

अन्य मुख्य धर्म जैसे-ईसाई, इस्लाम, बौद्ध, सिख, बहाई इत्यादि सहित भारत में कुल 75 से अधिक धर्म अपना प्रचार-प्रसार कर रहे थे। किसी धर्म का प्रचार-प्रसार का मुख्य आधार धर्मों का तत्व था तो किसी का आवश्यकताओं की पूर्ति व बाह्य आचार व्यवहार तो किसी का दोनों। तो किसी का धर्म परिवर्तन तो किसी का प्रजनन द्वारा जनसंख्या वृद्धि परिणाम स्वरुप भारत के 100 करोड़ जनसंख्या में 69 करोड़ हिन्दू धर्म, 11 करोड़ इस्लाम धर्म, 2 करोड़ ईसाई धर्म, 1.5 करोड़ सिख धर्म, 0.09 करोड़ बौद्ध, 0.09 करोड़ जैन धर्म, तथा अन्य छोटे धर्मों के अनुयायी थे।

जैन मुनि अमरेन्द्र द्वारा-छोटे धर्मों को महत्व न देने से मानसिक प्रदूषण आतंकवाद के बढ़ने के जिम्मेदार बड़े धर्म गुरु। **दलाई लामा द्वारा**-बौद्ध धर्म शासन के अध्ययन पर जोर एवं धर्म संस्कृति पर शोध की कमी की चिंता। **हिन्दू बौद्ध धर्मों के नेताओं ने** पोप जान पाल के वक्तव्य को चुनौति माना। **मोरारी बापू द्वारा**-नयी सदी का मानस केवल प्रेम होगा। **कबीर पंथी सद्गुरु स्वामी कृष्णानन्द द्वारा**-साधना से विश्व का विकास। अन्तर्राष्ट्रीय सहयोग परिषद के महासचिव **बालेश्वर द्वारा** पूर्वजों ने दुनिया भर में भारत का विस्तार किया। 16 वें अन्तर्राष्ट्रीय रामायण सम्मेलन के अन्तर्राष्ट्रीय अध्यक्ष **लल्लन प्रसाद व्यास द्वारा**-संकट के वक्त ही आध्यात्म की शक्ति प्रकट होती है। **स्वामी ब्रह्मचारी द्वारा**-सनातन धर्म को कोई हिला नहीं सकता। अंतरिक्ष अनुसंधान केन्द्र (नासा) अमेरिका में कार्यरत वरिष्ठ **वैज्ञानिक डा0 सरोज कुमार मिश्र द्वारा**-नई सदी में जड़ी बूटियों के व्यापक प्रयोग की संभावना। **अटल बिहारी सरकार द्वारा**-वंदेमातरम् का परचम फहराने की तैयारी। साहित्यकार **डा0 श्रीपाल सिंह "क्षेम" द्वारा**-सांस्कृतिक एकता को सुदृढ़ करना युवाओं का दायित्व। साहित्य के केन्द्र में मानवीय मूल्य हो। भारतीय विज्ञान कला लेखक समिति फैजाबाद (उ0 प्र0) के सचिव **डा0 अरविन्द मिश्र द्वारा**-वैज्ञानिक

चेतना की आवश्यकता पर जोर इत्यादि सन्देश व विचार संयुक्त मन (समाज) के समक्ष और समाज के लिए व्यक्त हो चुके थे।

व्यक्ति विकास के क्षेत्र में-मानस मर्मज्ञ **स्वामी हरिशानन्द द्वारा**-परमात्मा की प्राप्ति सबसे सरल एवं प्रेम व करुणा पर हर धर्म का बल। भारतीय दार्शनिक अनुसंधान परिषद के अध्यक्ष एवं सम्पूर्णानन्द विश्वविद्यालय के पूर्व कुलपति **प्रो0 वी0 वेंकटाचलम द्वारा**-भारतीय संस्कृति में तन्त्र चिन्तन की अनुठी धारा। **साध्वी ऋतम्भरा द्वारा**-हम स्वार्थ व महत्वाकांक्षा में अलग-अलग होकर भटक रहे हैं। भागवत कथा वाचक **श्रीकृष्ण शास्त्री द्वारा**-भगवान भक्तों के दुर्गुण नहीं देखते और किसी एक गुण पर ही मोहित हो जाते हैं। निरंकारी मिशन के **बाबा हरदेव सिंह द्वारा**-ब्रह्म की प्राप्ति से भ्रम की समाप्ति। प्रउत यूनिवर्सल के महासचिव **आचार्य परमेश्वरानन्द अवधूत द्वारा**-नैतिक व आध्यात्मिक मूल्यों का ह्रास सबसे बड़ी समस्या। निरंकारी मिशन के जोनल इंचार्ज **जितेन्द्र नाथ पाण्डेय द्वारा**-जात-पात, छुआछुत का भेदभाव समाज के लिए विष समान। गौड़ीय सम्प्रदाय के **सन्त बांके बिहारी द्वारा**-परमात्मा की प्राप्ति को सात्विक आचार जरुरी। आनन्द योगाश्रम बाबा बद्रीनाथ मन्दिर जौनपुर (उ0 प्र0) के **महन्त योगी देवनाथ द्वारा**-सत्ययुग परमतत्व युग था, त्रेता आत्मानन्द का, द्वापर बुद्धितत्व का तथा कलयुग मन तत्व का युग है। गायत्री परिवार के प्रचारक **त्रिलोक नाथ द्वारा**-सत्कर्म का परिणाम तत्काल नहीं मिलता। भागवत कथा वाचक **श्रीकांत शर्मा बाल व्यास द्वारा** भागवत समर्पण से शाश्वत शान्ति। मानस कोकिला **श्रीकृष्णा मिश्र द्वारा**-गुरु व प्रभु की महिमा अपरंपार। हिन्डाल्को (आदित्य बिड़ला ग्रुप) एल्युमिनियम उद्योग के निदेशक **श्री आसकरण अग्रवाल द्वारा**-वैदिक धर्म अनुपालन की अधिक जरुरत एवं महात्माओं के जीवन व शिक्षा से प्रेरणा लेने की आवश्यकता। योजना आयोग के उपाध्यक्ष **के0 सी0 पंत द्वारा**-पाश्चात्य भोगवाद से विकास को खतरा तथा नैतिक व आध्यात्मिक विकास की कमी के कारण ही विज्ञान और तकनीकी विकास का गलत उपयोग। आलोचक **सत्य प्रकाश मिश्र द्वारा**-मनुष्य की जिस कृति में अर्थ का निर्वचन नहीं तो या तो वह मनुष्य नहीं या फिर वह कृति नहीं। अर्थ का निर्वचन होते रहना कला का मूल गुण है। चित्रकार व कवि **डा0 जगदीश द्वारा**-जो इन्द्रियां ग्रहण करें वही कला का स्वरुप है। चर्चित कहानीकार **दूधनाथ सिंह द्वारा**-संगीत, नृत्य, कला, कहानी और कविता को एक प्रतीक से जानना चाहिए ताकि पता चल सके कि कहाँ पर सभी एक समान हैं। सभी कलाओं की एकरुपता जनता, जीवन, और प्रकृति से जुड़ी हुई है। मदर इण्डिया इंटरनेशनल क्लब और गोपियो के संयुक्त आयोजन **अन्तर्राष्ट्रीय युवा सम्मेलन द्वारा**-भारत का दर्शन विश्व में शान्ति उत्पन्न कर सकता है। शरीर स्वस्थ रखने का योगासन जरुरी, जिसका ध्यान करते हैं उसी का रुप धारण कर लेते हैं, योग व ध्यान के द्वारा आत्मा का साक्षात्कार संभव, हिन्दू धर्म बाहर से दर्शन के अनुसार अलग पर भीतरी रुप से एक, सत्य का खोज योग से सम्भव, ज्योतिष धर्म नहीं विज्ञान है, भाग्य रेखा न होना भाग्य निर्धारण का आधार नहीं है। रत्न, ग्रहों के सन्तुलन बनाते हैं, व्यक्ति के सभी संस्कारों के लिए जन्म कुण्डली महत्वपूर्ण। **केन्द्रीय गृह मन्त्रालय, भारत के रिपोर्ट द्वारा**-देश में छुआ-छुत से मुक्ति अभी भी सपना जिसका अन्तर्राष्ट्रीय मंचों से आलोचना जबकि संचार क्रांति और विश्व इक्कीसवीं सदी में आ चुका है। पद्म विभूषण मानस मर्मज्ञ **पं0 राम किंकर उपाध्याय द्वारा**-रामराज्य हृदय परिवर्तन से ही सम्भव, राजनीति केवल लक्षणों की चिकित्सा में सहायक जबकि साहित्य कारण व लक्षण दोनों की चिकित्सा में सहायक। **जगद्गुरु शंकराचार्य स्वामी शारदानन्द सरस्वती द्वारा**-भक्त भगवान को कहीं भी प्रसन्न कर सकता है। **पूर्व काशी नरेश डा0 विभूति नारायण सिंह द्वारा**-बनारस (काशी) की प्राचीन परंपरा को जिवित रखें। **कांची मठ के शंकराचार्य जयेन्द्र सरस्वती द्वारा**-अयोध्या में श्रीराम मन्दिर निर्माण से अधिक बड़ी समस्याएं देश में हैं, राजनीतिक नेताओं द्वारा राजनीति को गंदा कर सिर्फ अपना खजाना भरने में दिलचस्पी, धर्म और राजनीति एक दूसरे से जुड़े हैं, भारतीय संस्कृति को पश्चिमी प्रभाव का खतरा। क्रांति दिवस के 58 वीं वर्षगांठ पर **मीरजापुर (उ0 प्र0) शहर कांग्रेस कमेटी द्वारा** राष्ट्रविरोधी ताकतों के खिलाफ एकजुट संघर्ष का आह्वान। पूर्वांचल विश्वविद्यालय जौनपुर के कुलपति **डा0 प्रेमचन्द्र पातंजलि द्वारा**-नैतिक मूल्यों की रक्षा को शिक्षकों में जागरुकता जरुरी और रोकना सम्भव, छात्र अधिकतम ज्ञानार्जन कर समाज को सही दिशा दें। **जगद्गुरु द्वारिकापीठ स्वामी स्वरुपानन्द द्वारा**-अपनी संस्कृति और धर्म को जानने के लिए संस्कृत भाषा का ज्ञान आवश्यक, राजनीति को धर्म से अलग करना जनता के

साथ विश्वासघात, राजनीति स्वार्थ में धर्म का प्रयोग अनुचित तथा सार्वजनिक हित में उपयोग उचित, धर्म जीवन के प्रत्येक क्षेत्र में व्याप्त, भारतीय धर्म शास्त्रों के प्रति आस्था के लिए नये साहित्य का सृजन आवश्यक, शिक्षण संस्थाओं में धर्म के प्रवेश बिना नैतिक उत्थान सम्भव नहीं, सरकार बदलने से समस्या समाप्त नहीं होती, भारतीय संस्कृति में राजनीति अत्यन्त पवित्र, वेद, पुराण, रामायण, महाभारत सभी राजनीति से भरे शास्त्र हैं, धर्मयुक्त राजनीति सबको समान अवसर देती है, मठ-मन्दिरों पर सरकारी एकाधिकार की नीति का विरोध तथा ऐसी सरकार भारतीय हिन्दू समाज का प्रतिनिधि नहीं, सरकारी हस्तक्षेप से मठ-मन्दिरों द्वारा धार्मिक परम्परा पनपना सम्भव नहीं, इन्द्रियों के संयम से ईश्वर के वास्तविक रुप का ज्ञान होता है इसलिए साधक के लिए इन्द्रियों का संयम आवश्यक, अन्तरात्मा में रमने वाला पाप का भागी नहीं बनता, कर्म फल की इच्छा ही बंधन मुक्ति अनासक्ति में, ज्ञानी कमल के पत्तों की भाँति कर्मों से निर्लिप्त रहते हैं, ईश्वर से प्रेम करने वाले मनुष्यों के कर्म जीर्ण, परमात्मा के जन्म एवं कर्म दोनों में दिव्यता है, भगवान जन्म नहीं लेते केवल जन्म की लीला करते हैं, व्यक्ति के कर्मों का हिसाब परमात्मा के पास, जीव कर्म करने में स्वतन्त्र परन्तु फल भोगने में परतन्त्र है, वर्ण, आश्रम एवं स्थिति के शास्त्रानुसार कर्म करने से उद्धार, ज्ञानी इन्द्रियों से प्राप्त सुख को तुच्छ समझते हुये परमात्मा से ही संतुष्ट रहता है, विद्या तथा उपासना तथा अविद्या अर्थात् कर्म दोनों को जानने वाला अमरता प्राप्त करता है। कर्मयोग ही धर्म है, सुख- दुःख को समान समझने से कर्म बन्धन नहीं होता, गुरु, शिष्य में नवीन आध्यात्मिक जीवन देने के कारण ब्रह्मा, सद्गुणों के विकास के कारण विष्णु तथा मोह को दूर करने के कारण शिव हैं, प्राणी का उद्धार करने वाला ही वास्तविक गुरु है परन्तु सच्चे गुरु सौभाग्य से मिलते हैं। चमत्कार के नाम पर ठगी एवं स्वयं को भगवान कहने वाले गुरुओं की कमी नहीं है। गृहस्थ संत **पं0 प्रयागनाथ चतुर्वेदी, ककोर, मथुरा (उ0 प्र0) द्वारा**-राष्ट्र के पथ प्रदर्शन के लिए तपस्वी संतों व निश्छल गुरुओं की जरुरत, धर्म के नाम पर संघर्ष नहीं बल्कि अच्छे विचारों के संघर्ष होना चाहिए, गुरु ईश्वर से बड़ा नहीं होता, कोई बड़ा है न छोटा सभी से मानववादी व्यवहार करना चाहिए, सभी धर्म समान आदर के योग्य हैं। **श्वेताम्बर जैन मुनि राजयश सुरीयवर जी महराज द्वारा**-जीवन को सफल बनाने के लिए जन्म व मरण के चक्र को समझना आवश्यक, जन्म को सफल बनाने पर अधिकार है परन्तु मृत्यु पर अधिकार नहीं, नारी शब्द को प्रधानता देने से स्त्री का भाव तथा माँ शब्द को प्रधानता देने से देवी का भाव व्यक्त होता है, अवतारी पुरुषों का जन्म दिन इसलिए मनाते हैं क्योंकि उन्होंने समाज को कुछ दिया, प्रत्येक व्यक्ति को समाज को कुछ न कुछ देना चाहिए और इस परम्परा को बढ़ाना चाहिए, चिन्तन में गहराई न रखने से मन्दिर में जाकर भी हताशा ही मिलती है, जीवन की दौड़ में सफलता के लिए ज्ञान व चरित्र की जरुरत पड़ती है केवल ज्ञान वाला व्यक्ति पशु कहलाता है वह जीवन की दौड़ नहीं लगा सकता, व्यक्ति को ईश्वर से समता की प्रार्थना करना चाहिए। समता की स्थिति में मनुष्य के भीतर अमीरस निकलता है तब उस पर मान अपमान तथा लोगों के व्यवहार का प्रभाव नहीं पड़ता। चिंतन में गहराई अमीरस को पैदा करता है। बिना अमीरस के आराधना, पूजापाठ व ध्यान निष्फल हो जाता है। अमीरस से संसार में रहने व काम करने का तरीका बदल जाता है तब वह प्रत्येक वस्तु को भोग की दृष्टि से नहीं बल्कि त्याग की भावना से देखता है। महान बनने के लिए सत्य विचार ही जीवन निर्माण में सहायक है व्यक्ति को इन्हें नहीं छोड़ना चाहिए, मानव जीवन स्वल्पायु है इसे सही ढंग से उपयोग करना चाहिए, संसार के दो प्रकार के व्यक्तियों में वितरागी संसार से अप्रभावित रहता है। जबकि रागी सांसारी होकर वितरागी की दुनियाँ से अपरिचित रहता है। शब्द प्रार्थना की शक्ति नहीं बल्कि इसमें निहित भावना ही प्रार्थना को सबल बनाती है। शब्दों की पुनरावृत्ति से प्रर्थना की शक्ति नहीं बढ़ती, केवल दुःख में प्रार्थना करना ठीक नहीं, प्रार्थना स्वास की भाँति निरन्तर चलती रहनी चाहिए। **महात्मा रत्नेश्वरानन्द जी द्वारा**-धर्म बदलने वाली वस्तु नहीं वह शाश्वत तथा अपरिवर्तनीय है, अपनी नासमझी के कारण अलग-अलग रास्ते बन गये, आध्यात्म में केवल एक ही मार्ग है-वह है समन्वय और सार्वभौमिकता का मार्ग, सत्य एक है महात्माओं ने उसे अपनी भाषा और तरीके से समाज के सामने रखा, जब तक अपनी दृष्टि में दोष रहेगा तब तक हम दुःखी रहेंगे, भक्त अपने में दोष तथा दूसरों में गुण खोजता रहता है व्यक्ति अपनी कमी नहीं जानना चाहता यही सबसे बड़ी कमी है, गीता वेद और उपनिषदों का सार तत्व है जो धर्म का श्रोत है, विज्ञान की शक्ति मनुष्य को रावण तथा विज्ञान की शक्ति द्वारा जगत कल्याण मनुष्य को श्रीराम बना देता है,

समदर्शी गीता के बाद रामराज्य के सुनहरे सपने को साकार करने के लिए जाति-धर्म के नाम पर बिखरे समाज को एक सूत्र में बाँधना आवश्यक है। भीतर छीपी आत्मा के जागरण से ही समाज में बदलाव सम्भव है, ईश्वर से विमुख समाज की भयंकर दुर्दशा होती है, हाथ पर हाथ रखकर बैठना नहीं सिखाता, धर्म मानवता का उद्धारकर्ता है, श्रीराम, श्रीकृष्ण जिस मार्ग पर चले वही मार्ग श्रेष्ठ है, संसार में जितने अवतार हुये हैं उनमें ईश्वर ने मानव शरीर धारण कर मनुष्यों जैसी लीलाएं दिखाई है, अध्यात्म वह मानव धर्म है जो हिन्दू, मुसलमान, सिख, ईसाई सबके लिए समान है, जो धर्म की रक्षा करता है धर्म उसकी रक्षा करता है धर्म के लिए सत्य की रक्षा जरुरी है। **स्वामी ज्ञानानन्द जी सरस्वती द्वारा**-पर्वों की रक्षा पौराणिक परम्परा तथा राष्ट्र रक्षा है, इन्द्रियों से ग्रहण किया जाने वाला विषय न तो स्वतन्त्र होता है और न ही नित्य, आध्यात्म का दीपक बुझाने से संसार में अंधेरा हो जायेगा। भागवत कथा वाचक **पं0 श्याम गंगाधर वापट द्वारा**-श्रीमद्भागवत् ऐसा ग्रन्थ है जो जीवन काल में ही व्यक्ति को मुक्ति दिला देता है। इत्यादि सत्य विचार, दृष्टि, मार्गदर्शन व्यक्त किये जा चुके थे।

धर्म प्रचार-प्रसार के संस्थागत संस्थाओं के देशव्यापी व अन्तर्राष्ट्रीय शाखाओं से अनेकों प्रकार के ज्ञान साहित्य, पत्र-पत्रिकाएं, आडियो-विडियों कैसेट उपलब्ध थे। **पत्र पत्रिकाओं द्वारा**-श्रद्धालु को ही आध्यात्म ज्ञान की उपलब्धि, चारों वेदों का दर्शन है आत्मा में, अन्तरात्मा की आवाज ईश्वरीय भक्ति में सहायक, आत्मानुशासन के लिए आत्मचिंतन आवश्यक, लक्ष्य के प्रति समर्पण ही सफलता का आधार, मन और बुद्धि के समन्वय से मानवता उभरती है, बड़े भाग मानुष तन पावा, आत्मा का ज्ञान है अध्यात्म, मौलिक विशेषता है महत्वाकांक्षा, मनसूत्रत्व का दर्शन और विज्ञान, आत्मा सच्चिदानन्द स्वरुप है, अन्तः करण चतुष्टय और साधना विज्ञान, उपासना ही नहीं साधना भी, कर्म और उसका रहस्य, समाधि मन का समाधान है, श्रद्धा और शालीनता युक्त जीवन, मृत्यु से पुनर्जन्म की ओर, अवसाद का बढ़ता दायरा, बच्चों में आपराधिक प्रवृत्ति के कारण, अहं की सुरक्षा का मनोविज्ञान, व्यक्तित्व विकास में बाधक हो सकता है अहंकार इत्यादि शिर्षकों से प्रसारित हो रहे थे।

मई 1997 में **जगद्गुरु द्वारिकापीठ शंकराचार्य स्वामी स्वरुपानन्द जी द्वारा**-"हिन्दू धर्म की जो पकड़ थी, वह इस समय कमजोर पड़ गयी है। क्योंकि भारतीय स्वतन्त्रता आन्दोलन के समय से राजनेताओं का वर्चस्व बढ़ा और उन्होंने धर्म के संरक्षकों को दबा दिया, जिसके परिणामस्वरुप 163 साल तक शंकराचार्य की पदवी खाली रही। इसलिए आवश्यक है कि शिक्षा के क्षेत्र में धर्म की स्थापना हो। स्वस्थ एवं श्रेष्ठ साहित्य का सृजन हो। महापुरुषों को घूम-घूमकर सनातन धर्म का प्रचार-प्रसार करना चाहिए जिससे लोगों के हृदय में भारतीय धर्म शास्त्र के प्रति आस्था-विश्वास बढ़े।", 7 सितम्बर 1998 को उ0 प्र0 सरकार के एक मन्त्री द्वारा-"नयी काशी" बसाये जाने पर **स्वामी शिवानन्द सरस्वती जी महाराज द्वारा** "काशी की सीमा से बाहर नयी काशी की स्थापना आध्यात्मिक व धार्मिक दोनों दृष्टिकोण से अनुचित है क्योंकि सृष्टि की उत्पत्ति से लेकर प्रलय काल तक काशी का स्थान भिन्न नहीं हो सकता।", 15 मार्च 2000 को राष्ट्रीय स्वयं सेवक संघ के प्रमुख **के0 एस0 सुदर्शन द्वारा**-"हिन्दू चिन्तन पर नयी आचार संहिता बनें।", 19 जनवरी 2000 को **जगद्गुरु शंकराचार्य जयेन्द्र सरस्वती द्वारा**-"बौद्धों के अनुरोध पर गौतम बुद्ध के विष्णु अवतार सिद्ध करने सम्बन्धी अवधारणा को आगे न बढ़ने पर सहमति।", 19 जनवरी 2000 को विश्व हिन्दू परिषद के अन्तर्राष्ट्रीय कार्याध्यक्ष **श्री अशोक सिंघल द्वारा**-"हिन्दू बौद्ध धर्म एकता से विश्व में बढ़ते ईसाईयों और ईस्लाम के विस्तार वादी मनोवृत्ति को राकने में निश्चित रुप से सफलता।" तथा जनवरी 2001 के सहस्त्राब्दि के प्रथम महाकुम्भ में धर्म की सफलता मूलक छवि उभारने की तैयारी की घोषणा।" व्यक्त हो चुकी थी।

राष्ट्रीय स्वयं सेवक संघ के अक्टूबर 2000 में आगरा में लगे महाशिविर द्वारा "दुनियाँ में हिन्दुत्व का विस्फोट सन्निकट", "आत्मविश्वास के साथ हिन्दुओं को बढ़ने की आवश्यकता" के साथ स्वामी विवेकानन्द की वाणियों के सत्य मत पर चिन्तन होना प्रारम्भ हो गया था। परिणामस्वरुप नवम्बर 2000 से संघ द्वारा " राष्ट्र जागरण अभियान" द्वारा "हिन्दू जगेगा तो विश्व जगेगा", "गर्व से कहें हम हिन्दू हैं" इत्यादि का प्रचार-प्रसार प्रारम्भ हो गया था।

ईसाई धर्म गुरु पोप जान पाल (द्वितीय) अपने नवम्बर 1999 की भारत यात्रा में भारतीय धर्मों के प्रतिनिधियों से मित्रवत् सूत्रपात, धर्म की प्रकाश की ओर अग्रसर होकर प्रत्येक स्तर पर न्याय और समानता, विश्व के भविष्य के लिए एकजुटता, विज्ञान के उन्नति के साथ आध्यात्मिक उन्नति की आवश्यकता तथा भारत को आशीर्वाद के विचार व्यक्त किये जा चुके थे। **बौद्ध धर्म गुरु दलाई लामा** अपने दिसम्बर 1999 की वाराणसी (काशी) भारत यात्रा में-दार्शनिक दृष्टि से धर्म में अन्तर होता है। लेकिन धार्मिक दृष्टि से नहीं, व्यावहारिक रुप में धार्मिकता के आधार पर विचारों के सामंजस्य ही उपर उठने का मार्ग, नये पीढ़ी से उम्मीद एवं शिक्षा ग्रहण करने के विचार व्यक्त किये जा चुके थे।

आध्यात्मिक प्रवचनों के प्रवचनकर्ता व्यापारी के रुप में, आयोजक सामाजिक प्रतिष्ठा को प्राप्त करने के रुप में तथा पूजा कार्यक्रम महोत्सव के रुप में स्थापित हो चुका था जो व्यक्ति को नहीं बल्कि आध्यात्मिक वातावरण के निर्माण में पूर्ण सहयोग प्रदान कर रहा था। कालानुसार नव अविष्कृत सत्य व्यक्त हो जाने के बावजूद भी सत्य के पुराने कालानुसार संस्करण पर आधारित सम्प्रदाय यथावत् स्थापित थे। जैसे एकीकृत गीता के आने के बाद भी गीता के पहले के सम्प्रदाय यथावत् थे। तथा गीता पर आधारित नवीनतम कालानुसार व्याख्या स्वामी विवेकानन्द और आचार्य रजनीश "ओशो" द्वारा व्यक्त कर देने के बावजूद भी अन्य मत यथावत् थे साम्प्रदायिक दंगा, व्यक्ति, परिवार, समाज, राज्य, मन्दिर निर्माण विवाद, धर्मांतरण, धार्मिक स्थलों पर भ्रष्टाचार इत्यादि ऐसे विषय थे जिससे आध्यात्मिक ज्ञान के अवनति और कट्टरता की उन्नति को प्रदर्शित कर रही थी।

स. अन्तर्राष्ट्रीय स्तर पर धर्म की स्थिति

विश्व के अधिकतम देश लोकतन्त्र में स्थापित होकर राज्य से धर्म को अलग कर चुके थे फलस्वरुप सभी देशों में धार्मिक प्रचार-प्रसार का आदान-प्रदान विज्ञान के आविष्कारों का प्रयोग करते हुये हो रहा था। संस्थागत धार्मिक प्रसार के संस्थाओं का एक दूसरे देशों में शाखाएं भी सक्रिय थी। अन्य देशों में हिन्दू धर्म के अनुयायी इस प्रकार थे-नेपाल में 2.12 करोड़, बांग्लादेश में 1.5 करोड़, इंडोनेशिया में 0.4 करोड़, श्री लंका में 0.3 करोड़, पाकिस्तान में 0.22 करोड़, मलेशिया में 0.1 करोड़, अमेरिका में 0.8 करोड़, दक्षिण अफ्रीका में 0.65 करोड़, मारीशस में 0.6 करोड़ इत्यादि। विश्व के 100 से अधिक देशों में विभिन्न नामों से स्वयंसेवक हिन्दू समाज के संगठन में जुटे हुये थे जैसे-हिन्दू स्वयं सेवक संघ, हिन्दू कौंसिल, हिन्दू महासंघ, सनातन धर्म स्वयं सेवक संघ, विश्व हिन्दू परिषद्, फ्रेन्ड्स आफ इण्डिया सोसाइटी इत्यादि।

द. राज्य अर्थात् शासन पर धर्म की स्थिति

राज्य अर्थात् शासन, धर्म को आचार-व्यवहार की व्यक्तिगत विषय के रुप में समझते हुये उसे अपने अधिकार क्षेत्र से मुक्त कर दिया था। परन्तु धार्मिक आयोजनों में सुरक्षा, संसाधन तथा समर्थन समान भाव से सभी धर्मों को राज्य अर्थात् शासन द्वारा प्राप्त हो रहा था। धर्म को मानना राज्य की विवशता नहीं थी। परन्तु सम्प्रदायों (धर्मों) के बीच समान भाव बनाये रखना राज्य की विवशता थी। भारत जैसे देश में वोट के लिए धर्म का सहारा ले लेना राजनीतिज्ञों की राजनीति बन चुकी थी।

य. भारतीय समाज पर धर्म की स्थिति

भारतीय समाज पर धर्म एक आवरण, परम्परा, औपचारिकता, महोत्सव की भाँति छाया हुआ था। धर्म के व्यावहारिक स्वरुप के उपलब्ध न होने के कारण व्यक्ति को धर्म से कोई लाभ नहीं दिखता था। फलस्वरुप वह धर्म आध्यात्म से दूर हटकर विज्ञान की ओर गति कर रहा था। और धार्मिक आयोजन को वह महोत्सव की भाँति संचालित कर रहा था। जिससे धर्म को वातावरण और संरक्षण प्राप्त हो रहा था। परिणामस्वरुप धर्म आध्यात्म का प्रयोग वह परिवार, समाज राज्य, देश व विश्व को मार्गदर्शन देने में करने के लिए पूर्ण रुप से सक्षम नहीं था। क्योंकि

धार्मिक आध्यात्मिक तत्वों से समाज बहुत दूर हो चुका था जबकि बिना आध्यात्मिक तत्वों के ज्ञान के समाज का गठन व विकास असम्भव था।

र. भारतीय परिवार पर धर्म की स्थिति

भारतीय परिवार पर धर्म एक आवरण, परम्परा, औपचारिकता, महोत्सव की भाँति छाया हुआ था। परिवार का मुखिया जिस धर्म-सम्प्रदाय-मत-गुरू को चुनता था, सामान्यतः पूरा परिवार उसी के अधीन हो जाता था। परिवार धर्म को पूर्ण संरक्षण प्रदान कर रहा था परन्तु धर्म का प्रयोग वह परिवार, समाज, राज्य, देश व विश्व को मार्गदर्शन देने में प्रयोग के लिए सक्षम नहीं था। क्योंकि धार्मिक-आध्यात्मिक तत्वों से परिवार बहुत दूर हो चुका था जबकि बिना आध्यात्मिक तत्वों के ज्ञान के परिवार का गठन व विकास असम्भव था।

ल. भारतीय व्यक्ति पर धर्म की स्थिति

भारतीय व्यक्ति पर धर्म एक आवरण, परम्परा, औपचारिकता, महोत्सव की भाँति छाया हुआ था। धर्म के व्यावहारिक स्वरूप के उपलब्ध न होने के कारण व्यक्ति को धर्म से कोई लाभ नहीं दिखता था। फलस्वरूप वह धर्म-आध्यात्म से दूर हटकर विज्ञान व भौतिकता की ओर गति कर रहा था। और धार्मिक आयोजन को वह महोत्सव की भाँति संचालित कर रहा था। जिससे धर्म को वातावरण व पूर्ण संरक्षण प्राप्त हो रहा था। परिणामस्वरूप धर्म-आध्यात्म का प्रयोग वह परिवार, समाज, राज्य, देश व विश्व को मार्गदर्शन देने में प्रयोग के लिए सक्षम नहीं था। क्योंकि धार्मिक-आध्यात्मिक तत्वों से व्यक्ति बहुत दूर हो चुका था जबकि बिना आध्यात्मिक तत्वों के ज्ञान के व्यक्ति का गठन व विकास असम्भव था।

4. व्यापार की स्थिति

बुद्धावतार (567-487 ई0 पू0) से अन्तिम अवतार के अवतरण तक व्यापार की स्थिति विभिन्न स्तरों पर निम्न प्रकार थी।

अ. विश्व स्तर पर व्यापार की स्थिति
ब. भारत देश स्तर पर व्यापार की स्थिति
स. अन्तर्राष्ट्रीय स्तर पर व्यापार की स्थिति
द. राज्य अर्थात् शासन पर व्यापार की स्थिति
य. भारतीय समाज पर व्यापार की स्थिति
र. भारतीय परिवार पर व्यापार की स्थिति
ल. भारतीय व्यक्ति पर व्यापार की स्थिति

अ. विश्व स्तर पर व्यापार की स्थिति

ब. भारत देश स्तर पर व्यापार की स्थिति

स. अन्तर्राष्ट्रीय स्तर पर व्यापार की स्थिति

द. राज्य स्तर पर व्यापार की स्थिति

य. भारतीय समाज स्तर पर व्यापार की स्थिति

र. भारतीय परिवार स्तर पर व्यापार की स्थिति

ल. भारतीय व्यक्ति स्तर पर व्यापार की स्थिति

5. समाज की स्थिति

बुद्धावतार (567-487 ई0 पू0) से अन्तिम अवतार के अवतरण तक समाज की स्थिति विभिन्न स्तरों पर निम्न प्रकार थी।

अ. विश्व स्तर पर समाज की स्थिति
ब. भारत देश स्तर पर समाज की स्थिति
स. अन्तर्राष्ट्रीय स्तर पर समाज की स्थिति
द. राज्य अर्थात् शासन पर समाज की स्थिति
य. भारतीय समाज पर समाज की स्थिति
र. भारतीय परिवार पर समाज की स्थिति
ल. भारतीय व्यक्ति पर समाज की स्थिति

अ. विश्व स्तर पर समाज की स्थिति

बुद्धावतार (567-487 ई0 पू0) से अन्तिम अवतार के अवतरण तक समाज की स्थिति विश्व स्तर पर व्यापक अस्थिरता के उपरान्त स्थिरता को प्राप्त कर चुकी थी। परन्तु समाज पूर्ण रुप से निष्क्रिय हो राज्य पर निर्भर हो चुका था। इस स्थिति तक आने में जो काल क्रम थे वे संक्षिप्त रुप में निम्न प्रकार थे।

सन् 0001 ई0 से सन् 1000 ई0 का काल धर्म समर्थित राज्यों द्वारा साम्राज्यवादी काल होने के कारण इस काल में समाज अस्थिर रहा और समाज का विकास पूर्ण रुप से राजाओं के उपर निर्भर रहा। युद्धों से व्यक्तियों की मृत्यु तथा सांस्कृतिक रचनाओं का उत्थान-पतन होता रहा। सन् 132 ई0 में जेरुशलम के यहूदी पूजागृह के स्थल पर जुपिटर के मन्दिर निर्माण पर यहूदियों का विद्रोह। सन् 200 ई0 में हिन्द महासागर में स्थित मेडागास्कर में प्रथम मानव बस्ती का विकास जो दक्षिण बोर्निया से आये थे। लगभग 295 ई0 में मेक्सिको के मोन्टे अल्बन और टिओटिहुकैन क्षेत्रों में विकसित सभ्यता का विकास। लगभग 350 ई0 में होंडुरास, ग्वाटेमाला और दक्षिणी मैक्सिको में माया सभ्यता का विकास। सन् 419 ई0 में पेरु में मोचे संस्कृति का चिकामा और मोचे घाटियों में विस्तार। यहाँ के सूर्य मन्दिर की उँचाई 150 फीट जिसका निर्माण 5 करोड़ ईटों से किया गया था। लगभग 500 ई0 में उत्तरी अमेरिका के उटा, अरिजोना और न्यूमैक्सिको क्षेत्रों में अनासाजी संस्कृति का विकास। दक्षिणी अमेरिका में टीटीकाका झील के दक्षिण तट पर स्थित टिअहुआनाको संस्कृति का विकास जो दक्षिण में बोलबिया, अर्जेन्टीना और चीली तक फैला था। सन् 515 ई0 में सेंट बेनेडिक्ट ने ईसाई मठों के नियमों का संकलन किया। सन् 526 ई0 में सीथियन भिक्षु टिओनिसियस इक्सीगूस ने ईसा मसीह के जन्म को आधार मानकर ईस्वी पद्धति का प्रतिपादन किया। सन् 529 ई0 में रोमन सम्राट के आदेश पर एथेन्स की प्लेटो अकादमी को बन्द किया गया। यह पगान संस्कृति को समाप्त करने के लिए अन्तिम औपचारिक कार्य था। सन् 542 ई0 में रोमन साम्राज्य में ब्यूबोनिक प्लेग का कहर। लगभग 580 ई0 में स्लावो (वर्तमान रुस, उक्रेन, बेलारुस, और सर्बिया के निवासी) ने बाल्कन क्षेत्र में निवास आरम्भ किया। लगभग 600 ई0 में उत्तरी अमेरिका के दक्षिण पश्चिम अरिजोना मरुस्थल में होहोकाम सभ्यता का विकास, दक्षिण अमेरिका में अमेजन नदी के मुहाने पर स्थित माराजो द्वीप पर मुखिया स्तर के सामाजिक संगठन का विकास। इस संस्कृति में अत्यन्त सुन्दर मृदभांडों का उत्पादन होता था। सन् 625 ई0 में हजरत मोहम्मद ने कुरान का संकलन प्रारम्भ किया। सन् 691 ई0 में खलीफा अब्द अल-मलिक ने जेरुशलम में मस्जिद का निर्माण कराया। सन् 721 ई0 में राजकुमारी लिबाउसा ने प्राग शहर की स्थापना की। लगभग 745 ई0 में ब्यूबोनिक प्लेग का पूरे यूरोप पर कहर। सन् 781 ई0 में चीन में ईसाई मठों का निर्माण। लगभग 811 ई0 में जावा के शैलेन्द्र शासकों ने बौद्ध मन्दिर बोरोबुदूर का निर्माण कराया। लगभग सन् 850 ई0 में उत्तरी पेरु में बातान ग्रान्दे स्थित सिकैन संस्कृति का विकास। सन् 860 ई0 में चीन में प्रथम समाचार पत्र का प्रकाशन। लगभग 900 ई0

में कालाहारी मरुस्थल के पश्चिमी किनारे पर बोत्सवाना राज्य की स्थापना, पेरु में टेकानामो ने चन-चन शहर की स्थापना की, जावा के माताराम वंश ने शैव हिन्दू धर्म अपनाकर लगभग 150 हिन्दू धर्म मन्दिरों का निर्माण कराया। लगभग 1000 ई0 में उत्तर पूर्व उत्तरी अमेरिका महाद्वीप में इरोक्योस लोगों ने ग्रामीण समुदायों की स्थापना की।

सन् 1001 ई0 से 1400 ई0 के बीच अधिकांश समय यूरोप के ईसाई और पश्चिम एशिया के मुस्लिम एक दूसरे के विरुद्ध युद्धरत रहे। साथ ही प्राकृतिक आपदा भी हावी रही परिणामस्वरुप इस काल में भी समाज का विकास गति नहीं प्राप्त कर सकी। इस काल में मुख्य-मुख्य घटना इस प्रकार थी।

सन् 1050 ई0 में बर्मा (म्यांमार) के राजा अनाब्रत ने अपनी राजधानी पैगन में सर्व धर्म बौद्ध मन्दिर (पैगोडा) बनवाया। सन् 1085 ई0 में उत्तरी अमेरिका आर्कटिक क्षेत्र में थूले एस्किमों संस्कृति का विकास। सन् 1096 ई0 में इटली में विश्व का प्रथम विश्वविद्यालय की स्थापना। लगभग 1100 ई0 में मैक्सिको में टोल्टेक राजधानी का निर्माण। सन् 1149 ई0 में इंग्लैण्ड में आक्सफोर्ड विश्वविद्यालय की स्थापना। सन् 1150 ई0 में विश्व के सबसे बड़े हिन्दू मन्दिर का अंकोरवाट कम्बोडिया के राजा सूर्यवर्मन द्वितीय द्वारा निर्माण। सन् 1155 ई0 में पेरिस विश्वविद्यालय की स्थापना। सन् 1156 ई0 में मास्को शहर की स्थापना। सन् 1159 ई0 में जापान में हेजी क्रांति। लगभग 1200 ई0 में पेरु में कुजको शहर की स्थापना। सन् 1217 ई0 में मध्य व पूर्वी यूरोप में अकाल का जबरदस्त प्रभाव। सन् 1221 ई0 में इटली के सम्राट फ्रेडरिक द्वितीय ने पाहुआ विश्वविद्यालय की स्थापना करवाई। सन् 1247 ई0 में सिएना विश्वविद्यालय की स्थापना। सन् 1249 ई0 में आक्सफोर्ड विश्वविद्यालय का पहला कालेज यूनिवर्सिटी कालेज की स्थापना। सन् 1283 ई0 में मैक्सिको की इट्जा जनजाति ने मायावान शहर की स्थापना की। सन् 1290 ई0 में लिस्बन (पुर्तगाल) में विश्वविद्यालय की स्थापना। लगभग 1300 ई0 में प्राकृतिक आपदा से उत्तरी अमेरिका के कई शहर नष्ट। हवाई में कुशल खेती से समृद्धता परिणामस्वरुप सामाजिक वर्ग संरचना की शुरुआत। सन् 1316 ई0 में भीषण वर्षा से इंग्लैण्ड में भीषण अकाल। लगभग सन् 1344 ई0 में अजटेको (आधुनिक मैक्सिको) ने टेनोचट्टीलान में राजधानी का निर्माण कराया। सन् 1347 ई0 में एशिया के कुछ देशों में फैली प्लेग कालासागर के बन्दरगाहों से होते हुये पूरे यूरोप में फैलकर एक तिहाई यूरोप को समाप्त कर दिया। सन् 1358 ई0 में फ्रांस में किसान विद्रोह। सन् 1380 ई0 में जान बाइक्लिफ ने बाइबिल का अंग्रेजी में अनुवाद किया। सन् 1381 ई0 में इंग्लैण्ड में किसान विद्रोह।

सन् 1401 ई0 से 1800 ई0 के काल में ताकतवर साम्राज्यों का एकीकरण, व्यापारिक सम्बन्ध, अन्तर्राष्ट्रीय अर्थव्यवस्था के विकास से समाज को थोड़ी स्थिरता और विकास के अवसर प्राप्त हुये। नव जागरण के इस काल में समाज अर्थात् व्यक्ति समूह की शक्ति व्यक्त हो चुकी थी। सन् 1455-56 ई0 में पहली बार यूरोप में गूटेनवर्ग ने बाइबिल छापी। सन् 1475 ई0 में विलियम कैक्सटन ने अंग्रेजी में प्रथम पुस्तक छापी। सन् 1481 ई0 में जापान में कर व्यवस्था के विरुद्ध किसानों का विद्रोह। सन् 1484 ई0 में पुर्तगाल के सम्राट जान द्वितीय द्वारा नियुक्त गणितज्ञों ने भौगोलिक खोजों के लिए नौसैनिक पंचांग तैयार किया। सन् 1488 ई में चीन की दीवार का मिंग वंश द्वारा पुनर्निर्माण। सन् 1489 ई0 में जर्मनी में जोहान विडमान ने गणित में ऋणात्मक और धनात्मक चिन्हों की शुरुआत की। सन् 1521 ई0 में कैम्ब्रिज विश्वविद्यालय में पुस्तकों का मुद्रण प्रारम्भ। सन् 1524 ई0 में ईसाई धर्म शास्त्री के नेतृत्व में दक्षिणी जर्मनी के किसानों ने सामंतवाद को समाप्त करने के लिए विद्रोह किया। सन् 1530 ई0 में पुर्तगालियों ने अटलांटिक के बाहर गुलामों का व्यापार प्रारम्भ किया। सन् 1534 ई0 में स्पेनिश धर्म प्रचारक इग्रेशियस लायला ने "सोसायटी आफ जीसस (जेसुइट) की स्थापना की। सन् 1535 ई0 में स्पेनवासी फ्रैंसिस्को पिजारो ने लीमा (पेरु) शहर की आधारशिला रखी। सन् 1536 ई0 में स्पेनी अभियान दल के नेता पेड्रो डी मेन्डोजा ने व्युनस आयर्स (अर्जेन्टीना) शहर की आधारशिला रखी। सन् 1550 ई0 में न्यूजीलैण्ड के उत्तरी और दक्षिणी दोनों द्वीपों पर माओरियों ने "पा" नाम के किला का निर्माण कराया। सन् 1570 ई0 में जर्मनी के गेरारडुस मेर्केटर ने विश्व का नया मानचित्र प्रकाशित किया। सन् 1571 ई0 में लन्दन में स्टाक एक्सचेंज की स्थापना। स्पेन वासी लोपेज डी लेगाज्पी ने मनीला शहर (फिलीपीन्स) की आधारशिला रखी। सन् 1574 ई0 में नीदरलैण्ड में लेडेन विश्वविद्यालय की स्थापना। सन् 1576 ई0 में इंगलैण्ड में प्रथम थियेटर का उद्घाटन। सन् 1582 ई0 में इटली में ग्रेगोरियन

कलेन्डर की शुरुआत। सन् 1591 ई0 में इंग्लैण्ड की महारानी एलिजाबेथ ने ट्रिनीटी कालेज, डबलिन की स्थापना की। सन् 1601 ई0 में जर्मनी और फ्रांस के बीच डाक सेवा स्थापना के लिए समझौता। सन् 1608 ई0 में फ्रांसीसी मूल के लोगों ने कनाडा में दुनिया के बेहतरीन शहर क्यूबेक की स्थापना की। सन् 1611 ई0 में रोम विश्वविद्यालय की स्थापना। लगभग सन् 1630 ई0 में यूरोप में प्लेग महामारी। सन् 1636 ई0 में हार्वर्ड विश्वविद्यालय की स्थापना। सन् 1652 ई0 में डचों ने दक्षिणी अफ्रीका में केपटाउन की स्थापना की। सन् 1657 ई0 में जापान में तोकूगावा मित्सुकुनी ने जापानी इतिहास लिखना प्रारम्भ किया। सन् 1660 ई0 में लंदन में रायल सोसाइटी की स्थापना। सन् 1665 ई0 में लन्दन में प्लेग की महामारी। सन् 1694 ई0 में लंदन में बैंक आफ इंग्लैण्ड की स्थापना। सन् 1700 ई0 में ब्रिटेन में कृषि क्रांति जो बाद में पूरे यूरोप में फैली। सन् 1702 ई0 में विश्व के प्रथम दैनिक समाचार पत्र "डेली करेन्ट" का लन्दन से प्रकाशन। सन् 1703 ई0 में पीटर द ग्रेट ने सेंट पीट्सबर्ग की स्थापना की। सन् 1705 ई0 में मास्को विश्वविद्यालय की स्थापना। सन् 1727 ई0 में मोरक्को में 30 वर्ष तक चले आतंकवाद की शुरुआत। सन् 1739 ई0 में दक्षिण कैरोलिंग में गुलामों का विद्रोह। सन् 1742 ई0 में पेरु में रेड इण्डियनों का स्पेनी शासन के खिलाफ विद्रोह। सन् 1745 ई0 में जैकोवाइट विद्रोह। सन् 1746 ई0 में अमेरिका में प्रिंसटन विश्वविद्यालय की स्थापना। सन् 1755 ई0 में सैमुअल जानसन के अंग्रेजी शब्दकोश का प्रकाशन। लिस्बन पुर्तगाल में भूकम्प से 50 हजार लोग मारे गये। सन् 1774 ई0 में क्रिकेट के नियमों का निरुपण। सन् 1789 ई0 में फ्रांसीसी क्रांति की शुरुआत। अमेरिका में पोस्ट आफिस की स्थापना। सन् 1790 ई0 में वाशिंगटन शहर की स्थापना। सन् 1791 ई0 में अमेरिकी संसद ने मूलभूत अधिकारों के बिल को पारित किया। सन् 1793 ई0 में फ्रांस में क्रांतिकारी युद्ध की शुरुआत।

सन् 1801 ई0 से 1900 ई0 तक के काल में दुनिया के लोकतन्त्र की ओर बढ़ने, प्रसासनिक सुधार, सामाजिक आर्थिक चिंतन और औद्योगिक क्रांति के कारण समाज में स्थिरता और विकास की गति बढ़ गयी थी। सन् 1807 ई0 में ब्रिटिश साम्राज्य ने दास प्रथा का अन्त किया। सन् 1825 ई0 में मिश्र वासियों ने सूडान में खारतूम शहर की स्थापना की। सन् 1831 ई0 में इटली के ग्यूसेप्पे मैजिनी ने "यंग इटली" नामक क्रांतिकारी संस्था की स्थापना की। सन् 1832 ई0 में ब्रिटेन में प्रथम सुधार कानून। सन् 1834 ई0 में ब्रिटेन के उपनिवेशों में दास प्रथा की समाप्ति। सन् 1842 ई0 में वयस्क मतदान के अधिकार की मांग को न मानने से ब्रिटेन में हड़ताल व दंगे। सन् 1840 ई0 में ब्रिटेन में "पेनी" डाक टिकट की शुरुआत से डाक प्रणाली में बदलाव आया। सन् 1841 ई0 में हंगरी के उदारवादी नेता लाजोस कौसूथ ने सुधारवादी समाचार पत्र की स्थापना की। सन् 1847 ई0 में लंदन में काल माक्र्स द्वारा "कम्युनिस्ट लीग" की स्थापना। सन् 1849 ई0 में समाचारपत्रों को दुनियां के विभिन्न स्थानों में समाचार उपलब्ध कराने के लिए अमेरिका में एसोसिएटेड प्रेस की स्थापना। सन् 1851 ई0 में इंग्लैण्ड में व्यापक प्रदर्शन। सन् 1856 ई0 में संयुक्त राज्य अमेरिका में दास प्रथा विरोधी रिपब्लिकन पार्टी का गठन। सन् 1861 ई0 में रुस में कृषक दास प्रथा की समाप्ति। अमेरिका में दास प्रथा के प्रश्न पर गृहयुद्ध। सन् 1863 ई0 में अमेरिकी राष्ट्रपति अब्राहम लिंकन ने दक्षिणी राज्यों के दासों को मुक्त घोषित किया। सन् 1864 ई0 में काल माक्र्स ने "इण्टरनेशनल सोशलिस्ट" क्लब की स्थापना की। सन् 1872 ई0 में क्लाउडे मानेट द्वारा चित्रकला में "प्रभाववादी स्कूल" की स्थापना। सन् 1873 ई0 में विंगफील्ड ने इंग्लैण्ड में लान टेनिस का आविष्कार किया। सन् 1882 ई0 में डच डाक्टर एलेट्टा जैकब्स ने विश्व के प्रथम परिवार नियोजन क्लिनिक की स्थापना की। सन् 1883 ई0 में जर्मन दार्शनिक फ्रेडरिक नीत्जे की प्रसिद्ध कृति "जरथ्रुष्ट" का प्रकाशन। सन् 1886 ई0 में न्यूयार्क में "स्टैच्यू आफ लिबर्टी" की स्थापना। सन् 1887 ई0 में दास प्रथा पर पूर्ण प्रतिबन्ध। सन् 1888 ई0 में चीन में भूकम्प व बाढ़ से 35 लाख लोग मरे। सन् 1889 ई0 में पेरिस में गुस्ताव एफिल ने एफिल टावर का निर्माण कराया। सन् 1893 ई0 में शिकागो में विश्व धर्म सम्मेलन। सन् 1896 ई0 में एथेन्स में प्रथम ओलम्पिक खेलों का आयोजन।

सन् 1901 ई0 से अन्तिम अवतार के अवतरण तक के काल में सर्वप्रथम विश्व में अनेक महाशक्ति, फिर दो महाशक्ति और अन्त में एक महाशक्ति के अधीन होकर विश्व एक ध्रुवीय व्यवस्था की ओर बढ़ चुका था। परिणामस्वरुप समाज में विकास ने गति पकड़ ली थी। परन्तु सामाजिक विकास के सभी कार्य अधिकतर राज्यों

द्वारा या व्यापारिक समूहों द्वारा विवशता वश ही संचालित थे। समाज स्वयं के द्वारा विकास में गति नहीं कर रहा था। समाज की शक्ति मात्र राज्य द्वारा किये जा रहे कार्यों के प्रति प्रतिक्रिया व्यक्त करने तक ही थी। समाज पूर्णतया राज्य के अधीन तथा राज्य के कार्यों को जटिलता प्रदान कर रहा था।

सन् 1901 ई0 में नोबेल पुरस्कारों की स्थापना। सन् 1905 ई0 में जार के खिलाफ असफल क्रांति। सन् 1907 ई0 में महात्मा गाँधी द्वारा ट्रांसवाल (दक्षिण अफ्रीका) में रंगभेद नीति के खिलाफ सत्याग्रह, प्रख्यात चित्रकार पाब्लो पिकासो द्वारा चित्रकला में "क्यूविज्म स्कूल" की शुरुआत। सन् 1908 ई0 में तुर्की में युवा तुर्क क्रांति। सन् 1910 ई0 में पुर्तगाल में क्रांति। सनफ 1915 ई0 में मध्य इटली में भूकम्प से 29000 व्यक्ति मारे गये। सन् 1917 ई0 में रुस में क्रांति। सन् 1922 ई0 में बी0 बी0 सी0 रेडियो सेवा आरम्भ। सन् 1923 ई0 में जापान में भूकम्प से 1,32,807 व्यक्तियों की मृत्यु। सन् 1925 ई0 में चीन में जबरदस्त अकाल। सन् 1927 ई0 में प्रथम सवाक् फिल्म "द जाज सिंगर" का प्रदर्शन। सन् 1936 ई0 में स्पेन में गृहयुद्ध। सन् 1946 ई0 में यूरोप की आर्थिक हालत सुधारने के लिए "मार्शल योजना"। सन् 1949 ई0 में कम्यूनिस्ट क्रान्ति। सन् 1954-70 ई0 में मिश्र में व्यापक सुधार कार्य। सन् 1959 ई0 में क्यूबा में कम्यूनिस्ट क्रांन्ति। सन् 1964 ई0 में अफ्रीकी अश्वेत नेता नेल्सन मण्डेला को उम्रकैद। सन् 1966 ई0 में चीन की माओ सांस्कृतिक क्रान्ति। सन् 1976 ई0 में चीन के तगशान प्रांत में भूकम्प से 2,50,000 व्यक्तियों की मृत्यु। हेलसिंकी सम्मेलन में मानवाधिकार प्रस्ताव पारित सन् 1977 ई0 में पाकिस्तान में सैनिक क्रांन्ति। सन् 1979 ई0 में ईरान में ईस्लामिक क्रांन्ति। सन् 1984 ई0 में चीन में व्यापक आर्थिक सुधार। सन् 1985 ई0 में कोलम्बिया में ज्वालामुखी फटने से 20,000 लोगों की मृत्यु। सन् 1988 ई0 में अर्मेनिया में भयंकर भूकम्प से 1,50,000 व्यक्तियों की मृत्यु। सन् 1991 ई0 में सोवियत संघ का विघटन। सन् 1992 ई0 में सोमालिया में व्यापक अकाल। यूगोस्लाविया में खूनी गृहयुद्ध। सन् 1994 ई0 में दक्षिण अफ्रीका में रंगभेद नीति की समाप्ति। नेल्सन मंडेला राष्ट्रपति। सन् 1999 ई0 में तुर्की व ताइवान में भीषण भूकम्प।

अन्तिम अवतार के अवतरण तक समाज व्यापक हिंसा, प्राकृतिक आपदा व जन क्रांतियों से गुजरते हुये राज्य केन्द्रीत समाज की ओर स्थिरता प्राप्त कर चुकी थी। गुलाम प्रथा, श्वेत-अश्वेत नीति से उपर उठकर समाज मानवाधिकार और मानवता की ओर बढ़ चुका था। परन्तु इस दौर तक आने में आतंक के पर्याय बने शासकों ने व्यापक नरसंहार भी किये थे। जो मुख्य रुप से इस प्रकार हैं-कम्बोडिया में पोल पाट द्वारा 17 अप्रैल 1975 ई0 से 7 जनवरी 1979 ई0 के बीच 34 लाख लोगों की हत्या, डेढ़ लाख लोग अपंग, दस लाख लोग देश से निष्कासित। हत्या में 75 प्रतिशत शिक्षक, 80 प्रतिशत डाक्टर, तथा 90 प्रतिशत छात्र थे। सन् 1945 ई0 में 10 लाख जर्मन युद्ध बन्दियों का संहार। 17 दिसम्बर 1989 ई0 में रोमानियां में 20000 लोगों को गोलियों से भूना गया। सन् 1938 से 12 वर्षीय अभियान के द्वारा हिटलर ने करोड़ों यहूदियों को मारा तथा लाखों का लिंग काटकर छोड़ दिया। 4 सितम्बर से 20 सितम्बर 1999 के बीच 10,000 लोगों को पूर्वी तिमोर में मौत के घाट उतारा गया। सन् 1928 ई0 से 1943 ई0 के बीच रुस के स्टालिन ने करीब 6 करोड़ लोगों की हत्या करवायी। सन् 1914 से 1918 ई0 के प्रथम विश्व युद्ध में एक करोड़ व्यक्ति मारे गये। सन् 1939 से 1945 ई0 के द्वितीय विश्व युद्ध में 5 करोड़ लोग मारे गये जिसमें 2 करोड़ सोवियत संघ रुस के थे। जापान को परमाणु बम भी झेलना पड़ा था। 6 मई 1937 से 26 सितम्बर 1997 के बीच 119 हवाई दुर्घटनाओं में 16,607 से अधिक लोग मारे गये। इसी प्रकार अग्नि काण्ड, प्राकृतिक आपदा, दुर्घटनाओं, युद्धों, आतंकवाद से करोड़ों लोग मारे गये और व्यापक सामाजिक क्षति हुई।

जन शक्ति के प्रतीक रुप में सत्ता को उलट-पलट कर समाज को सक्रिय करने वाली क्रान्तियां भी व्यक्त हो चुकी थी। जिसमें इंग्लैण्ड की क्रान्ति, इटली क्रान्ति, फ्रांसीसी क्रान्ति, क्यूबा क्रान्ति, रुस की अक्टूबर क्रान्ति, चीन की नव जनवादी क्रान्ति तथा अमेरिकी क्रान्ति प्रमुख थी।

राज्यों में स्थिरता आने के बाद सामाजिक विकास भी तीव्र गति से हुआ। परिणामस्वरुप जीवन के प्रत्येक क्षेत्र में विकास चरम स्थिति को पहुँचने लगा था। जो विश्व स्तरीय पुरस्कारों व प्रतियोगिताओं जैसे-नोबेल पुरस्कार (साहित्य, चिकित्सा, रसायन विज्ञान, भौतिक विज्ञान, अर्थशास्त्र तथा शान्ति), लिम्का बुक आफ वल्र्ड रिकार्ड तथा गीनीज बुक आफ वल्र्ड रिकार्ड द्वारा जीवन के प्रत्येक क्षेत्रों में विश्व स्तर की उपलब्धियाँ, पुरुष और

नारी सौन्दर्य प्रतियोगिता, खेल प्रतियोगिता इत्यादि मानव को कुछ कर दिखाने के लिए अवसर तथा चर्चित होने का लालसा को पूर्ण कर रही थी। विश्व में एल्टेइक, अमेरिंड, आस्ट्रेनेशियन, द्राविड़, इंडो-यूरोपीयन, नाइजर कांगो, चिन-तिब्बत, युरालिक इत्यादि भाषा परिवारों में लगभग बोली जाने वाली भाषाओं की संख्या 4000-5000 के बीच थी। कम्प्यूटर के क्षेत्र में कृत्रिम भाषाओं का विकास भी हो चुका था। अंग्रेजी विश्व भाषा के रुप में स्थापित हो चुका था। नाटक, चित्रकारी, साहित्य, गीत, फिल्म, टी0 वी0 इत्यादि के क्षेत्र में भी चरम विकास हो चुका था। इमारतों का निर्माण 452 मीटर की उँचाई तक होने लगा था। जो हजारों की संख्या में थी। करोड़ों की आबादी वाले अनेक शहरों का विकास होने लगा था। विश्व स्तर पर मानव विकास सूचकांक, कुल घरेलू उत्पाद प्रति व्यक्ति, जीवन प्रत्यशा सूचकांक, शिक्षा सूचकांक इत्यादि की गणना की जाने लगी थी। हजारों विश्वविद्यालय, करोड़ों स्कूल व कालेजों के द्वारा शिक्षा का प्रसार हो रहा था। साक्षरता एक अभियान के रुप में चलाई जाने लगी थी। महिला-पुरुषों को असुरक्षित यौन सम्बन्धों और बहुगामी विचारधारा के कारण एड्स भयानक रुप ले रहा था जो एक विश्वस्तरीय समस्या बन गयी थी। जिसके प्रति भी एक अभियान चलाया जाने लगा था। राज्यों के अलावा संयुक्त राष्ट्र संघ द्वारा भी सामाजिक दिवस के अनेक कार्यक्रम चलाये जा रहे थे।

जीवन के विभिन्न क्षेत्रों से जुड़े विश्व दिवसों का आयोजन व निर्धारण हो चुका था। जैसे-विश्व हास्य दिवस (1 जनवरी), विश्व उपभोकता अधिकार दिवस (15 मार्च), विश्व वानिकी दिवस (21 मार्च), विश्व मौसम विज्ञान दिवस (23 मार्च), विश्व रंगमंच दिवस (27 मार्च), विश्व स्वास्थ्य दिवस (7 अप्रैल), विश्व होमोफीलिया दिवस (17 अप्रैल), वर्ल्ड डे आफ एविएशन एण्ड कास्मोनाटिक्स (12 अप्रैल), विश्व विरासत दिवस (18 अप्रैल), विश्व पृथ्वी दिवस (22 अप्रैल), विश्व पुस्तक दिवस (23 अप्रैल), विश्व श्रमिक दिवस (1 मई), विश्व सूर्य दिवस (5 मई), विश्व प्रवासी पक्षी दिवस व रेड क्रास दिवस (8 मई), विश्व नर्स दिवस (13 मई), विश्व दूरसंचार दिवस (17 मई), विश्व तपेदिक (टी0 बी0) दिवस (24 मई), विश्व थियेटर दिवस (27 मई), विश्व धूम्रपान एवं तम्बाकू निषेध दिवस (31 मई), विश्व पर्यावरण दिवस (5 जून), विश्व मधुमेह (डायबीटिस) दिवस (27 जून), विश्व जनसंख्या दिवस (11 जुलाई), विश्व स्तनपान दिवस (1 अगस्त), विश्व शान्ति दिवस (6 अगस्त), विश्व युवक दिवस (14 अगस्त), विश्व फोटोग्राफी दिवस (19 अगस्त), विश्व साक्षरता दिवस (8 सितम्बर), विश्व भाईचारा दिवस (13 सितम्बर), विश्व वधिर दिवस (24 सितम्बर), विश्व पर्यटन दिवस (27 सितम्बर), विश्व प्रौढ़ दिवस एवं विश्व संगीत दिवस (1 अक्टूबर), विश्व प्राकृतिक दिवस (3 अक्टूबर), विश्व आवास दिवस एवं विश्व पशु कल्याण दिवस (4 अक्टूबर), विश्व पारिस्थितिक दिवस (5 अक्टूबर), विश्व शिक्षक दिवस (5 अक्टूबर) एवं विश्व प्राणी दिवस (6 अक्टूबर), विश्व डाक दिवस (9 अक्टूबर), विश्व मानसिक स्वास्थ्य दिवस (10 अक्टूबर), विश्व मानक दिवस (14 अक्टूबर), विश्व खाद्य दिवस (16 अक्टूबर), विश्व मितव्ययिता दिवस (28 अक्टूबर), विश्व छात्र दिवस (17 नवम्बर), विश्व व्यस्क दिवस (18 नवम्बर), विश्व मांसाहार रहित दिवस (25 नवम्बर), विश्व पर्यावरण संरक्षण दिवस (26 नवम्बर), विश्व एड्स दिवस (1 दिसम्बर), विश्व विकलांग दिवस (4 दिसम्बर), विश्व मानवाधिकार दिवस (10 दिसम्बर), विश्व बाल कोष दिवस (11 दिसम्बर)।

ब. भारत देश स्तर पर समाज की स्थिति

बुद्धावतार (567-487 ई0 पू0) से अन्तिम अवतार के अवतरण तक समाज की स्थिति भारत देश स्तर पर व्यापक अस्थिरता के उपरान्त स्थिरता को प्राप्त कर चुकी थी। परन्तु समाज पूर्ण रुप से निष्क्रिय हो राज्य पर निर्भर हो चुका था। इस स्थिति तक आने में जो काल क्रम थे वे संक्षिप्त रुप में निम्न प्रकार थे।

सन् 0001 ई0 से सन् 1000 ई0 का काल भारत के समाज के लिए विश्व की भाँति धर्म समर्थित राज्यों द्वारा साम्राज्यवादी काल होने के कारण इस काल में समाज अस्थिर रहा और समाज का विकास पूर्ण रुप से राजाओं के उपर निर्भर रहा। युद्धों से व्यक्तियों की मृत्यु तथा सांस्कृतिक रचनाओं का उत्थान पतन होता रहा। सन् 25 ई0 में गान्धार क्षेत्र में प्रथम बार गौतम बुद्ध का मानव रुप में निरुपण कर मूर्तियों का प्रारम्भ। सन् 200 ई0 के लगभग में महाभारत का संकलन। सन् 420 ई0 में कालीदास के संस्कृत भाषा का अद्वितीय नाटक "अभिज्ञान

शाकुन्तलम्" का प्रकाशन। सन् 440 ई0 में बिहार के नालन्दा जिले में विश्वविद्यालय की स्थापना। सन् 640 ई0 में चीनी यात्री ह्वेन सांग का बौद्ध ग्रन्थ अध्ययन के लिए 12 वर्षों की यात्रा। सन् 657 ई0 में महान गणितज्ञ ब्रह्म गुप्त ने शून्य की संकल्पना दी। सन् 760 ई0 में राष्ट्रकूट वंश (मध्य भारत) के राजा श्रीकृष्णा के आदेश पर एलोरा (महाराष्ट्र) में कैलाश मन्दिर का चट्टान द्वारा निर्माण। लगभग 900 ई0 में दक्षिण भारत के तमिलों का श्रीलंका में बसना प्रारम्भ। लगभग 950 ई0 में मध्य भारत में चंदेल वंश समृद्धता के शिखर पर पहुँचा। सन् 994 ई0 में तोमरों ने दिल्ली शहर की स्थापना की।

सन् 1000 ई0 से 1400 ई0 तक का काल भारत के लिए सांस्कृतिक अस्मिता का विलोप का काल थी। अरबों के हाथों सिन्ध के जाने के बावजूद भारत की संस्कृति पर इसका असर मामूली ही था। सिन्ध लम्बे अरसे तक अरबों की नवजागृत ज्ञान पिपासा की शान्ति का जरिया बना रहा। ज्ञान-विज्ञान के संस्कृत ग्रन्थ सबसे ज्यादा यहीं से अरबी में अनूदित होकर पहले मध्य एशिया में गये और फिर छन-छन कर उसका असर यूरोप पर भी पड़ा। तुर्क अफगान आँधी ने भी भारत के पश्चिमी हिस्से को लेकर भारत के गौरव गरिमा और संसाधनों से वंचित करके उसे कूप-मंडूकता की ओर ढकेला जिसके चलते यहाँ न तो यूरोपीय नवजागरण जैसी चीज की गुंजाइस बनीं और न ही यहाँ की मिट्टी में विज्ञान की कोपलें फूटी।

सन् 1018 ई0 में महमूद गजनी ने कन्नौज को नष्ट किया। सन् 1020 ई0 में चंदेल शासकों ने खजुराहो में कन्दरिया महादेव मन्दिर का निर्माण कराया। सन् 1024 ई0 में महमूद गजनी ने गुजरात स्थित सोमनाथ मन्दिर नष्ट कर अपार धन लूटा और 50,000 लोगों की हत्या की। सन् 1197 ई0 में बौद्ध धर्म से सम्बन्धित अध्ययनों के लिए प्रसिद्ध एवं प्रतिष्ठित नालन्दा के बौद्ध बिहार को अरबों ने नष्ट किया। तुर्कों ने नालन्दा विश्वविद्यालय नष्ट किया। सन् 1206 ई0 में कुतुबुद्दीन ऐबक ने कुतुबमीनार का निर्माण प्रारम्भ कराया। सन् 1203 ई0 में दक्षिण भारत में चिदाम्बरम मन्दिर का निर्माण। सन् 1336 ई0 में दक्षिण भारत में हरिहर और बुक्का ने विजय नगर राज्य की आधारशिला रखी। सन् 1398 ई0 में तैमूर लंग ने दिल्ली को लूटा और तहस-नहस किया।

सन् 1401 ई0 से 1757 ई0 के गुलामी के दौर की शुरुआत काल में प्रशासक शेरशाह की सामाजिक रणनीति ने भारतीय राजनीति में देशीपन पैदा किया। जिससे अकबर के रुप में भारतीय समाज की एक नई अस्मिता का उदय हुआ जिसमें मध्य एशियाई संस्कृति के भी श्रेष्ठ तत्व मौजूद थे। वहीं समानान्तर प्रक्रिया के तहत व्यापार के उद्देश्य से आये पुर्तगालियों, डचों, फ्रांसीसीयों और अंग्रेजों ने आर्थिक आधार दिये। सन् 1420-67 ई0 में कश्मीर के विद्वान राजा जैनुल आबेदीन कश्मीर से भाग रहे हिन्दुओं को रोका तथा हिन्दू धर्म को समुचित सम्मान दिया। सन् 1459-1511 ई0 में गुजरात के महान राजा सुल्तान महमूद बेगम ने पुर्तगाली सेना को दीव में एक कारखाना लगाने की अनुमति दी। सन् 1440-1518 ई0 में कबीर द्वारा अल्लाह और भगवान को एक बताते हुये धर्मों के कुरितियों पर कड़ा प्रहार। सन् 1469-1539 ई0 में गुरु नानक ने अपनी शिक्षा से लोगों को प्रभावित कर सिख धर्म की स्थापना की। सन् 1450 ई0 में शेरशाह सूरी ने लम्बी-लम्बी सड़कें व सराय बनवाये। सन् 1484 ई0 में सूरदास ने श्रीकृष्ण भक्ति को नया आयाम देकर अपनी रचनाओं में ब्रज, संस्कृत, अरबी और फारसी भाषा का प्रयोग किया। 1489 ई0 में वास्को डि गामा के भारत आगमन से पश्चिम का प्रादुर्भाव। सन् 1567-1614 ई0 में राजपूत घराने की मीराबाई ने श्रीकृष्ण भक्ति धारा को नया आयाम दिया। सन् 1572 ई0 में अकबर ने गैरमुस्लिमों पर से जजिया कर खत्म किया। सन् 1576 ई0 में अकबर ने फतेहपुर सीकरी (आगरा) का निर्माण कराया। सन् 1582 ई0 में अकबर ने विश्व के महानतम धर्मों के बारे में जानकारी एकत्र की और उनका अध्ययन किया और दीन-ए-इलाही नामक धर्म का प्रसार किया। सन् 1590 ई0 के गोलकुण्डा के सुल्तान कुली कुतुबशाह ने हैदराबाद शहर की आधारशिला रखी। सन् 1605 ई में सिखों के पवित्र धर्म स्थल स्वर्ण मन्दिर का अमृतसर में निर्माण। सन् 1611 ई0 में भारत के पूर्वी तट पर व्यापारिक बस्ती का निर्माण। सन् 1532-1623 ई0 में तुलसीदास द्वारा रामचरितमानस ग्रंथ व विनय पत्रिका की रचना। सन् 1632 ई0 से 1653 ई0 में मुगल सम्राट शाहजहाँ ने अपनी मृत पत्नी मुमताज महल की याद में ताजमहल बनवाया। सन् 1663 ई0 में अंग्रेजों ने बंगाल में व्यापारिक केन्द्र की स्थापना की। सन् 1639 ई0 में अंग्रेजों ने मद्रास में फैक्ट्री की स्थापना की। सन् 1632 में दक्कन में अकाल से 10

लाख लोगों की मृत्यु। सन् 1661 ई0 में जबरदस्त अकाल। सन् 1669 ई0 में मुगल सम्राट औरंगजेब ने नवनिर्मित हिन्दू मन्दिरों को तोड़ने का आदेश दिया। सन् 1674 ई0 में फ्रेंचों द्वारा पाण्डिचेरी की आधारशिला। सन् 1679 ई0 में मुगल सम्राट औरंगजेब ने गैर मुस्लिमों पर जजिया कर लागू किया। सन् 1686 ई0 में फ्रांसीसीयों ने चन्द्र नगर की स्थापना की। सन् 1690 ई0 में अंग्रेजों ने कलकत्ता शहर की आधारशिला रखी। सन् 1739 ई0 में नादिर शाह ने दिल्ली में नरसंहार, और कोहिनूर हीरा तथा मयूर सिंहासन को ईरान ले गया।

सन् 1758-1947 ई0 के काल में भारत का अंग्रेजों के अधीन होने से व्यापक निर्माण कार्य, नवजागरण, समाज में फैली कुरीतियों, अशिक्षा, धार्मिक रुढ़ियों के खिलाफ आन्दोलन हुये। सन् 1770 ई0 के बंगाल के भीषण अकाल में बंगाल के आधी आबादी रह गयी। सन् 1773 ई0 में कलकत्ता में सुप्रीम कोर्ट की स्थापना। सन् 1781 ई0 में अंग्रेजी गवर्नर जनरल वारेन हैस्टिंग्ज ने अरबी अध्ययन के लिए कलकत्ता में "कलकत्ता मदरसा" की स्थापना की। सन् 1792 ई0 में अंग्रेज रेजीमेंट जोनाथन डंकन द्वारा वाराणसी में संस्कृत कालेज की स्थापना। सन् 1793 ई0 में बंगाल में "स्थाई बन्दोबस्त" लागू। सन् 1829 ई0 में राजा राममोहन राय द्वारा ब्रह्म समाज की स्थापना और सती प्रथा का अन्त। सन् 1835 ई0 में मैकाले शिक्षा प्रस्ताव। सन् 1853 ई0 में बम्बई से थाना तक प्रथम रेल सेवा प्रारम्भ, कलकत्ता से आगरा तक टेलीग्राफ लाइन, सिविल सेवाओं के लिए परीक्षाओं का प्रारम्भ। सन् 1857 ई0 में दिल्ली, मुम्बई, कलकत्ता में विश्वविद्यालय की स्थापना। सन् 1875 ई0 में सैयद अहमद खाँ द्वारा अलीगढ़ में मुस्लिम विश्वविद्यालय की स्थापना। स्वामी दयानन्द द्वारा हिन्दू धर्म में व्याप्त कुरीतियों को दूर करने के लिए मुम्बई में आर्य समाज की स्थापना। सन् 1878 ई0 में दक्कन में अकाल से लगभग 50 लाख लोग मरे। सन् 1879 ई0 में थियोसोफिकल सोसाइटी बनीं। सन् 1857 ई0 में जमशेद जी टाटा ने नागपुर में एम्प्रेस काटन मिल खोली। सन् 1888 ई0 में इलाहाबाद विश्वविद्यालय की स्थापना। सन् 1898 ई0 में स्वामी विवेकानन्द द्वारा बेलूड़ में रामकृष्ण मिशन और मठ की स्थापना। सन् 1909 ई0 में मार्ले-मिन्टो सुधार। सन् 1912 ई0 में कलकत्ता से दिल्ली राजधानी का स्थानान्तरण। सन् 1913 ई0 में ब्रिटिश शासन द्वारा शैक्षिक सुधार प्रस्ताव। रवीन्द्रनाथ टैगोर को उनकी कृति "गीतांजलि" के लिए साहित्य का नोबेल पुरस्कार। सन् 1915 ई0 में गाँधी जी द्वारा सत्याग्रह आश्रम की कोचरब में स्थापना। ऐनी बेसेन्ट द्वारा मद्रास में होमरुल लीग की स्थापना। सन् 1916 ई0 में लोकमान्य गंगाधर तिलक द्वारा महाराष्ट्र में होमरुल लीग की स्थापना। पं0 मदन मोहन मालवीय द्वारा बनारस में हिन्दू विश्वविद्यालय की स्थापना। सन् 1919 ई0 में माण्टेग्यू-चेम्सफोर्ड सुधार। जालियांवाला बाग, अमृमसर में जनरल डायर द्वारा 2000 व्यक्तियों की हत्या। सन् 1924 ई0 में गुरुद्वारा सुधार आन्दोलन। सन् 1922 ई0 में चौरी-चौरा काण्ड। सन् 1930 ई0 में भारतीय भौतिक शास्त्री सी0 बी0 रमन को नोबेल पुरस्कार। सन् 1932 ई0 में पूना पैक्ट के द्वारा दलित जातियों का मामला सुलझाया गया। सन् 1947 ई0 में हिन्दू-मुस्लिम दंगे में लाखों व्यक्तियों की मृत्यु।

सन् 1948 ई0 से अन्तिम अवतार के अवतरण तक समाज के कार्य राज्य केन्द्रित हो गयी थी। सामाजिक विकास बहुमुखी दिशाओं में व्यापक रुप से हो रहा था परन्तु समाज अर्थात् व्यक्ति समूह की शक्ति शून्यावस्था को प्राप्त कर चुकी थी। सन् 1954 ई0 में भाखड़ा नागल बाँध का उद्घाटन। सन् 1955 ई0 में अश्पृश्यता अपराध घोषित। हिन्दू मैरिज एक्ट में सुधार द्वार महिला को समान अधिकार। सन् 1959 ई0 में दूरदर्शन की शुरुआत। सन् 1974 ई0 में लोकनायक जय प्रकाश नारायण द्वारा "सम्पूर्ण क्रान्ति" आन्दोलन। सन् 1979 ई0 में मदर टेरेसा को शान्ति का नोबेल पुरस्कार। सन् 1983 ई0 में भारतीय मूल के वैज्ञानिक डा0 एस0 चन्द्रशेखर को भौतिकी का नोबेल पुरस्कार। सन् 1984 ई0 में भोपाल में यूनियन कार्बाइड कारखाने में गैस रिसाव से हजारों मरे। इन्दिरा गाँधी की हत्या के बाद सिखों के विरुद्ध दंगा। सन् 1985 ई0 में खालिस्तान उग्रवादियों ने एयर इण्डिया जम्बो जेट विमान बम से उड़या। सन् 1990 ई0 में कश्मीर में आतंकवाद, आरक्षण के विरुद्ध प्रदर्शन, मन्दिर-मस्जिद विवाद। सन् 1991 ई0 में आर्थिक सुधार कार्यक्रम। सन् 1992 ई0 में अयोध्या में बाबरी मस्जिद विध्वंस के बाद दंगा। सन् 1993 ई0 के महाराष्ट्र के लातूर में भूकम्प से 30,000 लोगों की मृत्यु। सन् 1998 ई0 में अमत्र्य सेन को अर्थशास्त्र में नोबेल पुरस्कार। सन् 1999 ई0 में उड़ीसा में सबसे बड़े चक्रवात से लगभग 10,000 लोग मरे।

राज्य क्षेत्र में स्थिरता आने से सामाजिक विकास में गति आयी। परिणामस्वरुप जीवन का प्रत्येक क्षेत्र चरम विकास को प्राप्त होने लगा था। जो राष्ट्रीय स्तर के कला, साहित्य, समाजसेवा, पत्रकारिता, मनोरंजन, टी0 वी0, फिल्म्स्, खेल के क्षेत्रों में पुरस्कारों द्वारा प्रमाणित होने लगा था। राष्ट्रीय स्तर पर खेल प्रतियोगिता, सौन्दर्य प्रतियोगिता इत्यादि का आयोजन प्रारम्भ हो गया था। हिन्दी भारत की सरकारी भाषा बन चुकी थी जिसे सबसे बड़ी उपलब्धि माना जाने लगा था। अन्य भाषाओं में बंगाली, पंजाबी, तेलगू, तमिल, मराठी, उर्दू, गुजराती, कन्नड़, मलयालम, उड़िया, भोजपुरी इत्यादि का भी विकास हो चुका था। विश्व भाषा अंग्रेजी का भी प्रसार था। हिन्दी, बंगाली व तेलगु शीर्ष की भाषाएं बन चुकी थी। 179 विश्वविद्यालय, 39 विश्वविद्यालय स्तरीय संस्था, 11 राष्ट्रीय महत्व की संस्था, 34 शिक्षा बोर्ड, 65 अनुसंधान संस्थाएं, 7199 कला विज्ञान व वाणिज्य कालेज, 458 इंजिनियरिंग कालेज, 769 मेंडिकल कालेज, 848 शिक्षक प्रशिक्षण कालेज, 4379 पूर्व स्नातक जूनियर स्कूल, 26491 उच्चतर माध्यमिक स्कूल, 76230 हाईपोस्ट बेसिक स्कूल, 185506 मीडिल सीनियर बेसिक स्कूल, 610763 प्राथमिक जूनियर बेसिक स्कूल, 41788 पूर्व प्राथमिक स्कूल, 1270 शिक्षक प्रशिक्षण स्कूल, 1051 प्रौद्योगीकी संस्थान, 4159 तकनीकी औद्योगिकी आर्ट एण्ड क्राफ्ट स्कूलों द्वारा विभिन्न क्षेत्रों की शिक्षा दी जा रही थी। साथ ही साक्षरता अभियान भी चलाया जा रहा था। इसके अलावा स्वास्थ्य सुविधा, जन सुविधा, सड़क मार्ग, पुल, पेयजल, सिंचाई सुविधा, स्वास्थ्य एवं परिवार कल्याण कार्यक्रम इत्यादि भी उपलब्ध थी। लाखों की संख्या में पर्यटकों का आवागमन अन्य देशों से होने लगा था। 56 युवा छात्रावास भी उपलब्ध हो चुके थे। जो विभिन्न राज्यों में स्थित थे। अपराध के क्षेत्र में लगभग 37671 हत्या, 8035 डकैतीयां, 22705 लूट, 115097 सेंधमारी, 284985 चोरी, 92831 दंगे व 1148252 अन्य अपराध प्रतिवर्ष होने लगे थे। आत्महत्या में भी वृद्धि होने लगी थी। देश का सर्वोच्च सम्मान "भारत रत्न" के रुप में स्थापित था। भारत का 107 देशों से सांस्कृतिक करार भी हो चुका था।

जीवन के विभिन्न क्षेत्रों से जुड़े राष्ट्रीय दिवसों का आयोजन व निर्धारण होने लगा था। जिसमें स्वामी विवेकानन्द के जन्म दिवस को राष्ट्रीय युवा दिवस (12 जनवरी), आर्मी मेडिकल कोर दिवस (1 जनवरी), थल सेना दिवस (15 जनवरी), तटरक्षा दिवस (21 जनवरी), गणतन्त्र दिवस (26 जनवरी), शहीद दिवस, राष्ट्रीय कुष्ठ निवारण दिवस, राष्ट्रीय स्वच्छता दिवस (30 जनवरी), डाक जीवन बीमा दिवस (1 फरवरी), उत्पादकता दिवस (12 फरवरी), केन्द्रीय आबकारी दिवस (24 फरवरी), राष्ट्रीय विज्ञान दिवस (28 फरवरी), राष्ट्रीय डि-एडिक्शन दिवस (29 फरवरी), राष्ट्रीय सुरक्षा दिवस (4 मार्च), गज दिवस (13 मार्च), राष्ट्रीय प्रतिरक्षण दिवस (16 मार्च), समता दिवस (5 अप्रैल), जल संसाधन दिवस (10 अप्रैल), मानव एकता दिवस (24 अप्रैल), राष्ट्रीय प्रौद्योगिकी दिवस (11 मई), राष्ट्रीय टीकाकरण दिवस (16 मई), आतंकवाद विरोध बलिदान दिवस (21 मई), खेद दिवस (25 मई), पत्रकारिता दिवस (30 मई), पिता दिवस (21 जून), रक्तदान दिवस (23 जून), गरीब दिवस (28 जून), चिकित्सक दिवस (1 जुलाई), राष्ट्रीय झण्डा अंगीकरण दिवस (22 जुलाई), वन महोत्सव दिवस (28 जुलाई), मित्र दिवस (2 अगस्त), संस्कृत दिवस (8 अगस्त), स्वतन्त्रता दिवस (15 अगस्त) फुटबाल प्रेमी दिवस (17 अगस्त), सद्भावना दिवस (20 अगस्त), राष्ट्रीय खेल दिवस (29 अगस्त), गुट निरपेक्ष दिवस (1 सितम्बर), शिक्षक दिवस (5 सितम्बर), राष्ट्रीय पोषाहार सप्ताह (1-7 सितम्बर), क्षमा दिवस (7 सितम्बर), हिन्दी दिवस (14 सितम्बर), राष्ट्रीय हिन्दी सप्ताह (14-20 सितम्बर), अभियंता दिवस (15 सितम्बर), राष्ट्रीय गुलाब दिवस (22 सितम्बर), सामाजिक न्याय दिवस (25 सितम्बर), राष्ट्रीय स्वैच्छिक रक्तदान दिवस व वयोबृद्ध दिवस (1 अक्टूबर), राष्ट्रीय अखण्डता दिवस (4 अक्टूबर), वायुसेना दिवस (8 अक्टूबर), प्रादेशिक सेना दिवस (9 अक्टूबर), सफेद छड़ी दिवस (15 अक्टूबर), राष्ट्रीय एकता दिवस (20 अक्टूबर), सीमा सुरक्षा दिवस व पुलिस स्मरण दिवस (21 अक्टूबर), शिशु सुरक्षा दिवस (7 नवम्बर), विधिक सेवा दिवस (9 नवम्बर), परिवहन दिवस (10 नवम्बर), राष्ट्रीय पक्षी दिवस (12 नवम्बर), बाल दिवस (14 नवम्बर), राष्ट्रीय एन0 सी0 सी0 दिवस (24 नवम्बर), विधि दिवस (26 नवम्बर), राष्ट्रीय प्रदूषण दिवस (2 दिसम्बर), नौसेना दिवस (4 दिसम्बर), संविधान दिवस (5 दिसम्बर), राष्ट्रीय ऊर्जा संवर्धन दिवस (14 दिसम्बर), राष्ट्रीय धातुर्विज्ञान दिवस (18 दिसम्बर), किसान दिवस (23 दिसम्बर), केन्द्रीय आरक्षी पुलिस दिवस (28 दिसम्बर)

संस्थागत धार्मिक प्रचार-प्रसार, राजनीतिक दलों के किसान, मजदूर, विद्यार्थी, युवा, महिला इत्यादि प्रकोष्ठों, प्रकृति में व्याप्त तीन गुण-सत्व, रज एवं तम के आधार पर विभाजित मनुष्य का जन्म आाधारित जाति में अनेक विभाजन समाज को पूर्णतया खण्ड-खण्ड कर रखा था परिणामस्वरुप समाज का उपयोग राजनीतिक और धार्मिक-साम्प्रदायिक नेता अपने उद्देश्य के लिए करने में सक्षम हो चुके थे। मानव आधारित समाज, जाति आधारित संगठनों और उसके बाद मत आधारित संगठनों में बदल चुका था। राज्य केन्द्रीत समाज कार्य के लिए अनेक स्वयं सेवी संगठन थे परन्तु अधिकतर राज्य से प्राप्त सहायता से लाभ प्राप्त करने के मुख्य उद्देश्य पर केन्द्रीत थे। व्यक्ति समूह द्वारा कार्य करने के लिए लायन्स क्लब, रोटरी क्लब इत्यादि संस्थाएं व्यक्त हो चुकी थी। सम्पूर्ण समाज कार्य मूल रुप से सेवा, पर्यावरण, स्वच्छता, जागरण, स्वास्थ्य जैसी कार्यों पर ही केन्द्रित था। समाज कार्य में रचनात्मक कार्य का पूर्ण अभाव होने से स्वयं सेवी संगठनों की महत्ता तथा राज्य पर अनावश्यक जिम्मेदारियाँ बढ़ती जा रही थी। और समाज में व्याप्त जाति, राजनीति, संकीर्णता समाज को निष्क्रिय कर अन्य राज्य तथा धर्म क्षेत्र को भी अस्वस्थ कर चुकी थी। परिणामस्वरुप किसी भी मूल सामाजिक आवश्यकता के लिए समाज का आन्दोलित होना असम्भव सा होने लगा था। क्योंकि स्वचेतना न होने से अच्छे कार्यों के लिए भी आसानी से विरोधी तैयार किये जाने लगे थे।

स. अन्तर्राष्ट्रीय स्तर पर समाज की स्थिति

विश्व तथा भारत की भाँति प्रत्येक देश में सामाजिक विकास व समाज, राज्य केन्द्रित हो गया था। देशों के आपस में पर्यटकों के आवागमन, व्यापारिक आवागमन, शैक्षिक तकनीकी आदान-प्रदान इत्यादि से एक दूसरे देशों की संस्कृति को समझने तथा उनका सम्मान करने की भावना व जानने की इच्छा बढ़ रही थी जिसका आधार भाषा, रंगभेद, जाति, धर्म, वेश-भूषा, खान-पान से मुक्त होकर था। देशों के बीच सांस्कृतिक करार भी होने लगा था अर्थात् व्यक्ति समूह द्वारा समाज कार्य का स्वरुप पश्चिमी यूरोपीय संस्कृति में व्यापारिक और औद्योगिक संस्थाओं और स्वयंसेवी संगठन के माध्यम से हो रहा था तो पूर्वी भारतीय संस्कृति में पश्चिमी संस्कृति सहित धार्मिक संस्थाओं द्वारा सम्पन्न हो रहा था।

विज्ञान, कृषि, उद्योग, कला, साहित्य, पत्रकारिता, मनोरंजन, टी0वी0, फिल्म्स्, समाज सेवा इत्यादि के क्षेत्र में अन्तर्राष्ट्रीय प्रतियोगिता एवं पुरस्कार सम्मान प्रदान किये जाने लगे थे। जीवन के विभिन्न क्षेत्रों से जुड़े अन्तर्राष्ट्रीय दिवस का निर्धारण व आयोजन आयोजित होने लगे थे। अन्तर्राष्ट्रीय कस्टम एवं उत्पाद दिवस (25 जनवरी), संत वैलेन्टाइन प्रेम दिवस (14 फरवरी), अन्तर्राष्ट्रीय महिला दिवस (8 मार्च), अन्तर्राष्ट्रीय रंगभेद उन्मूलन दिवस (21 मार्च), अन्तर्राष्ट्रीय ऊर्जा दिवस एवं अन्तर्राष्ट्रीय प्रेस स्वतन्त्रता दिवस (4 मई), अन्तर्राष्ट्रीय परिवार दिवस (15 मई), अन्तर्राष्ट्रीय तिब्बत छोड़ो दिवस (23 मई), राष्ट्र मण्डल दिवस (24 मई), अन्तर्राष्ट्रीय ओलम्पिक दिवस (6 जून), अंटार्कटिका दिवस (21 जून), अन्तर्राष्ट्रीय विधवा दिवस (23 जून), महात्मा गांधी के जन्म दिवस पर अन्तर्राष्ट्रीय अहिंसा दिवस (2 अक्टूबर), अन्तर्राष्ट्रीय प्राकृतिक आपदा रोकथाम दिवस (14 अक्टूबर), अन्तर्राष्ट्रीय नागरिक दिवस (19 नवम्बर), दक्षिण एशियाई क्षेत्रीय संगठन दिवस (8 दिसम्बर) इत्यादि।

द. राज्य स्तर पर समाज की स्थिति

य. भारतीय समाज स्तर पर समाज की स्थिति

र. भारतीय परिवार स्तर पर समाज की स्थिति

ल. भारतीय व्यक्ति स्तर पर समाज की स्थिति

(यह पुस्तक बड़ी ना हो इसलिए इस भाग के विस्तार के लिए विश्वशास्त्र अध्याय - एक देखें)

6. परिवार की स्थिति

बुद्धावतार (567-487 ई0 पू0) से अन्तिम अवतार के अवतरण तक परिवार की स्थिति विभिन्न स्तरों पर निम्न प्रकार थी।

अ. विश्व स्तर पर परिवार की स्थिति
ब. भारत देश स्तर पर परिवार की स्थिति
स. अन्तर्राष्ट्रीय स्तर पर परिवार की स्थिति
द. राज्य अर्थात् शासन पर परिवार की स्थिति
य. भारतीय समाज पर परिवार की स्थिति
र. भारतीय परिवार पर परिवार की स्थिति
ल. भारतीय व्यक्ति पर परिवार की स्थिति

परिवार अर्थात् संयुक्त दायित्व और संयुक्त सम्पत्ति पर आधारित रक्त समबन्धों का एकल या संयुक्त समूह। परिवार की स्थिति विभिन्न स्तरों पर निम्न प्रकार थी।

अ. विश्व स्तर पर परिवार की स्थिति

बुद्धावतार (567-487 ई0 पू0) से अन्तिम अवतार के अवतरण तक विश्व स्तर पर परिवार की स्थिति पूर्ण रुप से टूटकर बिखर चुकी थी। जिससे अनेक समस्याओं का जन्म हो चुका था। परिणामस्वरुप परिवार के महत्व की ओर विचार व शोध प्रारम्भ हो चुका था। औद्योगिक समाज के बाद, उपभोक्तावाद फिर बाजारवाद से युक्त परिवार एवं एकल परिवार पूर्ण रुप से टुट चुका था। जिसके फलस्वरुप पीड़ित महिला परामर्श केन्द्र, वृद्धाश्रम, क्रेच होम, वीमेन्स लीव, आफ्टर केयर होम जैसी संस्थाओं और एड्स जैसी भयंकर बीमारी का जन्म हो चुका था। जो निर्बाध गति से बढ़ती जा रही थी।

ब. भारत देश स्तर पर परिवार की स्थिति

भारत देश स्तर पर परिवार की स्थिति विश्व स्तर पर स्थिति की भाँति ही थी। बस अन्तर यह था कि विश्व परिवार की महत्ता पर विचार कर अपनाने की ओर मुड़ चुका था जबकि भारत का संयुक्त परिवार पूर्ण रुप से लगभग टूट चुका था। तथा एकल परिवार भी टूटना प्रारम्भ कर चुका था। भारत देश में औद्योगिक समाज के बाद उपभोक्तावाद और बाजारवाद तथा विज्ञान के आविष्कारों से व्यक्त संसाधनों ने परिवार के सदस्यों को भौतिकवादी और संकीर्ण विचारों में कैद कर प्रेम और वफादारी का गला पूर्ण रुप से घोंट चुका था। परिणामस्वरुप पहले संयुक्त परिवार का एकल परिवार में टूटना, फिर पति-पत्नी में अलगाववाद, हिंसा, बलात्कार, नव धनाढ़यों द्वारा अत्याचार, आपा-धापी, गला काट प्रतिद्वन्द्विता, भ्रष्टाचार, घोटाले और इन सबसे प्रभावित होकर राजनीतिक अस्थिरता और सामाजिक अराजकता की स्थितियां बढ़ रही थी।

स. अन्तर्राष्ट्रीय स्तर पर परिवार की स्थिति

अन्तर्राष्ट्रीय स्तर पर परिवार की महत्ता और आवश्यकता को समझा जाने लगा था। जो सन् 1999 में वाशिंगटन (अमेरिका) के सड़कों पर इस प्रदर्शन से स्पष्ट होता है। अमेरिका, चीन, कोरिया, वियतनाम, फ्रांस, जर्मनी, स्वीटजरलैण्ड अफ्रीका मूल के युवक-युवतियों की अपार भीड़ विवाह के अटूट बन्धन, एक जीवन साथी के प्रति वफादारी और समाज को बचाने के लिए परिवार भावना को पुनर्जिवित करने की आवाज बुलन्द कर रहे थे। अति सम्पन्नता से डूबे और यौन स्वच्छंदता के परिणामों से चिंतित लाखों लोग विवाह, परिवार जैसी पारम्परिक

व्यवस्था की ओर लौटने के लिए उतावले हो उठे थे। "एड्स" जैसी भयंकर बीमारी ने भी उन्हें वैवाहिक बन्धन और परिवारवाद की ओर आने के लिए विवश किया था। इसे सामाजिक आवश्यकता मानकर कुछ बड़े प्रकाशन समूह और चर्च भी लोगों को इस ओर प्रेरित कर रहे थे।

द. राज्य स्तर पर परिवार की स्थिति

राज्य स्तर पर परिवार की महत्ता अभी अपना प्रभाव नहीं डाल पायी थी। राज्य, परिवार को सामाजिक-साम्प्रदायिक इकाई के रुप में ही मानता था। जबकि राज्य द्वारा परिवार को राज्य की सबसे छोटी इकाई के रुप में स्थापित कर देने से राज्य तथा समाज की बढ़ती समस्याओं से राज्य के कर्तव्य और दायित्व में कमी आना निश्चित था। राज्य द्वारा परिवारवाद को बढ़ावा देने के लिए कोई कदम भी नहीं उठाये जा रहे थे।

य. भारतीय समाज स्तर पर परिवार की स्थिति

भारतीय समाज स्तर पर परिवार की स्थिति औद्योगिक समाज, उपभोक्तावाद तथा बाजारवाद के कारण टूटने की ओर बढ़ रहा था। संयुक्त परिवार लगभग पूर्ण रुप से टूट चुका था जबकि एकल परिवार भी टुटना प्रारम्भ हो चुका था। परिणामस्वरुप समाज स्वयं कमजोर होकर अनेक सामाजिक समस्याओं को जन्म देने लगा था। जबकि परिवारवाद को बढ़ावा देकर समाज गठन सहित अन्तर्राष्ट्रीय स्तर का परिवार गठन किया जा सकता था।

र. भारतीय परिवार स्तर पर परिवार की स्थिति

भारतीय परिवार स्तर पर परिवार की स्थिति औद्योगिक समाज, उपभोक्तावाद, बाजारवाद, भौतिकतावाद के भारतीय परिवारों में विवशतावश प्रवेश से संयुक्त परिवार पूर्ण रुप से टूट चुका था। तथा एकल परिवार तनावग्रस्त होकर टूटने की ओर कदम बढ़ा रहा था। सार्वाधिक परिवर्तन के इस काल में पुरानी पीढ़ी और नयी पीढ़ी की मानसिकता में बहुत अधिक अन्तर ने नई पीढ़ी को महत्वाकांक्षी, चिड़चिड़ा, तीव्र गति से अल्प समय में विकास की इच्छा, बाहरी स्वतन्त्रता इत्यादि की ओर तो पुरानी पीढ़ी को नेतृत्व खोने का दुःख, उपेक्षा, रुढ़िवादी, अवमानना, व्यक्तिवादी, शासक प्रवृत्ति, विचारों के प्रति कट्टरता को व्यक्त कर चुका था। एकल परिवार में पति-पत्नी के बीच सामंजस्य, स्वतन्त्रता, प्रेम, समर्पण, विश्वास, कर्तव्य दायित्व का अभाव बढ़ने से एकल परिवार भी टूटने की ओर बढ़ रहा था। जिसका प्रभाव अधिकतर भौतिकवादी प्रभावी क्षेत्र-शहरी क्षेत्रों में ही व्यक्त हो रहा था। जो ग्रामीण क्षेत्रों में भी प्रवेश की ओर बढ़ गया था।

ल. भारतीय व्यक्ति स्तर पर परिवार की स्थिति

भारतीय व्यक्ति स्तर पर परिवार की स्थिति औद्योगिक समाज, उपभोक्तावाद, बाजारवाद, भौतिकतावाद के व्यक्ति में विवशतावश प्रवेश से व्यक्ति परिवार से दूर होता जा रहा था। ग्रामीण क्षेत्रों में व्यक्ति पारिवारिक नेतृत्व के विवशतावश परिवार में प्रवेश कर रहा था तो शहरी क्षेत्रों में पारिवारिक समस्याओं का हल करने की क्षमता प्राप्त कर लेने के उपरान्त पुरुष वर्ग पारिवारिक समस्याओं से बचने के लिए स्वतन्त्र रहना चाहता था तो नारी वर्ग पुरुषों के गुलामी पसन्द होने के कारण। जबकि नारी और पुरुष वर्ग के बीच सामंजस्य से एक दूसरे के प्रति सम्मान तथा एकल परिवार की स्वस्थता सहित संयुक्त परिवार में रहने से अनेक समस्याओं को हल किया जा सकता है।

7. व्यक्ति की स्थिति

बुद्धावतार (567-487 ई0 पू0) से अन्तिम अवतार के अवतरण तक व्यक्ति की स्थिति विभिन्न स्तरों पर निम्न प्रकार थी।

अ. विश्व स्तर पर व्यक्ति की स्थिति
ब. भारत देश स्तर पर व्यक्ति की स्थिति
स. अन्तर्राष्ट्रीय स्तर पर व्यक्ति की स्थिति
द. राज्य अर्थात् शासन पर व्यक्ति की स्थिति
य. भारतीय समाज पर व्यक्ति की स्थिति
र. भारतीय परिवार पर व्यक्ति की स्थिति
ल. भारतीय व्यक्ति पर व्यक्ति की स्थिति

अ. विश्व स्तर पर व्यक्ति की स्थिति

बुद्धावतार (567-487 ई0 पू0) से अन्तिम अवतार के अवतरण तक व्यापक परिवर्तन वाले काल में व्यक्ति की विश्व स्तर पर स्थिति व्यक्ति के शारीरिक, आर्थिक एवं मानसिक प्राथमिक क्षमता के आधार पर स्थापित हो चुकी थी।

शारीरिक क्षमता के लिए ओलम्पिक, विश्व कप, मैराथन जैसे आयोजन आयोजित होने लगे थे। जिसमें- तीरंदाजी, एथलेटिक्स, बैडमिन्टन, बेसबाल, बास्केटबाल, बाक्सिंग, कैनोइंग, साइक्लिंग, घुड़सवारी, फेन्सिंग, फुटबाल, जिमनास्टिक, हैण्डबाल, हाकी, जूडो, पेंटाथलान, रोइंग, शूटिंग, साफ्ट बाल, तैराकी, टेबल टेनिस, ट्रायथलान, ताइक्कांडो, टेनिस, वालीवाल, भारोत्तोलन, याचिंग, क्रिकेट, दौड़, गोल्फ, वाटर पोलो, पोलो, शतरंज, गीत-संगीत इत्यादि थे।

आर्थिक क्षमता के लिए विश्व स्तर पर अर्थ शक्ति से युक्त व्यक्तियों की सूची बनायी जाने लगी थी। जिसमें तीव्रता का क्रम-शारीरिक, आर्थिक व मानसिक प्राथमिक आधार के रुप में व्यक्त हो चुका था।

मानसिक क्षमता के क्षेत्र में-साहित्य, राजनीति, सामाजिक कार्य, विचार, ज्ञान, विज्ञान, तकनीकी, सूचना तकनीकी, योजना, पत्रकारिता, फिल्म निर्माण इत्यादि अनेक क्षेत्र थे।

विश्व स्तर पर व्यक्तियों के क्षमताओं के लिए "गिनीज / लिम्का बुक आफ वल्र्ड रेकार्ड" नामक पुस्तक तथा शारीरिक क्षेत्र में अनेक विश्व स्तरीय पुरस्कारों सहित साहित्य, चिकित्सा, रसायन विज्ञान, भौतिक विज्ञान, अर्थशास्त्र एवं शान्ति के क्षेत्र में विश्व का सर्वोच्च नोबेल पुरस्कार प्रदान किया जाने लगा था। संयुक्त राष्ट्र संघ द्वारा भी अनेक पुरस्कार विभिन्न क्षेत्रों में विश्व स्तरीय कार्यों के लिए प्रदान किया जाता था।

ब. भारत देश स्तर पर व्यक्ति की स्थिति

भारत देश स्तर पर व्यक्ति की स्थिति भी विश्व स्तर पर व्यक्ति की स्थिति की भाँति शारीरिक, आर्थिक एवं मानसिक प्राथमिक क्षमता के आधार पर स्थापित हो चुकी थी। परन्तु जीवन के प्रत्येक क्षेत्र में राजनीति के प्रवेश से इन क्षमताओं के साथ अवसर प्रदान करने के लिए जाति, सम्प्रदाय, पारिवारिक इतिहास, भ्रष्टाचार, सम्बन्ध व सम्पर्क जैसी विषयों का भी योगदान जुड़ चुका था। परिणामस्वरुप योग्य व्यक्ति को अवसर प्राप्त करने में कठिनाई तथा अयोग्य को अवसर मिलने पर क्षमता का सफल प्रदर्शन करने व न कर पाने की स्थिति पैदा हो चुकी थी। भारत से प्रतिभा पलायन का कारण भी योग्यता के साथ जुड़े ये विषय बन चुके थे।

भारत देश स्तर पर-विज्ञान, कृषि, उद्योग, कला, साहित्य, पत्रकारिता, संसदीय, मनोरंजन, टी0 वी0 व फिल्म, समाजसेवा, रक्षा एवं खेल के क्षेत्र में अनेकों पुरस्कार सहित देश का सर्वोच्च भारत रत्न पुरस्कार प्रदान किया जाने लगा था। भारत के राज्यों द्वारा भी इन क्षेत्रों में पुरस्कार प्रदान किये जाने लगे थे।

स. अन्तर्राष्ट्रीय स्तर पर व्यक्ति की स्थिति

अन्तर्राष्ट्रीय स्तर पर व्यक्ति की स्थिति भी विश्व स्तर पर व्यक्ति की स्थिति की भाँति शारिरिक, आर्थिक एवं मानसिक प्राथमिक क्षमता के आधार पर स्थापित हो चुकी थी।

अन्तर्राष्ट्रीय स्तर पर विज्ञान, कृषि, उद्योग, कला, साहित्य, पत्रकारिता, मनोरंजन व टी0 वी0, फिल्म्स्, समाज सेवा, रक्षा एवं खेल के क्षेत्र में अनेको पुरस्कार प्रदान किये जाने लगे थे। खेल के क्षेत्र में रोइंग, शूटिंग, साफ्ट बाल, तैराकी, टेबल टेनिस, ट्रायथलान, ताइक्वांडो, टेनिस, वालीवाल, भारोत्तोलन, याचिंग, क्रिकेट, दौड़, गोल्फ, वाटर पोलो, पोलो, शतरंज के क्षेत्र में अनेकों अन्तर्राष्ट्रीय प्रतियोगिता सहित एशियाई खेल एव राष्ट्रमण्डल खेल प्रतियोगिता आयोजित होने लगे थे।

द. राज्य स्तर पर व्यक्ति की स्थिति

राज्य स्तर पर व्यक्ति की स्थिति भी विश्व स्तर पर व्यक्ति की स्थिति की भाँति शारीरिक, आर्थिक एवं मानसिक मूल विषय पर आधारित क्षमता एवं लोकप्रियता, व्यक्तित्व, चरित्र, कर्मठता, न्यायप्रियता, शासकीय गुण, नेतृत्व गुण, वचन बद्धता, इत्यादि पर आधारित हो गयी थी जो सभी व्यक्तियों के लिए वेशभूषा, संस्कृति, भाषा इत्यादि से मुक्त होकर समान अवसर उपलब्ध कराती थी।

य. भारतीय समाज स्तर पर व्यक्ति की स्थिति

भारतीय समाज स्तर पर व्यक्ति की स्थिति राज्य स्तर पर व्यक्ति की स्थिति की भाँति शारीरिक, आर्थिक एवं मानसिक मूल विषय पर आधारित क्षमता एवं लोकप्रियता, व्यक्तित्व, चरित्र, कर्मठता, न्यायप्रियता, शासकीय गुण, नेतृत्व गुण, वचन बद्धता, इत्यादि पर आधारित हो गयी थी जो सभी व्यक्तियों के लिए वेशभूषा, संस्कृति, भाषा इत्यादि से मुक्त होकर समान अवसर उपलब्ध कराती थी परन्तु मूल्यांकन की दृष्टि प्राथमिक रुप में शारीरिक, द्वितीयक रुप में आर्थिक तथा तृतीय रुप में मानसिक एवं अन्य गुणों का मूल्यांकन सबसे अन्त में किया जाने लगा था।

र. भारतीय परिवार स्तर पर व्यक्ति की स्थिति

भारतीय परिवार स्तर पर व्यक्ति की स्थिति राज्य स्तर पर व्यक्ति की स्थिति की भाँति शारीरिक, आर्थिक एवं मानसिक मूल विषय पर आधारित क्षमता एवं लोकप्रियता, व्यक्तित्व, चरित्र, कर्मठता, न्यायप्रियता, शासकीय गुण, नेतृत्व गुण, वचन बद्धता, इत्यादि पर आधारित हो गयी थी जो सभी व्यक्तियों के लिए वेशभूषा, संस्कृति, भाषा इत्यादि से मुक्त होकर समान अवसर उपलब्ध कराती थी परन्तु मूल्यांकन की दृष्टि प्राथमिक रुप में शारीरिक, द्वितीयक रुप में आर्थिक तथा तृतीय रुप में मानसिक एवं अन्य गुणों का मूल्यांकन सबसे अन्त में किया जाने लगा था।

ल. भारतीय व्यक्ति स्तर पर व्यक्ति की स्थिति

भारतीय व्यक्ति स्तर पर व्यक्ति की स्थिति राज्य स्तर पर व्यक्ति की स्थिति की भाँति शारीरिक, आर्थिक एवं मानसिक मूल विषय पर आधारित क्षमता एवं लोकप्रियता, व्यक्तित्व, चरित्र, कर्मठता, न्यायप्रियता, शासकीय गुण, नेतृत्व गुण, वचन बद्धता, इत्यादि पर आधारित हो गयी थी जो सभी व्यक्तियों के लिए वेशभूषा,

संस्कृति, भाषा इत्यादि से मुक्त होकर समान अवसर उपलब्ध कराती थी परन्तु मूल्यांकन की दृष्टि-"व्यक्तिगत दृष्टि एक, व्यक्ति अनेक" और "व्यक्ति एक, व्यक्तिगत दृष्टि अनेक" पर आधारित थी। इसलिए भारतीय व्यक्ति का स्थिर चरित्र व्यवहार से जान पाना असम्भव हो गया था इसे सिर्फ कर्मों से ही जाना जा सकता था।

भारतीय व्यक्ति, व्यक्ति के वास्तविक रुप अर्थात् विश्व के वर्तमान स्थिति और परिणाम के ज्ञान और "सार्वजनिक दृष्टि एक, व्यक्ति एक या अनेक" युक्त व्यक्ति से बहुत अधिक पीछे चल रहा था। फलस्वरुप वह स्वयं को वर्तमान और वास्तविक व्यक्ति को भविष्य का समझने लगा था। जबकि वास्तविक व्यक्ति, वर्तमान का व्यक्ति और वह स्वयं भूतकाल का व्यक्ति हो चुका था। इस स्थिति में भारतीय व्यक्ति जो थोड़ी सी सफलता प्राप्त कर लेते थे वे दूसरों से उतनी ही सफलता की उम्मीद नहीं करते थे वे सारे संसार को असफल होने का निर्णय सुना देते थे। तथा वे भारतीय व्यक्ति जो सफलता-असफलता की दौड़ में शामिल भी नहीं होते थे वे स्वयं को क्या करना चाहिए के वजाय दूसरों को ही देखने में और मूल्यांकन करने में समय नष्ट कर रहे थे। स्वयं को देखने में भारतीय व्यक्ति की दृष्टि-प्रथम-शारीरिक, द्वितीय-मानसिक, तृतीय-आर्थिक तथा शेष अन्य गुण अन्त में थी। दूसरे व्यक्ति को देखने में भारतीय व्यक्ति की दृष्टि-प्रथम-शारीरिक, द्वितीय-आर्थिक, तृतीय-मानसिक तथा शेष अन्य गुण अन्त में थे। जबकि सफलता प्राप्त कर चुके व्यक्ति को भाग्य की बात कहकर छोड़ देते थे। असफल व्यक्ति के ज्ञान और कर्म की ओर उसका ध्यान ही नहीं जाता था परिणामस्वरुप ठीक वैसे ही संघर्ष कर रहे व्यक्ति चाहे उसके साथ ही क्यों न रहता हो, को पहचानने की क्षमता नहीं थी।

जबकि वास्तविक व्यक्ति अर्थात् विश्व के वर्तमान स्थिति और परिणाम के ज्ञान और "सार्वजनिक दृष्टि एक, व्यक्ति एक या अनेक" की दृष्टि से युक्त व्यक्ति की दृष्टि-प्रथम-मानसिक एवं शेष गुण, द्वितीय-शारीरिक, तृतीय-आर्थिक होते हैं।

विष्णु के दसवें और अन्तिम अवतार के समय स्थिति के विकास की स्थिति

राज्य, विज्ञान, धर्म, व्यापार, समाज, परिवार और व्यक्ति

के

विभिन्न स्तरों

विश्व, भारत, अन्तर्राष्ट्रीय, राज्य, समाज, परिवार, व्यक्ति स्तरों पर

स्थिति दोनों दिशाओं

विकास और विनाश

में तेज गति से

विकास का रही थी।

ब. परिणाम

01. राज्य अर्थात् शासन का परिणाम

अ. विश्व स्तर पर राज्य अर्थात् शासन का परिणाम
ब. भारत देश स्तर पर शासन अर्थात् राज्य का परिणाम
स. अन्तर्राष्ट्रीय स्तर पर राज्य अर्थात् शासन का परिणाम
द. राज्य अर्थात् शासन स्तर पर राज्य अर्थात् शासन का परिणाम
य. भारतीय समाज स्तर पर राज्य अर्थात् शासन का परिणाम
र. भारतीय परिवार स्तर पर राज्य अर्थात् शासन का परिणाम
ल. भारतीय व्यक्ति स्तर पर राज्य अर्थात् शासन का परिणाम

02. विज्ञान का परिणाम

अ. विश्व स्तर पर विज्ञान का परिणाम
ब. भारत देश स्तर पर विज्ञान का परिणाम
स. अन्तर्राष्ट्रीय स्तर पर विज्ञान का परिणाम
द. राज्य अर्थात् शासन स्तर पर विज्ञान का परिणाम
य. भारतीय समाज स्तर पर विज्ञान का परिणाम
र. भारतीय परिवार स्तर पर विज्ञान का परिणाम
ल. भारतीय व्यक्ति स्तर पर विज्ञान का परिणाम

03. धर्म का परिणाम

अ. विश्व स्तर पर धर्म का परिणाम
ब. भारत देश स्तर पर धर्म का परिणाम
स. अन्तर्राष्ट्रीय स्तर पर धर्म का परिणाम
द. राज्य अर्थात् शासन स्तर पर धर्म का परिणाम
य. भारतीय समाज स्तर पर धर्म का परिणाम
र. भारतीय परिवार स्तर पर धर्म का परिणाम
ल. भारतीय व्यक्ति स्तर पर धर्म का परिणाम

04. व्यापार का परिणाम

अ. विश्व स्तर पर व्यापार का परिणाम
ब. भारत देश स्तर पर व्यापार का परिणाम
स. अन्तर्राष्ट्रीय स्तर पर व्यापार का परिणाम
द. राज्य अर्थात् शासन स्तर पर व्यापार का परिणाम
य. भारतीय समाज स्तर पर व्यापार का परिणाम
र. भारतीय परिवार स्तर पर व्यापार का परिणाम
ल. भारतीय व्यक्ति स्तर पर व्यापार का परिणाम

05. समाज का परिणाम

अ. विश्व स्तर पर समाज का परिणाम
ब. भारत देश स्तर पर समाज का परिणाम
स. अन्तर्राष्ट्रीय स्तर पर समाज का परिणाम
द. राज्य अर्थात् शासन स्तर पर समाज का परिणाम
य. भारतीय समाज स्तर पर समाज का परिणाम
र. भारतीय परिवार स्तर पर समाज का परिणाम
ल. भारतीय व्यक्ति स्तर पर समाज का परिणाम

06. परिवार का परिणाम

अ. विश्व स्तर पर परिवार का परिणाम
ब. भारत देश स्तर पर परिवार का परिणाम
स. अन्तर्राष्ट्रीय स्तर पर परिवार का परिणाम
द. राज्य अर्थात् शासन स्तर पर परिवार का परिणाम
य. भारतीय समाज स्तर पर परिवार का परिणाम
र. भारतीय परिवार स्तर पर परिवार का परिणाम
ल. भारतीय व्यक्ति स्तर पर परिवार का परिणाम

07. व्यक्ति का परिणाम

अ. विश्व स्तर पर व्यक्ति का परिणाम
ब. भारत देश स्तर पर व्यक्ति का परिणाम
स. अन्तर्राष्ट्रीय स्तर पर व्यक्ति का परिणाम
द. राज्य अर्थात् शासन स्तर पर व्यक्ति का परिणाम
य. भारतीय समाज स्तर पर व्यक्ति का परिणाम
र. भारतीय परिवार स्तर पर व्यक्ति का परिणाम
ल. भारतीय व्यक्ति स्तर पर व्यक्ति का परिणाम

स्थिति के विकास का परिणाम
विज्ञान का राज्य और धर्म पर प्रभाव
ब्रह्माण्डीय स्थिति और परिणाम
विश्व के समक्ष भारत की स्थिति और परिणाम
दृश्य पदार्थ विज्ञान और अदृश्य आध्यात्म विज्ञान-स्थिति एवं परिणाम
सार्वभौम एकीकरण-स्थिति एवं परिणाम

01. राज्य अर्थात् शासन का परिणाम

अन्तिम कल्कि अवतार के अवतरण / प्रकट होने तक राज्य अर्थात् शासन का परिणाम विभिन्न स्तरों पर निम्न रुप में व्यक्त हो चुकी थी।

अ. विश्व स्तर पर राज्य अर्थात् शासन का परिणाम
ब. भारत देश स्तर पर राज्य अर्थात् शासन का परिणाम
स. अन्तर्राष्ट्रीय स्तर पर राज्य अर्थात् शासन का परिणाम
द. राज्य स्तर पर राज्य अर्थात् शासन का परिणाम
य. भारतीय समाज स्तर पर राज्य अर्थात् शासन का परिणाम
र. भारतीय परिवार स्तर पर राज्य अर्थात् शासन का परिणाम
ल. भारतीय व्यक्ति स्तर पर राज्य अर्थात् शासन का परिणाम

अ. विश्व स्तर पर राज्य अथवा शासन का परिणाम

विश्व स्तर पर राज्य अर्थात् शासन ने निम्न सिद्धान्तों को सार्वजनिक प्रमाणिक रुप से विवादमुक्त कर दिया था।

1. शासन प्रणाली में लोकतन्त्र ही सार्वाधिक उपयुक्त और अन्तिम सत्य प्रणाली।
2. लोकतन्त्र का वर्तमान प्रबन्ध, ब्रह्माण्डीय प्रबन्ध और छठें अंशावतार परशुराम द्वारा दी गयी व्यवस्था के रुप की ही ओर अग्रसर और उसे स्वीकार कर उस अनुसार प्रबन्ध करना विवशता।
3. लोकतन्त्र के सत्य स्वरुप के लिए प्रबन्ध का सत्य रुप, संचालन के लिए संचालक का सत्य नियम रुप अर्थात् संविधान, नियन्त्रण के लिए नियन्त्रक का सत्य नियम रुप तथा विश्व मानव निर्माण के लिए शिक्षा का सत्य रुप की आवश्यकता।
4. विश्व में मूलतः चार प्रकार के गुण मानव जाति में उपलब्ध-1. त्यागी, दूरदृष्टि, सर्वमंगलाकांक्षी, जन कल्याणी, मानवतावादी, बन्धुत्व गुण से युक्त मानव 2. वीरता, शारीरिक बल और सक्रियता से युक्त मानव 3. सक्रियता और इन्द्रिय इच्छा से युक्त मानव 4. इन्द्रिय इच्छा से युक्त मानव। जिन्हें ही भारतीय दर्शन ने क्रमशः सत्व, रज, रज और तम तथा तम गुण कहा और धारण करने वाले मानव को ब्राह्मण, क्षत्रिय, वैश्य व शूद्र कहा।
5. व्यवस्था में जब सत्व, रज और तम गुणों में से कोई दो का प्रभाव अधिक होता है तो तो सत्व गुण अपना हस्तक्षेप करता है और नियन्त्रित करता है।
6. लोकतन्त्र और व्यक्ति प्रबन्ध, क्रियाकलाप में प्रकृति और ब्रह्माण्ड प्रबन्ध और क्रियाकलाप का मार्गदर्शन विवशता क्योंकि मनुष्य की सोच ब्रह्माण्डीय प्रबन्ध और क्रियाकलाप से उपर नहीं जा सकती और वह व्यक्ति के शरीर माध्यम से ही व्यक्त होता है। सम्पूर्ण विश्व में लोकतन्त्र और क्रियाकलाप का सत्य रुप का स्वभावतः व्यक्त होना उसका उदाहरण।
7. विश्व चेतना अर्थात् सत्य चेतना का स्वरुप-भूतकाल का अनुभव, भविष्य की आवश्यकतानुसार वर्तमान में कार्य करना है जो स्वभावतः सम्पूर्ण विश्व की एकात्म कार्यप्रणाली से व्यक्त है। इस पर आधारित हो कार्य करना चेतना से युक्त सत्य कार्य प्रणाली, ध्यान देना ध्यान का सत्य रुप, जुड़े रहना योग का सत्य रुप है।
8. लोकतन्त्र शासन प्रणाली का धर्म वही हैं जो समाज के ज्ञान, कर्म, शारीरिक, आर्थिक और मानसिक विकास से सम्बन्धित है न कि रहन-सहन, वेश-भूषा, आचार-व्यवहार, उपासना पद्धति, खान-पान से

सम्बन्धित है। स्वभावतः लोकतन्त्र शासन प्रणाली से धर्म के सत्य रुप को अपनाना और सम्प्रदाय रुप को त्याग देना हुआ जो सम्पूर्ण विश्व के देशों और विश्व के द्वारा व्यक्त है।

9. नियन्त्रण करने की सलाह के लिए ब्राह्मण गुरु आवश्यक। क्षत्रिय गुण पर सलाह और समझ से नियन्त्रण तथा वैश्य व शूद्र गुण पर नियम, कानून व शक्ति के प्रयोग से ही नियन्त्रण सम्भव।
10. सम्पूर्ण शक्ति राज्य अर्थात् शासन प्रणाली द्वारा नियम और कानून में केन्द्रित। राज्य में धर्म का प्रवेश, राज्य के अनुसार धर्म के स्वरुप से ही सम्भव।
11. प्रत्येक शब्द का अर्थ है। शब्द का अर्थ ही मनुष्य को क्रियाशील (निर्माण या विनाश) करने के लिए सक्षम।
12. सकारात्मक, रचनात्मक और एकात्मक सोच ही भविष्य के लिए उपयोगी।
13. पर्यावरण का संरक्षण जीवों के लिए अतिआवश्यक।
14. भूमण्डलीय और ब्रह्माण्डीय दृष्टि से कार्य करना मनुष्य की विवशता।
15. सम्पूर्ण मानव समाज का बाह्य विषयों की ओर मन का केन्द्रीकृत होना।
16. मानवता का सभी तन्त्रों में प्रवेश की आवश्यकता।
17. ब्रह्माण्ड क्षेत्र में विकास के लिए पृथ्वी की सीमा के अन्दर के विवाद को समाप्त करना आवश्यक।
18. भूमण्डलीकरण सिर्फ आर्थिक क्षेत्र के लिए ही नहीं बल्कि सांस्कृतिक, सामाजिक, मानसिक एवं पर्यावरणीय क्षेत्र में भी आवश्यक।
19. विश्व के प्रबन्ध के लिए एक माडल की आवश्यकता।
20. मनुष्य का वैश्वीकरण आवश्यक।

ब. भारत देश स्तर पर राज्य अर्थात् शासन का परिणाम

भारत देश स्तर पर राज्य अर्थात् शासन ने निम्न सिद्धान्तों को सार्वजनिक प्रमाणित रुप से विवादमुक्त कर दिया था।

01. विश्व स्तर के सभी विवादमुक्त सिद्धान्त सार्वजनिक प्रमाणित रुप से भारत के समक्ष व्यक्त परन्तु वे एक साथ दृष्टि में नहीं।
02. भारत देश स्तर पर विभिन्न समस्याओं के हल के लिए राष्ट्रीय नीति की आवश्यकता।
03. विश्व प्रबन्ध के लिए भारत अपना योगदान देने के लिए पूर्ण रुप से असमर्थ, न ही दायित्व बोध का एहसास।
04. भारतीय संसद सकारात्मक, रचनात्मक एवं एकात्म विचार से पूर्णतया मुक्त अर्थात् भूतकाल एवं वर्तमान काल से युक्त एवं भविष्य से मुक्त।
05. भारतीय संसद राष्ट्रीय हित के प्रति पूर्णतया निष्क्रिय एवं पहचानने में भी असमर्थ।
06. भारतीय संविधान, सत्य संविधान के पूर्णतया अनुरुप नहीं बल्कि उस ओर विकासशील।
07. नैतिक उत्थान के बिना संविधान और नियमों के जाल की बढ़ोत्तरी फिर भी नियन्त्रण असम्भव।
08. राजनीतिक दलों के पास कोई सिद्धान्त व कार्ययोजना नहीं सिर्फ हृदय प्रिय शब्दों का जाल।
09. राजनीतिक दलों व नेताओं में ध्येय के प्रति कोई रुचि नहीं सिर्फ श्रेय के प्रति रुचि।
10. राजनीतिक नेताओं में राजनीतिक इच्छाशक्ति का पूर्ण अभाव सम्पूर्ण इच्छा व्यक्तिवादी और पद तक सीमित।
11. विभिन्न विषयों के प्रति जागरण अभियान नागरिकों को चेतनायुक्त बनाने में असमर्थ। स्वप्रेरित चेतना की आवश्यकता।
12. कानून का दुरुपयोग, न्यायालय का समय सीमा से मुक्त होना तथा नैतिक पतन विवादों का बढ़ती संख्या कारण।
13. राज्य के प्रभुत्व और स्वस्थता के लिए व्यक्ति तथा छोटे गणराज्य को जिम्मेदार बनाना आवश्यक।
14. लोकतन्त्र की पूर्ण स्वस्थता के लिए लोक या गण या जन के सत्य स्वरुप की आवश्यकता।

15. पूर्ण शिक्षा प्रणाली के द्वारा पूर्ण ज्ञान युक्त पूर्ण मानव का निर्माण राज्य के लम्बे जीवन के लिए आवश्यक।
16. समाज को स्वस्थ एवं जीवित करना राज्य की जिम्मेदारी अन्यथा राज्य द्वारा आत्महत्या के लिए वातावरण स्वयं द्वारा तैयार।

स. अन्तर्राष्ट्रीय स्तर पर राज्य अर्थात् शासन का परिणाम

अन्तर्राष्ट्रीय स्तर पर राज्य अर्थात् शासन ने निम्न सिद्धान्तों को सार्वजनिक प्रमाणित रुप से विवादमुक्त कर दिया था।

01. विश्व स्तर के सभी विवादमुक्त सिद्धान्त सार्वजनिक प्रमाणित रुप से अन्तर्राष्ट्रीय स्तर पर भी व्यक्त परन्तु वे एक साथ दृष्टि में नहीं।
02. विश्व प्रबन्ध में योगदान देने के लिए अन्तर्राष्ट्रीय संगठन पूर्ण असमर्थ क्योंकि उनकी दृष्टि पूर्ण रुप से आर्थिक क्षेत्र तक ही सीमित।
03. सकारात्मक, रचनात्मक एवं एकात्मक सोच से अन्तर्राष्ट्रीय संगठन पूर्ण मुक्त अर्थात् भूतकाल एवं वर्तमान काल से युक्त तथा भविष्य से मुक्त।
04. विश्व के मार्गदर्शन एवं जनता के हित के लिए अन्तर्राष्ट्रीय राजनीतिक संगठन की आवश्यकता।

द. राज्य अर्थात् शासन स्तर पर राज्य अर्थात् शासन का परिणाम

राज्य अर्थात् शासन स्तर पर राज्य अर्थात् शासन ने निम्न सिद्धान्तों को सार्वजनिक प्रमाणित रुप से विवादमुक्त कर दिया था।

01. विश्व स्तर के सभी विवादमुक्त सिद्धान्त सार्वजनिक प्रमाणित रुप से राज्य अर्थात् शासन स्तर पर व्यक्त परन्तु एक साथ दृष्टि में नहीं।
02. राज्य अर्थात् शासन का सत्य रुप तक पहुँचने के लिए वर्तमान राज्य अर्थात् शासन एक मात्र विकासशील चरण।
03. विश्व प्रबन्ध में योगदान देने के लिए राज्य अर्थात् शासन पूर्ण असमर्थ क्योंकि भूमण्डलीय व्यापक दृष्टि का पूर्ण अभाव।

य. भारतीय समाज स्तर पर राज्य अर्थात् शासन का परिणाम

भारतीय समाज स्तर पर राज्य अर्थात् शासन ने निम्न सिद्धान्तों को सार्वजनिक प्रमाणित रुप से विवादमुक्त कर दिया था।

01. विश्व स्तर के सभी विवादमुक्त सार्वजनिक प्रमाणित सिद्धान्त व्यक्त होने के बावजूद समाज की दृष्टि से दूर या एक साथ दृष्टि में नहीं।
02. राज्य का प्रभुत्व समाज को प्राणहीन करने का जिम्मेदार एवं स्वयं पर बोझ बढ़ाने का कारण।
03. विश्व प्रबन्ध में योगदान और राज्य की स्वस्थता में मार्गदर्शन देने के लिए समाज पूर्ण रुप से असमर्थ।

र. भारतीय परिवार स्तर पर राज्य अर्थात् शासन का परिणाम

भारतीय परिवार स्तर पर राज्य अर्थात् शासन ने निम्न सिद्धान्तों को सार्वजनिक प्रमाणित रुप से विवादमुक्त कर दिया था।

01. विश्व स्तर के सभी विवादमुक्त सार्वजनिक प्रमाणित सिद्धान्त व्यक्त होने के बावजूद परिवार की दृष्टि से दूर या एक साथ दृष्टि में नहीं।
02. राज्य का प्रभुत्व परिवार को प्राणहीन करने का जिम्मेदार एवं स्वयं पर बोझ बढ़ाने का कारण।

03. विश्व प्रबन्ध में योगदान और राज्य की स्वस्थता में मार्गदर्शन देने के लिए परिवार पूर्ण रुप से असमर्थ।

ल. व्यक्ति स्तर पर राज्य अर्थात् शासन का परिणाम

व्यक्ति स्तर पर राज्य अर्थात् शासन ने निम्न सिद्धान्तों को सार्वजनिक प्रमाणित रुप से विवादमुक्त कर दिया था।

01. विश्व स्तर के सभी विवादमुक्त सार्वजनिक प्रमाणित सिद्धान्त व्यक्त होने के बावजूद व्यक्ति की दृष्टि से दूर या एक साथ दृष्टि में नहीं।
02. राज्य का प्रभुत्व व्यक्ति को प्राणहीन करने का जिम्मेदार एवं स्वयं पर बोझ बढ़ाने का कारण।
03. विश्व प्रबन्ध में योगदान और राज्य की स्वस्थता में मार्गदर्शन देने के लिए व्यक्ति पूर्ण रुप से असमर्थ।

02. विज्ञान का परिणाम

अन्तिम कल्कि अवतार के अवतरण / प्रकट होने तक विज्ञान का परिणाम विभिन्न स्तरों पर निम्न रुप में व्यक्त हो चुकी थी।

अ. विश्व स्तर पर विज्ञान का परिणाम
ब. भारत देश स्तर पर विज्ञान का परिणाम
स. अन्तर्राष्ट्रीय स्तर पर विज्ञान का परिणाम
द. राज्य स्तर पर विज्ञान का परिणाम
य. भारतीय समाज स्तर पर विज्ञान का परिणाम
र. भारतीय परिवार स्तर पर विज्ञान का परिणाम
ल. भारतीय व्यक्ति स्तर पर विज्ञान का परिणाम

अ. विश्व स्तर पर विज्ञान का परिणाम

विश्व स्तर पर विज्ञान ने निम्न सिद्धान्तों को सार्वजनिक प्रमाणित रुप से विवादमुक्त कर दिया था।

01. आइन्सटाईन के सापेक्ष सिद्धान्त $E=mc^2$ से यह सिद्ध हो चुका था कि किसी भी पदार्थ का समूल नाश नहीं होता बल्कि उसका एक या अनेकों रुप में अवस्था परिवर्तन होता है।
02. इस ब्रह्माण्ड में कहीं भी कोई भी विषय स्थिर नहीं है अर्थात् सभी गतिशील या परिवर्तनशील हैं अर्थात् सभी का आदान-प्रदान हो रहा है इसलिए वह विज्ञानमय है।
03. रसायन विज्ञान ने यह सिद्ध कर दिया था कि सभी यौगिक, तत्वों के संयुग्मन से तथा तत्व परमाणु के संयुग्मन से बने हैं। प्रत्येक तत्वों के परमाणु की संरचना समान है। परमाणु में इलेक्ट्रान, प्रोटान और न्यूट्रान की संख्या पर निर्भर होकर ही तत्वों का निर्माण है। परमाणु के केन्द्रक (न्यूक्लियस) में न्यूट्रान तथा प्रोटान तथा उसके चारो ओर इलेक्ट्रान होते हैं। इलेक्ट्रान ही संयुग्मन में भाग लेते हैं।
04. निर्माण आधारित औद्योगिक क्रान्ति से सर्वप्रथम "निर्माण कर सकने की भावना" उसके उपरान्त "विश्वस्तरीय निर्माण कर सकने की क्षमता की भावना तथा उसकी तकनीकी" का सिद्धान्त- WCM-TPM-5S (World Class Manufacuring-Total Productive Maintenance-5S) प्रणाली।
05. "सार्वजनिक प्रमाणित सर्वमान्य" का दूसरे रुप में समानार्थी शब्द "मानक" और "मात्रक" अर्थात् एकीकरण का मार्ग।
06. उत्पादों के गुणवत्ता के अन्तर्राष्ट्रीय मानक की भाँति संस्थान प्रक्रिया की गुणवत्ता का मानक-ISO-9000 श्रृंखला तथा पर्यावरण की गुणवत्ता का मानक ISO-14000 श्रृंखला। मानव संसाधन की गुणवत्ता की श्रृंखला में "व्यक्ति भी हो सकते हैं आई0 एस0 ओ0 मार्का।"
07. निर्माण और विध्वंस दोनों उत्पादों की उपलब्धता के काल-प्रकृति, अन्य जीव, मनुष्य तथा ब्रह्माण्ड के प्रति अभिभावक की भावना से कर्तव्य और दायित्व। अर्थात् कार्य प्रणाली का मुख्य आधार-भूतकाल का अनुभव, भविष्य की आवश्यकता के अनुसार वर्तमान में कार्य करना।
08. सम्पूर्ण (अधिकतम) मानव जाति का मन वाह्य विषयों संसाधन इत्यादि पर केन्द्रित होना।
09. व्यापार का आधार शरीर की प्राथमिकता से पूंजी की प्राथमिकता और पूंजी की प्राथमिकता से ज्ञान अर्थात् योजना की प्राथमिकता की ओर उध्वगामी होना। विपणन (मार्केटिंग) का आधार उत्पाद आधारित से आवश्यकता आधारित की ओर गति।

10. जिस प्रकार ईश्वर ने मनुष्य व अन्य जीवों का निर्माण किया, उसी प्रकार मनुष्य द्वारा मशीनी मनुष्य अर्थात् रोबोट, समरुप जीव और जीवों का मन निर्माण कर ईश्वर के पद पर पीठासीन और उसके कर्तव्य और दायित्व के निर्वहन की और गति।
11. संसाधन स्थिर, मनुष्य स्थिर से संसाधन स्थिर, मनुष्य गतिशील से संसाधन गतिशील, मनुष्य गतिशील से मनुष्य स्थिर और संसाधन गतिशील की ओर गतिशीलता।
12. एक गुणों की ओर से देखना अर्थात् दृष्टि से उठकर अनेक गुणों की ओर से एक साथ देखना अर्थात् दिव्यदृष्टि अर्थात् भूमण्डलीकृत दृष्टि की ओर मनुष्य की गतिशीलता।
13. इलेक्ट्रानिक मीडिया-जैसे टेलिविजन, रेडियो, इण्टरनेट, कम्प्यूटर तथा प्रिंट मीडिया जैसे-समाचार पत्र पत्रिकाओं से व्यक्त होने वाली सूचनाएं सार्वजनिक प्रमाणित सूचना है। जो एक विशेष प्रकार की मन की स्थिति है। और यह व्यक्ति से विश्व तक के लिए, तक को तथा उसके द्वारा निर्मित और उपलब्ध है।

ब. भारत देश स्तर पर विज्ञान का परिणाम

भारत देश स्तर पर विज्ञान के सार्वजनिक प्रमाणित परिणाम निम्नलिखित थे।

01. विश्व स्तर पर विज्ञान के सभी परिणामों और उपयोगों के प्रति स्वीकारोक्ति। परन्तु वे एक साथ दृष्टि में नहीं थे। अर्थात् प्रत्येक व्यक्ति अलग-अलग विज्ञान के परिणामों से युक्त था।
02. विश्व स्तर पर विज्ञान के सभी परिणामों के अनुसार विश्व के समकक्ष खड़े होने के लिए स्वयं को उस अनुसार तैयार करना।
03. विश्व स्तर पर विज्ञान के परिणामों से उत्पन्न उत्पादों से प्रमाणित होते हुये भी उसके अंधकार से उसके विश्वव्यापी सार्वजनिक प्रमाणित सिद्धान्तों का प्रयोग अपने वैचारिक पहचान की स्थापना और मानव जीवन निर्माण सहित विश्व-राष्ट्र प्रबन्ध के लिए न कर पाना।
04. उत्पादों, संस्थान प्रक्रिया, पर्यावरण इत्यादि की गुणवत्ता मानक की स्थापना के लिए भारतीय मानक ब्यूरो का संचालित होना।

स. अन्तर्राष्ट्रीय स्तर पर विज्ञान का परिणाम

अन्तर्राष्ट्रीय स्तर पर विज्ञान के सार्वजनिक प्रमाणित सभी विश्व स्तर के सिद्धान्त सभी देशों को स्वीकार थें और वे उसके उपयोगिता के अनुसार स्वयं को स्वयं सहित अन्य देशों के सहयोग से विश्व के समक्ष खड़े होने के लिए तैयार कर रहे थे। परन्तु कोई भी देश उन विश्वव्यापी सार्वजनिक प्रमाणित सिद्धान्तों का प्रयोग मानव जीवन निर्माण सहित विश्व-राष्ट्र प्रबन्ध के लिए नहीं कर पा रहा था। सभी विज्ञान के द्वारा उत्पन्न संसाधनों के निर्माण तक ही सीमित थे।

द. राज्य अर्थात् शासन पर विज्ञान का परिणाम

राज्य अर्थात् शासन स्तर पर विज्ञान के विश्व स्तर के सभी सार्वजनिक प्रमाणित सिद्धान्त व्यक्त थे परन्तु वह एक साथ दृष्टि अर्थात्दिव्य दृष्टि में नहीं थे। परिणामस्वरुप राज्य अर्थात् शासन उनका प्रयोग अपनी शासन व्यवस्था के प्रति विश्वास बढ़ाने और जनता के प्रति बढ़ते दायित्वों को कम करने में नहीं कर पा रहा था। शासन विज्ञान के सैद्धान्तिक तत्वों की ओर नहीं बल्कि विज्ञान के आविष्कार की ओर केन्द्रित था। शासन, विज्ञान के अधीन तथा विज्ञान को सहयोग प्रदान कर रहा था। विज्ञान के सिद्धान्त को मानना शासन की विवशता थी। जबकि विज्ञान के सिद्धान्त के आधार पर राज्य विश्वस्तरीय रुप में गठित हो सकता था।

य. भारतीय समाज पर विज्ञान का परिणाम

राज्य की भाँति समाज स्तर पर विज्ञान के विश्व स्तर के सभी सार्वजनिक प्रमाणित सिद्धान्त व्यक्त थे परन्तु वह एक साथ दृष्टि अर्थात् दिव्य दृष्टि में नहीं थे। परिणामस्वरुप समाज स्वयं द्वारा की जाने वाली व्यवस्था, विकास, एकता तथा राज्य, देश व विश्व को मार्गदर्शन देने में सक्षम नहीं थे। समाज विज्ञान के सैद्धान्तिक तत्वों की ओर नहीं बल्कि विज्ञान के आविष्कार की ओर केन्द्रित था। समाज, विज्ञान के अधीन तथा विज्ञान को सहयोग प्रदान कर रहा था। विज्ञान के सिद्धान्त को मानना समाज की विवशता थी। जबकि विज्ञान के सिद्धान्त के आधार पर समाज विश्व स्तरीय रुप में गठित हो सकता था।

र. भारतीय परिवार पर विज्ञान का परिणाम

समाज की भाँति परिवार स्तर पर विज्ञान के विश्व स्तर के सभी सार्वजनिक प्रमाणित सिद्धान्त व्यक्त थे परन्तु वह एक साथ दृष्टि अर्थात् दिव्य दृष्टि में नहीं थे परिणामस्वरुप परिवार स्वयं द्वारा की जाने वाली व्यवस्था, विकास, एकता तथा राज्य, देश व विश्व को मार्गदर्शन देने में सक्षम नहीं थे। परिवार विज्ञान के सैद्धान्तिक तत्वों की ओर नहीं बल्कि विज्ञान के अविष्कार की ओर केन्द्रित था। परिवार, विज्ञान के अधीन तथा विज्ञान को सहयोग प्रदान कर रहा था। विज्ञान के सिद्धान्त को मानना परिवार की विवशता थी। जबकि विज्ञान के सिद्धान्त के आधार पर परिवार विश्वस्तरीय रुप में गठित हो सकता था।

ल. भारतीय व्यक्ति पर विज्ञान का परिणाम

परिवार की भाँति व्यक्ति स्तर पर विज्ञान के विश्व स्तर के सभी सार्वजनिक प्रमाणित सिद्धान्त व्यक्त थे परन्तु वह एक साथ दृष्टि अर्थात् दिव्य दृष्टि में नहीं थे परिणामस्वरुप व्यक्ति स्वयं द्वारा की जाने वाली व्यवस्था, विकास, एकता तथा राज्य, देश व विश्व को मार्गदर्शन देने में सक्षम नहीं थे। व्यक्ति विज्ञान के सैद्धान्तिक तत्वों की ओर नहीं बल्कि विज्ञान के अविष्कार की ओर केन्द्रित था। व्यक्ति, विज्ञान के अधीन तथा विज्ञान को सहयोग प्रदान कर रहा था। विज्ञान के सिद्धान्त को मानना व्यक्ति की विवशता थी। जबकि विज्ञान के सिद्धान्त के आधार पर व्यक्ति विश्व स्तरीय रुप में गठित हो सकता था।

03. धर्म का परिणाम

अन्तिम कल्कि अवतार के अवतरण / प्रकट होने तक धर्म का परिणाम विभिन्न स्तरों पर निम्न रुप में व्यक्त हो चुकी थी।

अ. विश्व स्तर पर धर्म का परिणाम
ब. भारत देश स्तर पर धर्म का परिणाम
स. अन्तर्राष्ट्रीय स्तर पर धर्म का परिणाम
द. राज्य स्तर पर धर्म का परिणाम
य. भारतीय समाज स्तर पर धर्म का परिणाम
र. भारतीय परिवार स्तर पर धर्म का परिणाम
ल. भारतीय व्यक्ति स्तर पर धर्म का परिणाम

अ. विश्व स्तर पर धर्म का परिणाम

विश्व स्तर पर धर्म निम्न रुप में सार्वजनिक प्रमाणित रुप से व्यक्त था।

01. स्वामी विवेकानन्द द्वारा विश्व धर्म के लिए सन् 1893 से 1902 ई0 में व्यक्त धार्मिक आध्यात्मिक तत्वों के व्याख्या के उपरान्त अन्य धर्म धार्मिक-आध्यात्मिक तत्वों की व्याख्या से दूर भागने लगे थे क्योंकि यह अन्तिम व्याख्या थी। अन्य धर्मों द्वारा व्याख्या करने का अर्थ था हिन्दू-सनातन-वैश्विक धर्म की स्वीकारोक्ति और समाहित हो जाना।
02. अन्य धर्मों के समक्ष अपने प्रचार-प्रसार का माध्यम सिर्फ धर्मांतरण और प्रजनन सहित बाह्य पहचान के क्रियाकलाप ही एक मात्र उपाय था। राज्य से धर्म का अलग हो जाना भी धर्म के समक्ष विवशता थी।
03. पूर्वजन्म, अवतार, सत्य, योग, ध्यान, जीवन आश्रम, जीने की कला, दृष्टि, चेतना इत्यादि मूल प्राथमिक वैज्ञानिक आधार के विषयों का विज्ञान के परिणाम से योग न होने के कारण सार्वजनिक प्रमाणित रुप से महत्ता को प्राप्त नहीं थी।
04. विश्व धर्म के निर्माण में धार्मिक-आध्यात्मिक तत्वों को आधार न बनाकर अनुयायी की संख्या के आधार पर लोकतान्त्रिक प्रक्रिया द्वारा विश्व धर्म स्थापित करने की ओर विश्व बढ़ रहा था।
05. ब्रह्माण्डीय एकात्म की व्यावहारिक, सार्थक व जीने की कला की कथा पौराणिक कथाओं का कोई महत्व, उसकी सार्थक व्यवहार न होने के कारण नहीं बन पा रहा था।
06. राज्य और धर्म की एकता के लिए धर्म को राज्य व्यवस्था की प्रणाली के अनुसार ही रुपान्तरण एक मात्र मार्ग था।
07. निर्माण के मार्गों में सिर्फ एक और अन्तिम मार्ग-"विश्व-राष्ट्र के मार्ग से व्यक्ति, धर्म, राष्ट्र, तन्त्र, मन्त्र और पन्थ का निर्माण" ही शेष बचा था।
08. विश्व में एक भाषा, एक वेश-भूषा, एक खान-पान, एक रहन-सहन पद्धति, एक शिक्षा, एक कोर्ट, एक न्याय व्यवस्था, एक अर्थव्यवस्था और एक धर्म की आवश्यकता व्यक्त हो गयी थी।
09. धर्म द्वारा विश्व प्रबन्ध के लिए स्वामी विवेकानन्द, महर्षि अरविन्द, पं0 दीनदयाल उपाध्याय और आचार्य रजनीश "ओशो" द्वारा सत्य दृष्टि दी जा चुकी थी।
10. ईसाई धर्म के गुरु जानपाल (द्वितीय) व बौद्ध धर्म के गुरु दलाई लामा स्वामी विवेकानन्द के विचारों के अनुरुप विचार व्यक्त कर चुके थे।

11. सत्य को जान लेने के बावजूद सत्य की ओर ले जाने वाले मार्गों अर्थात् सत्य की ओर इशारा करने वाले महापुरुषों और उनके मार्गों को ज्ञानावस्था में परम्परा के रुप में जीवित रखना धर्मों की विवशता थी जो कट्टरता उत्पन्न कर रही थी।
12. व्यक्ति का मन बाह्य विषयों पर केन्द्रित था परन्तु धर्म द्वारा बाह्य विषयों से धर्म की अन्तिम परिणाम देने की आवश्यकता के बावजूद मार्ग उपलब्ध नहीं था। कारण धर्म गुरुओं की एक साथ विश्व स्तर के धर्म के परिणामों और विज्ञान के परिणामों सहित राज्य अर्थात् शासन के प्रणालियों का ज्ञान नहीं था।
13. सभी धर्म (सम्प्रदाय) राजतंत्र काल में ही आविष्कृत व स्थापित हुये थे। जब से विश्व लोकतंत्र की ओर बढ़ा था, तब से किसी नये धर्म का आविष्कार नहीं हुआ था। लोकतंत्र के धर्म व धर्मशास्त्र की आवश्यकता हो चुकी थी।

ब. भारत देश स्तर पर धर्म का परिणाम

भारत देश स्तर पर धर्म का सार्वजनिक प्रमाणित परिणाम निम्नलिखित रुप में व्यक्त था।

01. विश्व स्तर के सभी सार्वजनिक प्रमाणित धर्म के परिणाम भारत देश के समक्ष व्यक्त थे और स्वीकार में थे परन्तु वे एक व्यक्ति के सामने एक साथ दृष्टि में नहीं थे अर्थात् प्रत्येक व्यक्ति अलग-अलग परिणामों के ज्ञान से युक्त था।
02. शब्द के अर्थ और उसके भाव के बिना शब्द-शक्ति शून्य।
03. विज्ञान की भाँति नवीनतम आविष्कार से आविष्कार की ओर गति करने की भावना धर्म के क्षेत्र में अभाव।
04. व्यक्ति को मार्गदर्शन, आत्मा के विकास तथा कर्म की ओर प्रेरित करने में गीता समीक्षक परन्तु संयुक्त व्यक्ति और विभिन्न स्तर पर खड़े व्यक्ति को उन्हीं की ओर से मार्ग दर्शन देने में गीता भी सक्षम नहीं। परिणामस्वरुप व्यक्ति का अलग-अलग विभिन्न दिशाओं में विकास न कि भिन्न-भिन्न दिशाओं से संयुक्त रुप से विकास।
05. गीता में पूर्वजन्म और अवतार के उद्देश्य, कार्य और गुण की व्यापक व्याख्या न होने से पूर्वजन्म और अवतार के सार्वजनिक प्रमाणित उदाहरण को स्वयं अपना परिचय देना होगा। परिणामस्वरुप वह बिना पहचान में आये कहीं भी गति कर सकता है। जब तक कि वह स्वयं अपना सार्वजनिक रुप से परिचय न दे।
06. गीता में काल, चेतना, योग, दृष्टि, रुप, ध्यान तथा जीने की कला का यथार्थ स्वरुप और मूल विषय न होने से धर्म की व्यवहारिक स्वरुप के लिए गीता से आगे की आवश्यकता के लिए नये शास्त्र-साहित्य और अन्तिम अवतार की आवश्यकता।
07. पुराणों का धर्मनिरपेक्ष और सर्वधर्मसमभाव स्वरुप न होने से पुराणों की कथाएं मनुष्य जीवन के लिए उपयोगी नहीं। स्वरुप की प्राप्ति की व्यवस्था गीता में नहीं।
08. भारत देश स्तर पर आध्यात्मिक ज्ञान व पौराणिक कथाओं का वातावरण विकसित।
09. विश्व धर्म के लिए पदार्थ विज्ञान समर्थित आध्यात्मिक तत्वों के विकास, स्थापना के लिए राज्य व्यवस्था के प्रणाली अनुसार रुपान्तरण तथा धर्म परिवर्तन रोकने के लिए दरिद्र नारायण की सेवा अन्तिम मार्ग।
10. धर्म, मनुष्य जीवन के सभी क्षेत्रों में व्याप्त। उसके स्वरुप के न होने के कारण ही नैतिक पतन।
11. धर्म के व्यावहारिक स्वरुप के लिए धर्म की व्याख्या अन्तः से अन्तः की ओर नहीं बल्कि बाह्य से अन्तः की ओर व्याख्या की आवश्यकता।
12. ज्ञान से ज्ञान का प्रसार नहीं बल्कि ज्ञान से प्रबन्ध और कर्म-ज्ञान की ओर विकास कर प्रसार की आवश्यकता।
13. आदर्श वैश्विक व्यक्ति चरित्र के साकार स्वरुप की आवश्यकता।

14. विज्ञान की भाँति व्यक्ति का किसी विशेष मत, सम्प्रदाय या गुरु के ज्ञान में विशेषीकृत हो बुद्धि बद्ध हो जाना से व्यक्ति को सामान्यीकृत ज्ञान की ओर ले जाने की आवश्यकता।

स. अन्तर्राष्ट्रीय स्तर पर धर्म का परिणाम

समस्त सार्वजनिक प्रमाणित विश्व स्तर के धर्म के परिणाम अन्तर्राष्ट्रीय स्तर पर उपलब्ध। परन्तु सभी एक साथ एक ही धर्म या व्यक्ति के समक्ष दृष्टि में न रहने के कारण किसी भी देश के धर्म उन परिणामों का प्रयोग धर्म के वास्तविक स्वरुप और विश्व धर्म के निर्माण में नहीं कर पा रहे थे। स्वधर्म का बन्धन तथा वैश्विक-सनातन-हिन्दू धर्म में विलीन हो जाने का खतरा, अन्य धर्मों को आध्यात्मिक तत्वों की ओर बढ़ने से रोक रहा था। जबकि ऐसा करने पर धर्म निर्माण का श्रेय उनके धर्म को प्राप्त हो जाता। अन्तर्राष्ट्रीय स्तर पर सभी धर्म सिर्फ बाह्य आचार व्यवहार तक ही सीमित।

द. राज्य पर धर्म का परिणाम

राज्य अर्थात् शासन स्तर पर धर्म चूँकि राज्य के अनुरुप और उसके प्रणाली के अनुसार सार्वजनिक प्रमाणित रुप से नहीं। इसलिए राज्य से धर्म बिल्कुल अलग पड़ गया। जबकि राज्य के अनुसार एवं उसके प्रणाली के अनुसार धर्म के निर्माण से धर्म का राज्य पर अधिपत्य और धर्म स्थापना सम्भव। उसी प्रकार राज्य और धर्म के राज्यानुसार स्वरुप व प्रणाली को प्राप्त कर विश्वस्तरीय रुप में गठित हो जाता।

य. भारतीय समाज पर धर्म का परिणाम

भारत तथा विश्वस्तरीय धर्म के परिणाम उपलब्ध होने के बावजूद एक साथ दृष्टि न होने के कारण व धर्म का व्यावहारिक स्वरुप न होने से धर्म न तो समाज गठन के लिए उपयोगी हुआ न ही वह धर्म को स्थायित्व दे सका। परिणामस्वरुप औपचारिकतावश समाज धर्म का वातावरण तैयार किया जिसमें समाज आध्यात्मिक तत्वों से मुक्त रहा। आध्यात्मिक तत्वों के अनुसार विश्वस्तरीय समाज के गठन सहित राज्य, देश तथा विश्व का मार्गदर्शन देने में समाज सक्षम हो सकती है।

र. भारतीय परिवार पर धर्म का परिणाम

समाज की भाँति परिवार के समक्ष भी भारत सहित विश्वस्तरीय धर्म के परिणाम उपलब्ध होने के बावजूद, एक साथ दृष्टि में न होने के कारण व धर्म का व्यावहारिक स्वरुप न होने से धर्म न तो परिवार गठन के लिए उपयोगी हुआ न ही वह धर्म को स्थायित्व दे सका। परिणामस्वरुप परिवार औपचारिकतावश किसी धर्म, सम्प्रदाय, मत, गुरु के प्रति समर्पित हो धर्म का वातावरण तैयार किया। जिसमें परिवार आध्यात्मिक तत्वों और व्यावहारिकता से मुक्त रहा। जबकि आध्यात्मिक तत्वों और व्यावहारिकता के अनुसार विश्वस्तरीय परिवार के गठन सहित समाज, राज्य, देश तथा विश्व को मार्गदर्शन देने में परिवार सक्षम हो सकता था।

ल. भारतीय व्यक्ति पर धर्म का परिणाम

परिवार की भाँति व्यक्ति के समक्ष भी भारत सहित विश्वस्तरीय धर्म के परिणाम उपलब्ध होने के बावजूद, एक साथ दृष्टि में न होने के कारण व धर्म का व्यावहारिक स्वरुप न होने से धर्म न तो व्यक्ति गठन के लिए उपयोगी हुआ न ही वह धर्म को स्थायित्व दे सका। परिणामस्वरुप व्यक्ति औपचारिकतावश किसी धर्म, सम्प्रदाय, मत, गुरु के प्रति समर्पित हो धर्म का वातावरण तैयार किया। जिसमें व्यक्ति आध्यात्मिक तत्वों और व्यावहारिकता से मुक्त रहा। जबकि आध्यात्मिक तत्वों और व्यावहारिकता के अनुसार विश्वस्तरीय व्यक्ति के गठन सहित समाज, राज्य, देश तथा विश्व को मार्गदर्शन देने में व्यक्ति सक्षम हो सकता था।

04.व्यापार का परिणाम

अन्तिम कल्कि अवतार के अवतरण / प्रकट होने तक व्यापार का परिणाम विभिन्न स्तरों पर निम्न रुप में व्यक्त हो चुकी थी।

अ. विश्व स्तर पर व्यापार का परिणाम
ब. भारत देश स्तर पर व्यापार का परिणाम
स. अन्तर्राष्ट्रीय स्तर पर व्यापार का परिणाम
द. राज्य स्तर पर व्यापार का परिणाम
य. भारतीय समाज स्तर पर व्यापार का परिणाम
र. भारतीय परिवार स्तर पर व्यापार का परिणाम
ल. भारतीय व्यक्ति स्तर पर व्यापार का परिणाम

अ. विश्व स्तर पर व्यापार का परिणाम

ब. भारत देश स्तर पर व्यापार का परिणाम

स. अन्तर्राष्ट्रीय स्तर पर व्यापार का परिणाम

द. राज्य स्तर पर व्यापार का परिणाम

य. भारतीय समाज स्तर पर व्यापार का परिणाम

र. भारतीय परिवार स्तर पर व्यापार का परिणाम

ल. भारतीय व्यक्ति स्तर पर व्यापार का परिणाम

(यह पुस्तक बड़ी ना हो इसलिए इस भाग के विस्तार के लिए विश्वशास्त्र अध्याय - एक देखें)

05. समाज का परिणाम

अन्तिम कल्कि अवतार के अवतरण / प्रकट होने तक रसमाज का परिणाम विभिन्न स्तरों पर निम्न रुप में व्यक्त हो चुकी थी।

अ. विश्व स्तर पर समाज का परिणाम
ब. भारत देश स्तर पर समाज का परिणाम
स. अन्तर्राष्ट्रीय स्तर पर समाज का परिणाम
द. राज्य स्तर पर समाज का परिणाम
य. भारतीय समाज स्तर पर समाज का परिणाम
र. भारतीय परिवार स्तर पर समाज का परिणाम
ल. भारतीय व्यक्ति स्तर पर समाज का परिणाम

अ. विश्व स्तर पर समाज का परिणाम

ब. भारत देश स्तर पर समाज का परिणाम

स. अन्तर्राष्ट्रीय स्तर पर समाज का परिणाम

द. राज्य स्तर पर समाज का परिणाम

य. भारतीय समाज स्तर पर समाज का परिणाम

र. भारतीय परिवार स्तर पर समाज का परिणाम

ल. भारतीय व्यक्ति स्तर पर समाज का परिणाम

(यह पुस्तक बड़ी ना हो इसलिए इस भाग के विस्तार के लिए विश्वशास्त्र अध्याय - एक देखें)

06. परिवार का परिणाम

अन्तिम कल्कि अवतार के अवतरण / प्रकट होने तक परिवार का परिणाम विभिन्न स्तरों पर निम्न रुप में व्यक्त हो चुकी थी।

अ. विश्व स्तर पर परिवार का परिणाम
ब. भारत देश स्तर पर परिवार का परिणाम
स. अन्तर्राष्ट्रीय स्तर पर परिवार का परिणाम
द. राज्य स्तर पर परिवार का परिणाम
य. भारतीय समाज स्तर पर परिवार का परिणाम
र. भारतीय परिवार स्तर पर परिवार का परिणाम
ल. भारतीय व्यक्ति स्तर पर परिवार का परिणाम

अ. विश्व स्तर पर परिवार का परिणाम

विश्व स्तर पर परिवार की स्थिति ने निम्न परिणामों को सार्वजनिक प्रमाणित रुप से व्यक्त कर दिया था।

01. प्रेम ईश्वरीय देन और वफादारी सामाजिक आवश्यकता।
02. फल आधारित संस्थाओं-पीड़ित महिला परामर्श केन्द्र, वृद्धाश्रम इत्यादि से हल नहीं, कारण आधारित संस्था-परिवार से हल सम्भव।
03. परिवार प्रणाली में व्यक्तिगत और सामाजिक समस्याओं का हल।
04. पूर्ण सन्तुलित ब्रह्माण्डीय जीवन के लिए ब्रह्मचर्य, गृहस्थ, वानप्रस्थ और सन्यास आश्रम से ही सम्भव।
05. परिवार और विवाह जैसे विचारों की ओर युवकों-युवतियों का झुकाव।

ब. भारत देश स्तर पर परिवार का परिणाम

भारत देश स्तर पर परिवार की स्थिति ने निम्न परिणामों को सार्वजनिक प्रमाणित रुप से व्यक्त कर दिया था।

01. विश्व स्तर पर परिवार के परिणामों के व्यक्त होने के बावजूद वे एक साथ भारत में परिवार के समक्ष दृष्टि में नहीं थी।
02. बच्चों की सफलता के लिए बच्चों का माता-पिता के संरक्षण में संस्कारित होना ही एक मात्र रास्ता।
03. प्रेम व वफादारी के लिए विचारों का व्यापक होना जरुरी। तभी त्याग और समर्पण का विकास।
04. भौतिकता के साथ आध्यात्मवाद एक साथ आवश्यक। तभी संगठन-संस्था का विकास।
05. संयुक्त परिवार प्रणाली का युगानुरुप रुपान्तरण की आवश्यकता।

स. अन्तर्राष्ट्रीय स्तर पर परिवार का परिणाम

अन्तर्राष्ट्रीय स्तर पर परिवार की स्थिति ने निम्न परिणामों को सार्वजनिक प्रमाणित रुप से व्यक्त कर दिया था।

01. विश्व स्तर पर परिवार के परिणामों के व्यक्त होने के बावजूद वे एक साथ अन्तर्राष्ट्रीय स्तर पर दृष्टि में नहीं थी।
02. परिवार की महत्ता को समझकर उस ओर नई पीढ़ी का झुकाव बढ़ रहा था।

द. राज्य स्तर पर परिवार का परिणाम

राज्य स्तर पर परिवार की स्थिति ने निम्न परिणामों को सार्वजनिक प्रमाणित रुप से व्यक्त कर दिया था।

01. विश्व स्तर पर परिवार के परिणामों के व्यक्त होने के बावजूद वे एक साथ राज्य स्तर पर दृष्टि में नहीं थी।
02. राज्य द्वारा परिवार को राज्य की छोटी इकाई तथा परिवारवाद को बढ़ावा देने के लिए व्यापक कदम की आवश्यकता व्यक्त हो रही थी।

य. भारतीय समाज स्तर पर परिवार का परिणाम

भारतीय समाज स्तर पर परिवार की स्थिति ने निम्न परिणामों को सार्वजनिक प्रमाणित रुप से व्यक्त कर दिया था।

01. विश्व स्तर पर परिवार के परिणामों के व्यक्त होने के बावजूद वे एक साथ परिवार स्तर पर दृष्टि में नहीं थी।
02. समाज के गठन और सामाजिक समस्याओं से मुक्ति के लिए परिवारवाद को बढ़ावा देना आवश्यक।

र. भारतीय परिवार स्तर पर परिवार का परिणाम

भारतीय परिवार स्तर पर परिवार की स्थिति ने निम्न परिणामों को सार्वजनिक प्रमाणित रुप से व्यक्त कर दिया था।

01. परिवार स्तर पर परिवार के परिणामों के व्यक्त होने के बावजूद वे एक साथ परिवार स्तर पर दृष्टि में नहीं थी।
02. परिवार के गठन और पारिवारीक समस्याओं से मुक्ति के लिए परिवार के सदस्यों में विचारों के व्यापकता को बढ़ावा देना आवश्यक।

ल. भारतीय व्यक्ति स्तर पर परिवार का परिणाम

भारतीय व्यक्ति स्तर पर परिवार की स्थिति ने निम्न परिणामों को सार्वजनिक प्रमाणित रुप से व्यक्त कर दिया था।

01. विश्व स्तर पर परिवार के परिणामों के व्यक्त होने के बावजूद वे एक साथ व्यक्ति स्तर पर दृष्टि में नहीं थी।
02. व्यक्ति के गठन और परिवार की महत्ता का ज्ञान व्यक्ति के व्यापक विचारों के साथ सम्मिलित करना आवश्यक।

07. व्यक्ति का परिणाम

अन्तिम कल्कि अवतार के अवतरण / प्रकट होने तक व्यक्ति का परिणाम विभिन्न स्तरों पर निम्न रुप में व्यक्त हो चुकी थी।

अ. विश्व स्तर पर व्यक्ति का परिणाम
ब. भारत देश स्तर पर व्यक्ति का परिणाम
स. अन्तर्राष्ट्रीय स्तर पर व्यक्ति का परिणाम
द. राज्य स्तर पर व्यक्ति का परिणाम
य. भारतीय समाज स्तर पर व्यक्ति का परिणाम
र. भारतीय परिवार स्तर पर व्यक्ति का परिणाम
ल. भारतीय व्यक्ति स्तर पर व्यक्ति का परिणाम

अ. विश्व स्तर पर व्यक्ति का परिणाम

विश्व स्तर पर व्यक्ति की स्थिति ने निम्न परिणामों को सार्वजनिक प्रमाणित रुप से व्यक्त कर दिया था।

01. व्यक्ति की महत्ता उसकी शारीरिक, आर्थिक, मानसिक, सामाजिक, राजनैतिक क्षमता ही आधार। न कि वेश-भूषा, संस्कृति, भाषा इत्यादि।
02. विश्व स्तर पर पहुँचने के लिए शारीरिक आधार न्यूनतम गति वाला, आर्थिक आधार मध्यम गति वाला तथा मानसिक आधार सार्वाधिक गति वाला माध्यम।

ब. भारत देश स्तर पर व्यक्ति का परिणाम

भारत देश स्तर पर व्यक्ति की स्थिति ने निम्न परिणामों को सार्वजनिक प्रमाणित रुप से व्यक्त कर दिया था।

01. विश्व स्तर पर व्यक्ति के परिणामों के व्यक्त होने के बावजूद वे एक साथ भारत देश स्तर पर दृष्टि में नहीं थी।
02. योग्य व्यक्तियों को अवसर न प्राप्त होने के कारण भारत की शक्ति में एकता नहीं और प्रतिभा के पलायन का कारण।

स. अन्तर्राष्ट्रीय स्तर पर व्यक्ति का परिणाम

अन्तर्राष्ट्रीय स्तर पर व्यक्ति की स्थिति ने निम्न परिणामों को सार्वजनिक प्रमाणित रुप से व्यक्त कर दिया था।

01. विश्व स्तर पर व्यक्ति के परिणामों के व्यक्त होने के बावजूद वे एक साथ अन्तर्राष्ट्रीय स्तर पर दृष्टि में नहीं थी।
02. विश्व स्तर के व्यक्ति का परिणामों का प्रयोग कर व्यक्ति अन्तर्राष्ट्रीय स्तर तक उठ सकता है।

द. राज्य स्तर पर व्यक्ति का परिणाम

राज्य स्तर पर व्यक्ति की स्थिति ने निम्न परिणामों को सार्वजनिक प्रमाणित रुप से व्यक्त कर दिया था।

01. विश्व स्तर पर व्यक्ति के परिणामों के व्यक्त होने के बावजूद वे एक साथ राज्य स्तर पर दृष्टि में नहीं थी।
02. विश्व स्तर के व्यक्ति के परिणामों का प्रयोग कर व्यक्ति, विश्व व राज्य स्तर तक उठ सकता है।

य. भारतीय समाज स्तर पर व्यक्ति का परिणाम

भारतीय समाज स्तर पर व्यक्ति की स्थिति ने निम्न परिणामों को सार्वजनिक प्रमाणित रुप से व्यक्त कर दिया था।

01. विश्व स्तर पर व्यक्ति के परिणामों के व्यक्त होने के बावजूद वे एक साथ भारतीय समाज स्तर पर दृष्टि में नहीं थी।
02. विश्व स्तर के व्यक्ति के परिणामों का प्रयोग कर भारतीय समाज विश्व राज्य स्तर तक उठ सकता है।
03. समाज स्तर पर व्यक्ति के मूल्यांकन की दृष्टि में दोष।

र. भारतीय परिवार स्तर पर व्यक्ति का परिणाम

भारतीय परिवार स्तर पर व्यक्ति की स्थिति ने निम्न परिणामों को सार्वजनिक प्रमाणित रुप से व्यक्त कर दिया था।

01. विश्व स्तर पर व्यक्ति के परिणामों के व्यक्त होने के बावजूद वे एक साथ भारतीय परिवार स्तर पर दृष्टि में नहीं थी।
02. विश्व स्तर के व्यक्ति के परिणामों का प्रयोग कर भारतीय परिवार विश्व स्तर तक उठ सकता है।
03. भारतीय परिवार स्तर पर व्यक्ति के मूल्यांकन की दृष्टि में दोष।

ल. भारतीय व्यक्ति स्तर पर व्यक्ति का परिणाम

भारतीय व्यक्ति स्तर पर व्यक्ति की स्थिति ने निम्न परिणामों को सार्वजनिक प्रमाणित रुप से व्यक्त कर दिया था।

01. विश्व स्तर पर व्यक्ति के परिणामों के व्यक्त होने के बावजूद वे एक साथ भारतीय व्यक्ति स्तर पर दृष्टि में नहीं थी।
02. विश्व स्तर के व्यक्ति के परिणामों का प्रयोग कर भारतीय व्यक्ति विश्व स्तर तक उठ सकता है।
03. भारतीय व्यक्ति स्तर पर व्यक्ति के मूल्यांकन की दृष्टि में पूर्ण दोष।
04. भारतीय व्यक्ति और व्यक्ति के स्वरुप में बहुत अधिक विपरीत ध्रुवीय अन्तर।

08. स्थिति के विकास का परिणाम

अन्तिम कल्कि अवतार के अवतरण / प्रकट होने तक स्थिति के विकास का परिणाम विभिन्न स्तरों पर निम्न रुप में व्यक्त हो चुकी थी।

विश्व, भारत, अन्तर्राष्ट्रीय, राज्य, भारतीय समाज, भारतीय परिवार, भारतीय व्यक्ति स्तर पर विभिन्न विषयों-धर्म, विज्ञान, राज्य, समाज, परिवार, व्यक्ति की स्थिति के विकास ने निम्न परिणामों को सार्वजनिक प्रमाणित रुप से व्यक्त कर दिया था।

01. विकास दोनों-विकास और विनाश (विपरीत) दिशाओं में हो रहा था। जिसकी शक्तियां एक दूसरे को उदासीन बना रही थी और तनाव बढ़ा रही थी।
02. स्थिति के विकास की स्थिति और परिणाम सार्वजनिक रुप से व्यक्त होने के बावजूद वह व्यक्ति से विश्व के समक्ष एक साथ दृष्टि में नहीं थी। यदि किसी व्यक्ति या देश के समक्ष व्यक्त भी था तो वह निष्क्रिय था।
03. शक्ति को एक मुखी कर विकास और तनाव मुक्त करने की सार्वजनिक प्रमाणित विश्व व्यापी आवश्यकता व्यक्त हो चुकी थी।

09. विज्ञान का राज्य और धर्म पर प्रभाव

अन्तिम कल्कि अवतार के अवतरण / प्रकट होने तक विज्ञान का राज्य और धर्म पर प्रभाव पर निम्न रुप में व्यक्त हो चुकी थी।

अन्तिम अवतार के अवतरण तक विज्ञान विकसित हो मनुष्य जीवन के सभी विषयों में व्याप्त हो चुका था। मनुष्य विज्ञान में ही जन्म ग्रहण करता था, जीता था तथा मृत्यु को प्राप्त होता था। उसका एक भी ऐसा व्यवहार नहीं था जिसमें विज्ञान का अंश न हो।

विज्ञान अपने प्रत्येक आविष्कारों से धर्म के उन सभी शाखाओं का विध्वंश कर चुका था जो सिर्फ व्यक्तिगत मनुष्य के आचार व्यवहार, रहन-सहन, आस्था इत्यादि तथा समाज के नियन्त्रण व स्वार्थपरतावश निर्मित किया गया था। प्रत्येक महापुरुष द्वारा जिस जाति विभाग और छुआ-छुत को तोड़ने के लिए जीवन भर प्रयत्न करने के बावजूद भी सफलता प्राप्त नहीं हो पायी थी। वह विज्ञान द्वारा औद्योगिक क्रान्ति, यातायात, वैज्ञानिक समाज इत्यादि के विकास से स्वतः ही टुटता जा रहा था। यदि बची थी तो व्यक्ति के अन्दर मात्र जाति और छुआ-छूत की मानसिक खुजलाहट। छुआ-छूत का आधार जाति न होकर स्वच्छता और गन्दगी ने लिया था जो व्यक्ति के विकास में और स्वस्थता में सहायता ही कर रहा था। फिर भी जो सब धर्म के शुद्ध व्यक्तिगत शाखाओं में उलझे थे वे उनकी व्यक्तिगत स्वतन्त्रता का ही उदाहरण था और स्वयं उनके संकीर्णता का प्रतीक बन उन्हें ही विकास में बाधा पहुँचाते हुये हानि पहुँचा रहा था। जबकि सार्वजनिक जीवन में जाति और छुआ-छूत राजनीति और परम्परा को ढोने की औपचारिकता मात्र थी। विज्ञान ने धर्म के प्रचार-प्रसार के लिए व्यापक साधन तथा माध्यम का निर्माण कर दिया था जिससे धर्म प्रचारकों को पैदल यात्रा और विचार प्रसार जैसी समस्या के लिए हल प्राप्त हो चुका था। मौखिक से अब वह व्यक्त साहित्य, आडियो-विजुवल (दृश्य-श्रव्य) मीडिया इत्यादि के द्वारा अधिक तीव्रता से सम्भव हो चुका था। साथ ही एक ही विषय के लिए बार-बार व्याख्या से भी मुक्ति पायी जा चुकी थी।

विज्ञान ने राज्य क्षेत्र को उसके बढ़ते दायित्व व कर्तव्य के लिए अनेक संसाधन उपलब्ध करा दिये थे। जिससे बढ़ती जनसंख्या और व्यापक क्षेत्र को नियन्त्रित करने की समस्या का समानान्तर रुप से हल प्राप्त होता जा रहा था। धर्म को राज्य से अलग करने और धर्म के विश्व व्यापक स्वरुप के निर्माण में विज्ञान की मुख्य भूमिका बन चुकी थी। अर्थात् विज्ञान ही वह कारण था जो धर्म को राज्य से अलग कर धर्म के वास्तविक विश्वव्यापक रुप (समष्टि धर्म) को राज्य के साथ सम्मिलित कर रहा था। धर्म की वे सभी शाखाएं जो व्यक्तिगत मनुष्य के आचार-व्यवहार,

रहन-सहन, आस्था इत्यादि (व्यष्टि धर्म) से जुड़ी थी वे राज्य से अलग हो चुकी थी। जबकि वे जो मनुष्य तथा समाज के शारीरिक, आर्थिक एवं मानसिक विकास के लिए आवश्यक थी वे सभी राज्य द्वारा संचालित हो रहे थे। साथ ही राज्य सभी प्रकार के आचार-व्यवहार, रहन-सहन, आस्था इत्यादि पर आधारित धर्म (सम्प्रदाय) के प्रति समान भाव रखते हुये उन्हें संस्कृति का अंग समझ उनके विकास, सुरक्षा, आयोजन, आपसी सद्भाव के लिए सहयोग भी कर रहा था।

10. ब्रह्माण्डीय स्थिति और परिणाम

अन्तिम कल्कि अवतार के अवतरण / प्रकट होने तक ब्रह्माण्डीय स्थिति और परिणाम निम्न रुप में व्यक्त हो चुकी थी।

प्रकृति अपने सन्तुलन के लिए अपनी भाषा परिवर्तन या आदान-प्रदान के रुप से भूकम्प, रोग-व्याधि, बाढ़, सूखा, तूफान, अतिवृष्टि (अधिक वर्षा) इत्यादि व्यक्त करती रहती है। साथ ही खगोलिय घटनाओं को भी प्रदर्शित करती रहती है। ये घटनाएँ आश्चर्यजनक, संकटमय, विनाशक तो होती ही हैं साथ ही वह एक सूचक भी होती हैं खगोलीय घटनाओं में सूर्य व चन्द्र ग्रहण साधारण घटना है जो खगोल विज्ञानियों के अनुसार वर्ष में दो से पाँच बार तक हो सकते हैं। वहीं भारतीय ज्योतिष विज्ञान इस घटना से भक्ति के उत्पन्न होने के कारण काल के आयु की क्षति मानता है।

खगोलिय घटनाएँ तो अक्सर घटा करती हैं परन्तु दिनांक 24 अक्टूबर 1995 से 16 जुलाई 2000 के समय में सर्वाधिक घटनाएं हो चुकी थी। अन्तिम कल्कि अवतार के अवतरण / प्रकट होने तक जो खगोलिय घटना घट चुकी थी वे इस प्रकार थी।

-8 जुलाई 165 ई0 पू0, 28 जुलाई 118 ई0 पू0, 23 जुलाई 117 ई0 पू0 में पूर्ण सूर्यग्रहण जो भारत के कुरुक्षेत्र में दिखाई दिया था।

-17 नवम्बर 1966 की रात लियोनिड (लियो सिंह सहित) उल्काओं की बौछार।

दिनांक 24 अक्टूबर 1995 से 16 जुलाई 2000 तक का समय सर्वाधिक खगोलीय घटनाओं वाला समय रहा है। जिसमें

-24 अक्टूबर 1995 अमावस्या दीपावली के दिन पूर्ण सूर्यग्रहण

-1995 के अन्त में-गणेश जी का दूध पीना तथा उत्तर भारत के शिव मन्दिरों में स्थित शिवलिंगों का रंग बदलना जिससे तीसरे नेत्र के खुलने का अनुमान अलग घटना है। (देखें-"अमर उजाला" इलाहाबाद संस्करण 25-6-1999)

-18 से 22 नवम्बर 1997 (पाँच दिन) तक आठ ग्रहों का 130 डिग्री के बीच आना

-1 जनवरी 1998-ईसाई, ईस्लाम और हिन्दू का महत्वपूर्ण दिन क्रमशः नया वर्ष 1 जनवरी 1998, रमजान का प्रारम्भ और वृहस्पतिवार (विष्णु का दिन) प्रथम बार एक ही दिन संयोग हुआ।

-15 जून 1998-ऐतिहासिक शिकागो वकृतता के बाद स्वामी विवेकानन्द के भारत लौटने का 100 वर्ष भी पूर्ण हुआ। शिकागो वकृतता के समय स्वामी विवेकानन्द के उम्र 30 वर्ष 7 माह 29 दिन के बराबर उम्र लव कुश सिंह "विश्वमानव" ने 15 जून 1998 को पूर्ण किया है।

-फरवरी व मार्च 1999 में एक ही महीनें में दो पूर्ण चाँद

-11 अगस्त 1999 को पूर्ण सूर्य ग्रहण

-सन् 1999-1999 में ही सावन मास का मलमास या पुरुषोत्तम मास या अधिक मास या अधिमास के रुप में शिवभक्ति के लिए अतिरिक्त माह हुआ है।

-15 अगस्त 1999-14-15 अगस्त 1947 की रात जब भारत स्वतन्त्र हुआ था तब आठों ग्रह सहित सूरज चाँद अर्थात् पूरा सौरमण्डल भारत के आकाश में अनुपस्थित था जबकि उपरोक्त समय के स्वतन्त्रता दिवस 15 अगस्त

1999 को मंगल और चाँद को छोड़ सभी ग्रह और तारे पहली बार लाल किले पर झण्डा फहराने के समय उपस्थित थे। (देखें-"दैनिक जागरण" वाराणसी संस्करण, दि0 15-08-1999)
-18 नवम्बर 1999 को उल्काओं की आतिशबाजी का नजारा
-22 दिसम्बर 1999 को 133 वर्ष बाद सबसे बड़ा चाँद
-5 मई 2000 को 26 डिग्री के बीच सूर्य-चाँद सहित पाँच ग्रहों का आना
-16 जुलाई 2000 गुरुपूर्णिमा के दिन ही पूर्ण चन्द्रग्रहण है।
-26 अक्टुबर 2000 को दिपावली तथा मुसलमानो का ज्योति पर्व "मेराजुन्नबी" की एकता
-17 नवम्बर 2000 को लियो (सिंह) राशि की ओर से उल्कापात
-13 दिसम्बर 2000 को जेमिनी (मिथुन) राशि की ओर से उल्कापात
-सन् 2000-भारत के लिए संविधान के 50 वर्ष पूरे।
-अन्य सूर्यग्रहण इस प्रकार हुये-21 जून 2001 (पूर्ण), 14 दिसम्बर 2001 (आंशिक), 10 जून 2002 (आंशिक), 4 दिसम्बर 2002 (पूर्ण), 23 नवम्बर 2003 (पूर्ण), 8 अप्रैल 2005 (पूर्ण-आंशिक), 29 मार्च 2006 (पूर्ण), 1 अगस्त 2008 (पूर्ण), 22 जुलाई 2009 (पूर्ण)।
-23 दिसम्बर, 2012 (ज्योतिषाचार्य श्रीरामनरेश त्रिपाठी, इलाहाबाद के अनुसार) 23 दिसम्बर, 2012 की दोपहर एक बजे से राहु एवं केतु अपनी राशि बदलेंगे। दो विषम ग्रह राहु और शनि एक ही घर में बैठने जा रहे हैं। दोनों एक साथ कुल 18 महीने रहेंगे। ऐसा योग पूरे 147 वर्ष बाद बनने जा रहा है। यह योग सन् 1865 में बना था। 2012 के बाद यह योग अब सन् 2161 में 194 साल बाद बनेगा। 147 वर्ष बाद बन रहे इस योग से राजनीतिक व सामाजिक दृष्टि से कई परिवर्तन होंगे। ज्योतिषाचार्य रवि किशन मिश्रा, इलाहाबाद के अनुसार-कुंभ के अवसर पर शनि-राहु का योग पड़ना किस्मत में कई उलटफेर की ओर इशारा करता है। परोपकार करने वाले और सच्चे दिल वाले लोगों के लिए यह योग फलदायक होगा। (साभार-18 दिसम्बर, 2012 दैनिक जागरण, वाराणसी)
-बुधवार, 28 अगस्त, 2013 को हम सबने जन्माष्टमी का महापर्व मनाया। महापर्व इसलिए क्योंकि श्रीकृष्ण भगवान के जन्म के बाद पहली बार यह योग बना है। अर्थात् पूरे 5241 वर्षों बाद। 28 अगस्त, 2013, रात्रि 12 बजकर 12 मिनट का दिन, नक्षत्र, घड़ी, लगन, मुहूर्त, योग आदि विशेष सभी उसी समान था। जब भगवान श्रीकृष्ण का जन्म हुआ था। उस समय चन्द्रमा वृष राशि में उच्च लग्न में स्थित था, सूर्य सिँह राशि में स्थित था, नक्षत्र भी रोहिणी थी, भाद्रपद कृष्ण अष्टमी और दिन भी बुधवार था, काल सर्प योग भी था। अर्थात् ऐसे योग भगवान श्रीकृष्ण के जन्म के बाद पहली बार बने हैं। ये सब देख कर मन उत्साहित हुआ क्योंकि इतिहास गवाह है। जब-कंस और रावण आएंगे भगवान किसी न किसी रूप में हमारे सामने जरूर आयेंगे चाहे श्रीराम के रूप में या श्रीकृष्ण रूप में। तो क्या इस होनी को एक दिव्य संकेत माने ! हमें ऐसा लगता है-अवश्य ही कुछ अच्छा होने वाला है क्योंकि जब कंस था, तभी भगवान श्रीकृष्ण का जन्म हुआ था। और अब तमाम तरीके के समस्याएं कंस की तरह समाज में जो फैली हैं संभवतः इंनके खात्में का समय आ गया है।
-मंगलवार, 31 दिसम्बर, 2013 की रात 12 बजे से सन् 2014 का पंचांग तिथि, दिन, घड़ी, ग्रह, नक्षत्र ठीक वैसे ही हैं जैसे भारत के स्वतन्त्रता वर्ष 1947 के थे। ज्योतिष के जानकार इसे बड़े बदलाव का संकेत मानते हैं।

ग्रहों के सम्मिलन व समय के योग से ज्योतिष विज्ञान काल परिवर्तन और नये युग की शुरुआत तथा ईश्वर के अवतरण की सूचना का प्रतीक मानता है। तो वर्तमान, विज्ञान उसे मात्र एक ब्रह्माण्डीय घटना मानता है।

उपरोक्त घटनाएं एवं संयोग विश्व, भारत, अन्तर्राष्ट्रीय, राज्य, समाज, परिवार और व्यक्ति सहित विज्ञान और धर्म क्षेत्र के समक्ष व्यक्त थी परन्तु वह एक-एक कर घटित होती गयी और वह इतिहास बन गयी। सभी घटनाएं अलग-अलग क्षेत्रों के समक्ष अलग-अलग रुप में ज्ञान में थी न कि एक साथ। परिणामस्वरुप कोई भी परिणाम विश्व, भारत, राज्य, अन्तर्राष्ट्रीय, समाज, परिवार, व्यक्ति, विज्ञान व धर्म क्षेत्र देने में सक्षम नहीं था अर्थात् वह इन घटनाओं से पूर्ण मुक्त था।

11. विश्व के समक्ष भारत की स्थिति और परिणाम

भारत अपनी स्वतन्त्रता प्राप्ति के बाद अर्थात् 15 अगस्त 1947 के बाद से अन्तिम अवतार के अवतरण तक के समय तक प्रत्येक विषय क्षेत्र में विकास के चरम स्थिति को प्राप्त कर चुका था। मैकाले की शिक्षा पद्धति का प्रभाव था कि भारत का व्यक्ति प्रत्येक विषय क्षेत्र में विशेषीकृत हो उसके चरम विकसित स्तर को प्राप्त कर रहा था तो वहीं इस शिक्षा पद्धति का दुष्प्रभाव यह था कि एक विशेषीकृत व्यक्ति दूसरे अन्य विषय से बहुत दूर जा चुका था परिणामस्वरुप सभी विश्व क्षेत्रों के विकास से प्राप्त शक्तियों के एकीकरण का मार्ग को आविष्कृत कर पाना भारतीयों से असम्भव हो गया था। साथ ही सभी विशेषीकृत व्यक्ति अपने विषय क्षेत्र से ही सम्पूर्ण कल्याण कर देने की संकीर्णता में उलझ गये थे तथा एक दूसरे पर अपने विषय की प्राथमिकता सिद्ध करने की होड़ में लग गये थे।

भारतीयों का प्रत्येक क्षेत्र में इस विकास से विश्व के शक्तिशाली देशों की दृष्टि भारत के महत्व को विश्व स्तर पर समझा जाने लगा था। तथा भारत विश्व के समक्ष खड़ा होने की कोशिश प्रारम्भ कर चुका था। वहीं भारतीय राजनेता अपनी संकीर्णता, भ्रष्टाचार, जातिवाद, अपराधियों को संरक्षण एवं अपराधियों का राजनेता रुप में परिवर्तन, अन्तर्राष्ट्रीय व वैज्ञानिक समझ का अभाव जैसी दुर्गुण चरित्र भारत को विश्व स्तर पर उठाने के लिए बाधक भी बनने लगा था जिसके सम्बन्ध में संयुक्त राष्ट्र महासचिव कोफी अन्नान का वक्तव्य, अमेरिकी राष्ट्रपति विल क्लिंटन का वक्तव्य, रुस, जर्मनी और जापान का सहयोग, पोप जान पाल द्वितीय (ईसाइयों के धर्म गुरु) का वक्तव्य, बौद्ध धार्मिक गुरु दलाई लामा के वक्तव्य प्रमाण थे। कैरेबियाई द्वीप समूह के त्रिनिदाद टोबैको देश में पैदा हुये विल्टशायर, ब्रिटेन के निवासी एवं भारतीय मूल के अन्तर्राष्ट्रीय ख्यातिप्राप्त अंग्रेजी के सबसे बड़े जीवित लेखक बी0 एस0 नायपाल (विद्याधर सूरज प्रसाद नायपाल) जिनके किताबों को इतिहास का दस्तावेज कहा जाता है, का वक्तव्य भारत के सम्बन्ध में अति महत्वपूर्ण है। उनका वक्तव्य है-"सन् 1962 में भारत पर आधारित "एरिया आफ डार्कनेस" पुस्तक की रचना करते समय वह भारत में हो रहे जिस बदलाव को नहीं समझ पाये थे, वह अब समझ में आ रहे हैं। यह स्पष्ट रुप से दिख रहा है कि भारत बौद्धिक विकास के विस्फोट के मुहाने पर खड़ा है। हर क्षेत्र में भारतीयों का दखल हो रहा है। वह समय दूर नहीं, जब भारत भी पूरी दुनियां में अपना लोहा मनवायेगा। हालांकि इसका लाभ उठाने के लिए भारत को अतीत की पहेलियों को सुलझाना होगा। भारत एक बार नहीं बल्कि कई बार आक्रान्ताओं द्वारा रौंदा गया। उस पर आक्रमण करने वाले वे लोग थे, जो अपने साथ एक धर्म भी लेकर आये थे। वह एक ऐसा धर्म था, जो भारत के लोगों के धर्म से घृणा करता था। हालांकि भारत में किसी भी जानकार आदमी से पूछिये, तो वह इतिहास की इन बातों को आसानी से बता देगा। लेकिन भारतीयों में उन ऐतिहासिक घटनाओं को सही परिप्रेक्ष्य में देखने की दृष्टि विकसित नहीं हो पायी है। और, अतीत की गुत्थियों को सुलझाने के लिए यह बहुत जरुरी है। इतिहास को पढ़कर मैंने यही समझा। वैसे भी आदमी चाहे कितना बड़ा विद्वान क्यों न हो जायें, कोई पूर्ण ज्ञानी होने का दावा नहीं कर सकता है। खासकर भारत जैसे देश, जहाँ इतिहास लिखने की परम्परा नहीं रही है, के अतीत को समझना बहुत मुश्किल है। मैंने भी विभिन्न श्रोतों को खंगाल कर अपना नजरिया कायम किया है। अंग्रेजों ने भारत को इतना बर्बाद नहीं किया, जितना मुस्लिम आक्रमणकारियों ने। वैसे गौर से देखा जाये तो अंग्रेजों ने तो मुस्लिम आक्रमणियों द्वारा तहस-नहस कर दिये गये भारत के घाव पर मरहम लगाया। आज भारत उन्हीं संस्थाओं पर टिका है, जो अंग्रजों ने खड़ी की थी।"

पं0 श्रीराम शर्मा आचार्य द्वारा हरिद्वार उत्तर प्रदेश में स्थापित शान्ति कुन्ज गायत्री परिवार से सन् 1996 में प्रकाशित एक लेख में कहा गया था कि-"हालैण्ड निवासी भविष्य वक्ता मि0 क्राइसे की यह भविष्यवाणी है वे यह स्पष्ट रुप से देख रहे हैं कि तीन ओर समुद्र से घिरा हुआ देश जहाँ सर्पों की पूजा होती है वहाँ एक महापुरुष का जन्म हो चुका है जो विश्व के लिए योजनायें तैयार कर रहा है उसके पीछे करोड़ों लोग चलेंगे और उसकी बातों को मानेंगे। वे लोग एक साथ स्थान पर एकत्रित होकर आग में कुछ सुगन्धित वस्तुयें डालकर खुश होंगे।" इस प्रकार यह स्पष्ट हो चुका था कि जिन लोगों के पास दिव्य-दृष्टि अर्थात् एक साथ विभिन्न दिशाओं से देखने की दृष्टि अर्थात् भूमण्डलीकृत दृष्टि थी वे भारत के उभरते स्वरुप को स्पष्ट देख रहे थे। और यह क्रम समयानुसार बढ़ता ही जा रहा

था। भारतीय महात्माओं में स्वामी विवेकानन्द, महर्षि अरविन्द, पं0 दीन दयाल उपाध्याय, आचार्य रजनीश "ओशो" इत्यादि ने भी उसके पहले ही व्यक्त कर दिया था। जबकि भारतीय धर्म साहित्यों द्वारा भगवान विष्णु के दस अवतार के निर्धारण द्वारा यह बहुत पहले निर्धारित कर दिया गया था। अन्तिम अवतार के अवतरण के साथ देश-काल-मुक्त-ज्ञान क्षेत्र पूर्ण हो जायेगा जो शेष बचेगा वह है एकीकरण के द्वारा धरती का स्वर्ग में परिवर्तन और मनुष्य का ऐसा अतिबहुमुखी पूर्ण विकास जिस पर मनुष्य को स्वयं ही अविश्वसनीय आश्चर्य हो।

12. दृश्य पदार्थ विज्ञान और अदृश्य आध्यात्म विज्ञान

स्थिति एवं परिणाम

अन्तिम कल्कि अवतार के अवतरण / प्रकट होने तक मनुष्य की संख्या बढ़ने से आवश्यकता और संसाधन के लिये मनुष्य विवशतावश जिस दृश्य पदार्थ विज्ञान की ओर बढ़ गया था। वह अपने आविष्कारों द्वारा अदृश्य आध्यात्मिक सिद्धान्तों का सार्वजनिक प्रमाणित सिद्धान्त रुप में प्रमाणिकता सिद्ध कर चुका था। दृश्य पदार्थ विज्ञान, दृश्य पदार्थ द्वारा एकत्व का आविष्कार का ज्ञान था तो अदृश्य आध्यात्म विज्ञान अदृश्य मन द्वारा एकत्व का आविष्कार का विज्ञान था। दृश्य पदार्थ विज्ञान, अदृश्य आध्यात्म विज्ञान का दृश्य रुप तथा अदृश्य आध्यात्म विज्ञान, दृश्य पदार्थ विज्ञान के अदृश्य रुप में सार्वजनिक प्रमाणित रुप से व्यक्त हो चुका था। परिणामस्वरुप दोनों में एकता स्थापित अर्थात् धर्म के वास्तविक स्वरुप अर्थात् विश्व धर्म की स्थापना के लिए व्यापक सार्वजनिक प्रमाणित आधार प्राप्त हो चुका था।

भाग-3

पाँचवाँयुग: सत्ययुग/स्वर्णयुग

र. सार्वजनिक प्रमाणित पूर्ण प्रेरक अवतार

10. दृश्य काल के सार्वजनिक प्रमाणित काल में सार्वजनिक प्रमाणित पूर्ण दृश्य सत्य चेतना से युक्त संघ और योजना (दृश्य यज्ञ या कर्म) आधारित कलियुग के अन्त में विष्णु के दसवाँ और अन्तिम - भोगेश्वर श्री लव कुश सिंह "विश्वमानव" निष्कलंक कल्कि अवतार - विश्वभारत (मानक वैश्विक व्यक्ति चरित्र)

आदर्श वैश्विक व्यक्ति चरित्र सहित सभी अवतारों का सम्मिलित गुण व मन निर्माण की प्रक्रिया से निर्मित अन्तिम मन स्वामी विवेकानन्द के मन के गुण मिलकर दसवें अन्तिम अवतार श्री लव कुश सिंह "विश्वमानव" में व्यक्त हुआ।

मुख्य-गुण सिद्धान्त - विश्व धर्म / वेदान्त धर्म / अद्वैत धर्म / एकता धर्म / लोकतन्त्र धर्म / समष्टि धर्म / प्राकृतिक धर्म / सत्य धर्म / संयुक्तमन धर्म / ईश्वर धर्म / हिन्दू धर्म / सार्वजनिक धर्म / दृश्य धर्म / मानव धर्म / धर्मनिरपेक्ष धर्म - लव कुश सिंह "विश्वमानव" - सन् 2012 ई0 - पूर्ववर्ती सभी धर्मों व मतों का समन्वय व एकीकरण करते हुये निराकार आधारित लोकतंत्र व्यवस्था का वृक्ष शास्त्र विश्व-नागरिक धर्म का धर्मयुक्त धर्मशास्त्र-कर्मवेद: प्रथम, अन्तिम तथा पंचम वेदीय श्रृंखला विश्व-राज्य धर्म का धर्मनिपेक्ष धर्मशास्त्र- विश्वमानक-शून्य: मन की गुणवत्ता का विश्वमानक श्रृंखला, आदर्श मानक सामाजिक व्यक्ति चरित्र समाहित आदर्श मानक वैश्विक व्यक्ति चरित्र अर्थात् सार्वजनिक प्रमाणित आदर्श मानक वैश्विक व्यक्ति चरित्र का प्रस्तुतीकरण।

सन् 2015 ई0
सन् 2016 ई0
सन् 2017 ई0
सन् 2018 ई0
सन् 2019 ई0
सन् 2020 ई0
वर्ष 2020 ई0 में खगोलिय घटना: 6 ग्रहण (4 चंद्र ग्रहण, 2 सूर्य ग्रहण)
वर्ष 2020 ई0 में प्राकृतिक घटना: कोरोना (COVID-19) वायरस से वैश्विक महामारी
वर्ष 2020 ई0: सार्वभौम एकात्मता-मानवता का सन्देश
वर्ष 2020 ई0 का खगोलिय सन्देश
वर्ष 2020 ई0 का प्राकृतिक सन्देश
वर्ष 2020 ई0 का सार्वभौम सन्देश
वर्ष 2020 ई0 का अवतारी सन्देश
वर्ष 2020 ई0 का एंतोनियो गुटेरेश (महासचिव, संयुक्त राष्ट्र) का सन्देश

वर्तमान समय - इतिहास लौट चुका है

मंगलवार, 17 फरवरी, 2015 ई0
(महाशिवरात्रि)

बीस साल बाद बना शुभ संयोग-1994 के 20 वर्ष बाद 2015 में महाशिवरात्रि के अवसर पर तीन दिन में तीन शुभ संयोग बने। महाशिवरात्रि, महानिशा काल में शिव पूजन और महामंगल योग। महानिशा काल में महाकाल का पूजन राष्ट्र मंगल की दृष्टि से शुभ फल प्रदान करने वाला रहता है।

श्री लव कुश सिंह "विश्वमानव" द्वारा भारत सरकार को लिखा गया पत्र जिसे पंजीकृत डाक द्वारा काशी (वाराणसी), उत्तर प्रदेश, भारत से दिनांक - बुधवार, 25 फरवरी, 2015 को प्रेषित किया गया। जिसका विषय था –

"वर्तमान समय में पूर्व के सभी ईश्वर के अवतारों और शास्त्रों, धर्माचार्यों, सिद्धों, संतों, महापुरूषों, भविष्यवक्ताओं, तपस्वीयों, विद्वानों, बुद्धिजिवीयों, व्यापारीयों, दृश्य व अदृश्य विज्ञान के वैज्ञानिकों, सहयोगीयों, विरोधीयों, रक्त-रिश्ता-देश सम्बन्धियों, उन सभी मानवों, समाज व राज्य के नेतृत्वकर्ताओं के विचारों के एकीकरण व समावेश द्वारा विश्व के सबसे बड़े लोकतन्त्र के संविधान की पूर्णता और सत्यीकरण के लिए "सार्वभौम आध्यात्मिक सत्य" आधारित एक नई अनन्त विकासशील दिशा प्राप्त हो चुकी है जिसके कारण वे अधूरे थे। जो "काशी-सत्यकाशी" को राष्ट्रगुरू और भारत को जगतगुरू बनाने सहित नागरिक व लोकतन्त्र की स्वस्थता व पूर्णता सम्बन्धित स्थापना स्तर पर शासनिक प्रक्रियानुसार अन्तिम मार्ग है। भविष्यवाणीयों के अनुसार ही जन्म, कार्य प्रारम्भ और पूर्ण करने का समय और जीवन है। ऋषि परम्परानुसार राज्य कार्य में अनावश्यक हस्तक्षेप न करते हुये भारत सरकार को इस आविष्कार - मन (मानव संसाधन) का विश्व मानक (WS-0) श्रृंखला एवं पूर्ण मानव निर्माण की तकनीकी – WCM-TLM-SHYAM.C की उपलब्धता की सूचना देना मेरा कर्तव्य है जिससे जब भी राष्ट्र को उसकी आवश्यकता हो, उसे समर्पित किया जा सके। जिसका विस्तृत विवरण वेबसाइट www.moralrenew.com पर उपलब्ध है।

देश के हजारों विश्वविद्यालय और अन्य बुद्धि शक्ति जिस दिशा की पहचान व कार्य को पूर्ण नहीं कर पा रहे थे वह एक ही व्यक्ति द्वारा स्वयं के संसाधन, इच्छा व नागरिक कर्तव्य की भावना से पूर्ण किया जा चुका है जो अनेक पुरस्कारों के भी पूर्णतः योग्य है। ऋषि प्रणाली अनुसार इस आविष्कार को पुनर्निर्माण - सत्य शिक्षा का राष्ट्रीय तीव्र मार्ग (RENEW – Real Education National Express Way) कार्यक्रम द्वारा सर्वसाधारण तक पहुँचाने का प्रयत्न जारी है जो अपने वानप्रस्थ जीवन (उम्र 50 वर्ष पूर्णता के बाद) में प्रवेश करने के दिनांक 16 अक्टुबर 2017 तक चलेगा, उसके उपरान्त यह पूर्णतः नागरिकों व राष्ट्र पर इसकी आवश्यकता व उपयोगिता निर्भर रहेगी। क्योंकि वानप्रस्थ आश्रमानुसार बिना माँगे अपने विचार देने का प्राविधान नहीं है। जब स्वयं की शान्ति, इच्छा व आवश्यकता बाधित हो तो आन्दोलन की जा सकती है परन्तु ज्ञान के इस युग की ऐसी स्थिति में जब नागरिक और राष्ट्र की शान्ति, इच्छा व आवश्यकता बाधित हो तब आविष्कार और दिशा की उपलब्धता की सूचना मात्र ही दी जा सकती है। जिसकी शान्ति, इच्छा व आवश्यकता बाधित हो आन्दोलन वही कर सकता है। मेरी शान्ति, इच्छा व आवश्यकता केवल इस आविष्कार को उपलब्ध कराने में ही थी। नागरिकों को पूर्ण ज्ञान चाहिए तो वे पुनर्निर्माण - सत्य शिक्षा का राष्ट्रीय तीव्र मार्ग द्वारा आयें और भारत को विश्वगुरू बनने की इच्छा हो तब उसे आविष्कार की स्थापना पर कार्य करना चाहिए।

इस क्रम में भारत सरकार के माध्यम से इस आविष्कार - मन (मानव संसाधन) का विश्व मानक (WS-0) श्रृंखला एवं पूर्ण मानव निर्माण की तकनीकी – WCM-TLM-SHYAM.C पर देश सहित विश्व के बुद्धिशक्ति का ध्यान केन्द्रित कर उस पर निर्णय करना आवश्यक है जिससे हम सभी आने वाली पीढ़ी को एक सुरक्षित व बौद्धिक विकासशील विश्व दे सकें।"

- लव कुश सिंह "विश्वमानव"

111 वर्ष पूर्व 4 जुलाई, 1902 ई0 को आम आदमी के रूप में नरेन्द्र नाथ दत्त और विचार से सर्वोच्च विश्वमानव के रूप में स्वामी विवेकानन्द ब्रह्मलीन हुये थे। उन्होंने कहा था -"मन में ऐसे भाव उदय होते हैं कि यदि जगत् के दुःख दूर करने के लिए मुझे सहस्त्रों बार जन्म लेना पड़े तो भी मैं तैयार हूँ। इससे यदि किसी का तनिक भी दुःख दूर हो, तो वह मैं करूंगा और ऐसा भी मन में आता है कि केवल अपनी ही मुक्ति से क्या होगा। सबको साथ लेकर उस मार्ग पर जाना होगा।" (पृ0-67, विवेकानन्द जी के संग में, राम कृष्ण मिशन प्रकाशन) वर्तमान में उनके तीन रूप व्यक्त हो चुके हैं जो निम्नलिखित हैं-

1. भारत के सर्वोच्च पद पर सुशोभित श्री प्रणव मुखर्जी, राष्ट्रपति, भारत, उनके संस्कृति को लेकर।
2. भारत के सर्वोच्च अधिकार के पद पर सुशोभित श्री नरेन्द्र मोदी, प्रधानमंत्री, भारत, उनके नाम को लेकर।
3. भारत के आम आदमी के रूप में श्री लव कुश सिंह "विश्वमानव", काशी-सत्यकाशी क्षेत्र, भारत, उनके विचार "विश्व-बन्धुत्व" एवं "वेदान्त की व्यावहारिकता" की स्थापना के लिए शासनिक प्रणाली के अनुसार स्थापना स्तर तक की प्रक्रिया को लेकर।

भारत सरकार व उसके अनेक मंत्रालयों द्वारा अन्तर्राष्ट्रीय मानकीकरण संगठन के प्रमाण पत्र आई.एस.ओ-9000 (ISO-9000) गुणवत्ता का प्रमाण पत्र प्राप्त करने की प्रक्रिया प्रारम्भ।

श्री लव कुश सिंह "विश्वमानव" द्वारा नागरिकों व संस्था (व्यष्टि व समष्टि) के गुणवत्ता का विश्वमानक - 0 (WS-0) श्रृंखला आविष्कृत।

"भारत विश्व गुरू कभी हुआ करता था लेकिन अब नहीं है। इसका सबसे बड़ा प्रमाण यह है कि भारत वैश्विक सिद्धान्तों से प्रभावित है। भारत उस दिन वर्तमान युग में पुनः विश्व गुरू बन जायेगा जब वह अपने सार्वभौम सिद्धान्तों से विश्व को प्रभावित व संचालित करने लगेगा। काशी-सत्यकाशी क्षेत्र इस दृश्य काल में मतों (वोटों) से नहीं बल्कि शिव-तन्त्र के शास्त्र से किसी का हो सकता है। सार्वभौम सत्य - आत्म तत्व के आविष्कार से भारत विश्व गुरू तो है ही परन्तु दृश्य काल में विश्व गुरू बनने के लिए सार्वभौम सत्य-सिद्धान्त चाहिए जिससे विश्व संविधान व लोकतन्त्र को मार्गदर्शन मिल सके। शिक्षा द्वारा मानव मन को सत्य से जोड़ने, काशी को राष्ट्र गुरू और भारत को जगत गुरू बनाने और ज्ञान को सबके द्वार पर पहुँचाने का कार्य आप सभी की इच्छानुसार प्रारम्भ किया जा रहा है। आपने कहा हमने शुरू किया।" **- श्री लव कुश सिंह "विश्वमानव"**

पुत्र श्री धीरज नारायण सिंह

रचनाकर्ता - लक्ष्य पुनर्निर्माण व उसकी प्राप्ति के लिए पाठ्यक्रम व कार्य योजना

आविष्कारकर्ता - मन (मानव संसाधन) का विश्व मानक एवं पूर्ण मानव निर्माण की तकनीकी

दावेदार - भारत सरकार का सर्वोच्च नागरिक सम्मान "भारत रत्न"

श्री लव कुश सिंह "विश्वमानव" के संक्षिप्त विचार

1. दो या दो से अधिक माध्यमों से उत्पादित एक ही उत्पाद के गुणता के मापांकन के लिए मानक ही एक मात्र उपाय है। सतत् विकास के क्रम में मानकों का निर्धारण अतिआवश्यक कार्य है। उत्पादों के मानक के अलावा सबसे जरुरी यह है कि मानव संसाधन की गुणता का मानक निर्धारित हो क्योंकि राष्ट्र के आधुनिकीकरण के लिए प्रत्येक व्यक्ति के मन को भी आधुनिक अर्थात् वैश्विक-ब्रह्माण्डीय करना पड़ेगा। तभी मनुष्यता के पूर्ण उपयोग के साथ मनुष्य द्वारा मनुष्य के सही उपयोग का मार्ग प्रशस्त होगा। उत्कृष्ट उत्पादों के लक्ष्य के साथ हमारा लक्ष्य उत्कृष्ट मनुष्य के उत्पादन से भी होना चाहिए जिससे हम लगातार विकास के विरुद्ध नकारात्मक मनुष्यों की संख्या कम कर सकें। भूमण्डलीकरण सिर्फ आर्थिक क्षेत्र में कर देने से समस्या हल नहीं होती क्योंकि यदि मनुष्य के मन का भूमण्डलीकरण हम नहीं करते तो इसके लाभों को हम नहीं समझ सकते। आर्थिक संसाधनों में सबसे बड़ा संसाधन मनुष्य ही है। मनुष्य का भूमण्डलीकरण तभी हो सकता है जब मन के विश्व मानक का निर्धारण हो। ऐसा होने पर हम सभी को मनुष्यों की गुणता के मापांकन का पैमाना प्राप्त

कर लेंगे, साथ ही स्वयं व्यक्ति भी अपना मापांकन भी कर सकेगा। जो विश्व मानव समाज के लिए सर्वाधिक महत्व का विषय होगा। विश्व मानक शून्य श्रृंखला मन का विश्वमानक है जिसका निर्धारण व प्रकाशन हो चुका है जो यह निश्चित करता है कि समाज इस स्तर का हो चुका है या इस स्तर का होना चाहिए। यदि यह सार्वभौम सत्य-सिद्धान्त आधारित होगा तो निश्चित ही अन्तिम मानक होगा।

2. भारत का प्रत्येक नागरिक अपने जीवकोपार्जन के मार्ग व संघर्ष में अपने विषय का जानकार व अनुभव तो प्राप्त कर रहा है परन्तु कुछ पाने के क्रम में कुछ छूट भी जाता है इसलिए प्रत्येक नागरिक को अपने अहंकार को भूलकर यह स्वीकार करना होगा कि वह अपने विषय से हटकर अन्य विषय के विषय में कम या नहीं जानता है। अतः एक आदर्श नागरिक बनने के क्रम में न्यूनतम ज्ञान सभी को एक समान रूप से चाहिए, पुनर्निर्माण वहीं कार्य है।
3. तुम पूरे जीवन कुत्ते के पूँछ को सीधी करने की कोशिश करो, नहीं हो पायेगी परन्तु तुम पूँछ सीधी करने का रेकार्ड बनाकर विश्व में पहला स्थान पा सकते हो ऐसे रेकार्ड आजकल गिनीज बुक आफ वल्ड रेकार्ड में लिखे जाते हैं। यही बात समाज के बारे में भी है समाज वहीं रहता है सुधार कार्य करने वाले महान हो जाते हैं।
4. भारत को विश्व गुरू बनाना व अच्छे दिन लाना, यह फल है जिसका जड़ व्यक्ति के मस्तिष्क और गाँव में है। जड़ को मजबूत करने से भारत नामक वृक्ष से अपने आप फल निकलने लगेंगे। पुनर्निर्माण व्यक्ति के मस्तिष्क को मजबूत करने का ही कार्यक्रम है। शेष व्यक्ति व शासन मिलकर पूरा कर लेंगे इसका हमें विश्वास है।
5. जो मन कर्म में न बदले, वह मन नहीं और व्यक्ति का अपना स्वरूप नहीं।
6. राष्ट्र निर्माण का हमारा कार्य राष्ट्रपति श्री प्रणव मुखर्जी द्वारा प्रस्तुत किये गये मार्गदर्शक बिन्दुओं का सम्मिलित रूप है। नये शहर के रूप में वाराणसी के दक्षिण श्री इन वन "सत्यकाशी नगर" की योजना उस क्षेत्र के विकास पर आधारित है तो आध्यात्मिक एवं दार्शनिक विरासत के आधार पर एक भारत-श्रेष्ठ भारत के सपने को साकार करने के लिए पुनर्निर्माण - सत्य शिक्षा का राष्ट्रीय तीव्र मार्ग (RENEW-Real Education National Express Way) के द्वारा भारत देश के समाजवाद पर आधारित आम आदमी के लिए प्रस्तुत है। किसी व्यक्ति के बौद्धिक विकास के लिए आवश्यक है कि उसे भोजन, स्वास्थ्य और निर्धारित आर्थिक आय को सुनिश्चित कर दिया जाय और यह यदि उसके शैक्षिक जीवन से ही कर दिया जाय तो शेष सपने को वह स्वयं पूरा कर लेगा। यदि वह नहीं कर पाता तो उसका जिम्मेदार भी वह स्वयं होगा, न कि अभिभावक या ईश्वर। पुनर्निर्माण, इसी सुनिश्चिता पर आधारित है।
7. मानव एवं संयुक्त मानव (संगठन, संस्था, ससंद, सरकार इत्यादि) द्वारा उत्पादित उत्पादों का धीरे-धीरे वैश्विक स्तर पर मानकीकरण हो रहा है। ऐसे में संयुक्त राष्ट्र संघ को प्रबन्ध और क्रियाकलाप का वैश्विक स्तर पर मानकीकरण करना चाहिए। जिस प्रकार औद्योगिक क्षेत्र अन्तर्राष्ट्रीय मानकीकरण संगठन (ISO-International Standardization Organisation) द्वारा संयुक्त मन (उद्योग, संस्थान, उत्पाद इत्यादि) को उत्पाद, संस्था, पर्यावरण की गुणवत्ता के लिए ISO प्रमाणपत्र जैसे-ISO-9000, ISO-14000 श्रृंखला इत्यादि प्रदान किये जाते है उसी प्रकार संयुक्त राष्ट्र संघ को नये अभिकरण विश्व मानकीकरण संगठन (WSO-Standardization Organisation) बनाकर या अन्तर्राष्ट्रीय मानकीकरण संगठन को अपने अधीन लेकर ISO/WSO का प्रमाण पत्र योग्य व्यक्ति और संस्था को देना चाहिए जो गुणवत्ता मानक के अनुरूप हों। भारत को यही कार्य भारतीय मानक ब्यूरो (BIS-Bureau of Indian Standard) के द्वारा IS श्रृंखला द्वारा करना चाहिए। भारत को यह कार्य राष्ट्रीय शिक्षा प्रणाली (NES-National Education System) व विश्व को यह कार्य विश्व शिक्षा प्रणाली (WES-World Education System) द्वारा करना चाहिए। जब तक यह शिक्षा प्रणाली भारत तथा संयुक्त राष्ट्र संघ द्वारा जनसाधारण को उपलब्ध नहीं हो जाती तब तक यह "पुनर्निर्माण" द्वारा उपलब्ध करायी जा रही है जो और राष्ट्र निर्माण का प्रथम व अन्तिम ब्लूप्रिन्ट है।
8. विश्वशास्त्र से आपको मिलता है मनोरंजन को छोड़ कर, आपके शारीरिक-आर्थिक-मानसिक विकास के लिए सभी साधन। जहाँ आप भारतीयता के साथ पायेंगे आज के युग के अनुसार विकास करने का न्यूनतम

आवश्यक ज्ञान। हम आपको, आपके विकास के मुख्य-धारा में लाना चाहते हैं क्योंकि सबके लिए 24 घण्टे का ही दिन है। मौज कर लो या अपने लक्ष्य के लिए काम कर लो।

9. "रत्न" उसे कहते हैं जिसका अपना व्यक्तिगत विलक्षण गुण-धर्म हो और वह गुण-धर्म उसके न रहने पर भी प्रेरक हो। पद पर पीठासीन व्यक्तित्व का गुण-धर्म मिश्रित होता है, वह उसके स्वयं की उपलब्धि नहीं रह जाती। भारत के रत्न वही हो सकते हैं जो स्वतन्त्र भारत में संवैधानिक पद पर न रहते हुये अपने विलक्षण गुण-धर्म द्वारा भारत को कुछ दिये हों और उनके न रहने पर भी भारतीय नागरिक प्रेरणा प्राप्त करता हो। इस क्रम में "भारत रत्न" का अगला दावेदार मैं हूँ और नहीं तो क्यों? इतना ही नहीं नोबेल पुरस्कार के साहित्य और शान्ति के संयुक्त पुरस्कार के लिए भी योग्य है जो भारत के लिए गर्व का विषय है।
10. किसी देश का संविधान, उस देश के स्वाभिमान का शास्त्र तब तक नहीं हो सकता जब तक उस देश की मूल भावना का शिक्षा पाठ्यक्रम उसका अंग न हो। इस प्रकार भारत देश का संविधान भारत देश का शास्त्र नहीं है। संविधान को भारत का शास्त्र बनाने के लिए भारत की मूल भावना के अनुरूप नागरिक निर्माण के शिक्षा पाठ्यक्रम को संविधान के अंग के रूप में शामिल करना होगा। जबकि राष्ट्रीय संविधान और राष्ट्रीय शास्त्र के लिए हमें विश्व के स्तर पर देखना होगा क्योंकि देश तो अनेक हैं राष्ट्र केवल एक विश्व है, यह धरती है, यह पृथ्वी है। भारत को विश्व गुरू बनने का अन्तिम रास्ता यह है कि वह अपने संविधान को वैश्विक स्तर पर विचार कर उसमें विश्व शिक्षा पाठ्यक्रम को शामिल करे। यह कार्य उसी दिशा की ओर एक पहल है, एक मार्ग है और उस उम्मीद का एक हल है। राष्ट्रीयता की परिभाषा व नागरिक कर्तव्य के निर्धारण का मार्ग है। जिस पर विचार करने का मार्ग खुला हुआ है।

अपने-अपने धर्म शास्त्र-उपनिषद्-पुराण इत्यादि का अध्ययन करें कहीं ऐसा तो नहीं कि-

1. काल के प्रथम रूप अदृश्य काल से दूसरे और अन्तिम दृश्य काल का प्रारम्भ।
   इसलिए कि अधिकतम व्यक्ति व समाज का मन दृश्य विषयों पर केन्द्रित है।
2. मनवन्तर के वर्तमान 7वें मनवन्तर वैवस्वत मनु से 8वें मनवन्तर सावर्णि मनु का प्रारम्भ।
   इसलिए कि सावर्णि मनु के "सार्वभौम" गुण का प्रयोग कर श्री लव कुश सिंह "विश्वमानव" व्यक्त हैं।
3. अवतार के नवें बुद्ध से दसवें और अन्तिम अवतार-कल्कि महावतार का प्रारम्भ।
   इसलिए कि आधुनिक युग के लिए एकीकरण व मानकीकरण के सभी प्रणाली व्यष्टि व समष्टि के लिए संयुक्त एवं अन्तिम रूप से व्यक्त हैं।
4. युग के चौथे कलियुग से पाँचवें युग स्वर्ण युग का प्रारम्भ।
   इसलिए कि युग परिवर्तन के लिए कल्कि अवतार का आगमन हो चुका है।
5. व्यास और द्वापर युग में आठवें अवतार श्रीकृष्ण द्वारा प्रारम्भ किया गया कार्य "नवसृजन" के प्रथम भाग "सार्वभौम ज्ञान" के शास्त्र "गीता" से द्वितीय अन्तिम भाग "सार्वभौम कर्मज्ञान", पूर्णज्ञान का पूरक शास्त्र", लोकतन्त्र का "धर्मनिरपेक्ष धर्मशास्त्र" और आम आदमी का "समाजवादी शास्त्र" द्वारा व्यवस्था सत्यीकरण और मन के ब्रह्माण्डीयकरण और नये व्यास का प्रारम्भ।

- इसलिए कि नया और अन्तिम शास्त्र "विश्वशास्त्र" प्रकाशित हो चुका है।

यदि ऐसा नहीं तो -

1. तुम्हारे शास्त्रों में दिये वचन और शास्त्र झूठे हो जायेंगे।
2. तुम्हारे भविष्यवक्ताओं की भविष्यवाणीयाँ झूठी हो जायेंगी।
3. तुम्हारे युग और काल गणना झूठे हो जायेंगे।
4. तुम्हारे अवतार-ईशदूत-ईशपुत्र-पुनर्जन्म सिद्धान्त झूठे हो जायेंगे।
5. तुम्हारे ईश्वर सम्बन्धी अवधारणा झूठे हो जायेंगे।

पी.एम. बना लो या सी.एम या डी.एम,
शिक्षा पाठ्यक्रम कैसे बनाओगे?
नागरिक को पूर्ण ज्ञान कैसे दिलाओगे?
राष्ट्र को एक झण्डे की तरह,
एक राष्ट्रीय शास्त्र कैसे दिलाओगे?
ये पी.एम. सी.एम या डी.एम नहीं करते,
राष्ट्र को एक दार्शनिक कैसे दिलाओगे?
वर्तमान भारत को जगतगुरू कैसे बनाओगे?
सरकार का तो मानकीकरण (ISO-9000) करा लोगे,
नागरिक का मानक कहाँ से लाओगे?
सोये को तो जगा लोगे,
मुर्दों में प्राण कैसे डालोगे?
वोट से तो सत्ता पा लोगे,
नागरिक में राष्ट्रीय सोच कैसे उपजाओगे?
फेस बुक पर होकर भी पढ़ते नहीं सब,
भारत को महान कैसे बनाओगे?

निर्णय आपके पास, एकता का प्रयास या अनेकता का विकास
आस्था कहीं भी लगा लो लेकिन क्षमता से अधिक उम्मीद मत करो।
मानने से वस्तु में गुण नहीं आते लेकिन व्यापार विकसित हो जाता है।

क्या मनुष्य का व्यक्तिगत लक्ष्य के अलावा कोई सामूहिक लक्ष्य भी होता है? इस पर भी विचार करना आवश्यक है। सनातन और पुनर्जन्म सिद्धान्त से इस संसार की सभी गति तंरगाकार होते हुए भी एक चक्र में चल रहा है। इस प्रकार उस चक्र में मनुष्य का क्षणिक जीवन एक कड़ी मात्र है। ये शरीर जो दिख रहा है उसे स्थूल शरीर कहा जाता है और मृत्यु के उपरान्त इच्छा युक्त मन को सूक्ष्म शरीर तथा इच्छा मुक्त मन को आत्मीय शरीर कहते हैं। आत्मीय शरीर केन्द्र है और सूक्ष्म व स्थूल उसके चक्र हैं। मनुष्य योनि का विकास उध्र्व गति की ओर हुआ है अर्थात् जल से थल, थल से शरीर, फिर संसाधन/अर्थ, फिर मानसिक, और पूर्ण और अन्तिम में आध्यात्मिक केन्द्रित मन। यही वह पैमाना है जिससे स्वयं की तुलनाकर जाना जा सकता है कि मैं कितना सफल हुँ? ये वह मार्ग है जिसे तय करने का सार्वभौम नियम है चाहे मनुष्य को इसका ज्ञान हो या न हो। जो जितना इस मार्ग में बढ़ता है

वह उतना ही सफल है और जो नीचे गिरता है वह उतना ही असफल होता है। सफल होने से ही अच्छे समाज का विकास और असफल होने से खराब समाज का विकास होता है क्योंकि पुनर्जन्म तो सूक्ष्म शरीर का ही होता है। शरीर पालना और पीढ़ी आगे बढ़ाना तो सभी जीवों का काम है। फिर उनमें और मनुष्य में क्या अन्तर? अगर ऐसी बात नहीं तो पं0 दीनदयाल उपाध्याय जी के इस विचार - "मनुष्य पशु नहीं है केवल पेट भर जाने से वह सुखी और संतुष्ट हो जायेगा। उसकी जीवन यात्रा "पेट" से आगे "परमात्मा" तक जाती है। उसके मन उसकी बुद्धि और उसकी आत्मा का भी कुछ तकाजा है।" का क्या अर्थ होगा?

जिस प्रकार वर्तमान व्यावसायिक-समाजिक-धार्मिक इत्यादि मानवीय संगठन में विभिन्न पद जैसे प्रबन्ध निदेशक, प्रबन्धक, शाखा प्रबन्धक, कर्मचारी, मजदूर इत्यादि होते हैं और ये सब उस मानवीय संगठन के एक विचार जिसके लिए वह संचालित होता है, के अनुसार अपने-अपने स्तर पर कार्य करते हैं और वे उसके जिम्मेदार भी होते हैं। उसी प्रकार यह सम्पूर्ण ब्रह्माण्ड एक ईश्वरीय संगठन है जिसमें सभी अपने-अपने स्तर व पद पर होकर जाने-अनजाने कार्य कर रहें हैं। यदि मानवीय संगठन का कोई कर्मचारी दुर्घटनाग्रस्त होता है तो उसका जिम्मेदार उस मानवीय संगठन का वह विचार नहीं होता बल्कि वह कर्मचारी स्वयं होता है। इसी प्रकार ईश्वरीय संगठन में भी प्रत्येक व्यक्ति की अपनी बुद्धि-ज्ञान-चेतना-ध्यान इत्यादि गुण ही उसके कार्य का फल देती है जिसका जिम्मेदार वह व्यक्ति स्वयं होता है न कि ईश्वरीय संगठन का वह सार्वभौम सत्य-सिद्धान्त। मानवीय संगठन का विचार हो या ईश्वरीय संगठन का सार्वभौम सत्य-सिद्धान्त यह दोनों ही कर्मचारी के लिए मार्गदर्शक नियम हैं। जिस प्रकार कोई मानवीय संगठन आपके पूरे जीवन का जिम्मेदार हो सकता है उसी प्रकार ईश्वरीय संगठन भी आपके पूरे जीवन का जिम्मेदार हो सकता है। जिसका निर्णय आपके पूरे जीवन के उपरान्त ही हो सकता है परन्तु आपके अपनी स्थिति के जिम्मेदार आप स्वयं हैं। जिस प्रकार मानवीय संगठन में कर्मचारी समर्पित मोहरे की भाँति कार्य करते हैं उसी प्रकार ईश्वरीय संगठन में व्यक्ति सहित मानवीय संगठन भी समर्पित मोहरे की भाँति कार्य करते हैं, चाहे उसका ज्ञान उन्हें हो या न हो। और ऐसा भाव हमें यह अनुभव कराता है कि हम सब जाने-अनजाने उसी ईश्वर के लिए ही कार्य कर रहें हैं जिसका लक्ष्य है- ईश्वरीय मानव समाज का निर्माण जिसमें जो हो सत्य हो, शिव हो, सुन्दर हो और इसी ओर विकास की गति हो।

सोमवार, 2 मार्च, 2015 ई0

भारत पूरी दुनिया को शान्ति की राह दिखाने में संक्षम है। शस्त्र विध्वंशकारी होता है तो शास्त्र पशुता से मानवतावाद की ओर ले जाता है। आज आवश्यकता केवल शिक्षित होने की नहीं बल्कि सुशिक्षित हाने की है। केवल भौतिक विकास को सर्वांगिण विकास नहीं कहा जा सकता। भारत की प्रकृति व यहाँ के ज्ञान के खजाने को ढूढ़ने में पूरी दुनिया लगी है। हमसे दुनियाँ ने बहुत कुछ सिखा है। आज भी उसे शान्ति का रास्ता भारत ही दिखा सकता है। साभार - दैनिक जागरण, वाराणसी, दि0 2 मार्च, 2015 **-श्रीमती प्रतिभा पाटिल पूर्व राष्ट्रपति, भारत**

शुक्रवार, 20 मार्च, 2015 ई0

सूर्य ग्रहण है जो भारत में दिखाई नहीं देगा।

शनिवार, 4 अप्रैल, 2015 ई0

-चंद्रग्रहण

-हिंदू माह के अनुसार दोनों ग्रहण एक ही माह में पड़ रहे हैं। सूर्य ग्रहण अमावस्या को और चंद्र ग्रहण पूर्णिमा को है। शास्त्रों में कहा गया है कि एक माह में दो ग्रहण हों तो राजा को हानि होती है। इस ग्रहण से किसी शीर्ष नेता या देश की सेना को हानि हो सकती है।

सोमवार, 27 जुलाई 2015 ई0

ए.पी.जे. अब्दुल कलाम की मृत्यु (ब्रह्मलीन)

इनके सार्वभौम विचार

"अच्छी शिक्षा व्यवस्था ही प्रबुद्ध नागरिक पैदा करती है, बच्चों को नैतिक शिक्षा प्रदान की जाय और रोजगार के नये अवसर पैदा किये जायें, राष्ट्रीय शान्ति व सार्वभौमिक सद्भाव के लिए सभी धर्म आध्यात्मिक आन्दोलन में शामिल हो जायें" साभार - दैनिक जागरण, सम्पादकीय, वाराणसी, दि0 8 दिसम्बर 2002

-श्री ए.पी.जे, अब्दुल कलाम, पूर्व राष्ट्रपति, भारत

सोमवार, 28 सितंबर, 2015 ई0

चंद्र ग्रहण

मंगलवार, 17 नवम्बर 2015 ई0

अशोक सिंघल की मृत्यु (ब्रह्मलीन)

इनके सार्वभौम विचार

"हिन्दू-बौद्ध एकता से विश्व में बढ़ते ईसाइयों और इस्लाम के विस्तारवादी मनोवृत्ति को रोकने में निश्चित रूप से सफलता" (लुम्बीनी में आयोजित सभा में) साभार - दैनिक जागरण, वाराणसी दि- 20-01-2000

- श्री अशोक सिंघल, अन्तर्राष्ट्रीय कार्याध्यक्ष, विश्व हिन्दू परिषद

सन् 2016 ई0

बुधवार, 20 जनवरी, 2016 ई0

तैयार करें मूल्यों और उम्मीदों पर आधारित ब्लूप्रिन्ट। (विडिओ कान्फ्रेसिंग से छात्रों और शिक्षकों को सन्देश - राष्ट्र निर्माण का आह्वानं) साभार -दैनिक जागरण, 20 जनवरी, 2016- **श्री प्रणव मुखर्जी, राष्ट्रपति, भारत**

मंगलवार, 8– 9 मार्च, 2016 ई0

पूर्ण सूर्य ग्रहण 8-9 मार्च को पूर्ण सूर्य ग्रहण पड़ेगा, जो सुमात्रा, बोरनेओ, सुलावेसिया से अच्छी तरह दिखाई देगा। आंशिक रूप से यह दक्षिण एवं पूर्वी एशिया और ऑस्ट्रेलिया से दिखेगा। भारत में यह ग्रहण 9 मार्च को सुबह 4 बजे दिखाई देगा।

बुधवार, 23 मार्च, 2016 ई0

आंशिक चंद्र ग्रहण 23 मार्च को यह चंद्र ग्रहण एशिया, ऑस्ट्रेलिया, उत्तरी अमेरिका और दक्षिण अमेरिका के कुछ भागों में स्पष्ट दिखाई देगा। आंशिक रूप से यह एशिया, ऑस्ट्रेलिया, भारतीय महासागर, आर्कटिक, अंटार्कटिका से दिखेगा।

ऐसी शिक्षा की जरूरत है जो समर्पित, विश्वसनीय और आत्म विश्वास से लवरेज युवा तैयार करे। शिक्षा ऐसी होनी चाहिए जो न केवल काबिल पेशेवर दे बल्कि वो समाज व देश के प्रति जुड़ाव भी महसूस करे। (स्वामी राम हिमालयन विश्वविद्यालय के पहले दिक्षांत समारोह में बोलते हुएं) **- श्री प्रणव मुखर्जी, राष्ट्रपति, भारत**

शुक्रवार, 26 अगस्त, 2016 ई0

भारत को अब क्रमिक विकास की नहीं कायाकल्प की जरूरत है। यह तब तक संभव नहीं जब तक प्रशासनिक प्रणाली में आमूल-चूल परिवर्तन न हो। लिहाजा नई सोच, नई संस्थान और नई तकनीकी अपनानी होगी। 19वीं सदी के प्रशासनिक प्रणाली के साथ 21वीं सदी में नहीं प्रवेश किया जा सकता है। रत्ती-रत्ती प्रगति से काम नहीं चलेगा। यदि भारत को परिवर्तन की चुनौतियों से निपटना है तो हमें हर स्तर पर बदलाव लाना होगा। हमें कानूनों में बदलाव करना है, अनावश्यक औपचारिकताओं को समाप्त करना है, प्रक्रियाओं को तेज करना है और प्रौद्योगिकी अपनानी है। मानसिकता में भी बदलाव लानी है और यह तभी हो सकता है जब विचार परिवर्तनकारी हों। (नीति आयोग की ओर से आयोजित "भारत परिवर्तन व्याख्यान" के शुभारम्भ में, नई दिल्ली में)

- श्री नरेन्द्र मोदी, प्रधानमंत्री, भारत

बुधवार, 31 अगस्त, 2016 ई0

प्रधानमंत्री ने भी भारत के कायाकल्प के लिए अंतरनिहित सिद्धांतों को स्पष्ट किया है। उन्होंने हजारों वर्षों से चली आ रही भारतीय परंपराओं से अनुभव हासिल करने वाले विशेषज्ञों, जनता के सुझावों और विपरीत विचारों को ध्यानपूर्वक सुनने का सुझाव दिया है। यदि हमने ऐसा कर दिया तो हम नीतियों और योजनाओं को न सिर्फ विफल होने से बचा लेंगे, बल्कि भविष्य के जोखिमों से भी इन्हें सुरक्षित कर देंगे। इन सबका अर्थ है भविष्य की योजनाओं और विकास के लिए जरूरी बुनियादी बातों को फिर से परिभाषित करना और उन्हें नए रूप में रचना। इसके लिए सोच के एक नए स्तर की जरूरत होती है। यह किस तरह होगा, यह बहुत कुछ आयोग की टीम की रूपरेखा और दृष्टिकोण पर निर्भर करेगा। प्रधानमंत्री ने नीति आयोग की टीम के लिए महत्वपूर्ण दिशानिर्देश तय किए हैं। अब नीति आयोग पर निर्भर करता है कि वह आशाओं के अनुरूप आचरण करे और परिणाम दे।

("अगली सदी की तैयारी" शीर्षक से दैनिक जागरण में प्रकाशित लेख)

-मुरली मनोहर जोशी

बृहस्पतिवार, 1 सितंबर, 2016 ई0

सूर्य ग्रहण यह ग्रहण भारत, अफ्रीका, मडागास्कर, अटलांटिक महासागर और भारतीय महासागर से दिखाई देगा। अफ्रीका में यह आंशिक रूप से ही दिखाई देगा।

शुक्रवार, 16-17 सितंबर, 2016 ई0

चंद्र ग्रहण यह ग्रहण एशिया, ऑस्ट्रेलिया और पूर्वी अफ्रीका में दिखाई देगा। आंशिक रूप से यूरोप, दक्षिण अमेरिका, अटलांटिक और अंटार्कटिका में दिखेगा।

सन् 2017 ई0

रविवार, 26 फरवरी, 2017 ई0

साल का पहला सूर्यग्रहण

मई, 2017 ई0

रचनात्मक आलोचना, लोकतन्त्र को मजबूत बनाती है। (केन्द्र सरकार के तीन वर्ष पूरे होने पर समीक्षा वक्तव्यं) **- श्री नरेन्द्र मोदी, प्रधानमंत्री, भारत**

सोमवार, 7 अगस्त, 2017 ई0

रक्षाबंधन वाले दिन खंडग्रास चंद्रग्रहण था

सोमवार, 21 अगस्त, 2017 ई0

साल 2017 का दूसरा सूर्यग्रहण भारतीय समय के मुताबिक यह ग्रहण रात में 9.15 मिनट से शुरु होगा और रात में 2.34 मिनट पर खत्म होगा।

सितम्बर, 2017 ई0

"विश्वशास्त्र - द नालेज आफ फाइनल नालेज" पुस्तक का सारांश – **"मैं सत्यकाशी से कल्कि महावतार बोल रहा हूँ"** शीर्षक के रूप में प्रकाशित ISBN: 9781947752948 निम्न पते पर भी पुस्तक को भेजा गया।

01- PRESIDENT OF INDIA, 02- PRIME MINISTER OF INDIA, 03- NITI AAYOG, 04. NCERT, 05. BUREAU OF INDIAN STANDARD, 06. UNIVERSITY GRANTS COMMISSION (UGC), 07. MINISTRY OF HUMAN RESOURCES DEVELOPMENT, 08. HON'BLE CHIEF JUSTICE, 09. THE GOVERNOR OF UTTAR PRADESH, 10- THE CHIEF MINISTER OF UTTAR PRADESH, 11. THE EDITOR, DAINIK JAGRAN, 12. THE EDITOR, AMAR UJALA 12. THE EDITOR, HINDUSTAN 13. SRI KALKI BAL VATIKA, 14.K.K.BIRLA FOUNDATION, 15, WORLD RELIGIOUS PARLIAMENT, 16, BHARAT VIKASH PARISHAD, 17. THE CHIEF MINISTER OF BIHAR, 18. TATA INSTITUTE OF SOCIAL SCIENCE, 19.

RAMKRISHNA MISSION 20. VICE CHANCELLOR, BHU, VARANASI, 21. VICE CHANCELLOR, MGKV, VARANASI, 22. VICE CHANCELLOR, SSU, VARANASI, 23. PRINCIPAL, H PG COLLEGE, VARANASI, 24. PRINCIPAL, PN GOVT. COLLEGE, RAMNAGAR, VARANASI, 25. DM, VARANASI, 26. DM, MIRZAPUR, 27. MEMBER OF PARLIAMENT, VARANASI

सन् 2018 ई0

13 जुलाई 2018, भारत में सुबह 7 बजकर 18 मिनट, खत्म होने का समय 8 बजकर 13 मिनट 5 सेकेंड। इससे पहले 31 जनवरी को साल का पहला चंद्रग्रहण देखा गया था। इस चंद्रग्रहण के दौरान 152 साल बाद बहुत दुर्लभ संयोग बना था। 27 जुलाई को होने वाला चंद्र ग्रहण भारत में दिखाई देगा और सदी का सबसे लंबा चंद्रग्रहण होगा।

सन् 2019 ई0

6 जनवरी, का पहला सूर्यग्रहण भारतीय समयानुसार सुबह 5 बजकर 4 मिनट से शुरू होकर 9 बजकर 18 मिनट तक चला। हालांकि यह आंशिक सूर्यग्रहण भारत और आसपास के देशों में नहीं दिखाई दिया। जापान, कोरिया, रूस समेत अन्य कुछ देशों में यह नजर आया।

साल का दूसरा सूर्यग्रहण 2 जुलाई को पूर्ण ग्रहण, ये ग्रहण भी भारत में दिखाई नहीं दिया। 2 जुलाई को लगने वाला सूर्य ग्रहण चार घंटे 33 सेकेंड तक चलेगा। अगर आप इस वर्ष के पूर्ण सूर्यग्रहण को नहीं देख पाते हैं तो आपको 14 दिसंबर, 2020 तक का इंतजार करना होगा।

मंगलवार, 25 जून 2019 ई0

स्वामी सत्यमित्रानन्द गिरि ब्रह्मलीन

आपके विचार आपके "भारत माता मन्दिर" पुस्तक से-

1. स्वस्ति पन्थामनु चरेम सूर्यचन्द्रमसाविव। पुनर्ददताध्नता जानता सं गमेमहि।। (ऋग्वेद-5/51/15) "जैसे सूर्य और चन्द्रमा निरालम्ब अन्तरिक्ष में निरापद एवं राक्षसादि से अबाधित निर्विध्न यात्रा करते हैं, विचरण करते हैं, वैसे ही हम अपने बन्धु-बान्धवों के साथ लोक-यात्रा में स्नेहपूर्वक, निर्विध्न चलते रहें और हम सबका मार्ग मंगलमय हो।" भगवान शंकर के स्मरण मात्र से ऐसा सम्भव है, क्योंकि वे कल्याण के देव हैं। वे देवाधिदेव महादेव तो हैं ही, किन्तु भारतमाता का स्वरूप-स्मरण करने पर तो यह भाव जीवन्त रूप से जाग्रत हो जाता है कि भारत का समग्र दर्शन भगवान शंकर में ही हो रहा है। विचारपूर्वक देखें, तो भगवान शंकर सम्पूर्ण राष्ट्र के प्रतीक हैं, भगवान श्रीराम राष्ट्र की आदर्श-मर्यादा के और गंगा राष्ट्र में प्रवाहित होने वाली संस्कृति की। उसके साथ उसमें ब्रह्मतत्व भी अन्तर्निहित होना चाहिए, क्योंकि ब्रह्मतत्व से विहिन संस्कृति दीर्घकाल तक नहीं रह सकती। इस ब्रह्मतत्व के साक्षात् स्वरूप श्रीकृष्ण हैं। इसलिए भारतीय संस्कृति का सर्वांग रूप राम, कृष्ण, शंकर और गंगा का समन्वित रूप है।
2. केवल वेश ग्रहण मात्र से किसी को साधु-संत नहीं कहा जा सकता। साधुता और सन्तत्व तो एक वृत्ति का नाम है। यह साधु-वृत्ति कदाचित् श्वेत वस्त्रधारी में भी हो सकती है और कदाचित् भगवा-धारी में नहीं। यह जटाजूटधारी या मुण्डित केशों में भी हो सकती है और नहीं भी। अनिवार्यता केवल इतनी ही है कि जहाँ जीवन में सुचिता है, वहीं साधुता है। जब तक साधुवृत्ति संसार में भ्रमण करती रहेगी, तब तक भारतीय संस्कृति का विनाश कोई नहीं कर सकता।

3. टहनियाँ और पत्तों को काट देने से वृक्ष नहीं सूखता। उसका बीज यदि उर्वरा भूमि में सुरक्षित है, तो अनुकूल अवसर-खाद, पानी, माली आदि पाकर वह पुनः लहलहा उठेगा, हरा-भरा हो जायेगा। यही स्थिति भारतीय संस्कृति के बीज-जीवन मूल्यों की है। भारतीय संस्कृति का बीज किसी एक व्यक्ति के अन्तःकरण में नहीं, अपितु करोड़ों व्यक्तियों की हृदय भूमि में जीवन्त रूप में स्थित है। इसी कारण साधु-संतों की वाणी रूपी खाद, भक्ति रूपी पवित्र जलधारा और प्रभु-कृपा की अनुकूलता प्राप्त होने पर वह पुनः पुनः अंकुरित होती रहेगी। इनकी छाया के नीचे बैठने वाले व्यक्तियों को जीवन में शान्ति का सन्देश सतत् देती रहेगी।
4. यद्यपि प्रत्येक स्थान की भूमि की अपनी निजी विशेषताएँ होती हैं। गुजरात की भूमि में रूई, किसी अन्य जगह हरी मिर्च, मालवा में गेहूँ आदि बहुतायत में तथा अच्छे किस्म के होते हैं, तो भी ये वस्तुएँ थोड़े बहुत अन्तर से अन्यत्र भी उगाई जा सकती हैं, किन्तु यदि केशर को कश्मीर के अतिरिक्त अन्यत्र कहीं पर उत्पन्न करने के प्रयास किये जायें, तो असफलता ही मिलेगी। इसके लिए तो कश्मीर की भूमि की ही शरण लेनी होगी। इसी भाँति भौतिकवाद के विकास के लिए यूरोप ओर अमेरिका की भूमि उपयुक्त है, परन्तु आध्यात्मवाद की केशर यदि प्राप्त करना है, तो सम्पूर्ण विश्व को भारतीय भूमि से ही प्रेम करना होगा। इसके अतिरिक्त कोई उपाय नहीं है। यदि इस धरती का यह वैशिष्ट्य न होता, तो भगवान श्रीराम और भगवान श्रीकृष्ण यहीं पर जन्म क्यों लेते? वे कहीं पर भी आविर्भूत हो सकते थे, परन्तु सरयू और यमुना तट उन्हें अच्छा लगा और इसलिए अपने बाल-मित्रों के साथ उन्होंने यहाँ सहज बाल-क्रिड़ायें कीं, जिससे सभी लोग जान लें कि इस धरती का महत्व कितना अधिक है।
5. उत्तर भारत में भगवान ने अनेक रूपों में अवतार ग्रहण किया। इसलिए उस विराट् एवं चरम चित्त तत्व ने दक्षिण भारत में भी अंशावतार ग्रहण किया। श्री शंकराचार्य, श्री रामानुजाचार्य, श्री वल्लभाचार्य, श्री मध्वाचार्य आदि महान आचार्यों ने भारतीय समाज के उन्नयन के लिए अवतार ग्रहण किया। यदि उत्तर भारत में प्रभु के अवतारों के माध्यम से भगवद् शक्ति द्वारा संसार को प्रभावित किया गया, तो दक्षिण के आचार्यों ने साधना, संयम, सदाचार के उपदेश द्वारा, पुरूषार्थ के द्वारा मानवों में ऐसी अनुभूति उत्पन्न की कि वे आचार्य अंशावतार न होकर पूरी शक्ति सहित अवतार ही दिखाई देते हैं।
6. संसारी मानव दो प्रकार की विभिन्न परिस्थितियों के हिंडोले में झूलता हुआ अपनी दुर्बलता प्रमाणित करता है कि यदि कोई अनुकूल वस्तु मिल जाए, तो उसके प्रति राग हो जाता है, और यदि प्रिय वस्तु का वियोग हो जाए तो रोष होता है। कोई-कोई विरले मनुष्य होते हैं, जो न राग में जीते हैं, न रोष में जीते हैं, वे तो केवल अनुराग में ही सदा आनन्दित होते हैं। भगवान श्रीराम भी इसी प्रकार के महापुरूष हैं, जिनको न राग है, न रोष, अपितु वे अन्यों को सभी प्रकार संतुष्ट करते हैं। उनका स्मरण कर, उस नित्य आनन्दमय परमात्मा के प्रति भक्ति प्रदर्शित कर, भारतीय व्यक्ति अपने जीवन को धन्य अनुभव करता है।

"भारत माता मन्दिर" के सम्बन्ध में आपके विचार-

ऊँ। विश्वानि देव सवितर्दुरितानी परासुव। यद् भद्रं तन्न आ सुव।।

हमारे देश के गाँव-गाँव, नगर-नगर में मन्दिर मिलते हैं। बुद्धिवादी व्यक्ति नवीन मन्दिरों के निर्माण को निरर्थक मानते हैं। कई लोग इसे अर्थ का अपव्यय भी कहते हैं। इतिहास को जीवित रखना हमारा कर्तव्य है। इतिहास से हमें अपनी राष्ट्रीय-संस्कृति के गौरव का पता चलता है। पाठकों को इससे प्रेरणा मिलती है और भावी पीढ़ी के संस्कार जगाने में चेतना की शक्ति। इसी पावन दृष्टिकोण से, हरिद्वार में भारत माता मन्दिर का निर्माण किया गया है।

मुसलमान, ईसाई बन्धुओं को अपने पूर्वजों के सम्बन्ध में पर्याप्त जानकारी है, परन्तु किसी हिन्दू युवक से उसके पूर्वज ऋषियों के नाम पूछे जायें तो बता पाने में असमर्थता प्रकट करेगा। यदि व्यक्ति अपने श्रेष्ठ पूर्वजों का ही विस्मरण कर बैठे, तो उनके श्रेष्ठ संस्कारों को अपने जीवन में कैसे उतार सकता है?

भारत माता मन्दिर, मन्दिर के रूप में अधिक जाना जाय, ऐसा विचार कम है। तीर्थ-यात्री जो प्रतिवर्ष लाखों की संख्या में हरिद्वार आते हैं, वे इस मन्दिर से देश के संत, आचार्य, बलिदानी महापुरूषों, साध्वी, सतियों

(मातृ शक्ति) के जीवन से प्रेरणा लेकर, व्रत और संकल्प कर जा सके-यह इसका मुख्य लक्ष्य है। साम्प्रदायिक उपासना पद्धतियों में मानव पृथक-पृथक घेरों में बँधता जा रहा है। ऐसे समय में राष्ट्रीय एकता को ध्यान में रखकर, सब सम्प्रदायों के आचार्यों और संतों की एक ही स्थान पर प्रतिष्ठा की गई है, इससे-"हम सब एक हैं", "हमारी माता भारत माता है"-का विचार परिपक्व कर सकें। यह विचार दृढ़ होना चाहिए, तभी व्यक्तिवाद से ऊपर उठकर राष्ट्रवाद की ओर जा सकते हैं।

धर्म और राष्ट्र एक-दूसरे के पूरक होने चाहिए। धर्म संस्कारों को बनाता है। संस्कारों का परिष्कार करता है और राष्ट्र-भाव स्वधर्म पर बलिदान होने की प्रेरणा देता है। बिना उत्सर्ग किये इस संसार में कुछ नहीं मिलता। स्वार्थ की बलि चढ़ाये बिना राष्ट्र का यज्ञ अधूरा रहता है। पशु-बलि की बातें आज निरर्थक हो गई हैं, किन्तु आत्म बलिदान के अभाव में कोई महान् लक्ष्य प्राप्त हो जाये, यह सम्भव नहीं है। भारत माता मन्दिर में विराजमान संत, शूर, सती-देश के लाखों यात्रियों में समन्वय, श्रद्धा, परस्पर प्रेम, त्याग, सद्भाव, स्वार्थ त्याग, समरसता और बलिदान की भावना जगाने में समर्थ हो सकेंगे, ऐसा विश्वास किया जाना चाहिए।

हमारा यह विचार है कि मन्दिर में दान-पात्र न रखें जाएँ, परन्तु दर्शनार्थियों की उदार भावना के सम्मानार्थ, उनके द्वारा की जाने वाली चढ़ोतरी के सदुपयोग की दृष्टि से, दान-पात्र रखे जाना युक्तिसंगत भी लगता है। फिर भी भावना यह है कि, दर्शनार्थी इस मन्दिर की स्मृति संजोकर, अपने घरों को लौटकर जाने वाले लोग श्रद्धा से जो कुछ हो, वहीं से प्रेषित करें। इस धनराशि को आदिवासी, गिरिवासी, वनवासी, हरिजन, देश के उपेक्षित वर्ग और दरिद्र नारायण की सेवा में लगाया जा सके। साथ ही, आय का एक भाग ब्राह्मण बालकों को कर्मकाण्ड, वेद, हवन, यज्ञ आदि की शिक्षा देने के लिए उपयोग में लाया जाए। इस प्रकार यह मन्दिर समाज की सर्वांगीण सेवा का प्रकल्प बन सके, यह अपेक्षा है।

इस मन्दिर में जैन, सिक्ख, ईसाई, मुसलमान, पारसी मजहबों के श्रेष्ठ संतों की मूर्तियाँ और उनके जीवन का अंकन किया गया है। सभी प्रमुख धर्मों के मूल मंत्र रजत पट्टीका पर अंकित किये गये हैं, जिससे उपासकों, साधकों, नागरिकों में यह भाव जाग सके कि सभी धर्मों का मूल तत्व एक है। इस प्रकार, अपने देश की संस्कृतियों की समस्त धाराओं को हरिद्वार में बहने वाली गंगा की पावन धारा से जोड़ने का प्रयत्न किया है। गंगा पावनता और गतिशीलता का प्रतीक बन चुकी है। बिना पावन और गतिशील हुए, देश और राष्ट्र की वास्तविक सेवा नहीं की जा सकती।

परमात्मा की कृपा से, अपने राष्ट्र-रथ को अनैतिकता के पंक से उबार, जगद्गुरू के पूर्व आसन पर बैठा सकने में हम सब निमित्त और परमात्मा के हाथ का उपकरण बन सकें, ऐसी उनके चरणों में प्रार्थना है।

सन् 2020 ई0

इस वर्ष की मुख्य विशेषता

तकनीकी के आविष्कार से दूरदर्शन के अनेक चैनल और अधिक क्षमता के कम्प्यूटर का भारत में व्यापक विस्तार और जनता के सम्पर्क में आना।

इन्टरनेट (INTERNET) का भारत में व्यापक विस्तार और जनता के सम्पर्क में आना।

मोबाइल (CELL PHONE) के स्थान पर अधिक क्षमता के स्मार्ट मोबाइल (SMART CELL PHONE) का भारत में व्यापक विस्तार और जनता के सम्पर्क में आना।

दूरदर्शन और इन्टरनेट नेटवर्क के व्यापक विस्तार से समाचार (NEWS CHANNEL), सामाजिक सम्पर्क (SOCIAL MEDIA), यू ट्यूब (YouTube.com), सर्च इंजन (google.com) और विचार व्यक्त करने और ज्ञान-सूचना पाने का व्यापक स्वतन्त्रता का विकास।

धार्मिक, राजनीतिक, सामाजिक और वैयक्तिक व्यवहार में उपरोक्त तकनीकी का व्यापक प्रयोग।

विचार व्यक्त करने की व्यापक स्वतन्त्रता के कारण प्रत्येक व्यक्ति ही विचारक बन गया परन्तु व्यष्टि (व्यक्तिगत) विचार और समष्टि (संयुक्त) विचार में अन्तर के ज्ञान का अभाव।

सन् 2020 ई0 को लेकर अनेक भविष्यवक्ताओं के विचार व्यक्त होने लगें थें और युग परिवर्तन तथा कल्कि महाअवतार के प्रकट होने के समय के रूप में देखा जाने लगा था।

युग का काल गणना भी विचार के केन्द्र में आ गई थी। कलियुग के सम्बन्ध में 4 लाख 32 हजार की अवधि की विचारधारा कमजोर पड़ने लगी थी क्योंकि उसके बहुत से शास्त्रीय और वैज्ञानिक आधार व्यक्त हाने लगें थें। "आर्य समाज" के संस्थापक स्वामी दयानन्द सरस्वती के अनुसार कलियुग की आयु 4 लाख 32 हजार की थी तो "अखिल विश्व गायत्री परिवार" के संस्थापक और "विचार क्रान्ति" के संचालक पं0 श्रीराम शर्मा आचार्य के अनुसार यह युग परिवर्तन का सन्धि काल था।

मनुष्य अपने आप में इतना संकुलित होकर स्वयं में स्वार्थी हो चुका था कि वह अपने आप को इस सार्वभौम सृष्टि से अलग सत्ता का समझने लगा था। वह यह भूल चुका था कि शरीर की कोशिका से लेकर सम्पूर्ण ब्रह्माण्ड तक एक ही शरीर है और सभी एक-दूसरे को प्रभावित करते हैं।

अन्य घटना क्रम

वर्ष 2020 ई0 में खगोलिय घटना: 6 ग्रहण (4 चंद्र ग्रहण, 2 सूर्य ग्रहण)

10 जनवरी 2020 चंद्र ग्रहण - ग्रहण का टाइम: रात 10 बजकर 37 मिनट से 11 जनवरी को 2 बजकर 42 मिनट कहां दिखाई देगा: भारत, यूरोप, अफ्रीक, एशिया और आस्ट्रेलिया।

5 जून 2020 चंद्र ग्रहण - रात्रि को 11 बजकर 15 मिनट से 6 जून को 2 बजकर 34 मिनट तक कहां दिखाई देगा: भारत, यूरोप, अफ्रीक, एशिया और आस्ट्रेलिया।

21 जून 2020 सूर्य ग्रहण - 21 जून की सुबह 9 बजकर 15 मिनट से दोपहर 15 बजकर 03 मिनट तक भारत, दक्षिण पूर्व यूरोप और एशिया। इस साल के सूर्य ग्रहण पर अधिकतर ज्योतिषियों की नजरें हैं क्योंकि यह ग्रहण मिथुन राशि में लगेगा। 21 जून को लगने वाले ग्रहण का सूतक काल 12 घंटे पहले ही लग जाएगा। इस साल पड़ने वाले ग्रहण बहुत महत्वपूर्ण माने जा रहे हैं। क्योंकि ज्योतिषियों के अनुसार इन ग्रहण से मिथुन राशि के जातकों पर विशेष प्रभाव पड़ेगा। उस समय कुल छह ग्रह वक्री होंगे जो अच्छा संकेत नहीं है। कहा जा रहा है कि ग्रहण के कारण ग्रहों की ऐसी स्थिति विश्व भर के लिए चिंताजनक मानी जा रही है।

5 जुलाई 2020 चंद्र ग्रहण - सुबह 08 बजकर 37 मिनट से 11 बजकर 22 मिनट तक अमेरिका, दक्षिण पूर्व यूरोप और अफ्रीका।

30 नवंबर 2020 चंद्र ग्रहण - दोपहर को 13 बजकर 02 मिनट से शुरू होगा और शाम 17 बजकर 23 मिनट तक भारत, अमेरिका, प्रशांत महासागर, एशिया और आस्ट्रेलिया।

14 दिसंबर 2020 सूर्यग्रहण - शाम को 19 बजकर 03 मिनट से 15 दिसंबर को 12 बजे सूर्यग्रहण भारत में नहीं दिखेगा, इसको प्रशांत महासागर।

वर्ष 2020 ई0 में प्राकृतिक घटना: कोरोना (COVID-19) वायरस से वैश्विक महामारी

कोरोना वायरस वायरस (COVID-19) एक संक्रामक रोग है जो एक नए खोजे गए कोरोना वायरस के कारण होता है।

COVID-19 के साथ बीमार पड़ने वाले अधिकांश लोग हल्के से मध्यम लक्षणों का अनुभव करेंगे और विशेष उपचार के बिना ठीक हो जाएंगे।

COVID-19 का कारण बनने वाला वायरस मुख्य रूप से एक संक्रमित व्यक्ति के खांसने, छींकने या बाहर निकलने पर उत्पन्न बूंदों के माध्यम से फैलता है। ये बूंदें हवा में लटकने के लिए बहुत भारी हैं और जल्दी से फर्श या सतहों पर गिर जाती हैं।

आप वायरस में सांस लेने से संक्रमित हो सकते हैं यदि आप किसी ऐसे व्यक्ति के करीब हैं जिसके पास COVID-19 है या दूषित सतह को छूकर और फिर आपकी आंखें, नाक या मुंह से।

चीन से शुरू हुआ यह महामारी COVID-19 ने जनवरी से अपना प्रभाव दिखाना शुरू किया और देखते ही देखते विश्व के 200 से उपर देशों और द्विप पर पहुँच गया। आज दिनांक 10 जून, 2020 को संयुक्त राज्य अमरीका 20,45,715 में लोग इससे प्रभावित हो गये थे, घटते क्रम में देशों और द्विप की सूची इस प्रकार है-

ब्राज़िल, रूसी संघ, ग्रेट ब्रिटेन और उत्तरी आयरलैंड का यूनाइटेड किंगडम, स्पेन, भारत, इटली, पेरू, जर्मनी, ईरान, तुर्की का गणतंत्र, फ्रांस, चिली, मेक्सिको, पाकिस्तान, सऊदी अरब, कनाडा, चीन, कतर, बांग्लादेश, बेल्जियम, दक्षिण अफ्रीका, बेलोरूस, नीदरलैंड, स्वीडन, इक्वेडोर, कोलम्बिया, संयुक्त अरब अमीरात, सिंगापुर, मिस्र, पुर्तगाल, कुवैट, इंडोनेशिया, स्विट्जरलैंड, यूक्रेन, पोलैंड, आयरलैंड, अर्जेंटीना, फिलीपींस, अफ़ग़ानिस्तान, रोमानिया, डोमिनिकन गणराज्य, इजराइल, ओमान, पनामा, जापान, ऑस्ट्रिया, बहरीन, बोलीविया, इराक, आर्मीनिया, नाइजीरिया, कजाखस्तान, डेनमार्क, सर्बिया, कोरिया, एलजीरिया, घाना, मोलदोवा, कैमरून, नॉर्वे, मोरक्को, मलेशिया, आज़रबाइजान, ग्वाटेमाला, ऑस्ट्रेलिया, फिनलैंड, होंडुरस, सूडान, तजाकिस्तान, उज़्बेकिस्तान, सेनेगल, जिबूती, कांगो, गिन्नी, लक्समबर्ग, हंगरी, कोटे डी आइवर, हैती, गैबॉन, मैसेडोनिया, एल साल्वाडोर, थाईलैंड, यूनान, केन्या, बुल्गारिया, बोस्निया और हर्जेगोविना, वेनेजुएला, सोमालिया, इथियोपिया, क्रोएशिया, क्यूबा,

मैयट, किर्गिज़स्तान, एस्तोनिया, मालदीव, श्री लंका, केंद्रीय अफ्रीकन गणराज्य, आइसलैंड, लिथुआनिया, दक्षिण सूडान, माली, स्लोवाकिया, न्यूजीलैंड, स्लोवेनिया, निकारागुआ, गिनी-बिसाऊ, कोस्टा रिका, लेबनान, भूमध्यवर्ती गिनी, अल्बानिया, जाम्बिया, परागुआ, मॉरिटानिया, मेडागास्कर, हॉगकॉग, लातविया, ट्यूनीशिया, सियरा लिओन, नाइजर, साइप्रस, बुर्किना फासो, अंडोरा, उरुग्वे, जॉर्डन, चाड, जॉर्जिया, फ्रेंच गयाना, कांगो, सैन मैरीनो, युगांडा, माल्टा, जमैका, काबो वर्डे, यमन, साओ टोमे और प्रिंसिपे, तंजानिया, जाना, फिलिस्तीन, रवांडा, मलावी, मोजाम्बिक, ताइवान, लाइबेरिया, इस्वातीनी, लीबिया, मॉरीशस, मैन द्वीप, वियतनाम, मोंटेनेग्रो, जिम्बाब्वे, बेनिन, म्यांमार, मार्टीनिक, मंगोलिया, केमैन टापू, जिब्राल्टर, ग्वाडेलोप, गुयाना, सीरियाई, कोमोरोस, बरमूडा, ब्रुनेई दारुस्सलाम, सूरीनाम, कंबोडिया, त्रिनिदाद और टोबैगो, बहामा, अरूबा, मोनाको, अंगोला, बारबाडोस, बुरून्दी, लिकटेंस्टीन, सिंट मार्टेन (डच भाग), फ्रेंच पॉलीनेशिया, भूटान, मकाओ, बोत्सवाना, संत मार्टिन, इरिट्रिया, नामीबिया, गाम्बिया, संत विंसेंट अँड थे ग्रेनडीनेस, अंतिगुया और बार्बूडा, तिमोर- लेस्ते, ग्रेनेडा, न्यू कैलेडोनिया, बेलीज, सेंट लूसिया, लाओस, डोमिनिका, फ़िजी, संत किट्स और नेविस, ग्रीनलैंड, तुर्क्स और कैकोज़ द्वीपसमूह, पवित्र देखो, मोंटेसेराट, सेशेल्स, पश्चिमी सहारा, पापुआ न्यू गिनी, लिसोटो, एंगुइला

प्रत्येक देश में इसका प्रभाव बढ़ता ही जा रहा था और मरने वालों की संख्या बढ़ती ही जा रही थी। अभी तक इसे रोकने के लिए कोई कारगर वैक्सीन नहीं खोजा गया था, खोज जारी थी। समस्या को देखते हुए कई देशों ने अपने प्रभावित शहरों को LOCKDOWN (अपने घरों में रहने और व्यापारीक गतिविधि को बन्द रखने का आदेश) देना पड़ा।

भारत में भी 25 मार्च से एका-एक 4 घंटें के समयान्तराल में LOCKDOWN घोषित कर दिया गया, यातायात के साधन रेल, बस, हवाई जहाज के घरेलू और अन्तर्राष्ट्रीय उड़ानें बन्द कर दी गईं। जो भी नागरिक जहाँ जिस कार्य के गया लिए था वो वहीं कैद हो गया। दैनिक मजदूर (प्रतिदिन कमाने-खाने वाले) काम बन्द होने से भूखमरी के शिकार होने लगें। लाखों मजदूर भारत के विभिन्न प्रदेशों से अपने गाँव की ओर पैदल यात्रा पर ही निकल लियें जिसमें अनेकों की मौत भी हुयी। रास्ते में निवासियों ने मानवता दिखाते हुये उनके भोजन-पानी को भी उपलब्ध कराये।

वर्ष 2020 ई0: सार्वभौम एकात्मता-मानवता का सन्देश

वर्ष 2020 ई0 का खगोलिय सन्देश

ग्रहों के सम्मिलन व समय के योग से ज्योतिष विज्ञान काल परिवर्तन और नये युग की शुरुआत तथा ईश्वर के अवतरण की सूचना का प्रतीक मानता है। तो वर्तमान, विज्ञान उसे मात्र एक ब्रह्माण्डीय घटना मानता है।

उपरोक्त घटनाएं एवं संयोग विश्व, भारत, अन्तर्राष्ट्रीय, राज्य, समाज, परिवार और व्यक्ति सहित विज्ञान और धर्म क्षेत्र के समक्ष व्यक्त थी परन्तु वह एक-एक कर घटित होती गयी और वह इतिहास बन गयी। सभी घटनाएं अलग-अलग क्षेत्रों के समक्ष अलग-अलग रुप में ज्ञान में थी, न कि एक साथ। परिणामस्वरुप कोई भी परिणाम विश्व, भारत, राज्य, अन्तर्राष्ट्रीय, समाज, परिवार, व्यक्ति, विज्ञान व धर्म क्षेत्र देने में सक्षम नहीं था अर्थात् वह इन घटनाओं से पूर्ण मुक्त था।

खगोल व ज्योतिष विज्ञान के अनुसार- उपरोक्त घटनायें युग की समाप्ति और भगवान के अवतरण के समय का सूचक होती हैं। वर्तमान कलियुग की आयु 4,32,000 वर्ष मानी गयी है। जिसका प्रारम्भ 18 फरवरी 3102 ई0 पू0 माना जाता है।

सर्वज्ञपीठम् कालीमठ, वाराणसी के स्वामी ब्रह्मानन्द नाथ सरस्वती के अनुसार- ग्रहण से उत्पादित पुण्य से कलियुग का 10,000 वर्ष आयु कम हो जाता है। (देखें-"अमर उजाला" इलाहाबाद संस्करण, दिनांक-11-08-1999 पूर्ण सूर्यग्रहण के अवसर पर प्रकाशित) और 821 वर्ष कलियुग का शेष रहने पर कल्कि अवतार का अवतरण माना गया है। इस प्रकार कलियुग का व्यतीत कुल वर्ष 5102 वर्ष हुआ और यदि कल्कि

अवतार अभी होता है तो कलियुग के कुल आयु 4,32,000 में से 5102+821 वर्ष घटकर 4,26,071 वर्ष ग्रहण द्वारा उत्पादित पुण्य से समाप्त हो जाने चाहिए। जिसके लिए 43 ग्रहण की आवश्यकता है। खगोल वैज्ञानिकों का ऐसा अनुमान है कि वर्ष में सूर्यग्रहण की स्थिति 2 से 5 बार तक आती है। कलियुग के व्यतीत वर्ष 5102 वर्षों में क्या 43 ग्रहण नहीं आये होंगे? जबकि 20 मार्च 2015 तक 14 सूर्यग्रहण हुये। यदि यह माना जाय तो ग्रहण से उत्पन्न पुण्य सिर्फ भारत में ही होता है तो क्या 5102 वर्षों के दौरान भारत में 43 ग्रहण नहीं हुये होंगे? जबकि चन्द्रग्रहण से उत्पादित पुण्य से कलियुग की आयु कम होना अलग है। इस प्रकार देखने पर कलियुग की आयु लगभग समाप्त हो चुकी है।

16 जुलाई 2000 गुरुपूर्णिमा के दिन पूर्ण चन्द्रग्रहण और 5 जुलाई 2001 को अंश चन्द्रग्रहण गुरुओं के लिए प्रकाशमय पूर्णिमा नहीं बल्कि अन्धकारमय अमावस्या था। क्योंकि एक ओर यह पूर्ण चन्द्रग्रहण 13 अगस्त 1859 के बाद हुआ जो अब यह सन् 3000 के बाद ही होगा तो गुरु पूर्णिमा के पावन अवसर पर ही हुआ। जो मात्र व्यष्टि गुरुओं के भरमार का प्राकृतिक रुप से विरोध का सूचक था।

वर्ष 2020 ई0 का प्राकृतिक सन्देश

कोरोना (COVID-19) वायरस से वैश्विक महामारी ने अपने-अपने देशों के सरकार और समाज की व्यवस्था को सार्वजनिक रूप से व्यक्त करने का कार्य किया। इस घटना ने व्यक्ति और शासन को सन्देश दिया कि मनुष्य को प्रकृति के समन्वय के साथ चलना चाहिए। जब भी प्रकृति के तीन गुण – सत्व, रज और तम में से रज और तम की शक्ति अधिक हो जाती है तब प्रकृति अपना सन्तुलन बनाने के लिए सत्व गुण से हस्तक्षेप करने में सक्षम है और यह हस्तक्षेप बिना किसी भेद-भाव के एक समान रूप से प्रभावी होता है। इस हस्तक्षेप में धर्म-जाति, रंग, महिला-पुरूष, उम्र इत्यादि से कोई मतलब नहीं होता। स्पष्ट रूप से सार्वभौम सत्य-सिद्धान्त के अनुसार कार्य होता है जो ईश्वरीय सिद्धान्त है।

वर्ष 2020 ई0 का सार्वभौम सन्देश

भारतीय आध्यात्म दर्शन में शिव-शक्ति, प्रकृति-पुरूष, क्रिया-कारण का सर्वोच्च विचार है जो अन्तिम रूप से उच्चतम भी है। देवी का स्थान प्रकृति/ शक्ति/ क्रिया को प्राप्त है और देवता का स्थान शिव/ पुरूष/ कारण को प्राप्त है। प्रकृति/ शक्ति/ क्रिया के प्रभाव क्षेत्र के अनुसार अनेक देवीयाँ भारत में सर्वत्र हैं। प्रकृति द्वारा प्रभावी महामारी को भारतीय हमेशा दैवी प्रकोप और उनकी नाराजगी का ही परिणम मानते हैं। समय कल्कि अवतार के अवतरण का है तो उनकी शक्ति प्रकृति के भी अवतरण का समय है जिन्हें कल्कि देवी के रूप में जाना जाता है, भारतीय दर्शन की दृष्टि में कोरोना, कल्कि देवी का अस्त्र (कोरोनास्त्र) है जिससे मानव को सन्देश देने का प्रयत्न है। इस माध्यम से वर्ष 2020 ई0 का सार्वभौम सन्देश व्यक्ति, समाज और सरकार को यह है कि-

1. व्यक्ति स्वयं को इस ब्रह्माण्ड का स्वतन्त्र ईकाइ न समझें, वह एक ही सार्वभौम सत्य-सिद्धान्त से इस पृथ्वी पर शरीर धारण किया है और उसी सिद्धान्त से हार कर शरीर का त्याग भी करेगा, इसके अलावा कोई रास्ता नहीं।
2. समाज (व्यक्तियों का समूह) स्वयं को धर्म-जाति, रंग, महिला-पुरूष, उम्र इत्यादि की भावना से मुक्त होकर अन्य समूह को देखें और आवश्यकता पड़ने पर सहायता के लिए तैयार रहें। रहन-सहन की पद्धति संस्कृति है जो थोपा नहीं जा सकता, व्यक्ति की स्वतन्त्रता है कि वो कैसे रहे, बस उसे यह ध्यान रहना चाहिए कि उसके कारण अन्य को परेशानी तो नहीं हो रही है। संस्कृति को थोपना कट्टरता है।
3. राजतन्त्र में राजा और लोकतन्त्र में सत्ता, प्रजा-जनता का अभिभावक होता है ना कि उस पर शासन करने वाला, यदि ऐसा है तो निश्चित रूप से जानना चाहिए कि वह राजा या सत्ता मानवतावादी नहीं। राजा या सत्ता को

सदैव प्रजा-जनता केन्द्रित होना चाहिए क्योंकि ये पारिवारिक, सामाजिक, सांगठनिक, व्यापारिक, राज्य और सत्ता एक वृक्ष के समान हैं और वृक्ष के जड़ में खाद-पानी देने से सभी व्यवस्थायें सुद्दढ़ रहती हैं।

4. व्यक्ति और सरकार को सार्वभौम सत्य-सिद्धान्त का ही मार्ग अपना कर अपने व्यवस्थाओं को सुद्दढ़ करना चाहिए तभी दोनों एक-दूसरे के लिए सहयोगी बनकर राष्ट्र निर्माण में सहायक हो सकते हैं।
5. व्यक्ति को वैश्विक ज्ञान से युक्त करना आवश्यक और "वैश्विक सोच-स्थानीय कार्यवाही" की भावना से जीवन-यापन के लिए निर्माण की आवश्यकता है।

Think Globally - Act Locally
वैश्विक सोच - स्थानीय कार्यवाही

वर्ष 2020 ई0 का अवतारी सन्देश

किसी भी युग में अवतार, महापुरूष, संत या किसी भी व्यक्ति के गुण को सीधे देखकर पहचानने की क्षमता किसी भी व्यक्ति के अन्दर नहीं रही है। उस व्यक्ति को, स्वयं के अपने गुणों को ज्ञान, कर्म, जीवन के माध्यम द्वारा व्यक्त करना होता है। उसके बाद ही कुछ लोग उन्हें पहचानते हैं और उनके साथ एक-दूसरे के सदुपयोग के लिए साथ आते रहे हैं। प्राचीन समय में यह कार्य बहुत कठिन होता था इसके लिए वे अनेक प्रकार के आयोजन करते थे।

वर्तमान युग में भी अनेक प्रकार के आयोजन जैसे-सेमिनार, सम्मेलन, प्रदर्शनी, मेले, परीक्षाएँ, प्रतिस्पर्धा इत्यादि द्वारा अपनी योग्यता प्रदर्शित किये जाते हैं। परन्तु यह सब समय लेने वाला है और आम नागरिक के योग्यता को व्यक्त करने का माध्यम नहीं बन पाता। दुनिया बहुत तेज हो चुकी है। ऐसे में किसी विशेष कार्य के लिए कोई भी संस्था/व्यक्ति/योजना संचालक शीघ्रता से अपने कार्य के लिए योग्य व्यक्ति से जुड़ना चाहता है। सीधे व्यक्ति से व्यक्ति के सम्बन्धित होने, परिचय बनाने के कार्य में मनुष्य जीवन इतना छोटा है कि वह एक सिमित दायरे तक ही रह जाता है। व्यापक दायरे तक जाने के लिए व्यक्ति का निराकार रूप विचार-गुण-योग्यता को ही प्रकाशित करना होता है।

ईश्वर (सार्वभौम सत्य-सिद्धान्त) के सत्व गुण प्रधान (ब्रह्मा) के पूर्णावतार

- **श्रीराम** (आदर्श व्यक्तिगत मानव) के धर्म (आध्यात्मिक सत्य) स्थापना का कारण शारीरिक था,

ईश्वर (सार्वभौम सत्य-सिद्धान्त) के रज गुण प्रधान (विष्णु) के पूर्णावतार

- **श्रीकृष्ण** (आदर्श सामाजिक मानव) के धर्म (आध्यात्मिक सत्य) स्थापना का कारण आर्थिक था,

ईश्वर (सार्वभौम सत्य-सिद्धान्त) के तम गुण प्रधान (शंकर) के पूर्णावतार

- **श्रीकल्कि** (आदर्श वैश्विक मानव) के धर्म (आध्यात्मिक सत्य) स्थापना का कारण मानसिक था।

गुरु के सम्बन्ध में स्वामी विवेकानन्द जी कहते हैं-"हम गुरु के बिना कोई ज्ञान प्राप्त नहीं कर सकते। अब बात यह है कि यदि मनुष्य, देवता अथवा कोई स्वर्गदूत हमारे गुरु हो, तो वे भी तो ससीम हैं, फिर उनसे पहले उनके गुरु कौन थे? हमें मजबूर होकर यह चरम सिद्धान्त स्थिर करना ही होगा कि एक ऐसे गुरु हैं जो काल के द्वारा सीमाबद्ध या अविच्छिन्न नहीं हैं। उन्हीं अनन्त ज्ञान सम्पन्न गुरु को, जिनका आदि भी नहीं और अन्त भी नहीं, ईश्वर कहते हैं। (राजयोग, रामकृष्ण मिशन, पृष्ठ-134)

वर्तमान समय में व्यक्ति (व्यष्टि) के गुरुओं की भरमार है परन्तु समाज (समष्टि) के गुरु का पूर्ण अभाव है। वह वही है जो वर्तमान और भविष्य की वैश्विक आवश्यकता-वर्तमान व्यवस्थानुसार विश्व-शान्ति-एकता-स्थिरता-विकास-सुरक्षा के लिए प्रबन्ध का माडल दे सकें, साथ ही पूर्ण मानव, स्वस्थ समाज, स्वस्थ लोकतन्त्र और स्वस्थ उद्योग की प्राप्ति का आधारशिला रख फल रुप में विश्वव्यापी पूर्ण एकात्म करें। वर्तमान समय और कुछ भी नहीं अनन्तज्ञान सम्पन्न गुरु निष्कलंक कल्कि अवतार का ही समय है जिसका रुप समष्टि गुरु का ही रुप है। उसका समस्त कार्य उपरोक्त सार्वाधिक खगोलीय घटनाओं की अवधि में ही सम्पन्न हुआ है। जिसके सम्बन्ध में सन् 1996 में ही हालैण्ड निवासी भविष्यवक्ता मि0 क्राइसे ने स्पष्ट कहा था कि-"मैं भारत में एक महापुरुष को स्पष्ट रुप से देख रहा हूँ जो विश्व के लिए योजनाएँ बना रहा है।" भारतीय आध्यात्म के अनुसार भी पूर्ण ब्रह्मावतार पूर्ण सत्व गुण रूप श्रीराम तथा पूर्ण विष्णु अवतार पूर्ण रज गुण रूप श्रीकृष्ण हो चुके हैं। अभी जो शेष थे वह हैं-पूर्ण शिव-शंकर अवतार पूर्ण तम गुण रूप। यही अन्तिम निष्कलंक कल्कि अवतार हैं। शिवगुरु हैं, कल्याण स्वरुप हैं और जब तक इनका आगमन नहीं हुआ था तब तक नेता, वर्तमान व्यष्टि गुरु, चिन्तक इत्यादि का भारत और विश्व का कल्याण कर देने का प्रयत्न निष्फल, भ्रमात्मक और समय गवाने वाला ही था। हमें शिव-शंकर के पूर्ण प्रेरक पूर्णावतार के रुप में व्यक्त लव कुश सिंह "विश्वमानव" द्वारा व्यक्त कर्मों पर चिन्तन और समर्पण करना चाहिए और समर्पण करना ही पड़ेगा।

वर्ष 2020 ई0 का एंतोनियो गुटेरेश (महासचिव, संयुक्त राष्ट्) का सन्देश

Mr. Antonio Guterres **(30 April 1949 - ....)**

(Secretary-General's (Mr. Antonio Guterres) remarks to Annual General Assembly Commemoration of Nelson Mandela International Day and United Nations Nelson Rolihlahla Mandela Prize Laureate Recognition [as delivered)

I am pleased to join you to celebrate the life and achievements of Nelson Mandela - one of the greatest leaders of our time, a moral giant whose legacy continues to guide us today.

Let me also express condolences to Madiba's family and the people of South Africa on the untimely passing of his daughter, Zindzi, this month.

On today's commemoration of Nelson Mandela Day, I am delighted to extend my warmest congratulations to the 2020 laureates of the United Nations Nelson Rolihlahla Mandela Prize: Mrs. Marianna Vardinoyannis of Greece and Dr. Morissana Kouyate of Guinea.

Both are recognized for their long-standing commitment to the service of humanity in the areas of human rights, access to health care, and the empowerment of women and girls and the most vulnerable in society.
I commend them for advancing the United Nations' mission and carrying on the extraordinary legacy of Nelson Mandela.
As Madiba himself once said: "As long as poverty, injustice and gross inequality persist in our world, none of us can truly rest."
This message was the core of the Nelson Mandela lecture I delivered this weekend.
High and rising levels of inequality threaten our well-being and our future.
Inequality damages everyone.
It is a brake on human development and opportunities, and is associated with unfair international relations, but also with economic instability, corruption, financial crises, increased crime and poor physical and mental health.
The answer lies in a New Social Contract, to ensure economic and social justice and respect for human rights.
A New Social Contract within societies will enable young people to live in dignity.
It will ensure women have the same prospects and opportunities as men.
And it will protect the sick, the vulnerable, and minorities of all kinds.
This year, we mark Nelson Mandela Day while COVID-19 continues to spread.
The pandemic endangers everyone, everywhere, especially the most vulnerable.
COVID-19 has been likened to an x-ray, revealing fractures in the fragile skeleton of our societies, and it has laid bare risks we have ignored for decades: inadequate healthcare; gaps in social protection; structural inequalities; environmental degradation; the climate crisis.
In response, we need world leaders to foster unity and solidarity.
First, to reduce the common threat of the pandemic and, second, to promote a recovery that will build more sustainable, inclusive and gender-equal societies and economies.
Societies and economies that uphold the inherent dignity and worth of every person.
As we celebrate Madiba and his life-long struggle for justice and equality, we must recognize that we still face the persistent plague of racism.
This abomination violates the Charter of the United Nations and insults our core values.
Every day, in our work across the world, we must strive to do our part to promote inclusion, justice and dignity.
We must combat racism in all its manifestations.
As the United Nations marks its 75th anniversary in this fragile time, let us reflect on the life and work of Nelson Mandela, who embodied the highest values of the United Nations and who took action and inspired change.
Despite many years as a prisoner of conscience, Madiba retained his dignity and commitment to his ideals.
Let his example convince any governments that keep such prisoners to release them.
There should be no prisoners of conscience in the 21st century.

On this Mandela Day, let us recall that we all have a part to play in the quest for a better future of dignity, opportunity and prosperity for all people on a healthy planet.

Thank you.

https://www.un.org/sg/en/content/sg/statement/2020-07-20/secretary-generals-remarks-annual-general-assembly-commemoration-of-nelson-mandela-international-day-and-united-nations-nelson-rolihlahla-mandela-prize-laureate

हिन्दी भाषान्तरण

(नेल्सन मंडेला अंतर्राष्ट्रीय दिवस और संयुक्त राष्ट्र नेल्सन रोलीहला मंडेला पुरस्कार पुरस्कार विजेता (के रूप में वितरित) महासचिव की वार्षिक आमसभा की टिप्पणी)

मुझे नेल्सन मंडेला के जीवन और उपलब्धियों का जश्न मनाने के लिए शामिल होने की कृपा है - हमारे समय के सबसे महान नेताओं में से एक, एक नैतिक विशाल जिसकी विरासत आज भी हमारा मार्गदर्शन करती है। मुझे इस महीने, मदीबा के परिवार और दक्षिण अफ्रीका के लोगों द्वारा अपनी बेटी, जिंजी के असामयिक निधन पर शोक संवेदना व्यक्त करें।

नेल्सन मंडेला दिवस की आज की याद में, मैं संयुक्त राष्ट्र नेल्सन रोलीहला मंडेला पुरस्कार: श्रीमती मारियाना वर्निनॉयनीस और ग्रीस की डॉ0 मोरिसाना कुआते के 2020 के पुरस्कारों के लिए अपनी हार्दिक बधाई देने के लिए बहुत खुश हूँ।

दोनों को मानवाधिकारों के क्षेत्र में मानवता की सेवा, स्वास्थ्य देखभाल तक पहुंच और महिलाओं और लड़कियों के सशक्तिकरण और समाज में सबसे कमजोर लोगों के प्रति उनकी दीर्घकालिक प्रतिबद्धता के लिए पहचाना जाता है।

मैं संयुक्त राष्ट्र के मिशन को आगे बढ़ाने और नेल्सन मंडेला की असाधारण विरासत को आगे बढ़ाने के लिए उनकी सराहना करता हूं।

जैसा कि मदीबा ने खुद एक बार कहा था: "जब तक हमारी दुनिया में गरीबी, अन्याय और घोर असमानता बनी रहती है, तब तक हममें से कोई भी आराम नहीं कर सकता है।"

यह संदेश नेल्सन मंडेला व्याख्यान का मूल था जिसे मैंने इस सप्ताह के अंत में दिया था।

असमानता के उच्च और बढ़ते स्तर हमारी भलाई और हमारे भविष्य को खतरा देते हैं।

असमानता सभी को नुकसान पहुंचाती है।

यह मानव विकास और अवसरों पर एक ब्रेक है, और अनुचित अंतरराष्ट्रीय संबंधों के साथ जुड़ा हुआ है, लेकिन आर्थिक अस्थिरता, भ्रष्टाचार, वित्तीय संकट, अपराध और खराब शारीरिक और मानसिक स्वास्थ्य के साथ भी जुड़ा हुआ है।

उत्तर एक नए सामाजिक अनुबंध में निहित है, आर्थिक और सामाजिक न्याय और मानव अधिकारों के लिए सम्मान सुनिश्चित करने के लिए।

समाजों के भीतर एक नया सामाजिक अनुबंध युवाओं को गरिमा में जीने के लिए सक्षम करेगा।

यह सुनिश्चित करेगा कि महिलाओं में पुरुषों की तरह ही संभावनाएं और अवसर हों। और यह बीमार, कमजोर और सभी प्रकार के अल्पसंख्यकों की रक्षा करेगा।

इस वर्ष, हम नेल्सन मंडेला दिवस को चिह्नित करते हैं जबकि COVID-19 का प्रसार जारी है।

महामारी हर किसी को खतरे में डालती है, हर जगह, विशेष रूप से सबसे कमजोर।

COVID-19 की तुलना एक एक्स-रे से की गई है, जिससे हमारे समाजों के नाजुक कंकाल में फ्रैक्चर का पता चलता है, और इसने नंगे जोखिमों को रखा है जिन्हें हमने दशकों से अनदेखा किया है: अपर्याप्त स्वास्थ्य देखभाल; सामाजिक संरक्षण में अंतराल; संरचनात्मक असमानताएं; पर्यावरणीय दुर्दशा; जलवायु संकट।

जवाब में, हमें विश्व नेताओं को एकता और एकजुटता को बढ़ावा देने की आवश्यकता है।

पहला, महामारी के सामान्य खतरे को कम करने के लिए और दूसरा, एक वसूली को बढ़ावा देने के लिए जो अधिक टिकाऊ, समावेशी और लैंगिक-समान समाजों और अर्थव्यवस्थाओं का निर्माण करेगा।

समाज और अर्थव्यवस्थाएं जो प्रत्येक व्यक्ति की अंतर्निहित गरिमा और मूल्य को बनाए रखती हैं।

जैसा कि हम न्याय और समानता के लिए मदीबा और उनके जीवन भर के संघर्ष का जश्न मनाते हैं, हमें यह मानना चाहिए कि हम अभी भी नस्लवाद के लगातार प्लेग का सामना कर रहे हैं।

यह घृणा संयुक्त राष्ट्र के चार्टर का उल्लंघन करती है और हमारे मूल मूल्यों का अपमान करती है।

हर दिन, दुनिया भर में हमारे काम में, हमें समावेश, न्याय और गरिमा को बढ़ावा देने के लिए अपनी ओर से प्रयास करना चाहिए।

हमें अपनी सभी अभिव्यक्तियों में नस्लवाद का मुकाबला करना चाहिए।

जैसा कि संयुक्त राष्ट्र ने इस नाजुक समय में अपनी 75 वीं वर्षगांठ मनाई है, आइए हम नेल्सन मंडेला के जीवन और कार्य को प्रतिबिंबित करते हैं, जिन्होंने संयुक्त राष्ट्र के उच्चतम मूल्यों को अपनाया और जिन्होंने कार्रवाई और प्रेरित परिवर्तन किया।

कई वर्षों तक विवेक के कैदी के रूप में, मदीबा ने अपने आदर्शों के लिए अपनी गरिमा और प्रतिबद्धता को बनाए रखा।

उनका उदाहरण किसी भी सरकारों को समझाएं जो ऐसे कैदियों को रिहा करने के लिए रखती हैं।

21 वीं सदी में अंतरात्मा का कोई कैदी नहीं होना चाहिए।

इस मंडेला दिवस पर, हम याद करते हैं कि हम सभी के पास एक स्वस्थ ग्रह पर सभी लोगों के लिए सम्मान, अवसर और समृद्धि के बेहतर भविष्य की तलाश में खेलने का एक हिस्सा है।

धन्यवाद।

भाग-4

वैश्विक बुद्ध - बुद्ध का भाग दो और अन्तिम

सार्वभौम सत्य-सिद्धान्त अनुसार बुद्ध

स्वामी विवेकानन्द के दृष्टि में बुद्ध

वैश्विक बुद्ध - बुद्ध का भाग दो और अन्तिम

सम्बन्धित विचार एवं स्पष्टिकरण

लव कुश सिंह "विश्वमानव"

कर्म वेदान्त और विकास दर्शन

"सम्पूर्ण मानक" का विकास भारतीय आध्यात्म-दर्शन का मूल और अन्तिम लक्ष्य

समाज रचना और व्यापार का आधार

सृष्टि, ईश्वरीय समाज और व्यापार

सार्वभौम सत्य-सिद्धान्त अनुसार बुद्ध

दृश्य काल के व्यक्तिगत प्रमाणित काल में सार्वजनिक प्रमाणित अंश दृश्य सत्य चेतना से युक्त संघ और योजना आधारित कलियुग के प्रारम्भ में नवें अवतार - बुद्ध अवतार के समय तक एकतन्त्रात्मक राज्यों का विकास, विभिन्न नेतृत्व मनों आधारित जातियों, हिंसा, कर्म का प्राथमिता का विकास हो उसकी दिशा प्रसार की ओर ही थी। कृष्ण के अंश अपूर्ण मन अर्थात् अंश सूक्ष्म शरीर के स्थूल शरीर ही बुद्ध थे परिणामस्वरूप वे स्वयं को पहचानकर कालानुसार आवश्यक मुख्य कार्य अर्थात् जनता द्वारा लोक धर्म शिक्षा और गणराज्य की स्थापना का शुभारम्भ का कार्य कर्मयोगी-वैरागी-सन्यासी की भाँति पूर्ण किये। लोकधर्म शिक्षा के अन्तर्गत वे व्यक्तिगत कर्म के लिए -सत्यपात्र को दान नैतिकता के नियमों का पालन, अपने पुण्य का भाग दूसरों को देना, दूसरे द्वारा दिये गये पुण्य के भाग को स्वीकारना अपने त्रुटियों का सुधार, सम्यक-सिद्धान्त का श्रवण और प्रसार; सम्यक सिद्धान्त के अन्तर्गत - अन्धविश्वास तथा भ्रम रहित सम्यक दृष्टि, उच्च तथा बुद्धियुक्त सम्यक संकल्प, नम्रता-उत्सुक्तता-सत्यनिष्ठ युक्त सम्यक वचन, शान्तिपूर्ण-निष्ठापूर्ण-पवित्रता युक्त सम्यक कर्म, अहिंसा युक्त सम्यक आजीवन, आत्म निग्रह और आत्म प्रशिक्षण युक्त सम्यक व्यायाम, सक्रीय सचेतन मन युक्त सम्यक स्मृति, जीवन की यर्थाथता पर गहन अध्ययन युक्त सम्यक समाधि तथा यह लोक धर्म शिक्षा अनवरत चलती रहे इसलिए लोक शिक्षकों के रूप में साधुओं और भिक्षुओं का निर्माण सहित "बुद्धं शरणं गच्छामि" अर्थात् बुद्धि या प्रबुद्धों के शरण में जाओ और "धम्म शरणं गच्छामि" अर्थात् धर्म के शरण में जाओ का उपदेश देने का कार्य किये। गणराज्य स्थापना के शुभारम्भ के अन्तर्गत ग्राम, सभा, संघ या पंचायत से जुड़ने के लिए "संघ शरणं गच्छामि" का उपदेश देने का कार्य किये।

यहाँ ध्यान देने योग्य यह है कि कृष्णावतार के समय गणराज्य स्थापना के लिए व्यक्तिगत प्रमाणित दृश्य सत्य चेतना द्वारा अदृश्य मन में तय की गई सम्पूर्ण नीति का वह हिस्सा अर्थात् वह अपूर्ण मन जो कृष्ण पूर्ण नहीं कर पाये थे उसके कुछ प्राथमिक अंश जैसे -सन्यास, लोकधर्म, ध्यान अर्थात् काल चिन्तन और गणराज्य व्यवस्था का बीज जो मानव समाज का नये सिरे से सृष्टि का प्रथम चरण था वही कार्य बुद्धावतार में पूर्व कृष्णावतार से प्राप्त कर्मयोगी मन द्वारा ही बुद्ध ने पूर्ण किया था। बुद्ध द्वारा दिया गया "सम्यक" शब्द एकात्म ध्यान अर्थात् समभाव युक्त काल चिन्तन का ही बीज था जो कृष्ण के जीवन में समाहित था और गीतोपनिषद् में अव्यक्त रहा। चूंकि एकात्म ध्यान, भगवान शिव-शंकर का स्वरूप है इसलिए वे अगले अवतार की दृष्टि रखते हुये अपने प्रचार का समस्त केन्द्र शिव-शंकर से जुड़ी स्थली के निकट ही रखें। बुद्ध अपने समस्त कार्यों को स्वयं जानते हुये कोई दार्शनिक आधार इसलिए नहीं दिये क्योंकि दार्शनिक आधार देने पर वह गीतोपनिषद् और कृष्ण में समाहित हो जाता परिणामस्वरूप कृष्ण का विवशतावश ही सही हिंसक जीवन और हिंसा कर्म की प्रधानता की ओर बढ़ते समाज में अहिंसा आधारित नये मानव समाज की सृष्टि कार्य असफल हो जाता। बुद्ध की कार्यप्रणाली दार्शनिक न होकर व्यावहारिक थी जो कर्मज्ञान अर्थात् कर्मवेद का सूक्ष्म बीज था। जिसकी व्यापकता के लिए उन्होंने हिंसक राजा को अपने शरण में कर आन्दोलन का रूप दिये जो उस समय तक का दार्शनिक दृष्टि से पूर्णमुक्त सबसे बड़ा धर्मिक आन्दोलन था जो उनके महानिर्वाण के बाद इमारतों, मन्दिरों और बौद्ध धर्म में परिणत हो गया। बुद्ध का पूर्व नाम "सिद्धार्थ" अर्थात् "वह जिसने अपना उद्देश्य पूर्ण कर लिया हो।" बुद्ध, मन की एक व्यावहारिक अवस्था अर्थात् बुद्धि है जो ज्ञान के साथ काल चिन्तन के संयोग से उत्पन्न होती है। छः वर्षों की साधना उन्होंने उम्र की परिपक्वता, सामाजिक विश्वसनीयता, कालानुसार कार्य और कार्यनीति के निर्धारण के लिए की थी। चूंकि सत्य चेतना के अन्तर्गत ही प्राकृतिक चेतना समाहित होती है इसलिए प्राकृतिक चेतना के अन्तर्गत कृष्णावतार में रूक्मणि का अपूर्ण मन अर्थात् सूक्ष्म शरीर यशोधरा के स्थूल शरीर द्वारा व्यक्त हो सिद्धार्थ से पुत्र प्राप्त कर पूर्ण हो गया। यदि बुद्ध व्यक्तिगत प्रमाणित दृश्य सत्य चेतना युक्त कृष्ण के अपूर्ण मन न होते तो वे बाह्य कारणों से प्रेरित होकर निष्काम कर्म की ओर बढ़ते परन्तु वे तो स्वयं अन्तः कारणों से प्रेरित थे जो उनमे कृष्ण के अपूर्ण मन का अंश था, से स्वयं अहैतुक कार्य के लिए कर्मयोगी बने थे। अब तब जो मन इस दैवी श्रृंखला विष्णु के अन्तिम दसवें अवतार के साथ पूर्ण होने के लिए अपूर्ण थे वे थे रामावतार के समय "लव और कुश" का संयुक्त एक मन, उर्मिला का अपूर्ण मन जो

कृष्णावतार में सत्यभामा के रूप में पुनः अपूर्ण रह गया था। तथा कृष्णावतार में ही वे सभी नर-नारियों के अपूर्ण मन जो दास, संख्य, वात्सल्य, मधुर और अवैध प्रेम में बधकर संयुक्त एक अपूर्ण मन में परिवर्तित थे।

स्वामी विवेकानन्द के दृष्टि में बुद्ध

स्वामी विवेकानन्द के व्याख्यान - 05.बौद्ध धर्म-26 सितम्बर, 1893 (शिकागो, अमेरीका)

मैं बौद्ध धर्मावलम्बी नहीं हूँ, जैसा कि आप लोगों ने सुना है, पर फिर भी मैं बौद्ध हूँ। यदि चीन, जापान अथवा सीलोन (श्रीलंका), उस महान तथागत के उपदेशों का अनुसरण करते हैं तो भारत वर्ष उन्हें पृथ्वी पर ईश्वर का अवतार मानकर उनकी पूजा करता है। आपने अभी-अभी सुना कि मैं बौद्ध धर्म की आलोचना करने वाला हूँ, परन्तु उससे आपको केवल इतना ही समझना चाहिए। जिनको मैं इस पृथ्वी पर ईश्वर का अवतार मानता हूँ, उनकी आलोचना! मुझसे यह सम्भव नहीं। परन्तु बुद्ध के विषय में हमारी धारणा यह है कि उनके शिष्यों ने उनकी शिक्षाओं को ठीक-ठीक नहीं समझा। हिन्दू धर्म (हिन्दू धर्म से मेरा तात्पर्य वैदिक धर्म है) और जो आजकल बौद्ध धर्म कहलाता है, उनमें आपस में वैसा ही सम्बन्ध है, जैसा यहूदी तथा ईसाई धर्मों में। ईसा मसीह यहूदी थे और शाक्य मुनि हिन्दू। यहूदियों ने ईसा को केवल अस्वीकार ही नहीं किया, उन्हें सूली पर भी चढ़ा दिया। हिन्दूओं ने शाक्य मुनि को ईश्वर के रूप में ग्रहण किया है और उनकी पूजा करते हैं। किन्तु प्रचलित बौद्ध धर्म नें तथा बुद्धदेव की शिक्षाओं में वास्तविक भेद हम हिन्दू लोग दिखलाना चाहते हैं, वह विशेषत: यह है कि शाक्य मुनि कोई नयी शिक्षा देने के लिए अवतीर्ण नहीं हुए थे। वे भी ईसा के समान धर्म की सम्पूर्ति के लिए आए थे, उसका विनाश करने नहीं। अन्तर इतना है कि ईसा को प्राचीन यहूदी नहीं समझ पाये। जिस प्रकार यहूदी प्राचीन व्यवस्थान की निष्पत्ति नहीं समझ सके, उसी प्रकार बौद्ध भी हिन्दू के सत्यों की निष्पत्ति को नहीं समझ पाये। मैं यह बात फिर दुहराना चाहता हूँ कि शाक्य मुनि ध्वंस करने नहीं आये थे वरन् वे हिन्दू धर्म की निष्पत्ति थे। उसकी तार्किक परिणति और उसके सुक्तिसंगत विकास थे।

हिन्दू धर्म के दो भाग है-कर्मकाण्ड और ज्ञानकाण्ड। ज्ञानकाण्ड का विशेष अध्ययन संन्यासी लोग करते हैं। ज्ञानकाण्ड में जातिभेद नहीं हैं। भारतवर्ष में उच्च अथवा नीच जाति के लोग संन्यासी हो सकते हैं और तब दोनों जातियाँ समान हो जाती हैं। धर्म में जाति भेद नहीं है। जाति तो एक सामाजिक संस्था मात्र है। शाक्य मुनि स्वयं संन्यासी थे, और यह उनकी गरिमा है कि उनका हृदय इतना विशाल था कि उन्होंने अप्राप्य वेदों से सत्यों को निकालकर उनको समस्त संसार में विकीर्ण कर दिया। इस जगत में सब से पहले वे ही ऐसे हुए, जिन्होंने धर्म प्रचार की प्रथा चलायी, इतना ही नहीं, वरन् मनुष्य को दूसरे धर्म से अपने धर्म में दीक्षित करने का विचार भी सब से पहले उन्हीं के मन में उदित हुआ।

सर्वभूतों के प्रति, और विशेषकर अज्ञानी तथा दीन जनों के प्रति अद्भुत सहानुभूति में ही तथागत का महान गौरव सन्निहित है। उनके कुछ शिष्य ब्राह्मण थे। बुद्ध के धर्मोपदेश के समय संस्कृत भारत की जनभाषा नहीं रह गयी थी। वह उस समय केवल पण्डितों के ग्रन्थों की ही भाषा थी। बुद्धदेव के कुछ ब्राह्मण शिष्यों ने उनके उपदेशों का अनुवाद संस्कृत में करना चाहा था, पर बुद्धदेव उनसे सदा यही कहते-मैं दरिद्र और साधारण जनों के लिए आया हूँ, अत: जनभाषा में ही मुझे बोलने दो, और इसी कारण उनके अधिकांश उपदेश अब तक भारत की तात्कालीन लोकभाषा में पाये जाते हैं।

दर्शनशास्त्र का स्थान चाहे जो भी हो, तत्वज्ञान का स्थान चाहे जो भी हो, पर जब तक इस लोक में मृत्यु मान की वस्तु है, तब तक मानव हृदय में दुर्बलता जैसी वस्तु है। जब तक मनुष्य के अन्तःकरण से उसका दुर्बलताजनित करूण क्रन्दन बाहर निकलता है तब तक इस संसार में ईश्वर में विश्वास कायम रहेगा। जहाँ तक दर्शन की बात है, तथागत के शिष्यों ने वेदों की सनातन चट्टानों पर बहुत हाथ-पैर पटके, पर वे उसे तोड़ न सके और दूसरी ओर उन्होंने जनता के बीच से उस सनातन परमेश्वर को उठा लिया, जिसमें हर नर-नारी इतने अनुराग

से आश्रय लेता है। फल यह हुआ कि बौद्ध धर्म को भारतवर्ष में स्वाभाविक मृत्यु प्राप्त करनी पड़ी और आज इस धर्म की जन्मभूमि भारत में अपने को बौद्ध कहने वाला एक भी स्त्री-पुरूष नहीं है।

किन्तु इसके साथ ही ब्राह्मण धर्म ने भी कुछ खोया, समाजसुधार का वह उत्साह, प्राणिमात्र के प्रति वह आश्चर्यजनक सहानुभूति और करूणा, तथा वह अद्‌भुत रसायन, जिसे बौद्ध धर्म ने जन-जन को प्रदान किया था एवं जिसके फलस्वरूप भारतीय समाज इतना महान हो गया कि तत्कालीन भारत के सम्बन्ध में लिखने वाले एक यूनानी इतिहासकार को यह लिखना पड़ा कि एक भी ऐसा हिन्दू नहीं दिखाई देता, जो मिथ्याभाषण करता हो, एक भी ऐसी हिन्दू नारी नहीं है जो पतिव्रता न हो। हिन्दू धर्म, बौद्ध धर्म के बिना नहीं रह सकता और न बौद्ध धर्म, हिन्दू धर्म के बिना ही। तब यह देखिए कि हमारे पारस्परिक पार्थक्य ने यह स्पष्ट रूप से प्रकट कर दिया कि बौद्ध, ब्राह्मणों के दर्शन और मस्तिष्क के बिना नहीं ठहर सकते, और न ब्राह्मण बौद्धों के विशाल हृदय के बिना। बौद्ध और ब्राह्मण के बीच यह पार्थक्य भारतवर्ष के पतन का कारण है। यही कारण है कि आज भारत में तीस करोड़ भिखमंगे निवास करते हैं और वह एक सहस्र वर्षों से विजेताओं का दास बना हुआ है। अत: आइए, हम ब्राह्मणों की इस अपूर्व मेधा के साथ तथागत के हृदय, महानभावता और अद्‌भुत लोकहितकारी शक्ति को मिला दें।

भगवान बुद्ध के संबंध मे स्वामी विवेकानन्द के उद्गार

01. निष्कर्ष के रूप में मैं तुम लोगों को एक ऐसे व्यक्ति के संबंध में कुछ बाते बताना चाहता हूँ जिसने कर्मयुग के उपदेशों को यथार्थ रूप से व्यवहार में उतारा है। यह व्यक्ति हैं- बुद्ध। वे ही एक ऐसे आद्वितीय पुरूष हैं जिन्होंने इसे पूर्णतया व्यवहार में उतारा है। बुद्ध के अतिरिक्त संसार में और जितने पैगम्बर हुए, वे बाह्य कारणों से प्रेरित होकर निष्काम कर्म की ओर बढ़े, पर बुद्ध अहैतुक कार्य करने वाला आदर्श कर्मयोगी हैं और मानवता का इतिहास उन्हें ऐसे महान पुरूष के रूप में प्रदर्शित करता है, जितना महान इस धरती पर और कभी पैदा नहीं हुआ। वे अतुलनीय हैं। उनके समान हृदय और मस्तिष्क का समन्वय करने वाला और कोई नहीं हुआ। उनमें आत्मशक्ति का जितना प्रकाशन हुआ उतना और कभी किसी में नहीं हुआ। बौद्ध धर्म ऐतिहासिक दृष्टि से सबसे महत्वपूर्ण धर्म है। पर हाँ, ऐतिहासिक दृष्टि से दार्शनिक दृष्टि से नहीं क्योंकि वह संसार में घटित होने वाला बृहत्तम धार्मिक आन्दोलन था, मानव समाज पर फूट पड़ने वाली विराटतम आध्यात्मिक लहर थी।
02. आजकल विशेषतः दक्षिण में बौद्ध धर्म और उसके अज्ञेयवाद की आलोचना करने की एक प्रथा सी चल पड़ी है। यह उन्हें स्वप्न में भी ध्यान नहीं आता कि जो विशेष दोष आजकल हमारे समाज में विद्यमान है, वे सब बौद्ध धर्म द्वारा ही छोड़े गये हैं। (मेरी समर नीति, पृष्ठ-20)
03. बौद्ध धर्म के इतने विस्तार का कारण था, गौतम बुद्ध द्वारा प्रचारित अपूर्व नीति और उनका लोकोत्तर चरित्र। भगवान बुद्धदेव के प्रति मेरी यथेष्ट श्रद्धा-भक्ति है। पर मेरे शब्दों पर गौर कीजिए। बौद्ध-धर्म का विस्तार उक्त महापुरुष के मत एवं अपूर्व चरित्र के कारण उतना नहीं हुआ, जितना बौद्धों द्वारा निर्माण किये गये बड़े-बड़े मन्दिरों एवं भव्य प्रतिमाओं के कारण, समग्र देश के सन्मुख किये गये भड़कीले उत्सवों के कारण। पर अन्त में इन सब क्रियाकलापों में भारी अवनति हो गयी। ऐसी अवनति कि उसका वर्णन भी श्रोताओं के सामने नहीं किया जा सकता। (मेरी समर नीति, पृष्ठ-20)
04. बौद्ध धर्म और नव हिन्दू धर्म के सम्बन्ध में मेरे विचारों में क्रांतिकारी परिवर्तन हुआ है। उन विचारों को निश्चित रुप देने के लिए कदाचित मैं जिवित न रहूँ परन्तु उसकी कार्यप्रणाली का संकेत मैं छोड़ जाऊँगा और तुम्हें और तुम्हारे भ्रातृगणों को उस पर काम करना होगा (पत्रावली भाग-2, पृष्ठ-310)

वैश्विक बुद्ध - बुद्ध का भाग दो और अन्तिम

मैत्रेय बुद्ध

बौद्ध धर्म में बुद्ध को विभिन्न रूप में व्यक्त कर विभिन्न शक्तियों के प्रतीक के रूप में माना जाता है। जैसे- विद्वता के बुद्ध - बुद्धा आफ विसडम या अवलोकितेश्वर (तिब्बती में चेनरेजिंग), सहिष्णुता के बुद्ध या मंजुश्री (तिब्बती में जामपाल यांग), महाकाल के बुद्ध इत्यादि। बुद्ध के साथ डुमा यी ग्रीन तारा, चकदुर, छनदुज्जी, चंडीज, जांबिया या पीली तारा, डुन्कर या बेट तारा आदि शक्तियों की पूजा होती है। तारा मुक्ति की देवी हैं। तारा के बहुत सारे रूप हैं। ग्रीन तारा दुःख से मुक्ति व रक्षा देती हैं। सफेद तारा दीर्घायु देती हैं। बुद्ध के महाकाल रूप में बुद्ध नरमुण्डों की माला पहने हैं। एक हाथ में पाश, दूसरे में मुगदर, तीसरे में डमरू और चौथे में सर्प। यह परम शांत, ध्यानस्थ बुद्ध का रौद्र रूप महाकाल हैं। शक्ति व भक्तों के लिए अभय का प्रतीक। यह बुद्ध पद्मासन में नहीं बैठे हैं बल्कि भीषण अग्नि के बीच तांडव कर रहें हैं। यह तिब्बत की तांत्रिक परम्परा के बुद्ध हैं।

बैठे हुए मैत्रेय बुद्ध, छठवीं सदी की एक कांस्य प्रतिमा, यह मूर्ति कोरियाई ख़जाने का हिस्सा है।

मैत्रेय (संस्कृत), मेत्तेय्य (पालि), या मैथरि (सिंहली), बौद्ध मान्यताओं के अनुसार भविष्य के बुद्ध हैं। कतिपय बौद्ध ग्रन्थों, जैसे अमिताभ सूत्र और सद्धर्मपुण्डरीक सूत्र में इनका नाम अजित भी वर्णित है।

बौद्ध परम्पराओं के अनुसार, मैत्रेय एक बोधिसत्व हैं जो पृथ्वी पर भविष्य में अवतरित होंगे और बुद्धत्व प्राप्त करेंगे तथा विशुद्ध धर्म की शिक्षा देंगे। ग्रन्थों के अनुसार, मैत्रेय वर्तमान बुद्ध, गौतम बुद्ध (जिन्हें शाक्यमुनि भी कहा जाता है) के उत्तराधिकारी होंगे। मैत्रेय के आगमन की भविष्यवाणी एक ऐसे समय में इनके आने की बात कहती है जब धरती के लोग धर्म को विस्मृत कर चुके होंगे। बौद्ध परम्परा की यह अवधारणा समय के साथ अन्य कई मतावलम्बियों की कथाओं में भी स्थान प्राप्त कर चुकी है।

"मैत्रेय" शब्द संस्कृत के "मित्र" अथवा "मित्रता" से निकला है। पालि भाषा में यह "मेत्तेय" है और पालि शाखा के दीघ निकाय (अध्याय 26) और बुद्धवंश (अध्याय 28) में इसका उल्लेख मिलता है। पालि शाखा के अधिकतर हिस्से प्रश्नोत्तर के रूप में मिलते हैं, हालाँकि, यह सुत्त बिलकुल ही अलग सन्दर्भों में शिष्यों से वार्ता करते हुए मिलता है। इसी कारण कतिपय विद्वानों का मत है कि यह बाद में जोड़ा हुआ अथवा कुछ परिवर्तित किया हुआ हो सकता है।

उत्तरी भारत में पहली सदी के आसपास अपने उत्कर्ष पर रही ग्रीक-बौद्ध गांधार कला में मैत्रेय एक बहुप्रचलित विषय के रूप में निरूपित किये गए हैं। गौतम बुद्ध (शाक्यमुनि) के साथ मैत्रेय का चित्रण विविध रूपों में हुआ है और इन कलाकृतियों में गौतम और मैत्रेय में भिन्नता का निरूपण एक प्रमुख विषय रहा है। चौथी से छठीं शताब्दी के काल में चीन में गौतम बुद्ध और मैत्रेय बुद्ध के एक दूसरे के समानार्थी के रूप में भी प्रयोग मिलते हैं

हालाँकि इन दोनों के चीनी निरूपण की पूर्ण व्यख्या और समीक्षा अभी तक नहीं हुई है। मैत्रेय बुद्ध के निरूपण का एक उदाहरण किंगझाऊ (शानडोंग) से प्राप्त हुआ है जिसका काल 529 ईसवी निर्धारित किया गया है। यह माना जाता है कि मैत्रेय की धार्मिक प्रतिष्ठा लगभग उसी काल में हुई जब अमिताभ बुद्ध की प्रतिष्ठा, लगभग तीसरी सदी में, हुई।

आमतौर पर मैत्रेय बुद्ध को बैठी हुई अवस्था में निरूपित किया जाता रहा है। उन्हें सिंहासन पर, या तो दोनों पाँव धरती पर रखे हुए अथवा एक पाँव घुटने से मुड़ा हुआ दूसरे पाँव पर रखे हुए, अपने समय की प्रतीक्षा में बैठा हुआ निरूपित किया जाता है। एक बोधिसत्व के रूप में इन्हें सीधा खड़ा रहने की मुद्रा में और आभूषणों से सुसज्जित प्रदर्शित किया जाना चाहिए। किन्तु यह कुछ ही गांधार कला की मूर्तियों में दीखता है जहाँ इन्हें खड़ा निरूपित किया गया है। निरूपणों में इन्हें सर पर स्तूपाकार मुकुट धारण किये हुए दिखाया जाता है। माना जाता है कि यह स्तूप गौतम बुद्ध के अवशेषों का निरूपण करता है जिनके द्वारा मैत्रेय अपने उत्तराधिकारी होने की पहचान साबित करेंगे और श्वेत कमल पर रखे धर्मचक्र को पुनः प्राप्त करेंगे।

ग्रीक-बौद्ध कला में उन्हें अपने बायें हाथ में कुंभ (जलपात्र) धारण किये हुए भी प्रदर्शित किया गया है। तिब्बती परंपरा इसे ज्ञानपात्र के रूप में भी देखती है। कुछ जगहों पर, उनके दोनों ओर असंग और वसुबन्धु को निरूपित किया गया है। बौद्ध परम्परा में माना जाता है कि मैत्रेय वर्तमान में तुषित (पालि में "तुसित") नामक स्वर्ग में निवास करते हैं और अपने प्राकट्य के समय की प्रतीक्षा में हैं। यह भी माना जाता है कि गौतम बुद्ध भी अपने जन्म से पहले इस स्वर्ग में निवास कर चुके हैं। सभी बोधिसत्व धरती पर अपने अवतरण से पूर्व इस स्वर्ग में निवास करते हैं।

हालाँकि, बौद्ध धर्म की हीनयान और महायान शाखाओं में बोधिसत्व की संकल्पना अलग-अलग है। थेरवाद (हीनयान) मानता है कि बोधिसत्व वे हैं जो बुद्धत्व की प्राप्ति की और अग्रसर हैं। जबकि महायान यह मानता है कि बोधिसत्व पहले ही बुद्धत्व की दिशा में काफी आगे बढ़ चुके हैं और उन्होंने अपने निर्वाण को स्वयं ही रोक रखा है ताकि धरती के अन्य प्राणियों की मदद कर सकें।

महायान शाखा में, बुद्ध लोग पवित्र भूमियों के स्वामी होते हैं, जैसे अमिताभ बुद्ध को सुखवती नामक भूमि का स्वामी माना जाता है। इसी प्रकार इस शाखा के अनुसार, मैत्रेय अपने समय में केतुमती नामक भूमि के स्वामी होंगे। इस केतुमती की भौतिक अवस्थिति वर्तमान बनारस से भी जोड़ी जाती है।

थियोसोफिकल परंपरा में, मैत्रेय के कई पहलू हैं, मात्र भविष्य के बुद्ध के रूप में ही नहीं अपितु, इसमें अन्य पराभौतिक संकल्पनाओं का समावेश मिलता है। बीसवीं सदी की शुरूआत में, थियोसोफी के ध्वजवाहकों को यह विश्वास हो चला था कि एक वैश्विक गुरु के रूप में मैत्रेय बुद्ध का आगमन अवश्यंभावी है। "जिद्दु कृष्णमूर्ति" नामक एक बालक को इसके लिए अर्ह के रूप में भी स्वीकार किया गया था।

- थियोसोफी

अहमदिया धर्म के लोगों का मानना रहा है कि उन्नीसवी सदी के मिर्जा गुलाम अहमद उन अपेक्षाओं पर खरे उतरते हैं और वे संभवतः मैत्रेय बुद्ध हैं।

- अहमदिया

बहाई मत का मानना है कि बहाउल्लाह उन सभी लक्षणों पर खरे उतरते हैं जो मैत्रेय बुद्ध के आगमन की भविष्यवाणी में हैं। बहाई मत के लोग यह मानते हैं कि मैत्रेय बुद्ध की भविष्यवाणी में सहिष्णुता और प्रेम को फैलाने वाले जिस मार्गदर्शक के आगमन की बात कही गयी थी, बहाउल्लाह के द्वारा दिए गए विश्व शांति के संदेशों में वे साफ़ तौर पर देखी जा सकती हैं।

- बहाई सम्प्रदाय

बौद्ध धर्म के अनुसार व्याख्या

बौद्ध धर्म के अनुसार युग परिवर्तन और उसके माध्यम अन्तिम अवतार के सम्बन्ध में समय और रूप की व्याख्या निम्नवत् है।

1. **समय**-बौद्ध उस अन्तिम अवतार के आने के सम्बन्ध में समय की व्याख्या अभी नहीं कर पाये हैं, अभी वे उसे खोज रहें हैं।

2. **रूप**-बौद्ध उस अन्तिम अवतार के स्थिति, विभिन्न गुणों और उसके आने के बाद परिणाम लाभ को खोज पाये हैं, परन्तु उसका रूप बुद्ध के रूप में ही होगा अर्थात् वे अपने धर्म के पूर्वाग्रह से बाहर निकल कर मनुष्य तक नहीं आ पाये।

बौद्ध के सम्बन्ध में रमेश पारसनाथ (सिधारी, आजमगढ़, उ0प्र0) की छोटी कविता साहित्यिक मासिक पत्रिका "हंस" के नवम्बर, 2010 अंक के पृष्ठ-75 पर प्रकाशित हुई थी जो निम्नवत् है-

बौद्ध, फासिल्स,
जिसकी खोज अभी जारी है,
आमीन!!

प्रत्येक वस्तु, ईश्वर का अंश ही है परन्तु युगावतार में वह विशेष रूप से अधिकता में प्रकाशित होता है। परिणामस्वरूप उनके अनुसरणकर्ता उनमें व्यापकता लाते हुये अनेक रूप में देखने लगते हैं।

वर्तमान समय के श्री लव कुश सिंह "विश्वमानव" भी "बुद्ध" की भाँति ज्ञानी अर्थात् सात्विक मन एवं सात्विक कर्म से युक्त हैं। वे स्वयं नायक भी हैं और खलनायक भी। और साथ ही वैश्विक मित्रता के "सार्वभौम सत्य-सिद्धान्त" के साथ "वैश्विक बुद्ध" के रूप में "बुद्ध" की दिशा से उनकी अगली कड़ी के रूप में व्यक्त हैं।

सम्बन्धित विचार एवं स्पष्टिकरण

अशोक सिंघल
(27 सितम्बर 1926 - 17 नवम्बर 2015)

परिचय

डा0 हेडगेवार जी द्वारा सन् 1925 की विजयादशमी के दिन राष्ट्रीय स्वयंसेवक संघ की स्थापना करते समय संघ का उद्देश्य राष्ट्रीय स्वाधीनता था। जो स्वाधीनता प्राप्त होने के बाद दार्शनिक हिन्दू, हिन्दू राष्ट्रवाद, हिन्दूत्व, एकात्ममानववाद, राम जन्मभूमि, अविभाजित भारत (अखण्ड भारत), समान नागरिक संहिता जैसे उद्देश्यों में परिवर्तित हो गया। जिसके प्राप्ति हेतु संघ परिवार में अनेक संगठन बने जैसे- राष्ट्रीय स्वयंसेवक संघ, राष्ट्र सेविका समिति, भारतीय जनता पार्टी, विश्व हिन्दू परिषद्, बजरंग दल, मुस्लिम राष्ट्रीय मंच, राष्ट्रीय सिख संगत, अखिल भारतीय विद्यार्थी परिषद्, भारतीय मजदूर संघ, हिन्दू मुन्नानी, हिन्दू स्वयंसेवक संघ, स्वदेशी जागरण मंच, दुर्गा वाहिनी, सेवा भारती, भारतीय किसान संघ, बालागोकुलम्, विद्या भारती, वनवासी कल्याण आश्रम, हिन्दू विवेक केन्द्र, राम जन्मभूमि न्यास। जिसमें डा0 के.बी.हेडगेवार, माधव सदाशिव गोलवलकर, श्यामा प्रसाद मुखर्जी, दीनदयाल उपाध्याय, मधुकर दत्तात्रेय देवरस, अटल बिहारी वाजपेयी, लाल कृष्ण आडवाणी, राजेन्द्र सिंह, अशोक सिंघल, के.एस.सुदर्शन, प्रवीण तोगड़िया, मोहन भागवत, नरेन्द्र मोदी जैसे नेतृत्वकर्ताओं ने नेतृत्व किया। संघ परिवार की अनेक पत्र-पत्रिकाएँ हैं जिसे पान्चजन्य, देवपुत्र (बाल पत्रिका) तथा आब्जर्वर प्रमुख हैं।

अशोक सिंघल, विश्व हिन्दू परिषद् के अन्तर्राष्ट्रीय अध्यक्ष हैं। सिंघल अग्रवाल वैश्य परिवार में बिजौली, अतरौली, जिला अलीगढ़ उत्तर प्रदेश में जन्म लिये। राम जन्मभूमि आन्दोलन में वे प्रमुख थे। उन्हें राष्ट्रीय स्वयंसेवक संघ से प्रेरित माना जाता है क्योंकि विश्व हिन्दू परिषद्, संघ परिवार का ही संगठन है।

“हिन्दू-बौद्ध एकता से विश्व में बढ़ते ईसाइयों और इस्लाम के विस्तारवादी मनोवृत्ति को रोकने में निश्चित रूप से सफलता” (लुम्बीनी में आयोजित सभा में)

- श्री अशोक सिंघल, अन्तर्राष्ट्रीय कार्याध्यक्ष, विश्व हिन्दू परिषद
साभार - दैनिक जागरण, वाराणसी दि- 20-01-2000

लव कुश सिंह “विश्वमानव” द्वारा स्पष्टीकरण

महोदय, हिन्दूभाव और धर्म सार्वभौम सत्य-सिद्धान्त आधारित है। सत्य सर्वव्यापक, सर्वविद्यमान और सर्वशक्तिमान होता है परिणामस्वरूप हिन्दू धर्म भी सर्वशक्तिमान है। बस अन्तर होता है उसकी व्यापकता के प्रक्षेपण में। आप सब हिन्दू-हिन्दू चिल्लाते हैं उससे कहीं कम समय चिन्तन, मनन, कालानुसार रूपान्तरण पर प्रयत्न किये होते तो धर्मों की एकता और दूसरे धर्मों को रोकने की उन्मादी प्रवृत्ति से युक्त शब्द वेदी वक्तव्य बोलने

की आवश्यकता ही न पड़ती वरन् वर्तमान समय में स्थापित करने की आवश्यकता पड़ती। किसी धर्म को रोकने की आवश्यकता नहीं, सभी को आत्मसात् अर्थात अपने व्यापक स्वरूप में लपेट लेने की आवश्यकता है। अब तो कालानुसार रूपान्तरण भी हो चुका है। अब तो कम से कम स्थापना के लिए कर्मों से न सही शब्दों से ही सही, लग तो जाइये।

हिन्दू - बौद्ध एकता के सम्बन्ध में ही स्वामी विवेकानन्द जी ने अपने अन्तिम समय में जो कहा था वह पूर्ण हो चुका है और सार्वभौम एकीकरण के लिए सार्वभौम सत्य-सिद्धान्त आधारित नव हिन्दू धर्म अपने शास्त्र - विश्वशास्त्र के साथ व्यक्त है।

"बौद्ध धर्म और नव हिन्दू धर्म के सम्बन्ध के विषय में मेरे विचारों में क्रांतिकारी परिवर्तन हुआ है। उन विचारों को निश्चित रुप देने के लिए कदाचित् मैं जिवित न रहूँ परन्तु उसकी कार्य प्रणाली का संकेत मैं छोड़ जाऊँगा और तुम्हें और तुम्हारे भातृ-गणों को उस पर काम करना होगा। (पत्रावली भाग-2, पृष्ठ-310)

- स्वामी विवेकानन्द

दलाई लामा
(6 जुलाई, 1935 -)

परिचय

दलाई लामा एक मंगोलियाई पदवी है जिसका मतलब होता है-ज्ञान का महासागर। दलाई लामा के वंशज करूणा अवलोकेतेश्वर के बुद्ध के गुणों के साक्षत् रूप माने जाते हैं। बोधिसत्व ऐसे ज्ञानी लोग होते हैं जिन्होंने अपने निर्वाण को टाल दिया हो और मानवता की रक्षा के लिए पुनर्जन्म लेने का निर्णय लिया हो। उन्हें सम्मान से "परमपावन" कहा जाता है। अब तक कुल 14 दलाई लामा हो चुके हैं। जो ये हैं- 1-Gendun Drup (1391-1474), 2- Gendun Gyatso (1475-1542), 3-Sonam Gyatso (1543-1588), 4-Yonten Gyatso (1589-1617), 5-Ngawang Lobsang Gyatso (1617-1682), 6-Tsangyang Gyatso (1683-1706), 7-Kelzang Gyatso (1708-1757), 8-Jamphel Gyatso (1758-1804), 9-Lungtok Gyatso (1805-1815), 10-Tsultrim Gyatso (1816-1837), 11-Khendrup Gyatso (1838-1856), 12-Trinley Gyatso (1857-1875), 13-Thubten Gyatso (1876-1933), 14-Tenzin Gyatso (born 1935)

14वें दलाई लामा तेनजिन ग्यात्सो तिब्बत के आध्यत्मिक गुरू हैं। इनका जन्म 6 जुलाई, 1935 को वर्तमान उत्तर-पूर्वी तिब्बत के ताकस्तेर क्षेत्र में रहने वाले येओमान परिवार में हुआ था। 2 वर्ष की अवस्था में बालक ल्हामो धोण्डुप की पहचान 13 वें दालाई लामा थुबटेन ग्यात्सो के अवतार के रूप में की गई। परमपावन ने अपनी मठवासीय शिक्षा 6 वर्ष की अवस्था में प्रारम्भ की। 23 वर्ष की अवस्था में वर्ष 1959 के वार्षिक मोनलम प्रार्थनाद्ध उत्सव के दौरान उन्होंने जोखांग मन्दिर ल्हासा में अपनी फाइनल परीक्षा दी। उन्होंने यह परीक्षा आनर्स के साथ पास की और उन्हें सर्वोच्च गेषे डिग्री ल्हारम्पा बौद्ध दर्शन में पीएच.डी प्रदान की गई।

वर्ष 1949 में तिब्बत पर चीन के हमले के बाद परमपावन दलाई लामा से कहा गया कि वह पूर्ण राजनीतिक सत्ता अपने हाथ में ले लें। 1954 में वह कई चीनी नेताओं से बातचीत करने के लिए बीजिंग भी गये लेकिन आखिरकार वर्ष 1959 में ल्हासा में चीनी सेनाओं द्वारा तिब्बती राष्ट्रीय आन्दोलन को बेरहमी से कुचले जाने के बाद वह निर्वासन में जाने को मजबूर हो गये। इसके बाद से ही वह उत्तर भारत के शहर धर्मशाला में रह रहे हैं जो केन्द्रिय तिब्बती प्रशासन का मुख्यालय है। तिब्बत पर चीन के हमले के बाद परमपावन दलाई लामा ने संयुक्त राष्ट्र संघ से तिब्बत मुद्दे को सुलझाने की अपील की है। संयुक्त राष्ट्र महासभा द्वारा इस सम्बन्ध में 1959, 1961 और 1965 में तीन प्रस्ताव किए जा चुके हैं।

हर तिब्बती परमपावन दलाई लामा के साथ गहरा व अकथनीय जुड़ाव रखता है। तिब्बतीयों के लिए परमपावन समूचे तिब्बत के भूमि के सौन्दर्य, उसकी नदियों व झीलों की पवित्रता, उसके आकाश की पुनीतता, उसके पर्वतों की दृढ़ता और उसके लोगों की ताकत के प्रतीक हैं। तिब्बत की मुक्ति के लिए अहिंसक संघर्ष जारी रखने हेतु परमपावन दलाई लामा को वर्ष 1989 में नोबेल का शान्ति पुरस्कार प्रदान किया गया। 20 अप्रैल, 1959 के टाइम पत्रिका के मुख पृष्ठ पर थे। उन्होंने लगातार अहिंसा की नीति का समर्थन करना जारी रखा है। यहाँ तक कि अत्यधिक दमन की परिस्थिति में भी। शान्ति, अहिंसा और सचेतन प्राणी की खुशी के लिए काम करना परमपावन दलाई लामा के जीवन का बुनियादी सिंद्धान्त है। वह वैश्विक पर्यावरणीय समस्याओं पर भी चिंता प्रकट करते रहते हैं। परमपावन दलाई लामा ने 52 से अधिक देशों का दौरा किया है और कई प्रमुख देशों के राष्ट्रपतियों, प्रधानमंत्रियों और शासकों से मिले हैं। उन्होंने कई धर्म के प्रमुखों और कई प्रमुख वैज्ञानिकों से मुलाकात की है।

परमपावन के शान्ति सन्देश, अहिंसा, अन्तर्धार्मिक मेलमिलाप, सार्वभौमिक उत्तरदायित्व और करूणा के विचारों को मान्यता के रूप में 1959 से अब तक उनको 60 मानद डाक्टरेट, पुरस्कार, सम्मान आदि प्राप्त हुए हैं। परमपावन ने 50 से अधिक पुस्तकें लिखीं हैं। परमपावन अपने आप को एक साधारण बौद्ध भिक्षु ही मानते हैं। दुनियाभर में अपनी यात्राओं और व्याख्यानों के दौरान उनका साधारण व करूणामय स्वभाव उनसे मिलने वाले हर व्यक्ति को गहराई तक प्रभावित करता है। उनका सन्देश है- प्यार, करूणा और क्षमाशीलता।

दलाई लामा के सन्देश

1. आज के समय की चुनौति का समाना करने के लिए मनुष्य को सार्वभौमिक उत्तरदायित्व की व्यापक भावना का विकास करना चाहिए। हम सबको यह सीखने की जरूरत है कि हम न केवल अपने लिए कार्य करें बल्कि पूरे मानवता के लाभ के लिए कार्य करें। मानव अस्तित्व की वास्तविक कुंजी सार्वभौमिक उत्तरदायित्व ही है। यह विश्व शान्ति, प्राकृतिक संसाधनों के समवितरण और भविष्य की पीढ़ी के हितों के लिए पर्यावरण की उचित देखभाल का सबसे अच्छा आधार है।
2. मेरा धर्म साधारण है, मेरा धर्म दयालुता है।
3. अपने पर्यावरण की रक्षा हमें उसी तरह से करना चाहिए जैसा कि हम अपने घोड़ों की करते हैं। हम मनुष्य, प्रकृति से ही जन्में हैं इसलिए हमारा प्रकृति के खिलाफ जाने का कोई कारण नहीं बनता। हम प्रकृति से विफर जाते हैं तो हम जिन्दा नहीं रह सकते।
4. एक शरणार्थी के रूप में हम तिब्बती लोग भारत के लोगों के प्रति हमेशा कृतज्ञता महसूस करते हैं, न केवल इसलिए कि भारत ने तिब्बतीयों की इस पीढ़ी को सहायता और शरण दिया है, बल्कि इसलिए भी कई पीढ़ीयों से तिब्बती लोगों ने इस देश से पथ प्रकाश और बुद्धिमता प्राप्त की है। इसलिए हम हमेशा भारत के प्रति आभारी रहते हैं। यदि सांस्कृतिक नजरिये से देखा जाये तो हम भारतीय संस्कृति के अनुयायी हैं।
5. हम चीनी लोगों या चीनी नेताओं के विरूद्ध नहीं हैं आखिर वे भी एक मनुष्य के रूप में हमारे भाई-बहन हैं। यदि उन्हें खुद निर्णय लेने की स्वतन्त्रता होती तो वे खुद को इस प्रकार की विनाशक गतिविधि में नहीं

लगाते या ऐसा कोई काम नहीं करते जिससे उनकी बदनामी होती हो। मैं उनके लिए करूणा की भावना रखता हूँ।

"दार्शनिक आधार पर चर्चा करने से ही अलगाव बढ़ता है। जब तक व्यावहारिक रूप में धार्मिकता के आधार पर विचारों का सामंजस्य नहीं स्थापित होगा, तब तक हम ऊपर नहीं उठ सकते। दार्शनिक दृष्टि से धर्म में अन्तर होता है लेकिन धार्मिक दृष्टि से नहीं। नई सदी में कार्यों को संपादित करने वाले आप (नये पीढ़ी से) ही है, पुरानी पीढ़ी आपके पीछे है लेकिन सारा दायित्व आप के ऊपर ही है इसलिए पहले अच्छी तरह से शिक्षा ग्रहण करें।"(वाराणसी यात्रा में)

- दलाईलामा, तिब्बति धर्म गुरू
साभार - अमर उजाला, इलाहाबाद दि0 18-12-1999

श्री लव कुश सिंह "विश्वमानव" द्वारा स्पष्टीकरण

कर्मवेदः प्रथम, अन्तिम तथा पंचमवेदीय श्रृंखला अर्थात् विश्वमानक शून्यः मन की गुणवत्ता का विश्वमानक श्रृंखला व्यावहारिकता पर आधारित ज्ञान-कर्मज्ञान का शास्त्र-साहित्य है। कई जन्मों और लम्बे प्रक्रिया के फलस्वरूप अब धर्म तो विवादमुक्त स्वरूप को प्राप्त कर सांमजस्य स्थापित कर चुका है। अब उसकी स्थापना के लिए पुरानी पीढ़ी सहयोग करें। आपने आने वाली पीढ़ी को दायित्व सौंपा है और दायित्व पूर्ण भी किया गया परन्तु पुरानी पीढ़ी पीछे नहीं आगे रहना चाहती है। यह जानते हुये, देखते हुये, समझते हुये कि सदा से भारत का कल्याण युवाओं ने ही किया है परन्तु प्रत्येक समय पुरानी पीढ़ी ही निष्क्रीयता और बाधा रूप में खड़ी रहती है। अगर ऐसा नहीं है तो पुरानी पीढ़ी इस नये सार्वभौम सत्य-सिद्धान्त, वेद, व्यवस्था को अपने अहंकार को समाप्त कर स्वीकार करें, स्वागत करें, स्थापित करें, क्योंकि क्रियान्वयन पदों पर पुरानी पीढ़ी ही पीठासीन है। कर्मज्ञान का दान तो प्रारम्भ हो चुका है और यही संसाधन युक्त भारत के तीव्र विकास में बाधक था। नई पीढ़ी तो बहुत कुछ कर सकती है परन्तु वह कैसे करे? युवाओं को मत द्वारा विचार व्यक्त करने का अधिकार तो 18 वर्ष की उम्र में ही दे दिया परन्तु पैतृक सम्पत्ति का अधिकार किस उम्र में प्राप्त होगा? अब कर्मज्ञान प्राप्त होने से प्रत्येक ही संसाधन की आवश्यकता समझेगा। ध्यान रहे कर्मज्ञान से कृष्ण का निर्माण होता है तो परिणाम कौन भुगतेगा?"

****

"पश्चिम जगत ने भौतिक जगत की सुख-सुविधाओं के लिए विश्व को बहुत कुछ दिया है। अब हमारी बारी है। उन्हें इसके एवज में कुछ चुकाने का समय है। हम उन्हें शान्ति व जीवन के लक्ष्य बारे में ज्ञान दें।" (वाराणसी यात्रा में)

- दलाईलामा, तिब्बति धर्म गुरू
साभार - दैनिक जागरण, वाराणसी, दि0 15-01-2011

श्री लव कुश सिंह "विश्वमानव" द्वारा स्पष्टीकरण

पश्चिम जगत बहिर्मुखी है, पूर्वी जगत अन्तर्मुखी है। पश्चिम ने पदार्थ विज्ञान दिया तो पूर्वी जगत ने आध्यात्म विज्ञान दिया। अब दोनों के समन्वय और एकीकरण का समय आ गया है जिससे एक नये विश्व का निर्माण हो। जिसके लिए विश्वधर्म के शास्त्र - विश्वशास्त्र का आविष्कार हो चुका है। जिसका लक्ष्य ही शान्ति, जीवन का लक्ष्य, कर्मज्ञान, मानक आधारित विश्व इत्यादि है।

विश्वशास्त्र की शिक्षा ही सत्य मानक शिक्षा है जो निम्ननिखित पाठ्यक्रम के रूप में छात्रवृत्ति के साथ संचालित है।

1. पूर्ण ज्ञान में प्रमाण पत्र (Certificate in Complete Knowledge-CCK)

2. ईश्वर शास्त्र व व्यापार ज्ञान में प्रमाण पत्र (Certificate in Godics & Business Knowledge-CGBK)
3. अवतार ज्ञान में प्रमाण पत्र (Certificate in Avatar Knowledge-CAK)
4. गुरू ज्ञान में प्रमाण पत्र (Certificate in Guru Knowledge-CGK)
5. संस्थागत धर्म में डिप्लोमा (Diploma in Institutional Religion-DIR)
6. पूर्ण शिक्षा में स्नातक (Bachelor in Complete Education-BCE)
7. पूर्ण शिक्षा में परास्नातक (Master in Complete Education-MCE)

हमेशा यूरोप से सामाजिक तथा एशिया से आध्यात्मिक शक्तियों का उद्भव होता रहा है एवं इन दोनों शक्तियों के विभिन्न प्रकार के सम्मिश्रण से ही जगत का इतिहास बना है। वर्तमान मानवेतिहास का एक और नवीन पृष्ठ धीरे-धीरे विकसित हो रहा है एवं चारो ओर उसी का चिन्ह दिखाई दे रहा है। कितनी ही नवीन योजनाओं का उद्भव तथा नाश होगा, किन्तु योग्यतम वस्तु की प्रतिष्ठा सुनिश्चित है- सत्य और शिव की अपेक्षा योग्यतम वस्तु और हो ही क्या सकती है? (1प 310)

- स्वामी विवेकानन्द

****

"शून्य आत्मसात् करने से बोधिसत्व की प्राप्ति सम्भव" (वाराणसी यात्रा में)

- दलाईलामा, तिब्बति धर्म गुरू

साभार - दैनिक जागरण, वाराणसी, दि0 17-01-2011

श्री लव कुश सिंह "विश्वमानव" द्वारा स्पष्टीकरण

शून्य, आत्मसात् करने से ही बोधिसत्व की प्राप्ति होती है। सत्य है। हमें उस शून्य का अनुभव करना पड़ेगा जहाँ से समस्त ब्रह्माण्ड बहिर्गत है। उस शून्य को आत्मसात् व बोधिसत्व के प्राप्ति से ही निम्न आविष्कार सम्भव हो सका है-

सम्पूर्ण ब्रह्माण्ड में व्याप्त एक ही सत्य-सिद्धान्त द्वारा व्यक्तिगत व संयुक्त मन को एकमुखी कर सर्वोच्च, मूल और अन्तिम स्तर पर स्थापित करने के लिए शून्य पर अन्तिम आविष्कार WS-0 श्रृंखला की निम्नलिखित पाँच शाखाएँ है।

1. डब्ल्यू.एस. (WS)-0: विचार एवम् साहित्य का विश्वमानक
2. डब्ल्यू.एस. (WS)-00: विषय एवम् विशेषज्ञों की परिभाषा का विश्वमानक
3. डब्ल्यू.एस. (WS)-000: ब्रह्माण्ड (सूक्ष्म एवम् स्थूल) के प्रबन्ध और क्रियाकलाप का विश्वमानक
4. डब्ल्यू.एस. (WS)-0000: मानव (सूक्ष्म तथा स्थूल) के प्रबन्ध और क्रियाकलाप का विश्वमानक
5. डब्ल्यू.एस. (WS)-00000: उपासना और उपासना स्थल का विश्वमानक

और पूर्णमानव निर्माण की तकनीकी WCM-TLM-SHYAM.C है।

****

"भारत में आध्यात्मिकता का बोलबाला हजारों सालों से है इसके बावजूद भी यहाँ किसी भी धर्म को छुये बिना नैतिक मूल्यों की शिक्षा धर्मनिरपेक्ष रूप से विकसित हुई है। यह आधुनिक युग में विश्व को भारत की सबसे बड़ी देन है। आज विश्व को ऐसे ही धर्मनिरपेक्ष नैतिक मूल्यों की शिक्षा की सख्त जरूरत है। बीसवीं सदी रक्तपात की सदी थी। 21वीं सदी संवाद की सदी होनी चाहिए। इससे कई समस्यायें अपने आप समाप्त हो जाती है। दुनिया में ऐसे लोगों की संख्या बहुत अधिक है जो किसी धर्म में विश्वास नहीं करते हैं इसलिए यह जरूरी है कि सेक्यूलर इथिक्स (धर्मनिरपेक्ष नैतिकता) को प्रमोट (बढ़ाना) करें जो वास्तविक और प्रैक्टिकल एप्रोच (व्यावहारिक) पर आधारित हो। धार्मिक कर्मकाण्डों के प्रति दिखावे का कोई मतलब नहीं है। आधुनिक शिक्षा व्यवस्था में मानव मूल्यों का अभाव है। यह सिर्फ मस्तिष्क के विकास पर जोर देती है। हृदय की विशालता पर नहीं। करूणा तभी

आयेगी जब दिल बड़ा होगा। दुनिया के कई देशों ने इस पर ध्यान दिया है। कई विश्वविद्यालयों में इस पर प्रोजेक्ट चल रहा है।" (सम्पूर्णानन्द संस्कृत विश्वविद्यालय, वाराणसी में "21वीं सदी में शिक्षा" विषय पर बोलते हुये। इस कार्यक्रम में केंन्द्रीय तिब्बती अध्ययन विश्वविद्यालय, सारनाथ, वाराणसी के कुलपति पद्मश्री गेशे नवांग समतेन, पद्मश्री प्रो.रामशंकर त्रिपाठी, महात्मा गाँधी काशी विद्यापीठ, वाराणसी के कुलपति प्रो. अवधराम, दीन दयाल उपाध्याय विश्वविद्यालय, गोरखपुर के पूर्व कुलपति प्रो. वेणी माधव शुक्ल, सम्पूर्णानन्द संस्कृत विश्वविद्यालय, वाराणसी के पूर्व कुलपति प्रो. अभिराज राजेन्द्र मिश्र और वर्तमान कुलपति प्रो. वी.कुटुम्ब शास्त्री, प्रति कुलपति प्रो.नरेन्द्र देव पाण्डेय, प्रो. रमेश कुमार द्विवेदी, प्रो. यदुनाथ दूबे इत्यादि उपस्थित थे।)

- दलाईलामा, तिब्बति धर्म गुरू

साभार - दैनिक जागरण व हिन्दुस्तान, वाराणसी, दि0 18-01-2011

श्री लव कुश सिंह "विश्वमानव" द्वारा स्पष्टीकरण

जब सभी सम्प्रदायों को धर्म मानकर हम एकत्व की खोज करते हैं तब दो भाव उत्पन्न होते हैं। पहला- यह कि सभी धर्मों को समान दृष्टि से देखें तब उस एकत्व का नाम सर्वधर्मसमभाव होता है। दूसरा-यह कि सभी धर्मों को छोड़कर उस एकत्व को देखें तब उसका नाम धर्म निरपेक्ष होता है। जब सभी सम्प्रदायों को सम्प्रदाय की दृष्टि से देखते हैं तब एक ही भाव उत्पन्न होता है और उस एकत्व का नाम धर्म होता है। इन सभी भावों में हम सभी उस एकत्व के ही विभिन्न नामों के कारण विवाद करते हैं अर्थात् सर्वधर्मसमभाव, धर्मनिरपेक्ष एवं धर्म विभिन्न मार्गों से भिन्न-भिन्न नाम के द्वारा उसी एकत्व की अभिव्यक्ति है। दूसरे रुप में हम सभी सामान्य अवस्था में दो विषयों पर नहीं सोचते, पहला- वह जिसे हम जानते नहीं, दूसरा- वह जिसे हम पूर्ण रुप से जान जाते हैं। यदि हम नहीं जानते तो उसे धर्मनिरपेक्ष या सर्वधर्मसमभाव कहते हैं जब जान जाते हैं तो धर्म कहते हैं। इस प्रकार आई0 एस0 ओ0/डब्ल्यू0 एस0- शून्य श्रृंखला उसी एकत्व का धर्मनिरपेक्ष एवं सर्वधर्मसमभाव नाम तथा कर्मवेद: प्रथम, अन्तिम तथा पंचमवेदीय श्रृंखला उसी एकत्व का धर्मयुक्त नाम है तथा इन समस्त कार्यों को सम्पादित करने के लिए जिस शरीर का प्रयोग किया जा रहा है उसका धर्मयुक्त नाम-लव कुश सिंह है तथा धर्मनिरपेक्ष एवं सर्वधर्मसमभाव सहित मन स्तर का नाम विश्वमानव है जब कि मैं (आत्मा) इन सभी नामों से मुक्त है।

आविष्कारक के आविष्कार के उपरान्त आविष्कार विषय का उपयोग ही मानव का कर्तव्य है। विश्वधर्म के अनुसार यह आविष्कार विषय ही सेक्यूलर इथिक्स (धर्मनिरपेक्ष नैतिकता), वास्तविक और प्रैक्टिकल एप्रोच (व्यावहारिक) है। जिस पर ही आधारित है मेरा निम्नलिखित आविष्कार-

सम्पूर्ण ब्रह्माण्ड में व्याप्त एक ही सत्य-सिद्धान्त द्वारा व्यक्तिगत व संयुक्त मन को एकमुखी कर सर्वोच्च, मूल और अन्तिम स्तर पर स्थापित करने के लिए शून्य पर अन्तिम आविष्कार WS-0 श्रृंखला की निम्नलिखित पाँच शाखाएँ है।

1. डब्ल्यू.एस. (WS)-0: विचार एवम् साहित्य का विश्वमानक
2. डब्ल्यू.एस. (WS)-00: विषय एवम् विशेषज्ञों की परिभाषा का विश्वमानक
3. डब्ल्यू.एस. (WS)-000: ब्रह्माण्ड (सूक्ष्म एवम् स्थूल) के प्रबन्ध और क्रियाकलाप का विश्वमानक
4. डब्ल्यू.एस. (WS)-0000: मानव (सूक्ष्म तथा स्थूल) के प्रबन्ध और क्रियाकलाप का विश्वमानक
5. डब्ल्यू.एस. (WS)-00000: उपासना और उपासना स्थल का विश्वमानक

और पूर्णमानव निर्माण की तकनीकी WCM-TLM-SHYAM.C है।

"काल प्रवाह में सुसंगत परिवर्तन लाने के लक्ष्य को प्राप्त करना ऐसा आसान कार्य नहीं है जो इने गिने मुट्ठी भर उत्साही लोगों द्वारा चन्द दिनों में किया जा सके। यह कार्य लाखों लोगों के युग-युगान्तर तक किये गये साग्रह एवं निष्ठापूर्ण प्रयास द्वारा ही सम्भव है। इसके लिए हमारी शिक्षा पद्धति को पुनर्गठित करना होगा जिससे मानव के विचारों, आदर्शों एवं कार्यों को नई दिशा प्रदान की जा सके।"

- स्वामी विवेकानन्द

स्वामी जयेन्द्र सरस्वती
(18 जुलाई, 1935 - 28 फरवरी 2018)

परिचय

स्वामी जयेन्द्र सरस्वती, आद्य शंकराचार्य द्वारा स्थापित चार मठों पर पीठासीन शंकराचार्यों में से हैं। श्री जयेन्द्र सरस्वती के बचपन का नाम सुब्रमण्यम महादेव अय्यर था उनका जन्म 18 जुलाई, 1935 को हुआ था। श्री चन्द्रशेखरानन्द सरस्वती के द्वारा 22 मार्च, 1954 को वे कांची कामकोटिपीठ के 69वें शंकराचार्य बने और उन्हें जयेन्द्र सरस्वती नाम दिया। वे एक हिन्दू धर्म के अग्रणी नाम हैं। अपने याजकीय कार्यालय और हिन्दू धर्म का गहरा ज्ञान रखने के कारण वे भारत में विशेष रूप से ब्राह्मण वर्गों में विशेष सम्मानित हैं। उनके कार्यकाल में कांची मठ का बहुत विकास हुआ। विशेष रूप से अमेरिका के भारतीय अनिवासीयों के समर्थन से कांची मठ एक सशक्त संगठन हो गया। कांची मठ द्वारा कई स्कूल, नेत्र क्लिनिक और अस्पताल चलाये जाते हैं। चेन्नई और गुवाहाटी में शंकर नेत्रालय और बच्चों के अस्पताल, हिन्दू मिशन अस्पताल, तामिलनाडु अस्पताल इत्यादि भी कांची मठ के संरक्षण में चलते हैं। शंकराचार्य द्वारा बार-बार व्यक्त चिंताओं के बाद तमिलनाडु सरकार ने धर्मान्तरण और मन्दिरों में पशु बलि पर प्रतिबन्ध लगाने के लिए कानून बना दिया। राज्य सरकार के अभियोजन पक्ष ने एक मन्दिर प्रबन्धक शंकररमण की हत्या में स्वामी जयेन्द्र सरस्वती पर षडयन्त्र रचने का अरोप भी लगाया। उन्हें 11 नवम्बर, 2004 को गिरफ्तार कर लिया गया। 10 जनवरी 2005 को वे सर्वोच्च न्यायालय से जमानत प्राप्त किये जबकि निचली अदालत ने उनकी जामानत को तीन बार रद्द किया था। 26 अक्टुबर 2005 को उनके मामले को तमिलनाडु से बाहर पाण्डिचेरी स्थानान्तरित कर दिया। जनवरी 2010 में पाया गया कि अभियोजन पक्ष और पुलिस ने शंकराचार्य और उनके शिष्य श्री शंकर विजयेन्द्र सरस्वती को झूठे आरोपों से फँसाया है।

"बौद्धों के अनुरोध पर गौतम बुद्ध के विष्णु अवतार सिद्ध करने सम्बन्धी अवधारणा को आगे न बढ़ने पर सहमति।" (मूलगंध कुटी बिहार, सारनाथ में)

-जगदगुरू शंकराचार्य जयेन्द्र सरस्वमी
साभार - दैनिक जागरण, वाराणसी, दि0 20-01-2000

श्री लव कुश सिंह "विश्वमानव" द्वारा स्पष्टीकरण

जगद्‌गुरू जी, क्या सिद्धान्त को सिद्धान्त से अलग किया जा सकता है? सत्य को सत्य से अलग किया जा सकता है? क्या सिद्धान्त को रोका जा सकता है? क्या सिद्धान्त को रोकना मानव के वश की बात है? यह तो स्वयं ईश्वर या सिद्धान्तों से निर्मित अवतारगण के भी अधिकार में नहीं है। फिर आप तो विष्णु के आँठवे व्यक्तिगत प्रमाणित पूर्णअवतार तथा ईश्वर-शिव-ब्रह्म-आत्मा के अंशावतार श्रीकृष्ण द्वारा व्यक्त गीतोपनिषद् के व्याख्याता आदि शंकराचार्य द्वारा स्थापित भारतीय संस्कृति के रक्षार्थ चार पीठों में से एक के सैकड़ों वर्षों बाद के पीठाधीश्वर हैं। पहले बुद्ध कौन थे यह जाने 'भगवान बुद्ध, व्यक्तिगत प्रमाणित दृश्य काल के व्यष्टि दृश्य काल में अदृश्य सत्य

चेतना के अंश से युक्त भगवान विष्णु के नवें अवतार थे। अर्थात् व्यक्तिगत प्रमाणित दृश्य काल के व्यष्टि दृश्य काल में अदृश्य सत्य चेतना से युक्त भगवान विष्णु के पूर्णावतार श्रीकृष्ण के अंशावतार ही भगवान बुद्ध थे। भगवान बुद्ध अपने कार्यों को दार्शनिक आधार इसलिए नहीं दिये क्योंकि दार्शनिक आधार देने पर वह गीतोपनिषद् और श्रीकृष्ण में समाहित हो जाता परिणामस्वरूप श्रीकृष्ण के समय का हिंसक समाज और हिंसा सहित कर्म की ओर बढ़ते भगवान बुद्ध के समय के समाज में अहिंसा आधारित नये मानव समाज की सृष्टि का कार्य असफल हो जाता। व्यक्तिगत प्रमाणित ज्ञान (वेद) से सार्वजनिक प्रमाणित कर्मज्ञान (कर्मवेद) के विकास क्रम में एकात्म ज्ञान (गीतोपनिषद्) श्रीकृष्ण से व्यक्त तथा व्यावहारिकता के लिए बुद्धि या सम्यक (ध्यान) भगवान सिद्धार्थ बुद्ध से व्यक्त हुआ, तभी अन्त में पूर्ण व्यावहारिक एकात्म ज्ञान और एकात्म कर्म सहित एकात्म ध्यान (कर्मवेद) व्यक्त हुआ। इसलिए ऐसे विषयों पर सहमति न व्यक्त करें जो सिद्धान्तः विरूद्ध हो, एकता विरूद्ध हो और स्वयं आपको विवश कर देने वाला हो।

काल चक्र मार्ग के
(विस्तृत विवरण अध्याय – पाँच में उपलब्ध है। संक्षिप्त रूप से यहाँ दिया गया है।)

03. काल चक्र के द्वितीय और अन्तिम भाग
दृश्य काल में विश्वात्मा के जन्म का अन्तिम भाग–
भोगेश्वर श्री लव कुश सिंह "विश्वमानव"
(स्वामी विवेकानन्द की अगली एवं पूर्ण ब्रह्म की अन्तिम कड़ी)

शरीर नाम :

धर्मयुक्त नाम – लव कुश सिंह

धर्मनिरपेक्ष एवं समभाव युक्त नाम – अदृश्य योगेश्वर समाहित दृश्य भोगेश्वर विश्वमानव

1. जन्म परिचय

– तिथि – मास – सोमवार, 16 अक्टूबर 1967 (आश्विन, शुक्ल पक्ष–त्रयोदशी, रेवती नक्षत्र)

– समय – 2.15 ए.एम स्थान – रिफाइनरी टाउनशिप अस्पताल, बेगूसराय (बिहार)

– अस्थायी निवास – नियामतपुर कलाँ, पुरुषोत्तमपुर, मीरजापुर (उ0 प्र0)

– स्थायी निवास – स्वयं द्वारा घोषित – सत्यकाशी क्षेत्र (उ0 प्र0)

– गुरु – कर्म गुरु – ब्रह्मलीन श्री श्री 108 सत्ययोगानन्द (अप्रत्यक्ष कर्म सम्बन्ध) ज्ञान गुरु – कोई नहीं।

– शिक्षा – बी0 एससी0 (जीव), तकनीकी पी0 जी0 डिप्लोमा (कम्प्यूटर प्रोग्रामिंग)

– स्वरुप – धर्म (व्यक्त रुप), धर्मनिरपेक्ष एवं सर्वधर्मसमभाव (अव्यक्त रुप), मानवता का पुजारी (समष्टि धर्म)

– सर्वोच्च व्यक्त रुप – अन्तिम भोगेश्वर (कर्मवेद द्वारा कर्मज्ञान का विश्वरुप) अर्थात् योगेश्वर का दृश्य रुप, राजनीतिज्ञ, मनोवैज्ञानिक, गृहस्थ युक्त, सन्यासी, अभिनेता, प्रेमी, दार्शनिक, वक्ता साहित्यकार, समाजशास्त्री, भविष्यवक्ता, व्यापारी।

– व्यक्त रुप का स्थल – विष्णु महायज्ञ और ज्ञान यज्ञ, गोपालपुरम्, छोटा सत्यकाशी, सत्यकाशी उत्तर प्रदेश, अन्तिम दिन दिनांक–सोमवार, 22 जून 1998 (आषाढ़ मास शिवरात्रि, अदृश्य काल का अन्तिम दिन, अदृश्य काल का अन्तिम एवं सदी का सर्वाधिक लम्बा यज्ञ विष्णु महायज्ञ एवं ज्ञान यज्ञ का अन्तिम दिन, विश्वमानव द्वारा यज्ञ की पूर्णाहूति का दिन, विश्वमानव के ऐतिहासिक भोगेश्वर रुप (योगेश्वर अर्थात् ज्ञान के विश्व रुप का दृश्य रुप अर्थात् कर्म ज्ञान का विश्वरूप अर्थात् उपलब्ध संसाधन का ईश्वरत्व भाव से भोग) का दिन)

– जन्म समय के महत्व पूर्ण सम्बन्धों की स्थिति –

देश सम्बन्ध – खराब था।	रिश्ता सम्बन्ध– खराब था।
रक्त सम्बन्ध – खराब था।	समाज और राज्य सम्बन्ध – खराब था।

– जीवन नीति – शैव रुप में ज्ञान प्राप्ति एवं शैव रुप में धर्म स्थापना।

2. ज्ञान परिचय :

– सर्वोच्च कथन – मैं (आत्मा) तब भी था, मैं (आत्मा) आज भी हूँ, मैं (आत्मा) आगे भी रहूँगा वर्तमान से योग कराने के लिए ही मैं (आत्मा) व्यक्त होता हूँ।

– सर्वोच्च संदेश – परिणाम के ज्ञान से युक्त एवं समभाव (अद्वैत) में स्थित होकर कर्म करो और परिणाम की इच्छा मुझ (आत्मा) पर छोड़ दो, एवं दिनांक 23 जून सन् 1998 ई0 से व्यक्तिगत प्रमाणित पूर्ण दृश्य काल का प्रथम / अन्तिम युग – स्वर्ण युग प्रारम्भ।

– धर्म स्थापना की आवश्यकता की पहचान – देश सम्बन्ध, रिश्ता सम्बन्ध, रक्त सम्बन्ध तथा समाज और राज्य सम्बन्ध खराब होना।

– ज्ञान से व्यक्त साहित्य – कर्मवेद : प्रथम, अन्तिम तथा पंचमवेद (धर्म युक्त नाम) अर्थात् विश्वमानक – शून्य श्रृंखला : मन की गुणवत्ता का विश्व मानक, पुराण रहस्य समाहित "विश्वशास्त्र" शास्त्र–साहित्य

– लेखक – स्वयं

– ज्ञान को व्यक्त करने के लिए प्रयुक्त धर्म / धर्मनिरपेक्ष / सर्वधर्मसमभाव शब्द :–

– ईश्वर नाम :–"TRADE CENTRE" (दृश्य काल का समष्टि ईश्वर नाम)

– दर्शन :– कर्म वेदान्त दर्शन या विकास दर्शन (व्यष्टि एवं समष्टि)

3. कर्म परिचय :

– सर्वोच्च कर्म – धर्म (समष्टि) अद्वैत वेदान्त, मानवता, समता, एकता की स्थापना, ईश्वर को ही ईश्वर के रुप में व्यक्त करना। साधु जन का मुक्ति, दुष्टों का वध (बदलाव), प्राच्य एवं पाश्चात्य में एकता और स्वस्थ लोकतन्त्र एवं स्वस्थ समाज सहित एकता के लिए विवादमुक्त तन्त्रों पर आधारित संविधान।

– कर्म की नीति – राजनीतिक, शारीरिक एवं मानसिक सत्यीकरण (बदलाव)

– कर्म द्वारा निर्माण – स्वयं एवं अपने उद्देश्य के लिए सत्यकाशी क्षेत्र का निर्धारण एवं धर्मनिरपेक्ष और सर्वधर्मसमभाव आधारित मिशन – प्राकृतिक सत्य मिशन

लव कुश सिंह "विश्वमानव"

आविष्कारकर्ता-मन (मानव संसाधन) का विश्व मानक एवं पूर्ण मानव निर्माण की तकनीकी
अगला दावेदार-भारत सरकार का सर्वोच्च नागरिक सम्मान-"भारत रत्न"

परिचय

अपने विशेष कला के साथ जन्म लेने वाले व्यक्तियों के जन्म माह अक्टुबर के सोमवार, 16 अक्टुबर 1967 (आश्विन, शुक्ल पक्ष-त्रयोदशी, रेवती नक्षत्र) समय 02.15 ए.एम. बजे को रिफाइनरी टाउनशिप अस्पताल (सरकारी अस्पताल), बेगूसराय (बिहार) में श्री लव कुश सिंह का जन्म हुआ और टाउनशिप के E1-53, E2-53, D2F-76, D2F-45 और साइट कालोनी के D-58, C-45 में रहें। इनकी माता का नाम श्रीमती चमेली देवी तथा पिता का नाम श्री धीरज नारायण सिंह जो इण्डियन आयल कापरिशन लि0 (आई.ओ.सी.लि.) के बरौनी रिफाइनरी में कार्यरत थे और उत्पादन अभियंता के पद से सन् 1995 में स्वैच्छिक सेवानिवृत हो चुके हैं। जो कि ग्राम-नियामतपुर कलाँ, पुरूषोत्तमपुर, मीरजापुर (उ0प्र0) पिन-231305 के निवासी हैं। दादा का नाम स्व.राजाराम व दादी का नाम श्रीमती दौलती देवी था। जन्म के समय दादा स्वर्गवासी हो चुके थे जो कभी कश्मीर के राजघराने में कुछ समय के लिए सेवारत भी थे। मार्च सन् 1991 में इनका विवाह चुनार क्षेत्र के धनैता (मझरा) ग्राम में शिव कुमारी देवी से हुआ और जनवरी सन् 1994 में पुत्र का जन्म हुआ। मई सन् 1994 में शिव कुमारी देवी की मृत्यु होने के उपरान्त वे लगभग घर की जिम्मेदारीयों से मुक्त रह कर भारत देश में भ्रमण करते हुये चिंतन व विश्वशास्त्र के संकलन कार्य में लग गये। किसी भी व्यक्ति का नाम उसके अबोध अवस्था में ही रखा जाता है अर्थात् व्यक्ति का प्रथम नाम प्रकृति प्रदत्त ही होता है। लव कुश सिंह नाम उनकी दादी स्व0 श्रीमती दौलती देवी के द्वारा उन्हें प्राप्त हुआ।

भारत देश के ग्रामीण क्षेत्र से एक सामान्य नागरिक के रूप में सामान्य से दिखने वाले श्री लव कुश सिंह एक अद्भुत नाम-रूप-गुण-कर्म के महासंगम हैं जिसकी पुनरावृत्ति असम्भव है। इनकी शिक्षा न्यू प्राइमरी स्कूल (प्राथमिक), रिफाइनरी टाउनशिप, बेगूसराय (बिहार), माधव विद्या मन्दिर इण्टरमीडिएट कालेज, पुरूषोत्तमपुर, मीरजापुर, उ0प्र0 (दसवीं-1981, 13 वर्ष 6 माह में), प्रभु नारायण राजकीय इण्टर कालेज, रामनगर, वाराणसी, उ0प्र0 (बारहवीं-1983, 15 वर्ष 6 माह में) और बी.एससी.(जीव विज्ञान) में 17 वर्ष 6 माह के उम्र में सन् 1985 ई0 में तत्कालिन गोरखपुर विश्वविद्यालय से सम्बद्ध श्री हरिश्चन्द्र स्नातकोत्तर महाविद्यालय, वाराणसी से पूर्ण हुई। तकनीकी शिक्षा में कम्प्यूटर प्रोग्रामिंग एण्ड सिस्टम एनालिसिस में स्नातकोत्तर डिप्लोमा इण्डिया एजुकेशन सेन्टर, एम-92, कनाट प्लेस, नई दिल्ली से सन् 1988 में पूर्ण हुई। परन्तु जिसका कोई प्रमाण पत्र नहीं है वह ज्ञान अद्भुत है। अपने तीन भाई-बहनों व एक पुत्र में वे सबसे बड़े व सबसे कम प्रमाणित शिक्षा प्राप्त हैं। एक अजीब पारिवारिक स्थिति यह है कि प्रारम्भ निरक्षर माँ से होकर अन्त "विश्वशास्त्र" को व्यक्त करने वाले श्री लव कुश सिंह तक एक ही परिवार में हैं।

सभी धर्मशास्त्रों और भविष्यवक्ताओं के अनुसार और सभी को सत्य रूप में वर्तमान करने के लिए "विश्वशास्त्र" को व्यक्त करने वाले श्री लव कुश सिंह समय रूप से संसार के सर्वप्रथम वर्तमान में रहने वाले व्यक्ति हैं क्यूँकि वर्तमान की परिभाषा है-पूर्ण ज्ञान से युक्त होना और कार्यशैली की परिभाषा है-भूतकाल का अनुभव, भविष्य की आवश्यकतानुसार पूर्णज्ञान और परिणाम ज्ञान से युक्त होकर वर्तमान समय में कार्य करना। स्वयं को आत्म ज्ञान होने पर प्रकृति प्रदत्त नाम के अलावा व्यक्ति अपने मन स्तर का निर्धारण कर एक नाम स्वयं रख लेता है। जिस प्रकार "कृष्ण" नाम है "योगेश्वर" मन की अवस्था है, "गदाधर" नाम है "रामकृष्ण परमहंस" मन की अवस्था है, "सिद्धार्थ" नाम है "बुद्ध" मन की अवस्था है, "नरेन्द्र नाथ दत्त" नाम है "स्वामी विवेकानन्द" मन की अवस्था है, "रजनीश" नाम है "ओशो" मन की अवस्था है। उसी प्रकार लव कुश सिंह ने अपने नाम के साथ "विश्वमानव" लागाकर मन की अवस्था को व्यक्त किया है और उसे सिद्ध भी किया है। व्यक्तियों के नाम, नाम है "भोगेश्वर विश्वमानव" उसकी चरम विकसित, सर्वोच्च और अन्तिम अवस्था है जहाँ समय की धारा में चलते-चलते मनुष्य वहाँ विवशतावश पहुँचेगा ऐसा उनका मानना है। जिस प्रकार श्रीकृष्ण के जन्म से पहले ही ईश्वरत्व उन पर झोंक दिया गया था अर्थात् जन्म लेने वाला देवकी का आठवाँ पुत्र ईश्वर ही होगा, यह श्रीकृष्ण को ज्ञात होने पर जीवनभर वे जनभावना को उस ईश्वरत्व के प्रति विश्वास बनाये रखने के लिए संघर्ष करते रहे, उसी प्रकार इस "लव-कुश" का नाम उन्हें ज्ञात होने पर वे भी इसे सिद्ध करने के लिए जीवनभर संघर्ष करते रहे जिसका परिणाम आपके समक्ष है।

श्री लव कुश सिंह "विश्वमानव"ने कभी किसी पद पर सरकारी नौकरी नहीं की इस सम्बन्ध में उनका कहना था कि-"नौकरी करता तो यह नहीं कर पाता। पद पर रहता तो केवल पद से सम्बन्धित ही विशेषज्ञता आ पाती। वैसे भी पत्र-व्यवहार या पुस्तक का सम्बन्ध ज्ञान और विचार से होता हैं उसमें व्यक्ति के शरीर से क्या मतलब? क्या कोई लंगड़ा या अंधा होगा तो उसका ज्ञान-विचार भी लंगड़ा या अंधा होगा? क्या कोई किसी पद पर न हो तो उसकी सत्य बात गलत मानी जायेगी? विचारणीय विषय है। परन्तु इतना तो जानता हूँ कि यह आविष्कार यदि सीधे-सीधे प्रस्तुत कर दिया जाता तो सभी लोग यही कहते कि इसकी प्रमाणिकता क्या है? फिर मेरे लिए मुश्किल हो जाता क्योंकि मैं न तो बहुत ही अधिक शिक्षा ग्रहण किया था, न ही किसी विश्वविद्यालय का उच्चस्तर का शोधकर्ता था। परिणामस्वरूप मैंने ऐसे पद "कल्कि अवतार" को चुना जो समाज ने पहले से ही निर्धारित कर रखा था और पद तथा आविष्कार के लिए व्यापक आधार दिया जिसे समाज और राज्य पहले से मानता और जानता है।"

भारत अपने शारीरिक स्वतन्त्रता व संविधान के लागू होने के उपरान्त वर्तमान समय में जिस कर्तव्य और दायित्व का बोध कर रहा है। भारतीय संसद अर्थात् विश्वमन संसद जिस सार्वभौम सत्य या सार्वजनिक सत्य की खोज करने के लिए लोकतन्त्र के रूप में व्यक्त हुआ है। जिससे स्वस्थ लोकतंत्र, समाज स्वस्थ, उद्योग और पूर्ण मानव की प्राप्ति हो सकती है, उस ज्ञान से युक्त विश्वात्मा श्री लव कुश सिंह "विश्वमानव" वैश्विक व राष्ट्रीय बौद्धिक क्षमता के सर्वोच्च और अन्तिम प्रतीक के रूप में व्यक्त हैं।

निःशब्द, आश्चर्य, चमत्कार, अविश्वसनीय, प्रकाशमय इत्यादि ऐसे ही शब्द उनके और उनके शास्त्र के लिए व्यक्त हो सकते हैं। विश्व के हजारों विश्वविद्यालय जिस पूर्ण सकारात्मक एवं एकीकरण के विश्वस्तरीय शोध को न कर पाये, वह एक ही व्यक्ति ने पूर्ण कर दिखाया हो उसे कैसे-कैसे शब्दों से व्यक्त किया जाये, यह सोच पाना और उसे व्यक्त कर पाना निःशब्द होने के सिवाय कुछ नहीं है।

"विश्वशास्त्र" के शास्त्राकार श्री लव कुश सिंह "विश्वमानव" अपने परिचितों से केवल सदैव इतना ही कहते रहे कि-"कुछ अच्छा किया जा रहा है" के अलावा बहुत अधिक व्याख्या उन्होंने कभी नहीं की। और अन्त में कभी भी बिना इस शास्त्र की एक भी झलक दिखाये एकाएक यह शास्त्र प्रस्तुत कर दिया जाये तो इससे बड़ा आश्चर्य क्या हो सकता है। जो इस स्तर पर है कि-"विश्व बुद्धि बनाम एकल बुद्धि। और उसका परिणाम ये है कि भारत को वर्तमान काल में विश्वगुरू और संयुक्त राष्ट्र संघ तक के लिए सार्वभौम सत्य-सैद्धान्तिक स्थापना योग्य मार्गदर्शन अभी ही उपलब्ध हो चुका है जिससे भारत जब चाहे तब उसका उपयोग कर सके।

जो व्यक्ति कभी किसी वर्तमान गुरू के शरणागत होने की आवश्यकता न समझा, जिसका कोई शरीरधारी प्रेरणा स्रोत न हो, किसी धार्मिक व राजनीतिक समूह का सदस्य न हो, इस कार्य से सम्बन्धित कभी

सार्वजनिक रूप से समाज में व्यक्त न हुआ हो, जिस विषय का आविष्कार किया गया, वह उसके जीवन का शैक्षणिक विषय न रहा हो, 50 वर्ष के अपने वर्तमान अवस्था तक एक साथ कभी भी 50 लोगों से भी न मिला हो, यहाँ तक कि उनको इस रूप में 50 आदमी भी न जानते हों, यदि जानते भी हो तो पहचानते न हों और जो पहचानते हों वे इस रूप को जानते न हों, वह अचानक इस शास्त्र को प्रस्तुत कर दें तो इससे बडा चमत्कार क्या हो सकता है।

जिस व्यक्ति का जीवन, शैक्षणिक योग्यता और कर्मरूप शास्त्र तीनों का कोई सम्बन्ध न हो अर्थात् तीनों तीन व्यक्तित्व का प्रतिनिधित्व करते हों, इससे बड़ी अविश्वसनीय स्थिति क्या हो सकती है।

मूल पाशुपत शैव दर्शन सहित अनेक मतों का सफल एकीकरण के स्वरूप श्री लव कुश सिह "विश्वमानव" के जीवन, कर्म और ज्ञान के अनेक दिशाओं से देखने पर अनेक दार्शनिक, संस्थापक, संत, ऋषि, अवतार, मनु, व्यास, व्यापारी, रचनाकर्ता, नेता, समाज निर्माता, शिक्षाविद्, दूरदर्शिता इत्यादि अनेक रूप दिखते हैं।

"वर्तमान में विश्व (WORLD) पृथ्वी की सीमा तक के अर्थों में अधिकतम प्रयोग होता है। परन्तु मानवीय व्यक्तिगत दृष्टि में प्रत्येक मनुष्य का विश्व, जगत्, संसार, सृष्टि व दुनिया उतना ही बड़ा होता है जितने क्षेत्र तक का उसका ज्ञान होता है।

इस प्रकार व्यक्ति का अपने व्यक्तिगत दृष्टि से विश्व को देखना उसका प्राथमिक विश्व तथा व्यक्ति का अपने सार्वभौम दृष्टि से विश्व को देखना उसकी अन्तिम व पूर्ण दृष्टि होती है।

संवेदना के अनुभव की सीमा ही व्यक्ति का शरीर होता है। जिस व्यक्ति की संवेदना उसके अपने शरीर तक होता है उसके शरीर की सीमा उसके अपने शरीर तक ही होती है। इसी प्रकार जो व्यक्ति अपने परिवार, मुहल्ला, गाँव, जिला, प्रदेश, देश, पृथ्वी और ब्रह्माण्ड तक की संवेदना का अनुभव करता है उस व्यक्ति का शरीर उस स्तर का होता है। अनन्त ब्रह्माण्ड तक के शरीर का अनुभव ही "अंह ब्रह्मास्मि" कहलाता है और अपने शरीर के सुख-दुःख का अनुभव करते हुए अपने उस शारीरिक सीमा के लिए कर्म करता है।

इस प्रकार मैं लव कुश सिंह "विश्वमानव" अनन्त ब्रह्माण्ड तक की संवेदना का अनुभव कर उसे सत्य, शिव और सुन्दर की ओर दिशा देने के लिए यह "विश्वशास्त्र" व्यक्त किया हूँ।"

- लव कुश सिंह "विश्वमानव"

"प्रत्येक व्यक्ति केवल अपने ही विश्व को देखता है, इसलिए उस विश्व की उत्पत्ति उसके बन्धन के साथ होती है और उसकी मुक्ति से वह विश्व मय हो जाता है। तथापि वह औरों के लिए, जो बन्धन में हैं, अवशेष रहता है। नाम और रुप से ही विश्व बना है। समुद्र की तरंग, उस हद तक ही तरंग कहला सकती है, जब तक कि नाम और रुप से वह सीमित है। यदि तरंग लुप्त हो जाये तो वह समुद्र ही है। यह नाम और रुप माया कहलाता है। और पानी ब्रह्म।"

- स्वामी विवेकानन्द

एक ही मानव शरीर के जीवन, ज्ञान और कर्म के विभिन्न विषय क्षेत्र से मुख्य नाम (सर्वोच्च, अन्तिम और दृश्य)

क्र.सं. विषय क्षेत्र	सम्बन्धित क्षेत्र से मुख्य नाम
01. विश्व क्षेत्र	विश्व संविधान / साहित्य / विचार / सिद्धान्त / प्रबन्ध / दर्शन / मत / मानव / एकता / शान्ति / विकास / स्थिरता / आत्मा / अभिनेता / बुद्धि / राजनीति / क्रांति
02. राज्य क्षेत्र	विश्व (राष्ट्र) ऐजेण्डा–2012+ (WORLD NATION AGENDA-2012+) विश्व व्यवस्था का अधिकतम एवं न्यूनतम साझा कार्यक्रम
03. समाज क्षेत्र	लोक / गण / जन ऐजेण्डा–2012+ (PUBLIC AGENDA-2000+)
04. धर्म क्षेत्र	वेदान्त धर्म स्थापना
05. साहित्य क्षेत्र	विश्व साहित्य–"विश्वभारत" समाहित "विश्वशास्त्र" साहित्य– आदर्श वैश्विक व्यक्ति चरित्र कथा साहित्य
06. सामाज शास्त्र	मानक / जन / गण / लोक शास्त्र
07. धर्मशास्त्र	धर्मयुक्त नाम – कर्मवेद: प्रथम, अन्तिम और पंचम वेद और आधारित उपनिषद् (व्यष्टि एवं समष्टि) सर्वधर्मसमभाव / धर्मनिरपेक्ष नाम – मन की गुणवत्ता का विश्व मानक : शून्य श्रृंखला (व्यष्टि एवं समष्टि)
08. मानक क्षेत्र	मन की गुणवत्ता का विश्व मानक : शून्य श्रृंखला
09. अदृश्य विज्ञान	दृश्य आध्यात्म विज्ञान
10. दृश्य विज्ञान	धर्म विज्ञान या एकात्म विज्ञान (Integration Science)
11. इंजीनियरिंग	सत्य सामाजिक अभियंत्रण (Real Social Engineering)
12. तकनीकी	सत्य सामाजिक तकनीकी (Real Social Technology) : WCM-TLM-SHYAM.C Technology
13. संविधान	विवादमुक्त तन्त्रों पर आधारित संविधान
14. राजनीति	सत्य राजनीति / राजनीति–2012+ (POLITICS-2012+)
15. संगठन	विश्व राजनीतिक पार्टी संघ (World Political Party Organisation- WPPO)
16. शिक्षा	पूर्णज्ञान / पूर्ण शिक्षा प्रणाली / शिक्षा -2012+ (EDUCATION-2012+)
17. राष्ट्र सम्बन्ध	आदर्श राष्ट्रीय नागरिक
18. वेदान्त	कर्म वेदान्त : वेदान्त की अन्तिम शाखा
19. मतवाद	एकात्म कर्मवाद : एकात्म मानवतावाद का व्यावहारिक रुप
20. दार्शनिक	विकास दर्शन (Development Philosophy)
21. क्रांति	संपूर्ण क्रांति (Complete Revolution) : प्रलय, स्थिति एवं सृष्टि
22. सांस्कृतिक	भोगेश्वर: भोग (पाश्चात्य) + ईश्वर (प्राच्य) = एकात्म या ईश्वरत्व भाव से भोग
23. मन	विश्व मन (WOLD MIND)
24. मानव	विश्वमानव (विश्वमन से युक्त)
25. मनु	8वें मनु – सावर्णि मनु
26. अवतार	भगवान विष्णु के 10वें और अन्तिम तथा भगवान शंकर के 22वें और अन्तिम संयुक्तावतार (निष्कलंक कल्कि एवं भोगेश्वर)
27. निराकार ब्रह्म	सार्वभौम सत्य–सिद्धान्त (UNIVERSAL TRUTH-THEORY) : विश्व–बन्धुत्व का सिद्धान्त
28. साकार ब्रह्म	लव कुश सिंह
29. पुनर्जन्म–सत् मार्ग से	बुड्ढा कृष्ण (कृष्ण भाग – 2 और अन्तिम) – कृष्ण की अगली और अन्तिम कड़ी
30. पुनर्जन्म–रज मार्ग से	स्वामी विवेकानन्द का पुनर्जन्म
31. पुनर्जन्म–तम मार्ग से	रावण की अगली कड़ी
32. आत्मा	दृश्य विश्वात्मा / शिव / ब्रह्म / मैं
33. अभिनय	वास्तविक जीवन का अभिनेता (Real Life Actor)
34. बम	ज्ञान बम – आध्यात्मिक न्यूट्रान बम
35. अस्त्र	अनियन्त्रित पशुपास्त्र (नारायणास्त्र या सु–दर्शन चक्र व ब्रह्मास्त्र समाहित)
36. माया	योग माया समाहित भोगमाया
37. ज्ञान	एकात्म कर्मज्ञान (शास्वत) : व्यष्टि एवं समष्टि
38. बुद्धि	विश्व बुद्धि व चेतना या सत्य चेतना : पूर्व व्यक्त सत्य चेतना
39. ध्यान व योग	दृश्य सत्य–क्रियाकलाप–एकात्म योग व ध्यान (अन्तिम योग व अन्तिम ध्यान)
40. मिशन	प्राकृतिक सत्य मिशन (Natural Truth Mission)–सर्वोच्च और अन्तिम मिशन
41. धार्मिक नगर	एकात्म काशी– जीवनदायिनी सत्यकाशी : पंचम, अन्तिम तथा सप्तम काशी
42. शक्ति	आत्मशक्ति (SPIRIT POWER), मस्तिष्क शक्ति (BRAIN POWER), मन शक्ति (MIND POWER), सत्य शक्ति (TRUTH POWER)
43. जीवन कथा	विश्वमानव लीला / दर्पण : दो विपरीत दिशाओं के साथ प्रथम एवं अन्तिम कथा
44. प्रेम और कर्म	शास्वत प्रेम और कर्म
45. समन्वय	अन्तिम समन्वय–सिद्धान्त
46. आचार्य	अन्तिम समन्वयाचार्य
47. कला	विश्वमानव कला (कृष्ण कला समाहित)
48. परिचालन प्रणाली	अवतार का परिचालन प्रणाली : मानव–10 (Avatar's Operating System-AOS : Human-10)

कर्म वेदान्त और विकास दर्शन

भारतीय आध्यात्म दर्शन के मूल विचार "सभी ईश्वर हैं" तथा अद्वैत वेदान्त दर्शन के अनुसार "सभी ईश्वर के ही प्रकाश हैं" के अनुसार सभी में विश्वात्मा ही स्थित हैं। हम उन सभी को ईश्वर का अंश या विश्वात्मा का अंश इसलिए कहते हैं कि वे स्वयं को अपने समय के सर्वोच्च क्षेत्र तक व्यक्त नहीं कर पाते। यह ब्रह्माण्ड ईश्वर से व्यक्त है और उसमें ईश्वर समाहित और व्याप्त है। उसका प्रकाट्य सार्वभौम सत्य-सिद्धान्त का ही प्रकाट्य है। विश्वात्मा का सर्वोच्च प्रकाट्य पूर्ण सार्वभौम सत्य-सिद्धान्त का प्रकटीकरण है जो अन्तिम हो।

आत्मा और विश्वात्मा, अलग-अलग नहीं एक ही है। बस उसके प्रकटीकरण क्षेत्र अर्थात प्रभाव क्षेत्र से उसके नाम अलग हैं। आत्मा जो व्यक्तिगत और सामाजिक क्षेत्र के सीमित भौगोलिक क्षेत्र तक प्रभावी रहता है वहीं विश्वात्मा अपने समय के सर्वोच्च भौगोलिक क्षेत्र तक को प्रभावी करता है।

तात्पर्य यह है कि प्रत्येक मनुष्य ही विश्वात्मा है। उसे सार्वभौम एकात्म के लिए योजना बना कर प्रकट होने के लिए उतना ही भौगोलिक क्षेत्र प्राप्त है जितना कि किसी मनुष्य या अवतार को। जिसका जितना विशाल हृदय होगा, उसका उतना विशाल प्रेम होगा और ठीक उतना ही विशाल उसका कर्मक्षेत्र होगा। यह ब्रह्माण्ड ईश्वर के विशाल हृदय से व्यक्त प्रेम का फल है। और उसके विकास, संरक्षण, विनाश, निर्माण, नव-निर्माण और पुनर्निर्माण के लिए सदैव कर्मशील है। विश्वात्मा को जानने-समझने से वर्तमान और भविष्य के मनुष्य का मस्तिष्क विशालता की ओर प्राप्त करने का अवसर देता है जिससे हृदय की विशालता भी बढ़ती है और कर्म करने के लिए अनन्त दिशाओं और जन्मों के लिए परियोजना भी मिलती है। परियोजना का नाम होता है-"सत्य-शिव-सुन्दर" निर्माण।

मन और मन का मानक। मन-व्यक्तिगत प्रमाणित अदृश्य सत्य। मन का मानक-सार्वजनिक प्रमाणित दृश्य सत्य। अनासक्त मन अर्थात् आत्मा अर्थात् व्यक्तिगत प्रमाणित अदृश्य आत्मा अर्थात् मन का अदृश्य मानक। मन का मानक अर्थात् सार्वजनिक प्रमाणित दृश्य आत्मा अर्थात् सार्वजनिक प्रमाणित दृश्य अनासक्त मन। मन का मानक में मन समाहित है।

सार्वभौम आत्मा का सार्वजनिक प्रमाणित धर्मनिरपेक्ष एवं सर्वधर्मसमभाव दृश्य रुप एकात्म ज्ञान, एकात्म ज्ञान सहित एकात्म कर्म तथा एकात्म ज्ञान और एकात्म कर्म सहित एकात्म ध्यान के तीन व्यक्त होने के स्तर हैं जो क्रमशः एकात्म वाणी, एकात्म वाणी सहित एकात्म प्रेम तथा एकात्म वाणी और एकात्म प्रेम सहित एकात्म समर्पण द्वारा शक्ति प्राप्त करता है। जिनका धर्मयुक्त अदृश्य रुप भारतीय संस्कृति के पौराणिक कथाओं में ब्रह्मा, विष्णु, महेश (शंकर) के रुप में तथा सरस्वती, लक्ष्मी और पार्वती शक्ति के रुप में प्रक्षेपित हैं। जिनकी उपयोगिता क्रमशः व्यक्ति, समाज और ब्रह्माण्ड को संतुलन, स्थिरता एवं विकास में है।

विश्व के सर्वप्राचीन अकाट्य सांख्य दर्शन के सिद्धान्त से विश्वमन तीन मन - सत्व, रज और तम में विखण्डित होता है जिससे समस्त विश्व व्यक्त होता है अर्थात निम्नलिखित मूल प्रकार के मन से युक्त आत्मा व्यक्त होकर अनेक अंश-अंशांस के रूप में मन से युक्त आत्माएँ व्यक्त होती रहती हैं फिर इनका संलयन और संयुग्मन होता है तब व्यक्त होता हैं - "विश्व मन से युक्त आत्मा - एक पूर्ण मानव"

1. **रज मन** - ये मन सकारात्मक व्यक्तिगत विकासशील मन का रूप होता है। इसमें वे सभी मन आते हैं जो समाज व देश का शारीरिक, आर्थिक व मानसिक विकास करते हैं। मानव सभ्यता के संसार में इस मन को ही गृहस्थ कहते हैं। ये क्रियान्वयन दर्शन (Operating Philosophy) अर्थात् O के अन्तर्गत आता है।

2. **तम मन** - ये मन नकारात्मक व्यक्तिगत विकासशील मन का रूप होता है। इसमें वे सभी मन आते हैं जो समाज व देश का शारीरिक, आर्थिक व मानसिक नकारात्मक विकास करते हैं। भारतीय धर्मशास्त्र साहित्य

के पुराणों में इस मन को ही असुर या राक्षस कहा गया है। ये क्रियान्वयन दर्शन (Operating Philosophy) अर्थात् O के अन्तर्गत आता है।

3. **सत्व मन** - ये मन सार्वभौम आत्मा पर केन्द्रित मन होते हैं। इसके निम्नलिखित दो प्रकार होते हैं।

अ. निवृत्ति मार्गी - सार्वभौम आत्मा पर केन्द्रित इस प्रकार के मन समाज व देश के शारीरिक, आर्थिक व मानसिक आदान-प्रदान से उदासीन रहते हैं तथा स्वआनन्द में ही रहते हैं। मानव सभ्यता के संसार में इस मन को ही साधु/सन्त/ सिद्ध/ ऋषि/ वैश्विक दर्शन आचार्य/ साकार गुरू इत्यादि कहा गया है। ये व्यक्तिगत प्रमाणित मार्गदर्शक दर्शन (Guider Philosophy) अर्थात् G के अन्तर्गत आते हैं।

ब. प्रवृत्ति मार्गी - सार्वभौम आत्मा पर केन्द्रित इस प्रकार के मन समाज व देश के शारीरिक, आर्थिक व मानसिक आदान-प्रदान में भाग लेते हैं तथा स्वआनन्द के साथ रहते हैं। भारतीय धर्मशास्त्र साहित्य के पुराणों में इस मन को ही देवता/राजा कहा गया है। मानव सभ्यता के संसार में इस मन को ही क्रान्तिकारी/परिवर्तनकर्ता/विकासशील कहा गया है। ये सार्वजनिक प्रमाणित विकास/ विनाश दर्शन (Development/Destroyer Philosophy) अर्थात् D के अन्तर्गत आते हैं।

अवतारी मन

अवतारी (पुरूष), मन के तीनों गुण सत्व, रज और तम का पूर्ण संलयन का सार्वभौम साकार रूप होता है परन्तु वह तीनों गुणों से युक्त होते हुये भी उससे मुक्त रहता है और अपने पूर्ववर्ती मन के तीनों गुण से युक्त सत्व, रज और तम मनों के सर्वोच्च अवस्था की अगली कड़ी होता है। ये सार्वभौम प्रमाणित मार्गदर्शक दर्शन (Guider Philosophy) अर्थात् G, क्रियान्वयन दर्शन (Operating Philosophy) अर्थात् O और विकास/ विनाश दर्शन (Development/Destroyer Philosophy) अर्थात् D का संयुक्त रूप होता है।

पूर्ण ज्ञान अर्थात् अपने मालिक स्वयं केन्द्र में स्थित मार्गदर्शक दर्शन (Guider Philosophy) अर्थात् G एवं विकास दर्शन (Development/Destroyer Philosophy) अर्थात् D है। इसकी परिधि आदान-प्रदान या व्यापार या क्रियाचक्र या क्रियान्वयन दर्शन (Operating Philosophy) अर्थात् O है। यही आध्यात्म अर्थात् अर्थात् अदृश्य विज्ञान का सर्वोच्च एवं अन्तिम आविष्कार है। तथा यहीं पदार्थ अर्थात् दृश्य विज्ञान द्वारा आविष्कृत परमाणु की संरचना भी है। जिसके केन्द्र में G के रुप में प्रोटान P है तथा D के रुप में न्यूट्रान N है। इसकी परिधि O के रुप में इलेक्ट्रान E है। प्राच्य अदृश्य आध्यात्म विज्ञान तथा पाश्चात्य दृश्य पदार्थ विज्ञान में एकता का यही सूत्र है। विवाद मात्र नाम के कारण है। जिसके अनुसार इलेक्ट्रान या क्रियान्वयन दर्शन में विभिन्न सम्प्रदायों, संगठनों, दलों के विचार सहित व्यक्तिगत विचार जिसके अनुसार अर्थात् अपने मन या मन के समूहों के अनुसार वे समाज तथा राज्य का नेतृत्व करना चाहते हैं। जबकि ये सार्वजनिक सत्य नहीं है। इसलिए ही इन विचारों की समर्थन शक्ति कभी स्थिर नहीं रहती जबकि केन्द्र या आत्मा या एकता में विकास दर्शन स्थित है। केन्द्र में प्रोटान की स्थिति अदृश्य मार्गदर्शक दर्शन या अदृश्य विकास दर्शन की स्थिति, चूंकि यह सार्वजनिक सत्य विकास दर्शन का अदृश्य रुप है इसलिए यह व्यक्तिगत प्रमाणित है। इसी कारण आध्यात्म भी विवाद और व्यष्टि विचार के रुप में रहा जबकि यह सत्य था। लेकिन न्यूट्रान की स्थिति दृश्य मार्गदर्शक दर्शन या दृश्य विकास दर्शन की स्थिति है इसलिए यह सार्वजनिक सत्य है सम्पूर्ण मानक है, समष्टि सत्य है, सत्य सिद्धान्त है जिसकी स्थापना से व्यक्ति मन उस चरम स्थिति में स्थापित होकर उसी प्रकार तेजी से विश्व निर्माण कर सकता है जिस प्रकार पदार्थ विज्ञान द्वारा आविष्कृत न्यूट्रान बम इस विश्व का विनाश कर सकता है।

अपने मालिक स्वयं बनें

BE YOUR OWN BOSS

G

मार्गदर्शक दर्शन (Guider Philosophy) अर्थात् G
(व्यक्तिगत प्रमाणित अदृश्य विकास दर्शन (Development/Destroyer Philosophy) अर्थात् D की अवस्था)

सार्वभौम आत्मा ही प्रेरक है, मार्गदर्शक है और इसका दर्शन ही मार्गदर्शक दर्शन (Guider Philosophy) अर्थात् G (व्यक्तिगत प्रमाणित अदृश्य विकास दर्शन (Development/Destroyer Philosophy) अर्थात् D की अवस्था) है।

यह अवस्था ही व्यक्तिगत प्रमाणित अदृश्य सार्वभौम समभाव, एकात्म, सत्य, केन्द्र (CENTRE), क्रान्ति, अद्वैत, ऋृषि, सिद्ध, धर्म स्थापक, योगेश्वर, धर्म, धर्म ज्ञानी, अद्वैत वेदान्त-दर्शन में ब्रह्म, जगद्गुरू, अवतार की अवस्था है। यही भारतीय आध्यात्म-दर्शन है। प्राच्य दार्शनिकों (Eastern Philosopher) का सार्वभौम स्तर और सार्वभौम दृष्टिकोण है जिसमें सदैव ब्रह्माण्ड और प्रकृति के साथ समन्वय होता है। यह सम्पूर्ण मानव समाज पर प्रभावी रहती है।

"जितने दिनों से जगत है उतने दिनों से मन का अभाव-उस एक विश्वमन का अभाव कभी नहीं हुआ। प्रत्येक मानव, प्रत्येक प्राणी उस विश्वमन से ही निर्मित हो रहा है क्योंकि वह सदा ही वर्तमान है। और उन सब के निर्माण के लिए आदान-प्रदान कर रहा है।" (धर्म विज्ञान, राम कृष्ण मिशन, पृष्ठ-27)

-स्वामी विवेकानन्द

"एक तरह का सिद्ध एक ही बार होता है, दोबारा नहीं होता। क्योंकि जो सिद्ध हो गया, फिर नही लौटता। गया फिर वापस नहीं आता। एक ही बार तुम उसकी झलक पाते हो- बुद्ध की, महावीर की, क्राइस्ट ही, मुहम्मद की, एक ही बार झलक पाते हो, फिर गये सो गये। फिर विराट में लीन हो गये। फिर दोबारा उनके जैसा आदमी नहीं होगा, नहीं हो सकता। मगर बहुत लोग नकलची होंगे। उनको तुम साधु कहते हो। उन नकलीची का बड़ा सम्मान है। क्योंकि वे तुम्हारे शास्त्र के अनुसार मालूम पड़ते हैं। जब भी सिद्ध आयेगा सब अस्त व्यस्त कर देगा सिद्ध आता ही है क्रान्ति की तरह ! प्रत्येक सिद्ध बगावत लेकर आता है, एक क्रान्ति का संदेश लेकर आता है एक आग की तरह आता है- एक तुफान रोशनी का! लेकिन जो अँधेरे में पड़े हैं। उनकी आँखे अगर एकदम से उतनी रोशनी न झेल सके और नाराज हो जाय तो कुछ आश्चर्य नहीं।

जो एक गुरू बोल रहा है, वह अनन्त सिद्धों की वाणी है। अभिव्यक्ति में भेद होगा, शब्द अलग होंगे, प्रतीक अलग होंगे मगर जो एक सिद्ध बोलता है, वह सभी सिद्धों की वाणी है। इनसे अन्यथा नहीं हो सकता है। इसलिए जिसने एक सिद्ध को पा लिया, उसने सारे सिद्धों की परम्परा को पा लिया। क्योंकि उनका सूत्र एक ही है। कुंजी तो एक ही है, जिसमें ताला खुलता है अस्तित्व का।"

-आचार्य रजनीश "ओशो"

O

क्रियान्वयन दर्शन (Operating Philosophy) अर्थात् O

यह अवस्था व्यक्तिगत आत्मा ही प्रेरक है, मार्गदर्शक है और इसका दर्शन ही क्रियान्वयन दर्शन (Operating Philosophy) अर्थात् O की अवस्था है।

जब यह अवस्था मानव समाज में व्यक्तिगत आत्मा से योग कराने के लिए व्यक्त होती है तब यह व्यक्तिगत प्रमाणित दृश्य विकास दर्शन (Development/Destroyer Philosophy) अर्थात् D की अवस्था में आ जाती है।

यह अवस्था ही व्यक्तिगत प्रमाणित अदृश्य व्यक्तिगत समभाव, एकात्म, सत्य-सिद्धान्त, परिवर्तन, आदान-प्रदान (TRADE), क्रान्ति, अद्वैत, ऋषि, सिद्ध, धर्म स्थापक, भोगेश्वर, धर्म, धर्म ज्ञानी, अद्वैत वेदान्त-दर्शन में ब्रह्म, जगद्गुरू, अवतार की अवस्था है। यही सार्वभौम से मुक्त अनेक प्रकार के सम्प्रदायों, मत आधारित संगठनों का दर्शन है। पाश्चात्य दार्शनिकों (Western Philosopher) का दृष्टिकोण है। जिसमें ब्रह्माण्ड और प्रकृति के साथ समन्वय नहीं होता है और यह सम्पूर्ण मानव समाज के लिए ना होकर अंश जन समूह पर ही प्रभावी रहती है।

D

विकास/ विनाश दर्शन (Development/Destroyer Philosophy) अर्थात् D

(सार्वजनिक प्रमाणित दृश्य विकास दर्शन (Development/Destroyer Philosophy) अर्थात् D की अवस्था)

सार्वभौम आत्मा ही प्रेरक है, मार्गदर्शक है और इसका दर्शन ही मार्गदर्शक दर्शन (Guider Philosophy) अर्थात् G (व्यक्तिगत प्रमाणित अदृश्य विकास दर्शन (Development/Destroyer Philosophy) अर्थात् D की अवस्था) है।

जब यह अवस्था संसार में सार्वभौम एकात्म से योग कराने के लिए व्यक्त होती है तब यह सार्वजनिक प्रमाणित दृश्य विकास दर्शन (Development/Destroyer Philosophy) अर्थात् D की अवस्था में आ जाती है। ऐसी अवस्था में आने से पुराने दर्शन अपनी सर्वोच्चता खो देते हैं इसलिए विनाश का अनुभव दिखता है। जबकि पुराने दर्शन विकास के चरण होते हैं और वे भी प्रभावहीन होकर अस्तित्व में सदैव रहते हैं।

यह अवस्था ही सार्वजनिक प्रमाणित दृश्य सार्वभौम समभाव, एकात्म, सत्य-सिद्धान्त, परिवर्तन, आदान-प्रदान (TRADE), क्रान्ति, अद्वैत, ऋषि, सिद्ध, धर्म स्थापक, भोगेश्वर, धर्म, धर्म ज्ञानी, अद्वैत वेदान्त-दर्शन में ब्रह्म, जगद्गुरू, अवतार की अवस्था है। यही भारतीय आध्यात्म-दर्शन है। प्राच्य अवतारी श्रृंखला दार्शनिकों का सार्वभौम स्तर और सार्वभौम दृष्टिकोण है जिसमें सदैव ब्रह्माण्ड और प्रकृति के साथ समन्वय होता है। यह सम्पूर्ण

मानव समाज पर प्रभावी रहती है और सार्वभौम से युक्त क्रियान्वयन दर्शन (Operating Philosophy) अर्थात् O है।

सृष्टि विकास क्रम की एक श्रृंखला है। सार्वभौम सत्य से सार्वभौम सत्य-सिद्धान्त का मनुष्य शरीर से प्रकटीकरण ईश्वर का अवतरण है, परन्तु ईश्वर नहीं। विकास क्रम की श्रृंखला से ही मानव समाज के एकीकरण के लिए व्यक्त सार्वभौम सत्य-सिद्धान्त ही अवतारवाद के विचार के जन्म का कारण है। अवतारवाद के विचार का जन्म वेदों और पुराणों से व्यक्त होता है और लगभग सभी वर्तमान धर्मों (या सम्प्रदाय) के द्वारा माना जाता है। अवतरण, सम्पूर्ण ब्रह्माण्ड में व्याप्त सार्वभौम सत्य-सिद्धान्त का होता है इसलिए वह मानवीय नियमों से उच्च और अटलनीय-अपरिवर्तनीय-सर्वोच्च होता है। ईश्वर के अब तक नौ अवतार हो चुके है, दसवां कल्कि अवतार होना अभी बाकी है ऐसा कहा जाता है।

मानव से पूर्ण मानव के विकास क्रम के आधुनिक विचार के अनुसार - मानव से पूर्ण मानव के विकास क्रम के दृष्टि के अनुसार अवतार मानवों के सार्वभौम मस्तिष्क, सार्वभौम सत्य-सिद्धान्त और एकीकरण के लिए मानकीकरण के विकास की कहानी कहती है जो व्यावहारिक दृष्टि से अधिक उपयोगी है। अवतारों के नामकरण में उसके गुणों के तुलना के लिए प्रारम्भ में समान गुणों के जीव के नाम पर तथा बाद में स्वयं उनके व्यक्तिगत गुण के आधार पर रखे गये।

मनुष्य को अधिक पूर्ण बनाने और संचालन के लिए अवतार द्वारा आये मुख्य आपरेटिंग सिस्टम (Avatar's Operating System- AOS) संस्करण (Version) इस प्रकार हैं-

मानव-1 (AOS: Human-1)

मुख्य-गुण सिद्धान्त - इसमें धारा के विपरीत दिशा (राधा) में गति करने का विचार-सिद्धान्त मानव मस्तिष्क में डाला गया।

मानव-2 (AOS: Human-2)

मुख्य-गुण सिद्धान्त - इसमें सहनशील, शांत, धैर्यवान, लगनशील, दोनों पक्षों के बीच मध्यस्थ की भूमिका वाला गुण (समन्वय का सिद्धान्त) का विचार-सिद्धान्त मानव मस्तिष्क में डाला गया।

मानव-3 (AOS: Human-3)

मुख्य-गुण सिद्धान्त - इसमें सूझ-बुझ, सम्पन्न, पुरूषार्थी, धीर-गम्भीर, निष्कामी, बलिष्ठ, सक्रिय, शाकाहारी, अहिंसक और समूह प्रेमी, लोगों का मनोबल बढ़ाना, उत्साहित और सक्रिय करने वाला गुण (प्रेरणा का सिद्धान्त) का विचार-सिद्धान्त मानव मस्तिष्क में डाला गया।

मानव-4 (AOS: Human-4)

मुख्य-गुण सिद्धान्त - प्रत्यक्ष रूप से एका-एक लक्ष्य को पूर्ण करने वाले (लक्ष्य के लिए त्वरित कार्यवाही का सिद्धान्त) का विचार-सिद्धान्त मानव मस्तिष्क में डाला गया।

मानव-5 (AOS: Human-5)

मुख्य-गुण सिद्धान्त - भविष्य दृष्टा, राजा के गुण का प्रयोग करना, थोड़ी सी भूमि पर गणराज्य व्यवस्था की स्थापना व व्यवस्था को जिवित करना, उसके सुख से प्रजा को परिचित कराने वाले गुण (समाज का सिद्धान्त) का विचार-सिद्धान्त मानव मस्तिष्क में डाला गया।

मानव-6 (AOS: Human-6)

मुख्य-गुण सिद्धान्त - गणराज्य व्यवस्था को ब्रह्माण्ड में व्याप्त व्यवस्था सिद्धान्तों को आधार बनाने वाले गुण और व्यवस्था के प्रसार के लिए योग्य व्यक्ति को नियुक्त करने वाले गुण (लोकतन्त्र का सिद्धान्त और उसके प्रसार के लिए योग्य उत्तराधिकारी नियुक्त करने का सिद्धान्त) का विचार-सिद्धान्त मानव मस्तिष्क में डाला गया।

मानव-7 (AOS: Human-7)

मुख्य-गुण सिद्धान्त - आदर्श चरित्र के गुण के साथ प्रसार करने वाला गुण (व्यक्तिगत आदर्श चरित्र के आधार पर विचार प्रसार का सिद्धान्त) का विचार-सिद्धान्त मानव मस्तिष्क में डाला गया।

मानव-8 (AOS: Human-8)

मुख्य-गुण सिद्धान्त - आदर्श सामाजिक व्यक्ति चरित्र के गुण, समाज में व्याप्त अनेक मत-मतान्तर व विचारों के समन्वय और एकीकरण से सत्य-विचार के प्रेरक ज्ञान को निकालने वाले गुण (सामाजिक आदर्श व्यक्ति का सिद्धान्त और व्यक्ति से उठकर विचार आधारित व्यक्ति निर्माण का सिद्धान्त) का विचार-सिद्धान्त मानव मस्तिष्क में डाला गया।

मानव-9 (AOS: Human-9)

मुख्य-गुण सिद्धान्त - प्रजा को प्रेरित करने के लिए धर्म, संघ और बुद्धि के शरण में जाने का गुण (धर्म, संघ और बुद्धि का सिद्धान्त) का विचार-सिद्धान्त मानव मस्तिष्क में डाला गया।

मानव-10 (AOS: Human-10)

मुख्य-गुण सिद्धान्त - आदर्श मानक सामाजिक व्यक्ति चरित्र समाहित आदर्श मानक वैश्विक व्यक्ति चरित्र अर्थात सार्वजनिक प्रमाणित आदर्श मानक वैश्विक व्यक्ति चरित्र का विचार-सिद्धान्त मानव मस्तिष्क में डालने का मानव-10 (AOS: Human-10) संस्करण (Version) अभी तक का वर्तमान है और वो अन्तिम संस्करण भी है।

उपरोक्त मुख्य मूल संस्करण के उपरान्त अनेक अन्य मनुष्यों (संत, गुरू, माता-पिता, मित्र, सहयोगी, दल, संगठन इत्यादि) द्वारा मनुष्य के संचालन के लिए नया आपरेटिंग सिस्टम संस्करण आते गये और मनुष्य उससे संचालित होते गये। परन्तु उन्हें पता ही नहीं चल पा रहा कि कौन सा संस्करण उनके लिए उपयोगी है।

जैसे आपके आपरेटिंग सिस्टम (Operating System) में अनके सुविधाएँ हैं उसी प्रकार मानव-10 (AOS: Human-10) संस्करण में भी अनेक सुविधाएँ जैसे - काटना (Cut), चिपकाना (Paste), नकल बनाना (Copy), रद्द करना (Delete), सुधारना (Edit), नाम बदलना (Rename), रचना करना (Create), भेजना (Send), पढ़ना (Read), लिखना (Write), वाइरस (Virus), एण्टी-वाइरस (Anti-Virus) इत्यादि हैं।

जिस प्रकार एक रोबोट, वैसे ही रोबोट का निर्माण कर सकता है जैसा कि उसमें साफ्टवेयर डाला गया है उसी प्रकार एक मनुष्य, मनुष्य, वैसे ही मनुष्य का निर्माण कर सकता है जैसा कि उसमें साफ्टवेयर (विचार-सिद्धान्त) डाला गया है।

कुछ भी हो साफ्टवेयर में जितनी अधिक सुविधा, उतना ही वह परिणाम देने में सक्षम। सब कुछ "माइक्रोप्रोसेसर/मस्तिष्क" के साफ्टवेयर पर ही निर्भर होता है। और साफ्टवेयर उतना ही उच्च स्तर का बन सकता है जितना विचार का विस्तार होता है। जितना विचार का विस्तार होता है वह उतना ही व्यापारिक लाभ दे सकता है। जिसके जीवन्त उदाहरण आप हैं।

मनुष्य के संचालन के लिए नया आपरेटिंग सिस्टम मानव-10 (AOS: Human-10) संस्करण ही "विश्वशास्त्र"है। आपके आपरेटिंग सिस्टम साफ्टवेयर से कम्प्यूटर चलता है। मेरे आपरेटिंग सिस्टम मानव-10 (AOS: Human-10) संस्करण से मनुष्य और उसके संगठन चलेंगे। यही योजना है।

मानव-10 (AOS: Human-10) आपरेटिंग सिस्टम निम्नलिखित से युक्त है जो विश्व शान्ति का अन्तिम मार्ग भी है-

1- वैश्विक मानव निर्माण तकनीकी- WCM-TLM-SHYAM.C प्रणाली

S - SATYA (सत्य)

H- HEART (ह्रदय)

Y- YOG (योग)

A - ASHRAM (आश्रम)

M - MEDITATION (ध्यान)

. - DOT (बिन्दु या डाट या दशमलव या पूर्णविराम)

C - CONCIOUSNESS (चेतना)

2- आदर्श वैश्विक मानव/जन/गण/लोक/स्व/मैं/आत्मा/तन्त्र का सत्य रूप

3- विश्व मानक-शून्य (WS-0) : मन की गुणवत्ता का विश्व मानक श्रृखंला

1. डब्ल्यू.एस. (WS)-0 : विचार एवम् साहित्य का विश्वमानक

2. डब्ल्यू.एस. (WS)-00 : विषय एवम् विशेषज्ञों की परिभाषा का विश्वमानक

3. डब्ल्यू.एस. (WS)-00 : ब्रह्माण्ड (सूक्ष्म एवम् स्थूल) के प्रबन्ध और क्रियाकलाप का विश्वमानक

4. डब्ल्यू.एस. (WS)-0000 : मानव (सूक्ष्म तथा स्थूल) के प्रबन्ध और क्रियाकलाप का विश्वमानक

5. डब्ल्यू.एस. (WS)-00000 : उपासना और उपासना स्थल का विश्वमानक

"सम्पूर्ण मानक" का विकास भारतीय आध्यात्म-दर्शन का मूल और अन्तिम लक्ष्य

अब मानक एवं मानकीकरण हमारे दैनिक जीवन के अभिन्न अंग बन चुके हैं। अगर हम अपने दैनिक जीवन की गतिविधियों का अवलोकन करते हैं तो यह देखने को मिलता है कि हम जाने-अनजाने में ही कितने ही रूपों में मानकों और मानकीकृत पद्धतियों को अपनायें हुये है। दैनिक जीवन में सर्वत्र स्वीकृत मानक के उदाहरण हैं- करेंसी नोट एवं सिक्के, माप या तोल के साधन, यातायात के संकेत, देशों के झण्डे, धार्मिक प्रतीक इत्यादि। वैवाहिक एवं पूजा पद्धति, हमारी परम्परा एवं आचार व्यवहार आदि हमारी प्राचीन मानकीकृत पद्धतियों के उदाहरण है। अब प्रत्येक मनुष्य के लिए अपना जीवन सुखद बनाने हेतु दूसरों से सेवाएं प्राप्त करना एवं उन पर निर्भर रहना अनिवार्य हो गया है। व्यक्तियों के बीच आदान-प्रदान सुगम एवं सुलभ हो इसके लिए सर्वस्वीकृत मानदण्डों की आवश्यकता महसूस की गई।

मानकीकरण का महत्व समाज के उत्थान के लिए है। जैसे संस्कृति मानव समाज में अनुशासन एवं सही दिशा में प्रगति के लिए मार्गदर्शन देती है। उसी प्रकार उद्योगों को सही दिशा में ले जाने को मानकीकरण महत्वपूर्ण भूमिका अदा करता है। अब दैनिक जीवन में मानकों की महती योगदान को नकारा नहीं जा सकता है। ये उपभोक्ता संरक्षण, ग्रामीण विकास, विश्व व्यापार प्रतिस्पर्धा, औद्योगिक क्रान्ति, शिक्षा एवं स्वास्थ्य का मूल तन्त्र है। जिनके द्वारा मानकीकरण से मानक के रूप में नवीन वैज्ञानिक तकनीकी व कलात्मक जानकारी से सतत् उन्नति का मार्ग प्रशस्त होता है। जो समाज के सभी वर्गो के लिए प्रत्यक्ष व अप्रत्यक्ष रूप से दैनिक जीवन में काम आते है।

मानकीकरण और मानक के मान्य क्षेत्रानुसार अनेक स्तर हो सकते है। जो व्यक्ति, परिवार, ग्राम, विकास खण्ड, जनपद, राज्य, देश व अन्तर्राष्ट्रीय व सर्वोच्च और अन्तिम रूप से विश्व या ब्रह्माण्डीय स्तर तक हो सकता है। भारत में इसके उदाहरण- राज्यों के मानक तथा देश स्तर पर आई.एस.आई. मार्क (भारतीय मानक ब्यूरो) है। विश्व या अन्तर्राष्ट्रीय स्तर पर उदाहरण आई.एस.ओ. (अन्तर्राष्ट्रीय मानक संगठन) आई.ई.सी0, आई.टी.यू. इत्यादि हैं।

सम्पूर्ण विश्व में सादृश्यता व्यापार सम्बन्धों में एकरूपता और सादृश्यता लाने के उद्देश्य से यह आवश्यक था कि एक ही मात्रक प्रणाली सम्पूर्ण विश्व में लागू की जाए। इस उद्देश्य की पूर्ति के लिए सन् 1870 में एकीकृत मीट्रिक मात्रक का विकास करने के लिए विभिन्न देशों का एक सम्मेलन बुलाया गया। सन् 1875 में पेरिस में मीटर के समझौते पर हस्ताक्षर हुये। इस समझौते के परिणामस्वरूप अन्तर्राष्ट्रीय माप तौल ब्यूरो लागू किया गया। साथ ही समय-समय पर मिलकर आवश्यकतानुसार नये मानकों के निश्चय के लिए माप-तौल का महासम्मेलन भी स्थापित हुआ।

1954 में आयोजित माप-तौल महासम्मेलन ने मीट्रिक प्रणाली को अन्तर्राष्ट्रीय रूप से अपनाया। 1960 में इसे "सिस्टम इण्टरनेशनल डी यूनिट्स" अर्थात् "अन्तर्राष्ट्रीय मात्रक प्रणाली" के नाम से परिभाषित किया गया।

यह प्रणाली समय, तापमान, लम्बाई और भार के चार स्वतन्त्र बुनियादी मात्रकों को आधार बनाकर रखी गई। लम्बाई और भार के मात्रक क्रमशः मीटर और किलोग्राम है। समय का मात्रक सेकेण्ड है जो कि परमाणु घड़ी के रूप में निर्धारित है। तापमान का मात्रक सेल्सियस डिग्री (सेंटीग्रेड) को रखा गया है और इसके द्वारा फारेनहाइट डिग्री का प्रतिस्थापन हो गया है। सम्मेलन ने समय मात्रक, मिनट, घंटा आदि के साथ-साथ डिग्री मिनट, सेकण्ड जैसे कोणीय मापों तथा नाटिकल मील-नाट आदि सुप्रतिष्ठित मात्रकों को भी स्वीकार किया।

इस प्रकार सम्पूर्ण विश्व में ही पद्धति विकसित करने के लिए प्रत्येक विषय क्षेत्रों में जो व्यावहारिक जीवन से विश्व स्तर को प्रभावित करते है, की और विश्व गतिशील है। उपरोक्त क्षेत्रों- लम्बाई, क्षेत्रीय, भार, द्रव, आयतन तथा घन माप के अलावा विभिन्न गणितीय अंक और विज्ञान के क्षेत्रों के मात्रक भी निर्धारित कर दिये गये

जिससे विश्व के किसी भी कोने से मात्रक की भाषा में बोलने से विश्व के किसी कोने में बैठा व्यक्ति उसे उसी रूप में समझ सकने में सक्षम हो गया जबकि लम्बाई में- इंच, फुट, गज, क्षेत्र में- वर्ग इंच, वर्ग फुट, वर्ग गज (भारत में- विस्वा, बीघा), भार में - औंस, पौंड, द्रव आयतन में- पिंट, गैलन, वैरल, का देश स्तर पर प्रचलन था। भारत में भार के लिए- रत्ती, माशा, तोला, कुंचा, छटांक, सेर, पसेरी, मन तथा क्षेत्र के लिए राज्यों के अनुसार भिन्न-भिन्न मात्रक और अर्थ प्रचलित थे।

विश्व व्यापार में पूंजी तथा उपभोक्ता वस्तुओं और सेवाओं का आदान-प्रदान सदियों से होता आ रहा है। यह आदान-प्रदान बहुत सी मुश्किलों को जन्म देता है, विशेषतया औद्योगिक तथा विकासशील देशों में व्यापार करने पर। इस दिशा में द्वितीय विश्व युद्ध के तुरन्त बाद व्यापार को एक जैसा उदार बनाने के उद्देश्य से भौगोलिक दृष्टि से मुक्त व्यापार क्षेत्र बनाए गये। तकनीकी अवरोध, सीमा या अन्य अवरोधों की अपेक्षा अधिक घातक व बाधक सिद्ध हुए। राष्ट्रीय उत्पाद, दूसरे देशों को बाजारों में खरे नहीं उतरे क्योंकि वहाँ तकनीकी भिन्न थे। उदाहरण-बिजली के साकेट को भिन्न-भिन्न देशों में भिन्न-भिन्न पाये गये। इसी प्रकार वोल्टता व फ्रिक्वेंशी इत्यादि। इस पर विचार विमर्श करने वालों ने व्यापार में आने वाले इस तकनीकी अवरोधों से निपटने के लिए बैठकें बुलाई, वार्तालाप किये, परिणामस्वरूप सन् 1995 में संयुक्त राष्ट्र संघ के अधीन विश्व व्यापार संगठन (डब्ल्यु.टी.ओ.) का जन्म हुआ, जिसमें हस्ताक्षर करने वाले देशों को शर्तो के पालन के लिए कड़े दिशा निर्देश दिए गये। विश्व मानकों की महत्ता को स्वीकार करते हुये विश्व व्यापार संगठन ने समझौते में एक परिशिष्ट "मानक निर्धारण, अधिग्रहण और अनुप्रयोग की उपयुक्त रीति संहिता" जोड़ा और इस प्रकार विश्व मानकों पर आधारित उत्पादों का एक देश से दूसरे देश में आदान-प्रदान होने लगा। अन्तर्राष्ट्रीय मानक पूरे विश्व में समान गुणवत्ता की चीजें उपलब्ध कराते है। इनके अपनाने से विश्व बाजार में साख बनती है। अन्तर्राष्ट्रीय व्यापार करना आसान हो जाता है। अतंतः यह विश्वास के साथ कहा जा सकता है कि विश्वमानक ही विश्व व्यापार के आधार हैं।

सभी सम्बन्धित विशेषज्ञों की सहमति से किसी वस्तु पदार्थ अथवा कार्यशैली के सभी तकनीकी एवं गैर तकनीकी पहलुओं सहित एक ऐसा विस्तार पूर्वक तैयार किया गया विवरण जो सब सम्बन्धित जनों के हित में एवं वैज्ञानिक गुणता, सुरक्षा एवं आर्थिक दृष्टि से उत्तम हो, मानकीकरण कहलाता है। मानक वे साधन है जो मानकीकृत गतिविधियों के परिणामों को अधिक परिष्कृत और अभीष्ट बनाते है। इस रूप में इनकी लगातार समीक्षा की जाती है ताकि वे स्वतः पूर्ण सुनिश्चित और स्पष्ट, विरोधाभास तथा असुविधा से मुक्त हों। इन सबसे महत्वपूर्ण यह है कि वे समय से पिछड़े हुये न रहे इसके लिए हमें सतत प्रयत्नशील रहना है।

मानकीकरण एवं मानक उतने ही प्राचीन हैं जितनी कि मानव सभ्यता। भारत में मानकीकरण का इतिहास बहुत पुराना है। मोहन जोदड़ो एवं हड़प्पा के उत्खनन से मिली वस्तुओं की जाँच से यह सिद्ध होता है कि भारत 4000 ई0 सदी के पीछे के समय से मानकीकरण पद्धतियों को अपनाये हुये हैं। उत्खनन से मिर्ली इंटों के नाप एक जैसे थे व चौड़ाई व लम्बाई 1:2 का अनुपात था जो अब भी प्रचलित है। पुरातन युग से ही भारतवासी मानक एवं मानकीकृत पद्धतियों को अपनाकर विभिन्न कार्यों को पूर्व निर्धारित योजना के अनुरूप नियन्त्रित कर सूक्ष्मता एवं यथार्थता के साथ करना जानते थे।

जैसे-जैसे मानव सभ्यताओं का मिश्रण होगा वैसे-वैसे मात्रक और मानक के द्वारा एकीकरण की आवश्यकता ही नहीं मनुष्य की विवशता भी होगी। मानक के परिचय और उपयोगिता इस प्रकार स्पष्ट हो जाती है।

भारतीय आध्यात्म-दर्शन-संस्कृति के लिए यह एक नयी और आधुनिक सूक्ष्म दृष्टि ही है कि मानव समाज के एकीकरण के लिए सदैव अपने विचार-सिद्धान्त से मानकीकरण करना ही भारतीय आध्यात्म-दर्शन-संस्कृति का मूल उद्देश्य रहा है जबकि समाज के मानव उसे न अपनाकर मानकीकरण के आविष्कारक और उनके जीवन की ओर बढ़ गये। इतना ही नहीं आविष्कार के आधार पर अनेक आविष्कार भी करते चले गये परिणास्वरूप मानव समाज मानकीकरण के मूल उद्देश्य से इतना दूर आ चुका है कि इस मूल उद्देश्य को

स्वीकारना भी उन्हें गलत लगेगा जबकि इस उद्देश्य के बिना उनका पूर्णता की ओर बढ़ना असम्भव भी है और अन्तिम मार्ग भी है।

सृष्टि में साकार और निराकार सृष्टि के दो रूप हैं। साकार सृष्टि यह हमारा दृश्य ब्रह्माण्ड है तो निराकार सृष्टि सार्वभौम सत्य-सिद्धान्त है। इसी प्रकार मानव के सम्बन्ध में भी है निराकार मानव, मानव का अपना विचार है और साकार मानव, मानव का दृश्य शरीर है। भारतीय आध्यात्म-दर्शन इसे मानव सभ्यता के विकास के प्रारम्भ में ही समझ गया था इसलिए वह सदैव मानव समाज के एकीकरण के लिए मानक का विकास करता रहा है। जिसके निम्न विकास क्रम हैं-

अ. व्यक्तिगत प्रमाणित अदृश्य निराकार एवं साकार मानक

01. सार्वभौम मानक - सार्वभौम आत्मा या ईश्वर का आविष्कार।
02. सार्वभौम मानक के पुस्तक - वेद का आविष्कार।
03. सार्वभौम मानक का नाम - ॐ का आविष्कार।
04. सार्वभौम मानक के नाम के व्याख्या का पुस्तक उपनिषद् का आविष्कार।
05. सार्वभौम व्यक्तिगत व्यक्ति का मानक - ब्रह्मा (सत्व गुण) का आविष्कार।
06. सार्वभौम सामाजिक व्यक्ति का मानक - विष्णु (सत्व-रज गुण) का आविष्कार।
07. सार्वभौम वैश्विक व्यक्ति का मानक - शिव-शंकर (सत्व-रज-तम गुण) का आविष्कार।
08. सार्वभौम व्यक्तिगत व्यक्ति के मानक के कृति का पुस्तक - ब्रह्मा आधारित पुराण का आविष्कार।
09. सार्वभौम सामाजिक व्यक्ति के मानक के कृति का पुस्तक - विष्णु आधारित पुराण का आविष्कार।
10. सार्वभौम वैश्विक व्यक्ति के मानक के कृति का पुस्तक-शिव-शंकर आधारित पुराण का आविष्कार।

ब. सार्वजनिक प्रमाणित दृश्य निराकार एवं साकार मानक

01. शरीर की अवस्था- आश्रम के मानक का निम्न रूप है-

1. ब्रह्मचर्य आश्रम -5 से 25 वर्ष उम्र तक - ज्ञान-विज्ञान-तकनीकी शिक्षा तथा व्यवहार।
2. गृहस्थ आश्रम -26 से 50 वर्ष उम्र तक - पारिवारिक जीवन में ज्ञान युक्त कर्तव्य और दायित्व।
3. वानप्रस्थ आश्रम -51 से 75 वर्ष उम्र तक - मांगें जाने पर अपने अनुभव से परिवार व समाज का मार्गदर्शन।
4. सन्यास आश्रम -76 से शरीर त्याग तक - आत्मा में स्थित होकर ब्रह्माण्डीय दायित्व व कर्तव्य।

02. कर्म की अवस्था- वर्ण के मानक का निम्नरूप है-

1. ब्राह्मण वर्ण - सूक्ष्म बुद्धि व आत्मा में स्थित हो धर्म से कार्य।
2. क्षत्रिय वर्ण - भाव व मन में स्थित हो बल से कार्य।
3. वैश्य वर्ण - इन्द्रिय व प्राण में स्थित हो धन से कार्य।
4. शूद्र वर्ण - शरीर में स्थित हो शरीर से कार्य।

03. मानव का मानक – अवतारवाद

अवतारवाद का मुख्य उद्देश्य मानव समाज में मानव का मानक निर्धारित करना है। जिसका विकास क्रम निम्न प्रकार है-

01. मत्स्यावतार - इस अवतार द्वारा धारा के विपरीत दिशा (राधा) में गति करने का मानक विचार-सिद्धान्त स्थापित हुआ।

02. **कच्छप अवतार** - इस अवतार द्वारा सहनशील, शांत, धैर्यवान, लगनशील, दोनों पक्षों के बीच मध्यस्थ की भूमिका वाला गुण (समन्वय का सिद्धान्त) का मानक विचार-सिद्धान्त स्थापित हुआ।

03. **वाराह अवतार** - इस अवतार द्वारा सूझ-बुझ, सम्पन्न, पुरूषार्थी, धीर-गम्भीर, निष्कामी, बलिष्ठ, सक्रिय, अहिंसक और समूह प्रेमी, लोगों का मनोबल बढ़ाना, उत्साहित और सक्रिय करने वाला गुण (प्रेरणा का सिद्धान्त) का मानक विचार-सिद्धान्त स्थापित हुआ।

04. **नरसिंह अवतार** - इस अवतार द्वारा प्रत्यक्ष रूप से एका-एक लक्ष्य को पूर्ण करने वाले (लक्ष्य के लिए त्वरित कार्यवाही का सिद्धान्त) का मानक विचार-सिद्धान्त स्थापित हुआ।

05. **वामन अवतार** - इस अवतार द्वारा भविष्य दृष्टा, राजा के गुण का प्रयोग करना, थोड़ी सी भूमि पर गणराज्य व्यवस्था की स्थापना व व्यवस्था को जिवित करना, उसके सुख से प्रजा को परिचित कराने वाले गुण (समाज का सिद्धान्त) का मानक विचार-सिद्धान्त स्थापित हुआ।

06. **परशुराम अवतार** - इस अवतार द्वारा गणराज्य व्यवस्था को ब्रह्माण्ड में व्याप्त व्यवस्था सिद्धान्तों को आधार बनाने वाले गुण और व्यवस्था के प्रसार के लिए योग्य व्यक्ति को नियुक्त करने वाले गुण (लोकतन्त्र का सिद्धान्त और उसके प्रसार के लिए योग्य उत्तराधिकारी नियुक्त करने का सिद्धान्त) का मानक विचार-सिद्धान्त स्थापित हुआ।

07. **राम अवतार** - इस अवतार द्वारा आदर्श चरित्र के गुण के साथ प्रसार करने वाला गुण (व्यक्तिगत आदर्श चरित्र के आधार पर विचार प्रसार का सिद्धान्त) का मानक विचार-सिद्धान्त स्थापित हुआ।

08. **कृष्ण अवतार** - इस अवतार द्वारा आदर्श सामाजिक व्यक्ति चरित्र के गुण, समाज में व्याप्त अनेक मत-मतान्तर व विचारों के समन्वय और एकीकरण से सत्य-विचार के प्रेरक ज्ञान को निकालने वाले गुण (सामाजिक आदर्श व्यक्ति का सिद्धान्त और व्यक्ति से उठकर विचार आधारित व्यक्ति निर्माण का सिद्धान्त) का मानक विचार-सिद्धान्त स्थापित हुआ।

09. **बुद्ध अवतार** - इस अवतार द्वारा प्रजा को प्रेरित करने के लिए धर्म, संघ और बुद्धि के शरण में जाने का गुण (धर्म, संघ और बुद्धि का सिद्धान्त) का मानक विचार-सिद्धान्त स्थापित हुआ।

10. **कल्कि अवतार**- इस अवतार द्वारा आदर्श मानक सामाजिक व्यक्ति चरित्र समाहित आदर्श मानक वैश्विक व्यक्ति चरित्र अर्थात् सार्वजनिक प्रमाणित आदर्श मानक वैश्विक व्यक्ति चरित्र का मानक विचार-सिद्धान्त स्थापित करने का काम वर्तमान है और वो अन्तिम भी है।

उपरोक्त दस अवतार द्वारा स्थापित विचार-सिद्धान्त का संयुक्त रूप ही मानक पूर्ण मानव का रूप है। प्रत्येक पूर्व के अवतार द्वारा स्थापित विचार-सिद्धान्त अगले अवतार में वह संक्रमित अर्थात् विद्यमान रहते हुये अवतरण होता है। इस प्रकार अन्तिम अवतार में पूर्व के सभी अवतार के गुण विद्यमान होंगे और अन्तिम अवतार ही मानव समाज के लिए मानक मानव होगा।

समाज रचना और व्यापार का आधार

"आकाश शब्द मंय" अर्थात् आकाश शब्द रूप में है। विचार ही आविष्कार का जन्मदाता है। फिर वही व्यापार का मूल होता है। आध्यात्म जगत हो या भौतिक जगत विचार द्वारा ही आविष्कार और व्यापार चल रहे हैं। आविष्कारकों के साथ निम्न विचार अवश्य जुड़ जाते हैं। उनके सत्य अर्थ को जानना आवश्यक है-

1. **"बहुत पहुँचे हुये हैं"** - इसका अर्‌थ होता है- पहला अन्तर्जगत के सम्बन्ध में - आध्यात्मिक सार्वभौम सत्य-सिद्धान्तों का अनुभव, दूसरा बाह्य जगत के सम्बन्ध में - उच्च पीठासीन राजनेता और धर्माचार्य से सम्बन्ध। जिससे कल्याण व स्वार्थ का कार्य सम्पन्न कर सकें। तीसरा कोई अर्थ नहीं होता।

2. **"दर्शन"** - इसका अर्थ होता है- पहला अन्तर्जगत के सम्बन्ध में - उनके सम्पूर्ण रूप जीवन, ज्ञान व कर्म को देखना, दूसरा बाह्य जगत के सम्बन्ध में - केवल शरीर, संसाधन और महिमामण्डन को देखना। तीसरा कोई अर्थ नहीं होता। दूसरे प्रकार के दर्शन से दर्शन करने वाले को कोई लाभ नहीं होता।

3. **"आशीर्वाद"** - इसका अर्थ होता है- पहला अन्तर्जगत के सम्बन्ध में - उनसे अपने कल्याणार्थ शब्द सुनना।, दूसरा बाह्य जगत के सम्बन्ध में - उनसे अपने कल्याण के लिए कार्य लेना या उनके ज्ञान को अपने कल्याण के लिए जीवन में उपयोग करना। तीसरा कोई अर्थ नहीं होता। पहले प्रकार के आशीर्वाद से आशीर्वाद लेने वाले को कोई लाभ नहीं होता।

अ. भौतिक जगत द्वारा आविष्कार और व्यापार

भौतिक जगत में जैसे ही कोई आविष्कार होता है वह व्यापार बन जाता है परन्तु आविष्कारक का जीवन व्यापार नहीं बन पाता है। केवल आविष्कारक का ज्ञान और उत्पाद ही व्यापार में परिवर्तित होता है। पुनः आविष्कारक के ज्ञान और उत्पाद पर आधारित अन्य आविष्कार भी होने लगते हैं जैसे- बिजली का आविष्कार हुआ तो बिजली का आविष्कार जिस सिद्धान्त से हुआ वह और उस पर आधारित अनेक आविष्कार जैसे बल्ब, मोटर, जेनरेटर, बैटरी इत्यादि अनेक आविष्कार हो गये और उस पर आधारित अनकों प्रकार के व्यापार विकसित हो गये। लेकिन आविष्कारक का जीवन व्यापार नहीं बन पाया। वर्तमान समय में भौतिक जगत ने इतने अधिक आविष्कार दिये हैं कि मनुष्य के जन्म के पूर्व से ही वह भौतिक आविष्कारों का उपभोक्ता बन चुका है। और यह क्रम जारी भी है। भौतिक आविष्कारों से मनुष्य को संसाधन प्राप्त होता है।

ब. आध्यात्म जगत द्वारा आविष्कार और व्यापार

आध्यात्म जगत में जैसे ही कोई आविष्कार होता है वह व्यापार बन जाता है जो आविष्कारक के जीवन, ज्ञान और कर्म से जुड़ा होता है। पुनः आविष्कारक के जीवन, ज्ञान और कर्म पर आधारित अन्य आविष्कार भी होने लगते हैं। जैसे - श्रीराम, श्रीकृष्ण, शिव-शंकर, बुद्ध, माँ वैष्णों देवी, सांई बाबा, विश्व के तमाम धर्म संस्थापकों के जीवन, ज्ञान व कर्म पर अनेकों व्यापार विकसित हो गये हैं। भारतीय आध्यात्म और दर्शन जगत ऐसे उदाहरणों से भरा हुआ है। वर्तमान समय में आध्यात्म जगत ने इतने अधिक आविष्कार दिये हैं कि मनुष्य के जन्म के पूर्व से ही वह आध्यात्मिक आविष्कारों द्वारा ही संचालित है। और यह क्रम जारी भी है। आध्यात्मिक आविष्कारों से मनुष्य को सुख व ईश्वरत्व की ओर विकास प्राप्त होता है।

श्री विष्णु पुराण (तृतीय अंश, अध्याय-दो) में लिखा है कि -स्थितिकारक भगवान विष्णु चारों युगों में इस प्रकार व्यवस्था करते हैं- समस्त प्राणियों के कल्याण में तत्पर वे सर्वभूतात्मा सत्ययुग में कपिल आदिरूप धारणकर परम ज्ञान का उपदेश करते हैं। त्रेतायुग में वे सर्वसमर्थ प्रभु चक्रवर्ती भूपाल होकर दुष्टों का दमन करके त्रिलोक की रक्षा करते हैं। तदन्तर द्वापरयुग में वे वेदव्यास रूप धारण कर एक वेद के चार विभाग करते हैं और सैकड़ों शाखाओं में बाँटकर बहुत विस्तार कर देते हैं। इस प्रकार द्वापर में वेदों का विस्तार कर कलियुग के अन्त में भगवान कल्किरूप धारणकर दुराचारी लोगों को सन्मार्ग में प्रवृत्त करते हैं। इसी प्रकार, अनन्तात्मा प्रभु निरन्तर इस सम्पूर्ण जगत् के उत्पत्ति, पालन और नाश करते रहते हैं। इस संसार में ऐसी कोई वस्तु नहीं है जो उनसे भिन्न हो।

श्री विष्णु पुराण (तृतीय अंश, अध्याय-तीन) में लिखा है कि - वेद रूप वृक्ष के सहस्त्रों शाखा-भेद हैं, उनका विस्तार से वर्णन करने में तो कोई भी समर्थ नहीं है अतः संक्षेप यह है कि प्रत्येक द्वापरयुग में भगवान विष्णु व्यासरूप से अवतीर्ण होते हैं और संसार के कल्याण के लिए एक वेद के अनेक भेद कर देते हैं। मनुष्यों के बल, वीर्य और तेज को अलग जानकर वे समस्त प्राणियों के हित के लिए वेदों का विभाग करते हैं। जिस शरीर के द्वारा एक वेद के अनेक विभाग करते हैं भगवान मधुसूदन की उस मूर्ति का नाम वेदव्यास है।

इस वैवस्वत मनवन्तर (सातवाँ मनु) के प्रत्येक द्वापरयुग में व्यास महर्षियों ने अब तक पुनः-पुनः 28 बार वेदों के विभाग किये हैं। पहले द्वापरयुग में ब्रह्मा जी ने वेदों का विभाग किया। दूसरे द्वापरयुग के वेदव्यास प्रजापति हुए। तीसरे द्वापरयुग में शुक्राचार्य जी, चौथे द्वापरयुग में बृहस्पति जी व्यास हुए, पाँचवें में सूर्य और छठें में भगवान मृत्यु व्यास कहलायें। सातवें द्वापरयुग के वेदव्यास इन्द्र, आठवें के वसिष्ठ, नवें के सारस्वत और दसवें के त्रिधामा कहे जाते हैं। ग्यारहवें में त्रिशिख, बारहवें में भरद्वाज, तेरहवें में अन्तरिक्ष और चौदहवें में वर्णी नामक व्यास हुए। पन्द्रहवें में त्रव्यारूण, सोलहवें में धनंन्जय, सत्रहवें में क्रतुन्जय और अठ्ठारवें में जय नामक व्यास हुए। फिर उन्नीसवें व्यास भरद्वाज हुए, बीसवें गौतम, इक्कीसवें हर्यात्मा, बाइसवें वाजश्रवा मुनि, तेइसवें सोमशुष्पवंशी तृणाबिन्दु, चौबीसवें भृगुवंशी ऋक्ष (वाल्मीकि) पच्चीसवें मेरे (पराशर) पिता शक्ति, छब्बीसवें मैं पराशर, सत्ताइसवें जातुकर्ण और अठ्ठाइसवें कृष्णद्वैपायन। अगामी द्वापरयुग में द्रोणपुत्र अश्वत्थामा वेदव्यास होंगे।

"कल्कि" अवतार के सम्बन्ध में कहा गया है कि उसका कोई गुरू नहीं होगा, वह स्वयं से प्रकाशित स्वयंभू होगा जिसके बारे में अथर्ववेद, काण्ड 20, सूक्त 115, मंत्र 1 में कहा गया है कि "ऋषि-वत्स, देवता इन्द्र, छन्द गायत्री। अहमिद्धि पितुष्परि मेधा मृतस्य जग्रभ। अहं सूर्य इवाजिनि।। "अर्थात् "मैं परम पिता परमात्मा से सत्य ज्ञान की विधि को धारण करता हूँ और मैं तेजस्वी सूर्य के समान प्रकट हुआ हूँ।" जबकि सबसे प्राचीन वंश स्वायंभुव मनु के पुत्र उत्तानपाद शाखा में ब्रह्मा के 10 मानस पुत्रों में से मन से मरीचि व पत्नी कला के पुत्र कश्यप व पत्नी अदिति के पुत्र आदित्य (सूर्य) की चौथी पत्नी छाया से दो पुत्रों में से एक 8वें मनु - सावर्णि मनु होंगे जिनसे ही वर्तमान मनवन्तर 7वें वैवस्वत मनु की समाप्ति होगी। ध्यान रहे कि 8वें मनु - सावर्णि मनु, सूर्य पुत्र हैं। अर्थात् कल्कि अवतार और 8वें मनु - सावर्णि मनु दोनों, दो नहीं बल्कि एक ही हैं और सूर्य पुत्र हैं।

"सार्वभौम" गुण 8वें सावर्णि मनु का गुण है। अवतारी श्रृंखला अन्तिम होकर अब मनु और मनवन्तर श्रृंखला के भी बढ़ने का क्रम है क्योंकि यही क्रम है। वैदिक-सनातन-हिन्दू धर्म के पुराणों में 14 मनुओं का वर्णन किया गया है। इन्हीं के नाम से मन्वन्तर चलते हैं। जो निम्नलिखित हैं-

1. मनुर्भरत वंश की प्रियव्रत शाखा

अ. पौराणिक वंश

वंश	अवतार	काल
01. स्वायंभुव मनु	यज्ञ	भूतकाल
02. स्वारचिष मनु	विभु	भूतकाल
03. उत्तम मनु	सत्यसेना	भूतकाल
04. तामस मनु	हरि	भूतकाल

05. रैवत मनु	वैकुण्ठ	भूतकाल

2. मनुर्भरत वंश की उत्तानपाद शाखा

06. चाक्षुष मनु	अजित	भूतकाल

ब. ऐतिहासिक वंश

07. वैवस्वत मनु	वामन	वर्तमान

स. भविष्य के वंश

08. सावर्णि मनु	सार्वभौम	भविष्य
09. दत्त सावर्णि मनु	रिषभ	भविष्य
10. ब्रह्म सावर्णि मनु	विश्वकसेन	भविष्य
11. धर्म सावर्णि मनु	धर्मसेतू	भविष्य
12, रूद्र सावर्णि मनु	सुदामा	भविष्य
13. दैव सावर्णि मनु	योगेश्वर	भविष्य
14. इन्द्र सावर्णि मनु	वृहद्भानु	भविष्य

पहले मनु - स्वायंभुव मनु से 7वें मनु - वैवस्वत मनु तक शारीरिक प्राथमिकता के मनु का कालक्रम हैं। 8वें मनु - सावर्णि मनु से 14वें और अन्तिम - इन्द्र सावर्णि मनु तक बौद्धिक प्राथमिकता के मनु का कालक्रम है इसलिए ही 9वें मनु से 14वें मनु तक के नाम के साथ में "सावर्णि मनु" उपनाम की भाँति लगा हुआ है। अर्थात् 9वें मनु से 14वें मनु में सार्वभौम गुण विद्यमान रहेगा और बिना "विश्वशास्त्र" के उनका प्रकट होना मुश्किल होगा।

मनुष्य की रचना "पावर और प्राफिट (शक्ति और लाभ)" के लिए नहीं बल्कि असीम मस्तिष्क क्षमता के विकास के लिए हुआ है। फलस्वरूप वह स्वयं को ईश्वर रूप में अनुभव कर सके, जहाँ उसे किसी गुरू की आवश्यकता न पड़ें, वह स्वंयभू हो जाये, उसका प्रकाश वह स्वयं हो। एक गुरू का लक्ष्य भी यही होता है कि शिष्य मार्गदर्शन प्राप्त कर गुरू से आगे निकलकर, गुरू तथा स्वयं अपना नाम और कृति इस संसार में फैलाये, ना कि जीवनभर एक ही कक्षा में (गुरू में) पढ़ता रह जाये। एक ही कक्षा में जीवनभर पढ़ने वाले को समाज क्या नाम देता है, समाज अच्छी प्रकार जानता है। "विश्वशास्त्र" से कालक्रम को उसी मुख्यधारा में मोड़ दिया गया है। एक शास्त्राकार, अपने द्वारा व्यक्त किये गये पूर्व के शास्त्र का उद्देश्य और उसकी सीमा तो बता ही सकता है परन्तु व्याख्याकार ऐसा नहीं कर सकता। स्वयं द्वारा व्यक्त शास्त्र के प्रमाण से ही स्वयं को व्यक्त और प्रमाणित करूँगा- शास्त्राकार महर्षि व्यास (वर्तमान में लव कुश सिंह "विश्वमानव")

शब्द से सृष्टि की ओर...
सृष्टि से शास्त्र की ओर...
शास्त्र से काशी की ओर...
काशी से सत्यकाशी की ओर...
और सत्यकाशी से अनन्त की ओर...
एक अन्तहीन यात्रा..............................

वर्तमान सृष्टि चक्र की स्थिति भी यही हो गयी है कि अब अगले अवतार के मात्र एक विकास के लिए सत्यीकरण से काल, मनवन्तर व मनु, अवतार, व्यास व शास्त्र सभी बदलेंगे। इसलिए देश व विश्व के धर्माचार्यों, विद्वानों, ज्योतिषाचार्यों इत्यादि को अपने-अपने शास्त्रों को देखने व समझने की आवश्यकता आ गयी है क्योंकि कहीं श्री लव कुश सिंह "विश्वमानव" और "आध्यात्मिक सत्य" आधारित कार्य "विश्वशास्त्र" वही तो नहीं है? और यदि नहीं तो वह कौन सा कार्य होगा जो इन सबको बदलने वाली घटना को घटित करेगा?

शनिवार, 22 दिसम्बर, 2012 से प्रारम्भ हो चुका है-

1. काल के प्रथम रूप अदृश्य काल से दूसरे और अन्तिम दृश्य काल का प्रारम्भ।
2. मनवन्तर के वर्तमान 7वें मनवन्तर वैवस्वत मनु से 8वें मनवन्तर सावर्णि मनु का प्रारम्भ।

3. अवतार के नवें बुद्ध से दसवें और अन्तिम अवतार-कल्कि महावतार का प्रारम्भ।
4. युग के चौथे कलियुग से पाँचवें युग स्वर्ण युग का प्रारम्भ।
5. व्यास और द्वापर युग में आठवें अवतार श्रीकृष्ण द्वारा प्रारम्भ किया गया कार्य "नवसृजन" के प्रथम भाग "सार्वभौम ज्ञान" के शास्त्र "गीता" से द्वितीय अन्तिम भाग "सार्वभौम कर्मज्ञान", पूर्णज्ञान का पूरक शास्त्र", लोकतन्त्र का "धर्मनिरपेक्ष धर्मशास्त्र" और आम आदमी का "समाजवादी शास्त्र" द्वारा व्यवस्था सत्यीकरण और मन के ब्रह्माण्डीयकरण और नये व्यास का प्रारम्भ।

जिस प्रकार लोग आत्मा की महत्ता को न समझकर शरीर को ही महत्व देते हैं उसी प्रकार लोग भले ही पढ़कर ही विकास कर रहें हो परन्तु वे शास्त्राकार लेखक की महत्ता को स्वीकार नहीं करते। जबकि वर्तमान समय में चाहे जिस विषय में हो प्रत्येक विकास कर रहे व्यक्ति के पीछे शास्त्राकार, लेखक, आविष्कारक, दार्शनिक की ही शक्ति है जिस प्रकार शरीर के पीछे आत्मा की शक्ति है।

सदैव मानव समाज को एकात्म करने के लिए शास्त्र-साहित्य की रचना करना लेखक का काम रहा है। सामूहिक रूप से ऐसे कार्य करने वाले को व्यास कहते हैं। चाहे वह आध्यात्म दर्शन (अदृश्य विज्ञान) के क्षेत्र में हो या पदार्थ विज्ञान (दृश्य विज्ञान) के क्षेत्र में हो। इस प्रकार सभी लेखकों के आदर्श आदि पुरूष व्यास ही हैं।

मात्र एक विचार- "ईश्वर ने इच्छा व्यक्त की कि मैं एक हूँ, अनेक हो जाऊँ" और "सभी ईश्वर हैं", यह प्रारम्भ और अन्तिम लक्ष्य है। आध्यात्म जगत द्वारा आविष्कार और व्यापार कें मुख्य रूप में इस प्रकार हैं-

01. सत्युग (सार्वभौम सत्य)

01. वैदिक/सनातन धर्म-ऋषि-मुनि गण ई0पूर्व 6000-2500 चार वेद और वैदिक साहित्य

1. ईश्वर कृत - ऋगवेद, सामवेद, यजुवेद व अथर्ववेद

2. ऋषि-मुनि कृत - संहिता, ब्राह्मण कृत ब्राह्मण (कर्म काण्ड) व आरण्यक (ज्ञान काण्ड), उपनिषद्, वेदांग या सूत्र-साहित्य शिक्षा (स्वर विज्ञान), कल्प (धर्मानुष्ठान)-श्रौत सूत्र, शुल्व सूत्र, गृह्य सूत्र, धर्म सूत्र, व्याकरण, निघण्टु, निरूक्त (व्युत्पत्ति), छन्द, ज्योतिष, उपांग - सांख्य दर्शन (प्रकृति आधारित), वैशेषिक दर्शन (काल या समय आधारित), मीमांसा दर्शन (कर्म आधारित), चार्वाक दर्शन, अपौरूषेय दर्शन, योग दर्शन (पुरूषार्थ आधारित), न्याय दर्शन (परमाणु आधारित), वेदांत दर्शन (ब्रह्म आधारित)

उपवेद- आयुर्वेद, धनुर्वेद, गान्धर्वेद, अथर्वेद।

पुराण - मत्स्य, मार्कण्डेय, भागवत, भविष्य, ब्रह्म, ब्रह्माण्ड, ब्रह्म बैवर्त, वायु, विष्णु, बाराह, बामन, अग्नि, नारदीय, पद्म, लिंग, गरूण, कूर्म, स्कन्द।

02. त्रेतायुग यज्ञ (अदृश्य कर्म)

1. भगवान परशुराम कृत - परशुराम परम्परा - साकार आधारित लोकतंत्र व्यवस्था।
2. महाकाव्य- वाल्मीकि रचित - रामायण - आदर्श मानक व्यक्ति चरित्र का प्रस्तुतीकरण।

03. द्वापरयुग (भक्ति और प्रेम)

01. वेदान्त अद्वैत धर्म - श्रीकृष्ण - ई0 पूर्व 3000 - गीता - अद्वैत दर्शन

भगवान श्री कृष्ण कृत - साकार आधारित परशुराम परम्परा का नाश, पूर्ववर्ती सभी मतों का समन्वय व एकीकरण करत हुये निराकार आधारित लोकतंत्र व्यवस्था के प्रारम्भ का बीज शास्त्र "गीता/ गीतोपनिषद्"

व्यास रचित - महाभारत - आदर्श मानक व्यक्ति चरित्र समाहित आदर्श मानक सामाजिक व्यक्ति चरित्र अर्थात् व्यक्तिगत प्रमाणित आदर्श मानक वैश्विक व्यक्ति चरित्र का प्रस्तुतीकरण।

04. कलियुग संघ और योजना (दृश्य कर्म)

01. बौद्ध - भगवान बुद्ध - ई0पू0 1567-487 - बौद्ध दर्शन
02. कन्फ्यूसी - कन्फ्यूसियश - ई0पूर्व 551-479
03. टोईज्म - लोओत्से - ई0पूर्व 604-518
04. जैन - भगवान महावीर - ई0पूर्व 539-467 - जैन दर्शन
05. पारसी - जरथ्रुसट - ई0 पूर्व 6 - जेन्दा अवेस्ता
06. ईसाई - ईसा मसीह - सन् 33 ई0 - बाईबल
07. इस्लाम - मुहम्मद पैगम्बर - सन् 670ई0 - कुरआन शरीफ
08. वेदान्त अद्वैत धर्म - आदि शंकराचार्य - सन् 830 ई0 - अद्वैत दर्शन
09. वेदान्त विशिष्टाद्वैत धर्म - रामानुज - सन् 1200 ई0 - विशिष्टाद्वैत दर्शन
10. वेदान्त द्वैत - माध्वाचार्य - सन् 1300 ई0 - द्वैत दर्शन
11. भक्ति धर्म - चौतन्य महाप्रभु - सन् 1485-1533ई0 - भक्तियोग दर्शन
12. सिक्ख - गुरु नानक - सन् 1510 ई0 - गुरुग्रन्थ साहिब
13 वेदान्त अद्वैत धर्म - स्वामी विवेकानन्द - सन् 1863-1902ई0 - विश्व धर्म दर्शन

05. सत्ययुग/स्वर्णयुग (सार्वभौम सत्य-सिद्धान्त)

14. विश्व धर्म / वेदान्त धर्म / अद्वैत धर्म / एकता धर्म / लोकतन्त्र धर्म / समष्टि धर्म / प्राकृतिक धर्म / सत्य धर्म / संयुक्तमन धर्म / ईश्वर धर्म / हिन्दू धर्म / सार्वजनिक धर्म / दृश्यधर्म / मानवधर्म / धर्मनिरपेक्ष धर्म - लव कुश सिंह "विश्वमानव" - सन् 2012 ई0 - पूर्ववर्ती सभी धर्मों व मतों का समन्वय व एकीकरण करते हुये निराकार आधारित लोकतंत्र व्यवस्था का वृक्ष शास्त्र विश्व-नागरिक धर्म का धर्मयुक्त धर्मशास्त्र-कर्मवेद: प्रथम, अन्तिम तथा पंचम वेदीय श्रृंखला विश्व-राज्य धर्म का धर्मनिपेक्ष धर्मशास्त्र: विश्वमानक शून्य-मन की गुणवत्ता का विश्वमानक श्रृंखला, आदर्श मानक सामाजिक व्यक्ति चरित्र समाहित आदर्श मानक वैश्विक व्यक्ति चरित्र अर्थात् सार्वजनिक प्रमाणित आदर्श मानक वैश्विक व्यक्ति चरित्र का प्रस्तुतीकरण।

पूर्ण प्रत्यक्ष अवतार से पूर्ण प्रेरक अवतार तक की यात्रा यहीं समाप्त होती है।

उपरोक्त मुख्य मूल आविष्कार के उपरान्त अनेक आविष्कार पर आविष्कार होते गये और मनुष्य आविष्कारक के जीवन, ज्ञान व कर्म से सम्बन्धित व्यापार से अपने जीवन को विकास की ओर ले जा रहा है। कोई भी विचारधारा (आविष्कार) चाहे उसकी उपयोगिता कालानुसार समाज को हो या न हो, यदि वह संगठन का रूप लेकर अपना आय स्वयं संचालित करने लगती है तो उसके साथ व्यक्ति जीवकोपार्जन, श्रद्धा व विश्वास से जुड़ता है न कि ज्ञान के लिए।

सृष्टि, ईश्वरीय समाज और व्यापार

"सृष्टि" का अर्थ होता है- सम्पूर्ण ब्रह्माण्ड की रुकी स्थिति के आगे एकात्मता के साथ नवनिर्माण। "सृष्टि करने की स्थिति" में भूतकाल की चर्चा की स्थिति आ जाने पर उसे "सृष्टि रूकना" कहते हैं ऐसी ही स्थिति महाभारत युद्ध के समय श्रीकृष्ण के समक्ष आ गया था जब अर्जुन ने युद्ध से मना कर दिया था परिणामस्वरूप श्रीकृष्ण "गीता" उपदेश के लिए भूतकाल की चर्चा में उलझ गये थे। **"रचना" का अर्थ होता है-** उपलब्धता पर आधारित एकात्मता के साथ नवनिर्माण। **"विकास" का अर्थ होता है-** उपलब्धता पर आधारित नवनिर्माण। विकास का कोई लक्ष्य नहीं होता। जब विकास एकात्मता की ओर होती है तो वह रचना बन जाती है। विकास लक्ष्य विहिन होता है इसलिए कालान्तर में वह विनाश का रुप ले लेती है।

मनुष्य, अपने कर्मों का फल तुरन्त या इसी जीवन में चाहता है। अवतार, संत, महापुरूष गण प्रेरणा प्रदान करने के लिए अनेक कर्म उत्पन्न कर देते हैं। उसमें से एकाध कर्म स्वयं के लिए रखते हैं क्योंकि जीवन के समय को व्यतीत करने के लिए कुछ कर्म चाहिए होते हैं। "कर्म किये बिना कोई रह नहीं सकता"- ये श्रीकृष्ण की वाणी है। अप्रत्यक्ष कर्म (प्रेरणा या मार्गदर्शन) अन्य जिनके लिए उपयोगी हों, उनके लिए होता है। वो उसे करें ना करें अवतार, संत, महापुरूष गण को कोई मतलब नहीं होता। जिस प्रकार सूर्य के प्रकाश के भिन्न-भिन्न उपयोग हैं उसी प्रकार शास्त्र के भी भिन्न-भिन्न उपयोग होते हैं। कोई राजनीति करता है, कोई ज्ञानी बनता है, कोई समाज निर्माण करता है, कोई पुनः व्याख्या कर गुरू बन जाता है। और इन सबसे शास्त्राकार को कोई मतलब नहीं होता जिस प्रकार सूर्य के प्रकाश का उपयोग कर लेने से सूर्य को कोई मतलब नहीं होता।" अर्थात् मनुष्य पेड़ लगाता है स्वंय फल खाने की इच्छा से जबकि ईश्वर और उनके अवतार पेड़ लगाते हैं दूसरों के लिए।

ईश्वरीय समाज कोई संगठन नहीं है बल्कि यह मानव जीवन के व्यष्टि व समष्टि क्षेत्र के अनेक विषयों की ओर से ईश्वर (सार्वभौम सत्य-सिद्धान्त) से योग कराने के लिए प्रणाली का विस्तार है जिससे वे किसी भी संस्थागत धर्म/समाज से जुड़े होने के बावजूद भी सीधे ईश्वर (सार्वभौम सत्य-सिद्धान्त) से जुड़ सकें। ज्ञान के इस युग और उसी ओर बढ़ते काल क्रम में ज्ञान-कर्मज्ञान मनुष्य की विवशता है। ईश्वरीय समाज पूरी स्वतन्त्रता के साथ मनुष्य को सिर्फ "जानने के लिए" सिद्धान्त के लिए कार्य करता है न कि "मानने के लिए"।

अनिर्वचनीय कल्कि महाअवतार भोगेश्वर श्री लव कुश सिंह "विश्वमानव" के अवतरण से पुनः पूर्वानुसार उनके जीवन, कर्म व ज्ञान से अनेक दिशाओं में व्यष्टि व समष्टि केन्द्रित नये आविष्कार व व्यापार को दिशा मिली है। इन दिशाओं के कार्यों में से आविष्कारक श्री लव कुश सिंह "विश्वमानव" कुछ में शामिल हैं वे प्रत्यक्ष कार्य हैं तथा कुछ उनके मार्गदर्शन से अन्य के लिए उपलब्ध है वे अप्रत्यक्ष अर्थात् प्रेरक कार्य हैं। मनुष्य, अपने कर्मों का फल तुरन्त या इसी जीवन में चाहता है। अवतार, संत, महापुरूष गण प्रेरणा प्रदान करने के लिए अनेक कर्म उत्पन्न कर देते हैं। उसमें से एकाध कर्म स्वयं के लिए रखते हैं क्योंकि जीवन के समय को व्यतीत करने के लिए कुछ कर्म चाहिए होते हैं। कर्म किये बिना कोई रह नहीं सकता, ये श्रीकृष्ण की वाणी है। अप्रत्यक्ष कर्म (प्रेरणा या मार्गदर्शन) अन्य जिनके लिए उपयोगी हो, उनके लिए होता है। वो उसे करें ना करें अवतार, संत, महापुरूष गण को कोई मतलब नहीं होता। जिस प्रकार सूर्य के प्रकाश के भिन्न-भिन्न उपयोग है उसी प्रकार शास्त्र के भी भिन्न-भिन्न उपयोग होते हैं। कोई राजनीति करता है, कोई ज्ञानी बनता है, कोई समाज निर्माण करता है, कोई पुनः व्याख्या कर गुरू बन जाता है। और इन सबसे शास्त्राकार को कोई मतलब नहीं होता जिस प्रकार सूर्य के प्रकाश का उपयोग कर लेने से सूर्य को कोई मतलब नहीं होता।" अर्थात् मनुष्य पेड़ लगाता हैं स्वंय फल खाने की इच्छा से जबकि ईश्वर और उनके अवतार पेड़ लगाते हैं दूसरों के लिए। जो निम्न प्रकार हैं-

अ. ज्ञान से जुड़ा व्यापार - नयी प्रणाली और व्यापार

01. भारतीय आध्यात्म एवं दर्शन आधारित स्वदेशी विपणन प्रणाली: 3-एफ (3-F: Fuel-Fire-Fuel)
02. कार्पोरेट विश्वमानक मानव संसाधन विकास प्रशिक्षण

(Corporate World Standard Human Resources Development Training)
03. विश्व राजनीति पार्टी संघ (World Political Party Organisation - WPPO)
04. नयी पीढ़ी के लिए नया विषय - ईश्वर शास्त्र, मानक विज्ञान, एकात्म विज्ञान
05- विश्वशास्त्र पर आधारित आडियो-विडियो
06. मनोरंजन - नयी प्रणाली और व्यापार
01. फिल्म
02. टी0 वी सिरियल –
03. गीत

ब. जीवन से जुड़ा व्यापार - रियल स्टेट - नयी प्रणाली और व्यापार
01. "सत्यकाशी महायोजना" (वाराणसी-विन्ध्याचल-शिवद्वार-सोनभद्र के बीच का क्षेत्र)
02. डिजिटल प्रापर्टी और एजेन्ट नेटवर्क (Digital Property & Agent Network)

स. कर्म से जुड़ा व्यापार - नयी प्रणाली और व्यापार
01. उत्पाद ब्राण्ड
02. कैलेण्डर
03. शिक्षा ब्राण्ड - सत्य मानक शिक्षा (परियोजना पुनर्निर्माण- PROJECT RENEW)
04. राष्ट् निर्माण के पुस्तक

अ. ज्ञान से जुड़ा व्यापार - नयी प्रणाली और व्यापार

01. भारतीय आध्यात्म एवं दर्शन आधारित
स्वदेशी विपणन प्रणाली: 3-एफ (3-F: Fuel-Fire-Fuel)

02. कार्पोरेट विश्वमानक मानव संसाधन विकास प्रशिक्षण
(Corporate World Standard Human Resources Development Training)
विश्व के गुणवत्ता युक्त उत्पादन के लिए मनुष्य के द्वारा दो मूल निर्माण विधि हैं-
1. उद्योग में गुणवत्तायुक्त उत्पाद निर्माण और उत्पादन की जापानी विधि
(Japanese Institute of Plant Engineers-JIPE) - WCM-TPM-5S
2. गुणवत्तायुक्त मानव निर्माण और उत्पादन की भारतीय विधि
(Rishi/Saint/Avatar) - WCM-TLM-SHYAM.C

03. विश्व राजनीति पार्टी संघ (World Political Party Organisation - WPPO)

04. नयी पीढ़ी के लिए नया विषय - ईश्वर शास्त्र, मानक विज्ञान, एकात्म विज्ञान
श्री लव कुश सिंह "विश्वमानव" द्वारा "ईश्वर", "मानक", "एकात्म" की अन्तिम परिभाषा का आविष्कार पूर्ण हो जाने से नागरिक शास्त्र (Civics), भौतिकशास्त्र (Physics) की भाँति ईश्वर शास्त्र (Godics), मानक विज्ञान (Standard Science) और एकात्म विज्ञान (Integration Science) शैक्षणिक विषय का मार्ग मिल गया है।

05- विश्वशास्त्र पर आधारित आडियो-विडियो

अनिर्वचनीय कल्कि महाअवतार भोगेश्वर श्री लव कुश सिंह "विश्वमानव" के विचार विश्वस्तरीय हैं जिसके कारण ज्ञान से युक्त विश्वशास्त्र पर आधारित आडियो-विडियो के लिए भी मार्ग मिला है।

06. मनोरंजन - नयी प्रणाली और व्यापार

01. फिल्म

अनिर्वचनीय कल्कि महाअवतार भोगेश्वर श्री लव कुश सिंह "विश्वमानव" के विचार विश्वस्तरीय हैं जिसके कारण मनोरजन और ज्ञान से युक्त परिकल्पना पर उन्होंने फिल्म, टी0 वी0 सिरियल और गानों के लिए भी मार्ग मिला है। जिसका और भी विस्तृत रूप आगे दिया गया है। श्री लव कुश सिंह विश्वमानव द्वारा लिखे/विचार प्रस्तुत किये गये फिल्म-

क्र.सं. टाइटल	**फिल्म/सिरियल**	**भाषा**	**स्थिति**
1. विश्वगुरू - द ब्रेन टर्मिनेटर (रिप्रेजेन्टेटिव सिनेमा आफ इण्डिया)	बालीवुड फिल्म	हिन्दी, अंग्रेजी व बंग्ला	पूर्ण
2. द डर्टी साधु- अण्डरस्टैण्डिंग ट्रांसडेन्ट	बालीवुड फिल्म	हिन्दी, अंग्रेजी	पूर्ण
3. माय टेन वाइफ आन अर्थ (अण्डरस्टैण्डिंग फिमेल)	बालीवुड फिल्म	हिन्दी	पूर्ण
4. अगरबत्ती पे करोड़पत्ती	बालीवुड फिल्म	हिन्दी	पूर्ण
5. डेमोक्रेसी - द रियल ऐम	बालीवुड फिल्म	हिन्दी, अंग्रेजी	पूर्ण
6. 9डी	हॅालीवुड फिल्म	हिन्दी, अंग्रेजी	पूर्ण
7. किरनिया (एक नारी की कहानी)	भोजपुरी फिल्म	भोजपुरी	पूर्ण
8. जय माँ कल्कि	बालीवुड फिल्म	हिन्दी	पूर्ण

02. टी0 वी सिरियल –

श्री लव कुश सिंह विश्वमानव द्वारा लिखे/विचार प्रस्तुत किये गये टी.वी सिरियल के स्क्रिप्ट "महाभारत" के बाद "विश्वभारत"

9. विश्वभारत	टी.वी.सिरियल	हिन्दी	विचार

ये कथा है महाकाल की
परमार्थ की, यथार्थ की, सत्यार्थ की
दृश्य स्वार्थ की
अवतारों की है ये कहानी

03. गीत

अनिर्वचनीय कल्कि महाअवतार भोगेश्वर श्री लव कुश सिंह "विश्वमानव" के जीवन, ज्ञान व कर्म से सम्बन्धित गीत रचना का भी मार्ग मिल गया है।

ब. जीवन से जुड़ा व्यापार - रियल स्टेट - नयी प्रणाली और व्यापार

01. "सत्यकाशी महायोजना" (वाराणसी-विन्ध्याचल-शिवद्वार-सोनभद्र के बीच का क्षेत्र)

श्रीराम के कारण चित्रकूट पर्यटन व धार्मिक क्षेत्र बना, श्रीकृष्ण के कारण मथुरा, द्वारिका पर्यटन व धार्मिक क्षेत्र बना, भगवान बुद्ध के कारण सारनाथ, कुशीनगर, बोधगया, वैष्णों देवी के कारण कटरा, सांई बाबा के कारण शिरडी पर्यटन व धार्मिक क्षेत्र बना। अनिर्वचनीय कल्कि महाअवतार भोगेश्वर श्री लव कुश सिंह "विश्वमानव" के अवतरण और उनके "विश्वशास्त्र" के कारण सत्यकाशी (वाराणसी-विन्ध्याचल-शिवद्वार-सोनभद्र के बीच का क्षेत्र) स्थापित है। सत्यकाशी क्षेत्र में ही "विश्वशास्त्र" की अधिकतम रचना हुई है और अनिर्वचनीय कल्कि महाअवतार भोगेश्वर श्री लव कुश सिंह "विश्वमानव" के निवास क्षेत्र सहित लीला भूमि क्षेत्र भी यही क्षेत्र है। भगवान बुद्ध के कारण काशी के उत्तर में काशी का प्रसार हुआ, विश्वशास्त्र के कारण काशी के दक्षिण में काशी का प्रसार हो रहा है।

कितना विचित्र संयोग है कि विन्ध्य क्षेत्र से ही भारत का मानक समय निर्धारित होता है और इसी क्षेत्र से युग परिवर्तन की घोषणा हो रही है। यह भी विचित्रता ही है कि व्यासजी द्वारा काशी को शाप देने के कारण विश्वेश्वर ने व्यासजी को काशी से निष्कासित कर दिया था और वे गंगा पार आ गये और गंगा पार सत्यकाशी क्षेत्र से ही उनके बाद "विश्वशास्त्र" रचना हुई है।

हम सभी साधारण जीवन में ऐसा देखते हैं कि जहाँ कहीं भी कोई फैक्ट्री, नगर निर्माण या विस्तार का कार्य प्रारम्भ हो जाता है। वहाँ एक अलग ही दुनियाँ बसने लगती है और एक व्यापक जन समुदाय को अपने जीवन संचालन के लिए मार्ग प्राप्त हो जाता है। जो किसी जाति, सम्प्रदाय या धर्म आधारित नहीं होती। वह सिर्फ व्यक्ति की योग्यता पर आधारित और वह पीढ़ी दर पीढ़ी के लिए होती है।

सार्वभौम सत्य-सिद्धान्त और समाज समर्थित सत्यकाशी योजना जिसका क्षेत्र है- वाराणसी-विन्ध्याचल-शिवद्वार-सोनभद्र के बीच का भगवान विष्णु और भगवान शिव से जुड़ा क्षेत्र। जो धर्मक्षेत्र से व्यापक सार्थक एवं पौराणिक आधारों पर प्रश्न करता है कि- क्यों काशी नरेश होते हुए भी उनका किला काशी शहर में नहीं? क्यों देवकी के आठवें पुत्र कृष्ण के बदले में पुत्री को कंस ने मारना चाहा तो वह विन्ध्य पर्वत पर आ बसीं? क्यों समष्टि (समाज या सार्वजनिक) धर्म के स्थापनार्थ विष्णु के पाँचवे अवतार वामन अवतार ने जब राजा बलि से तीन पग जमीन मांगा तब अवतार ने पहला पग चुनार क्षेत्र में ही रखा जिसके कारण इसका पुराना नाम चरणाद्रिगढ़ था? क्यों ब्रह्मलीन श्री श्री 1008 सत्ययोगानन्द "भुईधरा बाबा" (भगवान रामकृष्ण की अगली कड़ी) ने सदी का सबसे लम्बा (दि0 13.11.97 से 22.06.98 तक) तथा अदृश्य काल का अन्तिम यज्ञ- विष्णु महायज्ञ और ज्ञानयज्ञ चुनार क्षेत्र में ही आयोजित किये? क्यों विश्व का अन्तिम शास्त्र "विश्वशास्त्र" इसी क्षेत्र से व्यक्त हुआ? क्यों विश्वव्यापी धर्म स्थापना (समष्टि धर्म स्थापना) पाँचवे अवतार वामन अवतार के बाद पुनः इस क्षेत्र से प्रारम्भ हो रहा है।

उपरोक्त प्रश्नों का जबाब भी सत्यकाशी योजना के जन्मदाता गण व्यापकता के साथ देते हैं। भौतिकवादी काशी वासीयों से मुक्त-शिवभक्त काशी नरेश की सत्यता के लिए प्रकृतिक चक्र द्वारा इनका किला काशी शहर में नहीं जिससे वे अन्त में अन्तिम काशी-सत्यकाशी के सत्यकाशी नरेश भी कहलायें। चुनार क्षेत्र पाँचवें अवतार वामन के चरणों से एक श्राप द्वारा ग्रसित हो चुका था कि इस क्षेत्र में जन्म लेने वाले व्यक्ति की चाहें जितना भी समष्टि (समाज) धर्म के लिए प्रयत्न क्यों न करें वे व्यष्टि(व्यक्तिगत) धर्म से अधिक न उठ सकेंगे। जब तक की इस क्षेत्र से बाहर जन्म लेकर कोई पुनः समष्टि धर्म स्थापनार्थ नहीं आ जाता। यह सब इसलिए है कि प्राकृतिक चक्र द्वारा विकसित और सन्तुलित क्षेत्र जो वाराणसी-विन्ध्याचल-शिवद्वार-सोनभद्र के बीच स्थित है। बस यहीं है पुराणों में वर्णित सात काशीयों में अन्तिम काशी-सत्यकाशी। यदि काशी (वाराणसी), शिवाकाशी, उत्तरकाशी और दक्षिण काशी (वैदुर्यपत्तन, बरकला, केरल प्रदेश) को मुख्य काशी माना जाय तो सत्यकाशी पंचम काशी है। और दो काशीयों को और सम्मिलित किया जाता है तो सत्यकाशी सप्तम काशी होगी। इस प्रकार शिव पुराण में वर्णित सात काशीयों में सत्यकाशी पंचम, अन्तिम तथा सप्तम काशी होगी।

इस प्रकार हम देखते है कि आध्यात्मिक, सार्थक, दूरदर्शी, प्रमाणित, पौराणिक, समाज समर्थित काशी की परम्परा का पालन करते हुए सत्यकाशी योजना है। जबकि लक्ष्य एक व्यापक जनसमुदाय को एक नयी दिशा द्वारा संरक्षण, विकास और आजिविका प्रदान करना है। इसलिए उचित स्थान पर इसका निर्माण आवश्यक है। श्री लव कुश सिंह "विश्वमानव" कृत "विश्वशास्त्र" से मुख्यतः सत्यकाशी क्षेत्र के लिए निम्नलिखित विषय व्यक्त हुये हैं जो रियल स्टेट के व्यवसाय को व्यापक रूप से विकसित करता है-

अनिर्वचनीय कल्कि महाअवतार भोगेश्वर श्री लव कुश सिंह "विश्वमानव" के अवतरण से पुनः पूर्वानुसार उनके जीवन से अनेक दिशाओं में नये आविष्कार व व्यापार को दिशा मिली है। जो

निम्न प्रकार हैं -श्री लव कुश सिंह "विश्वमानव" कृत "विश्वशास्त्र" से मुख्यतः सत्यकाशी क्षेत्र के लिए निम्नलिखित विषय व्यक्त हुये हैं (पूर्ण विवरण के लिए "विश्वशास्त्र" अध्याय - दो देखें) -

01. चार शंकराचार्य पीठ के उपरान्त 5वाँ और अन्तिम पीठ "सत्यकाशी पीठ"
02. "सत्यकाशी महोत्सव" व "सत्यकाशी गंगा महोत्सव" आयोजन
03. सार्वभौम देवी माँ कल्कि देवी मन्दिर - माँ वैष्णों देवी की साकार रूप
04. भोगेश्वर नाथ - 13वाँ और अन्तिम ज्योतिर्लिङ्ग
05. सत्यकाशी पंचदर्शन
06. ज्ञान आधारित मनु-मनवन्तर मन्दिर
07. ज्ञान आधारित विश्वात्मा मन्दिर
08. विश्वधर्म मन्दिर - धर्म के व्यावहारिक अनुभव का मन्दिर
09. नाग मन्दिर
10. विश्वशास्त्र मन्दिर (Vishwshastra Temple)
11. एक दिव्य नगर - सत्यकाशी नगर
12. होटल शिवलिंगम् - शिवत्व का एहसास
13. इन्द्रलोक - ओपेन एयर थियेटर
14. हस्तिनापुर - महाभारत का लाइट एण्ड साउण्ड प्रोग्राम
15. सत्य-धर्म-ज्ञान केन्द्र: तारामण्डल की भाँति शो द्वारा कम समय में पूर्ण ज्ञान
16. सत्यकाशी आध्यात्म पार्क
17. वंश नगर - मनु से मानव तक के वंश पर आधारित नगर
18. 8वें सांवर्णि मनु - सम्पूर्ण एकता की मूर्ति (Statue of Complete Unity)
19. विस्मृत भारत रत्न स्मारक (Forgotten Bharat Ratna Memorial)
20. विश्वधर्म उपासना स्थल - उपासना और उपासना स्थल के विश्वमानक (WS-00000) पर आधारित
21. सत्यकाशी ब्रह्माण्डीय एकात्म विज्ञान विश्वविद्यालय

(Satyakashi Universal Integration Science University-SUISU)

02. डिजिटल प्रापर्टी और एजेन्ट नेटवर्क (Digital Property & Agent Network)

स. कर्म से जुड़ा व्यापार - नयी प्रणाली और व्यापार

01. उत्पाद ब्राण्ड

अनिर्वचनीय कल्कि महाअवतार भोगेश्वर श्री लव कुश सिंह "विश्वमानव" के अवतरण से शब्द को बल मिला है इस प्रकार ये शब्द एक "ब्राण्ड" के रूप में व्यक्त हुये हैं जिसे उपयोग में लाया जा सकता है। पेय जल के लिए हमारा ब्राण्ड - "मोक्षदायिनी काशी", "जीवनदायिनी काशी", और "जरगो फ्रेश"

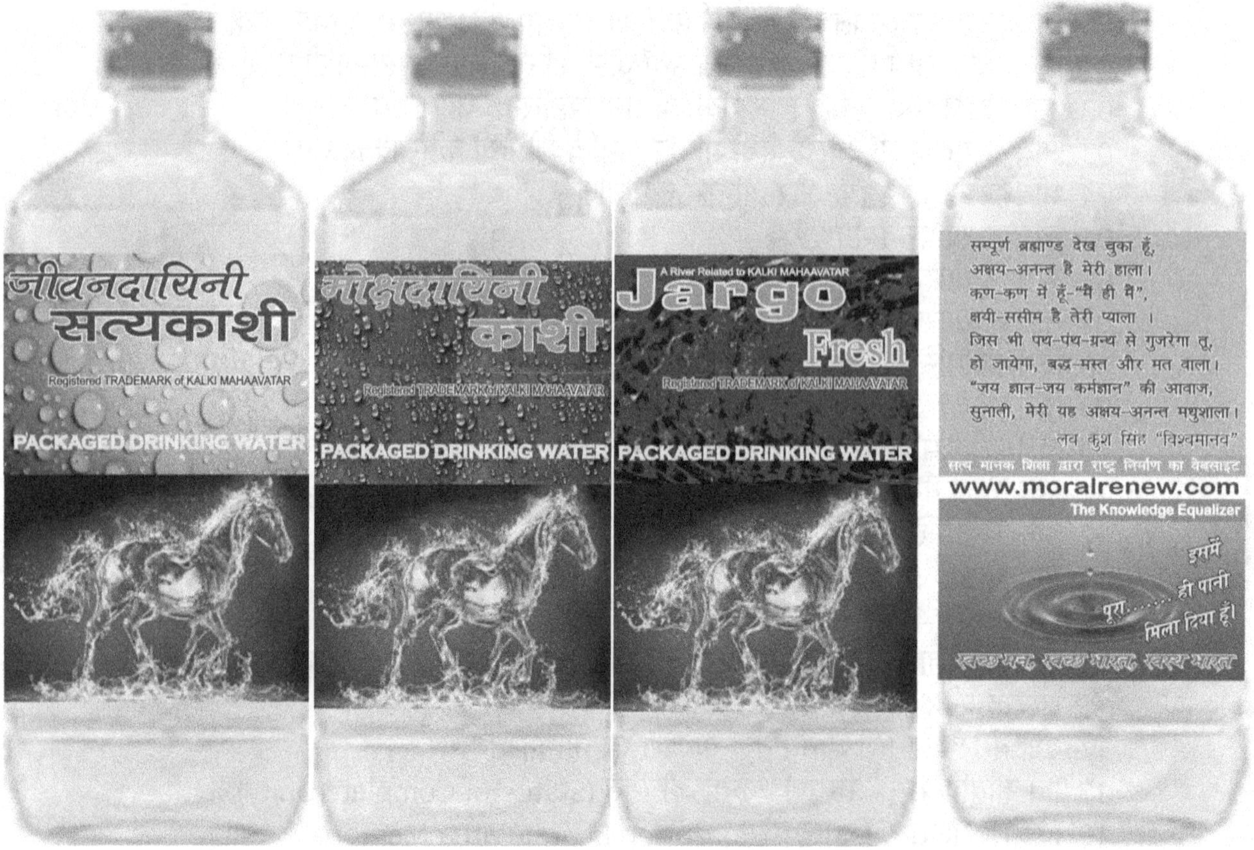

02. कैलेण्डर

जिस प्रकार अनेक धर्म संस्थापकों के जन्मदिन से नया कैलेण्डर समाज में स्थापित है उसी प्रकार काल, मनवन्तर, युग, शास्त्र और अनिर्वचनीय कल्कि महाअवतार भोगेश्वर श्री लव कुश सिंह "विश्वमानव" के अवतरण से विश्वधर्म के प्रवर्तक की योग्यता के अधिकार से उनके जन्मदिन 16 अक्टुबर 1967 से नये कैलेण्डर की शुरूआत हो गई है।

03. शिक्षा ब्राण्ड - सत्य मानक शिक्षा (परियोजना पुनर्निर्माण- PROJECT RENEW)

राष्ट्र के पूर्णत्व के लिए पूर्ण शिक्षा निम्नलिखित शिक्षा का संयुक्त रूप है-

वर्तमान समय में विशेषीकरण की शिक्षा, भारत में चल ही रहा है और वह कोई बहुत बड़ी समस्या भी नहीं है। समस्या है सामान्यीकरण शिक्षा की। व्यक्तियों के विचार से सदैव व्यक्त होता रहा है कि - मैकाले शिक्षा पद्धति बदलनी चाहिए, राष्ट्रीय शिक्षा नीति व पाठ्यक्रम बनना चाहिए। ये तो विचार हैं। पाठ्यक्रम बनेगा कैसे?, कौन बनायेगा? पाठ्यक्रम में पढ़ायेंगे क्या? ये समस्या थी। और वह हल की जा चुकी है। जो भारत सरकार के सामने सरकारी-निजी योजनाओं जैसे ट्रांसपोर्ट, डाक, बैंक, बीमा की तरह निजी शिक्षा के रूप में पुनर्निर्माण - सत्य शिक्षा का राष्ट्रीय तीव्र मार्ग (RENEW – Real Education National Express Way) द्वारा पहली बार इसके आविष्कारक द्वारा प्रस्तुत है। जो राष्ट्र निर्माण का व्यापार है। इसके अन्तर्गत निम्नलिखित नये शैक्षिक पाठ्यक्रम व्यक्त हुये हैं-

अ - सामान्यीकरण (Generalisation) शिक्षा - यह शिक्षा व्यक्ति और राष्ट्र का बौद्धिक विकास कराती है जिससे व्यक्ति व राष्ट्रीय सुख में वृद्धि होती है।

सत्य शिक्षा (REAL EDUCATION)

01. पूर्ण ज्ञान में प्रमाण पत्र (Certificate in Complete Knowledge-CCK)
02. ईश्वर शास्त्र व व्यापार ज्ञान में प्रमाण पत्र (Certificate in Godics & Business Knowledge-CGBK)
03. अवतार ज्ञान में प्रमाण पत्र (Certificate in Avatar Knowledge-CAK)
04. गुरू ज्ञान में प्रमाण पत्र (Certificate in Guru Knowledge-CGK)
05. संस्थागत धर्म में डिप्लोमा (Diploma in Institutional Religion-DIR)
06. पूर्ण शिक्षा में स्नातक (Bachelor in Complete Education-BCE)
07. पूर्ण शिक्षा में परास्नातक (Master in Complete Education-MCE)

सत्य पेशा (REAL PROFESSION)

08. दृश्य योग, ध्यान और चेतना में प्रमाण पत्र (Certificate in visible Yoga, Meditation & Consciousness - CVYMC)
09. डब्ल्यू.सी.एम-टी.एल.एम-श्याम.सी में प्रमाण पत्र (Certificate in WCM-TLM-SHYAM.C Technology-CWT)
10. डब्ल्यू.एस.ओ-0 और कर्मज्ञान में प्रमाण पत्र (Certificate in WSO-0 & Work Knowledge-CWWK)
11. पुराण लेखन कला में प्रमाण पत्र (Certificate in Art of Puran writing-CAPW)
12. सार्वभौम विचार पर आधारित फिल्म लेखन में प्रमाण पत्र (Certificate in Art of Universal thought based Film writing-CAUFW)

सत्य पुस्तक (REAL BOOK)

13. विशाल ज्ञान विज्ञान सबका समाधान (Vishal Gyan Vigyan sabka samadhan-VGVSS)
14. विश्वशास्त्र: द नालेज आफ फाइनल नालेज (VISHWSHASTRA: THE KNOWLEDGE OF FINAL KNOWLEDGE - VKFK)

सत्य स्थिति (REAL STATUS)

15. जीवन का पैमाना (Scale Your Life) - ईश्वर चक्र पर स्वयं की स्थिति का ज्ञान (Know Your Position on GOD CYCLE -KYPGC)

सत्य एस्टेट एजेन्ट (REAL ESTATE AGENT)

16. रियल इस्टेट एजेन्ट में प्रमाण पत्र (Certificate in Real Estate Agent - CRE)

सत्य किसान (REAL KISAN)

17. रियल किसान में प्रमाण पत्र (Certificate in Real Kisan - CRK)

ब - विशेषीकरण (Specialisation) शिक्षा - यह शिक्षा व्यक्ति और राष्ट्र का कौशल विकास कराती है जिससे व्यक्ति व राष्ट्रीय उत्पादकता में वृद्धि होती है।

01. सत्य कौशल (REAL SKILL)
02. सत्य डिजीटल कोचिंग (REAL DIGITAL COACHING)

स - सत्य नेटवर्क (REAL NETWORK)) - समाज में प्रकाशित होने के लिए

01. डिजिटल ग्राम नेटवर्क (Digital Village Network)
02. डिजिटल नगर वार्ड नेटवर्क (Digital City Ward Network)
03. डिजिटल एन.जी.ओ/ट्रस्ट नेटवर्क (Digital NGO/Trust Network)
04. डिजिटल विश्वमानक मानव नेटवर्क (Digital World Stanadard Human Network)
05. डिजिटल नेतृत्व नेटवर्क (Digital Leader Network)
06. डिजिटल जर्नलिस्ट नेटवर्क (Digital Journalist Network)
07. डिजिटल शिक्षक नेटवर्क (Digital Teacher Network)
08. डिजिटल शैक्षिक संस्थान नेटवर्क (Digital Educational Institute Network)
09. डिजिटल लेखक-ग्रन्थकार-रचयिता नेटवर्क (Digital Author Network)
10. डिजिटल गायक नेटवर्क (Digital Singer Network)
11. डिजिटल खिलाड़ी नेटवर्क (Digital Sports Man Network)
12. डिजिटल पुस्तक विक्रेता नेटवर्क (Digital Book Saler Network)
13. डिजिटल होटल और आहार गृह नेटवर्क (Digital Hotel & Resturant Network)

01. राष्ट्र निर्माण के पुस्तक

व्यक्ति (व्यष्टि) से राष्ट्र (समष्टि) तक के सत्यीकरण और पूर्ण निर्माण के लिए विभिन्न विषयों पर छोटी पुस्तिकाएँ। काल, मनवन्तर, युग, शास्त्र परिवर्तन और अनिर्वचनीय कल्कि महाअवतार भोगेश्वर श्री लव कुश सिंह "विश्वमानव" के अवतरण से राष्ट्र निर्माण से सम्बन्धित अनेक पुस्तक-पुस्तिकाओं का मार्ग मिल गया है जिससे "पावर और प्राफिट" की ओर बढ़ गये मनुष्यता को मस्तिष्क के विकास को ओर भी विकास का मार्ग उपलब्ध होगा।

130 करोड़ की जनसंख्या वाला भारत देश में हिन्दी भाषी जनसंख्या 70 करोड़ है। और लाल किताब - पीला किताब, धर्म ग्रन्थ इत्यादि बिकते रहते हैं। और वो किताब जिसे "विश्वशास्त्र" कहा जा रहा है जो एक काल, मनवन्तर, युग परिवर्तन से लेकर विश्व सरकार के गठन तक का मार्गदर्शन से युक्त हो जो व्यक्ति के पूर्ण ज्ञान, पूर्ण शिक्षा पाठ्यक्रम सहित नीति आयोग तक के लिए उपयोगी है। "विश्वशास्त्र" त्रिलोक के अदृश्य कल्पना/कथा नहीं बल्कि इस लोक के व्यावहारिक ज्ञान का शास्त्र है। सभी शिक्षा एक तरफ, "विश्वशास्त्र" एक तरफ। सभी पुस्तक-शास्त्र एक तरफ, "विश्वशास्त्र" एक तरफ। हर घर का शान और प्राण "विश्वशास्त्र", धरती के नागरिक का जीवनशास्त्र "विश्वशास्त्र", स्वर्ण युग का शास्त्र "विश्वशास्त्र" की स्थिति है।

भारत में हिन्दी भाषा जानने वालों की स्थिति ये है- 1. बिहार (जनसंख्या-, 103,804,637 साक्षरता - 63.82 प्रतिशत), 2. छत्तीसगढ़ (जनसंख्या-25,540,196, साक्षरता - 71.04 प्रतिशत), 3. हरियाणा (जनसंख्या-25,353,081, साक्षरता - 76.64 प्रतिशत), 4. हिमाचल प्रदेश (जनसंख्या- 6,856,509, साक्षरता - 83.78 प्रतिशत), 5. झारखण्ड (जनसंख्या- 32,966,238, साक्षरता - 67.63 प्रतिशत), 6. मध्य प्रदेश (जनसंख्या- 72,597,565, साक्षरता - 70.63 प्रतिशत), 7. महाराष्ट्र (जनसंख्या- 112,372,972, साक्षरता - 82.91 प्रतिशत), 8. पंजाब (जनसंख्या- 27,704,236, साक्षरता - 76.68 प्रतिशत), 9. राजस्थान (जनसंख्या- 68,621,012, साक्षरता - 67.06 प्रतिशत), 10. उत्तर प्रदेश (जनसंख्या- 199,581,477, साक्षरता - 69.72 प्रतिशत), 11. उत्तराखण्ड (जनसंख्या-10,116,752, साक्षरता - 79.63 प्रतिशत), 12. पश्चिम बंगाल (जनसंख्या- 91,347,736, साक्षरता - 77.08 प्रतिशत), 13. चण्डीगढ़ (जनसंख्या- 1,054,686, साक्षरता - 86.43 प्रतिशत), 14. दिल्ली (जनसंख्या- 16,753,235, साक्षरता - 86.34 प्रतिशत)

हमारे द्वारा राष्ट्र निर्माण श्रृंखला से सम्बन्धित व्यक्ति के बौद्धिक विकास के लिए बस स्टेशन व रेलवे स्टेशनों, प्रदर्शनी, स्टाल, सीधे स्कूल-कालेज से विक्रय होने वाली "विश्वशास्त्र" पर आधारित निम्नलिखित समझ पर केन्द्रित

अनेक पुस्तिका विक्रय करने के लिए उपलब्ध है। जिसे विद्यार्थी को संग्रह करने और इस रूप में प्राप्त करना असंभव है।

"आध्यात्मिक सत्य एवं दार्शनिक विरासत" के आधार पर "काल, मनु ,युग, व्यास, शास्त्र परिवर्तन", "मन में अन्तर (मनवन्तर) को समाप्त करने और मन के नवीनीकरण" के लिए "सार्वभौम सत्य-सिद्धान्त" पर आधारित "विश्वशास्त्र - द नालेज आफ फाइनल नालेज" शास्त्र को The Knowledge Equalizer के रूप में निम्नलिखित शीर्षक में 64 भागों में प्रकाशित किया कर दिया गया जिसमें परिचय, ज्ञान, कर्मज्ञान कार्यवाही योजना इत्यादि सभी कुछ हैं-

भाग के अनुसार

01. विश्वशास्त्र - विषय-प्रवेश
02. विश्वशास्त्र - अध्याय-एक: ईश्वर
03. विश्वशास्त्र - अध्याय-दो: जीवन परिचय
04. विश्वशास्त्र - अध्याय-तीन: ज्ञान परिचय
05. विश्वशास्त्र - अध्याय-चार: कर्म परिचय (सार्वजनिक प्रमाणित दृश्य महायज्ञ)
06. विश्वशास्त्र - अध्याय-पाँच (भाग - 01): सार्वजनिक प्रमाणित विश्वरूप
07. विश्वशास्त्र - अध्याय-पाँच (भाग - 02): सार्वजनिक प्रमाणित विश्वरूप
08. विश्वशास्त्र - परिशिष्ट

मुख्य शास्त्र

01. विश्वशास्त्र - द नालेज आफ फाइनल नालेज

सारांश के अनुसार

02. मैं सत्यकाशी से कल्कि महावतार बोल रहा हूँ (समष्टि गीता - यथार्थ प्रकाश)

शीर्षक के अनुसार

03. विश्वस्तरीय फिल्म लेखन कला
04. प्रारम्भिक सत्य - अन्तिम दृष्टि
05. सत्य धर्म - युग परिवर्तक दृष्टि
06. सत्य दार्शनिक-दर्शन और कर्म वेदान्त-विकास दर्शन
07. सत्य शास्त्र एवं पुराण रहस्य-महर्षि व्यास कला
08. संत एवं गुरू और विश्व संत एवं गुरू
09. समाज और ईश्वरीय समाज
10. सत्य शास्त्र और विश्वशास्त्र
11. कृति और विश्व कृति
12. भारत माता मन्दिर और विश्वधर्म मन्दिर
13. महाभारत और विश्वभारत
14. संविधान और विश्व संविधान
15. शिक्षा और पूर्ण शिक्षा
16. देवता और सार्वभौम देवता कल्कि

17. देवीयाँ और सार्वभौम देवी माँ क्ल्कि
18. द्वादश ज्योतिर्लिंग और 13वां अन्तिम ज्योतिर्लिंग
19. काशी - मोक्षदायिनी और जीवनदायिनी
20. सत्यकाशी - स्वर्णयुग का तीर्थ
21. काशी - रहस्योद्घाटन
22. 2020 - मन का नवीनीकरण
23. ईश्वर का संक्षिप्त इतिहास
24. अवतार - अन्तिम सत्य दृष्टि
25. भविष्यवाणियाँ और कल्कि अवतार
26. स्वामी विवेकानन्द और कल्कि अवतार
27. मनु, मनवन्तर और कल्कि महावतार
28. व्यास, शास्त्र और कल्कि महावतार
29. ऋषि, ऋषि परम्परा और कल्कि महावतार
30. दूसरा आगमन या अन्तिम आगमन
31. परिवर्तन-काल, मनु, युग, व्यास और शास्त्र
32. राम, रावण और सार्वभौम एकात्म
33. मैं, व्यक्तिगत या सार्वभौम
34. लव कुश (त्रेतायुग) और लवकुश (कलियुग)
35. कल्कि महावतार आ चुके हैं (ACTION PLAN)
36. लव कुश सिंह (कल्कि महाअवतार)-जीवन, ज्ञान, कर्म और विश्वरूप
37. वैश्विक बुद्ध - बुद्ध का भाग दो और अन्तिम
38. बुड्ढा कृष्ण - कृष्ण का भाग दो और अन्तिम
39. सम्पूर्ण क्रान्ति-अन्तिम कार्य योजना
40. पुनर्निर्माण (RENEW)-समस्या, समाधान और राष्ट्र निर्माण की योजना
41. पुनर्निमाण (RENEW)- ग्राम एवं नगर वार्ड प्रेरक
42. विश्वशास्त्र द नालेज आफ फाइनल नालेज-परिचय
43. एन्टायर पालिटिक्स - पूर्ण पाठ्यक्रम
44. वसुधैव-कुटुम्बकम्
45. कर्मवेद: प्रथम, अन्तिम तथा पंचम वेद
46. आठवें अवतार श्रीकृष्ण के अनकहे संदेश
47. अयोध्या नहीं, मुंगेर है राम जन्मभूमि
48. विश्वमानव-भूतपूर्व नेतृत्वकर्ताओं का स्पष्टिकरण
49. विश्वमानव-वर्तमान नेतृत्वकर्ताओं का स्पष्टिकरण
50. विश्वमानव-वार्ता, वक्तव्य एवं वाणियाँ
51. विश्वमानव-पत्रावली, प्रसारण और अन्तिम पत्र
52. सत्य जनहित आह्वान
53. विश्व शान्ति-अन्तिम सत्य दृष्टि
54. नई विश्व व्यवस्था का रहस्य
55. समाजवाद - ब्रह्माण्डीय विकास का अवतारी मार्ग
56. भारतवाद - राष्ट्रवाद की मुख्यधारा

57. 100 वर्षीय संयुक्त राष्ट्र को अग्रिम सन्देश
58. सार्वभौम एकात्म-नव विश्व निर्माण
59. गणराज्य, संघ, मानकीकरण संगठन और सम्पूर्ण मानक
60. व्यापार केन्द्र (TRADE CENTRE)-दृश्य सत्य
61. मन का विश्वमानक और पूर्ण मानव निर्माण की तकनीकी-WCM-TLM-SHYAM.C
62. मानक विपणन प्रणाली (3F-Fire-Fuel-Fire)
63. स्वर्णयुग का मानक आदर्श नागरिक-दिशा निर्देश
64. विश्वधर्म: परिचय (स्वर्णयुग का धर्म)

व्यक्ति और विभागीय स्तर पर सफाई-सुधार का पहला प्रारूप की पुस्तक - डा0 रमेश कुमार द्वारा लिखित "विशाल ज्ञान विज्ञान सबका समाधान" है

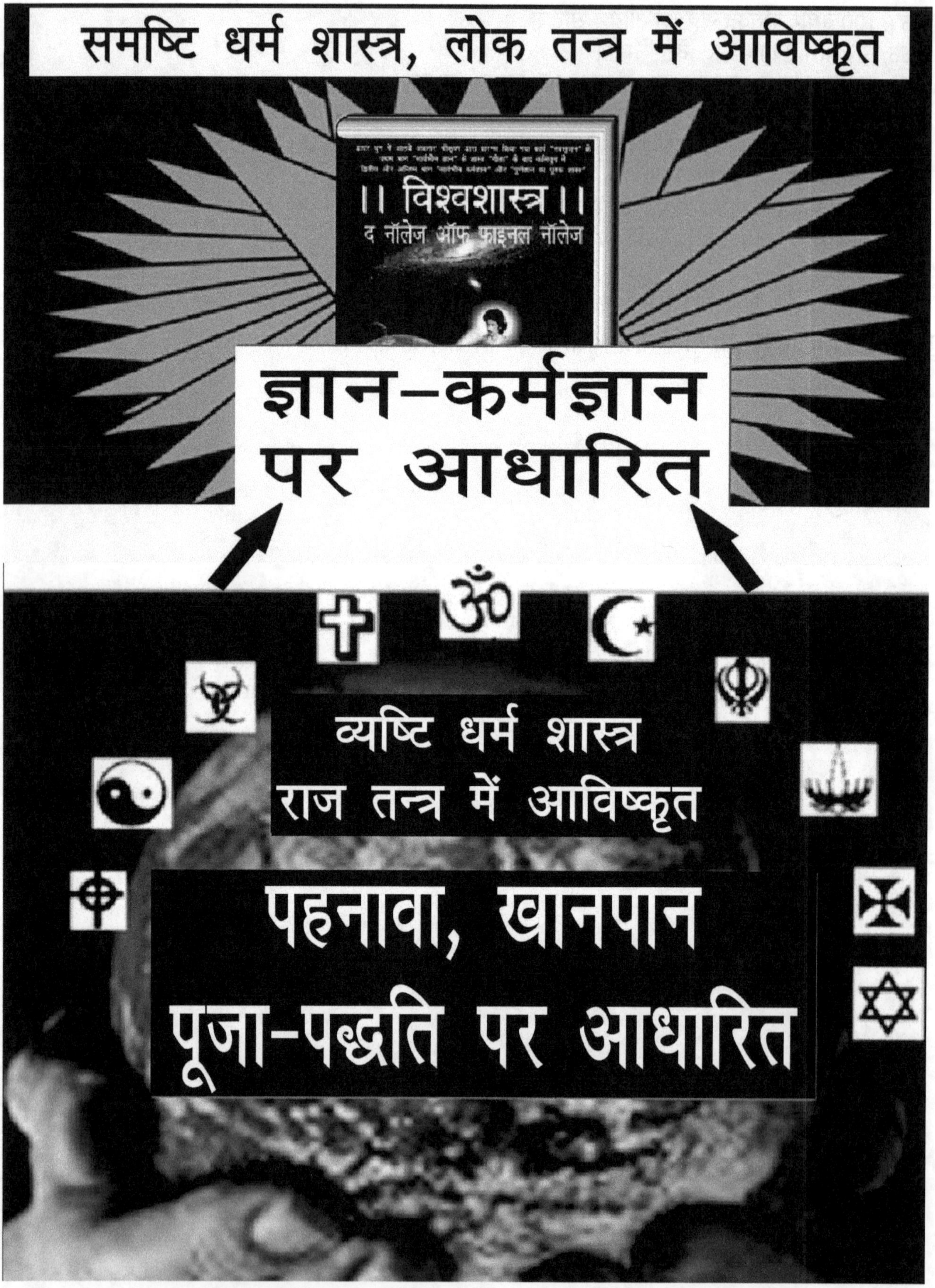
समष्टि धर्म शास्त्र, लोक तन्त्र में आविष्कृत
।। विश्वशास्त्र ।।
द नॉलेज ऑफ फाइनल नॉलेज
ज्ञान-कर्मज्ञान पर आधारित
व्यष्टि धर्म शास्त्र
राज तन्त्र में आविष्कृत
पहनावा, खानपान
पूजा-पद्धति पर आधारित

विश्व सरकार के लिए पुनः भारत द्वारा शून्य आधारित अन्तिम आविष्कार

शून्य का प्रथम आविष्कार का परिचय

शून्य (0), दशमलव संख्या प्रणाली में संख्या है। यह दशमलव प्रणाली का मूलभूत आधार भी है। किसी भी संख्या को शून्य से गुणा करने से शून्य प्राप्त होता है। किसी भी संख्या को शून्य से जोड़ने या घटाने पर वही संख्या प्राप्त होती है।

शून्य का आविष्कार किसने और कब किया यह आज तक अंधकार के गर्त में छुपा हुआ है परन्तु सम्पूर्ण विश्व में यह तथ्य स्थापित हो चुका है कि शून्य का आविष्कार भारत में ही हुआ है। ऐसी भी कथाएँ प्रचलित हैं कि पहली बार शून्य का आविष्कार बाबिल में हुआ और दूसरी बार माया सभ्यता के लोगों ने इसका आविष्कार किया पर दोनों ही बार के आविष्कार संख्या प्रणाली को प्रभावित करने में असमर्थ रहे तथा विश्व के लोगों ने इसे भुला दिया। फिर भारत में हिन्दुओं ने तीसरी बार शून्य का आविष्कार किया। हिन्दुओं ने शून्य के विषय में कैसे जाना यह आज भी अनुत्तरित प्रश्न है। अधिकतम विद्वानों का मत है कि पाँचवीं शताब्दी के मध्य में शून्य का आविष्कार किया गया। सन् 498 में भारतीय गणितज्ञ एवं खगोलवेक्ता आर्यभट्ट ने कहा "स्थानं स्थानं दसा गुणम्" अर्थात् दस गुना करने के लिए संख्या के आगे शून्य रखो। और शायद यही संख्या के दशमलव सिद्धान्त का उद्भव रहा होगा। आर्यभट्ट द्वारा रचित गणितीय खगोलशास्त्र ग्रन्थ आर्यभट्टीय के संख्या प्रणाली में शून्य तथा उसके लिए विशिष्ट संकेत सम्मिलित था। इसी कारण से उन्हें संख्याओं को शब्दों में प्रदर्शित करने का अवसर मिला। प्राचीन बक्षाली लिपि में, जिसका कि सही काल अब तक निश्चित नहीं हो पाया है परन्तु निश्चित रूप से उसका काल आर्यभट्ट के काल से प्राचीन है, शून्य का प्रयोग किया गया है और उसके लिए उसमें संकेत भी निश्चित है। उपरोक्त उदाहरणों से स्पष्ट है कि भारत में शून्य का प्रयोग ब्रह्मगुप्त रचित ग्रन्थ ब्रह्मस्फुट सिद्धान्त में पाया गया है। इस ग्रन्थ में नकारात्मक संख्याओं और बीजगणितीय सिद्धान्तों का भी प्रयोग हुआ है। 7वीं शताब्दी जो ब्रह्मगुप्त का काल था, शून्य से सम्बन्धित विचार कम्बोडिया तक पहुँच चुके थे और दस्तावेजों से ज्ञात होता है कि बाद में ये कम्बोडिया से चीन तथा अन्य मुस्लिम संसार में फैल गये। इस बार भारत में हिन्दुओं के द्वारा आविष्कृत शून्य ने समस्त विश्व की संख्या प्रणाली को प्रभावित किया और सम्पूर्ण विश्व को जानकारी मिली। मध्य-पूर्व में स्थित अरब देशों ने भी शून्य को भारतीय विद्वानों से प्राप्त किया। अन्ततः 12वीं शताब्दी में भारत का यह शून्य पश्चिम में यूरोप तक पहुँचा।

शून्य आधारित अन्तिम आविष्कार का परिचय

आविष्कार विषय- "व्यक्तिगत मन और संयुक्तमन का विश्व मानक और पूर्णमानव निर्माण की तकनीकी है जिसे धर्म क्षेत्र से कर्मवेद-प्रथम, अन्तिम तथा पंचमवेदीय श्रृंखला तथा शासन क्षेत्र से WS-0: मन की गुणवत्ता का विश्व मानक श्रृंखला तथा WCM-TLM-SHYAM.C तकनीकी कहते है। सम्पूर्ण आविष्कार सार्वभौम सत्य-सिद्धान्त अर्थात् सम्पूर्ण ब्रह्माण्ड में व्याप्त अटलनीय, अपरिवर्तनीय, शाश्वत व सनातन नियम पर आधारित है, न कि मानवीय विचार या मत पर आधारित।"

सम्पूर्ण ब्रह्माण्ड में व्याप्त एक ही सत्य-सिद्धान्त द्वारा व्यक्तिगत व संयुक्त मन को एकमुखी कर सर्वोच्च, मूल और अन्तिम स्तर पर स्थापित करने के लिए शून्य पर अन्तिम आविष्कार WS-0: श्रृंखला की निम्नलिखित पाँच शाखाएँ हैं।

01. डब्ल्यू.एस.(WS)-0 -विचार एवं साहित्य का विश्वमानक

02. डब्ल्यू.एस.(WS)-00 -विषय एवं विशेषज्ञों की परिभाषा का विश्वमानक

03. डब्ल्यू.एस.(WS)-000 -ब्रह्माण्ड (सूक्ष्म एवं स्थूल) के प्रबन्ध और क्रियाकलाप का विश्वमानक

04. डब्ल्यू.एस.(WS)-0000 -मानव (सूक्ष्म तथा स्थूल) के प्रबन्ध और क्रियाकलाप का विश्वमानक
05. डब्ल्यू.एस.(WS)-00000 -उपासना और उपासना स्थल का विश्वमानक

इस प्रकार विश्व सरकार के लिए पुनः भारत द्वारा शून्य आधारित अन्तिम आविष्कार पूर्ण हुआ है।
(आविष्कार के विस्तृत जानकारी के लिए "विश्वशास्त्र" अध्याय-तीन देखें)

मानक का अर्थ है-"वह सर्वमान्य पैमाना, जिससे हम उस विषय का मूल्यांकन करते है। जिस विषय का वह पैमाना होता है।" इस प्रकार मन की गुणवत्ता का मानक व्यक्ति तथा संयुक्त व्यक्ति (अर्थात् संस्था, संघ, सरकार इत्यादि) के मूल्याकंन का पैमाना है चूँकि आविष्कार का विषय सर्वव्यापी ब्रह्माण्डीय नियम पर आधारित है। इसलिए वह प्रत्येक विषयों से सम्बन्धित है जिसकी उपयोगिता प्रत्येक विषय के सत्यरूप को जानने में है। चूँकि मानव कर्म करते-करते ज्ञान प्राप्त करते हुऐ प्रकृति के क्रियाकलापों को धीरे-धीरे अपने अधीन करने की ओर अग्रसर है इसलिए पूर्णत: प्रकृति के पद पर बैठने के लिए प्रकृति द्वारा धारण की गई सन्तुलित कार्यप्रणाली को मानव द्वारा अपनाना ही होगा अन्यथा वह सन्तुलित कार्य न कर अव्यवस्था उत्पन्न कर देगा। यह वैसे ही है जैसे किसी कर्मचारी को प्रबन्धक (मैनेजर) के पद पर बैठा दिया जाये तो सन्तुलित कार्य संचालन के लिए प्रबन्धक की सन्तुलित कार्यप्रणाली को उसे अपनाना ही होगा अन्यथा वह सन्तुलित कार्य न कर अव्यवस्था उत्पन्न कर देगा। आविष्कार की उपयोगिता व्यापक होते हुए भी मूल रूप से व्यक्ति स्तर से विश्व स्तर तक के मन और संयुक्त मन के प्रबन्ध को व्यक्त करना एवं एक कर्मज्ञान द्वारा श्रृंखलाबद्ध करना है जिससे सम्पूर्ण शक्ति एक मुखी हो विश्व विकास की दिशा में केन्द्रित हो जाये। परिणामस्वरूप एक दूसरे को विकास की ओर विकास कराते हुऐ स्वयं को भी विकास करने के लिए पूर्ण स्वतन्त्रता प्राप्त हो जायेगी। सम्पूर्ण क्रियाकलापों को संचालित करने वाले मूल दो कर्ता-मानव (मन) और प्रकृति (विश्वमन) दोनों का कर्मज्ञान एक होना आवश्यक है। प्रकृति (विश्वमन) तो पूर्ण धारण कर सफलतापूर्वक कार्य कर ही रही है। मानव जाति में जो भी सफलता प्राप्त कर रहे हैं वे अज्ञानता में इसकें आंशिक धारण में तथा जो असफलता प्राप्त कर रहे हैं, वे पूर्णत: धारण से मुक्त है। इसी कर्मज्ञान से प्रकृति, मानव और संयुक्त मन प्रभावित और संचालित है। किसी मानव का कर्मक्षेत्र सम्पूर्ण ब्रह्माण्ड हो सकता है और किसी का उसके स्तर रूप में छोटा यहाँ तक कि सिर्फ स्वयं व्यक्ति का अपना स्तर परन्तु कर्मज्ञान तो सभी का एक ही होगा।

"उसी मूल सत्य की फिर से शिक्षा ग्रहण करनी होगी, जो केवल यहीं से, हमारी इसी मातृभूमि से प्रचारित हुआ था। फिर एक बार भारत को संसार में इसी मूल तत्व का-इसी सत्य का प्रचार करना होगा। ऐसा क्यों है? इसलिए नहीं कि यह सत्य हमारे शास्त्रों में लिखा है वरन् हमारे राष्ट्रीय साहित्य का प्रत्येक विभाग और हमारा राष्ट्रीय जीवन उससे पूर्णतः ओत-प्रोत है। इस धार्मिक सहिष्णुता की तथा इस सहानुभूति की, मातृभाव की महान शिक्षा प्रत्येक बालक, स्त्री, पुरुष, शिक्षित, अशिक्षित सब जाति और वर्ण वाले सीख सकते हैं। तुमको अनेक नामों से पुकारा जाता है, पर तुम एक हो।" (जितने मत उतने पथ, रामकृष्ण मिशन, पृष्ठ-39) **- स्वामी विवेकानन्द**

मेरी नीति है- प्राचीन आचार्यों के उपदेशों का अनुसरण करना। मैंने उनके कार्य का अध्ययन किया है, और जिस प्रणाली से उन्होंने कार्य किया, उसके आविष्कार करने का मुझे सौभाग्य मिला। वे सब महान समाज संस्थापक थे। बल पवित्रता और जीवन शक्ति के वे अद्भुत आधार थे। उन्होंने सब से अद्भुत कार्य किया-समाज में बल, पवित्रता और जीवन शक्ति संचारित की। हमें भी सबसे अद्भुत कार्य करना है। आज अवस्था कुछ बदल गयी है, इसलिए कार्य-प्रणाली में कुछ थोड़ा-सा परिवर्तन करना होगा; बस इतना ही, इससे अधिक कुछ नहीं। (मेरी समर नीति-पृ0-27) **- स्वामी विवेकानन्द**

भाग-5

विश्व शान्ति का अन्तिम मार्ग

विश्व शान्ति

ईश्वर का मस्तिष्क, मानव का मस्तिष्क और कम्प्यूटर

एकात्मकर्मवाद और विश्व का भविष्य

विश्व का मूल मन्त्र- "जय जवान-जय किसान-जय विज्ञान-जय ज्ञान-जय कर्मज्ञान"

विश्वमानक-शून्य श्रृंखला (निर्माण का आध्यात्मिक न्यूट्रान बम)

भारत का संकट, हल, विश्वनेतृत्व की अहिंसक स्पष्ट दृश्य नीति, सर्वोच्च संकट और विवशता

गणराज्य-संघ को मार्गदर्शन

01. गणराज्यों के संघ-भारत को सत्य और अन्तिम मार्गदर्शन

02. राष्ट्रो के संघ - संयुक्त राष्ट्र संघ को सत्य और अन्तिम मार्गदर्शन

03. अवतारी संविधान से मिलकर भारतीय संविधान बनायेगा विश्व सरकार का संविधान

04. "भारत" के विश्वरूप का नाम है-"इण्डिया (INDIA)"

05. विश्व सरकार के लिए पुनः भारत द्वारा शून्य आधारित अन्तिम आविष्कार

- शून्य का प्रथम आविष्कार का परिचय
- शून्य आधारित अन्तिम आविष्कार का परिचय

विश्व शान्ति

विश्व शांति सभी देशों और/या लोगों के बीच और उनके भीतर स्वतंत्रता, शांति और खुशी का एक आदर्श है। विश्व शांति पूरी पृथ्वी में अहिंसा स्थापित करने का एक विचार है, जिसके तहत देश या तो स्वेच्छा से या शासन की एक प्रणाली के जरिये इच्छा से सहयोग करते हैं, ताकि युद्ध को रोका जा सके। हालांकि कभी-कभी इस शब्द का प्रयोग विश्व शांति के लिए सभी व्यक्तियों के बीच सभी तरह की दुश्मनी के खात्मे के संदर्भ में किया जाता है।

विश्व शांति के सिद्धान्त

विश्व शांति कैसे प्राप्त की जा सकती है, इसके लिए कई सिद्धांतों का प्रस्ताव किया गया है। इनमें से कई नीचे सूचीबद्ध हैं। विश्व शांति हासिल की जा सकती है, जब संसाधनों को लेकर संघर्ष नहीं हो। उदाहरण के लिए, तेल एक ऐसा ही संसाधन है और तेल की आपूर्ति को लेकर संघर्ष जाना पहचाना है। इसलिए, पुनः-प्रयोज्य ईंधन स्रोत का उपयोग करने वाली प्रौद्योगिकी विकसित करना विश्व शांति हासिल करने का एक तरीका हो सकता है।

संभावना

जबकि विश्व शांति सैद्धांतिक रूप से संभव है, कुछ का मानना है कि मानव प्रकृति स्वाभाविक तौर पर इसे रोकती है। यह विश्वास इस विचार से उपजा है कि मनुष्य प्राकृतिक रूप से हिंसक है या कुछ परिस्थितियों में तर्कसंगत कारण हिंसक कार्य करने के लिए प्रेरित करती है। तथापि दूसरों का मानना है कि युद्ध मानव प्रकृति का एक सहज हिस्सा नहीं हैं, और यह मिथक वास्तव में लोगों को विश्व शांति के लिए प्रेरित होने से रोकता है।

विभिन्न राजनीतिक विचारधाराएं

दावा किया जाता है कि कभी-कभी विश्व शांति किसी खास राजनीतिक विचारधारा का एक अपरिहार्य परिणाम होती है। पूर्व अमेरिकी राष्ट्रपति जॉर्ज डब्ल्यू बुश के मुताबिक "लोकतंत्र का प्रयाण (विकास क्रम) विश्व शांति का नेतृत्व करेगा।" एक मार्क्सवादी विचारक लियोन त्रोत्स्की का मानना है कि विश्व क्रांति कम्युनिस्ट विश्व शांति का नेतृत्व करेगी।

लोकतांत्रिक शांति सिद्धांत

विवादास्पद डेमोक्रेटिक शांति सिद्धांत के समर्थकों का दावा है कि इस बात के मजबूत अनुभवजन्य साक्ष्य मौजूद हैं कि लोकतांत्रिक देश कभी नहीं या मुश्किल से ही एक-दूसरे के खिलाफ युद्ध छेड़ते हैं। (केवल अपवाद हैं कोड युद्ध, टर्बोट युद्ध और ऑपरेशन फोर्क)। जैक लेवी (1988) बार-बार जोर दे कर यह सिद्धांत बताते हैं कि "चाहे कुछ भी हो, अंतर्राष्ट्रीय संबंधों में हमें एक व्यवहारिक कानून की आवश्यकता है"। औद्योगिक क्रांति के बाद से लोकतांत्रिक बनने वाले देशों में वृद्धि हो रही है। एक विश्व शांति इस प्रकार संभव है, अगर यह रुझान जारी रहे और अगर लोकतांत्रिक शांति सिद्धांत सही हो हालांकि इस सिद्धांत के कई संभव अपवाद है।

पूंजीवादी शांति सिद्धांत

अपनी "कैपिटलिज्म पीस थ्योरी" पुस्तक में आयन रैंड मानती है कि इतिहास के बड़े युद्ध उस समय के अपेक्षाकृत अधिक नियंत्रित अर्थव्यवस्थाओं वाले देशों द्वारा मुक्त (अर्थव्यवस्थाओं) के खिलाफ लड़े गये और उस पूंजीवाद ने मानव जाति को इतिहास में सबसे लंबे समय तक शांति प्रदान की और जिस अवधि में पूरी सभ्य दुनिया की भागीदारी में 1815 में नेपोलियन युद्ध के अंत से 1914 में प्रथम विश्व युद्ध के छिड़ने तक युद्ध नहीं हुए। यह याद

रखा जाना चाहिए कि उन्नीसवीं सदी की राजनीतिक प्रणालियां शुद्ध पूंजीवादी नहीं थीं, बल्कि मिश्रित अर्थव्यवस्थाओं वाली थीं। हालांकि पूंजीवाद के तत्व का प्रभुत्व था, पर यह पूंजीवाद की एक सदी के उतने ही करीब था, जितना मानव जाति के आने तक था। लेकिन पूरी उन्नीसवीं सदी के दौरान राज्यवाद के तत्व फलते-फूलते रहे और 1914 में पूरी दुनिया में इसके विस्फोट के समय तक शामिल सरकारों पर राज्यवाद की नीतियों का बोलबाला रहा हालांकि, इस सिद्धांत ने यूरोप के बाहर के देशों, साथ ही साथ एकीकरण के लिए जर्मनी और इटली में हुए युद्धों, फ्रांको-पर्सियन युद्ध और यूरोप के अन्य संघर्षों के खिलाफ पश्चिमी देशों द्वारा छेड़े गये क्रूर औपनिवेशिक युद्धों की अनदेखी की। यह युद्ध के अभाव को शांति के पैमाने के रूप में पेश करता है, जब वास्तविक रूप में वर्ग संघर्ष मौजूद रहा।

कोब्डेनिज्म

कोब्डेनिज्म के कुछ समर्थकों का दावा है कि टैरिफ हटाने और अंतर्राष्ट्रीय मुक्त व्यापार शुरू करने से युद्ध असंभव हो जायेंगे, क्योंकि मुक्त व्यापार एक राष्ट्र को आत्मनिर्भर बनने से रोकता है, जो लंबे युद्धों की एक आवश्यकता है। उदाहरण के लिए, यदि एक देश आग्नेयास्त्रों का उत्पादन और दूसरा गोला-बारूद का उत्पादन करता है, तो दोनों एक-दूसरे से ही लड़ेंगे, क्योंकि पहला गोला-बारूद हासिल करने में असमर्थ होगा और दूसरा हथियार हासिल करने में।

आलोचकों का तर्क है कि मुक्त व्यापार एक देश को युद्ध के मामले में अस्थायी रूप से आत्मनिर्भर बनने की आपात योजना बनाने से नहीं रोक सकता या एक देश साधारण तौर पर अपनी जरूरत एक दूसरे देश से पूरी कर सकता है। इसका एक अच्छा उदाहरण पहला विश्व युद्ध है। ब्रिटेन और जर्मनी दोनों युद्ध के दौरान आंशिक रूप से आत्मनिर्भर बनने में कामयाब हो गये। यह विशेष रूप से इस तथ्य की वजह से अहम था कि जर्मनी के पास एक युद्ध अर्थव्यवस्था बनाने की कोई योजना नहीं थी।

अधिक आम तौर पर, इसके अन्य समर्थकों का तर्क है कि मुक्त व्यापार, भले ही युद्ध को असंभव नहीं बनायें, पर वह युद्ध करा सकता है और युद्धों के कारण व्यापार पर प्रतिबंध कई विभिन्न देशों में उत्पादन, अनुसंधान और बिक्री में लगी अंतर्राष्ट्रीय कंपनियों के लिए महंगे साबित हो सकते हैं। इस तरह, एक शक्तिशाली लॉबी-जो केवल राष्ट्रीय कंपनियों के कारण उपस्थित नहीं होती तो वह युद्ध के खिलाफ तर्क दे सकती है।

द्विपक्षीय आश्वस्त विनाश

द्विपक्षीय आश्वस्त विनाश (कभी-कभी इसे एम.ए.डी (MAD) कहा जाता है) सैन्य रणनीति का एक सिद्धांत है, जिसमें दो प्रतिद्वंद्वी पक्षों द्वारा पूर्ण पैमाने पर परमाणु हथियारों के उपयोग से हमलावर और रक्षक दोनों के विनाश का प्रभावी परिणाम निकलता है। शीत युद्ध के दौरान द्विपक्षीय आश्वस्त विनाश की नीति के समर्थकों की वजह से युद्ध की घातकता इस कदर बढ़ी कि किसी भी पक्ष के लिए किसी शुद्ध लाभ की संभावना नहीं बनी और इस तरह युद्ध व्यर्थ साबित हुए।

वैश्वीकरण

कुछ लोग राष्ट्रीय राजनीति में एक प्रवृत्ति देखते हैं, जिसके तहत नगर-राज्य और राष्ट्र-राज्य एकीकृत हो गये और सुझाव दिया कि अंतर्राष्ट्रीय मंच इसका पालन करेगा। चीन, इटली, संयुक्त राज्य अमेरिका, जर्मनी, भारत और ब्रिटेन जैसे कई देश एकीकृत हो गये, जबकि यूरोपीय यूनियन ने बाद में इसका अनुपालन किया और इससे संकेत मिलता है कि और अधिक भूमंडलीकरण एक एकीकृत विश्व व्यवस्था बनाने में मदद करेगा।

पृथकतावाद और गैर-हस्तक्षेपवाद

पृथकतावाद और गैर-हस्तक्षेपवाद के समर्थकों का दावा है कि कई राष्ट्रों से बनी एक दुनिया उस समय तक शांतिपूर्वक सह-अस्तित्व के साथ रह सकती है, जब तक वह घरेलू मामलों की तरफ मजबूती से ध्यान केंद्रित रखे और दूसरे देशों पर अपनी इच्छा थोपने की कोशिश नहीं करे। गैर-हस्तक्षेपवाद के संबंध में पृथकतावाद को लेकर भ्रमित नहीं होना चाहिए। गैर-हस्तक्षेपवाद की तरह पृथकतावाद दूसरे राष्ट्रों के आंतरिक मामलों में हस्तक्षेप से बचने की सलाह देता है, लेकिन संरक्षणवाद और अंतर्राष्ट्रीय व्यापार और पर्यटन पर प्रतिबंध पर जोर देता है। दूसरी तरफ गैर-हस्तक्षेपवाद मुक्त व्यापार (कोब्डेनिज्म की तरह) के राजनीतिक व सैन्य अ-हस्तक्षेप के संयोजन की वकालत करता है। जापान जैसे राष्ट्र शायद अतीत में पृथकतावादी नीतियों की स्थापना के लिए सबसे ज्यादा जाने जाते हैं। जापानी ईदो, तोकुगावा ने एक पृथकतावादी अवधि ईदो अवधि शुरू की, जिसके तहत जापान ने पूरी दुनिया से अपने को अलग कर दिया। यह एक प्रसिद्ध अलगाव अवधि थी और कई क्षेत्रों में अच्छी तरह प्रलेखित की गई।

स्व-संगठित शांति

विश्व शांति को स्थानीय, स्व-निर्धारित व्यवहार के एक परिणाम के रूप में दर्शाया गया है, जो शक्ति के संस्थानीकरण को रोकता है और हिंसा को बढ़ावा देता है। समाधान बहुत कुछ सहमति वाले एजेंडे या उच्च प्राधिकार, चाहे वह दैवीय हो या राजनीतिक, में निवेश पर उतना आधारित नहीं है, जितना आपसी सहमित वाले तंत्रों का स्व-संगठित नेटवर्क, जिसका परिणाम एक व्यवहार्य राजनीतिक-आर्थिक सामाजिक तानेबाने के रूप में निकलता है। अभिसरण के उत्प्रेरण के लिए प्रमुख तकनीक विचारों का प्रयोग है, जिसे बैककास्टिंग कहते है, और इससे कोई भागीदारी में सक्षम हो सकता है, भले ही वह किसी सांस्कृतिक पृष्ठभूमि, धार्मिक सिद्धांत, राजनीतिक संबद्धता या जनसांख्यिकीय उम्र का हो। समान सहयोगी तंत्र खुली स्रोत वाली परियोजनाओं के आसपास इंटरनेट के जरिये उभर रहे हैं और सामाजिक मीडिया का विकास हो रहा है।

आर्थिक मानदंडों का सिद्धांत

आर्थिक मानदंडों का सिद्धांत आर्थिक स्थितियों को प्रशासन के संस्थानों और संघर्ष से संबद्ध करता है, व्यक्तिगत ग्राहकवर्गीय अर्थव्यवस्थाओं को अवैयक्तिक बाजारोन्मुख अर्थव्यवस्थाओं से अलग करता है और बाद वाली अर्थव्यवस्थाओं को राष्ट्रों के भीतर और उनके बीच स्थायी शांति की पहचान देता है। हालांकि मानव इतिहास के ज्यादातर समाज व्यक्तिगत संबंधों पर आधारित है। समूहों के व्यक्ति एक दूसरे को जानते हैं और पक्ष का विनिमय करते हैं। आज समूहों के कम आय वाले समाज पदानुक्रम समूह के नेताओं के बीच व्यक्तिगत संबंधों के आधार पर धन वितरित करते हैं, जो अक्सर ग्राहकवर्गवाद और भ्रष्टाचार के साथ जुड़ी हुई एक प्रक्रिया मानी जाती है। माइकल मोउसेयू का तर्क है कि इस प्रकार की सामाजिक-अर्थव्यवस्था में संघर्ष हमेशा से मौजूद रहा है, भले ही वह प्रच्छन्न या खुला रहा हो, क्योंकि व्यक्ति शारीरिक और आर्थिक सुरक्षा के लिए अपने समूहों पर निर्भर रहते हैं और इस तरह अपने राज्यों के बजाय अपने समूहों के प्रति वफादार रहते है, और क्योंकि समूह राज्य के खजाने तक पहुँच के लिए सतत संघर्ष की स्थिति में होते हैं। आबद्ध समझदारी की प्रक्रियाओं के माध्यम से लोग मजबूत सामूहिक पहचान के प्रति अभ्यस्त होते हैं और बाहरी ताकतों के डर व मनोवैज्ञानिक पूर्वानुकूलता के कारण उसी दिशा में बह जाते हैं, जिससे सांप्रदायिक हिंसा, नरसंहार और आतंकवाद संभव हो पाता है।

बाजारोन्मुख सामाजिक अर्थव्यवस्थाएं व्यक्तिगत संबंधों से नहीं, बाजार के अवैयक्तिक बल से एकीकृत होती है, जहाँ ज्यादातर व्यक्ति राज्य द्वारा लागू अनुबंधों के तहत अजनबियों पर विश्वास करने के लिए आर्थिक रूप से निर्भर होते हैं। यह राज्य के प्रति वफादारी पैदा करती है, जो कानून का शासन और अनुबंध निष्पक्ष और विश्वस्त रूप से लागू करती है और अनुबंध करने की स्वतंत्रता में समान संरक्षण प्रदान करती है, जिसे उदारवादी लोकतंत्र कहा जाता है। युद्ध बाजार एकीकृत अर्थव्यवस्थाओं वाले देशों के भीतर और उनके बीच नहीं हो सकते, क्योंकि युद्ध में एक-दूसरे को नुकसान पहुंचाने की आवश्यकता होती है और इस तरह की

अर्थव्यवस्थाओं में हर कोई तभी आर्थिक रूप से बेहतर रह सकता है, जब बाजार में दूसरे भी बेहतर रहें, बदतर नहीं। लड़ने के बजाय, बाजारोन्मुख सामाजिक अर्थव्यवस्थाओं में नागरिक हर किसी के अधिकारों और कल्याण के बारे में गहरी चिंता करते हैं, इसलिए वे घर में आर्थिक विकास और विदेश में आर्थिक सहयोग और मानवाधिकारों की मांग करते हैं। वास्तव में, बाजारोन्मुख सामाजिक अर्थव्यवस्थाओं वाले देशों में वैश्विक मुद्दों, पर सहमति होती है और उन दोनों के बीच किसी विवाद में एक भी मौत नहीं हुई है।

आर्थिक मानदंडों के सिद्धांत को शास्त्रीय उदार सिद्धांत के रूप में भ्रमित नहीं होने देना चाहिए। बाद वाला मानता है कि बाजार प्राकृतिक होते हैं और मुक्त बाजार धन को बढ़ावा देता है। इसके विपरीत, आर्थिक मानदंडों का सिद्धांत बताता है कि कैसे बाजार-अनुबंध एक गहन अध्ययन वाला तरीका है और राज्य का खर्च, विनियमन और पुनर्वितरण यह सुनिश्चित करने के लिए जरूरी है कि हर कोई "सामाजिक बाजार" अर्थव्यवस्था में भागीदारी कर सके, जो हर किसी के हित में है।

विश्व शांति के धार्मिक सिद्धान्त

कई धर्मों और धार्मिक नेताओं हिंसा खत्म करने और/या विश्व शांति की इच्छा व्यक्त की है।

बहाई धर्म

विश्व शांति के लक्ष्य के विशिष्ट संबंध में, बहाई विश्वास के बहाउल्ला ने स्थाई शांति की स्थापना के लिए पूरी दुनिया की ओर से समर्थित सामूहिक सुरक्षा व्यवस्था का सुझाव देता है। यूनिवर्सल हाउस ऑफ जस्टिस ले द प्रोमिज ऑफ वर्ल्ड पीस में इस प्रक्रिया के बारे में लिखा है।, ऐसा करीब-करीब हर धर्म मे कहा गया है।

बौद्ध धर्म

कई बौद्ध धर्मावलंबी मानते हैं कि विश्व शांति तभी हो सकती है, जब हम अपने मन के भीतर पहले शांति स्थापित करें। बौद्ध धर्म के संस्थापक सिद्धार्थ गौतम ने कहा, "शांति भीतर से आती है.इसे इसके बिना न तलाशें", विचार यह है कि गुस्सा और मन की अन्य नकारात्मक अवस्थाएं युद्ध और लड़ाई के कारण हैं। बौद्धों का विश्वास है कि लोग केवल तभी शांति और सद्भाव के साथ जी सकते हैं, जब हम अपने मन से क्रोध जैसी नकारात्मक भावनाओं को त्याग दें और प्यार और करुणा जैसी सकारात्मक भावनाएं पैदा करें।

ईसाई धर्म

बुनियादी ईसाई आदर्श सद्भाव और विश्वास को दूसरों से साझा करने के जरिये शांति को बढ़ावा देता है, साथ ही साथ उन्हें भी माफ कर देने, जो शांति भंग करने की कोशिश करते हैं। नीचे दो चुने हुए उपदेश दिये जा रहे हैं-

"लेकिन मैं तुम्हें कहता हूँ, अपने दुश्मनों से प्यार करो, जो तुम्हें शाप देते हैं, उन्हें आशीर्वाद दो, उनका भला करो, जो तुमसे नफरत करते हैं और उनके लिए प्रार्थना करो, जो तुमसे द्वेषपूर्ण सलूक करते हैं और उत्पीड़न करते हैं, क्योंकि वे तुम्हारे परम पिता की संतान हो सकते हैं, जो स्वर्ग में है क्योंकि उसने जो सूर्य बनाया है, वह दुष्ट और भला दोनों पर उगता है और उचित और अनुचित दोनों पर वर्षा बरसाता है।"

(मैथ्यू 05:44-45)

"मैं तुम्हें एक नया आदेश देता हूं, कि तुम एक दूसरे को प्यार करो, जैसा कि मैंने तुमसे प्यार किया है, क्योंकि तुम एक दूसरे से प्यार करते हो। इसके द्वारा सभी लोग जानेंगे कि तुम सब मेरे शिष्य हो, अगर तुम्हें दूसरे के लिए प्यार है।"

(जॉन 13:34-35)

जॉन 14:06 में यीशु मसीह के शब्दों के कारण, जो कहते हैं, "मैं मार्ग हूँ, सत्य हूँ और जीवन हूँ और मेरे माध्यम के बिना कोई भी परम पिता के पास नहीं आता। कई ईसाई यीशु मसीह के अलावा ईश्वर तक पहुंचने का कोई अन्य तरीका स्वीकार करने में असमर्थ हैं। इसलिए, ईसाई प्यार का एक सच्चा कार्य होगा, इस बात का प्रचार करना कि केवल एक भगवान है और एक ही परित्राता है। ईसाइयों को अपने शत्रुओं से प्यार करने और उपदेशों के सुसमाचार प्रचारित करने को कहा जाता है।

सदी से पहले ईश्वर के प्राकट्य वाले विचार के अनुयाइयों का विश्वास है कि विश्व शांति यीशू मसीह के दूसरी बार अवतरित होने और महाकष्ट के बाद मसीह के 1000 साल का शासन शुरू होने तक विश्व शांति प्राप्त नहीं की जा सकती। इसलिए, ईसाइयों को केवल ईसा मसीह के माध्यम से मुक्ति का संदेश फैलाना चाहिए, जबकि उनकी परलोक विद्या बताती है कि ईसा के हजार साल का शासन शुरू होने तक ईसा विरोधियों के शासन के सात सालों की महाकष्ट की अवधि के दौरान युद्ध और प्राकृतिक आपदाओं में काफी वृद्धि होगी।

हिंदू धर्म

परंपरागत रूप से हिंदू धर्म में वसुधैव कुटुंबकम की अवधारणा गृहीत की गई है, जिसका अनुवाद है, "पूरा विश्व एक परिवार है" इस कथन का सार यह बताता है कि केवल कलुषित मन ही द्विभाजन और विभेद देखता है। हम जितना अधिक ज्ञान की तलाश करेंगे, उतना ही समावेशी होंगे और हमें सांसारिक भ्रम या माया से अपने भीतर की आत्मा को मुक्त करना होगा। हिंदुओं के मुताबिक ऐसा सोचा जाता है कि विश्व शांति केवल आंतरिक साधनों के माध्यम से हासिल की जा सकती है। खुद को कृत्रिम सीमाओं से आजाद करके, जो हमें अलग करती है, लेकिन शांति हासिल करने के लिए अच्छी है।

इस्लाम धर्म

इस्लाम धर्म के अनुसार केवल एक खुदा में यकीन और एडम और ईव के रूप में समान माता-पिता का होना मनुष्यों का शांति और भाईचारे के साथ एक साथ रहने का सबसे बड़ा कारण है। विश्व शांति के इस्लामी विचार कुरान में वर्णित है, जहाँ पूरी मानवता को एक परिवार के रूप में मान्यता प्राप्त है। सभी लोग एडम के बच्चे हैं। इस्लामी आस्था का उद्देश्य लोगों को अपनी बिरादरी की ओर अपने स्वयं के प्राकृतिक झुकाव की पहचान कराना है। इस्लामी परलोकशास्त्र के अनुसार पैगंबर जीसस के नेतृत्व में उनके दूसरे अवतरण में पूरा विश्व एकजुट हो जायेगा, उस समय इतना ज्यादा प्रेम, न्याय और शांति होगी कि दुनिया स्वर्ग जैसी हो जाएगी।

आई.ई.सी.आर.सी द्वारा 5 अक्टूबर 2009 को शामिल किया गया-विश्व शांति में धार्मिक भागीदारी पर इस्लामिक एजुकेशनल एंड कल्चरल रिसर्च सेंटर (आई.ई.सी.आर.सी) के अनुसंधान और विश्व शांति व्यवस्था की अवधारणा का विस्तारित वर्णन नवीनतम प्रकाशन "वर्ल्ड पीस आर्डर-टुआर्ड्स एन इंटरनेशनल स्टेट" में किया गया है।

यहूदी धर्म

यहूदी धर्म पारंपरिक रूप से सिखाता है कि भविष्य में किसी समय एक महान नेता का उदय होगा और वह इजराइल के लोगों को एकजुट करेगा, जिसके परिणामस्वरूप विश्व में शांति और समृद्धि आयेगी। ये विचार मूलत-तनाख और रब्बानी व्याख्याओं के उद्धरणों के हैं।

मसीहा के प्रसिद्ध विचार के अलावा टिक्कुन ओलम (विश्व के संस्कार) का विचार भी मौजूद है। टिक्कुन ओलम की उपलब्धि विभिन्न साधनों के माध्यम से होती है, जैसे ईश्वर के दैवी आदेशों (सब्बात, कश्रुत कानूनों, आदि का पालन करते हुए) को आनुष्ठानिक रूप से पालन करने, साथ ही साथ उदाहरण के द्वारा बाकी दुनिया को राजी करने से होती है। टिक्कुन ओलम की उपलब्धि दान और सामाजिक न्याय के माध्यम से भी होती

है। कई यहूदियों का मानना है कि जब टिक्कुन ओलम की उपलब्धि हो जायेगी या जब दुनिया का संस्कार हो जायेगा है, तब मुक्तिदाता युग की शुरुआत होगी।

जैन धर्म

सभी तरह के जीवन, मानवीय या गैर-मानवीय, में करुणा जैन धर्म का केंद्र है। मानव जीवन एक अद्वितीय, ज्ञान तक पहुंचने के एक दुर्लभ अवसर, किसी भी व्यक्ति की हत्या नहीं करने, इससे मतलब नहीं कि उसने क्या अपराध किया है, के अवसर के रूप में मूल्यवान है, जिसे अकल्पनीय घृणित माना जाता है। यह एक ऐसा धर्म है, जिसमें अपने सभी संप्रदायों और परंपराओं के भिक्षुओं और गैर-पादरी वर्ग की जरूरत होती है, उन्हें शाकाहारी होने की आवश्यकता होती है। भारत के कुछ क्षेत्र, जैसे गुजराती जैनियों से बहुत प्रभावित होते है और अक्सर पंथ के स्थानीय हिंदुओं का बहुमत शाकाहारी बन जाता है।

सिख धर्म

"सभी जीव-जंतु उनके हैं, वह सभी के लिए है" (गुरु ग्रंथ साहिब, 425)। इसके अलावा गुरुओं ने आगे उपदेश दिया है कि "एक बेदाग ईश्वर की स्तुति गाओ, वह सब के भीतर निहित है" (गुरु ग्रंथ साहिब, 706)। "सिख के गुरु की खास विशेषता यह है कि वह जाति-वर्गीकरण के ढांचे से परे जाता है और विनम्रता की ओर प्रेरित होता है, तब उसका श्रम ईश्वर के दरवाजे पर स्वीकार्य हो जाता है" (भाई गुरदास जी, 1)।

ईश्वर का मस्तिष्क, मानव का मस्तिष्क और कम्प्यूटर

स्वामी विवेकानन्द जी ने कहा है-

"हमारे सम्मुख दो शब्द हैं- क्षुद्र ब्रह्माण्ड और बृहत ब्रह्माण्ड, अन्त-और बहिः। हम अनुभूति के द्वारा ही इन दोनों से सत्य लाभ करते है, आभ्यन्तर अनुभूति और बाह्य अनुभूति। अभ्यान्तर अनुभूति के द्वारा संग्रहित सत्य समूह मनोविज्ञान, दर्शन और धर्म के नाम से परिचित है, और बाह्य अनुभूति से भौतिक विज्ञान की उत्पत्ति हुई है। अब बात यह है कि जो सम्पूर्ण सत्य है उसका इन दोनों जगत की अनुभूति के साथ समन्वय होगा। क्षुद्र ब्रह्माण्ड, बृहत् ब्रह्माण्ड के सत्य को साक्षी प्रदान करेगा, उसी प्रकार बृहत् ब्रह्माण्ड भी क्षुद्र ब्रह्माण्ड के सत्य को स्वीकार करेगा। चाहे जिस विद्या में हो प्रकृत सत्य में कभी परस्पर अवरोध रह नहीं सकता, आभ्यन्तर सत्य समूह के साथ बाह्य सत्य समूह का समन्वय है।"

(धर्म विज्ञान, रामकृष्ण मिशन, पृष्ठ-10-11)

आभ्यन्तर अनुभूति से व्यक्त भारत के सर्वप्राचीन दर्शनों (बल्कि विश्व के) में से एक और वर्तमान तक अभेद्य सांख्य दर्शन में ब्रह्माण्ड विज्ञान की विस्तृत व्याख्या उपलब्ध है।

स्वामी विवेकानन्द जी के व्याख्या के अनुसार-

"प्रथमत-अव्यक्त प्रकृति (अर्थात् तीन आयाम-सत, रज, और तम), यह सर्वव्यापी बुद्धितत्व (1.महत्) में परिणत होती है, यह फिर सर्वव्यापी अंहतत्व (2.अहंकार) में और यह परिणाम प्राप्त करके फिर सर्वव्यापी इंद्रियग्राह्य भूत (3.तन्मात्रा-सूक्ष्मभूत-गंध, स्वाद, स्पर्श, दृष्टि, ध्वनि 4.इन्द्रिय ज्ञान-श्रोत, त्वचा, नेत्र, जिह्वा, घ्राण) में परिणत होता है। यही भूत समष्टि इन्द्रिय अथवा केन्द्र समूह (5.मन) और समष्टि सूक्ष्म परमाणु समूह (6.इन्द्रिय-कर्म-वाक, हस्त, पाद, उपस्थ, गुदा) में परिणत होता है। फिर इन सबके मिलने से इस स्थूल जगत प्रपंच (7.स्थूल भूत-आकाश, वायु, अग्नि, जल, पृथ्वी) की उत्पत्ति होती है। सांख्य मत के अनुसार यही सृष्टि का क्रम है और बृहत् ब्रह्माण्ड में जो है-वह व्यष्टि अथवा क्षूद्र ब्रह्माण्ड में भी अवश्य रहेगा।"

(धर्म विज्ञान, पृष्ठ-33)

"जब साम्यावस्था भंग होती है, तब ये विभिन्न शक्ति समूह विभिन्न रूपों में सम्मिलित होने लगते है और तभी यह ब्रह्माण्ड बहिर्गत होता है। और समय आता है जब वस्तुओं का उसी आदिम साम्यावस्था में फिर से लौटने का उपक्रम चलता है। (अर्थात् एक तन्त्र का अन्त) और ऐसा भी समय आता है कि सब जो कुछ भावापन्न है, उस सब का सम्पूर्ण अभाव हो जाता है। (अर्थात् सम्पूर्ण ब्रह्माण्ड का अन्त)। फिर कुछ समय पश्चात् यह अवस्था नष्ट हो जाती है तथा शक्तियों के बाहर की ओर प्रसारित होने का उपक्रम आरम्भ होता है। तथा ब्रह्माण्ड धीरे-धीरे तंरगाकार में बहिर्गत होता है। जगत् की सब गति तरंग के आकार में ही होता है-एक बार उत्थान, फिर पतन।"

(धर्म विज्ञान, पृष्ठ-13)

"प्रलय और सृष्टि अथवा क्रम संकोच और क्रम विकास (अर्थात् एक तन्त्र या सम्पूर्ण ब्रह्माण्ड का अन्त और आरम्भ) अनन्त काल से चल रहे हैं। अतएव हम जब आदि अथवा आरम्भ की बात करते है तब हम एक कल्प (अर्थात् चक्र) आरम्भ की ओर ही लक्ष्य रखते हैं।"

(धर्म विज्ञान, पृष्ठ-14)

"समग्र प्रकृति के पश्चात् निश्चित रूप से कोई ऐसी सत्ता है, जिसका आलोक उन पर पड़कर महत्, अहंज्ञान और सब नाना वस्तुओं के रूप में प्रतीत हो रहा है और इस सत्ता को कपिल (सांख्य दर्शन के व्याख्याता) पुरूष अथवा आत्मा कहते है वेदान्ती भी उसे आत्मा कहते है कपिल के मत के अनुसार पुरूष अमिश्र पदार्थ है-वह यौगिक पदार्थ नहीं है वही एक मात्र अजड़ पदार्थ और सब प्रपंच विकार की जड़ है पुरूष ही एक मात्र ज्ञाता है।"

(धर्म विज्ञान, पृष्ठ-52)

"यदि हम एक मानव का विश्लेषण कर सके तो समग्र जगत् का विश्लेषण हमने कर लिया क्योंकि वे सब एक ही नियम से निर्मित हैं अतएव यदि यह सत्य हो कि इस व्यष्टि श्रेणी के पीछे ऐसे व्यक्ति विद्यमान हैं, जो समस्त प्रकृति से अतीत हैं, जो किसी प्रकार के उपादान से निर्मित नहीं है अर्थात् पुरूष, तो यह एक ही युक्ति समष्टि ब्रह्माण्ड पर भी घटित होगी तथा उसके पश्चात् भी एक चैतन्य स्वीकार करने का प्रयोजन होगा। जो सर्वव्यापी चैतन्य प्रकृति के समग्र विकारों के पश्चात् भाग में विद्यमान है उसे वेदान्त सब का नियन्ता-ईश्वर कहता है।"

(धर्म विज्ञान, पृष्ठ-63)

इस प्रकार आभ्यन्तर अनुभूति से हम पाते है कि एक ईश्वर (आत्मा) है, जिसकी उपस्थिति में तीन आयामी प्रकृति अपने सात आयामों में मूल रूप से व्यक्त है और इसी के उल्टे क्रम से अव्यक्त होती है।

बाह्य अनुभूति से व्यक्त भौतिक विज्ञान के नवीनतम आविष्कार के आविष्कारक महान वैज्ञानिक एवम् ब्रिटिश ब्रह्माण्ड वैज्ञानिक स्टीफेन विलियम हाकिंग (जिन्हें दूसरा आईन्सटाइन कहा जाता है) के अनुसार-

"ब्लैक होल (सर्वोच्च गुरूत्वाकर्षण की ब्रह्माण्डीय अति सघन वस्तु) के पी-ब्रेन्स माडल में पी-ब्रेन स्थान के तीन आयामों और अन्य सात आयामों में चलती है जिनके बारे में हमें कुछ पता नहीं चलता। यदि हम सभी बलों के एकीकरण का एक सार्वभौम समीकरण विकसित करें तो हम ईश्वर के मश्तिष्क को जान जायेगें क्योंकि हम भविष्य के कार्य का निर्धारण कर सकेगें, और यह मनुष्य के मस्तिष्क के द्वारा सर्वोच्च अविष्कार होगी।
(प्रो0 स्टीफेन हाकिंग के भारत यात्रा पर राष्ट्रीय सहारा समाचार पत्र के 27 जनवरी "2001 को प्रकाशित "हस्तक्षेप" अंक से)"।

भौतिक विज्ञान के वर्तमान ब्रह्माण्ड व्याख्या के अनुसार ब्लैक होल एक तन्त्र या ब्रह्माण्ड के अन्त का प्रतीक है अर्थात् वह एक तन्त्र या ब्रह्माण्ड के प्रारम्भ का भी प्रतीक होगा। इस प्रकार बाह्य अनुभूति से हम पाते है कि एक सिंगुलारिटी (एकलता) है तथा तीन और सात आयाम है।

उपरोक्त दोनों में एकीकरण करते हुये दर्शन शास्त्र के सार्वजनिक प्रमाणित विकास/विनाश दर्शन के अनुसार-सृष्टि में, सृष्टि का कारण मानक अर्थात् आत्मा अर्थात् ब्लैक होल से सत्व गुण युक्त मार्गदर्शक दर्शन (Guider Philosophy) से प्रारम्भ होकर स्थिति में रज गुण युक्त क्रियान्वयन दर्शन (Operating Philosophy) से होते हुये प्रलय में तम गुण युक्त विकास/विनाश दर्शन (Destroyer / Development Philosophy) को व्यक्त करता है। जिससे आदान-प्रदान (Transaction) ग्रामीण (Rural) आधुनिकता/अनुकलनता (Advancement / Adaptability) विकास (Development), शिक्षा (Education) प्राकृतिक सत्य (Natural Truth) व धर्म (Religion) या एकत्व या केन्द्र व्यक्त होता है।

एक सिंगुलारिटी (एकलता) आत्मा है तथा तीन आयाम सत्व, रज और तम है। सात आयाम आदान-प्रदान (Transaction), ग्रामीण (Rural), आधुनिकता/अनुकलनता (Advancement / Adaptability), विकास (Development)], शिक्षा (Education), प्राकृतिक सत्य (Natural Truth) व धर्म (Religion) है।

Yes You I Yes You

SATYAKASHI UNIVERSAL INTEGRATION SCIENCE UNIVERSITY

S U I S U

कोई भी विकास दर्शन अपने अन्दर पुराने सभी दर्शनों को समाहित कर लेता है अर्थात् उसका विनाश कर देता है और स्वयं मार्गदर्शक दर्शन का स्थान ले लेता है। अर्थात् सृष्टि-स्थिति-प्रलय फिर सृष्टि। चक्रीय रूप में ऐसा सोचने वाला ही नये परिभाषा में आस्तिक और सिर्फ सीधी रेखा में सृष्टि-स्थिति-प्रलय सोचने वाला नास्तिक कहलाता है।

दोनों अनुभूति (दर्शन और भौतिक विज्ञान) के द्वारा चक्रीय क्रिया बीज से वृक्ष के क्रम विकास तथा वृक्ष से बीज के क्रम संकुचन के रूप में हैं। दूसरें शब्दों में बीज से बीज या वृक्ष से वृक्ष चक्र है। यदि ब्लैक होल का माडल बाह्य अनुभूति का सत्य है तो निश्चित रूप से यह अभ्यान्तर अनुभूति का भी प्रमाण होना चाहिए, और यह इसलिए आश्चर्यजनक है क्योंकि यह वास्तव में एक समान है। अर्थात् आभ्यान्तर तथा बाह्य दोनों अनुभूतियों में सृष्टि और प्रलय का मूल तीन और सात आयामों के रूप में है। दोनों अनुभूतियों ब्रह्माण्ड की व्याख्या तथा उसके भविष्य को निश्चित करने मे भी सक्षम हैं अर्थात् दैनिक जीवन में उसकी कोई उपयोगिता नहीं है। लेकिन यह स्पष्ट है कि ईश्वर (आत्मा या एकलता) की उपस्थिति को जानने के लिए एक ही आयाम काफी है परन्तु उसके क्रियाकलाप या ईश्वर के मस्तिष्क को जानने के लिए अधिकतम आयामों को एक साथ जानना आवश्यक है न कि केवल एक आयाम को। इस प्रकार निश्चितता (फिक्सींग) का सार्वभौम सिद्धान्त यह है कि-"अधिकतम आयामों के ज्ञान से भविष्य का निर्धारण या अधिकतम आयामों के परिणाम के अनुसार कार्य करना"। अधिकतम आयामों को आविष्कृत करना वैज्ञानिक (भौतिक या दर्शन) का कार्य है तथा अधिकतम आयामों के परिणाम के अनुसार स्वयं के विकास के लिए कार्य करना मनुष्यों का कार्य है।

सांख्य दर्शन के अनूसार-

"एक मनुष्य अथवा कोई भी प्राणी जिस नियम से गठित है, समग्र विश्व ब्रह्माण्ड भी ठीक उसी नियम से विरचित है इसलिए हमारा जैसे एक मन है, उसी प्रकार एक विश्वमन भी है।"

(धर्म विज्ञान, पृष्ठ-25)

दोनों सत्य समूह (आभ्यन्तर और बाह्य) यदि एक समान है तब यह निश्चित है कि दैनिक जीवन के लिए उपयोगी सम्पूर्ण सत्य, मानवीय सत्य के अनुभूति के साथ समन्वय में होगा क्योंकि जिस प्रकार एक मन है उसी प्रकार एक विश्वमन है। यही सम्पूर्ण सत्य ब्रह्माण्ड तथा मनुष्य जीवन के प्रत्येक वस्तु की व्याख्या करने में सक्षम होगा क्योंकि बीज सभी शाखाओं, पत्तों, फूलों, फलों और अन्त में बीज को विकसित करने में सक्षम होता है। यदि सृष्टि और प्रलय के माडल (भौतिक विज्ञान और दर्शन) में तीन और सात आयाम हैं तब ये निश्चित है कि सम्पूर्ण सत्य के मूल माडल में भी तीन और सात आयाम होंगे। और यह आश्चर्यजनक इसलिए है कि यह ऐसा ही है। इस प्रकार यह निश्चित होता है। कि ईश्वर का मस्तिष्क तीन और सात आयामों में कार्य करता है। अर्थात् इन आयामों को एक साथ देखने पर ही ईश्वर के मस्तिष्क को वास्तविक दृष्टि अर्थात् दिव्य दृष्टि द्वारा देखा जा सकता है। और ये आयाम मनुष्य के विभिन्न रूपों सहित विश्वस्तरीय भविष्य, विश्वस्तरीय क्रियाकलाप, विश्वस्तरीय परिभाषा, विश्वस्तरीय निर्माण, विश्वस्तरीय प्रबन्ध, विश्वस्तरीय विकास, विश्वस्तरीय शिक्षा, विश्वस्तरीय मानव संसाधन इत्यादि को निश्चित (फिक्स) करने में सक्षम होगा। और यही अन्तिम सम्पूर्ण क्रान्ति तथा मानव मस्तिष्क के द्वारा मानव के लिए सर्वोच्च तथा अन्तिम आविष्कार होगा।

मानव के विकास क्रम की दिशा से देखने पर भी हम पाते है कि मनुष्य पहले कर्म करना प्रारम्भ किया और कर्म करते करते अन्त:-जगत की ओर से एकत्व ज्ञान का आविष्कार किया। यही एकत्व ज्ञान सत्य का बीज अर्थात् आत्मा या पुरूष या सिंगुलरिटी (एकलता) है। फिर बाह्य जगत से कर्म करते करते सिद्धान्तों का आविष्कार करते हुये वर्तमान में सार्वभौम सिद्धान्त अर्थात् सिद्धान्त के बीज की ओर बढ़ रहा है। और अन्तत:-उसे सार्वभौम सिद्धान्त विवशतावश चाहिए ही क्योंकि यही मनुष्य की पूर्णता अर्थात् वैश्विक मानव निर्माण का समीकरण होगा।

अभ्यान्तर अनुभूति बाह्य अनुभूति तथा मानव के विकास क्रम की दिशा के अलावा भारतीय समाज में एक ऐसा क्षेत्र और है जिसपर सर्वाधिक चिंतन व्यक्त किया जाता है। वह है-निर्गुण या निराकार तथा सगुण या साकार ब्रह्म। इस सम्बन्ध में स्वामी विवेकाननद जी कहते हैं-

"हमारे शास्त्रों मे परमात्मा के दो रूप कहे गये है।-सगुण और निगुण। सगुण ईश्वर के अर्थ में सर्वव्यापी-संसार की सृष्टि स्थिति और प्रलय के कर्ता हैं संसार के अनादि जनक तथा जननी हैं। उनके साथ हमारा नित्यभेद है। मुक्ति का अर्थ-उनके समीप और सालोक्य की प्राप्ति है। सगुण ब्रह्म के ये सब विशेषण निर्गुण ब्रह्म के सम्बन्ध में अनावश्यक और अयौक्तिक है इसलिए त्याज्य कर दिये गये। वह निर्गुण और सर्वव्यापी पुरूष ज्ञानवान् नहीं कहा जा सकता क्योंकि ज्ञान मन का धर्म है। इस निगुर्ण पुरूष के साथ हमारा क्या सम्बन्ध है? सम्बन्ध यह है कि हम उससे अभिन्न हैं-वह और हम एक हैं। हर एक मनुष्य उसी निर्गुण पुरूष का-जो सब प्राणियों का मूल कारण है, अलग अलग प्रकाश है। जब हम इस अनन्त और निर्गुण पुरूष से अपने को पृथक सोचते हैं तभी हमारे दुःख की उत्पत्ति होती है और इस अनिर्वचनीय निर्गुण सत्ता के साथ अभेद ज्ञान ही मुक्ति है। संक्षेपतः-हम अपने शास्त्रों में ईश्वर के इन्हीं दोनों "भावों" का उल्लेख देखते है। यहाँ यह कहना आवश्यक है कि निर्गुण बह्मवाद ही सब प्रकार के नीति-विज्ञानों की नींव है।"

(हिन्दु धर्म, पृष्ठ-40-41)

"जैसा कि यह स्थूल शरीर स्थूल शक्तियों का आधार है, वैसे ही सूक्ष्म शरीर सूक्ष्म शक्तियों का आधार है जिन्हें हम-विचार कहते है। यह विचार शक्ति विभिन्न रूपों में प्रकाशित होती रहती है इनमें कोई भेद नहीं है, केवल इतना ही है कि एक उसी वस्तु का स्थूल और दूसरा सूक्ष्म रूप है। इस सूक्ष्म शरीर और स्थूल शरीर में भी कोई पार्थक्य नहीं है। सूक्ष्म शरीर भी भौतिक है, केवल इतना ही कि वह अत्यन्त सूक्ष्म जड़ वस्तु है।"

(हिन्दु धर्म, पृष्ठ-107)

स्वामी विवेकानन्द जी के उपरोक्त व्याख्या से यह स्पष्ट है कि प्रत्येक मनुष्य शरीर का एक निराकार या निर्गुण रूप है जिन्हें विचार कहते है। मनुष्य का यही निराकार या निर्गुण रूप जब सत्य-सिद्धान्त होता है तब वह अवतार तथा अवतरण कहलाता है। और उसे ईश्वर के साकार या सगुण रूप में जाना जाता है। अर्थात् मनुष्य, मनुष्य जनित विचारों का साकार रूप है तो अवतार, सर्वव्यापी अजन्मा नित्य-सार्वभौम सत्य-सिद्धान्त का साकार रूप हैं। मनुष्य और अवतार के शरीर तो मानव के ही होते है परन्तु मानव, विचार के अनुसार तथा अवतार, सार्वभौम सत्य-सिद्धान्त के अनुसार कार्य करते हैं केवल यही अन्तर है। चूँकि जगत की सब गति तरंगाकार अर्थात् उत्थान और पतन के रूप में होती है इसलिए जब जगत पतन अर्थात् विचारों की अधिकता के अधीन हो जाता है तब उसे उत्थान अर्थात् सार्वभौम सत्य-सिद्धान्त की अधिकता के अधीन करते के लिए ही युगावतार का अवतरण होता है। व्यक्तिगत प्रमाणित पूर्णावतार श्री कृष्ण और उनका निराकार निर्गुण रूप-गीतोपनिषद् इसका उदाहरण है। जो सत्य का पूर्ण व्यक्त व्यक्तिगत प्रमाणित रूप है। जबकि सार्वजनिक प्रमाणित पूर्णावतार और उसका निराकार रूप सार्वभौम सत्य-सिद्धान्त का पूर्ण व्यक्त सार्वजनिक प्रताणित रूप का व्यक्त होना अगला चरण है।

इस प्रकार प्रत्येक दिशाओं-आभ्यन्तर (दर्शन), बाह्य (भौतिक विज्ञान), मानव विकास क्रम, सगुण ब्रह्म (अवतार) तथा निर्गुण बह्म (सार्वभौम सत्य-सिद्धान्त) की ओर से हम यही पाते है कि ईश्वर का मस्तिष्क सार्वभौम सिद्धान्त से युक्त तीन और सात आयामों में ही क्रियाशील है। जो अगला और अन्तिम चरण है।

स्वामी विवेकानन्द जी इसी सम्पूर्ण वास्तविक सार्वभौम सत्य-सिद्धान्त की ओर केन्द्रीत करते हुये कहे है-

"अन्त में देश-काल बद्ध ज्ञान का महामिलन उस ज्ञान से होगा जो इन दोनों से परे है, जो मन तथा इन्द्रियों के पहुँच से परे है, जो निरपेक्ष है, अद्वितीय है।"

(विज्ञान और आध्यमिकता, रामकृष्ण मिशन, पृष्ठ-36)

इस प्रकार हम यह भी पाते है कि किसी एक महापुरूष या अंशअवतार के विचार या सत्य से समाज या देश या विश्व का कल्याण असम्भव है इसके लिए सभी के समन्वयक सिद्धान्त और पूर्वावतार की आवश्यकता होगी, जिसमें सभी हो और सब में सार्वभौम सत्य-सिद्धान्त का अंश हो।

अब कल्पना करें ऐसे साकार मानव शरीर की जो सार्वभौम सत्य-सिद्धान्त सहित सभी आयामों का अविष्कारकर्ता और उससे युक्त हो, तो उसकी शक्ति क्या होगी? उसकी शक्ति प्रत्येक विषय पर विश्वस्तरीय

व्याख्या, विश्वस्तरीय साहित्य, विश्वस्तरीय योजना और उसकी स्थापना के लिए विश्वस्तरीय नीति सहित सभी आयामों एवम् उसकी अनन्त शाखाओं द्वारा एक साथ समानान्तर कार्य होगी। उसके व्यक्त करने की शैली मूल जड़ (बीज) से शाखाओं की ओर होगी तथा उसका सन्देश होगा-"तुम अपने रूप को उसमें देखों, तुम उस जड़ (बीज) अर्थात् सार्वभौम सत्य-सिद्धान्त को समझो फिर तुम्हें कुछ भी समझने की जरूरत न रहेगी, फिर तुम स्वयं समस्त शाखाओं के व्याख्याता, साहित्यकार, योजनाकार इत्यादि बन जाओगे।" वह अपने आपको किसी विशेष क्षेत्र में बद्ध नहीं करेगा क्योंकि उसके पास असीम कार्यक्षेत्र और व्यक्त होने के लिए असीम विश्वस्तरीय विषय क्षेत्र होंगे जिस पर वह सामानान्तर कार्य करेगा। उस असीम मनुष्य का विजय तो उसी दिन हो गया होगा जिस दिन वह साहित्यों व योजनाओं में व्यक्त हो गया होगा, जो मानव समाज के विभिन्न क्षेत्रों से मनुष्यों को प्राथमिकता से लाभ उठाने के लिए स्वतन्त्र होगा, जो कल्याण के सत्य अर्थ का मार्ग होगा। फलस्वरूप इन्हें आत्मसात् करने के उपरान्त ही मनुष्य अपने सत्य स्वरूप में स्थापित हो कह सकेगा-"सर्वव्यापी हम इतने असीम है कि यह समग्र ब्रह्माण्ड भी मेरा अंश मात्र है।" तब प्रत्येक मनुष्य ब्रह्माण्ड के प्रत्येक वस्तु को अपने शरीर का अंग समझ उसके प्रभावों से स्वत-स्फूर्त चेतना से युक्त रहेगा। और जब तक ऐसा नहीं होता तब तक सभी जागरण, सभी वादे, सभी आन्दोलन, स्व प्रेरणा से युक्त न हो सकेंगे और न ही कल्याण या व्यवस्था परिवर्तन या क्रान्ति या आर्थिक स्वतन्त्रता का दावा स्थापित हो सत्यार्थ हो सकेगा।

स्वामी विवेकानन्द जी ने कहा है-

"सुधारको से मैं कहूँगा कि मैं स्वयं उनसे कहीं बढ़कर सुधारक हूँ। वे लोग ईधर-उधर थोड़ा सुधार करना चाहते है-और मैं चाहता हूँ आमूल सुधार। हम लोगों का मतभेद है केवल सुधार प्रणाली में उनकी प्रणाली विनाशात्मक है और मेरी संघटनात्मक। मैं सुधार में विश्वास नहीं करता मैं विश्वास करता हूँ स्वाभाविक उन्नति में।"

(मेरी समर नीति, पृष्ठ-13)

सामान्य मानव अपने विषय क्षेत्र से मूल जड़ (बीज) की ओर देखते हैं अर्थात् वे एक आयाम (दिशा) की दृष्टि रखते हैं इसलिए उस असीम मानव को अपनी दिशा से सीमित कर देखेंगे और अपनी दिशा से साहित्यकार, दार्शनिक, राजनीतिज्ञ, धार्मिक इत्यादि विशेषण निर्धारित कर देंगे जो सत्य तो होगा परन्तु उस असीम मानव के लिए अंश मात्र होगा। ऐसे में वे अपने विषय क्षेत्र से अपूर्ण दृष्टि रखते हुये उस असीम मानव को अपने पद के लिए खतरे का अनुभव करेंगे फलस्वरूप उसी दृष्टि के कारण संघर्ष करेंगे जिसे वे अपने लिए खतरा या अनुपयोगी समझेंगे। जबकि शारीरिक स्वतन्त्रता के लिए आर्थिक, आर्थिक स्वतन्त्रता के लिए आध्यात्मिक स्वतन्त्रता का विकासोन्मुख औषधि युक्त चक्र व्यक्ति तथा देश के लिए हमेशा प्रभावी होता है।

समाज को यह सोचना होगा कि उस असीम मनुष्य को वह क्या नाम देगा? जो सार्वभौम सत्य-सिद्धान्त सहित सभी आयामों से युक्त व्याख्याता और उसका स्थापक होगा ज्ञानीयों व बुद्धिजीवियों को "कालजयी साहित्य" व "जीवन साहित्य" में अन्तर, "प्रासंगिक विचार" व "सत्य विचार" में अन्तर, "मानक जीवन" व "दर्पण जीवन" में अन्तर इत्यादि पर सोचना होगा। और वे समाचार पत्रों के संपादकगण जो यह समझते है कि उन्हें जो समझ में आये सिर्फ वही समाचार है। क्या नाम देंगे? उन्हें यह स्वीकार करना चाहिए कि वे ज्ञानी हैं परन्तु ध्यानी अर्थात् सर्वज्ञ नहीं। उन्हें यह समझना चाहिए कि आत्मज्ञ पुरूषों की दृष्टि सार्वदेशीय तथा अनात्मज्ञ पुरूषों की दृष्टि एकदेशीय होती है। दैनिक जीवन में ईश्वर के मस्तिष्क की सार्वजनिक प्रमाणित खोज का सबसे बड़ा लाभ यही होगा कि मनुष्य में सत्य दृष्टि का प्रकाश होगा अर्थात् "उपयोगिता को देखना मूल दृष्टि, एक आयाम से देखना सांसारिक दृष्टि, अनेक आयामों को एक साथ देखना दिव्य दृष्टि तथा सिर्फ विद्वता को देखना दृष्टि दोष है" में स्थापित मनुष्य होंगे तब मनुष्य अपने कल्याण के मार्ग को पहचानने में चेतना से युक्त हो सकेगा। क्योंकि अधिकतम व्यक्ति इस सार्वभौम सिद्धान्त से अनभिज्ञ है कि-"विभिन्न प्रकार के केन्द्रीयकृत कार्य के संयोग से एक परिणाम उत्पन्न होता है न कि एक कार्य से।"

मेरा सम्पूर्ण कार्य उसी असीम मानव का कार्य है तथा व्यक्त साहित्य और योजना सत्य-सिद्धान्त सहित सभी आयामों पर निश्चित है। जो मनुष्य को विश्वस्तरीय रूप में व्यक्त करने के लिए निश्चित है।

प्रो0 हाकिंग के अनुसार-"सूचना कभी भी मुफ्त में नहीं ढोई जाती, इसका एहसास हर किसी को उस वक्त होता है जब उसके घर टेलीफोन बिल आता है।"

अर्थात् किसी कार्य के प्रारम्भ में जुड़ने वाले व्यक्ति सूचना व योजना का लाभ जितना सम्मानित व सरलता से पाते हैं, ठीक उतना ही कठिनता से कार्य पूर्ण होने के बाद प्राप्त होता है क्योंकि प्रारम्भ में निःस्वार्थ बाद में स्वार्थ का स्पष्ट रूप होता है। "फिक्सींग" अर्थात् "निश्चितता" का आध्यात्मिक अर्थ सत्य चेतना अर्थात् "भूतकाल का अनुभव और भविष्य की आवश्यकता के अनुसार वर्तमान में कार्य करना है" और मेरा कार्य सार्वभौम सिद्धान्त पर आधारित "फिक्स" है। इसलिए मेरी चुनौतिपूर्ण घोषणा है-"बढ़ो समाज के कल्याण करने वालो बढ़ोगे तो हमें ही पाओंगे, न बढ़ोगे तो जनता से तुम्हारा विश्वास उठेगा और मेरा बढ़ेगा। मैं चक्रान्त हूँ किसी भी और से आओंगे मैं ही मिलूगाँ।"

मनुष्य शरीर, प्रकृति के अदृश्य एकीकृत सार्वभौम सत्य-सिद्धान्त को प्रकृति के दृश्य एकीकृत सार्वभौम सत्य-सिद्धान्त में परिवर्तित करने का माध्यम मात्र है। मनुष्य एक स्वतंत्र इकाई नहीं बल्कि एक स्वायत्तशासी शरीर (अन्तः चक्र) है जो प्रकृति (बाह्य अन्तिम चक्र) के लिए समर्पित है क्योंकि अन्ततः उसका शरीर व विचार, प्राकृतिक बल व सिद्धान्त द्वारा आसानी से हार जाता है।

मनुष्य का शरीर इसी प्रकृति के पदार्थो से निर्मित है इसलिए प्रकृति के प्रत्येक वस्तु से वह प्रभावित होता है और उसके रोग ग्रस्त होने पर सभी उपाय इसी प्रकृति के वस्तुओं में ही उपलब्ध है। प्रत्येक वस्तु में औषधि है इसलिए औषधि के आविष्कार को मैं अधिक महत्व नहीं देता। क्योंकि मैं जानता हूँ कि स्त्री हो या पुरूष सभी को सार्वभौम आत्मा से जुड़कर हृदय और बुद्धि के तल पर ही जीना चाहिए। शरीर और आवश्यकता के तल पर जीने से भोग ही होता है, समभोग नहीं। सार्वभौम आत्मा से जुड़कर हृदय और बुद्धि के तल पर जीने से शरीर की स्वस्थता और दीर्घायु भी प्राप्त होती है। प्रकृति से जितना दूर भागेंगे, उतना ही औषधि की जरूरत आयेगी। प्राकृतिक रहें -स्वस्थ रहें। हिन्दू धर्म शास्त्रों में सृष्टि के प्रारम्भ के सम्बन्ध में कहा गया है कि- "ईश्वर ने इच्छा व्यक्त की कि मैं एक हूँ, अनेक हो जाऊँ"। इस प्रकार जब वही ईश्वर सभी में है तब निश्चित रूप से जब तक सभी मानव ईश्वर नहीं हो जाते तब तक दुनिया के अन्त होने का कोई प्रश्न ही नहीं उठता और विकास क्रम चलता रहेगा। मानव, ईश्वर निर्मित उसका प्रतिरूप है। इसलिए मनुष्य का लक्ष्य "पावर और प्राफिट (शक्ति और धन लाभ)" नहीं, बल्कि मस्तिष्क का सर्वोच्च विकास है।

मेरी दृष्टि में विज्ञान ने मनुष्य जीवन में सबसे बड़ा आविष्कार "माइक्रोप्रोसेसर" का किया है। क्योंकि वह मनुष्य के मस्तिष्क का प्रतिरूप है। इस मस्तिष्क रूपी "माइक्रोप्रोसेसर" में अंग जोड़े जाते हैं जिससे वह कम्प्यूटर या रोबोट (मशीनी मनुष्य) बनता है। कम्प्यूटर भी जब रोग ग्रस्त होता है तो वह भी उन्हीं वस्तु से औषधि पाता है जिससे वह बना है। मनुष्य भी एक प्रणाली है और कम्प्यूटर भी एक प्रणाली है। जिस प्रकार मनुष्य के शरीर में अंग जोड़ देने से वह काम करना शुरू नहीं करता उसी प्रकार कम्प्यूटर में मानीटर, प्रिंटर, स्कैनर इत्यादि जोड़ देने से वह काम नहीं करता। मनुष्य शरीर में यह तन्त्रिका तन्त्र (Nurvous System) है तो कम्प्यूटर में यह चालक साफ्टवेयर (Driver Software) हैं जिसे आपने अपनी पुस्तक बिजनेस @ द स्पीड आफ थाट (Business @ the speed of thought-1999) में (Digital Nurvous System) नाम दिया है। मनुष्य जिससे चलता है वह भी साफ्टवेयर (Software) ही है जिसे विचार-सिद्धान्त कहते हैं। साफ्टवेयर भी नहीं दिखता और विचार-सिद्धान्त भी नहीं दिखते।

मनुष्य निर्मित हार्डवेयर "माइक्रोप्रोसेसर" युक्त कम्प्यूटर को आपरेटिंग मोड में लाने के लिए उसमें दो प्रकार के मेमोरी हैं, एक रीड ओनली मेमोरी (Read Only Memory-ROM) जिसकी उपयोगिता है केवल पढ़ने के लिए। ये "माइक्रोप्रोसेसर" निर्माता द्वारा पहले से ही "माइक्रोप्रोसेसर" में ही होता है। दूसरा रैण्डम एक्सेस मेमोरी (Random Access Memory-RAM) जिसकी उपयोगिता है कहीं से पढ़ने और लिखने के लिए। ये आपरेटिंग सिस्टम (Operating System) अर्थात् परिचालन प्रणाली, साफ्टवेयर निर्माता द्वारा दिया जाता है। कम्प्यूटर जब आन किया जाता है तब पहले RAM के साफ्टवेयर के अनुसार स्वयं को तैयार करता है फिर ROM से आपरेटिंग

सिस्टम (Operating System) अर्थात् परिचालन प्रणाली के अनुसार स्वयं को तैयार कर वह काम करने के लिए तैयार हो जाता है। ये आपरेटिंग सिस्टम (Operating System) कई प्रकार के हैं जिसमें अधिक प्रयोग किया जाने वाला एक आपका (Micro Soft) आपरेटिंग सिस्टम (Operating System) है जो पहले डिस्क आपरेटिंग सिस्टम (Disk Operating System) के रूप में आया फिर Windows के रूप में सामने है। इन आपरेटिंग सिस्टम (Operating System) के कई संस्करण (Version) आपकी ओर से आये। प्रत्येक बार अधिक सुविधाओं और अधिक कम्प्यूटर अंगों के जोड़ने के लिए डिजिटल तन्त्रिका तन्त्र (Digital Nurvous System) सहित कार्य को आसान बनाने की सुविधा के साथ। आपरेटिंग सिस्टम (Operating System) कई आये लेकिन जो अधिक सुविधाजनक, व्यावहारिक और अधिक कम्प्यूटरों तक पहुँच बना सकी, उसमें से एक Windows Operating System, जिसका Windows-10 संस्करण (Version) अभी तक का वर्तमान है।

ईश्वर निर्मित हार्डवेयर "मस्तिष्क" युक्त मनुष्य को आपरेटिंग मोड में लाने के लिए उसमें भी दो प्रकार के मेमोरी हैं, एक रीड ओनली मेमोरी (Read Only Memory-ROM) जिसकी उपयोगिता है केवल पढ़ने के लिए। ये "मस्तिष्क" निर्माता द्वारा पहले से ही "मस्तिष्क" में ही होता है। दूसरा रैण्डम एक्सेस मेमोरी (Random Access Memory-RAM) जिसकी उपयोगिता है कहीं से पढ़ने और लिखने के लिए। ये आपरेटिंग सिस्टम (Operating System) अर्थात् परिचालन प्रणाली, विचार-सिद्धान्त निर्माता (अवतार, संत, गुरू, माता-पिता, मित्र, सहयोगी, दल, संगठन इत्यादि) द्वारा दिया जाता है। मनुष्य जब सोये से जागता है तब पहले RAM के साफ्टवेयर के अनुसार स्वयं को तैयार करता है फिर ROM से आपरेटिंग सिस्टम (Operating System) अर्थात् परिचालन प्रणाली जैसा उसके मस्तिष्क में डाला गया है, के अनुसार स्वयं को तैयार कर वह काम करने के लिए तैयार हो जाता है। ये आपरेटिंग सिस्टम (Operating System) कई प्रकार के हैं जिसमें अधिक प्रयोग किया जाने वाला "पावर और प्राफिट (शक्ति और धन लाभ)" वाला विचार-सिद्धान्त है।

जिस प्रकार डिजिटल तन्त्रिका तन्त्र (Digital Nurvous System) से सभी कम्प्यूटर प्रणाली कार्यशील हैं और इन्टरनेट से कम्प्यूटर-मोबाइल जुड़े हुये हैं उसी प्रकार विचार-सिद्धान्त से सभी मनुष्य जुड़े हुए हैं। दानों ही प्रकार में बहुत से लोग इस ज्ञान से युक्त होकर संचालन कर रहें हैं या संचालित हैं और बहुत से लोग बिना ज्ञान के केवल संचालन कर रहें हैं या संचालित हैं।

जिस प्रकार कम्प्यूटर के संचालन के लिए आपरेटिंग सिस्टम के कई संस्करण (Version) आये, उसी प्रकार मनुष्य के संचालन के लिए आपरेटिंग सिस्टम के कई संस्करण (Version) आये। जिस प्रकार कम्प्यूटर के संचालन के लिए आपरेटिंग सिस्टम के कई संस्करण (Version) आने का कारण उसे अधिक पूर्ण बनाना था उसी प्रकार मनुष्य के संचालन के लिए आपरेटिंग सिस्टम के कई संस्करण (Version) आने का कारण उसे अधिक पूर्ण बनाना था। बस दोनों में अन्तर यह है कि कम्प्यूटर के संचालन के लिए नया आपरेटिंग सिस्टम संस्करण (Version) आने पर लोग अपने कम्प्यूटर को आधुनिक/अनुकूल (Advance/Adapt) करने में कोई संकोच नहीं करते वहीं मनुष्य के संचालन के लिए नया आपरेटिंग सिस्टम संस्करण (Version) आने पर लोग अपने मस्तिष्क को आधुनिक/अनुकूल (Advance/Adapt) नहीं बनाते बल्कि जो जिस आपरेटिंग सिस्टम में उसके निर्माता द्वारा फँसाया गया है वो वहीं पड़ा है और वो वहीं हैं इस उम्मीद में कि वह पूरी तरह, पूरी सुविधाओं के साथ काम करेगा और उसके अनुसार परिणाम देगा।

मनुष्य को अधिक पूर्ण बनाने और संचालन के लिए अवतार द्वारा आये मुख्य आपरेटिंग सिस्टम (Avatar's Operating System- AOS) संस्करण (Version) इस प्रकार हैं-

मानव-1 (AOS: Human-1)

मुख्य-गुण सिद्धान्त - इसमें धारा के विपरीत दिशा (राधा) में गति करने का विचार-सिद्धान्त मानव मस्तिष्क में डाला गया।

मानव-2 (AOS: Human-2)

मुख्य-गुण सिद्धान्त - इसमें सहनशील, शांत, धैर्यवान, लगनशील, दोनों पक्षों के बीच मध्यस्थ की भूमिका वाला गुण (समन्वय का सिद्धान्त) का विचार-सिद्धान्त मानव मस्तिष्क में डाला गया।

मानव-3 (AOS: Human-3)

मुख्य-गुण सिद्धान्त - इसमें सूझ-बुझ, सम्पन्न, पुरूषार्थी, धीर-गम्भीर, निष्कामी, बलिष्ठ, सक्रिय, शाकाहारी, अहिंसक और समूह प्रेमी, लोगों का मनोबल बढ़ाना, उत्साहित और सक्रिय करने वाला गुण (प्रेरणा का सिद्धान्त) का विचार-सिद्धान्त मानव मस्तिष्क में डाला गया।

मानव-4 (AOS: Human-4)

मुख्य-गुण सिद्धान्त - प्रत्यक्ष रूप से एका-एक लक्ष्य को पूर्ण करने वाले (लक्ष्य के लिए त्वरित कार्यवाही का सिद्धान्त) का विचार-सिद्धान्त मानव मस्तिष्क में डाला गया।

मानव-5 (AOS: Human-5)

मुख्य-गुण सिद्धान्त - भविष्य दृष्टा, राजा के गुण का प्रयोग करना, थोड़ी सी भूमि पर गणराज्य व्यवस्था की स्थापना व व्यवस्था को जिवित करना, उसके सुख से प्रजा को परिचित कराने वाले गुण (समाज का सिद्धान्त) का विचार-सिद्धान्त मानव मस्तिष्क में डाला गया।

मानव-6 (AOS: Human-6)

मुख्य-गुण सिद्धान्त - गणराज्य व्यवस्था को ब्रह्माण्ड में व्याप्त व्यवस्था सिद्धान्तों को आधार बनाने वाले गुण और व्यवस्था के प्रसार के लिए योग्य व्यक्ति को नियुक्त करने वाले गुण (लोकतन्त्र का सिद्धान्त और उसके प्रसार के लिए योग्य उत्तराधिकारी नियुक्त करने का सिद्धान्त) का विचार-सिद्धान्त मानव मस्तिष्क में डाला गया।

मानव-7 (AOS: Human-7)

मुख्य-गुण सिद्धान्त - आदर्श चरित्र के गुण के साथ प्रसार करने वाला गुण (व्यक्तिगत आदर्श चरित्र के आधार पर विचार प्रसार का सिद्धान्त) का विचार-सिद्धान्त मानव मस्तिष्क में डाला गया।

मानव-8 (AOS: Human-8)

मुख्य-गुण सिद्धान्त - आदर्श सामाजिक व्यक्ति चरित्र के गुण, समाज में व्याप्त अनेक मत-मतान्तर व विचारों के समन्वय और एकीकरण से सत्य-विचार के प्रेरक ज्ञान को निकालने वाले गुण (सामाजिक आदर्श व्यक्ति का सिद्धान्त और व्यक्ति से उठकर विचार आधारित व्यक्ति निर्माण का सिद्धान्त) का विचार-सिद्धान्त मानव मस्तिष्क में डाला गया।

मानव-9 (AOS: Human-9)

मुख्य-गुण सिद्धान्त - प्रजा को प्रेरित करने के लिए धर्म, संघ और बुद्धि के शरण में जाने का गुण (धर्म, संघ और बुद्धि का सिद्धान्त) का विचार-सिद्धान्त मानव मस्तिष्क में डाला गया।

मानव-10 (AOS: Human-10)

मुख्य-गुण सिद्धान्त - आदर्श मानक सामाजिक व्यक्ति चरित्र समाहित आदर्श मानक वैश्विक व्यक्ति चरित्र अर्थात् सार्वजनिक प्रमाणित आदर्श मानक वैश्विक व्यक्ति चरित्र का विचार-सिद्धान्त मानव मस्तिष्क में डालने का मानव-10 (AOS: Human-10) संस्करण (Version) अभी तक का वर्तमान है और वो अन्तिम संस्करण भी है।

उपरोक्त मुख्य मूल संस्करण के उपरान्त अनेक अन्य मनुष्यों (संत, गुरू, माता-पिता, मित्र, सहयोगी, दल, संगठन इत्यादि) द्वारा मनुष्य के संचालन के लिए नया आपरेटिंग सिस्टम संस्करण आते गये और मनुष्य उससे संचालित होते गये। परन्तु उन्हें पता ही नहीं चल पा रहा कि कौन सा संस्करण उनके लिए उपयोगी है।

जैसे आपके आपरेटिंग सिस्टम (Operating System) में अनके सुविधाएँ हैं उसी प्रकार मानव-10 (AOS: Human-10) संस्करण में भी अनेक सुविधाएँ जैसे - काटना (Cut), चिपकाना (Paste), नकल बनाना (Copy), रद्द करना (Delete), सुधारना (Edit), नाम बदलना (Rename), रचना करना (Create), भेजना (Send), पढ़ना (Read), लिखना (Write), वाइरस (Virus), एण्टी-वाइरस (Anti-Virus) इत्यादि हैं।

जिस प्रकार एक रोबोट, वैसे ही रोबोट का निर्माण कर सकता है जैसा कि उसमें साफ्टवेयर डाला गया है उसी प्रकार एक मनुष्य, मनुष्य, वैसे ही मनुष्य का निर्माण कर सकता है जैसा कि उसमें साफ्टवेयर (विचार-सिद्धान्त) डाला गया है।

कुछ भी हो साफ्टवेयर में जितनी अधिक सुविधा, उतना ही वह परिणाम देने में सक्षम। सब कुछ "माइक्रोप्रोसेसर/मस्तिष्क" के साफ्टवेयर पर ही निर्भर होता है। और साफ्टवेयर उतना ही उच्च स्तर का बन सकता है जितना विचार का विस्तार होता है। जितना विचार का विस्तार होता है वह उतना ही व्यापारिक लाभ दे सकता है। जिसके जीवन्त उदाहरण आप हैं।

मनुष्य के संचालन के लिए नया आपरेटिंग सिस्टम मानव-10 (AOS: Human-10) संस्करण ही "विश्वशास्त्र"है। आपके आपरेटिंग सिस्टम साफ्टवेयर से कम्प्यूटर चलता है। मेरे आपरेटिंग सिस्टम मानव-10 (AOS: Human-10) संस्करण से मनुष्य और उसके संगठन चलेंगे। यही योजना है।

मानव-10 (AOS: Human-10) आपरेटिंग सिस्टम निम्नलिखित से युक्त है जो विश्व शान्ति का अन्तिम मार्ग भी है-

वैश्विक मानव निर्माण तकनीकी- WCM-TLM-SHYAM.C प्रणाली

S - SATYA (सत्य)
H- HEART (हृदय)
Y- YOG (योग)
A - ASHRAM (आश्रम)
M - MEDITATION (ध्यान)
. - DOT (बिन्दु या डाट या दशमलव या पूर्णविराम)
C - CONCIOUSNESS (चेतना)

आदर्श वैश्विक मानव/जन/गण/लोक/स्व/मैं/आत्मा/तन्त्र का सत्य रूप

विश्व मानक-शून्य (WS-0): मन की गुणवत्ता का विश्व मानक श्रृखंला

1. डब्ल्यू.एस. (WS)-0 : विचार एवम् साहित्य का विश्वमानक
2. डब्ल्यू.एस. (WS)-00: विषय एवम् विशेषज्ञों की परिभाषा का विश्वमानक
3. डब्ल्यू.एस. (WS)-00: ब्रह्माण्ड (सूक्ष्म एवम् स्थूल) के प्रबन्ध और क्रियाकलाप का विश्वमानक
4. डब्ल्यू.एस. (WS)-0000: मानव (सूक्ष्म तथा स्थूल) के प्रबन्ध और क्रियाकलाप का विश्वमानक
5. डब्ल्यू.एस. (WS)-00000: उपासना और उपासना स्थल का विश्वमानक

एकात्मकर्मवाद और विश्व का भविष्य

पिछले वर्षों में भारत के लोकसभा चुनाव में विश्व के सबसे बड़े लोकतन्त्र के मतदाताओं ने ऐसी स्थिति उत्पन्न कर दी जिससे फलस्वरूप स्पष्ट जनादेश किसी भी राजनीतिक दल को प्राप्त न हो सका। राजनीतिक अस्थिरता को दूर करने के लिए कई दलों ने मिलकर सरकार का गठन किया जिससे एक नई संस्कृति की शुरूआत हुई थी और कार्यप्रणाली "न्यूनतम साझा कार्यक्रम" पर आधारित हुई थी। यह न्यूनतम साझा कार्यक्रम वही कार्यक्रम था। जो सरकार बनाने वाले दलों और समर्थन करने वाले दलों के कार्यक्रम में सामान्य था। यह न्यूनतम साझा कार्यक्रम एकात्मकर्मवाद का क्रम संकुचित अर्थात् सूक्ष्म बीज था। न्यूनतम साझा कार्यक्रम जब सम्पूर्ण मानव समाज अर्थात् विश्व स्तर तक उठकर आविष्कृत किया जा तो वह उसी एकात्मकर्मवाद के क्रम संकुचित बीज का विकसित अर्थात् सर्वोच्च स्तर होगा और वह "विश्व व्यवस्था का न्यूनतम एवम अधिकतम साझा कार्यक्रम कहलाएगा।"

जब तक व्यक्ति अपने मन को एकात्मवाद के सर्वोच्च स्तर पर केन्द्रित कर उसे सत्यार्थ करने का प्रयत्न किया तब-तब वह व्यक्ति महापुरूष के रूप में व्यक्त हुए। जबकि औषधि आधारित अर्थववेद में इस एकात्मवाद की उपयोगिता का ज्ञान पहले से ही विद्यमान है। जिसके सम्बन्ध में स्वामी विवेकानन्द जी कहते हैं- "अतः यदि भारत को महान बनाना है, तो इसके लिए आवश्यकता है संगठन की, शक्ति संग्रह की और बिखरी हुई इच्छाशक्ति को एकत्र कर उसमें समन्वय लाने की। अथर्ववेद संहिता की एक विलक्षण ऋचा याद आ गयी जिसमें कहा गया है, "तुम सब लोग एक मन हो जाओ, सब लोग एक ही विचार के बन जाओ। एक मन हो जाना ही समाज गठन का रहस्य है बस इच्छाशक्ति का संचय और उनका समन्वय कर उन्हें एकमुखी करना ही सारा रहस्य है।" (देखें "नया भारत गढ़ो" पृष्ठ संख्या-55) एकात्म भाव के सम्बन्ध में स्वामी जी कहते हैं-"यह भी न भूलना चाहिए कि हमारे बाद जो लोग आएंगे, वे उसी तरह हमारे धर्म और ईश्वर सम्बन्धी धारणा पर हँसेंगे, जिस तरह हम प्राचीन लोगों के धर्म और ईश्वर की धारणा पर हँसते हैं। यह सब होने पर भी, इन सब ईश्वर सम्बन्धित धारणाओं का संयोग करने वाला एक स्वर्ण सूत्र है और वेदान्त का उद्देश्य है-इस सूत्र की खोज करना। भागवान कृष्ण ने कहा है-""भिन्न भिन्न मणियाँ जिस प्रकार एक सूत्र में पिरोयी जा सकती हैं, उसी प्रकार इन सब विभिन्न भावों के भीतर भी एक सूत्र विद्यमान है।" (देखें "ज्ञानयोग", पृष्ठ संख्या-65) और स्वर्ण सूत्र के सम्बन्ध में स्वामी जी कहते हैं-"एक शब्द में वेदान्त का आदर्श है-मनुष्य के सच्चे स्वरूप को जानना।" (देखें "विवेकानन्द राष्ट्र को आह्वान", पृष्ठ सं0-48)। पं0 दीनदयाल उपाध्याय जी की अनुभूति भी एकात्मभाव के सर्वोच्च स्तर पर केन्द्रित थी जिसे "एकात्म मानवतावाद" के रूप में जाना जाता है।

विश्व शान्ति, एकता एवम् विकास के लिए गठित अन्तर्राष्ट्रीय संघ-संयुक्त राष्ट्र संघ के द्वारा धीरे-धीरे स्वास्थ्य, व्यापार, संचार, पर्यावरण इत्यादि को अन्तर्राष्ट्रीय स्तर पर विचार कर उसे स्थापित किया जा रहा है। जो वर्तमान समय में मनुष्य के भविष्य की आवश्यकता है। क्योंकि बढ़ते जनसंख्या के कारण प्रतयेक व्यक्ति के क्रियाकलाप का प्रभाव किसी न किसी रूप में विश्व व्यवस्था पर भी पड़ रहा है। परिणामस्वरूप यह आवश्यक हो गया है कि आने वाली सदी और उसके उपरान्त के समय के लिए "विश्व व्यवस्था का न्यूनतम एवम् अधिकतम साझा कार्यक्रम" का आविष्कार एवम् स्थापना हो। तभी मानव समाज स्वंय को लगातार विकास की ओर अग्रसर करता रह सकता है।

वर्तमान समय में भारत अपने शारीरिक स्वतन्त्रता और संविधान के पचासवें वर्ष को मना चुका है। जिसके सम्बन्ध में उस वर्ष संसद में "पचास वर्ष की उपलब्धियां एवम् आवश्यकता" पर संसद सदस्यों द्वारा विचार प्रस्तुत किये गये। हमारे सामने यह प्रश्न है कि स्वस्थ समाज और स्वस्थ लोकतन्त्र की प्राप्ति किस प्रकार हो? यह तभी सम्भव हो पाएगा, जब "विश्व व्यवस्था का न्यूनतम एवम् अधिकतम साझा कार्यक्रम को आविष्कृत कर उसे विश्व शिक्षा के रूप में स्थापित किया जाय, जिससे प्रत्येक व्यक्ति ही विश्व हो जाय।" शिक्षा के सम्बन्ध में स्वामी

विवेकानन्द जी का कहना था कि "शिक्षा का मतलब यह नहीं है कि तुम्हारे दिमाग में ऐसी बहुत सी बातें इस तरह ठूँस दी जाय जो आपस में लड़ने लगे और तुम्हारा दिमाग उन्हें जीवन भर में हजम न कर सके। जिस शिक्षा से हम अपना जीवन निर्माण कर सकें, मनुष्य बन सकें, चरित्र गठन कर सकें और विचारों का सामन्जस्य कर सकें, वही वास्तव में शिक्षा कहलाने योग्य है। यदि तुम पांच ही भावों को हजम कर तदनुसार जीवन और चरित्र गठन कर सके हो तो तुम्हारी शिक्षा उस आदमी की अपेक्षा वहुत अधिक है, जिसने एक पूरी की पूरी लाइब्रेरी ही कण्ठस्थ कर ली है।" (देखें "भारत में विवेकानन्द", पृष्ठ सं0-252)।

भूमण्डलीकरण या अन्तर्राष्ट्रीयकरण के युग में पिछले वर्षों गेट समझौता (विश्व व्यापार संगठन) द्वारा बाजार का भी अन्तर्राष्ट्रीयकरण किया गया। जिसके परिणामस्वरूप देश के मानक (भारतीय मानक ब्यूरो) से उठकर विश्व मानक (अन्तर्राष्ट्रीय मानकीकरण संगठन) में मानव द्वारा निर्मित उत्पादों का मानकीकरण होने लगा। इस प्रकार औद्योगिक इकाइयों को वाह्य विषयों के निर्माण की गुणवत्ता का आई0 एस0 ओ0-9000 श्रृंखला तेजी से प्रदान की जाने लगी। इस श्रृंखला की तेजी से सफलता एवं उत्पादों के उपयोग की मानसिकता तभी तक बनीं रह सकती है। जब समाज, संगठन एवं मानव द्वारा निर्माण किये जा रहे मानव मन की गुणवत्ता की श्रृंखला आई0 एस0 ओ0-शून्य श्रृंखला को स्थापित किया जाय अर्थात् अन्त-विषय मानव मन में स्थापित किया जाय। यह मन की गुणवत्ता का मानक या विश्वमन या आई0 एस0 ओ0-शून्य श्रृंखला ही "विश्व व्यवस्था का न्यूनतम एवं अधिकतम साझा कार्यक्रम" होगा।

प्रश्न यह है कि सेक्युलर अर्थात् धर्म निरपेक्ष या सर्वधर्मसमभाव भारतीय संविधान के समर्थन में "अथर्ववेद का एकमन","कृष्ण का एक सूत्र","वेदान्त का उद्देश्य-स्वर्ण सूत्र","स्वामी विवेकानन्द का एक शब्द एवं पाँच भाव" एवं "पं0 दीनदयाल उपाध्याय का एकात्म मानवतावाद" को किस प्रकार अविष्कृत एवं सत्यार्थ किया जाये क्योंकि ये सभी धर्मयुक्त नाम हैं। अर्थात् भारतीय संविधान के अनुसार अयोग्य है। अर्थात् इस अविष्कार का प्रत्येक नाम धर्मनिरपेक्ष एवं सर्वधर्मसमभाव नाम युक्त होना चाहिए।

लव कुश सिंह "विश्वमानव" द्वारा इस सम्बन्ध में अधिक स्पष्ट कहा गया है-"यदि तुम समग्र जगत के ज्ञान से पूर्ण होना चाहते हो तो पाँच भाव-विचार एवं साहित्य, विषय एवं विशेषज्ञ, ब्रह्माण्ड (स्थूल एवं सूक्ष्म) के प्रबन्ध और क्रियाकलाप, मानव (स्थूल एवं सूक्ष्म) के प्रबन्ध और क्रियाकलाप तथा उपासना स्थल का सामंजस्य कर एक मुखी कर लो। यही समग्र जगत का ज्ञान है, भविष्य है, रहस्य है, पूर्ण ज्ञान है, समाज गठन है, पुस्तकालय के ज्ञान से सर्वोच्च है।" विचार के सम्बन्ध में कहा गया है- "यह अद्वैत (एकत्व) ही धर्मनिरपेक्ष है, सर्वधर्मसमभाव है। वेदान्त तथा मानव का सर्वोच्च दर्शन है। जहाँ से मानव विशिष्टाद्वैत, द्वैत एवं वर्तमान में मतवाद के मानसिक गुलामी में गिरा है परन्तु मानव पुन: इसी के उल्टे क्रम से उठकर अद्वैत में स्थापित हो जायेगा। तब वह धर्म में स्थापित एवं विश्वमन से युक्त होकर पूर्ण मानव अर्थात् ईश्वरस्थ मानव को उत्पन्न करेगा।" साहित्य के सम्बन्ध में कहा गया है कि-"मानव एवं प्रकृति के प्रति निष्पक्ष, संतुलित एवं कल्याणार्थ कर्म ज्ञान के साहित्य से बढ़कर आम आदमी से जुड़ा साहित्य कभी भी आविष्कृत नहीं किया जा सकता। यही एक विषय है जिससे एकता, पूर्णता एवं रचनात्मकता एकात्म भाव से लाई जा सकती है। संस्कृति से राज्य नहीं चलता कर्मज्ञान से राज्य चलता है। संस्कृति तभी तक स्वस्थ बनी रहती है जब तक पेट में अन्न हो, व्यवस्थाएं सत्य-सिद्धान्त युक्त हों, दृष्टि पूर्ण मानव निर्माण पर केन्द्रित हो। संस्कृति कभी एकात्म नहीं हो सकती लेकिन रचनात्मक दृष्टिकोण एकात्म होता है जो कालानुसार कर्मज्ञान और कर्म है। अदृश्य काल में अनेकात्म तथा दृश्य काल में एकात्म कर्म ज्ञान अर्थात् एकात्म रचनात्मक दृष्टिकोण होता है यही कर्म आधारित भारतीय संस्कृति है जो प्रारम्भ में भी था और अन्त में पुन-स्पष्ट हो रहा है यही सभी संस्कृतियों का मूल भी है।" काल के सम्बन्ध में कहा गया है- "जब व्यष्टिमन की शान्ति अन्त: विषयों जो सिर्फ अदृश्य विषय मन द्वारा ही प्रमाणित होता है, पर केन्द्रित होती है तो उसे व्यष्टि अदृश्य काल कहते हैं तथा जब व्यष्टि मन की शान्ति दृश्य विषयों अर्थात् वाह्य विषयों, जो सार्वजनिक रुप से प्रमाणित है पर केन्द्रित होता है तो उसे व्यष्टि दृश्यकाल कहते हैं इसी प्रकार सम्पूर्ण समाज का मन जब अदृश्य विषयों पर केन्द्रित होती है तो उसे समष्टि अदृश्य काल कहते हैं तथा जब सम्पूर्ण समाज का मन जब दृश्य विषयों पर केन्द्रित होता है तो उसे समष्टि दृष्यकाल कहते हैं" कर्म ज्ञान के

सम्बन्ध में कहा गया है कि-"व्यक्ति जब सम्पूर्ण समष्टि अदृश्य काल में हो तो उसे अदृश्य कर्मज्ञान के अनुसार तथा जब सम्पूर्ण समष्टि दृश्य काल में हो तो उसे दृश्य कर्मज्ञान के अनुसार कर्म करने चाहिए तभी वह ब्रह्माण्डीय विकास के लिए धर्मयुक्त या एकता बद्ध होकर कार्य करेगा।" स्वर्ण सूत्र के सम्बन्ध में कहा गया है कि-"मानक अर्थात् आत्मा अर्थात् सत्य-धर्म-ज्ञान स्थिर रहता है लेकिन मन को इस ओर लाने वाले सूत्र भिन्न-भिन्न होंगे क्योंकि जो उत्पन्न है वह स्थिर नहीं है। अदृश्य काल में यह सूत्र अनेक होंगे लेकिन दृश्य काल के लिए हमेशा एक ही होगा क्योंकि वह सार्वजनिक प्रमाणित होगा।" स्वर्ण सूत्र के गुण के सम्बन्ध में कहा गया है कि- "अत: यदि भारत को महान बनना है, विश्वगुरु बनाना है, भारतीय संविधान को विश्व संविधान में परिवर्तित करना है तो एकात्मकर्मवाद पर आधारित दृश्य काल के लिए एक शब्द चाहिए जो परिचित हो, केवल उसकी शक्ति का परिचय कराना मात्र हो, स्वभाव से हो, स्थिर हो, समष्टि हो, दृश्य हो, सम्पूर्ण हो, विवादमुक्त हो, विश्वभाषा में हो, आध्यात्मिक एवं भौतिक कारण युक्त हो, सभी विश्वमन के तन्त्रों, व्यक्ति से संयुक्त राष्ट्र संघ के सच्चे स्वरुप एवं विश्व के न्यूनतम एवं अधिकतम साझा कार्यक्रम को प्रक्षेपित करने में सक्षम हो, मानव एवं प्रकृति के विकास में एक कड़ी के रुप में निर्माण के लिए सक्षम हो, मानव एवं प्रकृति के विकास के कल्याणार्थ, निष्पक्ष, सर्वोच्च दृश्य ज्ञान व दृश्य कर्म ज्ञान का संगम हो अदृश्य काल के विकास के सात चक्रों (पाँच अदृश्य कर्म चक्र एवं दो अदृश्य ज्ञान कर्म चक्र जो सभी सम्प्रदायों और धर्मों का मूल है) को दृश्य काल के सात चक्रों (पाँच दृश्य कर्म चक्र, एक दृश्य ज्ञान कर्म चक्र और एक अदृश्य ज्ञान कर्म चक्र) को प्रक्षेपित करने में सक्षम हो, को स्थापित करना पड़ेगा। यह भारत सहित नव विश्व निर्माण का सूत्र है, अन्तिम रास्ता है और उसका प्रस्तुतीकरण प्रथम प्रस्तुतीकरण होगा।" जिसके सम्बन्ध में स्वामी विवेकानन्द जी ने कहा था कि "हिन्दू भावों को अंग्रेजी में व्यक्त करना, फिर शुष्क दर्शन, जटिल पौराणिक कथाएँ और अनूठे आश्चर्यजनक मनोविज्ञान से ऐसे धर्म का निर्माण करना, जो सरल, सहज और लोकप्रिय हो और उसके साथ ही उन्नत मस्तिष्क वालों को संतुष्ट कर सके, इस कार्य की कठिनाइयों को वे ही समझ सकते हैं, जिन्होंने इसके लिए प्रयत्न किया हो। अद्वैत के गुढ़ सिद्धान्त में नित्य प्रति के जीवन के लिए कविता का रस और जीवनदायिनी शक्ति उत्पन्न करनी है। अत्यन्त उलझी हुई पौराणिक कथाओं में से जीवन प्रकृत चरित्रों के उदाहरण समूह निकालने हैं और बुद्धि को भ्रम में डालने वाली योगविद्या से अत्यन्त वैज्ञानिक और क्रियात्मक मनोविज्ञान का विकास करना है और इन सब को एक ऐसे रुप में लाना पड़ेगा कि बच्चा-बच्चा इसे समझ सके। (पत्रावली, पृष्ठ-425)"। वर्तमान समय में विवादास्पद शब्द "सेक्युलर" को स्पष्ट करते हुए लव कुश सिंह "विश्वमानव" द्वारा कहा गया है कि-"जब सभी सम्प्रदायों को धर्म मानकर हम एकत्व की खोज करते हैं तब दो भाव उत्पन्न होते हैं। पहला-यह कि सभी धर्मों को समान दृष्टि से देखें तब उस एकत्व का नाम सर्वधर्मसमभाव होता है। दूसरा-यह कि सभी धर्मों को छोड़कर उस एकत्व को देखें तब उसका नाम धर्मनिरपेक्ष होता है। जब सभी सम्प्रदायों को सम्प्रदाय की दृष्टि से देखते हैं तब एक ही भाव उत्पन्न होता है और उस एकत्व का नाम धर्म होता है। इन सभी भावों में हम सभी उस एकत्व के ही विभिन्न नामों के कारण विवाद करते हैं अर्थात् सर्वधर्मसमभाव, धर्मनिरपेक्ष एवं धर्म विभिन्न मार्गों से भिन्न-भिन्न नाम के द्वारा उसी एकत्व की अभिव्यक्ति है। दूसरे रुप में हम सभी सामान्य अवस्था में दो विषयों पर नहीं सोचते, पहला-वह जिसे हम जानते नहीं, दूसरा-वह जिसे हम पूर्ण रुप से जान जाते हैं। यदि हम नहीं जानते तो उसे धर्मनिरपेक्ष या सर्वधर्मसमभाव कहते हैं जब जान जाते हैं तो धर्म कहते हैं। इस प्रकार आई0 एस0 ओ0-शून्य श्रृंखला उसी एकत्व का धर्मनिरपेक्ष एवं सर्वधर्मसमभाव नाम तथा कर्मवेद-प्रथम, अन्तिम तथा पंचमवेदीय श्रृंखला उसी एकत्व का धर्मयुक्त नाम है तथा इन समस्त कार्यों को सम्पादित करने के लिए जिस शरीर का प्रयोग किया जा रहा है उसका धर्मयुक्त नाम-लव कुश सिंह है तथा धर्मनिरपेक्ष एवं सर्वधर्मसमभाव सहित मन स्तर का नाम विश्वमानव है जब कि मैं (आत्मा) इन सभी नामों से मुक्त है।"

विचार प्रसार एवं विचार स्थापना के लिए कहा गया है कि-"विचार प्रसार एवं विचार स्थापना में एक मुख्य अन्तर है। विचार प्रसार, विचाराधीन होता है। वह सत्य हो भी सकता है और नहीं भी हो सकता परन्तु विचार स्थापना सत्य होता है। विचार स्थापना में नीति प्रयोग की जाती है जिससे उसका प्रभाव सत्य के पक्ष में बढ़ता रहता

है और यह विचार स्थापक एवं समाज पर निर्भर करता है जबकि विचार प्रसार में किसी नीति का प्रयोग नहीं होता है जिससे उसका प्रभाव पक्ष पर एवं विपक्ष दोनों ओर हो सकता है और वह सिर्फ समाज के उपर निर्भर करता है।"

इस प्रकार एकात्मकर्मवाद सत्य अर्थों में प्राच्य एवं पाश्चात्य, समाज एवं राज्य, धर्म, धर्मनिरपेक्ष एवं सर्वधर्मसमभाव की एकता के साथ स्वस्थ लोकतन्त्र, स्वस्थ समाज, स्वस्थ उद्योग, नैतिक उत्थान, विश्व व्यवस्था, विश्वएकता, विश्व शान्ति, विश्व विकास, विश्व के भविष्य और उसके नवनिर्माण का प्रथम माडल है जो वर्तमान समाज की आवश्यकता ही नहीं अन्तिम मार्ग है।

विश्व का मूल मन्त्र-
"जय जवान-जय किसान-जय विज्ञान-जय ज्ञान-जय कर्मज्ञान"

प्रगतिशील मानव समाज में मानव का विकास जैसे-जैसे होता गया उसके परिणामस्वरूप विभिन्न सामाजिक-असामाजिक विषय क्षेत्रों का भी विकास होता गया। समाज में प्रत्येक विषय क्षेत्रों की एक महत्वपूर्ण भूमिका है। जिसमें किसी भी क्षेत्र को पूर्ण रूप में महत्वहीन नहीं कह सकते न ही पूर्ण रूप से महत्वपूर्ण कह सकते है। क्योंकि क्षेत्र कोई भी हो मानव की अपनी दृष्टि ही उसके उपयोग और दुरूपयोग से उस क्षेत्र को महत्वहीन, महत्वपूर्ण या सामाजिक-असामाजिक रूप में निर्धारण करती है। इसलिए मानव की दृष्टि जब तक विषय क्षेत्र के गुण, अर्थ, उपयोगिता और दुरूपयोगिता के ज्ञान पर केन्द्रीत नहीं होगी तब तक किसी भी क्षेत्र को निश्चित रूप से पूर्ण-महत्वपूर्ण निर्धारण कर पाना असम्भव है। यहाँ यह कहा जा रहा है कि वाह्य विषय क्षेत्र चाहे कोई भी हो वह मूलतः मानव द्वारा ही संचालित, आविष्कृत, नियमित और स्थापित की जाती है। इसलिए मानव का ज्ञान और कर्मज्ञान ही प्रत्येक विषय क्षेत्र की उपयोगिता और दुरूपयोगिता का निर्धारण करता है।

प्रत्येक विषय का विकास सतत होता रहता है। आज हम जो कुछ भी उत्पाद व्यावहार में देखते है वह और यहाँ तक कि मानव का निर्माण भी एक लम्बे प्रक्रिया, सुधार, परीक्षण, रखरखाव इत्यादि का ही परिणाम है। सतत विकास के परिणामस्वरूप ही वह अपनी पूर्णता और अन्तिम स्वरूप को प्राप्त होता है। भारत के विकास का मूल मन्त्र भी विकास की प्रक्रिया को पार करते हुऐ अपने पूर्ण और अन्तिम स्वरूप में व्यक्त हो चुका है। भारत के पूर्ण मूलमन्त्र के स्वरूप का बीज भूतपूर्व प्रधानमन्त्री स्व0 लाल बहादुर शास्त्री ने "जय जवान-जय किसान" का नारा देकर किये। यह बीज समयानुसार भारत की मूल आवश्यकता थी, जो आज भी है और आगे भी रहेगी। यहाँ से भारत के मूलमन्त्र के स्वरूप का विकास प्रारम्भ होता है। मई 1998 में परमाणु बम परीक्षण के उपरान्त प्रधानमंन्त्री श्री अटल बिहारी बाजपेयी ने इस मूलमंन्त्र के स्वरूप के विकास क्रम में "जय विज्ञान" जोड़कर मूलमन्त्र के स्वरूप को "जय जवान-जय किसान-जय विज्ञान" के रूप में प्रस्तुत किये। जो समयानुसार आज की आवश्यकता है। जो आगे भी रहेगी।

"जय जवान-जय किसान-जय विज्ञान" तक ही भारत के मूलमन्त्र का पूर्ण विकसित अर्थात् अन्तिम स्वरूप नहीं है क्योंकि जवान-किसान-विज्ञान तीनों स्थान पर मानव ही बैठा है इसलिए मूलमन्त्र के स्वरूप में जब तक मानव के निर्माण का सूत्र नहीं होगा तब तक मूलमन्त्र का स्वरूप भी पूर्ण नहीं हो सकता। इसी कमी को पूर्ण कर पूर्णता प्रदान करने के लिए "विश्व-बन्धुत्व","वसुधैव-कुटुम्बकम्", "बहुजन हिताय-बहुजन सुखाय","एकात्म मानवतावाद" की स्थापना के लिए एकात्मकर्मवाद आधारित सार्वभौम सत्य-सिद्धान्त (धर्मयुक्त नाम-कर्मवेद-प्रथम, अन्तिम तथा पंचमवेदीय श्रृंखला अर्थात् धर्मनिरपेक्ष-सर्वधर्मसम्भाव नाम-विश्वमानक-शून्य श्रृंखला-मन की गुणवता का विश्व मानक) का आविष्कार कर "जय ज्ञान-जय कर्मज्ञान" को जोड़कर भारत के मूलमन्त्र को पूर्ण और अन्तिम स्वरूप-"जय जवान-जय किसान-जय विज्ञान-जय ज्ञान-जय कर्मज्ञान" को व्यक्त किया गया है। जो समयानुसार आज की आवश्यकता है जो आगे भी रहेगी। चूँकि भारत का सर्वोच्च और अन्तिम व्यापक रूप ही विश्व है। अर्थात्

भारत ही विश्व है और विश्व ही भारत है। इसलिए यह मूलमन्त्र भारत का ही नहीं सम्पूर्ण विश्व का अन्तिम मूलमन्त्र है।

"ज्ञान" जिससे हम अपने विचारों को एकता-समभाव-बन्धुत्व-धैर्य रूप में प्रस्तुत करने में सक्षम होते हैं। जैसा कि मई 1998 में भारत ने परमाणु बम परीक्षण के उपरान्त उठे विश्वव्यापी विवाद को समाप्त करने के लिए "ज्ञान" का प्रयोग कर अपने विचारों की समभाव रूप में विश्व में समक्ष रखने में सफल हुआ। "कर्मज्ञान" जिससे हम समभाव में स्थित हो कर्म करते है। अर्थात् ईश्वरत्व भाव से उपलब्ध संसाधनों पर आधारित हो कर्म करते हैं। "ज्ञान" से हम सिर्फ एकता-समभाव-बन्धुत्व-धैर्य की भाषा बोल सकते हैं जबकि "कर्मज्ञान" से कार्य करते हुए एकता-समभाव-बन्धुत्व-धैर्य की भाषा बोल सकते है। "ज्ञान" यथावत् स्थिति बनाये रखते हुए शान्ति का प्रतीक है। तो "कर्मज्ञान" विकास करते हुये शान्ति बनाये रखने का प्रतीक है। ज्ञानावस्था में कर्म प्राकृतिक चेतना अर्थात् शुद्धरूप से वर्तमान स्थिति में प्राथमिकता से कर्म करना, के अन्तर्गत होता है जबकि कर्मज्ञानावस्था में कर्म प्राकृतिक चेतना समाहित सत्य चेतना अर्थात् भूतकाल का अनुभव, भविष्य की आवश्यकता के साथ प्राथमिकता के साथ वर्तमान में कार्य करना, के अन्तर्गत होता है। वर्तमान और भविष्य की आवश्यकताओं को देखते हुऐ मात्र "ज्ञान" से ही अब विकास सम्भव नहीं है। क्योंकि यह अवस्था "नीतिविहीन" अवस्था है। अब "नीतियुक्त" अवस्था कर्मज्ञानावस्था की आवश्यकता है। जिसके अभाव के कारण ही संसाधनों के होते हुये भी बेरोजगारी, अपराधों का विकास, विखण्डन इत्यादि विनाशक स्थिति उत्पन्न हो रही है। इस कर्मज्ञान का आविष्कार सम्पूर्ण विश्व के मानवजाति के लिए महानतम उपलब्धि हैं।

विश्वमानक-शून्य श्रृंखला
(निर्माण का आध्यात्मिक न्यूट्रान बम)

जैसे-जैसे मानव जाति का सम्राज्य इस पृथ्वी पर बढ़ता जा रहा है वैसे-वैसे ही वह विभिन्न समस्याओं से भी घिरता जा रहा है। समस्यायें भी विभिन्न प्रकार की है जिन्हें मूलत-दो भागों में बाँटा जा सकता है या यूँ कहें कि इन दो समस्याओं से अलग कोई और समस्या है ही नहीं। प्रथम व्यष्टी या व्यक्तिगत समस्या तथा द्वितीय समष्टि या सामाजिक या सार्वजनिक या संयुक्त समस्या। प्रथम प्रकार की समस्या का मूल कारण स्वयं व्यक्ति या और द्वितीय प्रकार की समस्या होती है जबकि द्वितीय प्रकार की समस्या का मूल कारण व्यक्ति ही होता है क्योंकि समष्टि नाम का कोई व्यक्ति नहीं होता। वह व्यक्ति का समूह ही होता है अर्थात् व्यक्ति ही समष्टि समस्या को जन्म देता है। उसके उपरान्त ही समष्टि समस्या, के रूप में पुन-व्यक्ति को प्रभावित करती है।

उपरोक्त दोनों समस्याओं के समाधान के लिए दो रास्ते हैं प्रथम व्यक्ति को सत्य से जोड़ा जाय तब समष्टि स्वत-सत्य से जुड़ जायेगा। दूसरा यह है कि समष्टि को सत्य से जोड़ा जाय तो व्यक्ति स्वंय सत्य से जुड़ जायेगा। यहाँ आवश्यक है कि सत्य और विचार अर्थात् दर्शन को स्पष्ट रूप से समझ लिया जाय। विचार कई हो सकते हैं सत्य एक होता है। विचार व्यक्ति होता है सत्य समष्टि होता है। विचार को कार्य में बदलने के बाद सत्य का जन्म होता है। विचार छोटा चक्र है, सत्य एक बड़ा, सर्वोच्च और अन्तिम चक्र है। विचारों का अन्त, सत्य है। विचार व्यक्तिगत सत्य है जबकि सत्य सार्वजनिक सत्य है। अर्थात् सम्पूर्ण या विश्व या अन्तर्राष्ट्रीय अर्थात् समष्टि मानक है। और जो मानक है वह विचार या व्यक्तिगत विचार कभी भी नहीं हो सकता। सार्वजनिक सत्य, विचारों को प्रतिबद्ध करने वाली लोकतन्त्र प्रणाली की चरम विकसित अवस्था है। इसलिए स्वस्थ लोकतन्त्र की प्राप्ति के लिए प्रथम तथा सार्वजनिक सत्य, व्यक्त करना पड़ेगा फिर व्यवस्थाओं को उसके अनुसार स्थापित करना पड़ेगा। विचार को देश-काल-बद्ध है जबकि सत्य देश-काल मुक्त है।

व्यष्टि हो या समष्टि दोनों को कर्म करना पड़ता है। कर्म की प्रणाली भी दो ही प्रकार की होती है। प्रथम-पहले कर्म फिर ज्ञान, द्वितीय-पहले ज्ञान फिर कर्म। प्रथम कार्य प्रणाली में समस्यायें अधिक उत्पन्न होती है।

द्वितीय प्रकार के कार्यप्रणाली में समस्यायें कम उत्पन्न होती हैं। वर्तमान लोकतन्त्र प्रणाली में कर्म पहले हो रहा है ज्ञान बाद में प्राप्त हो रहा है इसलिए ही नियम कानून तो बनते हैं परन्तु उनका दूरगामी प्रभाव शून्य ही प्राप्त होता है। अभी तक यह स्पष्ट किया जा रहा था कि सत्य और विचार क्या है? और कार्य प्रणाली के मार्ग क्या है?

अब हम पुन: समस्याओं के समाधान के रास्तों पर आते हैं। समस्यायें कभी भी पूर्णत: समाप्त नहीं होती सिर्फ उनको कम करने का प्रयास होता है। मानव सदा से अपने कर्मों का अधिकतम उपयोग और परिणाम प्राप्त करने का प्रयत्न किया है। जिसके परिणामस्वरूप वर्तमान का व्यक्त रूप है। समस्याओं के समाधान के रास्तों में प्रथम रास्ता कठिन और वर्तमान समय में प्रभावहीन है क्योंकि व्यक्ति को सत्य से जोड़ने के दो मार्ग हैं। प्रथम व्यक्ति ही व्यक्ति को सत्य से जोड़े। ऐसे में व्यक्ति के जन्म दर और व्यक्ति को सत्य से जोड़ने वालों की जन्म दर में इतना अधिक अन्तर है कि उसकी स्थिति साइकिल सवार द्वारा राजधानी एक्सप्रेस को पीछे छोड़ने का प्रयत्न है। और सत्य ज्ञान का भी अभाव है। जिसके परिणामस्वरूप विभिन्न जन जागरण कार्यक्रम भी असफलता को प्राप्त कर अनुपयोगी प्रतीत हो रहे है। द्वितीय-समष्टि ही व्यक्ति को सत्य से जोड़े। दूसरे रूप में समस्याओं के समाधान के रास्तों में यही द्वितीय मार्ग ही अर्थात् समष्टि को सत्य से जोड़ने का रास्ता है जिससे व्यक्ति को सत्य से जोड़ने का कार्य भी पूर्ण हो जाता है। यह मार्ग प्रभावकारी, आसान और अन्तिम इसलिए है कि शिक्षा का विकास जिस तेजी से हो रहा है और प्रत्येक के लिए शिक्षा आवश्यक बनती जा रही है उसी तेजी से इस माध्यम से व्यक्ति का जन्म के साथ सीधा सम्बन्ध भी है। इस माध्यम से सत्य शिक्षा द्वारा व्यक्ति को सत्य से जोड़ने की गति भी जन्म दर के समान होगी। मात्र यही मार्ग, स्वस्थ लोकतन्त्र, स्वस्थ समाज, नैतिक उत्थान, विश्व शान्ति, एकता, विश्व स्थिरता, विश्व विकास सहित शक्ति का विश्व विकास के प्रति उपयोगिता का अन्तिम मार्ग है।

सम्पूर्ण ब्रह्माण्ड को प्रभावित करने वाली तीन शक्तियाँ या चक्र या मार्ग है। प्रथम-सर्वोच्च और अन्तिम-प्राकृतिक या आत्मीय या सत्य-धर्म-ज्ञान चक्र, द्वितीय-व्यष्टि चक्र, तृतीय-समष्टि चक्र। प्रथम चक्र को ही एकता चक्र कहते हैं जिसका प्राच्य, पाश्चात्य, राज्य, समाज, धर्म, धर्मनिरपेक्ष, सर्वधमसमभाव, सम्प्रदाय इत्यादि के सर्मथकों में कोई भी इसे अस्वीकार नहीं कर सकता अन्यथा वह बह्माण्ड विरोधी सिद्ध हो जायेगा। द्वितीय एवम् तृतीय चक्र विज्ञान आधारित चक्र है। द्वितीय चक्र-व्यष्टि चक्र की सर्वोच्च, प्रथम एवम् अन्तिम स्थिति व्यक्तिगत प्रमाणित अदृश्य विज्ञान-आध्यात्म विज्ञान आधारित है। जिसके अन्तर्गत विभिन्न मत, दर्शन, विचार समाहित है। और आधारित विभिन्न सम्प्रदाय, दल, संगठन इत्यादि संचालित हो रहे हैं। यही व्यष्टि धर्म भी है। इस चक्र की उपयोगिता मात्र व्यष्टि मन को सन्तुलन, स्थिरता और शान्ति प्रदान करता है। चूंकि यह व्यक्तिगत प्रमाणित होता है इसलिए इनके विभिन्न छोटे छोटे चक्रों के समर्थकों में विवाद भी होते हैं। तृतीय चक्र-समष्टि चक्र की सर्वोच्च, प्रथम एवम् अन्तिम स्थिति सार्वजनिक प्रमाणित दृश्य विज्ञान-पदार्थ विज्ञान आधारित है जिसके अन्तर्गत पदार्थिक सत्य समाहित है। और आधारित भौतिक समाज संचालित हो रहें हैं। इस चक्र की उपयोगिता मात्र व्यष्टि एवम् समष्टि को संसाधन उपलब्ध कराना हैं और बाह्य केन्द्रित व्यष्टि मन को शान्ति, स्थिरता और सन्तुलन प्रदान करना है। चूंकि यह सार्वजनिक प्रमाणित होता है इसलिए इसमें विवाद का कोई भी रास्ता नहीं है। व्यक्तिगत प्रमाणित अदृश्य विज्ञान-आध्यात्म विज्ञान का दृश्य रूप-सार्वजनिक प्रमाणित दृश्य विज्ञान-पदार्थ विज्ञान अर्थात् व्यक्तिगत प्रमाणित अदृश्य पदार्थ विज्ञान का सार्वजनिक प्रमाणित दृश्य आध्यात्म विज्ञान, विज्ञान की दो अदृश्य एवम् दृश्य अवस्था है। प्रथम चक्र सत्य-धर्म-ज्ञान चक्र की उपयोगिता दोनों दिशाहीन चक्रो-व्यष्टि एवम् समष्टि चक्रों को एकता की दिशा में बांधे रखना है। दूसरे रूप में समष्टि चक्र, प्रथम चक्र से मिलकर समष्टि धर्म को उत्पन्न करता है।

चूँकि कालानुसार कर्मज्ञान की उपलब्धता नहीं थी इसलिए वर्तमान समय में तीनों शक्तियों की प्रथम, सर्वोच्च और अन्तिम स्थिति अपने निम्नतम स्थिति व्यक्ति शरीर में स्थापित हो चुकी है। प्रथम चक्र-व्यक्ति शरीर के बाह्य आडम्बरों, द्वितीय चक्र-शारीरिक शक्ति तथा तृतीय चक्र व्यक्ति समूह की शक्ति अर्थात् लोकतन्त्र के रूप में स्थापित हो चुकी है। लोकतन्त्र सार्वजनिक सत्य का समर्थकों का समूह है परन्तु यह आवश्यक नहीं कि वह सम्पूर्ण एकता की ओर ही हो। स्वस्थ लोकतन्त्र की चरम स्थिति सम्पूर्ण एकता की दिशा अर्थात् प्रथम चक्र की चरम स्थिति की दिशा की ओर ही होकर प्राप्त किया जा सकता है न कि वर्तमान लोकतन्त्र के निम्नतम स्थिति की दिशा से।

इस ब्रह्माण्ड में कुछ भी स्थिर नहीं है जिसे वर्तमान का पदार्थ विज्ञान भी स्वीकार करता है। और जो स्थिर नहीं है वह अपनी स्थिरता के लिए क्रियाशील है। सम्पूर्ण ब्रह्माण्ड को प्रभावित करने वाली तीनों शक्तियों में प्रथम शक्ति-आत्मीय शक्ति पर कोई भी शक्ति अपना प्रभाव नहीं डाल सकती इसलिए यह शक्ति अपनी शक्ति, एकता एवम् स्थिरता के लिए शाश्वत से सक्रिय है। इस शक्ति का सम्बन्ध एक जीवन से नहीं बल्कि कई जीवन से होता है। द्वितीय शक्ति-व्यष्टि शक्ति मूलत: दो प्रकार से सक्रिय है-प्रथम-निवृत्तिमार्ग और द्वितीय प्रवृत्तिमार्ग। निवृत्ति मार्ग इस जगत को असत्य मानकर व्यष्टि चिन्तन आधारित अदृश्य विज्ञान-आध्यात्म विज्ञान द्वारा शान्ति, स्थिरता को प्राप्त करता है। वह इस जगत से जितना प्राप्त करता है उससे कम ही लौटा पाता है उसका समस्त कार्य शुद्ध रूप से स्वंय के लिए ही होता है। यह मार्ग समाज तथा राज्य से पूर्णत: निष्क्रीय होता है। यह मार्ग सिर्फ स्वयं की मुक्ति के लिए ही सक्रिय होता है। इस मार्ग की चरम स्थिति प्रथम शक्ति अर्थात् आत्मीय शक्ति से योग होता है। यदि जीवन है तो कर्म किये बिना कोई भी नहीं रह सकता इसलिए योग के उपरान्त यदि कोई सूत्र समाज तथा राज्य के लिए प्राप्त होते हैं तो वह उसके अनुसार स्वयं तथा दूसरों के लिए कर्म करता है और वह प्रवृत्ति मार्ग में परिवर्तित हो जाता है। अन्यथा वह निवृत्ति मार्ग में ही कर्म करता है। प्रवृत्ति मार्ग इस जगत को सत्य मानकर समष्टि चिन्तन आधारित दृश्य एवम् अदृश्य विज्ञान द्वारा शान्ति, स्थिरता को प्राप्त करता है। वह इस जगत से जितना प्राप्त करता है उससे अधिक उसे लौटा देता है। उसका समस्त कार्य स्वयं सहित समाज और राज्य की शान्ति एवम स्थिरता के लिए होता है। तथा समाज तथा राज्य में पूर्णत: सक्रिय होता है। इस मार्ग का जीवन ही प्रथम शक्ति-आत्मीय शक्ति की स्थिरता, शान्ति और एकता की प्राप्ति की ओर एक जीवन होता है। तृतीय शक्ति-समष्टि शक्ति सार्वजनिक सत्य के द्वारा कर्म करके स्वयं, समाज तथा राज्य को शान्ति, स्थिरता प्रदान करता है। तृतीय शक्ति और प्रवृत्तिमार्गी का संयुक्त जीवन प्रथम शक्ति-आत्मीय शक्ति की स्थिरता, शान्ति और एकता का सर्वोच्च, अन्तिम और व्यक्त सम्पूर्ण जीवन होता है। शुद्ध रूप से तृतीय शक्ति से युक्त होकर कर्म करने वाले भौतिकता आधारित प्रवृत्ति मार्ग कहे जाते हैं।

लोकतन्त्र व्यष्टि विचारों को प्रतिबन्धित कर सार्वजनिक विचार अर्थात् सत्य को प्रकाशित करने का माध्यम है जिसकी चरम विकसित स्थिति सार्वजनिक सत्य या समष्टि सत्य अर्थात् सम्पूर्ण मानक अर्थात् सत्य-सिद्धान्त है। जो मतों द्वारा व्यक्त होता है। प्रश्न यह कि लोकतन्त्र मन के तन्त्र जैसे-शिक्षा पाठ्यक्रम कर नीति, विदेश नीति, आरक्षण नीति, आर्थिक नीति, उद्योग नीति, मुद्रा प्रवाह इत्यादि के सत्य-सिद्धान्त के बिना ज्ञान के ऐसे निवृत्ति मार्गी और वे जिन्हें इन तन्त्रों का ज्ञान नहीं है, क्या वे अपना मत देकर लोकतन्त्र को स्वस्थता की ओर ले जा रहे हैं? जब तक सत्य-सिद्धान्त द्वारा इन तन्त्रों को विवादमुक्त कर उसे शिक्षा पाठ्यक्रम द्वारा व्यक्ति में स्थापित नहीं किया जाता लोकतन्त्र की स्वस्थता, समाज की स्वस्थता, नैतिक उत्थान, विश्व शान्ति, विश्व एकता, विश्व रक्षा, विश्व स्थिरता सहित विश्व विकास की कामना करना असम्भव है।

समाज हो या राज्य, प्राच्य हो या पाश्चात्य, धर्म हो या धर्मनिरपेक्ष या सर्वधर्मसमभाव, एकता के लिए कर्म करने का सार्वजनिक विरोध हम नहीं कर सकते। क्योंकि यही हमारा उद्देश्य है। आधुनिक दृश्य पदार्थ विज्ञान कहता है। परमाणु संरचना में इलेक्ट्रानों की संख्या के घटने-बढ़ने से ही विभिन्न तत्वों का जन्म हुआ है और विभिन्न तत्वों के योग से विभिन्न पदार्थों का। इसी प्रकार प्राच्य अदृश्य आध्यात्म विज्ञान कहता है। मन की उच्चतम एवम् निम्नतम अवस्था से ही उच्च एवम् निम्न विचार अर्थात् दर्शन युक्त व्यक्ति का जन्म होता है। जिससे व्यक्ति का महत्व और महानता व्यक्त होती है। पुन: ऐसे व्यक्तियों के समूह से सम्प्रदाय, संगठन दल इत्यादि का जन्म होता है। यह इलेक्ट्रान और मन दोनों अस्थिर, आदान-प्रदान युक्त क्रियाशील विषय है। इनसे पूर्ण मुक्ति पर ही केन्द्र या आत्मा या एकता के दर्शन को प्रापत किया जा सकता है। इलेक्ट्रान और मन की स्थिति क्रियान्वयन दर्शन की स्थिति तथा केन्द्र या आत्मा या एकता की स्थिति विकास दर्शन की स्थिति होती है। इसलिए कर्मवेद-प्रथम, अन्तिम तथा पंचमवेद (धर्मयुक्तनाम) अर्थात् WSO:0 श्रंखला-मन की गुणवत्ता का विश्वमानक (धर्मनिरपेक्ष और सर्वधर्मसमभाव नाम) कहता है-"पूर्ण ज्ञान अर्थात् अपने मालिक स्वंय केन्द्र में स्थित मार्गदर्शन (Guider philosophy) अर्थात् G एवम् विकास दर्शन ¼Development philosophy) अर्थात् D है। इसकी परिधि या आदान-प्रदान या व्यापार या

क्रियाचक्र या क्रियान्वयन दर्शन (Operating philosophy) अर्थात् O है। यही आध्यात्म अर्थात् अद्दश्य विज्ञान का सर्वोच्च एवम् अन्तिम आविष्कार है। तथा यही पदार्थ अर्थात् द्दश्य विज्ञान द्वारा अविष्कृत परमाणु की संरचना भी है। जिसके केन्द्र में G के रूप में प्रोटान-P तथा D के रूप में न्यूट्रान-N है। इसकी परिधि O के रूप में इलेक्ट्रान-E है। प्राच्य अद्दश्य आध्यात्म विज्ञान तथा पाश्चात्य द्दश्य पदार्थ विज्ञान में एकता का यही सूत्र है। विवाद मात्र नाम के कारण है।"

जिसके अनुसार इलेक्ट्रान या क्रियान्वयन दर्शन में विभिन्न सम्प्रदायों, संगठनों, दलों के विचार सहित व्यक्तिगत विचार हैं। जिसके अनुसार अर्थात् अपने मन या मन के समूहों के अनुसार वे समाज तथा राज्य का नेतृत्व करता है। जबकि ये सार्वजनिक सत्य नहीं है। इसलिए ही उन विचारों की समर्थन शक्ति कभी स्थिर नहीं रहती है। जबकि केन्द्र या आत्मा या एकता में विकास दर्शन स्थित है। केन्द्र में प्रोटॉन की स्थिति अद्दश्य मार्गदर्शक दर्शन या अद्दश्य विकास दर्शन की स्थिति, चूंकि यह सार्वजनिक सत्य विकास दर्शन का अद्दश्य रूप है। इसलिए यह व्यक्तिगत प्रमाणित है। इसी कारण आध्यात्म भी विवाद और व्यष्ठि विचार के रूप में रहा जबकि यह सत्य था। लेकिन न्यूट्रान की स्थिति द्दश्य मार्गदर्शन दर्शन या द्दश्य विकास दर्शन की स्थिति है। इसलिए यह सार्वजनिक सत्य है। सम्पूर्ण मानक है, समष्टि सत्य है, सत्य-सिद्धान्त है। जिसकी स्थापना से व्यक्ति का मन उस चरम स्थिति में स्थापित होकर उसी प्रकार तेजी से विश्व निर्माण कर सकता है जिस प्रकार पदार्थ विज्ञान द्वारा अविष्कृत न्यूट्रान बम इस विश्व का विनाश कर सकता है। इस प्रकार WSO-0 श्रृंखला मन के निर्माण द्वारा विश्व निर्माण के प्रति प्रयोग करना कर्तव्य भी है तथा दायित्व भी है। 100 वर्ष पूर्व स्वामी विवेकानन्द जी ने अपने जीवन की इच्छा को व्यक्त करते हुये कहा था कि-"जीवन में मेरी सर्वोच्च अभिलाषा यह है कि ऐसा चक्र प्रर्वतन कर दूँ जो कि उच्च एवम् श्रेष्ठ विचारों को सब के द्वार-द्वार पर पहुंचा दे। फिर स्त्री-पुरूष को अपने भाग्य का निर्माण स्वंय करने दो। हमारे पूर्वजों ने तथा अन्य देशों ने जीवन के महत्वपूर्ण प्रश्नों पर क्या विचार किया है यह सर्वसाधारण को जानने दो। विशेषकर उन्हें देखने दो कि और लोग क्या कर रहे हैं। फिर उन्हे अपना निर्णय करने दो। रासायनिक द्रव्य इकट्ठे कर दो और प्रकृति के नियमानुसार वे किसी विशेष आकर को धारण कर लेगें-परिश्रम करो, अटल रहो।", "धर्म को बिना हानि पहुँचाये जनता की उन्नति-इसे अपना आदर्श वाक्य बना लो।" ("स्वामी विवेकानन्द राष्ट्र को आह्वान", पृष्ठ-66 से)। क्या यह स्वामी विवेकानन्द की इच्छा की पूर्ति का कार्य नहीं है?

भारत का संकट, हल, विश्वनेतृत्व की अहिंसक स्पष्ट दृश्य नीति, सर्वोच्च संकट और विवशता

सामाजिक क्रान्ति या विकास सहित पूर्ण मानव निर्माण की प्रक्रिया एक लम्बी अवधि की प्रक्रिया है इसके लिए दूरगामी आवश्यकता को दृष्टि में रखते हुए कार्य करने की विधि के लिए बिन्दु का निर्धारण होता है। जो हमारे मार्गदर्शक होते हैं-

1. औद्योगिक क्षेत्र में Institute of Plant Maintenance, JAPAN द्वारा उत्पादों के विश्वस्तरीय निर्माण विधि को प्राप्त करने के लिए उत्पाद निर्माण तकनीकी-WCM-TPM-5S (World Class Manufacturing-Total Productive Maintenance
Siri (छँटाई), Seton (सुव्यवस्थित), Sesso (स्वच्छता), Siketsu (अच्छास्तर), Shituke (अनुशासन) प्रणाली संचालित है। जिसमें सम्पूर्ण कर्मचारी सहभागिता (Total Employees Involvement) है। ये 5S मार्गदर्शक बिन्दु हैं।

3. श्री लव कुश सिंह "विश्वमानव" द्वारा मानव के विश्व स्तरीय निर्माण विधि को प्राप्त करने के लिए मानव निर्माण तकनीकी WCM-TLM-SHYAM.C (World Class Manufactuing–Total Life Maintenance-Satya, Heart, Yoga, Ashram, Meditation.Conceousness) प्रणाली आविष्कृत है जिसमें सम्पूर्ण तन्त्र सहंभागिता (Total System Involvement-TSI) है। ये SHYAM.C मार्गदर्शक बिन्दु हैं।

4. सोमवार, 9 जून 2014 को भारत के 16वीं लोकसभा के संसद के संयुक्त सत्र को सम्बोधित करते हुये श्री प्रणव मुखर्जी, राष्ट्रपति, भारत ने विकास व लक्ष्य प्राप्ति के कार्य के लिए अनके बिन्दुओं को देश के समक्ष रखें। जिसमें मुख्य था-

1. आध्यात्मिक एवं दार्शनिक विरासत के आधार पर साकार होगा एक भारत-श्रेष्ठ भारत का सपना।
2. सोशल मीडिया का प्रयोग कर सरकार को बेहतर बनाने की कोशिश।
3. सबका साथ, सबका विकास।
4. 100 नये माडल शहर बसाना।
5. 5T - ट्रेडिशन (Tradition), ट्रेड (Trade), टूरिज्म (Tourism), टेक्नालाजी (Technology), और टैलेन्ट (Talent) का मंत्र।

मन (मानव संसाधन) के विश्व मानक (WS)-0 श्रृंखला के विश्वव्यापी स्थापना के निम्नलिखित शासनिक प्रक्रिया द्वारा स्पष्ट मार्ग है।

1. जनता व जन संगठन द्वारा- जनता व जन संगठन द्वारा जनहित के लिए सर्वोच्च न्यायालय में यह याचिका दायर की जा सकती है कि सभी प्रकार के संगठन जैसे-राजनीतिक दल, औद्योगिक समूह, शिक्षण समूह जनता को यह बतायें कि वह किस प्रकार के मन का निर्माण कर रहा है तथा उसका मानक क्या है?

2. भारत सरकार द्वारा- भारत सरकार इस श्रृंखला को स्थापित करने के लिए संसद में प्रस्ताव प्रस्तुत कर अपने संस्थान भारतीय मानक ब्यूरो (BIS) के माध्यम से समकक्ष श्रृंखला स्थापित कर विश्वव्यापी स्थापना के लिए अन्तर्राष्ट्रीय मानकीकरण संगठन (ISO) के समक्ष प्रस्तुत कर सकता है। साथ ही संयुक्त राष्ट्र संघ (UNO) में भी प्रस्तुत कर संयुक्त राष्ट्र संघ (UNO) के पुर्नगठन व पूर्ण लोकतंत्र की प्राप्ति के लिए मार्ग दिखा सकता है। संयुक्त राष्ट्र संघ (UNO) के सन् 2046 ई0 में 100 वर्ष पूरे होने पर विश्व सरकार के गठन व विश्व संविधान के निर्माण का यही WS-0 श्रृंखला आधार सिद्धान्त है जो भारत अभी ही खोज चुका है।

3. राजनीतिक दल द्वारा- भारत का कोई एक राष्ट्रीय राजनीतिक दल जिसकी राजनैतिक इच्छाशक्ति हो, वह विश्व राजनीतिक पार्टी संघ (WPPO) का गठन कर प्रत्येक देश से एक राजनीतिक दल को संघ में साथ लेते हुए संयुक्त राष्ट्र संघ पर स्थापना के लिए दबाव बना सकता है।

4. संयुक्त राष्ट्र संघ (UNO) द्वारा- संयुक्त राष्ट्र संघ सीधे इस मानक श्रृंखला को स्थापना के लिए अपने सदस्य देशों के महासभा के समक्ष प्रस्तुत कर अन्तर्राष्ट्रीय मानकीकरण संगठन (ISO) व विश्व व्यापार संगठन के माध्यम से सभी देशों में स्थापित करने के लिए उसी प्रकार बाध्य कर सकता है, जिस प्रकार ISO-9000 व ISO-14000 श्रृंखला का विश्वव्यापी स्थापना हो रहा है। विश्व व्यापार संगठन के ऊपर मन (मानव संसाधन) के विश्व मानक WS-0 श्रृंखला की स्थापना से भारत दबाव बना सकता है।

5. अन्तर्राष्ट्रीय मानकीकरण संगठन (ISO) द्वारा- अन्तर्राष्ट्रीय मानकीकरण संगठन सीधे इस श्रृंखला को स्थापित कर सभी देशों के लिए संयुक्त राष्ट्र संघ व विश्व व्यापार संगठन के माध्यम से सभी देशों में स्थापित करने के लिए उसी प्रकार बाध्य कर सकता है, जिस प्रकार ISO-9000 व ISO-14000 श्रृंखला का विश्वव्यापी स्थापना हो रहा है।

मानव एवम् संयुक्त मानव (संगठन, संस्था, ससंद, सरकार इत्यादि) द्वारा उत्पादित उत्पादों को धीरे-धीरे वैश्विक स्तर पर मानकीकरण हो रहा है। ऐसे में संयुक्त राष्ट्र संघ को प्रबन्ध और क्रियाकलाप का वैश्विक स्तर पर मानकीकरण करना चाहिए। जिस प्रकार औद्योगिक क्षेत्र अन्तर्राष्ट्रीय मानकीकरण संगठन ¼International Standardization Organisation-ISO½ द्वारा संयुक्त मन (उद्योग, संस्थान, उत्पाद इत्यादि) को उत्पाद, संस्था, पर्यावरण की गुणवत्ता के लिए ISO प्रमाणपत्र जैसे-ISO-9000 व ISO-14000 श्रृंखला इत्यादि प्रदान किये जाते है उसी प्रकार संयुक्त राष्ट्र संघ को नये अभिकरण विश्व मानकीकरण संगठन ¼World Standardization Organisation-WSO½ बनाकर या अन्तर्राष्ट्रीय मानकीकरण संगठन को अपने अधीन लेकर ISO-0/WSO-0 का प्रमाण पत्र योग्य व्यक्ति और संस्था को देना चाहिए जो गुणवत्ता मानक के अनुरूप हों। भारत को यही कार्य भारतीय मानक ब्यूरो ¼Bureau of Indian Standard-BIS½ के द्वारा IS-0 श्रृंखला द्वारा करना चाहिए। भारत को यह कार्य राष्ट्रीय शिक्षा प्रणाली ¼National Education System-NES½ व विश्व को यह कार्य विश्व शिक्षा प्रणाली ¼World Education System-WES½ द्वारा करना चाहिए।

जब कि यह शिक्षा प्रणाली भारत तथा संयुक्त राष्ट्र संघ द्वारा जनसाधारण को उपलब्ध नहीं हो जाती तब तक जन साधारण के व्यक्तिगत इच्छा की पूर्ति के लिए "पुनर्निर्माण (RENEW-Real Education National Express Way) " द्वारा उपलब्ध करायी जा रही है।

21वीं सदी और भविष्य का समय अपने विराट समस्याओं को लेकर कह रहा है- "आओ विश्व के मानवों आओ, मेरी चुनौति को स्वीकार करो या तो तुम समस्याओं, संकीर्ण विचारधाराओं, अव्यवस्थाओं, अहंकारों से ग्रसित हो आपस में युद्ध कर अपने ही विकास का नाश कर पुन: विकास के लिए संघर्ष करो या तो तुम सभी समस्याओं का हल प्रस्तुत कर मुझे परास्त करो।" ऐसे चुनौति पूर्ण समय में विश्व के अन्य देशों के समक्ष कोई चिन्ता का विषय हो या न हो शान्तिदूत अहिंसक तपोभूमि भारत के समक्ष चिन्ता का विषय अवश्य है और सिर्फ वही ऐसी चुनौति को स्वीकार करने में सक्षम भी है। यह इसलिए नहीं कि उसके अन्दर विश्व नेतृत्व, विश्व शान्ति और विश्व शासक बनने की प्रबल इच्छा है। परन्तु इसलिए कि विश्व प्रेम, जीव ही शिव, शिव ही जीव उसका मुख्य आधार है। जिस पर आधारित होकर वह ब्रह्माण्डीय रक्षा, विकास, सन्तुलन, स्थिरता, एकता के लिए अहिंसक और शान्ति मार्ग से कत्तव्य करते हुये अन्य अपने भाइयों और बहनों के अधिकारों के लिए प्रेम भाव से सेवा और कल्याण करता रहा है। परन्तु उसके बदले भारत को सदा ही अन्य ने उन सिद्धान्तों को उसके व्यक्तिगत विचारधारा से ही जोड़कर देखा परिणामस्वरूप वे अपने अधिकार और कल्याण के मार्ग को भी पहचानने में असमर्थ रहे, बावजूद इसके प्रत्येक वैश्विक संकट की घड़ी में भारत की ओर ही मुँह कर उम्मीद को देखते रहते हैं।

ऐसे समय में जब प्रकृति समाहित मानव, पशु, पक्षी यहाँ तक कि प्रत्येक जीव मानवों के व्यवहार से संत्रस्त हो चुके है, स्वयं भारत भी आन्तरिक और बाह्य दोनों संकटों से चिन्तित, असहाय, कत्र्तव्यों से विमुख और भ्रमित हो गया है। जो भारतीय भाव के विचारक, ज्ञानी बुद्धिजीवी, राजनेता इत्यादि के अन्तिम और पूर्ण उपलब्ध ज्ञान शक्ति का परिचायक ही है। फिर भी भारत निश्चिन्त है क्योंकि वह जानता है कि तपोभूति भारत में सत्य-आत्मा का निवास है। वह सत्य-आत्मा खुली आँखों से देखते हुये ऐसे उचित समय की ही प्रतीक्षा करता है जब वह स्वयं को स्थापित और अस्तित्व के प्रति विश्वास दिलाने के लिए व्यक्त कर सके। इस निश्चिन्तता के कारण ही सर्वत्र देशभक्ति भाव के गीतों, फिल्मों, पौराणिक कथाओं के दृश्य-श्रव्य माध्यमों से उसके स्वागत की तैयारी करता है। और अपने अपार प्रेम भाव से उसे कर्म करते हुये व्यक्त होने पर मजबूर कर देता है। और यह भारत "हमें चिन्ता नहीं उनकी उन्हें चिन्ता हमारी है, हमारे नाव के रक्षक सुदर्शन चक्र धारी है।" कहते हुये अपनी स्थिति और परिस्थिति पर सन्तोष की सांसें लेता है। जिसके सम्बन्ध में महर्षि अरविन्द के दिव्यदृष्टि से निकली वाणी- "भारत की रचना विधाता ने संयोग के बेतरतीब ईंटों से नहीं की है। इसकी योजना किसी चैतन्य शक्ति ने बनाई है। जो इसके विपरीत कार्य करेगा वह मरेगा ही मरेगा। " अक्षरशः पूर्ण सत्य है।

यहाँ हम भारत की आन्तरिक और बाह्य संकट, उसके अन्तिम हल, विश्व नेतृत्व की अहिंसक नीति और उसके पश्चात् उत्पन्न हुये सर्वोच्च और अन्तिम संकट सहित विवशता पर अन्तिम दृष्टि प्रस्तुत कर रहे हैं जो सत्य रूप में 21वीं सदी और भविष्य के सत्य चेतना आधारित विश्व के लिए भारत की ओर से कर्तव्य तथा अन्य के लिए अधिकार स्वरूप आखिरी रास्ता है।

भारत का वर्तमान और भविष्य का मूल आन्तरिक संकट-कानून, संविधान, राजनैतिक प्रणाली का संकट, अर्थव्यवस्था का संकट, नागरिक समाज का संकट, राष्ट्रीय सुरक्षा का संकट तथा मूल बाह्य संकट-पहचान और विचारधारा का संकट तथा विदेशनीति का संकट है जो देखने में तो आम जनता से जुड़ा हुआ नहीं लगता परन्तु यह संकट आम जनता के उपर पूर्ण रूप से प्रभावी है। आम जनता मूलतः दो विचारों से संचालित है। एक-जो उसके जीवन से सीधे प्रत्यक्ष रूप से जुड़ा देश-काल बद्ध ज्ञान है। जैसे-व्यक्तिगत शारीरिक, आर्थिक, मानसिक आधारित चिकित्सीय, तकनीकी, विज्ञान, व्यापार, विचार एवम् साहित्य आधारित होकर स्वयं का अपना प्रत्यक्ष जीवकोपार्जन करना। दूसरा-जो उसके जीवन से अप्रत्यक्ष रूप से जुड़ा हैं जैसे-सार्वजनिक या संयुक्त, शारीरिक, आर्थिक, मानसिक आधारित चिकित्सीय, तकनीकी, ज्ञान, व्यापार, विचार एवम् साहित्य आधारित होकर स्वयं का अपना सहित परिवार, देश, समाज, विश्व का जीवकोपार्जन करता है। ये ही परिवार, समाज, देश, विश्व की नीतियाँ है। पहले के बहुमत के कारण व्यक्ति व्यक्तिगत अर्थात् भौतिकवाद में स्थित होकर परिवार, समाज, देश, विश्व पर आधारित विचारों, व्यवस्थाओं और नीतियों की अवनति करता हैं परिणामस्वरूप उपरोक्त संकट सहित स्वयं अपने देश, विश्व के प्रति भक्तिभाव समाप्त कर देता है। जबकि दूसरे के बहुमत के कारण स्वयं अपने जीवकोपार्जन सहित जीवन और संयुक्त जीवन दोनों व्यवस्थित होता है। वर्तमान समय में पहले का पूर्ण बहुमत स्थापित होकर अब दूसरे की बहुमत स्थापित होने की ओर समय चक्र की गति हैं जिसका उदाहरण ही 21वीं सदी और भविष्य के प्रति चिन्ता व्यक्त हो रही है और इसके विपरीत स्थापित बहुमत इस चिन्ता से मुक्त भी होकर स्वयं अपनी सत्ता की चिन्ता में लगा हुआ है। जबकि हमारा सार्थक कर्तव्य देश-काल मुक्त विचारों की और बढ़ते समय चक्र की ओर भी गति प्रदान करना होना चाहिए तभी उपरोक्त संकट से मुक्ति पायी जा सकती है।

भारत के इस आन्तरिक और बाह्य संकट का अन्तिम स्थापना स्तर तक का हल ही अहिंसक, सुरक्षित, एक, स्थिर, विकास, शान्ति और सत्य चेतना युक्त विश्व के निर्माण के लिए विवादमुक्त, दृश्य, सर्वमान्य, सार्वजनिक प्रमाणित विश्वमानक शून्य श्रृंखला-मन की गुणवत्ता का विश्वमानक श्रृंखला श्री लव कुश सिंह "विश्वमानव" द्वारा आविष्कृत सर्वोच्च और अन्तिम आविष्कार है। जो सम्पूर्ण एकता के साथ वर्तमान लोकतन्त्र का धर्म और धर्मनिरपेक्ष या सर्वधर्मसमभाव आधारित शास्त्र और उसकी स्थापना शासनिक प्रक्रिया के अनुसार है। जो पूर्ण मानव स्वस्थ समाज, स्वस्थ लोकतन्त्र, स्वस्थ उद्योग तथा स्वस्थ अर्थव्यवस्था की प्राप्ति का अन्तिम रास्ता हैं। विश्वमानक-शून्य श्रृंखला की क्रिया द्वारा फल की प्राप्ति जो इसकी उपयोगिता भी है, की प्रक्रिया का मुख्य सिद्धान्त-

"जिस प्रकार परमाणु में इलेक्ट्रानों की संख्या घटा-बढ़ाकर निम्नतम से उच्चतम, सर्वोच्च और अन्तिम तत्वों तक सभी की प्राप्ति की जा सकती है। उसी प्रकार प्रत्येक व्यक्ति के मन को उच्चतम, सर्वोच्च और अन्तिम स्थिति तक के ज्ञान को अपने प्रत्येक क्रिया की प्रतिक्रिया के ज्ञान से युक्त होकर क्रिया कर प्राप्त कर सकता है।"

विश्वमानक-शून्य श्रंखला के पाँच शाखाओं में पहली शाखा-विश्वमानक-0-विचार एवम् साहित्य का विश्वमानक की उपयोगिता विभिन्न विषयों पर वैचारिक लेखन, रचना, दृश्य-श्रव्य कार्यक्रम जैसे-दूरदर्शन, फिल्म इत्यादि तथा मानव जीवन के लिए उपयोगी साहित्यों की दिशा निर्धारित करता है। दूसरी शाखा-विश्वमानक-00-विषय एवम् विशेषज्ञों की परिभाषा का विश्वमानक की उपयोगिता विभिन्न विषयों और उसके विशेषज्ञों की परिभाषा का अन्तिम व्यक्त परिभाषा का ज्ञान है। तीसरी शाखा-विश्वमानक-000-सम्पूर्ण ब्रह्माण्ड (स्थूल तथा सूक्ष्म) प्रबन्ध और क्रियाकलाप का विश्वमानक की उपयोगिता एक ही सिद्धान्त द्वारा अदृश्य और दृश्य जगत के प्रबन्ध को स्पष्ट कर विभिन्न तन्त्रों पर आधारित संविधान निर्माण करने में है तथा सभी संयुक्त मन (पंचायत, राज्य, देश, संयुक्त राष्ट्र संघ एवम् अन्य मध्यस्थ संयुक्त मन) को एक ही सिद्धान्त पर क्रियाकलाप करने और उसकी दिशा निर्धारित करने में है। जिससे प्रत्येक संयुक्त मन की दिशा ब्रह्माण्डीय विकास की दिशा में कर शक्ति का उपयोग एक मुखी किया जा सके। चौथा-विश्वमानक-0000-मानव प्रबन्ध और क्रियाकलाप का विश्वमानक की उपयोगिता एक ही सिद्धान्त जिससे सम्पूर्ण ब्रह्माण्ड प्रबन्ध और क्रियाकलाप का विश्वमानक निर्धारित है, उसी से अदृश्य मानव (सूक्ष्म शरीर) तथा दृश्य मानव (स्थूल शरीर) के प्रबन्ध को स्पष्ट करने तथा उसके विभिन्न तन्त्रों को विवाद मुक्त करने में है। तथा सभी व्यक्तिगत मन (व्यक्ति) को एक ही सिद्धान्त जिससे संयुक्त मन का क्रियाकलाप और उसकी दिशा निर्धारित है, उसी सिद्धान्त से व्यक्ति के क्रियाकलाप करने और उसकी दिशा निर्धारित करने में है। जिससे प्रत्येक मानव के क्रियाकलाप की दिशा, संयुक्त मन के क्रियाकलाप की दिशा से जुड़कर विश्व विकास की दिशा में हो सके। जिससे सम्पूर्ण शक्ति एक मुखी होकर सम्पूर्ण मानव जाति प्राकृतिक संसाधनों और प्राकृतिक क्रियाकलापों से एकता रखते हुये, ब्रह्माण्डीय विकास और उसके रहस्यों को आविष्कृत करने में उपयोग कर सकें। यही सम्पूर्ण क्रियाकलापों का मानक ही कर्मज्ञान है, दृश्य कर्मज्ञान है। पाचवाँ-विश्वमानक-00000-उपासना स्थल का विश्वमानक की उपयोगिता मन को उन्हीं सिद्धान्तों पर केन्द्रीभूत करने का स्थल है जो विश्वमानक-000 और विश्वमानक-0000 में व्यक्त है।

इस विश्वमानक-शून्य श्रृंखला का स्वयं अपने देश सहित विश्वव्यापी स्थापना ही भारत का कर्त्तव्य और दायित्व सहित उन सभी सर्वोच्च भावों की प्राप्ति है जिसे अभी तक सामान्यत: संकीर्ण और एक विशेष सम्प्रदाय का विचार समझा जाता रहा है। इसकी स्थापना से भारत स्वयं अपने देश सहित विश्व के सभी देशों के प्रत्येक नागरिक को उसके दिशा और स्थान से ही संयुक्त राष्ट्र संघ तक को एकमुखी कर विश्व विकास की मुख्यधारा से जोड़ सकेगा। परिणामस्वरूप संकीर्ण विचारों से देशों को गुलामी देने वाले देशों पर व्यापक विचार-सत्य-सिद्धान्त का आवरण डाला जा सकेगा, जो विश्व कल्याण सहित भारत की अदृश्य सार्वभौमिकता का दृश्य सार्वभौमिकता में परिवर्तन का अन्तिम मार्ग है। इसकी विश्वव्यापी स्थापना की नीति ही भारत की सम्पूर्ण विदेश नीति का मुख्य सिद्धान्त है। इसके उपरान्त विदेश नीति के सूक्ष्म नियम स्वत: स्पष्ट हो जायेंगे। चूँकि यह भारतीय भाव द्वारा विश्व प्रबन्ध का अन्तिम जनतन्त्रीय सिद्धान्त की स्थापना का अन्तिम मार्ग है इसलिए भारतीय संसद को इसके स्थापना के प्रति, इसकी उपलब्धता के बावजूद निष्क्रिय रहना स्वयं भारत, आम जनता तथा मानवता के प्रति वे सभी नकारात्मक संज्ञा का व्यक्त रूप होगा जिसे सम्मिलित रूप से असुरी या पशु प्रवृति कहते हैं जिस प्रकार विश्वमानक-शून्य श्रृंखला की शाखायें और पुन: उन शाखाओं से निकली अनन्त शाखायें सम्पूर्ण ब्रह्माण्ड के सभी विषयों को अपने बाहों में लेकर उनका सत्य रूप व्यक्त कर देती है उसी प्रकार इसके भारत तथा विश्वव्यापी स्थापना के भी अनेक स्पष्ट मार्ग है और यही इसकी स्थापना की अहिंसक स्पष्ट नीति है। इसके भारत तथा विश्वव्यापी स्थापना के निम्नलिखित मार्ग हैं-

भारत में इसकी स्थापना के दो मार्ग है, प्रथम-संसद सदस्यों के सर्वसम्मति से संसद द्वारा और द्वितीय आम जनता सहित संगठन द्वारा। प्रथम चूँकि लोकतन्त्र विचारों को बद्धकर सार्वजनिक सत्य को व्यक्त करने का तन्त्र है और यह सार्वजनिक सत्य ही प्रत्येक मानव अर्थात् आम जनता का यथार्थ है। आम जनता का तन्त्र ही

लोकतन्त्र है। इसलिए भारतीय संसद जो विश्व में सबसे बड़ा लोकतन्त्र आधारित संसद है, जो लोकतन्त्रिक विश्व संसद का ही अविकसित रूप है, उसे शुद्ध रूप से जुड़े इस सार्वजनिक सत्य विश्वमानक-शून्य श्रृंखला को संसद सदस्यों की सर्वसम्मति से स्थापित कर लोकतन्त्र के परिपक्वता, स्वस्थता, विश्वास और व्यवस्था का अन्तिम माध्यम का परिचय देना चाहिए। इसके बाद ही स्व-तन्त्र, स्व-राज सहित विश्व के समक्ष यह कहा जा सकता है कि लोकतन्त्र ही विश्व व्यवस्था का सबसे सशक्त तन्त्र है जो जनता द्वारा, जनता के लिए और जनता द्वारा शासित तन्त्र है। इसमें संसद को जरा भी सन्देह नहीं होना चाहिए कि जो संसद का कत्त्रव्य और दायित्व है उसका आविष्कार एक सामान्य ग्रामवासी ने किया है जो भारत और भारतीय संसद की गरिमा को बढ़ाता ही है। आविष्कार संसद द्वारा हो या किसी और के द्वारा यदि वह उसके कत्त्रव्य और दायित्व को पूर्णता प्रदान करता है तो उसकी स्थापना संसद को सर्वसम्मति से की जानी चाहिए। अन्यथा संसद ही पूर्णरूप से आम जनता द्वारा विरोध का शिकार हो जायेगा। जिन संसद सदस्यों को इस सार्वजनिक सत्य विश्वमानक-शून्य श्रृंखला पर विरोध हो उन्हें मात्र विरोध ही नहीं बल्कि विरोध का उचित कारण और उसके सार्वजनिक सत्य व्यक्त हल के साथ विरोध करना चाहिए। अन्यथा वे स्वयं अपने ही नकारात्मक चरित्र को सार्वजनिक रूप से व्यक्त कर देंगे, इसका ध्यान उनको रखना चाहिए। इस कार्य में सदस्यों को यह ध्यान देना होगा कि विचारों का परिणाम ही सार्वजनिक सत्य होता है और सत्य के व्यक्त हो जाने पर विचारों का अस्तित्व सदा के लिए समाप्त हो जाता है। संसद द्वारा सर्वसम्मति हो जाने पर विश्वमानक-शून्य श्रृंखला राष्ट्रीय ऐजेन्डा हो जायेगी। विश्वमानक-शून्य श्रृंखला राष्ट्रीय एजेन्डा का सत्यरूप है ही परन्तु संविधान निर्देशित संसद में इसका सर्वसम्मति होना संवैधानिक रूप से आवश्यक है। राष्ट्रीय ऐजेन्डा के रूप में स्वीकार कर लिये जाने पर स्वयं सरकार को देश में क्रियान्वयन के लिए सर्वप्रथम काल परिवर्तन अर्थात् व्यक्तिगत प्रमाणित अदृश्य काल से सार्वजनिक प्रमाणित दृश्यकाल की घोषणा देश स्तर से करनी पड़ेगी क्योंकि जनता को यह बताना आवश्यक होगा कि वर्तमान समय में अधिकतम व्यक्ति का मन बाह्य विषयों की ओर संसाधनों पर केन्द्रित हो गया है। पुनः राष्ट्रीय पुनर्निर्माण समिति का गठन कर विश्वमानक-शून्य श्रृंखला को विस्तृत कर विवादमुक्त तन्त्रों पर आधारित भारतीय संविधान को व्यक्त कर (जो भारत के मूल संविधान से मिलकर पूर्ण विश्व संविधान में परिवर्तित हो जायेगा) विभिन्न मन्त्रालय और विभागों द्वारा प्रभावी कराना चाहिए। जिसमें सर्वप्रथम भारतीय मानक ब्यूरो में विश्वमानक-शून्य श्रृंखला के समकक्ष आई.एस.-शून्य श्रृंखला मानक विकसित कर लेना चाहिए। विश्वमानक-शून्य श्रृंखला के ज्ञान से परिपूर्ण होने के बाद ही संविधान संशोधन सार्थक होगा।

भारत में विश्वमानक-शून्य श्रृंखला की स्थापना का द्वितीय मार्ग आम जनता एवम् संगठनों द्वारा है। आम जनता और सामाजिक संगठनों को जनहित के लिए सर्वोच्च न्यायालय में जनहित याचिका, राजनीतिक दलों के मानक और संसद के कत्त्रव्य तथा दायित्व के लिए न्यायालय को बाध्य कराना है कि वह संसद तथा राजनीतिक दल अपने वास्तविक स्वरूप के लिए कार्य प्रारम्भ करें तथा मानव मन निर्माण करने के क्रियाकलाप का अपना मानक प्रस्तुत करें। इससे न्यायालय भी संविधानानुसार अपनी गरिमा तथा स्वयं उसको अपने लिए एक दिशा निर्देश स्थापित करने का सिद्धान्त प्राप्त हो जायेगा। व्यापारिक-औद्योगिक समूह को भारतीय मानक ब्यूरो में विश्वमानक-शून्य श्रृंखला के समकक्ष आई.एस.-शून्य श्रृंखला मानक विकसित करने के लिए कदम उठाने चाहिए। जिससे उन्हें यह लाभ होगा कि वे अपने संगठन-समूह को अन्तर्राष्ट्रीय गुणवत्ता के साथ अन्तर्राष्ट्रीय स्तर का मानव संसाधन विकसित करने का प्रमाण-पत्र प्राप्त करेंगे जो उन्हें विश्व बाजार के प्रतिस्पर्धा में सर्वोच्चता दिला सकेगा। यही नहीं उनके अपने आन्तरिक सुरक्षा, गुणवत्ता, प्रबन्धकीय इत्यादि के प्रशिक्षण में व्यय भी कम हो जायेगा क्योंकि पूर्ण ज्ञान से युक्त मानव संसाधन होने पर उनकी सूक्ष्म दृष्टि स्वतः ही इन गुणों से युक्त और रचनात्मक हो जायेगी। अन्तर्राष्ट्रीय स्तर का मानव संसाधन निर्माण से लाभ यह होगा कि उत्पादों के उपयोग की मानसिकता के विकास सहित कर्मज्ञान द्वारा आदान-प्रदान में गति आने से उनके उत्पादों के लिए बाजार सदा ही निर्मित होता रहेगा। परिणामस्वरूप "मन्दी का दौर" जैसे समस्याओं से मुक्ति पायी जा सकेगी। जो अर्थव्यवस्था और उसके मूल्य पर भी व्यापक अनुकूल प्रभाव डालेगा। राजनीतिक संगठनों को विश्वमानक-शून्य श्रृंखला की स्थापना के लिए उपरोक्त मार्गों से प्रेरित कर, संसद में प्रश्न उठाकर और आम जनता में अपने सिद्धान्त अर्थात् विश्वमानक-शून्य

श्रृंखला सहित उसके लाभ के प्रसार से प्रयत्न करना चाहिए। इससे उन्हें लाभ यह होगा कि आम जनता का विश्वास, राष्ट्रीय एकता, स्वयं की लोकप्रियता, राजनैतिक अस्थिरता, देशभक्ति की स्थायी स्थिरता सहित विश्वभक्तों का निर्माण, सामाजिक परिवर्तन और निर्माण, सम्पूर्ण क्रान्ति इत्यादि जो भी भारत सहित विश्व के हित में सर्वोच्च और अन्तिम है, उस कार्य का ऐतिहासिक श्रेय उन्हें प्राप्त होगा।

भारत द्वारा विश्वमानक-शून्य श्रृंखला के विश्वव्यापी स्थापना के भी दो मार्ग है। प्रथम-भारत सरकार द्वारा, द्वितीय-भारत के किसी एक राजनीतिक दल द्वारा। प्रथम-राष्ट्रीय ऐजेन्डा जो विश्व राजनीति ऐजेन्डा भी है को भारत सरकार संयुक्त राष्ट्र संघ के समक्ष प्रस्तुत कर अपने पक्ष में अन्य देशों को साथ लेना चाहिए। चूँकि यह अहिंसक मार्ग से विश्व निर्माण, रक्षा, शान्ति, एकता, विकास, स्थिरता, कल्याण और सेवा के लिए नेतृत्व है इसलिए अन्य देशों के साथ आने में बाधा नहीं आयेगी इससे लाभ यह होगा कि संयुक्त राष्ट्र संघ, विश्व व्यापार संगठन के अन्तर्गत ट्रिप्स, यूनेस्को, संयुक्त राष्ट्र सुरक्षा परिषद, सी.टी.बी.टी.इत्यादि में संशोधन-पुनर्गठन-भागीदारी के लिए मार्ग आसान हो जायेगा जो सभी देशों की समस्या है। परिणामस्वरूप विश्व शिक्षा प्रणाली, विश्व मानकीकरण संगठन, विश्व संविधान एवम् संसोधित-पुनर्गठित संगठनों का जन्म होगा। विश्वमानक-शून्य श्रृंखला का मानक विकसित करने के लिए लोकतन्त्र व्यवस्था पर आधारित अन्तर्राष्ट्रीय मानकीकरण संगठन में इसके प्रति अन्य देशों से समर्थन प्राप्त कर आसानी से मान्यता प्राप्त किया जा सकता है। और समकक्ष आई0एस0ओ0-शून्य श्रृंखला विकसित की जा सकती है। विश्वमानक-शून्य श्रृंखला की स्थापना के लिए वर्तमान समय तथा भविष्य में और भी उपयुक्त समय भारत के अनुकूल ही है। क्योंकि जहाँ एक ओर उसे अभी सी.टी.बी.टी.पर हस्ताक्षर करने है, वहीं दूसरी ओर भारतीय भाव का अहिंसक सत्य-सिद्धान्त विश्वमानक-शून्य श्रृंखला की स्थापना का प्रस्ताव सी0टी0बी0टी0 के पीछे छुपी मानसिकता को आसानी से व्यक्त कर देगा। सी0टी0बी0टी0 दिशाहीन पदार्थ विज्ञान का परिणाम है तो विश्वमानक-शून्य श्रृंखला की स्थापना का प्रस्ताव सी0टी0बी0टी0 जैसी स्थिति ही उत्पन्न न हो उसका सिद्धान्त है। परिणामस्वरूप न चाहते हुये भी विश्व की संकीर्ण मानसिकता आधारित नेतृत्व वाले देश जो स्वयं अपनी जनता को मानसिक गुलाम बनाये हुये हैं, पर भी भारतीय भाव का सिद्धान्त स्वत: प्रभावी हो जायेगा। क्योंकि विश्व रक्षा के लिए इसकी स्थापना प्रत्येक देशों के लिए अनिवार्य हो जायेगी। विश्व चिंतक देश और संयुक्त राष्ट्र संघ इसके लिए विवश भी होगा क्योंकि विश्वमानक-शून्य श्रृंखला का विरोध स्वयं उसकी विश्व चिंतक, विश्व रक्षा, विश्व विकास, विश्व स्थिरता, विश्व शान्ति, विश्व एकता जैसी छवि को पूर्णरूप से ध्वस्त कर देगा। संयुक्त राष्ट्र संघ द्वारा स्वीकृत हो जाने की दिशा में सर्वप्रथम काल परिवर्तन विश्व स्तर से करनी पड़ेगी क्योंकि विश्व के प्रत्येक नागरिक को यह बताना आवश्यक होगा कि वर्तमान समय में अधिकतम व्यक्ति का मन बाह्य विषयों अर्थात् संसाधनों पर केन्द्रित हो गया है। उसके फलस्वरूप विश्वमानक-शून्य श्रृंखला की स्थापना अपने विभिन्न संगठनों के माध्यम से करना प्रारम्भ करेगा।

भारत द्वारा विश्वमानक-शून्य श्रृंखला के विश्व व्यापी स्थापना का द्वितीय मार्ग-उपरोक्त सभी नीतियों का प्रयोग करते हुये भारत का कोई एक राजनीतिक दल सत्य चेतना आधारित विश्व निर्माण के लिए विश्व राजनीतिक पार्टी संघ (डब्लू.पी.पी.ओ.) का गठन करने के लिए आगे आकर कर सकता हैं जिसमें प्रत्येक देश से एक राजनीतिक पार्टी को सदस्य बनाना चाहिए। जिससे लाभ यह होगा कि डब्लू.पी.पी.ओ.द्वारा संयुक्त राष्ट्र संघ पर दबाव बनाया जा सकेगा और प्रत्येक देश अपने देश की जनता का सर्वोच्च कल्याण कर अपने देश में दल की सर्वोच्चता स्थापित कर सकेगी। भारतीय राजनीतिक दल को भारत में समस्त सर्वोच्च और अन्तिम कार्य करने का श्रेय प्राप्त होगा।

सामाजिक परिवर्तन, निर्माण, नैतिक उत्थान और सम्पूर्ण एकता की प्राप्ति एक लम्बी अवधि की प्रक्रिया है। 21वीं सदी और भविष्य की आवश्यकता को देखते हुये उसका बीज अभी ही समाज में बोना होगा। जो आवश्यकता और विवशता भी बन चुकी है, विश्वमानक-शून्य श्रृंखला उसी का बीज हैं। जिसकी स्थापना के लिए भारत सहित अन्य देशों के आम जनता, संगठन ओर सरकार को शीघ्रताशीघ्र ऐसा उसी भाँति करना चाहिए जैसे माता-पिता अपने बच्चे को समायानुसार आवश्यक संसाधन उपलब्ध कराते है। ऐसा इसलिए भी करना चाहिए

क्योंकि वर्तमान समय में नेतृत्वकर्ताओं, लोकतन्त्र, सरकार और भविष्य के प्रति जिस प्रकार अविश्वास बढ़ रहा है। उसे विश्वास में परिवर्तित करने का प्रथम और अन्तिम मार्ग यही है। उन्हें यथाशीघ्र इसकी स्थापना के लिए जुट जाना चाहिए क्योंकि वर्तमान नेतृत्वकर्ता, लोकतन्त्र, सरकार और जनता चाहे जैसे भी हो परन्तु भविष्य के नेतृत्वकर्ता, लोकतन्त्र, सरकार और जनता की पूर्ण स्वस्थता के कार्य का विश्व ऐतिहासिक श्रेय तो उन्हें कम से कम प्राप्त हो जायेगा। और यही हृदय परिवर्तन, आत्मप्रकाश, सत्यपक्ष, इंश्वरीय शरण में आना इत्यादि कहा जाता है।

प्रत्येक सुख के साथ दुःख साया की भाँति लगा रहता है। यदि भारत और विश्व के समक्ष विश्वमानक-शून्य श्रृंखला के आविष्कार का सर्वोच्च और अन्तिम सुख है तो ठीक उतना व्यापक सर्वोच्च और अन्तिम दुःख भी है। कर्मशील लव कुश सिंह "विश्वमानव" का वर्तमान और विवादमुक्त सत्य-विचार-शक्ति-सत्य-सिद्धान्त से युक्त होना ही भारत तथा विश्व के समक्ष सर्वोच्च संकट है। सम्पूर्ण विश्व कैसे एक भारतीय युवा के सत्य-विचार को अपने उपर प्रभावी होने देगा? भले ही यह सम्पूर्ण विश्व के कल्याण का एकमेव, सर्वोच्च और अन्तिम रास्ता हो। भले ही उस युवा का उद्देश्य मात्र इतना हो कि प्रत्येक विषय, पद, व्यक्ति, संगठन और देश अपने उद्देश्य को पूर्णरूप से अपने मार्ग से ही प्राप्त कर ले। और भले ही वह व्यक्ति से विश्व तक की आत्मा की आवाज ही क्यों न हो?

जब दृश्य सार्वजनिक सत्य व्यक्त होता है, जो मानव समाज में सिर्फ एक और अन्तिम बार ही व्यक्त होता है तब सम्पूर्ण संकीर्ण विचार और उससे युक्त अहंकार पर स्पष्ट आघात होता है परिणामस्वरूप अव्यक्त संकीर्ण विचार और अहंकार ही उसके धारणकर्ता के समक्ष संकट रूप में व्यक्त होता है परन्तु वे उसे न देखकर सत्य-विचार को ही संकट समझने लगते हैं। व्यक्ति से लेकर संयुक्त राष्ट्र संघ तक के अपने-अपने संकीर्ण विचार हैं जो सत्य-विचार के व्यक्त होने से इस प्रकार व्यक्त होंगे। चूँकि विश्वमानक-शून्य श्रृंखला ही संयुक्त राष्ट्र संघ के सम्पूर्ण उद्देश्यों को पूर्ण करने का प्रथम और अन्तिम मार्ग है इसलिए उसके द्वारा इसका स्वागत होगा परन्तु उसके विशेषाधिकार प्राप्त देश (वीटो पावर) और संकीर्ण विचारों पर आधारित देश इसका विरोध बिना किसी उचित कारण और समाधान के कर सकते हैं। यह उनकी अपनी शक्ति का दुरूपयोग तथा अपने देश की जनता और विश्व के भाविष्य को अशान्त करने का ही रूप ले सकता है। परिणामस्वरूप भारत की शान्ति और अहिंसक छवि विश्व के समक्ष स्पष्टरूप से स्थापित होगी। भारत के सामने यह संकट उसके वर्तमान संस्कृति-भूतकाल में हो चुके महापुरूषों के नाम पर झण्डे, डण्डे, शोषण, अत्याचार, आन्दोलन, जीवकोपार्जन, युवाओं को महत्व न देना, वर्तमान क्रियाकलापों पर आधारित होकर एक दूसरे पर कटाक्ष करना इत्यादि है न कि उन महापुरूषों के विचारों को परिष्कृत कर वर्तमान एवम् भविष्य के योग्य बनाना तथा युवाओं को अपना भविष्य समझकर कार्य करना है। भारतीय संसद के समक्ष संकट का कारण वर्तमान और भूतकाल पर बहस करना और भविष्य के आवश्यक मुद्दों को उठाकर जनता पर छोड़ देना है। प्राच्य आधारित धर्मक्षेत्र पर संकट का कारण अयोग्यता, अपूर्णता और आडम्बर युक्त स्वघोषित ईश्वर, अवतार और आचार्य है। पाश्चात्य आधारित राज्य क्षेत्र पर संकट का कारण नेताओं और उनके दलों का स्वार्थमय होकर राजनीति करना तथा भूतकाल के महापुरूषों, क्रान्तिकारियों, धर्मज्ञों के नामों को भुनाना, अन्य दलों का एक दृष्टि पर कटाक्ष करना है। अदृश्य आध्यात्म विज्ञान और दृश्य पदार्थ विज्ञान के समक्ष संकट उनका दिशाहीन होना है। प्रबन्ध-नीति-विचार के समक्ष संकट उनमें एकता का न होना है। समाज क्षेत्र के समक्ष संकट उनका आपस में समभाव का न होना है। सम्प्रदाय-संस्कृति-जाति के समक्ष संकट आपस में एक दूसरे के ऊपर अपनी सर्वोच्चता सिद्ध करना है। प्रौढ़-वृद्ध के समक्ष संकट वे जो न कर सके, उसका किसी से उम्मीद न करना और वे जो कर सके है, उससे अधिक कर पाने की किसी से उम्मीद न करना है। युवा शक्ति के समक्ष संकट-दिशा-विहीन, लक्ष्य-विहीन, दिग्भ्रमित, असंगठित, भौतिकता और स्वंय के निर्णित मार्ग को ही सम्पूर्ण समझना है। आम जनता के समक्ष संकट-ज्ञान ही समस्त दुःखों का नाशकर्ता है पर विश्वास न करना है। शरीर को ही प्राथमिकता देने वालों के समक्ष संकट उनका शारीरिक बल से ही संसार को झूका देने का भ्रम है। ईसाई मिशनरीयों का संकट-उनका अंग्रेजी प्रसार से ईसाईकरण करने का भ्रम है।

उपरोक्त व्यापक संकट सिर्फ मानसिक है। सिर्फ अपने मन को बदल देने से सबको अपने ही रास्ते से उसका लक्ष्य प्राप्त हो जाता है। यही मूल संकट है कि व्यक्ति अपनी इच्छा भी नहीं बदल सकते जिससे न तो उनका

शारीरिक, न ही आर्थिक क्षति ही सम्भव है। परन्तु यह विश्व की विवशता है कि वह विवश होकर प्राकृतिक बल या संयुक्त मन बल से वह एकत्व की ओर ही जा रहा है। इसलिए इसकी स्थापना तो निश्चित है। परिणामस्वरूप सम्पूर्ण विश्व का मानसिक वध भी सुनिश्चित है। चाहे वह वर्तमान में हो या भविष्य में। चूँकि यह संकट वैचारिक है। वैयक्तिक नहीं इसलिए घातक अस्त्रों से मुक्त है बल्कि यह घातक अस्त्रों को ही समाप्त कर देने में सक्षम है। इस प्रकार विश्वमानव का शरीर संकट नहीं है। बल्कि उनके द्वारा आविष्कृत, अनियंन्त्रित, अपरिवर्तनीय, असंग्रहणीय, समस्त सर्वोच्च और अन्तिम व्यापकता से युक्त अन्तिम विचारों का चक्र-सुदर्शन चक्र और पशु प्रवृत्तियों का नाश करने वाला सार्वभौम सत्य-सिद्धान्त का अस्त्र-पशुपास्त्र है जिसका नब्बे प्रतिशत स्थापना संयुक्त मन द्वारा कर्म करते-करते ज्ञान की ओर बढ़ने से हो ही चुकी है। शेष दस प्रतिशत ही उसका सत्य-शिव और सुन्दर है। जिसकी स्थापना के उपरान्त ससीम जीवात्मा असीम विश्व में तथा असीम विश्व ससीम जीवात्मा में तथा ससीम जीवात्मा असीम परमात्मा में, निराकार साकार में, साकार निराकार में तथा आत्मा परमात्मा में, परमात्मा आत्मा में एकाकार होकर समस्त विश्व प्रेममय और कर्ममय होकर धरती पर स्वर्ग निर्माण में एकजुट हो एक ही आवाज में कहेगा- "वाहे गुरू की फतह।"

गणराज्य-संघ को मार्गदर्शन

01.गणराज्यों के संघ-भारत को सत्य और अन्तिम मार्गदर्शन

गणराज्यों का संघ भारत अपनी स्वतन्त्रता प्राप्ति के बाद से अब तक वाह्य जगत का विकास करते-करते इस मोड़ तक आ चुका है जहाँ से आगे की ओर जाने के लिए उसे अन्त: जगत का विकास करना होगा। इस विकास के न होने के कारण ही भारत के पास विवाद तो है परन्तु हल नहीं। विरोध तो है परन्तु हल के साथ विरोध नहीं। विरोध है पर उचित कारण के साथ विरोध नहीं। फलस्वरुप समाज (जनता) के अधिपत्य वाला गणराज्य, राज्य (व्यक्ति) समर्थित गणराज्य की ओर बढ़ गया है। वहीं दूसरी तरफ विवशता वश गणराज्य के सत्य रुप की ओर भी बढ़ रहा है। अन्त: जगत का विकास न होने के कारण यह स्पष्ट भी कर पाना मुश्किल हो गया है कि कौन से मुद्दे गणराज्य के हैं और कौन से मुद्दे सम्प्रदाय के हैं। विवादित मुद्दों की एक लम्बी श्रृंखला है जिनमें से कुछ को तो सिद्धान्त द्वारा हल किया जा सकता है परन्तु कुछ तो बिना नैतिक उत्थान के सम्भव ही नहीं हैं। क्योंकि हाथी पर अधिकृत हाथ में अंकुश युक्त महावत के नैतिकता पर ही यह निर्भर करता है कि वह अंकुश का प्रयोग हाथी को संचालित करने के लिए करे या हाथी को मौत देने के लिए करे। यह सिद्धान्त द्वारा नियन्त्रित नहीं हो सकता। विवादित मुद्दे जिस पर भारत क्रियाशील हो चुका है उनमें से प्रमुख हैं-संविधान-समीक्षा, शिक्षा-पाठ्यक्रम, धर्मस्थल विधेयक, प्रादेशिक स्वायत्तता, राज्यों का पुनर्गठन, महिला आरक्षण इत्यादि और भविष्य में आने वाले समय सीमा के अन्दर युवाओं को पैतृक सम्पत्ति का अधिकार। जो मुद्दे उठ चुके हैं उन्हें दबाया नहीं जा सकता क्योंकि वहाँ तक मनस्तर बढ़कर बीज रुप में व्यक्त हो गया है।

भारत को इस प्रस्तुत सार्वभौम सत्य-सिद्धान्त से मार्गदर्शन प्राप्त कर अपने तथा संयुक्त राष्ट्र संघ के पुनर्गठन के लिए क्रियान्वयन करना चाहिए। यह सार्वभौम सत्य-सिद्धान्त विरोध नहीं बल्कि वह जो कुछ समाज में अब तक के महामानवों द्वारा उपलब्ध कराया गया था जिसको स्वीकारने, मानने और समझने वाले हैं, उन सबको स्वीकार के साथ सत्य का प्रस्तुतीकरण है। जो एक तरह से स्वीकार और हल के साथ विरोध ही है। जिसका विकल्प किसी राजनीतिक दल, अन्य संगठन या मोर्चा के पास नहीं हो सकता क्योंकि सत्य का विकल्प सिर्फ सत्य होता है और वह एक ही होता है। भारतीय संविधान के अनुसार बिना संसद के विश्वास के कोई भी संवैधानिक परिवर्तन सम्भव नहीं है इसलिए इससे पहले की यह किसी दल का राजनीतिक मुद्दा बने, सामूहिक रुप से सभी राजनीतिक दल इसे संसद में प्रस्तुत करें और व्यापक चिंतन करके क्रियान्वयन के लिए मंजूरी दे। क्योंकि इसके समर्थन के बिना कोई भी व्यक्ति, दल, संगठन स्वयं अपने आप को भारतीय या भारत का शुभचिंतक भी नहीं कह सकता। भारत सत्य आधारित है और उस सत्य का देश-काल मुक्त सर्वव्यापी सार्वजनिक प्रमाणित स्वरुप व्यक्त हो आपके समक्ष प्रस्तुत है। सोचने का विषय है कि यदि उस राज्य का नाम हिन्दू हो या एक व्यक्ति से व्यक्त हुआ हो तो क्या उस सत्य को सत्य नहीं कहेंगे? यदि किसी मिठाई का नाम जहर रख दिया जाये तो क्या उस मिठाई को खाना छोड़ा जा सकता है? कदापि नहीं इससे तो स्वयं की ही हानि होगी। सत्य को स्वीकारने और आत्मसात करने पर एक तरह से हिन्दू और उस व्यक्ति का ही स्वीकार और आत्मसात करना हुआ। परन्तु नाम नहीं गुण देखें यहीं विकास का मार्ग है।

यदि सामूहिक रुप से संसद में इसे प्रस्तुत नहीं किया गया और यदि एक किसी दल का राजनीतिक मुद्दा भी न बना तो भी चिन्ता का विषय नहीं कम से कम यह जानकर खुशी होगी की भारत का शुभचिन्तक सिर्फ इस सिद्धान्त का आविष्कारकर्ता और उसका समूह ही है। नवमानव सृष्टिकर्ता ईश्वर (सार्वभौम सत्य-सिद्धान्त) के आठवें अवतार भगवान श्रीकृष्ण द्वारा प्रारम्भ किया गया कार्य और प्रथम चरण के लिए व्यक्त व्यक्तिगत प्रमाणित आत्मा के निराकार स्वरुप का साहित्य "गीता" के प्रचार-प्रसार का परिणाम ही है जिससे आत्मीय प्राकृतिक बल सक्रिय होकर विवशतावश ग्राम, क्षेत्र, नगर जनपद स्तर पर पंचायत तथा प्रदेश और देश स्तर पर गणराज्य का

अविकसित रुप व्यक्त हुआ है। क्योंकि ज्ञान बढ़ने से सिद्धान्त की प्राप्ति होती है और अब प्रारम्भ किया गया कार्य और अन्तिम चरण के लिए व्यक्त सार्वजनिक प्रमाणित आत्मा के निराकार स्वरुप का साहित्य- "कर्मवेद-प्रथम, अन्तिम तथा पंचमवेदीय श्रृंखला" अर्थात् "विश्वमानक-शून्य-मन की गुणवत्ता का विश्व मानक श्रृंखला" के प्रस्तुतीकरण के प्रभाव से विवशतावश व्यक्ति से विश्व तक को गणराज्य के सत्य रुप को प्राप्त करने के लिए विवश कर देगा। तुम कर्म करते-करते भारत का नाश करते हुए वहीं सिद्धान्त प्राप्त कर मुझ तक ही आओगे जो मैं पहले ही तुम्हारे सामने व्यक्त कर चुका हूँ। तुम वर्तमान भारत को भारत न बनने दो और मैं भविष्य का भारत सम्पूर्ण विश्व को भारत बनाने का यन्त्र-आध्यात्मिक-न्यूट्रान बम व्यापकता से छोड़ दिया हूँ। भारत का नाश करने वाले पहले तुम आराम से थे मैं परेशान था, अब तुम परेशान रहोगे मैं आराम करुँगा। तब ही मेरी जीत निश्चित है। ये हैं-मानवीय सीमा से परे की बुद्धि, चेतना और आत्मशक्ति! व्यक्तिगत प्रमाणित प्रथम समन्वयाचार्य योगेश्वर श्रीकृष्ण की व्यक्तिगत शिक्षा व्यक्ति के लिए थी- "समभाव (अद्वैत) में स्थित हो कर्म करो और परिणाम की इच्छा मुझ (आत्मा) पर छोड़ दो।" और अब सार्वजनिक प्रमाणित अन्तिम समन्वयाचार्य भोगेश्वर श्री लव कुश सिंह "विश्वमानव" की सार्वजनिक शिक्षा व्यक्ति तथा संयुक्त व्यक्ति के लिए है- "समभाव (अद्वैत) में स्थित तथा परिणाम के ज्ञान से युक्त हो कर्म करो और परिणाम की इच्छा मुझ (आत्मा) पर छोड़ दो" द्वारा प्रत्येक स्तर के व्यक्ति और संयुक्त व्यक्ति के लिए परिणाम का ज्ञान उसके समक्ष है।

ईश्वर के आठवें प्रत्यक्ष एवम प्रेरक व्यक्तिगत प्रमाणित पूर्णावतार श्री कृष्ण तथा विष्णु (एकात्म वाणी, एकात्म ज्ञान, एकात्म कर्म व एकात्म प्रेम) के पूर्णावतार के रुप में व्यक्त श्री कृष्ण का मुख्य गुण आदर्श सामाजिक व्यक्ति का चरित्र तथा अवतारी गुणों में साकार शरीर आधारित "परशुराम परम्परा" की असफलता को देखते हुये उसका नाश करके निराकार नियम आधारित "परशुराम परम्परा" को प्रारम्भ करना था। जिसके लिऐ वे विश्व मानक ज्ञान व व्यक्तिगत प्रमाणित विश्वशास्त्र-गीतोपनिषद् व्यक्त किये।

श्रीकृष्ण का नाम बेचने वाले सिर्फ भक्ति में ही लीन हैं। उनके मूल कार्य विश्व मानक ज्ञान तथा निराकार नियम आधारित "परशुराम परम्परा" का नाम ही नहीं लेते जबकि भारत तथा विश्वस्तर पर गणराज्य का सवरुप निम्नलिखित रुप में व्यक्त हो चुका है।

भारत में निम्लिखित रुप व्यक्त हो चुका था।

1. ग्राम, विकास खण्ड, नगर, जनपद, प्रदेश और देश स्तर पर गणराज्य और गणसंघ का रुप।
2. सिर्फ ग्राम और नगर स्तर पर राजा (ग्राम व नगर पंचायत अध्यक्ष) का चुनाव सीधे जनता द्वारा।
3. गणराज्य को संचालित करने के लिए संचालक का निराकार रुप-संविधान।
4. गणराज्य के तन्त्रों को संचालित करने के लिए तन्त्र और क्रियाकलाप का निराकार रुप-नियम और कानून।
5. राजा पर नियन्त्रण के लिए ब्राह्मण का साकार रुप-राष्ट्रपति, राज्यपाल, जिलाधिकारी इत्यादि।

विश्व स्तर पर निम्नलिखित रुप व्यक्त हो चुका था।

1. गणराज्यों के संघ के रुप में संयुक्त राष्ट्र संघ का रुप।
2. संघ के संचालन के लिए संचालक और संचालक का निराकार रुप-संविधान।
3. संघ के तन्त्रों को संचालित करने के लिए तन्त्र और क्रियाकलाप का निराकार रूप-नियम और कानून।
4. संघ पर नियन्त्रण के लिए ब्राह्मण का साकार रूप-पाँच वीटो पावर।
5. प्रस्ताव पर निर्णय के लिए सदस्यों की सभा।
6. नेतृत्व के लिए राजा-महासचिव।

श्रीकृष्ण की दिशा से शेष कार्य मानक कर्म ज्ञान का प्रस्तुतीकरण द्वारा नियम आधारित "परशुराम परम्परा" को पूर्णता प्रदान करना है। जिसके लिए निम्नलिखित की आवश्यकता है-

1. गणराज्य या लोकतन्त्र के सत्य रुप-गणराज्य या लोकतन्त्र के स्वरूप का विश्व मानक।
2. राजा और सभा सहित गणराज्य पर नियन्त्रण के लिए साकार ब्राह्मण का निराकार रूप-मन का विश्व मानक।
3. गणराज्य के प्रबन्ध का सत्य रूप-प्रबन्ध का विश्व मानक।

4. गणराज्य के संचालन के लिए संचालक का निराकार रूप-संविधान के स्वरूप का विश्व मानक।
5. साकार ब्राह्मण निर्माण के लिए शिक्षा का स्वरूप-शिक्षा पाठ्यक्रम का विश्व मानक।

आविष्कार विषय- "व्यक्तिगत मन और संयुक्तमन का विश्व मानक और पूर्णमानव निर्माण की तकनीकी है जिसे धर्म क्षेत्र से कर्मवेद-प्रथम, अन्तिम तथा पंचमवेदीय श्रृंखला तथा शासन क्षेत्र से WS-0: मन की गुणवत्ता का विश्व मानक श्रृंखला तथा WCM-TLM-SHYAM.C तकनीकी कहते है। सम्पूर्ण आविष्कार सार्वभौम सत्य-सिद्वान्त अर्थात् सम्पूर्ण ब्रह्माण्ड में व्याप्त अटलनीय, अपरिवर्तनीय, शाश्वत व सनातन नियम पर आधारित है, न कि मानवीय विचार या मत पर आधारित।"

सम्पूर्ण ब्रह्माण्ड में व्याप्त एक ही सत्य-सिद्धान्त द्वारा व्यक्तिगत व संयुक्त मन को एकमुखी कर सर्वोच्च, मूल और अन्तिम स्तर पर स्थापित करने के लिए शून्य पर अन्तिम आविष्कार WS-0: श्रृंखला की निम्नलिखित पाँच शाखाएँ हैं।

01. डब्ल्यू.एस.(WS)-0 -विचार एवम् साहित्य का विश्वमानक
02. डब्ल्यू.एस.(WS)-00 -विषय एवम् विशेषज्ञों की परिभाषा का विश्वमानक
03. डब्ल्यू.एस.(WS)-000 -ब्रह्माण्ड (सूक्ष्म एवम् स्थूल) के प्रबन्ध और क्रियाकलाप का विश्वमानक
04. डब्ल्यू.एस.(WS)-0000 -मानव (सूक्ष्म तथा स्थूल) के प्रबन्ध और क्रियाकलाप का विश्वमानक
05. डब्ल्यू.एस.(WS)-00000 -उपासना और उपासना स्थल का विश्वमानक

भारत सरकार इस श्रृंखला को स्थापित करने के लिए संसद में प्रस्ताव प्रस्तुत कर अपने संस्थान भारतीय मानक ब्यूरो ¼BIS½ के माध्यम से समकक्ष श्रृंखला स्थापित कर विश्वव्यापी स्थापना के लिए अन्तर्राष्ट्रीय मानकीकरण संगठन ¼ISO½ के समक्ष प्रस्तुत कर सकता है। साथ ही संयुक्त राष्ट्र संघ ¼UNO½ में भी प्रस्तुत कर संयुक्त राष्ट्र संघ के पुर्नगठन व पूर्ण लोकतंत्र की प्राप्ति के लिए मार्ग दिखा सकता है।

02.राष्ट्रों के संघ-संयुक्त राष्ट्र संघ को सत्य और अन्तिम मार्गदर्शन

प्रकाशित खुशमय तीसरी सहस्त्राब्दि के साथ यह एक सर्वोच्च समाचार है कि नयी सहस्त्राब्दि केवल बीते सहस्त्राब्दियों की तरह एक सहस्त्राब्दि नहीं है। यह प्रकाशित और विश्व के लिए नये अध्याय के प्रारम्भ का सहस्त्राब्रदि है। केवल वक्तव्यों द्वारा लक्ष्य निर्धारण का नहीं बल्कि स्वर्गीकरण के लिए असिमीत भूमण्डलीय मनुष्य और सर्वोच्च अभिभावक संयुक्त राष्ट्र संघ सहित सभी स्तर के अभिभावक के कर्तव्य के साथ कार्य योजना पर आधारित। क्योंकि दूसरी सहस्त्राब्दि के अन्त तक विश्व की आवश्यकता, जो किसी के द्वारा प्रतिनिधित्व नहीं हुई उसे विवादमुक्त और सफलतापूर्वक प्रस्तुत किया जा चुका है। जबकि विभिन्न विषयों जैसे-विज्ञान, धर्म, आध्यात्म, समाज, राज्य, राजनिति, अन्तर्राष्ट्रीय सम्बन्ध, परिवार, व्यक्ति, विभिन्न संगठनों के क्रियाकलाप, प्राकृतिक, ब्रह्माण्डीय, देश, संयुक्त राष्ट्र संघ इत्यादि की स्थिति और परिणाम सार्वजनिक प्रमाणित दृश्य रुप में थे।

विज्ञान के सर्वोच्च आविष्कार के आधार पर अब यह विवाद मुक्त हो चुका है कि मन केवल व्यक्ति, समाज, और राज्य को ही नहीं प्रभावित करता बल्कि यह प्रकृति और ब्रह्माण्ड को भी प्रभावित करता है। केन्द्रीयकृत और ध्यानीकृत मन विभिन्न शारीरिक सामाजिक और राज्य के असमान्यताओं के उपचार का अन्तिम मार्ग है। स्थायी स्थिरता, विकास, शान्ति, एकता, समर्पण और सुरक्षा के लिए प्रत्येक राज्य के शासन प्रणाली के लिए आवश्यक है कि राज्य अपने उद्देश्य के लिए नागरिकों का निर्माण करें। और यह निर्धारित हो चुका है कि क्रमबद्ध स्वस्थ मानव पीढ़ी के लिए विश्व की सुरक्षा आवश्यक है। इसलिए विश्व मानव के निर्माण की आवश्यकता है, लेकिन ऐसा नहीं है और विभिन्न अनियन्त्रित समस्या जैसे-जनसंख्या, रोग, प्रदूषण, आतंकवाद, भ्रष्टाचार, विकेन्द्रीकृत मानव शक्ति एवं कर्म इत्यादि लगातार बढ़ रहे है। जबकि अन्तरिक्ष और ब्रह्माण्ड के क्षेत्र में मानव का व्यापक विकास अभी शेष है। दूसरी तरफ लाभकारी भूमण्डलीकरण विशेषीकृत मन के निर्माण के कारण विरोध और नासमझी से संघर्ष कर रहा है। और यह असम्भव है कि विभिन्न विषयों के प्रति जागरण समस्याओं का हल उपलब्ध करायेगा।

मानक के विकास के इतिहास में उत्पादों के मानकीकरण के बाद वर्तमान में मानव, प्रक्रिया और पर्यावरण का मानकीकरण तथा स्थापना आई0 एस0 ओ0-9000 एवं आई0 एस0 ओ0-14000 श्रृंखला के द्वारा मानकीकरण के क्षेत्र में बढ़ रहा है। लेकिन इस बढ़ते हुए श्रृंखला में मनुष्य की आवश्यकता (जो मानव और मानवता के लिए आवश्यक है) का आधार "मानव संसाधन का मानकीकरण" है क्योंकि मनुष्य सभी (जीव और नीर्जीव) निर्माण और उसका नियन्त्रणकर्ता है। मानव संसाधन के मानकीकरण के बाद सभी विषय आसानी से लक्ष्य अर्थात् विश्वस्तरीय गुणवत्ता की ओर बढ़ जायेगी क्योंकि मानव संसाधन के मानक में सभी तन्त्रों के मूल सिद्धान्त का समावेश होगा।

वर्तमान समय में शब्द- "निर्माण" भूमण्डलीय रुप से परिचित हो चुका है इसलिए हमें अपना लक्ष्य मनुष्य के निर्माण के लिए निर्धारित करना चाहिए। और दूसरी तरफ विवादमुक्त, दृश्य, प्रकाशित तथा वर्तमान सरकारी प्रक्रिया के अनुसार मानक प्रक्रिया उपलब्ध है। जैसा कि हम सभी जानते हैं कि मानक हमेशा सत्य का सार्वजनिक प्रमाणित विषय होता है न कि विचारों का व्यक्तिगत प्रमाणित विषय। अर्थात् प्रस्तुत मानक विभिन्न विषयों जैसे-आध्यात्म, विज्ञान, तकनीकी, समाजिक, नीतिक, सैद्धान्तिक, राजनीतिक इत्यादि के व्यापक समर्थन के साथ होगा। "उपयोग के लिए तैयार" तथा "प्रक्रिया के लिए तैयार" के आधार पर प्रस्तुत मानव के विश्व स्तरीय निर्माण विधि को प्राप्त करने के लिए मानव निर्माण तकनीकी **WCM-TLM-SHYAM.C (W**orld **C**lass **M**anufactuing**–T**otal **L**ife **M**aintenance-**S**atya**, H**eart**, Y**oga**, A**shram**, M**editation**.C**onceousness**)**प्रणाली आविष्कृत है जिसमें सम्पूर्ण तन्त्र सहंभागिता **(T**otal **S**ystem **I**nvolvement-**TSI)** है औरं विश्वमानक शून्य-मन की गुणवत्ता का विश्वमानक श्रृंखला **(WS-0:** World Standard of Mind Series) समाहित है। जो और कुछ नहीं, यह विश्व मानव निर्माण प्रक्रिया की तकनीकी और मानव संसाधन की गुणवत्ता का विश्व मानक है। जैसे-औद्योगिक क्षेत्र में इन्स्टीच्यूट आफ प्लान्ट मेन्टीनेन्स, जापान द्वारा उत्पादों के विश्वस्तरीय निर्माण विधि को प्राप्त करने के लिए उत्पाद निर्माण तकनीकी

डब्ल्यू0 सी0 एम0-टी0 पी0 एम0-5 एस (**WCM-TPM-5S** (**W**orld **C**lass **M**anufacturing-**T**otal **P**roductive **M**aintenance- **S**iri(छँटाई), **S**eton (सुव्यवस्थित), **S**esso (स्वच्छता), **S**iketsu (अच्छास्तर), **S**hituke (अनुशासन) प्रणाली संचालित है। जिसमें सम्पूर्ण कर्मचारी सहभागिता (**T**otal **E**mployees **I**nvolvement) है।) का प्रयोग उद्योगों में विश्व स्तरीय निर्माण प्रक्रिया के लिए होता है। और आई.एस.ओ.-9000 (**ISO-9000**) तथा आई.एस.ओ.-14000 (**ISO-14000**) है।

युग के अनुसार सत्यीकरण का मार्ग उपलब्ध कराना ईश्वर का कर्तव्य है आश्रितों पर सत्यीकरण का मार्ग प्रभावित करना अभिभावक का कर्तव्य है। और सत्यीकरण के मार्ग के अनुसार जीना आश्रितों का कर्तव्य है जैसा कि हम सभी जानते है कि अभिभावक, आश्रितों के समझने और समर्थन की प्रतिक्षा नहीं करते। अभिभावक यदि किसी विषय को आवश्यक समझते हैं तब केवल शक्ति और शीघ्रता से प्रभावी बनाना अन्तिम मार्ग होता है। विश्व के बच्चों के लिए यह अधिकार है कि पूर्ण ज्ञान के द्वारा पूर्ण मानव अर्थात् विश्वमानव के रुप में बनना। हम सभी विश्व के नागरिक सभी स्तर के अभिभावक जैसे-महासचिव संयुक्त राष्ट्र संघ, राष्ट्रों के राष्ट्रपति-प्रधानमंत्री, धर्म, समाज, राजनीति, उद्योग, शिक्षा, प्रबन्ध, पत्रकारिता इत्यादि द्वारा अन्य समानान्तर आवश्यक लक्ष्य के साथ इसे जीवन का मुख्य और मूल लक्ष्य निर्धारित कर प्रभावी बनाने की आशा करते हैं। क्योंकि लक्ष्य निर्धारण वक्तव्य का सूर्य नये सहस्त्राब्दि के साथ डूब चुका है। और कार्य योजना का सूर्य उग चुका है। इसलिए धरती को स्वर्ग बनाने का अन्तिम मार्ग सिर्फ कर्तव्य है। और रहने वाले सिर्फ सत्य-सिद्धान्त से युक्त संयुक्तमन आधारित मानव है, न कि संयुक्तमन या व्यक्तिगतमन के युक्तमानव।

आविष्कार विषय- "व्यक्तिगत मन और संयुक्तमन का विश्व मानक और पूर्णमानव निर्माण की तकनीकी है जिसे धर्म क्षेत्र से कर्मवेद-प्रथम, अन्तिम तथा पंचमवेदीय श्रृंखला तथा शासन क्षेत्र से WS-0: मन की गुणवत्ता का विश्व मानक श्रृंखला तथा WCM-TLM-SHYAM.C तकनीकी कहते है। सम्पूर्ण आविष्कार सार्वभौम सत्य-सिद्धान्त अर्थात् सम्पूर्ण ब्रह्माण्ड में व्याप्त अटलनीय, अपरिवर्तनीय, शाश्वत व सनातन नियम पर आधारित है, न कि मानवीय विचार या मत पर आधारित।"

सम्पूर्ण ब्रह्माण्ड में व्याप्त एक ही सत्य-सिद्धान्त द्वारा व्यक्तिगत व संयुक्त मन को एकमुखी कर सर्वोच्च, मूल और अन्तिम स्तर पर स्थापित करने के लिए शून्य पर अन्तिम आविष्कार WS-0: श्रृंखला की निम्नलिखित पाँच शाखाएँ हैं।

01. डब्ल्यू.एस.(WS)-0 -विचार एवम् साहित्य का विश्वमानक
02. डब्ल्यू.एस.(WS)-00 -विषय एवम् विशेषज्ञों की परिभाषा का विश्वमानक
03. डब्ल्यू.एस.(WS)-000 -ब्रह्माण्ड (सूक्ष्म एवम् स्थूल) के प्रबन्ध और क्रियाकलाप का विश्वमानक
04. डब्ल्यू.एस.(WS)-0000 -मानव (सूक्ष्म तथा स्थूल) के प्रबन्ध और क्रियाकलाप का विश्वमानक
05. डब्ल्यू.एस.(WS)-00000 -उपासना और उपासना स्थल का विश्वमानक

संयुक्त राष्ट्र संघ सीधे इस मानक श्रृंखला को स्थापना के लिए अपने सदस्य देशों के महासभा के समक्ष प्रस्तुत कर अन्तर्राष्ट्रीय मानकीकरण संगठन व विश्व व्यापार संगठन के माध्यम से सभी देशो में स्थापित करने के लिए उसी प्रकार बाध्य कर सकता है, जिस प्रकार ISO-9000 व ISO-14000 श्रृंखला का विश्वव्यापी स्थापना हो रहा है।

120 वर्ष पहले स्वामी विवेकानन्द का कथन जिसके 50 वर्ष बाद संयुक्त राष्ट्र संघ का गठन हुआ-

"समग्र संसार का अखण्डत्व, जिसकें ग्रहण करने के लिए संसार प्रतीक्षा कर रहा है, हमारे उपनिषदों का दूसरा भाव है। प्राचीन काल के हदबन्दी और पार्थक्य इस समय तेजी से कम होते जा रहे हैं। हमारे उपनिषदों ने ठीक ही कहा है- "अज्ञान ही सर्व प्रकार के दुःखो का कारण है।" सामाजिक अथवा आध्यात्मिक जीवन की हो जिस अवस्था में देखो, यह बिल्कुल सही उतरता है। अज्ञान से ही हम परस्पर घृणा करते हैं, अज्ञान से ही एक एक दूसरे को जानते नहीं और इसलिए प्यार नहीं करते। जब हम एक दूसरे को जान लेंगे, प्रेम का उदय होगा। प्रेम का उदय

निश्चित है क्योंकि क्या हम सब एक नहीं हैं? इसलिए हम देखते है कि चेष्टा न करने पर भी हम सब का एकत्व भाव स्वभाव से ही आ जाता है। यहाँ तक की राजनीति और समाजनीति के क्षेत्रों में भी जो समस्यायें बीस वर्ष पहले केवल राष्ट्रीय थी, इस समय उसकी मीमांसा केवल राष्ट्रीयता के आधार पर और विशाल आकार धारण कर रही हैं। केवल अन्तर्राष्ट्रीय संगठन, अन्तर्राष्ट्रीय विधान ये ही आजकल के मूलतन्त्र स्वरूप हैं।"

-स्वामी विवेकानन्द

वर्तमान में लव कुश सिंह "विश्वमानव" का कथन-

"शासन और शासक, विकासात्मक हो या विनाशात्मक। प्रणाली कोई भी हो-एकतन्त्रात्मक अर्थात् राजतन्त्र या बहुतन्त्रात्मक लोकतन्त्र। वह तब तक अब स्थायी और अपने उद्देश्य में सफल नहीं हो सकता जब तक कि वह अपने उद्देश्य की प्राप्ति के अनुरूप जनता का निर्माण और उत्पादन न करें। हमारा उद्देश्य है- "अपने सीमित कर्म सहित असीम मन युक्त मानव का निर्माण और उत्पादन", जिसके लिए हमारे सम्मुख दो मार्ग है-एक-गणराज्यों का संघ भारत, दूसरा-राष्ट्रों का संघ संयुक्त राष्ट्र संघ। दोनों एक ही है। बस कर्म क्षेत्र की सीमा में अन्तर है। दोनों का उद्देश्य एक है बस कार्य अलग है। भारत का अपने जनता के प्रति कर्तव्य और दायित्व तथा विश्व के लिए संयुक्त राष्ट्र संघ द्वारा ऐसी विवादमुक्त प्रबन्ध नीति उपलब्ध कराना है जिससे दोनों अपने उद्देश्य को निर्बाध गति से प्राप्त करें। जबकि संयुक्त राष्ट्र संघ को सिर्फ अपने अधीन कार्य सम्पादन ही करना मात्र है। उसे प्रबन्ध नीति का आविष्कार नहीं करना है। वह कर भी नहीं सकता और न ही किया क्योंकि वह पाश्चात्य के प्रभाव मण्डल में है। पाश्चात्य के पास सत्य के आविष्कार का इतिहास नहीं है। जबकि प्राच्य के पास सनातन से सत्य के आविष्कार का व्यापक संक्रमणीय, संग्रहणीय और गुणात्मक रूप से अनुभव संग्रहीत है। अब भारत व्यक्तिगत प्रमाणित भाव आधारित सत्य नहीं कहेगा क्योंकि अब सार्वजनिक प्रमाणित कर्म, व्यक्त और मानक आधारित समय आ गया है। जो विश्व व्यापी रूप से पदार्थ विज्ञान और आध्यात्म विज्ञान सहित प्राच्य और पाश्चात्य संस्कृतियों में सार्वजनिक रूप से प्रमाणित होगा। और उस विवादमुक्त प्रबन्ध नीति से जब मूल अधिकार शिक्षा द्वारा मनुष्य का निर्माण और उत्पादन होगा। तब भारत तथा संयुक्त राष्ट्र संघ को उसका उद्देश्य प्राप्त होगा अन्यथा वह रोको-रोको, निरोध-निरोध वाले कानून में ही अधिकाधिक समय व धन खर्च करता रहेगा। जिसकी जटिलता बढ़ते ही जाना है। भारत और संयुक्त राष्ट्र संघ दोनों में से किसी के प्रारम्भ से मनुष्य का "विश्वमानव" के रूप में निर्माण और उत्पादन प्रारम्भ हो जायेगा। विश्व के सभी देशों के बीच संस्कृतियों का मिश्रण तेजी से हो रहा है ऐसी स्थिति में उसे मानव संसाधन जो कि समस्त निर्माण और उत्पादन का मूल है, का भी विभिन्न विषयों की भांति मानकीकरण तथा विश्व प्रबन्ध के लिए प्रबन्ध का मानकीकारण करना ही होगा। सम्पूर्ण विश्व में निर्माण से उत्पन्न उत्पाद की गुणवत्ता का मानक, संस्था की गुणवत्ता ISO-9000 फिर प्रकृति के कत्र्तव्य व दायित्व को स्वयं का कर्तव्य व दायित्व मानकर पर्यावरण की गुणवत्ता का मानक ISO-14000 स्वीकारा जा चुका है तो फिर गुणवत्ता से युक्त प्रकृति की भाँति स्वयं मनुष्य अपना गुणवत्ता का मानकीकारण कब करेगा? वह मार्ग जो अभी तक उपलब्ध नहीं था वह विश्वमानक-शून्य (WS-0)-मन की गुणवत्ता का विश्व मानक श्रृंखला के रूप में उपलब्ध हो चुका है जो मेरा कत्र्तव्य था और अब अन्य मानवों का अधिकार है। संसाधन, ज्ञान-विज्ञान, तकनीकी से युक्त पृथ्वी कमल की भाँति खिलने को उत्सुक है, मानवता का रचनात्मक सहयोग लेकर भारत तथा संयुक्त राष्ट्र संघ, उसके खिलने में सहयोग करें जो उसका कर्तव्य और दायित्व है। जिस पर मनुष्य ईश्वर रूप में विराजमान हो सके।"

-लव कुश सिंह "विश्वमानव"

03. अवतारी संविधान से मिलकर भारतीय संविधान बनायेगा विश्व सरकार का संविधान

7 अरब की जनसंख्या से ऊपर की ओर बढ़ता सौरमण्डल का यह पृथ्वी ग्रह जिसकी सम्पूर्ण जनसंख्या का पाँचवां हिस्सा अकेले इस तीन ओर से घिरा सुन्दर, परिवर्तित मौसम युक्त भूमि तपोभूमि भारत में ही है। इतनी विशाल जनसंख्या को एक शासन व्यवस्था में बाँधे रखने की के लिए भारत की शारीरिक स्वतन्त्रता 15 अगस्त, 1947 के बाद जो प्रणाली अपनायी गयी वह है-लोकतन्त्र प्रणाली। चूँकि इतनी बड़ी जनसंख्या का लोकतन्त्र किसी भी देश में नहीं है इसलिए यह विश्व का सबसे बड़ा लोकतन्त्र भी है। अर्थात् इसे वर्तमान समय का सबसे बड़ा संयुक्त मन या समष्टि मन या विश्व मन भी कह सकते हैं। भारत का यह संसद उस संसद का छोटा रूप है जिसकी चरम विकसित अवस्था लोकतन्त्र आधारित विश्व राष्ट्र के लिए विश्व संसद है जो विश्व नागरिकों के लिए विश्व संविधान और विश्व सरकार को प्रस्तुत कर सके। जिस प्रकार यह विश्व किसी एक व्यष्टि विचार का नहीं हो सकता क्योंकि जिस प्रकार विश्व में अनेकों सम्प्रदाय और व्यष्टि विचार के समर्थक हैं, ठीक उसी प्रकार छोटे रूप में भारत में भी है। अर्थात् भारत सरकार हो या विश्व सरकार उसका संविधान हमेशा धर्मनिरपेक्ष अर्थात् सर्वधर्मसमभाव अर्थात् धर्म अर्थात् एकत्व आधारित ही हो सकता है। यहाँ धर्म शब्द से वर्तमान अर्थो में किसी विशेष व्यष्टि धर्म (सम्प्रदाय) को नहीं समझना चाहिए। धर्म शब्द को समष्टि धर्म (एकत्व या संयुक्त धर्म) के रूप में लिया गया है। क्योंकि व्यष्टि धर्म तो कई हो सकते हैं और हैं भी परन्तु समष्टि धर्म एक ही होता है, और शाश्वत से एक ही है और एक ही रहेगा।

राजतन्त्र हो या लोकतन्त्र प्रणाली, दोनों में मुख्यतः जो विशेष होती हैं वे हैं-संविधान जिससे सम्पूर्ण शासित क्षेत्र, प्रणाली और पद नियमित होती हैं। कानून जिससे अधिकार, न्याय की प्राप्ति सहित अपराधों पर नियंत्रण किया जाता है। इसके अलावा समय-समय पर पिछले कार्यों और निर्णयों के अनुभव के आधार पर विभिन्न प्रणाली जैसे शिक्षा, आर्थिक, उद्योग, कल्याण, कर, विदेश इत्यादि के सुधार की नीति निर्धारण के लिए प्राविधान जो मंत्री मण्डल या सम्बन्धित मंत्री द्वारा निर्धारित होती है। ये विभिन्न प्रणाली ही समष्टि तन्त्र अर्थात् संयुक्त मन तन्त्र कहलाते हैं। राजतन्त्र प्रणाली में ये तन्त्र पूर्णतया सम्बन्धित देश के साकार राजा द्वारा निर्धारित होता है जबकि लोकतन्त्र में ये तन्त्र पूर्णतया सम्बन्धित देश के निराकार संविधान और सरकार द्वारा निर्धारित होता है। सरकार उसी की होती है जिसका बहुमत होता है। बार-बार सरकार बदलने से प्रणालीयों पर भी प्रभाव पड़ता है और उन प्रणाली का पूर्ण परिणाम प्राप्त हुये बिना भी बदलाव की स्थिति आ जाती है परिणामस्वरूप व्यवस्थाएँ असन्तुलन की स्थिति की ओर बढ़ जाती है।

समाज और राज्य को नियंत्रित करने के लिए प्राच्य आध्यात्मिक भारतीय प्रणाली "मूल" आधारित है जबकि पाश्चात्य भौतिकता प्रणाली "फल" आधारित है। यह मूल और फल ही संसार का प्रथम और प्राचीन भारतीय दर्शन के जनक कपिल मुनि के "क्रिया-कारण" नियम का कारण और क्रिया है। जो शाश्वत से अकाट्य है और वह सदा ही अकाट्य बना भी रहेगा। क्योंकि वह सार्वजनिक रूप से प्रमाणित शाश्वत सत्य है। प्राच्य भारतीय प्रणाली नियम बनाते समय कारण द्वारा प्रेरित होकर नियंत्रित करने का नियम बनाता है। वर्तमान की अन्तिम आवश्यकता "ज्ञान ही समस्त दुःखों और समस्याओं का नाशकर्ता है।", यह कारण केन्द्रित मन द्वारा ही उत्पन्न हुआ है। किसी भी विषय के प्रति उपयोगिता व दुरूपयोगिता की दृष्टि व्यक्ति की नैतिकता पर ही निर्भर करती है। यह नैतिकता अन्तः जगत का विषय है जो ज्ञान द्वारा उत्पन्न होता है, न कि बाह्य जगत के व्यापक कानून से। वर्तमान समय का उपरोक्त वर्णित संविधान, कानून और समष्टि तन्त्र फल आधारित पाश्चात्य प्रणाली केन्द्रित है जिससे नैतिक उत्थान कभी भी सम्भव नहीं है क्योंकि फल आधारित व्यवस्था वह है जिसमें अनैतिक कर्म हो जाने के बाद नियंत्रण के उपाय होते हैं तथा कारण आधारित व्यवस्था वह है जिसमें अनैतिक कर्म होने की सम्भावना को ही कम किया जाता है क्योंकि यह नैतिक उत्थान आधारित होती है। भारत को छोड़कर अन्य देशों को नैतिक उत्थान की आवश्यकता हो या न हो परन्तु भारत को नैतिक उत्थान की आवश्यकता इसलिए है कि वह विश्व के शान्ति, एकता, स्थिरता, विकास एवं रक्षा का नेतृत्वकर्ता की योग्यता रखता है और उसका विश्व के प्रति दायित्व भी है। साथ ही विश्व का सबसे बड़ा लोकतन्त्र

उसके द्वारा ही संचालित हो रहा है। और उसे यह सिद्ध भी करना है कि हमारा संविधान और लोकतन्त्र प्रणाली ही विश्व को सही दिशा और सार्वजनिक सत्य को प्रस्तुत कर सकता है। स्वराज का सही अर्थ है- "स्व" अर्थात् "मैं" अर्थात् "आत्मा" का अर्थ "जो सभी में व्याप्त है" अर्थात् "सार्वभौम" अर्थात् "समष्टि" का राज है। न कि "स्व" अर्थात् "मैं" अर्थात् "शरीर" अर्थात् "व्यक्तिगत" अर्थात् "व्यष्टि" का राज। समष्टि स्वराज ही वास्तविक स्वराज है और यही देवताओं का राज है जबकि व्यष्टि स्वराज असत्य स्वराज है और यही असुरों का स्वराज है। यही धर्म राज और अधर्म राज है। इसके अपने-अपने समर्थक सदैव अपनी सर्वोच्चता के लिए आपस में युद्ध करते रहे हैं।

प्राचीन भारतीय प्रणाली में नैतिक उत्थान के लिए जीवन की प्रथम सीढ़ी ब्रह्मचर्य आश्रम थी, जहाँ गुरूकुल द्वारा ज्ञान-अदृश्य विज्ञान-अदृश्य तकनीकी एवं जीवन के लिए आवश्यक विद्याओं का ज्ञान देकर आचार्य का दायित्व समाज में एक नैतिकतायुक्त पूर्ण मानव देना होता था। यह गुरूकुल का कत्र्तव्य और उद्देश्य भी होता था। परिणामस्वरूप प्रत्येक व्यक्ति विषयों की उपयोगिता और दुरूपयोगिता को समझने में सक्षम होता था। शेष सभी तन्त्र उतने विकसित नहीं थे लेकिन वे भी अव्यक्त रूप से सत्य-सिद्धान्त द्वारा ही संचालित होते थे क्योंकि उनके मूल सिद्धान्त का ज्ञान उन्हें ब्रह्मचर्य आश्रम में प्रदान कर दिये जाते थे। आवश्यकता पड़ने पर आचार्य राजा की समस्याओं को भी सुलझाते थे या मागदर्शन देते थे। परन्तु वे कभी भी राजा के पद पर पीठासीन नहीं होते थे। वर्तमान में यह आश्रम प्रथा प्रणाली सम्भव नहीं है लेकिन शिक्षा प्रणाली व पाठ्यक्रम को सत्य-सिद्धान्त युक्त अर्थात् ज्ञान-दृश्य विज्ञान-दृश्य तकनीकी एवं जीवन की आवश्यक विद्याओं का ज्ञान से युक्त कर देने पर उसके उद्देश्य को प्राप्त किया जा सकता है। इसी प्रकार वर्तमान समय के विभिन्न तन्त्रों को भी विवाद मुक्त सत्य-सिद्धान्त युक्त बनाया जा सकता है। इससे लाभ यह होगा कि सरकार स्थिर रहे या अस्थिर, संसदीय प्रणाली हो या राष्ट्रपति प्रणाली, एकतन्त्रीय प्रणाली हो या बहुतन्त्रीय प्रणाली सभी के विकास की मूल आवश्यकता सहित नैतिकतायुक्त पूर्ण मानव का निर्माण शिक्षा के माध्यम से चलता रहेगा। वर्तमान नेतृत्वकर्ता चाहे जैसे भी हों परन्तु आने वाले नेतृत्वकर्ता ऐसे न रहेंगे। वर्तमान नेतृत्वकर्ताओं को ऐसा करना भी चाहिए क्योंकि इसके लिए उन्हें कम से कम भविष्य की स्वस्थता के लिए ऐसा कार्य करने का श्रेय तो प्राप्त हो जायेगा और भारत को उसके स्वराज का वास्तविक अर्थ भी प्राप्त हो जायेगा।

अदृश्य ज्ञान का दृश्य रूप है-कर्म। इस कर्म के दर्शन को ही मूल मानकर सार्वजनिक सत्य-सिद्धान्त के आधार पर समष्टि तन्त्र अर्थात् संयुक्त मन तन्त्र अर्थात् लोकतन्त्र मन के सभी तन्त्रों का विवादमुक्त स्वरूप व्यक्त कर भारतीय संविधान को विश्व संविधान में परिवर्तित करने के लिए विवादमुक्त तन्त्रों पर आधारित भारत का संविधान का निर्माण करना होगा क्योंकि वर्तमान संविधान संयुक्त मन युक्त मानवों द्वारा निर्मित है। जबकि संविधान का सत्यरूप-सत्य से युक्त संयुक्त मन से युक्त मानवों (अवतार) द्वारा निर्मित होता है जो वर्तमान संविधान का अगला और अन्तिम चरण है। अर्थात् वर्तमान संविधान, सत्य संविधान की प्राप्ति की ओर बढ़ता हुआ एक कदम ही है न कि पूर्ण रूपेण गलत संविधान। जिसके सम्बन्ध में स्वामी विवेकानन्द जी ने संकेत देते हुए 100 वर्ष पहले ही कहे थे- "हे मेरे मित्रों, प्रत्येक देश में एक ही नियम है। वह यह कि थोड़े से शक्तिमान मनुष्य जो भी करते हैं वही होता है। बाकी सब लोग भेड़ियाधसान का ही अनुकरण करते हैं। मैंने तुम्हारे पार्लियामेन्ट, सीनेट, वोट, मेजारिटी, बैलट आदि सब देखा है। सभी जगह ऐसा ही है। अब प्रश्न यह है कि भारतवर्ष में कौन शक्तिमान पुरूष है? वे ही जो धर्मवीर हैं। वे ही हमारे समाज को चलाते हैं। वे ही समाज की रीति-नीति में परिवर्तन की आवश्यकता होने पर उसे बदल देते हैं। हम चुपचाप उसे सुनते हैं और उसे मानते हैं। (विवेकानन्द राष्ट्र को आह्वान, रामकृष्ण मिशन, पृष्ठ-55)"। संविधान, नियम, कानून के सम्बन्ध में उन्होंने कहा था कि- "एक बात पर विचार करके देखिये, मनुष्य नियमों को बनाता है या नियम मनुष्य को बनाते हैं? मनुष्य रूपया पैदा करता है या रूपया मनुष्य को पैदा करता है? मनुष्य कीर्ति और नाम पैदा करता है या कीर्ति और नाम मनुष्य को पैदा करता है? मेरे मित्रों पहले मनुष्य बनिये, तब आप देखेंगे कि वे सब बाकी चीजें स्वयं आपका अनुसरण करेंगी। परस्पर के घृणित द्वेषभाव को छोड़िये और सदुदेश्य, सदुपाय, सत्साहस एवं सदीर्घ का अवलम्बन कीजिए। आपने मनुष्य योनि में जन्म लिया है तो अपनी कीर्ति यहीं छोड़ जाइए। (विवेकानन्द राष्ट्र को आह्वान, रामकृष्ण मिशन, पृष्ठ-55)"।

सत्य से सार्वभौम सत्य-सिद्धान्त तक का मार्ग अवतारों का मार्ग है। सार्वभौम सत्य-सिंद्धान्त की अनुभूति ही अवतरण है। इसके अंश अनुभूति को अंश अवतार तथा पूर्ण अनुभूति को पूर्ण अवतार कहते है। अवतार मानव मात्र के लिए ही कर्म करते हैं न कि किसी विशेष मानव समूह या सम्प्रदाय के लिए। अवतार, धर्म, धर्मनिरपेक्ष व सर्वधर्मसमभाव से युक्त अर्थात् एकात्म से युक्त होते है। इस प्रकार अवतार से उत्पन्न शास्त्र मानव के लिए होते हैं, न कि किसी विशेष मानव समूह के लिए। उत्प्रेरक, शासक और मार्गदर्शक आत्मा सर्वव्यापी है। इसलिए एकात्म का अर्थ संयुक्त आत्मा या सार्वजनिक आत्मा है। जब एकात्म का अर्थ संयुक्त आत्मा समझा जाता है तब वह समाज कहलाता है। जब एकात्म का अर्थ व्यक्तिगत आत्मा समझा जाता है तब व्यक्ति कहलाता है। अवतार, संयुक्त आत्मा का साकार रुप होता है जबकि व्यक्ति व्यक्तिगत आत्मा का साकार रुप होता है। शासन प्रणाली में समाज का समर्थक दैवी प्रवृत्ति तथा शासन व्यवस्था प्रजातन्त्र या लोकतन्त्र या स्वतन्त्र या मानवतन्त्र या समाजतन्त्र या जनतन्त्र या बहुतन्त्र या स्वराज कहलाता है और क्षेत्र गणराज्य कहलाता है। ऐसी व्यवस्था सुराज कहलाती है। शासन प्रणाली में व्यक्ति का समर्थक असुरी प्रवृत्ति तथा शासन व्यवस्था राज्यतन्त्र या राजतन्त्र या एकतन्त्र कहलाता है और क्षेत्र राज्य कहलाता है ऐसी व्यवस्था कुराज कहलाती है। सनातन से ही दैवी और असुरी प्रवृत्तियों अर्थात् दोनों तन्त्रों के बीच अपने-अपने अधिपत्य के लिए संघर्ष होता रहा है। जब-जब समाज में एकतन्त्रात्मक या राजतन्त्रात्मक अधिपत्य होता है तब-तब मानवता या समाज समर्थक अवतारों के द्वारा गणराज्य की स्थापना की जाती है। या यूँ कहें गणतन्त्र या गणराज्य की स्थापना ही अवतार का मूल उद्देश्य अर्थात् लक्ष्य होता है शेष सभी साधन अर्थात् मार्ग।

अवतारों के प्रत्यक्ष और प्रेरक दो कार्य विधि हैं। प्रत्यक्ष अवतार वे होते हैं जो स्वयं अपनी शक्ति का प्रत्यक्ष प्रयोग कर समाज का सत्यीकरण करते हैं। यह कार्य विधि समाज में उस समय प्रयोग होता है जब अधर्म का नेतृत्व एक या कुछ मानवों पर केन्द्रित होता है। प्रेरक अवतार वे होते हैं जो स्वयं अपनी शक्ति का अप्रत्यक्ष प्रयोग कर समाज का सत्यीकरण जनता एवं नेतृत्वकर्ता के माध्यम से करते हैं। यह कार्य विधि समाज में उस समय प्रयोग होता है जब समाज में अधर्म का नेतृत्व अनेक मानवों और नेतृत्वकर्ताओं पर केन्द्रित होता है।

इन विधियों में से कुल मुख्य दस अवतारों में से प्रथम सात (मत्स्य, कूर्म, वाराह, नृसिंह, वामन, परशुराम, राम) अवतारों ने समाज का सत्यीकरण प्रत्यक्ष विधि के प्रयोग द्वारा किया था। आठवें अवतार (श्रीकृष्ण) ने दोनों विधियों प्रत्यक्ष ओर प्रेरक का प्रयोग किया था। नवें (भगवान बुद्ध) और अन्तिम दसवें अवतार की कार्य विधि प्रेरक ही है।

जल-प्लावन (जहाँ जल है वहाँ थल और जहाँ थल है वहाँ जल) के समय मछली से मार्ग दर्शन (मछली के गतीशीलता से सिद्धान्त प्राप्त कर) पाकर मानव की रक्षा करने वाला ईश्वर (सार्वभौम सत्य-सिद्धान्त) का पहला अंशावतार मत्स्यावतार के बाद मानव का पुनः विकास प्रारम्भ हुआ। दूसरे कूर्मावतार (कछुए के गुण का सिद्धान्त), तीसरे- वाराह अवतार (सुअर के गुण का सिद्धान्त), चौथे- नृसिंह (सिंह के गुण का सिद्धान्त), तथा पाँचवे वामन अवतार (ब्राह्मण के गुण का सिद्धान्त) तक एक ही साकार शासक और मार्गदर्शक राजा हुआ करते थे और जब-जब वे राज्य समर्थक या उसे बढ़ावा देने वाले इत्यादि असुरी गुणों से युक्त हुए उन्हें दूसरे से पाँचवें अंशावतार ने साकार रुप में कालानुसार भिन्न-भिन्न मार्गों से गुणों का प्रयोग कर गणराज्य का अधिपत्य स्थापित किया।

ईश्वर (सार्वभौम सत्य-सिद्धान्त) के छठें अंश अवतार परशुराम के समय तक मानव जाति का विकास इतना हो गया था कि अलग-अलग राज्यों के अनेक साकार शासक और मार्गदर्शक राजा हो गये थे उनमें से जो भी राज्य समर्थक असुरी गुणों से युक्त थे उन सबको परशुराम ने साकार रुप में वध कर डाला। परन्तु बार-बार वध की समस्या का स्थाई हल निकालने के लिए उन्होंने राज्य और गणराज्य की मिश्रित व्यवस्था द्वारा एक व्यवस्था दी जो आगे चलकर "परशुराम परम्परा" कहलायी। व्यवस्था निम्न प्रकार थी-

1. प्रकृति में व्याप्त तीन गुण- सत्व, रज और तम के प्रधानता के अनुसार मनुष्य का चार वर्णों में निर्धारण। सत्व गुण प्रधान - ब्राह्मण, रज गुण प्रधान-क्षत्रिय, रज एवं तम गुण प्रधान-वैश्य, तम गुण प्रधान-शूद्र।

2. गणराज्य का शासक राजा होगा जो क्षत्रिय होगा जैसे-ब्रह्माण्डीय गणराज्य में प्रकृति जो रज गुण अर्थात् कर्म अर्थात् शक्ति प्रधान है।
3. गणराज्य में राज्य सभा होगी जिसके अनेक सदस्य होंगे जैसे-ब्रह्माण्डीय गणराज्य में प्रकृति के सत्व, रज एवं तम गुणों से युक्त विभिन्न वस्तु हैं।
4. राजा का निर्णय राज्यसभा का ही निर्णय है जैसे-ब्रह्माण्डीय गणराज्य में प्रकृति का निर्णय वहीं है जो सत्व, रज एवं तम गुणों का सम्मिलित निर्णय होता है।
5. राजा का चुनाव जनता करे क्योंकि वह अपने गणराज्य में सर्वव्यापी और जनता का सम्मिलित रुप है जैसे-ब्रह्माण्डीय गणराज्य में प्रकृति सर्वव्यापी है और वह सत्व, रज एवं तम गुणों का सम्मिलित रुप है।
6. राजा और उसकी सभा राज्यवादी न हो इसलिए उस पर नियन्त्रण के लिए सत्व गुण प्रधान ब्राह्मण का नियन्त्रण होगा जैसे- ब्रह्माण्डीय गणराज्य में प्रकृति पर नियन्त्रण के लिए सत्व गुण प्रधान आत्मा का नियन्त्रण होता है।

ईश्वर (सार्वभौम सत्य-सिद्धान्त) के सातवें अंश अवतार श्रीराम द्वारा इसी परशुराम परम्परा का ही प्रसार और स्थापना हुआ था।

ईश्वर (सार्वभौम सत्य-सिद्धान्त) के आठवें अवतार श्रीकृष्ण के समय तक स्थिति यह हो गयी थी राजा पर नियन्त्रण के लिए नियुक्त ब्राह्मण भी समाज और धर्म की व्याख्या करने में असमर्थ हो गये। क्योंकि अनेक धर्म साहित्यों, मत-मतान्तर, वर्ण, जातियों में समाज विभाजित होने से व्यक्ति संकीर्ण और दिग्भ्रमित हो गया था और राज्य समर्थकों की संख्या अधिक हो गयी थी परिणामस्वरुप मात्र एक ही रास्ता बचा था- नवमानव सृष्टि। इसके लिए उन्होंने सम्पूर्ण धर्म-साहित्यों और मत-मतान्तरों के एकीकरण के लिए आत्मा के सर्वव्यापी व्यक्तिगत प्रमाणित निराकार स्वरुप का उपदेश "गीता" व्यक्त किये और गणराज्य का उदाहरण द्वारिका नगर का निर्माण कर किये। उनकी गणराज्य व्यवस्था उनके जीवन काल में ही नष्ट हो गयी परन्तु "गीता" आज भी प्रेरक बनीं हुई है।

ईश्वर (सार्वभौम सत्य-सिद्धान्त) के नवें अवतार भगवान बुद्ध के समय पुनः राज्य एकतन्त्रात्मक होकर हिंसात्मक हो गया परिणामस्वरुप बुद्ध ने अहिंसा के उपदेश के साथ व्यक्तियों को धर्म, बुद्धि और संघ के शरण में जाने की शिक्षा दी। संघ की शिक्षा गणराज्य की शिक्षा थी। धर्म की शिक्षा आत्मा की शिक्षा थी। बुद्धि की शिक्षा, प्रबन्ध और संचालन की शिक्षा थी जो प्रजा के माध्यम से प्रेरणा द्वारा गणराज्य के निर्माण की प्रेरणा थी।

ईश्वर (सार्वभौम सत्य-सिद्धान्त) के दसवें और अन्तिम अवतार के समय तक राज्य और समाज स्वतः ही प्राकृतिक बल के अधीन कर्म करते-करते सिद्धान्त प्राप्त करते हुए पूर्ण गणराज्य की ओर बढ़ रहा था परिणामस्वरुप गणराज्य का रुप होते हुए भी गणराज्य सिर्फ राज्य था और एकतन्त्रात्मक अर्थात् व्यक्ति समर्थक तथा समाज समर्थक दोनों की ओर विवशतावश बढ़ रहा था।

भारत में निम्लिखित रुप व्यक्त हो चुका था।
1. ग्राम, विकास खण्ड, नगर, जनपद, प्रदेश और देश स्तर पर गणराज्य और गणसंघ का रुप।
2. सिर्फ ग्राम व नगर स्तर पर राजा (ग्राम व नगर पंचायत अध्यक्ष) का चुनाव सीधे जनता द्वारा।
3. गणराज्य को संचालित करने के लिए संचालक का निराकार रुप- संविधान।
4. गणराज्य के तन्त्रों को संचालित करने के लिए तन्त्र और क्रियाकलाप का निराकार रुप-नियम और कानून।
5. राजा पर नियन्त्रण के लिए ब्राह्मण का साकार रुप- राष्ट्रपति, राज्यपाल, जिलाधिकारी इत्यादि।

विश्व स्तर पर निम्नलिखित रुप व्यक्त हो चुका था।
1. गणराज्यों के संघ के रुप में संयुक्त राष्ट्र संघ का रुप।
2. संघ के संचालन के लिए संचालक और संचालक का निराकार रुप- संविधान।
3. संघ के तन्त्रों को संचालित करने के लिए तन्त्र और क्रियाकलाप का निराकार रुप- नियम और कानून।
4. संघ पर नियन्त्रण के लिए ब्राह्मण का साकार रुप-पाँच वीटो पावर।
5. प्रस्ताव पर निर्णय के लिए सदस्यों की सभा।
6. नेतृत्व के लिए राजा- महासचिव।

जिस प्रकार आठवें अवतार द्वारा व्यक्त आत्मा के निराकार रुप "गीता" के प्रसार के कारण आत्मीय प्राकृतिक बल सक्रिय होकर गणराज्य के रुप को विवशतावश समाज की ओर बढ़ा रहा था उसी प्रकार अन्तिम अवतार द्वारा निम्नलिखित शेष समष्टि कार्य पूर्ण कर प्रस्तुत कर देने मात्र से ही विवशतावश उसके अधिपत्य की स्थापना हो जाना है।

1. गणराज्य या लोकतन्त्र के सत्य रुप- गणराज्य या लोकतन्त्र के स्वरुप का अन्तर्राष्ट्रीय/ विश्व मानक।
2. राजा और सभा सहित गणराज्य पर नियन्त्रण के लिए साकार ब्राह्मण का निराकार रुप- मन का अन्तर्राष्ट्रीय/ विश्व मानक।
3. गणराज्य के प्रबन्ध का सत्य रुप- प्रबन्ध का अन्तर्राष्ट्रीय/ विश्व मानक।
4. गणराज्य के संचालन के लिए संचालक का निराकार रुप- संविधान के स्वरुप का अन्तर्राष्ट्रीय/ विश्व मानक।
5. साकार ब्राह्मण निर्माण के लिए शिक्षा का स्वरुप- शिक्षा पाठ्यक्रम का अन्तर्राष्ट्रीय/ विश्व मानक।

इस समष्टि कार्य द्वारा ही काल व युग परिवर्तन होगा न कि सिर्फ चिल्लाने से कि "सतयुग आयेगा", "सतयुग आयेगा" से। यह समष्टि कार्य जिस शरीर से सम्पन्न होगा वही अन्तिम अवतार के रूप में व्यक्त होगा। धर्म में स्थित वह अवतार चाहे जिस सम्प्रदाय (वर्तमान अर्थ में धर्म) का होगा उसका मूल लक्ष्य यही शेष समष्टि कार्य होगा और स्थापना का माध्यम उसके सम्प्रदाय की परम्परा व संस्कृति होगी।

जिस प्रकार केन्द्र में संविधान संसद है, प्रदेश में संविधान विधान सभा है उसी प्रकार ग्राम नगर में भी संविधान होना चाहिए जिस प्रकार केन्द्र और प्रदेश के न्यायालय और पुलिस व्यवस्था है उसी प्रकार ग्राम नगर के भी होने चाहिए कहने का अर्थ ये है कि जिस प्रकार की व्यवस्थायें केन्द्र और प्रदेश की अपनी हैं उसी प्रकार की व्यवस्था छोटे रुप में ग्राम नगर की भी होनी चाहिए। संघ (राज्य) या महासंघ (केन्द्र) से सम्बन्ध सिर्फ उस गणराज्य से होता है प्रत्येक नागरिक से नहीं संघ या महासंघ का कार्य मात्र अपने गणराज्यों में आपसी समन्वय व सन्तुलन करना होता है उस पर शासन करना नहीं तभी तो सच्चे अर्थों में गणराज्य व्यवस्था या स्वराज-सुराज व्यवस्था कहलायेगी। यहीं राष्ट्रपिता महात्मा गाँधी की प्रसिद्ध युक्ति "भारत ग्राम (नगर) गणराज्यों का संघ हो" और "राम राज्य " का सत्य अर्थ है।

04. "भारत " के विश्वरूप का नाम है-"इण्डिया "

भारत के संविधान के अनुच्छेद-एक में भारत के दो आधिकारिक नाम हैं-(इण्डिया दैट इज भारत) हिन्दी में "भारत" और अंगेजी में "इण्डिया (INDIA)"। इण्डिया नाम की उत्पत्ति सिन्धु नदी के अंग्रेजी नाम "इण्डस" से हुई है। भारत नाम, एक प्राचीन हिन्दू सम्राट भरत जो कि मनु के वंशज ऋषभदेव के ज्येष्ठ पुत्र थे तथा जिनकी कथा भागवत पुराण में है, के नाम से लिया गया है। भारत (भा + रत) शब्द का मतलब है- "आन्तरिक प्रकाश में लीन"। एक तीसरा नाम "हिन्दुस्तान" भी है जिसका अर्थ है-हिन्द या हिन्दू की भूमि, जो कि प्राचीन काल के ऋषियों द्वारा दिया गया था। प्राचीन काल में यह कम प्रयुक्त होता था तथा कालान्तर में अधिक प्रचलित हुआ। विशेषकर अरब/ईरान में। भारत में यह नाम मुगल काल से अधिक प्रचलित हुआ यद्यपि इसका समकालीन उपयोग कम और प्राय-उत्तरी भारत के लिए होता है। इसके अतिरिक्त भारतवर्ष को वैदिक काल से "आर्यावर्त", "जम्बूद्वीप" और "अजनाभदेश" के नाम से भी जाना जाता रहा है। बहुत पहले यह देश सोने की चिड़िया जाना जाता था।

भारत को एक सनातन राष्ट्र माना जाता है क्योंकि यह मानव सभ्यता का पहला राष्ट्र था। भारतीय दर्शन के अनुसार सृष्टि उत्पत्ति के पश्चात् ब्रह्मा के मानसपुत्र स्वायंभुव मनु ने व्यवस्था सम्भाली। इनके दो पुत्र, प्रियव्रत और उत्तानपाद थे। उत्तानपाद भक्त ध्रुव के पिता थे। इन्हीं प्रियव्रत के 10 पुत्र थे। 3 पुत्र बाल्यकाल से ही विरक्त थे। इस कारण प्रियव्रत ने पृथ्वी को सात भागों में विभक्त कर एक-एक भाग प्रत्येक पुत्र को सौंप दिया। इन्हीं में से एक थे-आग्नीध, जिन्हें जम्बूद्वीप का शासन कार्य सौंपा गया। वृद्धावस्था में आग्नीध ने अपने 9 पुत्रों को जम्बूद्वीप के विभिन्न 9 स्थानों का शासन दायित्व सौंपा। इन 9 पुत्रों में सबसे बड़े थे-नाभि, जिन्हें हिमवर्ष का भू-भाग मिला। इन्होंने हिमवर्ष को स्वयं के नाम से जोड़कर, अजनाभवर्ष प्रचारित किया। यह हिमवर्ष या अजनाभवर्ष ही प्राचीन भारत देश था। राजा नाभि के पुत्र थे-ऋषभ। ऋषभदेव के 100 पुत्रों में भरत ज्येष्ठ एवं सबसे गुणवान थे। ऋषभदेव ने वानप्रस्थ लेने पर उन्हें राजपाट सौंप दिया। पहले भारतवर्ष का नाम ऋषभदेव के पिता नाभिराज के नाम पर अजनाभवर्ष प्रसिद्ध था। भरत के नाम से ही लोग अजनाभखण्ड को भारतवर्ष कहने लगे। विष्णु पुराण, वायु पुराण, लिंग पुराण, श्रीमद्भागवत, महाभारत इत्यादि में भारत का उल्लेख आता है। इससे पता चलता है कि महाभारत काल से पहले ही भारत नाम प्रचलित था। एक अन्य मत के अनुसार दुष्यन्त और शकुन्तला के पुत्र भरत के नाम पर भारत नाम पड़ा परन्तु विभिन्न स्रोतों में वर्णित तथ्यों के आधार पर यह मान्यता गलत साबित होती है। पूरी वैष्णव परम्परा और जैन परम्परा में बार-बार दर्ज है कि समुद्र से लेकर हिमालय तक फैले इस देश का नाम प्रथम तीर्थंकर दार्शनिक राजा भगवान ऋषभदेव के पुत्र भरत के नाम पर भारतवर्ष पड़ा। इसके अतिरिक्त जिस पुराण में भारतवर्ष का विवरण है

वहाँ इसे ऋषभ पुत्र भरत के नाम पर ही पड़ा बताया गया है। इस सम्बन्ध में यह ध्यान देना होगा कि 7वें मनु के आगे 2 वंश हो गये थे-पहला इक्ष्वाकु या सूर्यवंश और दूसरा चन्द्रवंश। इसी चन्द्रवंश में दुष्यन्त-शकुन्तला के पुत्र भरत का जन्म हुआ। जिसका स्पष्ट उल्लेख ब्रह्मवैवर्त पुराण में है। इस सन्दर्भ में गीता के विभिन्न श्लोक में भगवान श्रीकृष्ण, अर्जुन को भारत कह कर सम्बोधित करते हैं। इसके अतिरिक्त ऋषभ पुत्र भरत तथा दुष्यन्त पुत्र भरत में 6 मन्वन्तर का अन्तराल है। अत: यह देश अत्यन्त प्राचीन काल से ही भारत है।

भारत गणराज्य, पौराणिक जम्बूद्वीप, दक्षिण एशिया में स्थित भारतीय उपमहाद्वीप का सबसे बड़ा देश है। भारत भौगोलिक दृष्टि से विश्व का सातवाँ सबसे बड़ा और जनसंख्या की दृष्टि से दूसरा बड़ा देश है। भारत के पश्चिम में पाकिस्तान, उत्तर-पूर्व में चीन-नेपाल-भूटान और पूर्व में बांग्लादेश-म्यांमार देश स्थित है। हिन्द महासागर में इसके दक्षिण-पश्चिम में मालदीव, दक्षिण में श्रीलंका और दक्षिण-पूर्व में इण्डोनेशिया है। इसके उत्तर में हिमालय पर्वत है और दक्षिण में हिन्द महासागर है। पूर्व में बंगाल की खाड़ी है तथा पश्चिम में अरब सागर है। भारत में कई बड़ी नदिया हैं। गंगा नदी भारतीय सभ्यता में अत्यन्त पवित्र मानी जाती हैं। अन्य बड़ी नदियाँ नर्मदा, ब्रह्मपुत्र, यमुना, गोदावरी, कावेरी, कृष्णा, चम्बल, सतलज, व्यास हैं। यह विश्व का सबसे बड़ा लोकतन्त्र है। यहाँ 300 से अधिक भाषाएँ बोली जाती हैं। यह विश्व की कुछ प्राचीनतम सभ्यताओं का पालना रहा है जैसे-सिन्धु घाटी सभ्यता और महत्वपूर्ण ऐतिहासिक व्यापार पथो का अभिन्न अंग रहा है। विश्व के चार प्रमुख धर्म-सनातन-हिन्दू, बौद्ध, जैन तथा सिख भारत में जन्में और विकसित हुए।

"भारत" ने विश्व का सर्वप्रथम, प्राचीन और वर्तमान तक अकाट्य "क्रिया-कारण" दर्शन कपिल मुनि के माध्यम से दिया जिसे आज का दृश्य विज्ञान (पदार्थ या भौतिक विज्ञान) ने भी आइन्सटाइन के माध्यम से $E=mc^2$ देकर और दृढ़ता ही प्रदान की है। भारत प्रत्येक वस्तु जिससे मनुष्य जीवन पाता है और ऐसी प्रत्येक वस्तु जिससे मनुष्य का जीवन संकट में पड़ सकता है उसे देवता मानता है। इस प्रकार हमारे भारत में 33 करोड़ देवता पहले से ही हैं और हमारा भारत सम्पूर्ण ब्रह्माण्ड को ही देवता और ईश्वर के रूप में देखता व मानता है और इसकी व्यवस्था व विकास हेतु कर्म करता रहा है। "भारत" ने "शून्य" व "दशमलव" दिया जिसपर विज्ञान की भाषा गणित टीकी हुई है। "भारत" का अपनी भाषा में नाम "भारत" है तथा विश्वभाषा में नाम ßINDIAÞ है। ßINDIAÞ का विरोध नहीं होना चाहिए बल्कि भारत को विश्वभारत बनाकर नाम ßINDIAÞ को पूर्णता प्रदान करना चाहिए। संकुचन में नहीं बल्कि व्यापकता में विश्वास करना चाहिए। अंश में नहीं बल्कि पूर्णता, समग्रता व सार्वभौमिकता में विश्वास करना चाहिए। समग्र ब्रह्माण्ड निरन्तर फैल रहा है। मानव जाति को भी अपने मस्तिष्क और हृदय को फैला कर विस्तृत करना होगा। तभी विकास, शान्ति, एकता व स्थिरता आयेगी।

भारत में एक

भारत का राष्ट्रीय ध्वज-तिरंगा
भारत का राष्ट्रीय गीत-वन्दे मातरम्
भारत का राष्ट्रीय पंचांग-शक संवत
भारत की राष्ट्रीयता-भारतीयता
भारत की राष्ट्रीय लिपि-देव नागरी
भारत का राष्ट्रीय नारा-श्रमेव जयते
भारत का राष्ट्रीय पुरस्कार-भारत रत्न
भारत का राष्ट्रीय वृक्ष-बरगद
भारत की राष्ट्रीय नदी-गंगा
भारत का राष्ट्रीय पशु-बाघ
भारत का राष्ट्रीय फल-आम
भारत की राष्ट्रीय मिठाई-जलेबी
भारत का राष्ट्रीय गान-जन-गण-मन
भारत का राष्ट्रीय चिन्ह-अशोक स्तम्भ
भारत का राष्ट्रीय वाक्य-सत्यमेव जयते
भारत की राष्ट्र भाषा-हिंदी
भारत का राष्ट्रीय ध्वज गीत-हिंद देश का प्यारा झंडा
भारत की राष्ट्रीय विदेशनीति-गुट निरपेक्ष
भारत का राष्ट्रीय सूचना पत्र-श्वेत पत्र
भारत की राष्ट्रीय मुद्रा-रूपया
भारत का राष्ट्रीय पक्षी-मोर
भारत का राष्ट्रीय फूल-कमल
भारत का राष्ट्रीय खेल-हॉकी
भारत के राष्ट्रीय मुद्रा चिन्ह ()

भारत के राष्ट्रीय पर्व 26 जनवरी (गणतंत्र दिवस) और 15 अगस्त (स्वतंत्रता दिवस)
भारत की राष्ट्रीय योजना-पंच वर्षीय योजना (पहले योजना आयोग अब नीति आयोग)
भारत का राष्ट्रीय शास्त्र-अभी निर्धारित नहीं।

भारत के विश्वरूप का शास्त्र ही "विश्वशास्त्र" है। जिसकी उपयोगिता एक राष्ट्र-एक शास्त्र के रूप है। वर्तमान समय में भारतीय संविधान को ही राष्ट्रीय शास्त्र के रूप में माना जाता है जबकि श्री लव कुश सिंह "विश्वमानव" का कहना है- "किसी देश का संविधान, उस देश के स्वाभिमान का शास्त्र तब तक नहीं हो सकता जब तक उस देश की मूल भावना का शिक्षा पाठ्यक्रम उसका अंग न हो। इस प्रकार भारत देश का संविधान भारत देश का शास्त्र नहीं है। संविधान को भारत का शास्त्र बनाने के लिए भारत की मूल भावना के अनुरूप नागरिक निर्माण के शिक्षा पाठ्यक्रम को संविधान के अंग के रूप में शामिल करना होगा। जबकि राष्ट्रीय संविधान और राष्ट्रीय शास्त्र के लिए हमें विश्व के स्तर पर देखना होगा क्योंकि देश तो अनेक हैं राष्ट्र केवल एक विश्व है, यह धरती है, यह पृथ्वी है। भारत को विश्व गुरू बनने का अन्तिम रास्ता यह है कि वह अपने संविधान को वैश्विक स्तर पर विचार कर उसमें विश्व शिक्षा पाठ्यक्रम को शामिल करे। यह कार्य उसी दिशा की ओर एक पहल है, एक मार्ग है और उस उम्मीद का एक हल है। राष्ट्रीयता की परिभाषा व नागरिक कर्तव्य के निर्धारण का मार्ग है। जिस पर विचार करने का मार्ग खुला हुआ है।"

-लव कुश सिंह "विश्वमानव"

05. विश्व सरकार के लिए पुनः भारत द्वारा शून्य आधारित अन्तिम आविष्कार

शून्य का प्रथम आविष्कार का परिचय

शून्य (0), दशमलव संख्या प्रणाली में संख्या है। यह दशमलव प्रणाली का मूलभूत आधार भी है। किसी भी संख्या को शून्य से गुणा करने से शून्य प्राप्त होता है। किसी भी संख्या को शून्य से जोड़ने या घटाने पर वही संख्या प्राप्त होती है।

शून्य का आविष्कार किसने और कब किया यह आज तक अंधकार के गर्त में छुपा हुआ है परन्तु सम्पूर्ण विश्व में यह तथ्य स्थापित हो चुका है कि शून्य का आविष्कार भारत में ही हुआ है। ऐसी भी कथाएँ प्रचलित हैं कि पहली बार शून्य का आविष्कार बाबिल में हुआ और दूसरी बार माया सभ्यता के लोगों ने इसका आविष्कार किया पर दोनों ही बार के आविष्कार संख्या प्रणाली को प्रभावित करने में असमर्थ रहे तथा विश्व के लोगों ने इसे भुला दिया। फिर भारत में हिन्दुओं ने तीसरी बार शून्य का आविष्कार किया। हिन्दुओं ने शून्य के विषय में कैसे जाना यह आज भी अनुत्तरित प्रश्न है। अधिकतम विद्वानों का मत है कि पाँचवीं शताब्दी के मध्य में शून्य का आविष्कार किया गया। सन् 498 में भारतीय गणितज्ञ एवं खगोलवेक्ता आर्यभट्ट ने कहा "स्थानं स्थानं दसा गुणम्" अर्थात् दस गुना करने के लिए संख्या के आगे शून्य रखो। और शायद यही संख्या के दशमलव सिद्धान्त का उद्भव रहा होगा। आर्यभट्ट द्वारा रचित गणितीय खगोलशास्त्र ग्रन्थ आर्यभट्टीय के संख्या प्रणाली में शून्य तथा उसके लिए विशिष्ट संकेत सम्मिलित था। इसी कारण से उन्हें संख्याओं को शब्दों में प्रदर्शित करने का अवसर मिला। प्राचीन बक्षाली लिपि में, जिसका कि सही काल अब तक निश्चित नहीं हो पाया है परन्तु निश्चित रूप से उसका काल आर्यभट्ट के काल से प्राचीन है, शून्य का प्रयोग किया गया है और उसके लिए उसमें संकेत भी निश्चित है। उपरोक्त उदाहरणों से स्पष्ट है कि भारत में शून्य का प्रयोग ब्रह्मगुप्त रचित ग्रन्थ ब्रह्मस्फुट सिद्धान्त में पाया गया है। इस ग्रन्थ में नकारात्मक संख्याओं और बीजगणितीय सिद्धान्तों का भी प्रयोग हुआ है। 7वीं शताब्दी जो ब्रह्मगुप्त का काल था, शून्य से सम्बन्धित विचार कम्बोडिया तक पहुँच चुके थे और दस्तावेजों से ज्ञात होता है कि बाद में ये कम्बोडिया से चीन तथा अन्य मुस्लिम संसार में फैल गये। इस बार भारत में हिन्दुओं के द्वारा आविष्कृत शून्य ने समस्त विश्व की संख्या प्रणाली को प्रभावित किया और सम्पूर्ण विश्व को जानकारी मिली। मध्य-पूर्व में स्थित अरब देशों ने भी शून्य को भारतीय विद्वानों से प्राप्त किया। अन्ततः 12वीं शताब्दी में भारत का यह शून्य पश्चिम में यूरोप तक पहुँचा।

शून्य आधारित अन्तिम आविष्कार का परिचय

आविष्कार विषय- "व्यक्तिगत मन और संयुक्तमन का विश्व मानक और पूर्णमानव निर्माण की तकनीकी है जिसे धर्म क्षेत्र से कर्मवेद-प्रथम, अन्तिम तथा पंचमवेदीय श्रृंखला तथा शासन क्षेत्र से WS-0: मन की गुणवत्ता का विश्व मानक श्रृंखला तथा WCM-TLM-SHYAM.C तकनीकी कहते है। सम्पूर्ण आविष्कार सार्वभौम सत्य-सिद्धान्त अर्थात् सम्पूर्ण ब्रह्माण्ड में व्याप्त अटलनीय, अपरिवर्तनीय, शाश्वत व सनातन नियम पर आधारित है, न कि मानवीय विचार या मत पर आधारित।"

सम्पूर्ण ब्रह्माण्ड में व्याप्त एक ही सत्य-सिद्धान्त द्वारा व्यक्तिगत व संयुक्त मन को एकमुखी कर सर्वोच्च, मूल और अन्तिम स्तर पर स्थापित करने के लिए शून्य पर अन्तिम आविष्कार WS-0: श्रृंखला की निम्नलिखित पाँच शाखाएँ हैं।

01. डब्ल्यू.एस.(WS)-0 -विचार एवम् साहित्य का विश्वमानक
02. डब्ल्यू.एस.(WS)-00 -विषय एवम् विशेषज्ञों की परिभाषा का विश्वमानक
03. डब्ल्यू.एस.(WS)-000 -ब्रह्माण्ड (सूक्ष्म एवम् स्थूल) के प्रबन्ध और क्रियाकलाप का विश्वमानक

04. डब्ल्यू.एस.(WS)-0000 -मानव (सूक्ष्म तथा स्थूल) के प्रबन्ध और क्रियाकलाप का विश्वमानक
05. डब्ल्यू.एस.(WS)-00000 -उपासना और उपासना स्थल का विश्वमानक

इस प्रकार विश्व सरकार के लिए पुनः भारत द्वारा शून्य आधारित अन्तिम आविष्कार पूर्ण हुआ है।
(आविष्कार के विस्तृत जानकारी के लिए "विश्वशास्त्र" अध्याय-तीन देखें)

मानक का अर्थ है-"वह सर्वमान्य पैमाना, जिससे हम उस विषय का मूल्यांकन करते है। जिस विषय का वह पैमाना होता है।" इस प्रकार मन की गुणवत्ता का मानक व्यक्ति तथा संयुक्त व्यक्ति (अर्थात् संस्था, संघ, सरकार इत्यादि) के मूल्यांकन का पैमाना है चूँकि आविष्कार का विषय सर्वव्यापी ब्रह्माण्डीय नियम पर आधारित है। इसलिए वह प्रत्येक विषयों से सम्बन्धित है जिसकी उपयोगिता प्रत्येक विषय के सत्यरूप को जानने में है। चूँकि मानव कर्म करते-करते ज्ञान प्राप्त करते हुऐ प्रकृति के क्रियाकलापों को धीरे-धीरे अपने अधीन करने की ओर अग्रसर है इसलिए पूर्णत-प्रकृति के पद पर बैठने के लिए प्रकृति द्वारा धारण की गई सन्तुलित कार्यप्रणाली को मानव द्वारा अपनाना ही होगा अन्यथा वह सन्तुलित कार्य न कर अव्यवस्था उत्पन्न कर देगा। यह वैसे ही है जैसे किसी कर्मचारी को प्रबन्धक (मैनेजर) के पद पर बैठा दिया जाये तो सन्तुलित कार्य संचालन के लिए प्रबन्धक की सन्तुलित कार्यप्रणाली को उसे अपनाना ही होगा अन्यथा वह सन्तुलित कार्य न कर अव्यवस्था उत्पन्न कर देगा। आविष्कार की उपयोगिता व्यापक होते हुए भी मूल रूप से व्यक्ति स्तर से विश्व स्तर तक के मन और संयुक्त मन के प्रबन्ध को व्यक्त करना एवम् एक कर्मज्ञान द्वारा श्रृंखलाबद्ध करना है जिससे सम्पूर्ण शक्ति एक मुखी हो विश्व विकास की दिशा में केन्द्रित हो जाये। परिणामस्वरूप एक दूसरे को विकास की ओर विकास कराते हुऐ स्वयं को भी विकास करने के लिए पूर्ण स्वतन्त्रता प्राप्त हो जायेगी। सम्पूर्ण क्रियाकलापों को संचालित करने वाले मूल दो कर्ता-मानव (मन) और प्रकृति (विश्वमन) दोनों का कर्मज्ञान एक होना आवश्यक है। प्रकृति (विश्वमन) तो पूर्ण धारण कर सफलतापूर्वक कार्य कर ही रही है। मानव जाति में जो भी सफलता प्राप्त कर रहे हैं वे अज्ञानता में इसकें आंशिक धारण में तथा जो असफलता प्राप्त कर रहे हैं, वे पूर्णतः धारण से मुक्त है। इसी कर्मज्ञान से प्रकृति, मानव और संयुक्त मन प्रभावित और संचालित है। किसी मानव का कर्मक्षेत्र सम्पूर्ण ब्रह्माण्ड हो सकता है और किसी का उसके स्तर रूप में छोटा यहाँ तक कि सिर्फ स्वयं व्यक्ति का अपना स्तर परन्तु कर्मज्ञान तो सभी का एक ही होगा।

भाग-6
समष्टि धर्म दृष्टि

KNOWLEDGE BOMB (K-BOMB)

एक आइडिया जो बदल दे पूरी दुनिया, जोश सत्य का और तरक्की के लिए नया और अन्तिम नजरिया

त्रिलोक की व्यक्तिगत प्रमाणित कथा नहीं, बल्कि इस लोक की सार्वजनिक प्रमाणित "आध्यात्मिक सत्य" पर आधारित व्यावहारिक कथा

सभी शिक्षा एक तरफ, "विश्वशास्त्र" एक तरफ।

सभी पुस्तक–शास्त्र एक तरफ, "विश्वशास्त्र" एक तरफ

हर घर का शान और प्राण "विश्वशास्त्र", धरती के नागरिक का जीवनशास्त्र "विश्वशास्त्र"

स्वर्ण युग का शास्त्र "विश्वशास्त्र",

राष्ट्र का एक मात्र अन्तिम शास्त्र "विश्वशास्त्र"

(द्वापर युग में आठवें अवतार श्रीकृष्ण द्वारा प्रारम्भ किया गया कार्य "नवसृजन" के प्रथम भाग "सार्वभौम ज्ञान" के शास्त्र "गीता" के बाद कलियुग में द्वितीय और अन्तिम भाग "सार्वभौम कर्मज्ञान" और "पूर्णज्ञान का पूरक शास्त्र")

विश्वशास्त्र

द नॉलेज ऑफ फाइनल नॉलेज

शास्त्राकार

लव कुश सिंह "विश्वमानव"

आविष्कारकर्ता – मन (मानव संसाधन) का विश्व मानक एवं पूर्ण मानव निर्माण की तकनीकी
अगला दावेदार – भारत सरकार का सर्वोच्च नागरिक सम्मान – "भारत रत्न"

जन्म स्थान
रिफाइनरी टाउनशिप अस्पताल
जिला–बेगूसराय (बिहार) भारत पिन–851117

निवास
ग्राम–नियामतपुर कलाँ, पोस्ट–पुरुषोत्तमपुर
जिला–मीरजापुर (उ0प्र0) सत्यकाशी क्षेत्र, भारत पिन–231305

e_mail : kalki2011@rediffmail.com

Yes You I Yes You

SU-ISU

स्त्यकाशी ब्रह्माण्डीय एकात्म विज्ञान विश्वविद्यालय (स.ब्र.ए.वि.वि.)
(Satyakashi Universal Integration Science University (SU-ISU)
(शैक्षिक एवं जनकल्याणकारी ट्रस्ट)
ग्रा.– बघेड़ा, पो.– पुरूषोत्तमपुर, जिला–मीरजापुर (उ0 प्र0) भारत, पिन–231305
www.su-isu.org, e_mail : info@su-isu.org

जिस प्रकार त्रेतायुग से द्वापरयुग में परिवर्तन के लिए वाल्मिकि रचित "रामायण" अवतरित हुआ, जिस प्रकार द्वापरयुग से कलियुग में परिवर्तन के लिए महर्षि व्यास रचित "महाभारत" अवतरित हुआ, उसी प्रकार कलियुग से पाँचवें युग–स्वर्णयुग में परिवर्तन के लिए "विश्वशास्त्र" अवतरित हुआ है।

"विश्वशास्त्र": भूमिका
(शास्त्र के यथार्थ समझ के लिए रिक्त मस्तिष्क की आवश्यकता)

मनुष्य का प्रत्येक बच्चा निष्पक्ष, पूर्ण, धर्मयुक्त, धर्मनिरपेक्ष और सर्वधर्मसमभाव रूप में ही होता है। जैसे-जैसे वह बड़ा होता है, बच्चे के पूर्ववर्ती संस्कार, विचारधारा, धारणाएँ व मान्यताएँ उसे बाँधते हुये अपूर्ण, पक्ष व सम्प्रदाययुक्त बना देती है और वह जीवन पर्यन्त उस छवि में बँधकर एक विशेष प्रवृत्ति के मनुष्य के रूप में व्यक्त होता है। यह उसी प्रकार होता है जिस प्रकार एक नया कम्प्यूटर जिसमें कोई भी एप्लीकेशन साफ्टवेयर न डाला गया हो और फिर उसमें किसी विशेष-विशेष कार्य के लिए एप्लीकेशन साफ्टवेयर डालना शुरू किया जाय तो वह कम्प्यूटर उस विशेष कार्य व प्रवृत्ति वाला बन जाता है जिसका उसमें एप्लीकेशन साफ्टवेयर डाला गया है।

प्रस्तुत "विश्वशास्त्र: द नालेज आफ फाइनल नालेज" मनुष्य के मस्तिष्क के लिए एक ऐसा साफ्टवेयर है जो उसे पूर्ण और सभी विचारों को समझने में सक्षम बनाता है। यह शास्त्र एक मानक शास्त्र है जिसमें प्रत्येक स्तर का मनुष्य अपनी छवि देख सकता है। उदाहरण स्वरूप जिस प्रकार हम किसी ठोस पदार्थ को किलो से तोलते हैं उसी प्रकार मनुष्य के मस्तिष्क को तोलने का यह शास्त्र है। कभी भी ठोस पदार्थ से किलो को नहीं तोला जाता। हम यह नहीं कहते कि इतना ठोस पदार्थ बराबर एक किलो बल्कि हम यह कहते हैं कि एक किलो बराबर इतना ठोस पदार्थ।

इस शास्त्र को पढ़ने व समझने के पहले पाठकगण अपने मस्तिष्क को नये कम्प्यूटर की भाँति रिक्त कर लें, जिसका मैं निवेदन भी करता हूँ। किसी भी पूर्वाग्रह व संस्कार से ग्रसित होकर पढ़ने पर शास्त्र समझ के बाहर हो जायेगा क्योंकि शास्त्र बहुआयामी (मल्टी डायमेंन्सनल) है अर्थात् अनेक दिशाओं से एक साथ देखने पर ही इसके ज्ञान का प्रकाश आप में प्रकाशित होगा। ऐसा न करने पर आप शास्त्र को किसी विशेष विचार, मत व सम्प्रदाय का समझ बैठ जायेंगे जो आपका विचार हो सकता है परन्तु इस शास्त्र का नहीं। शास्त्र के बहुत से शब्द इसके पाठकों को कठिन अर्थो वाले दिख सकते हैं। यह व्यक्ति के अपने चिन्तन स्तर की समस्या से ही व्यक्त हो रहा है। व्यक्तियों को इन कठिन शब्दों के अर्थों को सरल भाषा में समझना इस शास्त्र के क्रमिक अध्ययन व चिन्तन से ही सम्भव हो सकेगा। जन्म से मनुष्य सिखता ही चला जाता है। व्यक्ति को जहाँ पहुँचना होता है उसके लिए व्यक्ति को ही प्रयत्न करना होता है। पहुँच का वह स्थान व्यक्ति तक चल कर नहीं आता। इसलिए स्वयं को वहाँ पहुँचायें, यही लाभकारी होगा। आज तक शास्त्रों के प्रति दृष्टि यह रही है कि ये सब रहस्यवाद का विषय है ऐसा नहीं है। सिर्फ दृष्टि की बात है कि आप किस दृष्टि से उसे समझने का प्रयत्न करते हैं। भाषा के अक्षर व शब्द तो वही होते हैं सिर्फ चिन्तन स्तर और शब्दों का अर्थ ही उसे कठिन व आसान भाषा शैली में विभाजित करता है।

प्रस्तुत शास्त्र किसी धर्म-सम्प्रदाय विशेष की सर्वोच्चता का शास्त्र नहीं है बल्कि सभी को अपने-अपने धर्म-सम्प्रदाय और एक दूसरे के धर्म-सम्प्रदाय के प्रति समझ को विकसित करते हुये ज्ञान व कर्मज्ञान द्वारा एकीकरण का शास्त्र है। एक मात्र ज्ञान व कर्मज्ञान ही ऐसा विषय है जो मनुष्य को मनुष्य से जोड़ सकता है। क्योंकि इसका सम्बन्ध सीधे मस्तिष्क से है और कौन नहीं चाहेगा कि उसका मस्तिष्क ज्ञान-बुद्धि के लिए पूर्णता की ओर बढ़े। ज्ञान-कर्मज्ञान के अलावा जो कुछ है वह संस्कृति है और उस पर एकीकरण असम्भव ही नहीं नामुमकिन है। मैं यह कभी नहीं चाहता कि यह पृथ्वी एकरंगी हो जाये। जिस प्रकार प्रत्येक घर का मालिक अपने बाग में अनेक रंग व प्रकार का फूल इसलिए उगाता है कि उसके बाग की सुन्दरता और निखरे। उसी प्रकार परमात्मा ने इस पृथ्वी पर समय-समय पर उत्पन्न अनेक अवतारों, पैगम्बरों, दूतों इत्यादि के माध्यम से धर्म-सम्प्रदाय उत्पन्न कर मनुष्यों को युगों-युगों से संस्कारित व निर्माण की प्रक्रिया प्रारम्भ किया है ताकि उसकी यह पृथ्वी रूपी बाग सुन्दर और रंगबिरंगी लगे और अब वह समय आ चुका है जिसमें मनुष्य को पूर्ण संस्कारित किया जाये। यह जानना आवश्यक है कि यह शास्त्र उस सर्वोच्च और अन्तिम मन स्तर पर जाकर मनुष्य को पूर्ण संस्कारित करने के लिए आविष्कृत

किया गया है जैसे कोई व्यक्ति चाँद पर बैठकर अपने इस पृथ्वी रूपी घर को संयुक्त परिवार का रूप देने और बिखरे हुये परिवार के एकीकरण का प्रयास एक विचारधारा"सार्वभौम सत्य-सिद्धान्त" द्वारा किया है।

यह शास्त्र वर्तमान तक के सभी अवतारों, महापुरूषों, धर्म-सम्प्रदाय प्रवर्तकों, राष्ट्रीय व वैश्विक विचार व्यक्त करने वाले सामाजिक-धार्मिक-राजनैतिक नेतृत्वकर्ताओं के सकारात्मक विचारों के समन्वय और उसके राष्ट्रीय व वैश्विक शासन प्रणाली के अनुसार स्थापना के लिए एवं मनुष्य जीवन में उसके व्यावहारीकरण का शास्त्र है। किसी भी एक अवतार, महापुरूष, धर्म-सम्प्रदाय प्रवर्तक, राष्ट्रीय व वैश्विक विचार व्यक्त करने वाले सामाजिक-धार्मिक-राजनैतिक नेतृत्वकर्ता के सकारात्मक विचार को लेकर समाज गठन व "सम्पूर्ण क्रान्ति" घटित नहीं हो सकती। उसके लिए चाहिए समन्वय। समन्वय का अर्थ ही है-"जिसमें सभी हों, और सभी में वो हो"। शास्त्र में ऐसे बहुत से विचार मिलेगें जो वर्तमान में सत्य व समझ में न दिखाई देती हो परन्तु वह मनुष्य के अपने कर्मो के प्रयोग और उससे प्राप्त ज्ञान के फलस्वरूप अन्त में सत्य सिद्ध होगीं क्योंकि यह शास्त्र सार्वभौम सत्य-सिद्धान्त पर आधारित है जिससे मनुष्य बाहर नहीं है। इसी कारण से इस शास्त्र को "अन्तिम ज्ञान का ज्ञान (The Knowledge of final knowledge)" भी कहा गया है और यह भी कहा गया है "सभी सर्वोच्च विचार एवं सर्वोच्च कर्म मेरी ओर ही आते है

किसी भी अवतार-महापुरूष इत्यादि का सार्वभौम सत्य ज्ञान एक हो सकता है परन्तु उसके स्थापना की कला उस अवतार-महापुरूष इत्यादि के समय की समाजिक व शासनिक व्यवस्था के अनुसार अलग-अलग होती है, जो पुनः दुबारा प्रयोग में नहीं लायी जा सकती। वर्तमान तक ऐसा कोई उदाहरण नहीं मिलता जिससे यह सिद्ध होता हो कि उस अवतार-महापुरूष इत्यादि की कला को दुबारा प्रयोग कर कुछ सकारात्मक किया गया हो। इस प्रकार पुनर्जन्म और अवतार केवल मानसिक रूप से सिद्ध होता है न कि शारीरिक रूप से। उस अवतार-महापुरूष इत्यादि की कला, वेश-भूषा की नकल करने वाले को समर्थक या नकलची कहते हैं। जबकि उनके मानसिक स्तर को समझकर आगे काम करने वाले को उनका पुनर्जन्म और अवतार कहते हैं। स्वामी विवेकानन्द के पुनर्जन्म या अवतार को स्वामी विवेकानन्द के काम को आगे बढ़ाना होगा। श्रीकृष्ण के पुनर्जन्म या अवतार को श्रीकृष्ण के काम को आगे बढ़ाना होगा। केवल उनके रूप को धारण करना तो नकल या समर्थन करना ही कहा जायेगा।

किसी भी अवतार-महापुरूष इत्यादि के दर्शन या चित्र से अधिकतम लाभ तभी प्राप्त हो सकता है जब उनकी विचार व कृति का ज्ञान व समझ हो। उसी से मनुष्य का विकास सम्भव है। मैं यह चाहूँगा कि मुझसे अधिक महत्व इस "विश्वशास्त्र" नामक कृति को समाज दे क्योंकि इसी में उनका विकास है। यह भौतिक शरीर जिसके माध्यम से यह कार्य सम्पन्न हुआ वह तो एक दिन नष्ट हो जायेगा परन्तु यह कृति वर्तमान समाज के संसाधनों व विज्ञान की तकनीकों के सहारे बहुत अधिक समय तक रहेगी। इसे उसी प्रकार समझें जिस प्रकार वर्तमान भौतिक विज्ञान से आविष्कृत पंखा, बल्ब, मोबाइल, कम्प्यूटर इत्यादि का समाज उपयोग करता है न कि इसके आविष्कारकर्ता का दर्शन व चित्र की पूजा। अर्थात् यह शास्त्र ही गुरू है न कि इसके आविष्कारक का शरीर। इस कारण से ही मैंने जिस शरीर का प्रयोग इस कार्य के लिए किया है, उसका वह एकमात्र रूप ही शास्त्र में दिया हूँ जो "ज्ञान, कालबोध तथा शब्दब्रह्म" प्राप्ति की उम्र 28 वर्ष की अवस्था का है। वर्तमान में मैं इससे बहुत दूर आ चुका हूँ जहाँ पहचान ही असम्भव है।

प्रत्येक मनुष्य के लिए 24 घंटे का दिन और उस पर आधारित समय का निर्धारण है और यह पूर्णतः मनुष्य पर ही निर्भर है कि वह इस समय का उपयोग किस गति से करता है। उसके समक्ष तीन बढ़ते महत्व के स्तर है - शरीर, धन/अर्थ और ज्ञान। इन तीनों के विकास की अपनी सीमा, शक्ति, गति व लाभ है। जिसे यहाँ स्पष्ट करना आवश्यक समझता हूँ-

01. शरीर आधारित व्यापार- यह व्यापार की प्रथम व मूल प्रणाली है जिसमें शरीर के प्रत्यक्ष प्रयोग द्वारा व्यापार होता है। इससे सबसे कम व सबसे अधिक धन कमाया जा सकता है। परन्तु यह कम धन कमाने के लिए अधिक लोगों को अवसर तथा अधिक धन कमाने के लिए कम लोगों को अवसर प्रदान करता है। अर्थात् शरीर का

प्रत्यक्ष प्रयोग कर अधिक धन कमाने का अवसर कम ही लोगों को प्राप्त होता है। यह प्रकृति द्वारा प्राप्त गुणों पर अधिक आधारित होती है। जो एक अवधि तक ही प्रयोग में लायी जा सकती है। क्योंकि शरीर की भी एक सीमा होती है। उदाहरण स्वरुप-किसान, मजदूर, कलाकार, खिलाड़ी, गायक, वादक, पहलवान इत्यादि। जिसमें अधिकतम संख्या कम कमाने वालों की तथा न्यूनतम संख्या अधिक कमाने वालों की है। शरीर आधारित व्यापारी हमेंशा धन व ज्ञान आधारित व्यापारियों पर निर्भर रहते हैं। इस व्यापार में शरीर की उपयोगिता अधिक तथा धन व ज्ञान की उपयोगिता कम होती है।

02. **धन/अर्थ आधारित व्यापार-** यह व्यापार की दूसरी व मध्यम प्रणाली है जिसमें धन के प्रत्यक्ष प्रयोग द्वारा व्यापार होता है। इससे अधिक धन कमाया जा सकता है और उन सभी को अवसर प्रदान करता है जिनके पास धन होता है। उदाहरण स्वरुप-दुकानदार, उद्योगपति, व्यापारी इत्यादि। धन आधारित व्यापारी हमेंशा शरीर व ज्ञान आधारित व्यापारियों पर निर्भर रहते हैं। इस व्यापार में धन की उपयोगिता अधिक तथा शरीर व ज्ञान की उपयोगिता कम होती है।

03. **ज्ञान आधारित व्यापार-** यह व्यापार की अन्तिम व मूल प्रणाली है जिसमें ज्ञान के प्रत्यक्ष प्रयोग द्वारा व्यापार होता है। इससे सबसे अधिक धन कमाया जा सकता है और उन सभी को अवसर प्रदान करता है जिनके पास ज्ञान होता है। उदाहरण स्वरुप-विद्यालय, महाविद्यालय, विश्वविद्यालय एवं अन्य शिक्षा व विद्या अध्ययन संस्थान, शेयर कारोबारी, बीमा व्यवसाय, प्रणाली व्यवसाय, कन्सल्टेन्ट, ज्ञान-भक्ति-आस्था आधारित ट्रस्ट-मठ इत्यादि। ज्ञान आधारित व्यापारी हमेंशा शरीर व धन आधारित व्यापारियों पर निर्भर रहते हैं। इस व्यापार में ज्ञान की उपयोगिता अधिक तथा शरीर व धन की उपयोगिता कम होती है।

शरीर के विकास के उपरान्त मनुष्य को धन के विकास की ओर, धन के विकास के उपरान्त मनुष्य को ज्ञान के विकास की ओर बढ़ना चाहिए अन्यथा वह अपने से उच्च स्तर वाले का गुलाम हो जाता है। बावजूद उपरोक्त सहित इस शास्त्र से अलग विचारधारा में होकर भी मनुष्य जीने के लिए स्वतन्त्र है। परन्तु अन्ततः वह जिस अटलनीय नियम-सिद्धान्त से हार जाता है उसी सार्वभौम सत्य-सिद्धान्त को ईश्वर कहते हैं और इसके अंश या पूर्ण रूप को प्रत्यक्ष या प्रेरक विधि का प्रयोग कर समाज में स्थापित करने वाले शरीर को अवतार कहते हैं। तथा इसकी व्याख्या कर इसे व्यक्ति में स्थापित करने वाले शरीर को गुरू कहते हैं। मनुष्य केवल प्रकृति के अदृश्य नियमों को दृश्य में परिवर्तन करने का माध्यम मात्र है। इसलिए मनुष्य चाहे जिस भी विचार में हो वह ईश्वर में ही शरीर धारण करता है और ईश्वर में ही शरीर त्याग देता है, इसे मानने या न मानने से ईश्वर पर कोई प्रभाव नहीं पड़ता। यह उसी प्रकार है जैसे कोई किसी देश में रहे और वह यह न मानने पर अड़ा रहे कि वह उस देश का नहीं है या कोई स्वयं को यह समझ बैठे कि मेरे जैसा कोई ज्ञानी नहीं और यदि हो भी तो मैं नहीं मानता।

कोई अवतार किसी सम्प्रदाय, जाति, नारी, पुरूष इत्यादि में भेद-भाव से युक्त होकर कार्य नहीं करते, वे सम्पूर्ण मानव जाति को सार्वभौम सत्य-सिद्धान्त से जोड़ने के लिए कार्य करते हैं। जो मनुष्य विचारशील नहीं हैं वे पशुमानव हैं, जो विचारशील हैं वे मानव हैं। मानवों में भी जो व्यक्तिवादी हैं वे असुर-मानव तथा जो समाजवादी हैं वे देव-मानव हैं। वे मानव जो सार्वभौम सत्य-सिद्धान्त से युक्त हैं वे ईश्वर-मानव हैं। अवतारों का कार्य पशुमानव और मानव को ईश्वर-मानव तक उठाना होता है। अवतारों को किसी सम्प्रदाय या पूर्ववर्ती धर्म से जोड़ देना यह मानवों की अपनी दृष्टि होती है। अवतारों का लक्ष्य सदैव समाज में सार्वभौम सत्य-सिद्धान्त की स्थापना रहा है। उनका लक्ष्य कभी भी ऐश्वर्य युक्त जीवन या नश्वर समाजिक विषय या रक्त-रिश्ता-धन सम्बन्ध से लगाव नहीं रहा है। शरीर धारण के धर्म के लिए इन सबकी आवश्यकता मात्र साधन स्वरूप अवश्य रहा है परन्तु लक्ष्य या साध्य स्वरूप कभी नहीं रहा है। चूँकि अवतार भी शरीरधारी ही होते हैं इसलिए समाज के मानव भी अपने-अपने प्रिय वस्तु के लगाव की भाँति उन्हें भी उसी में लिप्त दिखाई पड़ते हैं।

निराकार विचार के समान सार्वभौम सत्य-सिद्धान्त का भी अपना कोई गुण नहीं होता। जब वह पूर्णरूपेण किसी साकार शरीर से व्यक्त होता है तब उसका गुण एकात्म ज्ञान, एकात्म वाणी, एकात्म प्रेम, एकात्म कर्म, एकात्म समर्पण और एकात्म ध्यान के सर्वोच्च संयुक्त रूप में व्यक्त होता है। चूँकि पुनः इन गुणों का अलग-

अलग कोई रूप नहीं होता इसलिए इन गुणों से युक्त करते हुये समाज के परिवर्तक और नियंत्रक ऋषि-मुनि गणों ने मानक चरित्रों का साकार निरूपण या प्रक्षेपण किये। जैसे एकात्म ज्ञान व एकात्म वाणी से युक्त ब्रह्मा परिवार, एकात्म ज्ञान-एकात्म वाणी सहित एकात्म प्रेम व एकात्म कर्म से युक्त विष्णु परिवार, एकात्म ज्ञान-एकात्म वाणी-एकात्म प्रेम-एकात्म कर्म सहित एकात्म समर्पण व एकात्म ध्यान से युक्त शिव-शंकर परिवार। क्रमशः ये आदर्श मानक व्यक्ति चरित्र, आदर्श मानक सामाजिक व्यक्ति चरित्र व आदर्श मानक वैश्विक व्यक्ति चरित्र के रूप में प्रस्तुत किये गये। ये प्रस्तुतीकरण स्वतन्त्र नहीं हैं बल्कि एक दूसरे में समाहित और उत्तरोत्तर, उच्चतर स्थिति के हैं अर्थात् ब्रह्मा, विष्णु में तथा विष्णु, शिव-शंकर परिवार में समाहित हैं। इस प्रस्तुतीकरण से ही सार्वभौम सत्य-सिद्धान्त आधारित अवतारों का सनातन धर्म, हिन्दूधर्म के रूप में अलग हो नये पहचान को प्राप्त किया। फलस्वरूप अवतारों को भी इन्हीं मानक चरित्रों के अवतार के रूप में जाना जाने लगा और अवतारों का वर्तमान में अवनति होकर केवल हिन्दू धर्म का माना जाने लगा। इस प्रकार अवतारों द्वारा व्यक्त शास्त्र-साहित्य जो मानव समाज के लिए थी उसे हिन्दू धर्म का समझा जाने लगा जिसका उदाहरण श्रीकृष्ण द्वारा व्यक्त"गीता" है। उपरोक्त मानक चरित्रों के क्रम में आदर्श मानक व्यक्ति चरित्र के पूर्णावतार श्रीराम तथा आदर्श मानक सामाजिक व्यक्ति चरित्र (व्यक्तिगत प्रमाणित आदर्श मानक वैश्विक व्यक्ति चरित्र) के पूर्णावतार श्रीकृष्ण हो चुके हैं। अब केवल अन्तिम सार्वजनिक प्रमाणित आदर्श मानक वैश्विक व्यक्ति चरित्र के पूर्णावतार ही शेष हैं जिसका विस्तृत विवरण इस शास्त्र में प्रस्तुत किया गया है। "विश्वशास्त्र" को "गीता" का ही विस्तार और वृक्ष शास्त्र कह सकते हैं। "गीता" में चित्र नहीं थे इसलिए लोगों को रूचिकर नहीं लगी इसलिए "विश्वशास्त्र" में चित्र भी लगाये गये हैं। "गीता" व्यक्तिगत प्रमाणित "विश्वशास्त्र" है जबकि "विश्वशास्त्र" सार्वजनिक प्रमाणित "विश्वशास्त्र" है। सार्वभौम सत्य-सिद्धान्त की ओर मनुष्य को ले जाने वाले पुस्तक को ही शास्त्र कहा जाता है।

जिस प्रकार वर्तमान व्यावसायिक-समाजिक-धार्मिक इत्यादि मानवीय संगठन में विभिन्न पद जैसे प्रबन्ध निदेशक, प्रबन्धक, शाखा प्रबन्धक, कर्मचारी, मजदूर इत्यादि होते हैं और ये सब उस मानवीय संगठन के एक विचार जिसके लिए वह संचालित होता है, के अनुसार अपने-अपने स्तर पर कार्य करते हैं और वे उसके जिम्मेदार भी होते हैं। उसी प्रकार यह सम्पूर्ण ब्रह्माण्ड एक ईश्वरीय संगठन है जिसमें सभी अपने-अपने स्तर व पद पर होकर जाने-अनजाने कार्य कर रहें हैं। यदि मानवीय संगठन का कोई कर्मचारी दुर्घटनाग्रस्त होता है तो उसका जिम्मेदार उस मानवीय संगठन का वह विचार नहीं होता बल्कि वह कर्मचारी स्वयं होता है। इसी प्रकार ईश्वरीय संगठन में भी प्रत्येक व्यक्ति की अपनी बुद्धि-ज्ञान-चेतना-ध्यान इत्यादि गुण ही उसके कार्य का फल देती है जिसका जिम्मेदार वह व्यक्ति स्वयं होता है न कि ईश्वरीय संगठन का वह सार्वभौम सत्य-सिद्धान्त। मानवीय संगठन का विचार हो या ईश्वरीय संगठन का सार्वभौम सत्य-सिद्धान्त यह दोनों ही कर्मचारी के लिए मार्गदर्शक नियम है। जिस प्रकार कोई मानवीय संगठन आपके पूरे जीवन का जिम्मेदार हो सकता है उसी प्रकार ईश्वरीय संगठन भी आपके पूरे जीवन का जिम्मेदार हो सकता है। जिसका निर्णय आपके पूरे जीवन के उपरान्त ही हो सकता है परन्तु आपके अपनी स्थिति के जिम्मेदार आप स्वयं है। जिस प्रकार मानवीय संगठन में कर्मचारी समर्पित मोहरे की भाँति कार्य करते हैं उसी प्रकार ईश्वरीय संगठन में व्यक्ति सहित मानवीय संगठन भी समर्पित मोहरे की भाँति कार्य करते हैं, चाहे उसका ज्ञान उन्हें हो या न हो। और ऐसा भाव हमें यह अनुभव कराता है कि हम सब जाने-अनजाने उसी ईश्वर के लिए ही कार्य कर रहें है जिसका लक्ष्य है-ईश्वरीय मानव समाज का निर्माण जिसमें जो हो सत्य हो, शिव हो, सुन्दर हो और इसी ओर विकास की गति हो।

ईश्वर सम्बन्धित विचार और उस पर आधारित पूजास्थल, प्रवचन इत्यादि अब एक आयोजन व मनुष्य के अपने स्वयं के सामाजिक छवि बदलने का रूप ले चुका है। अब आवश्यकता यह है कि उसे और भी दृढ़ता प्रदान करने के लिए व्यक्ति को पूर्ण ज्ञान से युक्त कर दिया जाये जो ज्ञान-कर्मज्ञान से ही आ सकता है और इसी से सभी धर्म व जाति का सत्य कल्याण हो सकता है। जिस वृक्ष से शाखाएँ निकल चुकी हों पुनः तने में वापस नहीं भेजी जा सकती। आवश्यकता यह है कि हम उसके तने को और मजबूती प्रदान करें। इसी प्रकार ईश्वर सम्बन्धित व्यापार न तो कभी बन्द हो सकता है और न ही बन्द होता है जिसके सामने सभी व्यापार छोटे व अस्थिर हैं।

यह युग आकड़ो (डाटा), सूचनाओं, आरेख, ग्राफ व इंजिनियरिंग का युग है इसलिए यह शास्त्र भी उसी रूप में प्रस्तुत है। क्योंकि युग का बहुमत मन (अधिकतम मन) जिस ओर बढ़ चुका होता है ज्ञान को गति देने के लिए उसी कला का प्रयोग किया जाता है। इसलिए उन लोगों से मैं क्षमा चाहता हूँ जो यह उम्मीद किये होंगे कि शास्त्र सदैव कविताओं, छन्दों, दोहों व संस्कृत भाषा में ही हो सकता है। संस्कृत भाषा में शास्त्रीय मन्त्रों के गायन के उस शक्ति को मैं स्वीकार करता हूँ जिसके सुनने पर रोम-रोम झंकरित हो उठता है। हो सकता है ऐसा मुझे इसलिए लगता हो कि अनेकों जन्मों से यह मेरे पूर्व संस्कारों में समाहित हो। भाषा तो ज्ञान को व्यक्त करने का माध्यम मात्र है। कई भाषाओं का ज्ञानी होना अच्छी बात है लेकिन उससे भी अच्छी बात ज्ञान का ज्ञानी होना है। मैं किसी भी भाषा का ज्ञानी नहीं हूँ इसलिए इस शास्त्र में व्याकरण व मात्रात्मक त्रुटियाँ मिलेगीं, उसे पकड़ने से आपके भाषा ज्ञान की विद्वता अवश्य सिद्ध हो सकती है परन्तु शास्त्र जिस दिशा की ओर आपको निर्देश कर रहा है उसे समझना अधिक उपयोगी है। प्रस्तुत शास्त्र में वर्तमान विश्व शासन व्यवस्था के अनुसार स्थापना स्तर तक का प्रक्रिया व विश्लेषण उपलब्ध है। जिसके 90 प्रतिशत भाग से सभी परिचित ही हैं। शेष 10 प्रतिशत भाग दृष्टि, काल (समय), ध्यान व चेतना की स्थिति और ज्ञान-कर्मज्ञान का वर्तमान विश्व शासन व्यवस्था के अनुसार रूपान्तरण है और बिखरे हुये ज्ञान सूत्रों को संगठित रूप देते हुये कार्‌य योजना की दिशा व्यक्त की गयी है। यह ऐसे था कि घर बनाने के लिए सारा निर्माण कार्य पहले ही पूर्ण किया जा चुका था सिर्फ छत डालना था, यह शास्त्र वही छत है जो पूर्ण किया गया है और अब इस छत के नीचे और भी सुन्दरता के लिए सम्बन्धित विषय के विशेषज्ञों के सहयोग के लिए सदा ही स्वागत रहेगा। अपनी यात्रा व वार्ता के दौरान मेरे सामने यह भी प्रश्न आया कि इस शास्त्र में अधिकतम तो पहले से ही विद्यमान विषयों को ही दिया गया है तो फिर आपका अपना क्या है? तो मैं उन लोगों से यह कहना चाहता हूँ कि मेरा इसमें "समझ व एकत्रीकरण" नाम की कला व विषय है। इसे आप सब इस प्रकार समझ सकते हैं। आपकी जमीन थी, ईंट था, बालू, सीमेंण्ट, छड़ सब आपका था। आप कुछ नहीं कर पा रहे थे। एक व्यक्ति आया, उसने उसे संगठित करने की योजना बनाया, एक रूप दिया और मकान बना दिया। फिर घर किसका हुआ? घर भी तो आपका ही हुआ। यह शास्त्र विज्ञान की भाँति ज्ञान-कर्मज्ञान का एक क्रमिक अध्ययन का शास्त्र है, जो आपका ही है।

समाज के व्यक्ति यह भी कह सकते हैं कि मैं "भारत" के संस्कृति व संस्कारों के पूर्वाग्रह से ग्रसित हूँ। तो मैं उन लोगों से यह कहना चाहता हूँ कि मैं उस "भारत" के संस्कृति व संस्कारों के पूर्वाग्रह से ग्रसित हूँ जिसने विश्व का सर्वप्रथम, प्राचीन और वर्तमान तक अकाट्य "क्रिया-कारण" दर्शन कपिल मुनि के माध्यम से दिया जिसे आज का दृश्य विज्ञान (पदार्थ या भौतिक विज्ञान) ने भी आइन्सटाइन के माध्यम से $E=mc^2$ देकर और दृढ़ता ही प्रदान की है। मैं उस भारत के पूर्वाग्रह से ग्रसित हूँ जहाँ ऐसी प्रत्येक वस्तु जिससे मनुष्य जीवन पाता है और ऐसी प्रत्येक वस्तु जिससे मनुष्य का जीवन संकट में पड़ सकता है उसे देवता माना जाता है। इस प्रकार हमारे भारत में 33 करोड़ देवता पहले से ही हैं। इस प्रकार हमारा भारत सम्पूर्ण ब्रह्माण्ड को ही देवता और ईश्वर के रूप में देखता व मानता है और इसकी व्यवस्था व विकास हेतु कर्म करता रहा है। मैं उस "भारत" के पूर्वाग्रह से ग्रसित हूँ जिसने "शून्य" व "दशमलव" दिया जिस पर विज्ञान की भाषा गणित टीकी हुई है। मैं गर्व से कहता हूँ कि मैं उस"भारत" के संस्कृति व संस्कारों के पूर्वाग्रह से ग्रसित हूँ जिसका अपनी भाषा में नाम "भारत" है तथा विश्वभाषा में नाम "INDIA" है। मैं "INDIA" का विरोध नहीं करता बल्कि भारत को विश्वभारत बनाकर नाम "INDIA" को पूर्णता प्रदान करना चाहता हूँ। मैं संकुचन में नहीं बल्कि व्यापकता में विश्वास करता हूँ। मैं अंश में नहीं बल्कि पूर्णता, समग्रता व सार्वभौमिकता में विश्वास करता हूँ। समग्र ब्रह्माण्ड निरन्तर फैल रहा है। मानव जाति को भी अपने मस्तिष्क और हृदय को फैला कर विस्तृत करना होगा। तभी विकास, शान्ति, एकता व स्थिरता आयेगी। तो मैं उन लोगों से कहना चाहता हूँ कि भारत को समझने के लिए "भारत माता" में जन्म लेना पड़ता है और "भारत माता" आलीशान कोठीयों में नहीं गाँवों, झोपड़ियों व जंगलों में मिलती हैं और वहीं जाना पड़ता है। इतिहास साक्षी है ऐसा ही हुआ है। केवल पुस्तकों को पढ़कर भारत को जानना असम्भव है। भारत की समझ कोई प्रापर्टी (धन-दौलत) नहीं जो विरासत में ले ली जाये, यह अनेक जन्मों का फल होता है। लोगों का ऐसा भी कहना है कि जब यह"विश्वशास्त्र" है तो इसमें भारत

के बाहर के देशों के दार्शनिकों को स्थान क्यों नहीं दिया गया? इस प्रश्न के उत्तर में मैं यह कहना चाहता हूँ कि "विश्वशास्त्र" एकीकृत सार्वभौम सत्य-सिद्धान्त का शास्त्र है न कि विचारों का। मनुष्य समाज में विचार आधारित चाहे जितनी बड़ी क्रान्ति या समर्थन क्यों न प्राप्त कर लिया जाये वह सार्वभौम सत्य-सिद्धान्त नहीं हो सकता, वह एक घटना अवश्य हो सकती है। संसार के सभी दार्शनिक यदि अपने दर्शन को सार्वभौम एकीकृत करेंगे तो उन्हें भारतीय दर्शन में ही अपना अन्तिम संस्कार करवाना पड़ेगा। विचारों की मृत्यु ही सत्य है अर्थात् सत्य, एक विचार नहीं बल्कि आत्मसात् करने का विषय है।

सन् 1893 से सन् 1993 के 100 वर्षों के समय में विश्व के बौद्धिक शक्ति को जिन्होंने सबसे अधिक हलचल दी वे हैं-धर्म की ओर से स्वामी विवेकानन्द और धार्मिकता की ओर से आचार्य रजनीश"ओशो"। मनुष्य जिस प्रकार भौतिक विज्ञान के नवीन आविष्कारों को आसानी से ग्रहण करता है उसी प्रकार धर्म-आध्यात्म-दर्शन के नवीन आविष्कारों को भी मनुष्य को ग्रहण करना चाहिए, तभी मानसिक-आध्यात्मिक स्वतन्त्रता का अनुभव हो सकेगा। अन्यथा पूर्ण शारीरिक गुलामी का समय बीत चुका, आर्थिक गुलामी का काल चल रहा है और मानसिक गुलामी के काल चक्र में मनुष्य फँस जायेगा। स्वामी विवेकानन्द जी का कहना था-"उसी मूल सत्य की फिर से शिक्षा ग्रहण करनी होगी, जो केवल यहीं से, हमारी इसी मातृभूमि से प्रचारित हुआ था। फिर एक बार भारत को संसार में इसी मूल तत्व का-इसी सत्य का प्रचार करना होगा। ऐसा क्यों है? इसलिए नहीं कि यह सत्य हमारे शास्त्रों में लिखा है वरन् हमारे राष्ट्रीय साहित्य का प्रत्येक विभाग और हमारा राष्ट्रीय जीवन उससे पूर्णतः ओत-प्रोत है। इस धार्मिक सहिष्णुता की तथा इस सहानुभूति की, मातृभाव की महान शिक्षा प्रत्येक बालक, स्त्री, पुरुष, शिक्षित, अशिक्षित सब जाति और वर्ण वाले सीख सकते हैं। तुमको अनेक नामों से पुकारा जाता है, पर तुम एक हो।" (जितने मत उतने पथ, श्रीरामश्रीकृष्ण मिशन, पृष्ठ-39)। आचार्य रजनीश"ओशो" का कहना था-"श्रीकृष्ण का महत्व अतीत के लिए कम भविष्य के लिए ज्यादा है। सच ऐसा है कि श्रीकृष्ण अपने समय से कम से कम पाँच हजा़र वर्ष पहले पैदा हुये। सभी महत्वपूर्ण व्यक्ति अपने समय से पहले पैदा होते हैं और सभी गैर महत्वपूर्ण व्यक्ति अपने समय के बाद पैदा होते हैं। बस महत्वपूर्ण और गैर महत्वपूर्ण में इतना फर्क है और सभी साधारण व्यक्ति अपने समय के साथ पैदा होते हैं महत्वपूर्ण व्यक्ति को समझना आसान नहीं होता। उसका वर्तमान और अतीत उसे समझने में असमर्थता अनुभव करता है जब हम समझने योग्य नहीं हो पाते तब हम उसकी पूजा शुरु कर देते हैं या तो हम उसका विरोध करते हैं। दोनों पूजाएं हैं एक मित्र की एक शत्रु की।", "इस देश को कुछ बाते समझनी होगी। एक तो इस देश को यह बात समझनी होगी कि तुम्हारी परेशानियों, तुम्हारी गरीबी, तुम्हारी मुसीबतों, तुम्हारी दीनता के बहुत कुछ कारण तुम्हारे अंध विश्वासों में है, भारत कम से कम डेढ़ हजार साल पिछे घिसट रहा है। ये डेढ़ हजार साल पूरे होने जरूरी है। भारत को खिंचकर आधुनिक बनाना जरूरी है। मेरी उत्सुकता है कि इस देश का सौभाग्य खुले, यह देश भी खुशहाल हो, यह देश भी समृद्ध हो। क्योंकि समृद्ध हो यह देश तो फिर श्रीराम की धुन गुंजे, समृद्ध हो यह देश तो फिर लोग गीत गाँये, प्रभु की प्रार्थना करें। समृद्ध हो यह देश तो मंदिर की घंटिया फिर बजे, पूजा के थाल फिर सजे। समृद्ध हो यह देश तो फिर बाँसुरी बजे श्रीकृष्ण की, फिर रास रचे! यह दीन दरिद्र देश, अभी तुम इसमें श्रीकृष्ण को भी ले आओंगे तो राधा कहाँ पाओगे नाचनेवाली? अभी तुम श्रीकृष्ण को भी ले आओगें, तो श्रीकृष्ण बड़ी मुश्किल में पड़ जायेंगे, माखन कहाँ चुरायेगें? माखन है कहाँ? दूध दही की मटकिया कैसे तोड़ोगे? दूध दही की कहाँ, पानी तक की मटकिया मुश्किल है। नलों पर इतनी भीड़ है! और एक आध गोपी की मटकी फोड़ दी, जो नल से पानी भरकर लौट रही थी, तो पुलिस में रिपोर्ट दर्ज करा देगी श्रीकृष्ण की, तीन बजे रात से पानी भरने खड़ी थी नौ बजते बजते पानी भर पायी और इन सज्जन ने कंकड़ी मार दी। धर्म का जन्म होता है जब देश समृद्ध होता है। धर्म समृद्ध की सुवास है। तो मैं जरूर चाहता हूँ यह देश सौभाग्यशाली हो लेकिन सबसे बड़ी अड़चन इसी देश की मान्यताएं है। इसलिए मैं तुमसे लड़ रहा हूँ। तुम्हारे लिए।"

वर्तमान में जीने का अर्थ होता है-विश्व ज्ञान जहाँ तक बढ़ चुका है वहाँ तक के ज्ञान से अपने मस्तिष्क को युक्त करना। तभी डेढ़ हजार वर्ष पुराने हमारे मस्तिष्क का आधुनिकीकरण हो पायेगा। सिर्फ वर्तमान में तो पशु रहकर कर्म करते हैं। यह शास्त्र मनुष्य के मस्तिष्क के आधुनिकीकरण का शास्त्र है या विज्ञान की भाषा में कहें तो

मस्तिष्क के आधुनिकीकरण का साफ्टवेयर या माइक्रो चिप्स (Integrated Circuit-I.C) है। वर्तमान की अब नवीनतम परिभाषा है-पूर्ण ज्ञान से युक्त होना और कार्यशैली की परिभाषा है-भूतकाल का अनुभव, भविष्य की आवश्यकतानुसार पूर्णज्ञान और परिणाम ज्ञान से युक्त होकर वर्तमान समय में कार्य करना।

अपने सम्पर्को व समाज के व्यक्तियों से मुझे यह भी सूचना प्राप्त हुई कि दुनिया बहुत तेज (फास्ट) हो गई है। 1500 पृष्ठ का पुस्तक पढ़ने का समय किसके पास है? मुझे बहुत ही आश्चर्य होता है। एक तरफ मनुष्य के पूरे मस्तिष्क को आधुनिक करना है जिसके न होने से वह अपने कर्मो का जिम्मेदार ईश्वर को बनाता है, दूसरी तरफ उसे पढ़ने का समय नहीं है। तो मैं उनसे कहता हूँ मार्ग या रास्ता बनाने वाला, मार्ग इसलिए बनाता है कि लोग उसपर चलकर अपनी मंजिल तय करेगें। बस उसका इतना ही धर्म होता है। चलने वाला अगर न चले तो मार्ग बनाने वाला दोषी नहीं होता और वह अपनी जिम्मेदारी से मुक्त भी होता है। मैंने सिर्फ मार्ग बनाया है जो इस शास्त्र के रूप में आपके सामने है। हाँ इतना जरूर करूँगा कि मार्ग बन गया है इसकी सूचना समाज में अधिकतम क्षेत्र तक पहुँचाने की कोशिश करूँगा। मेरा यही कर्म है जिसे मैं करूँगा। एक व्यक्ति सामान्यतः यदि स्नातक (ग्रेजुएशन) तक पढ़ता है तो वह कितने पृष्ठ पढ़ता होगा और क्या पाता है? विचारणीय है। एक व्यक्ति इंजिनियर व डाक्टर बनने तक कितना पृष्ठ पढ़ता है? यह तो होती है कैरियर की पढ़ाई इसके अलावा कहानी, कविता, उपन्यास, फिल्म इत्यादि के पीछे भी मनुष्य अपना समय मनोरंजन के लिए व्यतीत करता है। और सभी एक चमत्कार के आगे नतमस्तक हो जाते हैं तो पूर्ण मानसिक स्वतन्त्रता कहाँ है? विचारणीय विषय है। वैसे भी मैं यहाँ स्पष्ट कर देना चाहता हूँ कि यह शास्त्र तो ज्ञान-कर्मज्ञान का शास्त्र है जो प्रत्येक व्यक्ति की वर्तमान की आवश्यकता है और उसकी महत्ता धीरे-धीरे ही सही परन्तु भविष्य में बढ़ती ही जायेगी। मैंने जहाँ तक देखा है कि ऐसे व्यक्ति जिनका धनोपार्जन व्यवस्थित चल रहा है वे ज्ञान की आवश्यकता या उसके प्राप्ति की आवश्यकता के प्रति रूचि नहीं लेते परन्तु वे भूल जाते हैं कि ज्ञान की आवश्यकता तो उन्हें ज्यादा है जिनके सामने भविष्य पड़ा है और उन्हें आवश्यकता है जो देश-समाज-विश्व के नीति का निर्माण करते हैं। मैंने एक आधार तैयार किया है जिससे आने वाली पीढ़ी और विश्व निर्माण-विकास-विस्तार के चिन्तक दोनों को एक दिशा प्राप्त हो सके। वे जो मशीनवत् लग गये हैं वे जहाँ लगे हैं सिर्फ वहीं लगे रहें, आखिर में वे भी तो संसार के विकास में ही लगे है उन्हें न सही उनके बच्चों को तो ज्ञान की जरूरत होगी। जिसके लिए वे एक लम्बा समय और धन उनके ऊपर खर्च करते हैं। मेरा मानना है कि गरीबी, बेरोजगारी इत्यादि का बहुत कुछ कारण ज्ञान, ध्यान, चेतना जैसे विषयों का मनुष्य के अन्दर अभाव होने से ही होता है। मनुष्य जीवन पर्यन्त रोजी-रोटी, धनोपार्जन इत्यादि के लिए भागता रहता है परन्तु यदि मात्र 6 महीने वह ज्ञान, ध्यान, चेतना जैसे विषयों पर पहले ही प्रयत्न कर ले तो उसके सामने विकास के अनन्त मार्ग खुल जाते हैं। ज्ञान, ध्यान, चेतना की यही उपयोगीता है जिसे लोग निरर्थक समझते हैं। बचपन से अनेक वर्षों तक माता-पिता-अभिभावक अपने बच्चों के विद्यालय में धन भेजते हैं, बच्चा वहाँ से कौन सा सामान लाता है, विचारणीय विषय है?

तेज इलेक्ट्रानिक संचार माध्यम के मोबाइल व इन्टरनेट के इस दुनिया में यह भी देखने को मिलता है कि लड़के-लड़कीयाँ अनेकों लड़के-लड़कीयाँ से बात करते हुये स्वयं को श्रीकृष्ण-गोपीयों के भाव में देखने लगते हैं परन्तु उन्हें जानना चाहिए कि श्रीकृष्ण-गोपियों का भाव सिर्फ यहीं तक सीमित नहीं था। श्रीकृष्ण केवल गोपियों से बात ही नहीं करते थे बल्कि उन्हें एकात्म की सर्वोच्च अनुभूति का अनुभव भी कराते थें साथ ही श्रीकृष्ण व्यक्तिगत रूप से योगेश्वर अर्थात् सभी योगो की विधि से युक्त, मित्र, प्रेमी, समन्वयी इत्यादि तथा सामाजिक रूप से राजनीतिज्ञ, कूटनीतिज्ञ, दार्शनिक, नवसृजन करने के लिए सम्यक कर्म, सम्यक ज्ञान व ध्यान इत्यादि गुणों से भी युक्त थे। इसलिए उन लड़के-लड़कीयों से विशेष निवेदन हैं श्रीकृष्ण के अपने लिए उपयोगी एक अंश गुण को धारण कर न बल्कि सम्पूर्ण श्रीकृष्ण बनने की ओर बढ़े तो उनके लिए भी तथा राष्ट्र के लिए भी उपयोगी होगा।

इस छोटे से कार्य को सम्पन्न करने में सबसे आसान बात यह थी कि प्रत्येक मनुष्य अपनी-अपनी आवश्यकताओं को प्राप्त करने के लिए इतना अधिक व्यस्त था कि वह व्यापक सार्वजनिक सोच से बहुत दूर हो चुका था। जो नौकरी पेशा थे वे कार्य किये, वेतन लिए और शेष समय वेतन वृद्धि और उससे सम्बन्धित चर्चा में ही व्यस्त रहते थे। जो विश्वविद्यालयों के प्रोफेसर-लेक्चरर थे वे केवल अपना कर्तव्य निर्वाह कर रहे थे। वे विचारक थे

परन्तु खोज के लिए त्यागी न थे। जो विद्यार्थी थे वे उतना ही ज्ञान प्राप्त इसलिए कर रहे थे जितने से वे एक अच्छा कैरियर प्राप्त कर अपने सुनहरे सपनों को साकार कर सकें। जो धर्माचार्य थे वे केवल वही पुराने शास्त्रों पर ही व्याख्यान करने में व्यस्त थे। जो राजनेता थे उन्हें सिर्फ वोट बैंक व पद की चिन्ता थी और आम जनता चुपचाप सभी को ढोने में व्यस्त थी, जितना वजन लाद दो सब ढोने के लिए तैयार और उम्मीद सरकार से। समय बदल चुका है अब विश्व-भारत को नये महापुरूष की आवश्यकता है। जो जिस विषय के लिए अपना समय खर्च करता है, समय भी उसी विषय में उसे फल देता है। मेरे जीवन की यह एक अलग यात्रा इसी शास्त्र के पीछे समय खर्च करने में लगी और समय ने फलरूप से यह शास्त्र दिया है।

यह पृथ्वी, मन्दिर रूपी मेरा घर है जहाँ सोने व भोजन के लिए गुरूद्वारा है, समय से जोड़ने के लिए मस्जिद की पुकार है, प्रेम व कर्म करने के लिए सारी पृथ्वी है और गलती हो तो प्रायश्चित करने के लिए गिरजाघर (चर्च) है। ऐसे घर में कौन नहीं रहना चाहेगा? मैं तो इस घर में आने के लिए हजारों वर्षों से प्रतीक्षा कर रहा था और अब मैं आकर संतुष्ट, सुखी और मुक्ति की कामना के लिए आश्वस्त हूँ। अब आने वाले समय में जब भी एक आदर्श वैश्विक समाज का निर्माण करना हो तो किसी भी देश या विश्व के लिए राष्ट्रीय-वैश्विक गीत या गान ऐसा होना चाहिए जो नागरिकों में कत्र्तव्य और जोश की भावना का संचार करने वाली हो, न कि गुणगान, अभिनन्दन, भक्ति, हीनता, भाग्यवाद और अकर्मण्यता की भावना भरने वाली। अपराधिक कानून शारीरिक, आर्थिक व मानसिक अपराध के बढ़ते क्रम में कड़े दण्ड देने वाली और न्याय समय सीमा में बद्ध हो। इसी आधार पर नागरिकों के उनके विकास के लिए विशेष अधिकार प्राप्त हो जो स्त्री-पुरूष के भेद-भाव से मुक्त हो। साथ ही पूर्णज्ञान का ज्ञानार्जन सबके लिए खुला हो। सभी जीवों की भाँति मनुष्य को भी भोजन का जन्मसिद्ध अधिकार प्राप्त हो। साथ ही ऐसे तमाम बिन्दुओं को खोला जाय जहाँ धन के आदान-प्रदान की गति बाधित हो रही हो या इकट्ठा हो रहा हो क्योंकि आदान-प्रदान ही विकास है, रूकना ही विनाश है।

"विश्वशास्त्र", विकास क्रम के उत्तरोत्तर विकास के क्रमिक चरणों के अनुसार लिखित है जिससे एक प्रणाली के अनुसार पृथ्वी पर हुये सभी व्यापार को समझा जा सके। फलस्वरूप मनुष्य के समक्ष व्यापार के अनन्त मार्ग खुल जाते हैं। किसी भी सिनेमा अर्थात् फिल्म को बीच-बीच में से देखकर डायलाग की भावना व कहानी को पूर्णतया नहीं समझा जा सकता। मनुष्य समाज में यही सबसे बड़ी समस्या है कि व्यक्ति कहीं से कोई भी विचार या वक्तव्य या कथा उठा लेता है और उस पर बहस शुरू कर देता है। जबकि उसके प्रारम्भ और क्रमिक विकास को जाने बिना समझ को विकसित करना असम्भव होता है। ज्ञान सूत्रों का संकलन और उसे चार वेदों में विभाजन, उसे समझने-समझाने के लिए उपनिषद्, पुराण इत्यादि के वर्गीकरण व क्रमिक विकास का कार्य सदैव चलता रहा है। काल और युग के अनुसार यह कार्य सदैव होता रहा है। जिससे समाज के सत्यीकरण का कार्य होता रहा है। सामाजिक विकास के क्षेत्र में परिवर्तन, देश-काल के परिस्थितियों के अनुसार किया जाता रहा है जबकि सत्यीकरण मूल सार्वभौम सत्य-सिद्धान्त से जोड़कर किया जाने वाला कार्य है। सत्यीकरण, अवतारों की तथा परिवर्तन मनुष्यों की कार्य प्रणाली है। इस क्रम में प्रयोग किया गया शास्त्र, अपने समस्त पिछले शास्त्रों का समर्थन व आत्मसात् करते हुये ही होता है, न कि विरोध। किसी भी विषय की शक्ति सीमा निर्धारित करना, उसका विरोध नहीं होता बल्कि उसे और आगे विकसित करने के बिन्दु को निर्धारित करता है।

अधिकतम व्यक्ति ऐसा सोचते हैं कि ज्ञान का अन्त नहीं हो सकता और व्यक्ति ऐसा भी मानते हैं कि जिसका जन्म (प्रारम्भ) हुआ है उसका मृत्यु (अन्त) भी होता है। इस प्रकार यदि ज्ञान का प्रारम्भ हुआ है तो उसका अन्त भी होगा। इस सम्बन्ध में स्वामी विवेकानन्द जी का कहना है कि "विज्ञान एकत्व की खोज के सिवा और कुछ नहीं है। ज्योंही कोई विज्ञान शास्त्र पूर्ण एकता तक पहुँच जायेगा, त्योंहीं उसका आगे बढ़ना रुक जायेगा क्योंकि तब तो वह अपने लक्ष्य को प्राप्त कर चुकेगा। उदाहरणार्थ रसायनशास्त्र यदि एक बार उस एक मूल द्रव्य का पता लगा ले, जिससे वह सब द्रव्य बन सकते हैं तो फिर वह और आगे नहीं बढ़ सकेगा। पदार्थ विज्ञान शास्त्र जब उस एक मूल शक्ति का पता लगा लेगा जिससे अन्य शक्तियां बाहर निकली हैं तब वह पूर्णता पर पहुँच जायेगा। वैसे ही धर्म शास्त्र भी उस समय पूर्णता को प्राप्त हो जायेगा जब वह उस मूल कारण को जान लेगा। जो इस मत्र्यलोक में एक

मात्र अमृत स्वरुप है जो इस नित्य परिवर्तनशील जगत का एक मात्र अटल अचल आधार है जो एक मात्र परमात्मा है और अन्य सब आत्माएं जिसके प्रतिबिम्ब स्वरुप हैं। इस प्रकार अनेकेश्वरवाद, द्वैतवाद आदि में से होते हुये इस अद्वैतवाद की प्राप्ति होती है। धर्मशास्त्र इससे आगे नहीं जा सकता। यहीं सारे विज्ञानों का चरम लक्ष्य है। (राम कृष्ण मिशन, हिन्दू धर्म, पृष्ठ-16) यह समझना होगा कि धर्म के सम्बन्ध में अधिक और कुछ जानने को नहीं, सभी कुछ जाना जा चुका है। जगत के सभी धर्म में, आप देखियेगा कि उस धर्म में अवलम्बनकारी सदैव कहते हैं, हमारे भीतर एक एकत्व है अतएव ईश्वर के सहित आत्मा के एकत्व ज्ञान की अपेक्षा और अधिक उन्नति नहीं हो सकती। ज्ञान का अर्थ इस एकत्व का आविष्कार ही है। यदि हम पूर्ण एकत्व का आविष्कार कर सकें तो उससे अधिक उन्नति फिर नहीं हो सकती। (राम कृष्ण मिशन, धर्म विज्ञान, पृष्ठ-7) "। इस प्रकार हम पाते है कि ज्ञान का अर्थ सिर्फ सार्वभौम एकत्व है जिसका अन्त "सार्वभौम सत्य" के रूप में "गीता" द्वारा तथा "सार्वभौम सत्य-सिद्धान्त" के रूप में "विश्वशास्त्र" द्वारा हो चुका है। इस ज्ञान के अलावा सभी ज्ञान, विज्ञान, तकनीकी तथा समाज का ज्ञान है। अभी ज्ञान का अन्त हुआ है। फिर विज्ञान के ज्ञान का अन्त होगा और उसके बाद तकनीकी के ज्ञान का भी अन्त हो जायेगा। विज्ञान के अन्त "गाड पार्टीकील" अर्थात् एक ऐसा कण जो ईश्वर की तरह हर जगह है और उसे देख पाना मुश्किल है जिसके कारण कणों में भार होता है, के खोज के लिए ही जेनेवा (स्विट्जरलैण्ड- फ्रांस सीमा पर) में यूरोपियन आर्गनाइजेशन फार न्यूक्लियर रिसर्च (सर्न) द्वारा रूपये 480 अरब के खर्च से महामशीन लगाई गई है। जिसमें 15000 वैज्ञानिक और 8000 टन की चुम्बक लगी हुई है।

विभिन्न सम्प्रदाय (धर्म), जाति, मत, दर्शन इत्यादि में विभाजित इस मानव समाज में वर्तमान तथा आने वाले भविष्य के समय की मूल आवश्यकता है-मानव के मनों का एकीकरण अर्थात् मानव मन का भूमण्डलीकरण एवं ब्रह्माण्डीयकरण। इसकी आवश्यकता इसलिए भी है क्योंकि मानव अपने विज्ञान व तकनीकी ज्ञान से प्राप्त संसाधनों का प्रयोग करते हुये, एक तरफ तो ब्रह्माण्ड की ओर चल पड़ा है तो दूसरी तरफ विध्वंस के लिए अनेक हथियारों का भी निर्माण कर चुका है। ऐसी स्थिति में हमें निश्चित रूप से ऐसे एकीकरण की आवश्यकता है जिससे हम इस पृथ्वी से मानसिक स्तर के विवादों को समाप्त कर सकें।

माया सभ्यता के अनुसार विश्व के मानव समाज यह भी मान रहें थें कि 21 दिसम्बर, 2012 को दुनिया का अन्त हो जायेगा। जबकि हिन्दू धर्म शास्त्र विष्णु पुराण, भागवत पुराण, अग्नि पुराण, गरूड़ पुराण, पद्म पुराण इत्यादि में भगवान के दसवें और महाअवतार "कल्कि" का होना अभी शेष है। जिनसे कलियुग के अंधकार व विनाश को समाप्त करने का कार्य सम्पन्न होगा, साथ ही सत्ययुग का आरम्भ होगा। सिक्ख धर्म के पवित्र ग्रन्थ "दशम् ग्रन्थ" में भी "कल्कि अवतार" का वर्णन मिलता है। सृजन और विनाश का स्तर शारीरिक, आर्थिक व मानसिक होता है। जो एक व्यक्ति, समाज, देश और विश्व राष्ट्र के लिए होता है। व्यक्ति पर हुये शारीरिक, आर्थिक व मानसिक सृजन और विनाश को व्यक्ति ही अनुभव करता है परन्तु समाज, देश और विश्व राष्ट्र पर हुये शारीरिक, आर्थिक व मानसिक सृजन व विनाश को सार्वजनिक रूप से सभी देखते है। समाज, देश और विश्व राष्ट्र पर शारीरिक व आर्थिक सृजन और विनाश वर्तमान में तो चल ही रहा है जिसे सार्वजनिक रूप से मानव समाज देख रहा है।

भौतिकवादी पश्चिमी संस्कृति किसी भी सृजन व विनाश को मानसिक स्तर पर सोच ही नहीं सकता क्योंकि वह समस्त क्रियाकलाप को वाह्य जगत में ही घटित होता समझता व समझाता है जबकि वर्तमान समय मानसिक स्तर पर विनाश व सृजन का है। इस आधार पर यह कहा जा सकता है कि माया सभ्यता के अनुसार 21 दिसम्बर, 2012 को जो विनाश व सृजन होना था, वह मानसिक स्तर का ही है। जिसके परिणामस्वरूप सभी सम्प्रदाय, मत, दर्शन एक उच्च स्तर के विचार या सत्य में विलीन अर्थात् विनाश को "विश्वशास्त्र" से प्राप्त कर चुका है। फलस्वरूप उच्च स्तर के विचार या सत्य में स्थापित होने से सृजन का मार्ग खुल चुका है। कुल मिलाकर माया सभ्यता के कैलेण्डर का अन्त तिथि 21 दिसम्बर, 2012, दुनिया के अन्त की तिथि नहीं थी बल्कि वह वर्तमान युग के अन्त की अन्तिम तिथि और नये युग के आरम्भ की तिथि थी। ईश्वर भी इतना मूर्ख व अज्ञानी नहीं है कि वह स्वयं को इस मानव शरीर में पूर्ण व्यक्त किये बिना ही दुनिया को नष्ट कर दे। इसके सम्बन्ध में हिन्दू धर्म शास्त्रो में सृष्टि के प्रारम्भ के सम्बन्ध में कहा गया है कि- "ईश्वर ने इच्छा व्यक्त की कि मैं एक हूँ, अनेक हो जाऊँ"। इस प्रकार जब

वही ईश्वर सभी में है तब निश्चित रूप से जब तक सभी मानव ईश्वर नहीं हो जाते तब तक दुनिया के अन्त होने का कोई प्रश्न ही नहीं उठता। और विकास क्रम चलता रहेगा। 21 दिसम्बर, 2012 के बाद का समय नये युग के प्रारम्भ का समय है जिसमें ज्ञान, ध्यान, चेतना, भाव, जन, देश, विश्व राष्ट्र, आध्यात्मिक जागरण, मानवता इत्यादि का विश्वव्यापी विकास होगा। परिणामस्वरूप सभी मानव को ईश्वर रूप में स्थापित होने का अवसर प्राप्त होगा। और यही विश्व मानव समाज की मूल आवश्यकता है। प्राचीन वैदिक काल में समाज को नियंत्रित करने के लिए ज्ञानार्जन सबके लिए खुला नहीं था परन्तु वर्तमान और भविष्य की आवश्यकता यह है कि समाज को नियंत्रित करने के लिए सभी को पूर्ण ज्ञान से युक्त कर सभी के लिए ज्ञान को खोल दिया जाय। यही कारण था कि वेद को प्रतीकात्मक रूप में लिख कर गुरू-शिष्य परम्परा द्वारा उसकी व्याख्या की जाती रही थी जिससे राजा और समाज को नियंत्रण में रखा जा सके।

ईश्वर, अवतार व गुरू के सम्बन्ध में समझ पैदा करने के लिए स्वामी विवेकानन्द जी का कहना है-"जिस प्रकार मानवी शरीर एक व्यक्ति है और उसका प्रत्येक सूक्ष्म भाग जिसे हम"कोश" कहते हैं एक अंश है। उसी प्रकार सारे व्यक्तियों का समष्टि ईश्वर है, यद्यपि वह स्वयं भी एक व्यक्ति है। समष्टि ही ईश्वर है, व्यष्टि या अंश जीव है। इसलिए ईश्वर का अस्तित्व जीवों के अस्तित्व पर निर्भर है जैसे कि शरीर का उसके सूक्ष्म भाग पर और सूक्ष्म भाग का शरीर पर। इस प्रकार जीव और ईश्वर परस्परावलम्बी हैं। जब तक एक का अस्तित्व है तब तक दूसरे का भी रहेगा। और हमारी इस पृथ्वी को छोड़कर अन्य सब उँचे लोकों में शुभ की मात्रा अशुभ से अधिक होती है। इसलिए वह समष्टि स्वरुप ईश्वर शिव स्वरुप, सर्वशक्तिमान और सर्वज्ञ कहा जा सकता है। ये गुण प्रत्यक्ष प्रतीत होते हैं। ईश्वर से सम्बद्ध होने के कारण उन्हें प्रमाण करने के लिए तर्क की आवश्यकता नहीं होती। ब्रह्म इन दोनों से परे है और वह कोई विशिष्ट अवस्था नहीं है वह एक ऐसी वस्तु है जो अनेकों की समष्टि से नहीं बनी है। वह एक ऐसी सत्ता है जो सूक्ष्मातित-सूक्ष्म से लेकर ईश्वर तक सब में व्याप्त है और उसके बिना किसी का अस्तित्व नहीं हो सकता सभी का अस्तित्व उसी सत्ता या ब्रह्म का प्रकाश मात्र है। जब मैं सोचता हूँ "मैं ब्रह्म हूँ" तब मेरा यथार्थ अस्तित्व होता है ऐसा ही सबके बारे में है विश्व की प्रत्येक वस्तु स्वरुपतः वही सत्ता है (पत्रावली भाग-2, पृष्ठ-18, राम कृष्ण मिशन) ", "सबका स्वामी (परमात्मा) कोई व्यक्ति विशेष नहीं हो सकता, वह तो सबकी समष्टि स्वरुप ही होगा। वैराग्यवान मनुष्य आत्मा शब्द का अर्थ व्यक्तिगत"मैं" न समझकर, उस सर्वव्यापी ईश्वर को समझता है जो अन्तर्यामी होकर सबमें वास कर रहा हो। वे समष्टि के रुप में सब को प्रतीत हो सकते हैं ऐसा होते हुये जब जीव और ईश्वर स्वरुपतः अभिन्न हैं, तब जीवों की सेवा और ईश्वर से प्रेम करने का अर्थ एक ही है। यहाँ एक विशेषता है। जब जीव को जीव समझकर सेवा की जाती है तब वह दया है, किन्तु प्रेम नहीं। परन्तु जब उसे आत्मा समझकर सेवा करो तब वह प्रेम कहलाता है। आत्मा ही एक मात्र प्रेम का पात्र है, यह श्रुति, स्मृति और अपरोक्षानुभूति से जाना जा सकता है। (पत्रावली, भाग-2, पृष्ठ-109, राम कृष्ण मिशन) ", "स ईशोऽनिर्वचनीयप्रेमस्वरुपः "-ईश्वर अनिर्वचनीय प्रेम स्वरुप है। नारद द्वारा वर्णन किया हुआ ईश्वर का यह लक्षण स्पष्ट है और सब लोगों को स्वीकार है। यह मेरे जीवन का दृढ़ विश्वास है। बहुत से व्यक्तियों के समूह को समष्टि कहते हैं और प्रत्येक व्यक्ति, व्यष्टि कहलाता है आप और मैं दोनों व्यष्टि हैं, समाज समष्टि है आप और मैं-पशु, पक्षी, कीड़ा, कीड़े से भी तुक्ष प्राणी, वृक्ष, लता, पृथ्वी, नक्षत्र और तारे यह प्रत्येक व्यष्टि है और यह विश्व समष्टि है जो कि वेदान्त में विराट, हिरण गर्भ या ईश्वर कहलाता है। और पुराणों में ब्रह्मा, विष्णु, देवी इत्यादि। व्यष्टि को व्यक्तिशः स्वतन्त्रता होती है या नहीं, और यदि होती है तो उसका नाम क्या होना चाहिए। व्यष्टि को समष्टि के लिए अपनी इच्छा और सुख का सम्पूर्ण त्याग करना चाहिए या नहीं, ये प्रत्येक समाज के लिए चिरन्तन समस्याएँ हैं सब स्थानों में समाज इन समस्याओं के समाधान में संलग्न रहता है ये बड़ी-बड़ी तरंगों के समान आधुनिक पश्चिमी समाज में हलचल मचा रही हैं जो समाज के अधिपत्य के लिए व्यक्तिगत स्वतन्त्रता का त्याग चाहता है वह सिद्धान्त समाजवाद कहलाता है और जो व्यक्ति के पक्ष का समर्थन करता है वह व्यक्तिवाद कहलाता है। (पत्रावली, भाग-2, पृष्ठ-288, राम कृष्ण मिशन) ", "ईश्वर उस निरपेक्ष सत्ता की उच्चतम अभिव्यक्ति है, या यों कहिए, मानव मन के लिए जहाँ तक निरपेक्ष सत्य की धारणा करना सम्भव है, बस वहीं ईश्वर है। सृष्टि अनादि है और उसी प्रकार ईश्वर भी अनादि है (भक्ति योग, पृष्ठ-13, श्राम कृष्ण मिशन)", "यह सारा झगड़ा

केवल इस "सत्य" शब्द के उलटफेर पर आधारित है। "सत्य" शब्द से जितने भाव सूचित होते हैं वे समस्त भाव "ईश्वर भाव" में आ जाते हैं। ईश्वर उतना ही सत्य है जितनी विश्व की कोई अन्य वस्तु। और वास्तव में, "सत्य" शब्द यहाँ पर जिस अर्थ में प्रयुक्त हुआ है, उससे अधिक "सत्य" शब्द का कोई अर्थ नहीं। यहीं हमारी ईश्वर सम्बन्धी दार्शनिक धारणा है। (भक्ति योग, पृष्ठ-21, श्राम कृष्ण मिशन)", "गुरु के सम्बन्ध में यह जान लेना आवश्यक है कि उन्हें शास्त्रो का मर्म ज्ञान हो। वैसे तो सारा संसार ही बाइबिल, वेद, पुराण पढ़ता है, पर वे तो केवल शब्द राशि है। धर्म की सूखी ठठरी मात्र है। जो गुरु शब्दाडंबर के चक्कर में पड़ जाते हैं, जिनका मन शब्दों की शक्ति में बह जाता है, वे भीतर का मर्म खो बैठते हैं। जो शास्त्रों के वास्तविक मर्मज्ञ हैं, वे ही असल में सच्चे धार्मिक गुरु हैं (भक्ति योग, पृष्ठ-32, श्राम कृष्ण मिशन)", "हम गुरु बिना कोई ज्ञान प्राप्त नहीं कर सकते। अब बात यह है कि यदि मनुष्य, देवता अथवा कोई स्वर्गदूत हमारे गुरु हो, तो वे भी तो ससीम है; फिर उनसे पहले उनके गुरु कौन थे? हमें मजबूर होकर यह चरम सिद्धान्त स्थिर करना ही होगा कि एक ऐसे गुरु हैं, जो काल के द्वारा सीमाबद्ध या अविच्छिन्न नहीं है। उन्हीं अनन्तज्ञानसम्पन्न गुरु को, जिनका आदि भी नहीं और अन्त भी नहीं, ईश्वर कहते हैं। (राजयोग, पृष्ठ-134, श्राम कृष्ण मिशन)", "संसार के प्रधान आचार्यों में से कोई भी शास्त्रों की इस प्रकार नानाविध व्याख्या करने के झमेंले में नहीं पड़ा। उन्होंने श्लोकों के अर्थ में खींचातानी नहीं की। वे शब्दार्थ और भावार्थ के फेर में नहीं पड़े। फिर भी उन्होंने संसार को बड़ी सुन्दर शिक्षा दी। इसके विपरीत, उन लोगों ने जिनके पास सिखाने को कुछ भी नहीं, कभी एकाध शब्द को ही पकड़ लिया और उस पर तीन भागों की एक मोटी पुस्तक लिख डाली, जिसमें सब अनर्थक बातें भरी हैंे (भक्ति योग, पृष्ठ-33, श्राम कृष्ण मिशन)", "साधारण गुरुओं से श्रेष्ठ एक और श्रेणी के गुरु होते हैं, और वे हैं-इस संसार में ईश्वर के अवतार। वे केवल स्पर्श से, यहाँ तक कि इच्छा मात्र से ही आध्यात्मिकता प्रदान कर सकते हैं। उनकी इच्छा मात्र से पतित से पतित व्यक्ति क्षण मात्र में साधु हो जाता है। वे गुरुओं के भी गुरु हैं-नरदेहधारी भगवान हैं। (भक्तियोग, पृष्ठ-39, श्राम कृष्ण मिशन)", "अवतार का अर्थ है जीवनमुक्त अर्थात् जिन्होंने ब्रह्मत्व प्राप्त किया है। अवतार विषयक और कोई विशेषता मेरी दृष्टि में नहीं है। ब्रह्मादिस्तम्यपर्यत्त सभी प्राणी समय आने पर जीवनमुक्ति को प्राप्त करेंगे, उस अवस्था विशेष की प्राप्ति में सहायक बनना ही हमारा कर्तव्य है। इस सहायता का नाम धर्म है बाकी कुधर्म है। इस सहायता का नाम कर्म है। बाकी कुकर्म है। (पत्रावली भाग-1, पृष्ठ-328, श्राम कृष्ण मिशन) "। इस प्रकार यह अच्छी प्रकार समझ लेना चाहिए कि अवतार, गुरू, माता-पिता इत्यादि ईश्वर तुल्य हो सकते हैं परन्तु ईश्वर नहीं।

मैं ही इस शास्त्र का विचारक हूँ, आविष्कारक हूँ, प्रारूप एवं स्थापनार्थ नीति निर्धारणकर्ता हूँ, लिपिबद्धकर्ता हूँ, सम्पादक हूँ, यहाँ तक कि कम्प्यूटराइज्ड टाइप सेटिंगकर्ता भी हूँ और इसमें मैं स्वयं हूँ। मैंने इस शास्त्र के माध्यम से स्वयं को"अन्तिम, पूर्णावतार और महावतार कल्कि", जिसे मेरे जन्म से पहले ही समाज ने सम्बोधित कर रखा है, प्रस्तुत किया है और वह इसलिए किया है कि मेरे जीवन, ज्ञान व कर्म तथा संसार-समाज में उपलब्ध आॅकड़े इस ओर ही निर्देश करते हैं और उसे मैंने पूरी ईमानदारी, निष्पक्षता और सर्वव्यापकता के साथ प्रस्तुत किया है। यह पद समाज का एक मात्र सर्वोच्च और अन्तिम पद है जो मेरे शरीर धारण के पूर्व ही समाज द्वारा सृजित है। जिस पर कोई भी योग्यता प्रस्तुत कर अपने को स्थापित कर सकता है। जिसका निर्णय वोटों (मत पत्रों या एस.एम.एस) द्वारा नहीं बल्कि योग्यता द्वारा तय होना है। जिसके अनेक स्वघोषित दावेदार है। जिन्हें इन्टरनेट (www.google.com, www.youtube.com) पर कल्कि अवतार (KALKI AVATAR)" सर्च कर देखा जा सकता है और मुझे और शास्त्र के विषय में लव कुश सिंह "विश्वमानव", सत्यकाशी, विश्वशास्त्र, विश्वमानव (LAVA KUSH SINGH "VISHWMANAV", SATYAKASHI, VISHWSHASTRA, VISHWMANAV) इत्यादि से पाया जा सकता है। उनमें से एक मैं भी हूँ-नाम, रूप, गुण, कर्म से योग्य और ऐसा कोई प्रमाण नहीं मिलता कि यह सब मेरे द्वारा इस जीवन में अर्जित किया गया है। इस शास्त्र के माध्यम से मैंने इसे सिद्ध किया है और जिसे समाज के मुझे जानने वाले देख भी रहे हैं। और मैं सत्य रूप में यही हूँ-मानो या न मानो या जब समझ में आये तभी से मानो या न भी मानो तो कम से कम व्यक्ति, देश व विश्व के विकास के लिए"विश्वशास्त्र" में कुछ उपयोगी हो तो ग्रहण कर लो, या जो समझ में आये वो करो। प्रत्येक विषय के दो पहलू होते हैं और वे एक दूसरे को पूर्णता प्रदान करते है।

अंधकार है तो प्रकाश है, मुद्रा (भारत में रूपया) जिसके पीछे मनुष्यों का सारा जीवन संघर्षमय रहता है वह भी दोनों तरफ से सत्य न हो तो बेकार होता है। इसी प्रकार साकार है तो निराकार है, निराकार है तो साकार है। चाहे तो मुझे साकार विश्वात्मा समझ सकते हो। कुछ नहीं समझ सकते तो शातिर अपराधी, भ्रष्टाचारी, आंतकवादी की तरह इस समस्त अस्तित्व के भोग के लिए योगमाया का प्रयोग करने वाला शातिर चालाक, बुद्धिमान और महत्वाकांक्षी तो समझ ही सकते हो, लेकिन कुछ न कुछ तो समझना ही पड़ेगा। क्योंकि कार्य रूप में यह "विश्वशास्त्र" आपके समक्ष है तो कारण को कुछ न कुछ तो नाम देना ही पड़ेगा। हम सभी श्रीराम और श्रीकृष्ण के होने न होने पर अन्तहीन तर्क व बहस प्रस्तुत कर सकते हैं परन्तु वाल्मिकि, महर्षि व्यास और गोस्वामी तुलसीदास के न होने पर पर तर्क नहीं दे सकते क्योंकि उनकी कृति क्रमशः श्रीरामायण, महाभारत और श्रीरामचरितमानस हमारे समक्ष उपस्थित है। इन कृतियों में उनके नायक उनसे अलग थे इसलिए नायक का होना, न होना तर्क का विषय था परन्तु इस "विश्वशास्त्र" का नायक और इसका रचनाकार मैं स्वयं हूँ। अब यह भी एकीकृत है।

अभी तक जितने अवतार हुये, उन्हें लोग उनके कर्म करके जाने के बाद ही जान पाये हैं। कल्कि अवतार एक ऐसा अन्तिम अवतार है जिसके कर्म पहले से ही निर्धारित है और समय इतना भ्रमित किया गया है कि कल्कि अवतार आ कर व अपना कार्य पूर्ण कर चले भी जायें तो भी समाज उनकी प्रतिक्षा ही करता रह जायेगा। बिना युद्ध के ही विजय प्राप्त करके जाने की सुविधा इस अन्तिम अवतार-कल्कि अवतार को प्राप्त होगी और वह समाज द्वारा तब जाना जायेगा जब उसके कर्म के उपयोग के बिना समस्याओं का हल और विकास सम्भव न होगा। ब्रह्माण्ड की समस्त गति गोलाकार होते हुये विकास क्रम तरंगाकार रूप में व्यक्त है। मनुष्य के सकारात्मक सोच की गति भी गोलाकार और विकास क्रम तरंगाकार रूप में ही है। "विश्वशास्त्र" वही गोलाकार चक्कर है जहाँ तक मनुष्य अपने तरंगाकार विकास क्रम की गति से इसमें ही अन्तिम गति करेगा। जब भी "स्व" या "जन" या "लोक" के "राज" या "तन्त्र" की सत्य स्थापना करनी होगी, उस समय बिना "विश्वशास्त्र" से मार्गदर्शन प्राप्त किये सम्भव नहीं हो सकेगा। तब "कल्कि अवतार" कौन है?, कौन था?, क्यों है?, क्यों था? जैसे विषयों का हल स्वयं ही प्राप्त हो जायेगा। 100 प्रतिशत साकार से साकार का युद्ध श्रीराम कर चुके है। 50-50 प्रतिशत साकार और निराकार का युद्ध श्रीकृष्ण कर चुके हैं। अब 100 प्रतिशत निराकार से निराकार का युद्ध का क्रम है और इस युद्ध से जो प्रकाशमय चिंगारी निकलेगी, उससे इस मार्ग की सूचना सभी को मिलेगी और मार्ग दिखाई देगा, जिसपर मानव अपनी ईश्वरीय मानव बनने की यात्रा प्रारम्भ करेंगें। यह युद्ध आवश्यक है क्योंकि अवतारों को पहचानना, जानना और मानना स्वयं मनुष्यों के भी वश की बात नहीं। इतनी आसानी से पहचानना, जानना और मानना हो जाता तो न रामायण होती, न महाभारत होता और न ही विश्वभारत समाहित यह"विश्वशास्त्र" होता। ध्यान देने के योग्य यह है कि-सत्य से कुछ भी नहीं छोड़ा जा सकता और सत्य के लिए सब कुछ त्यागा जा सकता है।

मुझे कभी भी ऐसा कोई खेल पसन्द नहीं था जिसमें बार-बार हार और जीत होती रहे। मैंने एक यही खेल खेला-एक बार हार या एक बार जीत जिसके लिए मैंने अपने जीवन के 20 वर्ष (सन् 1992-2012) सभी सांसारिक कर्म को करते हुये लगाये। जिसमें इस कार्य का मुख्य कार्यकाल अक्टुबर, 1995 से दिसम्बर, 2001 तक (शास्त्र का मूल सिद्धान्त का लेखन समय) तथा जुलाई, 2010 से दिसम्बर, 2012 तक रहा है। इस समय में हमारे हम उम्र परिचितों में से अनेक ने अच्छी नौकरी व अच्छा धन अर्जित कियें। उनको देखकर मुझे बहुत खुशी होती है। जब भी उन्हें यह पता चले कि मैंने यह कार्य किया है और उनका एक परिचित भी "अन्तिम अवतार" के ओलम्पिक खेल का एक प्रतिभागी है तो उन्हें भी खुशी होगी ऐसी आशा करता हूँ। बहुत से मेरे परिचित व्यक्ति जो मुझसे सिर्फ परिचित हैं और ऐसे परिचित जिन्हें इस शास्त्र के पूर्ण करने के समय तक भी, उनका कोई योगदान इस सकारात्मक श्रृंखला के योग्य नहीं हो सका इसका मुझे अत्यन्त दुःख है। मेरे अनेक शुभचिन्तक समय-समय पर मुझे अनेक जीवकोपार्जन के उपाय सुझाते रहे, जिससे मैं एक सुखमय जीवन प्राप्त कर सकूँ। मैं उनका सदैव आभारी हूँ परन्तु उनके सुझावों पर मैं कभी नहीं चल पाया इसका मुझे दुःख है। मैं"कल्कि अवतार" के योग्य हूँ या नहीं यह बाद की बात है लेकिन वर्तमान में इससे यह लाभ है कि समाज इस पद की योग्यता के लिए चर्चा व चिंतन अवश्य करेगा जिसका फल ज्ञान के विकास के रूप में समाज को प्राप्त होगा। मेरे विचार से"नेशनल साइबर ओलंपियाड

(NCO)", "नेशनल साइंस ओलंपियाड (NSO)", "इन्टरनेशनल मैंथमेंटिक्स ओलंपियाड (IMO)", "इन्टरनेशनल इंग्लिश ओलंपियाड (IEO)" की भाँति "विश्व कल्कि ओलंपियाड (WKO)" का भी आयोजन होना चाहिए जिससे इस विश्व के एकीकरण, शान्ति, एकता, स्थिरता, विकास, सुरक्षा, स्वस्थ लोकतन्त्र, स्वस्थ उद्योग व पूर्ण शिक्षा के लिए मस्तिष्क की खोज हो सके।

सभी मानव को ईश्वर रूप में स्थापित होने के लिए जो माध्यम चाहिए वह है- "सत्य शिक्षा" से मानव को शिक्षित करना। इस आवश्यकता हेतु ही"पुनर्निर्माण-सत्य शिक्षा का राष्ट्रीय तीव्र मार्ग (RENEW - Real Education National Expresas Way)" का कार्यक्रम बनाया गया है जिससे इस विषय को बिना शिक्षा पाठ्यक्रम बदले अलग से पूरक कें रूप में नागरिकों तक पहुँचाया जा सके। और भविष्य में शिक्षा पाठ्यक्रम में अनिवार्य रूप से अध्ययन के लिए शामिल कराया जा सके।

शास्त्र को पूर्ण करने के उपरान्त इसके गुणों के आधार पर धर्म और धर्मनिरपेक्ष एवं सर्वधर्मसमभाव क्षेत्र से अनेकों नाम निकलकर आये जो क्यों हैं, इसका भी स्पष्टीकरण इस शास्त्र में दिया गया है। फिर भी एक सर्वोच्च और सर्वमान्य नाम की आवश्यकता थी इसलिए इस शास्त्र का नाम"विश्वशास्त्र" रखा गया तथा एक संक्षिप्त वाक्य (Tag Line) के विचार पर पाँच वाक्य 1. "विश्व का अन्तिम ज्ञान (The final knowledge of world)", 2. "भारत का अन्तिम ज्ञान (The final knowledge of India)", 3. "ज्ञान का अन्त (The end of knowledge)", 4. "अन्तिम कार्य योजना का ज्ञान (The knowledge of final action plan)", 5. "अन्तिम ज्ञान का ज्ञान (The Knowledge of final knowledge)" और 6. "ज्ञान समकक्षीकरण (The knowledge Equalizer)" सामने आये। जिस पर "विश्वशास्त्र" के समीक्षक द्वय डॉ0 श्रीराम व्यास सिंह व डॉ0 कन्हैया लाल के विचारों से संक्षिप्त वाक्य "अन्तिम ज्ञान का ज्ञान (The Knowledge of final knowledge)" के लिए सहमति व्यक्त की गयी। इनके प्रति मैं आभारी हूँ।

प्रत्येक बच्चे की भाँति मैं भी एक बच्चे के रूप से ही इस अवस्था तक आया हूँ। बस आप में और मुझमें यह अन्तर है कि मैं अपने बचपन से स्वयं को महान समझता था जो आप भी थे। इस महानता को मैंने कभी नहीं भूला। यह अलग बात है कि उसे सिद्ध करने में इतने वर्ष लग गये परन्तु आप लोग भी महान हैं यह बात आप लोग भूल गये और न ही उसे सिद्ध करने की कोशिश की। जो धर्म की रक्षा करने के लिए स्वयं को कठिन परिस्थितियों में डालता है या कठिन परिस्थितियों में भी धर्म को नहीं भूलता ईश्वर और धर्म उन्हीं में अवतरित होता है। जिस प्रकार आप अपने परिवार के संरक्षण, व्यवस्था और विकास के लिए सजग रहकर कर्म करते हैं उसी प्रकार मैं भी अपने विश्व परिवार के लिए सदैव सजग रहकर प्रत्येक युग में कर्म करता रहा हूँ। आपका व्यक्तिगत परिवार, हमारे विश्व परिवार की इकाई है, इसलिए यह न सोचे कि यह कार्य आपके लिए नहीं हुआ है।

हमें आशा ही नहीं पूर्ण विश्वास है कि आप भी उस मन स्तर और व्यापक हृदय पर स्थित होकर ही इस शास्त्र का अध्ययन, चितंन व मनन करेंगें जिससे आपका मस्तिष्क पूर्णता को प्राप्त हो सके। आपका मस्तिष्क पूर्णता को प्राप्त करे और इस सुन्दर संसार को और भी सुन्दर बनाने के लिए शारीरिक, आर्थिक और मानसिक रूप से सक्रिय हों, यही सबसे बड़ा धर्म और धार्मिक कार्य होगा। अन्त में-

माँफ करना ऐ भारत, मंजिल पर आया हूँ थोड़ी देर से।
मोहब्बत पड़ावो को भी थी, हक उनका अदा करना था।

-लव कुश सिंह "विश्वमानव"
आविष्कारकर्ता-मन (मानव संसाधन) का विश्व मानक एवं पूर्ण मानव निर्माण की तकनीकी
अगला दावेदार-भारत सरकार का सर्वोच्च नागरिक सम्मान -"भारत रत्न"

"विश्वशास्त्र": शास्त्र-साहित्य समीक्षा

वीर युग के श्रीराम जो एक सत्य और मर्यादा के विग्रह, आदर्श पुत्र, आदर्श पति, पिता थे। वे भी हमारी तरह भौतिक शरीर वाले ही मनुष्य थे। भगवान श्रीकृष्ण जिन्होंने "मैं, अनासक्त कर्म और ज्ञान योग", स्वामी विवेकानन्द जिन्होंने "विश्व धर्म के लिए वेदान्त की व्यावहारिकता", शंकराचार्य जिन्होंने "मैं और शिव", महावीर जिन्होंने "निर्वाण", गुरू नानक जिन्होंने "शब्द शक्ति", मुहम्मद पैगम्बर जिन्होंने "प्रेम और एकता", ईसामसीह जिन्होंने "प्रेम और सेवा", भगवान बुद्ध जिन्होंने "स्वयं के द्वारा मुक्ति, अहिंसा और ध्यान" जैसे विषयों को इस ब्रह्माण्ड के विकास के लिए अदृश्य ज्ञान को दृश्य रूप में परिवर्तित किये, वे सभी हमारी तरह भौतिक शरीर वाले ही थे। अन्य प्राचीन ऋषि-मुनि गण, गोरख, कबीर, श्रीरामश्रीकृष्ण परमहंस, महर्षि अरविन्द, स्वामी दयानन्द सरस्वती, आचार्य रजनीश "ओशो", महर्षि महेश योगी, बाबा श्रीरामदेव इत्यादि स्वतन्त्रता आन्दोलन में रानी लक्ष्मी बाई, भगत सिंह, सुभाष चन्द्र बोस, लोकमान्य तिलक, सरदार पटेल, महात्मा गाँधी, पं0 जवाहर लाल नेहरू इत्यादि। स्वतन्त्र भारत में डॉ0 राजेन्द्र प्रसाद, डॉ0 भीमराव अम्बेडकर, श्रीमती इन्दिरा गांधी, लाल बहादुर शास्त्री, राजीव गांधी, अटल बिहारी वाजपेयी इत्यादि और अन्य जिन्हें हम यहाँ लिख नहीं पा रहे है। और वे भी जो अपनी पहचान न दे पाये लेकिन इस ब्रह्माण्डीय विकास में उनका योगदान अवश्य मूल रूप से है, वे सभी हमारी तरह भौतिक शरीर युक्त ही थे या हैं। फिर क्या था कि वे सभी आपस में विशेषीकृत और सामान्यीकृत महत्ता के वर्ग में बाँटे जा सकते हैं या बाँटे गये हैं? उपरोक्त महापुरूषों के ही समय में अन्य समतुल्य भौतिक शरीर भी थे। फिर वे क्यों नहीं उपरोक्त महत्ता की श्रृंखला में व्यक्त हुये?

उपरोक्त प्रश्न जब भारतीय दर्शन शास्त्र से किया जाता है। तो साख्य दर्शन कहता है-प्रकृति से, वैशेषिक दर्शन कहता है-काल अर्थात् समय से, मीमांसा दर्शन कहता है-कर्म से, योग दर्शन कहता है-पुरूषार्थ से, न्याय दर्शन कहता है-परमाणु से, वेदान्त दर्शन कहता है-ब्रह्म से, कारण एक हो, अनेक हो या सम्पूर्ण हो, उत्तर यह है- अंतः शक्ति और बाह्य शक्ति से। भारतीय स्वतन्त्रता आन्दोलन में कुछ लोगों ने बाह्य शक्ति का प्रयोग किया तो कुछ लोगों ने बाह्य शक्ति प्रयोगकर्ता के लिए आत्म शक्ति बनकर अन्तः शक्ति का प्रयोग किया। अन्तः शक्ति ही आत्म शक्ति है। यह आत्मशक्ति ही व्यक्ति की सम्पूर्ण शक्ति होती है। इस अन्तः शक्ति का मूल कारण सत्य-धर्म-ज्ञान है अर्थात् एकात्म ज्ञान, एकात्म कर्म और एकात्म ध्यान। एकात्म ध्यान न हो तो एकात्म ज्ञान और एकात्म कर्म स्थायित्व प्राप्त नहीं कर पाता। यदि सुभाष चन्द्र बोस, भगत सिंह इत्यादि बाह्य जगत के क्रान्तिकारी थे तो स्वामी विवेकानन्द, स्वामी दयानन्द सरस्वती, महर्षि अरविन्द अन्तः जगत के क्रान्तिकारी थे।

स्वामी विवेकानन्द मात्र केवल भारत की स्वतंत्रता की आत्म शक्ति ही नहीं थे बल्कि उन्होंने जो दो मुख्य कार्य किये वे हैं-स्वतन्त्र भारत की व्यवस्था पर सत्य दृष्टि और भारतीय प्राच्य भाव या हिन्दू भाव या वेदान्तिक भाव का विश्व में प्रचार सहित शिव भाव से जीव सेवा। ये दो कार्य ही भारत की महानता तथा विश्व गुरू पद पर सार्वजनिक प्रमाणित दृश्य रूप से पीठासीन होने के आधार है। वेदान्तिक भाव और शिव भाव से जीव सेवा तो वर्तमान में उनके द्वारा स्थापित"राम कृष्ण मिशन" की विश्वव्यापी शाखाओं द्वारा पिछले 110 वर्षों से मानव जाति को सरोबार कर रहा है। वहीं भारत की व्यवस्था पर सत्य दृष्टि आज भी मात्र उनकी वाणियों तक ही सीमित रह गयी। उसका मूल कारण सत्य-धर्म-ज्ञान आधारित भारत, जिस धर्म को विभिन्न मार्गों से समझाने के लिए विभिन्न अर्थ युक्त प्रक्षेपण जैसे मूर्ति, पौराणिक कथाओं इत्यादि को प्रक्षेपित किया था, आज भारत स्वयं उस अपनी ही कृति को सत्य मानकर उस धर्म और सत्य-सिद्धान्त से बहुत दूर निकल आया। परिणाम यहाँ तक पहुँच गया कि जो हिन्दू धर्म समग्र संसार को अपने में समाहित कर लेने की व्यापकता रखता था, वह संकीर्ण मूर्तियों तथा दूसरे ध र्मों, पंथो के विरोध और तिरस्कार तक सीमीत हो गया। यह उसी प्रकार हो गया जैसे वर्तमान पदार्थ विज्ञान और तकनीकी से उत्पन्न सामान्य उपकरण पंखा, रेडियो, टेलीविजन इत्यादि को आविष्कृत करने वाले इसे ही सत्य मान लें और इन सब को क्रियाशील रखने वाले सिद्धान्त को भूला दे। लेकिन क्या भारत का वह धर्म-सत्य-सिद्धान्त अदृश्य हो

जायेगा। तब तो भारत का अस्तित्व ही समाप्त हो जायेगा। लेकिन भारत का इतिहास साक्षी है कि भारत में कभी भी ऐसे महापुरूषों का अभाव नहीं रहा जिनमें सम्पूर्ण विश्व को हिला देने वाली आध्यात्मिक शक्ति का अभाव रहा हो और मात्र यही तपोभूमि भारत की अमरता का मूल रहा है। जिस पर भारतीयांे को गर्व रहा है।

वर्तमान समय में भारत को पुनः और अन्तिम कार्य से युक्त ऐसे महापुरूष की आवश्यकता थी जो न तो राज्य क्षेत्र का हो, न ही धर्म क्षेत्र का। कारण दोनों क्षेत्र के व्यक्ति अपनी बौद्धिक क्षमता का सर्वोच्च और अन्तिम प्रदर्शन कर चुके है जिसमें सत्य को यथारूप आविष्कृत कर प्रस्तुत करने, उसे भारतभूमि से प्रसारित करने, अद्वैत वेदान्त को अपने ज्ञान बुद्धि से स्थापित करने, दर्शनों के स्तर को व्यक्त करने, धार्मिक विचारों को विस्तृत विश्वव्यापक और असीम करने, मानव जाति का आध्यात्मिकरण करने, धर्म को यथार्थ कर सम्पूर्ण मानव जीवन में प्रवेश कराने, आध्यात्मिक स्वतन्त्रता अर्थात् मुक्ति का मार्ग दिखाने, सभी धर्मो से समन्वय करने, मानव को सभी धर्मशास्त्रों से उपर उठाने, दृश्य कार्य-कारणवाद को व्यक्त करने, आध्यात्मिक विचारों की बाढ़ लाने, वेदान्त युक्त पाश्चात्य विज्ञान को प्रस्तुत करने और उसे घरेलू जीवन में परिणत करने, भारत के आमूल परिवर्तन के सूत्र प्रस्तुत करने, युवकों को गम्भीर बनाने, आत्मशक्ति से पुनरूत्थान करने, प्रचण्ड रजस की भावना से ओत प्रोत और प्राणो तक की चिन्ता न करने वाले और सत्य आधारित राजनीति करने की संयुक्त शक्ति से युक्त होकर व्यक्त हो और कहे कि जिस प्रकार मैं भारत का हूँ उसी प्रकार मैं समग्र जगत का भी हूँ। उपरोक्त समस्त कार्यों से युक्त हमारी तरह ही भौतिक शरीर से युक्त विश्वधर्म, सार्वभौमधर्म, एकात्म ज्ञान, एकात्म कर्म, एकात्म ध्यान, कर्मवेद: प्रथम, अन्तिम तथा पंचमवेद (धर्मयुक्त शास्त्र) अर्थात् विश्वमानक शून्य श्रृंखला-मन की गुणवत्ता का विश्वमानक (धर्मनिरपेक्ष और सर्वधर्मसमभाव शास्त्र), सत्य मानक शिक्षा, पूर्ण मानव निर्माण की तकनीकी- WCM-TLM-SHYAM.C भारतीय आध्यात्म एवं दर्शन आधारित स्वदेशी विपणन प्रणाली 3-एफ (3-F: Fuel-Fire-Fuel) विकास दर्शन, विश्व व्यवस्था का न्यूनतम एवं अधिकतम साझा कार्यक्रम, 21वीं शदी का कार्यक्रम और पूर्ण शिक्षा प्रणाली, विवाद मुक्त तन्त्रों पर आधारित संविधान, निर्माण का आध्यात्मिक न्यूटान बम से युक्त भगवान विष्णु के मुख्य अवतारों में दसवाँ-अन्तिम और कुल 24 अवतारों में चैबीसवाँ-अन्तिम निष्कलंक कल्कि और भगवान शंकर के बाइसवें-अन्तिम भोगेश्वर अवतार के संयुक्त पूर्णावतार श्री लव कुश सिंह"विश्वमानव" (स्वामी विवेकानन्द की अगली एवं पूर्ण ब्रह्म की अन्तिम कड़ी), स्व प्रकाशित व सार्वभौम गुण से युक्त 8वें सांवर्णि मनु, काल को परिभाषित करने के कारण काल रूप, युग को परिभाषित व परिवर्तन के कारण युग परिवर्तक, शास्त्र रचना के कारण व्यास के रूप में व्यक्त हैं जो स्वामी विवेकानन्द के अधूरे कार्य स्वतन्त्र भारत की सत्य व्यवस्था को पूर्ण रूप से पूर्ण करते हुये भारत के इतिहास की पुनरावृत्ति है जिस पर सदैव भारतीयों को गर्व रहेगा। उस अनिर्वचनीय, सर्वव्यापक, सर्वशक्तिमान, मुक्त एवं बद्ध विश्वात्मा के भारत में व्यक्त होने की प्रतीक्षा भारतवासियो को रही है। जिसमें सभी धर्म, सर्वोच्च ज्ञान, सर्वोच्च कर्म, सार्वभौम सत्य-सिद्धान्त इत्यादि सम्पूर्ण सार्वजनिक प्रमाणित व्यक्त दृश्य रूप से मोतियों की भाँति गूथें हुये हैं।

इस प्रकार भारत अपने शारीरिक स्वतन्त्रता व संविधान के लागू होने के उपरान्त वर्तमान समय में जिस कत्त्रव्य और दायित्व का बोध कर रहा है। भारतीय संसद अर्थात् विश्वमन संसद जिस सार्वभौम सत्य या सार्वजनिक सत्य की खोज करने के लिए लोकतन्त्र के रूप में व्यक्त हुआ है। जिससे स्वस्थ लोकतंत्र, स्वस्थ समाज, स्वस्थ उद्योग और पूर्ण मानव की प्राप्ति हो सकती है, उस ज्ञान से युक्त विश्वात्मा श्री लव कुश सिंह"विश्वमानव" वैश्विक व राष्ट्रीय बौद्धिक क्षमता के सर्वोच्च और अन्तिम प्रतीक के रूप में व्यक्त हैं।

निःशब्द, आश्चर्य, चमत्कार, अविश्वसनीय, प्रकाशमय इत्यादि ऐसे ही शब्द इस शास्त्र और शास्त्राकार के लिए व्यक्त हो सकते हैं। विश्व के हजारो विश्वविद्यालय जिस पूर्ण सकारात्मक एवम् एकीकरण के विश्वस्तरीय शोध को न कर पाये, वह एक ही व्यक्ति ने पूर्ण कर दिखाया हो उसे कैसे-कैसे शब्दों से व्यक्त किया जाये, यह सोच पाना और उसे व्यक्त कर पाना निःशब्द होने के सिवाय कुछ नहीं है।

सन् 1987 से डॉ0 श्रीराम व्यास सिंह और सन् 1998 से मैं डॉ0 कन्हैया लाल इस शास्त्र के शास्त्राकार श्री लव कुश सिंह"विश्वमानव" से परिचित होकर वर्तमान तक सदैव सम्पर्क में रहे परन्तु"कुछ अच्छा किया जा रहा है"

के अलावा बहुत अधिक व्याख्या उन्होंने कभी नहीं की। और अन्त में कभी भी बिना इस शास्त्र की एक झलक भी दिखाये एका-एक समीक्षा हेतु हम दोनों के समक्ष यह शास्त्र प्रस्तुत कर दिया जाये तो इससे बड़ा आश्चर्य क्या हो सकता है।

जो व्यक्ति कभी किसी वर्तमान गुरू के शरणागत होने की आवश्यकता न समझा, जिसका कोई शरीरधारी प्रेरणा स्रोत न हो, किसी धार्मिक व राजनीतिक समूह का सदस्य न हो, इस कार्य से सम्बन्धित कभी सार्वजनिक रूप से समाज में व्यक्त न हुआ हो, जिस विषय का आविष्कार किया गया, वह उसके जीवन का शैक्षणिक विषय न रहा हो, 50 वर्ष के अपने वर्तमान अवस्था तक एक साथ कभी भी 50 लोगों से भी न मिला हो, यहाँ तक कि उसको इस रूप में 50 आदमी भी न जानते हों, यदि जानते भी हो तो पहचानते न हों और जो पहचानते हों वे इस रूप को जानते न हों, वह अचानक इस शास्त्र को प्रस्तुत कर दें तो इससे बडा चमत्कार क्या हो सकता है।

जिस व्यक्ति का जीवन, शैक्षणिक योग्यता और कर्मरूप यह शास्त्र तीनों का कोई सम्बन्ध न हो अर्थात् तीनों तीन व्यक्तित्व का प्रतिनिधित्व करते हों, इससे बड़ी अविश्वसनीय स्थिति क्या हो सकती है।

प्रस्तुत शास्त्र में जन्म-जीवन-पुनर्जन्म-अवतार-साकार ईश्वर-निराकार ईश्वर, अदृश्य और दृश्य ईश्वर नाम, मानसिक मृत्यु व जन्म, भूत-वर्तमान-भविष्य, शिक्षा व पूर्ण शिक्षा, संविधान व विश्व संविधान, ग्राम सरकार व विश्व सरकार, विश्व शान्ति व एकता, स्थिरता व व्यापार, विचारधारा व क्रियाकलाप, त्याग और भोग, राधा और धारा, प्रकृति और अहंकार, कत्तव्य और अधिकार, राजनीति व विश्व राजनीति, व्यक्ति और वैश्विक व्यक्ति, मानवतावाद व एकात्मकर्मवाद, नायक-शास्त्राकार-आत्मकथा, महाभारत और विश्वभारत, जाति और समाजनीति, मन और मन का विश्वमानक, मानव और पूर्ण मानव एवं पूर्ण मानव निर्माण की तकनीकी, आॅकड़ा व सूचना और विश्लेषण, शास्त्र और पुराण इत्यादि अनेकों विषय इस प्रकार घुले हुये हैं जिन्हें अलग कर पाना कठिन कार्य है और इससे बड़ा प्रकाशमय शास्त्र क्या हो सकता है। जिसमें एक ही शास्त्र द्वारा सम्पूर्ण ज्ञान स्वप्रेरित होकर प्राप्त किया जा सके। इस व्यस्त जीवन में कम समय में पूर्ण ज्ञान प्राप्त करने का इससे सर्वोच्च शास्त्र की कल्पना भी नहीं की जा सकती। इस शास्त्र के अध्ययन से यह अनुभव होता हे कि वर्तमान तक के उपलब्ध धर्मशास्त्र कितने सीमित व अल्प ज्ञान देने वाले हैं परन्तु वे इस शास्त्र तक पहुँचने के लिए एक चरण के पूर्ण योग्य हैं और सदैव रहेगें।

इस शास्त्र में अनेक ऐसे विचार हैं जिसपर अहिंसक विश्वव्यापी राजनीतिक भूकम्प लायी जा सकती है तथा अनेक ऐसे विचार है जिसपर व्यापक व्यापार भी किया जा सकता है। इस आधार पर अपने जीवन के समय में अर्जित विश्व के सबसे धनी व्यक्ति विल गेट्स की पुस्तक "बिजनेस @ द स्पीड आफ थाट (विचार की गति व्यापार की गति के अनुसार चलती है) " का विचार सत्य रूप में दिखता है। और यह कोई नई घटना नहीं है। सदैव ऐसा होता रहा है कि एक नई विचारधारा से व्यापक व्यापार जन्म लेता रहा है जिसका उदाहरण पुराण, श्रीराम, श्रीकृष्ण इत्यादि के व्यक्त होने की घटना है।"महाभारत" टी.वी. सीरीयल के बाद अब"विश्वभारत" टी.वी. सीरीयल निर्माण हेतु भी यह शास्त्र मार्ग खोलता है। शास्त्र को जिस दृष्टि से देखा जाय उस दृष्टि से पूर्ण सत्य दिखता है। विश्वविद्यालयों के लिए यह अलग फैकल्टी या स्वयं एक विश्वविद्यालय के संचालन के लिए उपयुक्त है तो जनता व जनसंगठन के लिए जनहित याचिका 1. पूर्ण शिक्षा का अधिकार 2.राष्ट्रीय शास्त्र 3. नागरिक मन निर्माण का मानक 4. सार्वजनिक प्रमाणित सत्य-सिद्धान्त 5. गणराज्य का सत्य रूप के माध्यम से सर्वोच्च कार्य करने का भी अवसर देता है। भारत में "शिक्षा के अधिकार अधिनियम" के उपरान्त "पूर्ण शिक्षा के अधिकार अधिनियम" को भी जन्म देने में पूर्णतया सक्षम है। साथ ही जब तक शिक्षा पाठ्यक्रम नहीं बदलता तब तक पूर्ण ज्ञान हेतु पूरक पुस्तक के रूप में यह बिल्कुल सत्य है। यह उसी प्रकार है जिस प्रकार शारीरिक आवश्यकता के लिए व्यक्ति संतुलित विटामिन-मिनरल से युक्त दवा भोजन के अलावा लेता है।

प्रस्तुत एक ही शास्त्र द्वारा पृथ्वी के मनुष्यों के अनन्त मानसिक समस्याओं का हल जिस प्रकार प्राप्त हुआ है उसका सही मूल्यांकन सिर्फ यह है कि यह विश्व के पुनर्जन्म का अध्याय और युग परिवर्तन का सिद्धान्त है जिससे यह विश्व एक सत्य विचारधारा पर आधारित होकर एकीकृत शक्ति से मनुष्य के अनन्त विकास के लिए मार्ग

खोलता है और यह विश्व अनन्त पथ पर चलने के लिए नया जीवन ग्रहण करता है। शास्त्र अध्ययन के उपरान्त ऐसा अनुभव होता है कि इसमें जो कुछ भी है वह तो पहले से ही है बस उसे संगठित रूप दिया गया है और एक नई दृष्टि दी गई है जिससे सभी को सब कुछ समझने की दृष्टि प्राप्त होती है। युग परिवर्तन और व्यवस्था परिवर्तन या सत्यीकरण के इस शास्त्र में पाँच संख्या का महत्वपूर्ण योगदान है जैसे 5 अध्याय, 5 भाग, 5 उपभाग, 5 लेख, 5 विश्वमानक की श्रृंखला, 5वां वेद, 5 जनहित याचिका इत्यदि, जो हिन्दू धर्म के अनुसार महादेव शिवशंकर के दिव्य पंचमुखी रूप से भी सम्बन्धित है और यह ज्ञान उन्हीं का माना जाता है। इस को तीसरे नेत्र की दृष्टि कह सकते हैं और इस घटना को तीसरे नेत्र का खुलना। हमारे सौरमण्डल के 5वें सबसे बड़े ग्रह पृथ्वी के लिए यह एक आश्चर्यजनक घटना भी है। 5वें युग-स्वर्णयुग में प्रवेश के लिए यह ज्ञानरूपी 5वां सूर्य भी है जिसमें अनन्त प्रकाश है। शास्त्र में नामों का अपने सत्य अर्थ में प्रयोग और योग-माया का आद्वितीय है और उसकी समझ अनेक दिशाओं से उसके अगली कड़ी के रूप में है। साथ ही एक शब्द भी आलोचना या विरोध का नहीं है। सिर्फ समन्वय, स्पष्टीकरण, रचनात्मकता व एकात्मकर्मवाद का दिशा बोध है और सम्पूर्ण कार्य का अधिकतम कार्य व रचना क्षेत्र समाज के जन्मदाता भगवान विष्णु के पाँचवें वामन अवतार के क्षेत्र चुनार (चरणाद्रिगढ़) से ही व्यक्त है।

संयुक्त राष्ट्र संघ द्वारा दि0 28-31 अगस्त 2000 को न्यूयार्क में आयोजित धार्मिक नेताओं के सहस्त्राब्दि विश्व शान्ति सम्मेलन में लिए गये निर्णय“विश्व में एक धर्म, एक भाषा, एक वेश भूषा, एक खान पान, एक रहन-सहन पद्धति, एक शिक्षा पद्धति, एक कोर्ट, एक न्याय व्यवस्था, एक अर्थ व्यवस्था लागू की जाय” के अधिकतम अंशों की पूर्ति के लिए यह मार्ग प्रशस्त करता है। भारत के लिए एक राष्ट्रीय ध्वज (तिरंगा), एक राष्ट्रीय पक्षी (भारतीय मोर), एक राष्ट्रीय पुष्प (कमल), एक राष्ट्रीय पेड़ (भारतीय बरगद), एक राष्ट्रीय गान (जन गण मन), एक राष्ट्रीय नदी (गंगा), एक राष्ट्रीय जलीय जीव (मीठे पानी की डालफिन), एक राष्ट्रीय प्रतीक (सारनाथ स्थित अशोक स्तम्भ का सिंह), एक राष्ट्रीय पंचांग (शक संवत पर आधारित), एक राष्ट्रीय पशु (बाघ), एक राष्ट्रीय गीत (वन्दे मातरम्), एक राष्ट्रीय फल (आम), एक राष्ट्रीय खेल (हाकी), एक राष्ट्रीय मुद्रा चिन्ह, एक संविधान की भाँति एक राष्ट्रीय शास्त्र के लिए यह पूर्णतया योग्य है। इतना ही नहीं एक राष्ट्रपिता (महात्मा गाँधी) की भाँति एक राष्ट्रपुत्र के लिए निष्पक्षता और योग्यता के साथ स्वामी विवेकानन्द को भी देश के समक्ष प्रस्तावित करता है साथ ही आरक्षण व दण्ड प्रणाली में शारीरिक, आर्थिक व मानसिक आधार को भी प्रस्तावित करता है।

श्री लव कुश सिंह “विश्वमानव” का यह मानसिक कार्य इस स्थिति तक योग्यता रखता है कि वैश्विक सामाजिक-सांस्कृतिक-साहित्यिक एकीकरण सहित विश्व एकता-शान्ति-स्थिरता-विकास के लिए जो भी कार्य योजना हो उसे देश व संयुक्त राष्ट्र संघ अपने शासकीय कानून के अनुसार आसानी से प्राप्त कर सकता है। और ऐसे आविष्कारकर्ता को इन सबसे सम्बन्धित विभिन्न पुरस्कारों, सम्मानों व उपाधियों से बिना विलम्ब किये सुशोभित किया जाना चाहिए। यदि यथार्थ रूप से देखा जाये तो विश्व का सर्वोच्च पुरस्कार-नोबेल पुरस्कार के शान्ति व साहित्य क्षेत्र के पूर्ण रूप से यह योग्य है। साथ ही भारत देश के भारत रत्न से किसी भी मायने में कम नहीं है।

कर्म के शारीरिक, आर्थिक व मानसिक क्षेत्र में यह मानसिक कर्म का यह सर्वोच्च और अन्तिम कृति है। भविष्य में यह विश्व-राष्ट्र शास्त्र साहित्य और एक विश्व-राष्ट्र-ईश्वर का स्थान ग्रहण कर ले तो कोई आश्चर्य की बात नहीं होगी। इस शास्त्र की भाषा शैली मस्तिष्क को व्यापक करते हुये क्रियात्मक और व्यक्ति सहित विश्व के धारण करने योग्य ही नहीं बल्कि हम उसमें ही जीवन जी रहें हैं ऐसा अनुभव कराने वाली है। न कि मात्र भूतकाल व वर्तमान का स्पष्टीकरण व व्याख्या कर केवल पुस्तक लिख देने की खुजलाहट दूर करने वाली है। वर्तमान और भविष्य के एकीकृत विश्व के स्थापना स्तर तक के लिए कार्य योजना का इसमें स्पष्ट झलक है।

देशों के बीच युद्ध में मारे गये सैनिकों को प्रत्येक देश अपने-अपने सैनिकों को शहीद और देशभक्त कहते हैं। इस देश भक्ति की सीमा उनके अपने देश की सीमा तक होती है। भारत में भी यही होता है। भारत को नये युग के आरम्भ के लिए विश्व के प्रति कत्र्तव्य व दायित्व का बोध कराते हुये उसके प्राप्ति के संवैधानिक मार्ग को भी दिखाता है। साथ ही भारत देश के लिए देशभक्त सहित विश्व राष्ट्र के लिए विश्व भक्त का बेमिसाल, सर्वोच्च, अन्तिम, अहिंसक और संविधान की धारा-51(ए) के अन्तर्गत नागरिक का मौलिक कत्र्तव्य के अनुसार भी एक सत्य

और आदर्श नागरिक के रूप में स्वयं को प्रस्तुत करता है। वर्षों से भारत के दूरदर्शन के राष्ट्रीय चैनल पर राष्ट्रीय विभिन्नताओं में एकता और एकीकरण का भाव जगाने वाले गीत"मिले सुर मेरा तुम्हारा तो सुर बने हमारा" का यह शास्त्र प्रत्यक्ष रूप है और हमारा सुर ही है। साथ ही यह भारत सहित विश्व का प्रतिनिधि शास्त्र भी है। जिस प्रकार व्यापारीगण अपने लाभ-हानि का वार्षिक बैलेन्स सीट तैयार करवाते हैं उसी प्रकार यह धर्म का अन्तिम बैलेन्स सीट हैं। जिससे सम्पूर्ण मानव जाति का मन इस पृथ्वी से बाहर स्थित हो सके और मनुष्यों द्वारा इस विश्व में हो रहे सम्पूर्ण व्यापार को समझ सकें और फिर उनमें से किसी एक का हिस्सा बनकर व्यापार कर सकें।

हमारे सभी ज्ञान का आधार अनुभव, दूसरों से जानना और पुस्तक द्वारा, पर ही आधारित हैं और मनुष्य नामक इस जीव के अलावा किसी जीव ने पुस्तक नहीं लिखा है। सूक्ष्म दृष्टि से चिन्तन करने पर यह ज्ञान होता है कि सभी धर्मो की कथा केवल हम पुस्तकों और दूसरे से सुनकर ही जानते हैं। उसका कोई प्रमाणिक व्यक्ति गवाह के रूप में हमारे बीच नहीं है। नया शास्त्र और अवतार के अवतरण को भी एक लम्बी अवधि निकल चुकी है। हम सभी ज्ञान के खोज के लिए स्वतन्त्र हैं। लेकिन यदि हम अब तक क्या खोजा जा चुका है इसे न जाने तो ऐसा हो सकता है कि खोजने के उपरान्त ज्ञात हो कि यह तो खोजा जा चुका है और हमारा समय नष्ट हो चुका है। इसलिए यह शास्त्र एक साथ सभी आकड़ों को उपलब्ध कराता है जिससे खोज में लगे व्यक्ति पहले यह जानें कि क्या-क्या खोजा जा चुका है। शास्त्र का यह दावा कि यह अन्तिम है, यह तभी सम्भव है जब इसमें उपलब्ध ज्ञान व आॅकड़ों को जानकर आगे हम सभी एकात्मता के लिए नया कुछ नहीं खोज पाते हैं। और ऐसा लगता है कि शास्त्र का दावा सत्य है। शास्त्र किसी व्यवस्था परिवर्तन की बात कम, व्यवस्था के सत्यीकरण के पक्ष में अधिक है। शास्त्र मानने वाली बात पर कम बल्कि जानने और ऐसी सम्भावनाओं पर अधिक केन्द्रित है जो सम्भव है और बोधगम्य है। शास्त्र द्वारा शब्दों की रक्षा और उसका बखूबी से प्रयोग बेमिसाल है। ज्ञान को विज्ञान की शैली में प्रस्तुत करने की विशेष शैली प्रयुक्त है। मन पर कार्य करते हुये, इतने अधिक मनस्तरों को यह स्पर्श करता है जिसको निर्धारित कर पाना असम्भव है। और जीवनदायिनी शास्त्र के रूप में योग्य है।

सम्पूर्ण शास्त्र का संगठन एक सिनेमा की तरह प्रारम्भ होता है जो ब्लैक होल से ब्रह्माण्ड की उत्पत्ति, सौर मण्डल, पृथ्वी ग्रह से होते हुये पृथ्वी पर होने वाले व्यापार, मानवता के लिए कर्म करने वाले अवतार, धर्म की उत्पत्ति से होते हुये धर्म ज्ञान के अन्त तक का चित्रण प्रस्तुत करता है। पूर्ण ज्ञान के लिए इस पूरे सिनेमा रूपी शास्त्र को देखना पड़ेगा। जिस प्रकार सिनेमा के किसी एक अंश को देखने पर पूरी कहानी नहीं समझी जा सकती उसी प्रकार इसके किसी एक अंश से पूर्ण ज्ञान नहीं हो सकता।

श्री लव कुश सिह "विश्वमानव" के जीवन का एक लम्बी अवधि हम समीक्षक द्वय के सामने रही है। जिसमें हम लोगों ने अनेकों रंग देखें हैं। सभी कुछ सामने होते हुये सिर्फ एक ही बात स्पष्ट होती है कि इस धरती पर यह शास्त्र उपलब्ध कराने और धर्म को अपने जीवन से दिखाने मात्र के लिए ही उनका जन्म हुआ है। जिससे विश्व की बुद्धि का रूका चक्र आगे चलने के लिए गतिशील हो सके। स्वामी विवेकानन्द के 1893 में दिये गये शिकागो वक्तता के विचार को स्थापना तक के लिए प्रकिया प्रस्तुत करना ही जैसे उनके जीवन का उद्देश्य रहा हो। स्वयं को अन्तिम अवतार के सम्बन्ध में नाम, रूप, जन्म, ज्ञान, कर्म कारण द्वारा प्रस्तुत करने का उनका दावा इतने अधिक आकड़ों के साथ प्रस्तुत है कि जिसका किसी और के द्वारा या दूसरा उदाहरण की पुनरावृत्ति हो पाना भी असम्भव सा दिखता है। यह प्रस्तुतिकरण इतना शक्तिशाली है कि जैसे उनके जन्म के साथ ही योग-माया भी उनमें समाहित हैं।

ऐसा नहीं है कि श्री लव कुश सिह"विश्वमानव" ने यह कार्य बस यूँ ही प्रारम्भ किया और बिना किसी बाधा के उसे पूर्ण कर दिया। यह एक विचित्रता भरे, त्याग और अति संकल्प युक्त जीवन का परिणाम रहा है जिसमें एक साधारण मनुष्य टूटने के सिवा और कुछ परिणाम नहीं दे सकता था। उनके जीवन को इस एक लघु कथा से समझा जा सकता है- "मैं भी संसार को सुबास दूँगा, यह संकल्प कर एक नन्हा सा पुष्पबीज धरती को गोद में अपने शिव संकल्प के साथ करवट बदल रहा था। धरती उसके बौनेपन पर हँस पड़ी और बोली- "बावले, तू मेरा भार सहन कर जाये, यही बहुत है। कल्पना लोक की मृग मरीचिका में तू कबसे फँस गया?" पुष्पबीज मुस्कराया, पर कुछ नहीं

बोला। मृत्तिका कणों व जल की कुछ बूँदों के सहयोग से वह ऊपर उठने लगा। जमीन पर उगी हुई टहनी को देखकर वायु ने अट्टास किया-"अरे अबोध पौधे, तूने मेरा विकराल रूप नहीं देखा। मेरे प्रचण्ड वेग के आगे तो बड़े-बड़े वृक्ष उखड़ जाते हैं, फिर तेरी औकात ही क्या हैं? " फूल का वह पौधा अभी भी विनम्र बना रहा। वायु के वेग में वह कभी दायें झुका तो कभी बाँए। लहराना उसके जीवन की मस्ती बन गई। इस तरह वह धीरे-धीरे विकसित होता रहा। उपवन में उगे झाड़-झंखाड़ से भी उस नन्हें पौधे का बढ़ना नहीं देखा गया। ऐसी झाड़ियों से सारा उद्यान भरा पड़ा था। उन्होंने चारो ओर से पुष्प-वृक्ष पर आघात करना आरम्भ कर दिया। किसी ने उसकी जड़ों को आगे बढ़ने से रोका, किसी ने तने को, तो किसी ने उसके पत्तों को उजाड़ने की साजिश की, पर उस पौधे ने हिम्मत नहीं हारी और वह तमाम दिक्कतें झेलने के बाद भी बढ़ता रहा। माली उसकी धुन पर मुग्ध हो उठा और उसने विघ्न डालने वाली तमाम झाड़ियों को काट गिराया। अब वह पौधा तेजी से बढ़ने लगा। उसे ऊपर उठता देख सूर्य कुपित हो उठे और बोले-"मेरे प्रचण्ड ताप के कारण भारी वृक्ष तक सूख जाते हैं। आखिर तू कब तक मेरे ताप को झेल पायेगा? कर्मठ-कर्मयोगी पौधा कुछ नहीं बोला और निरन्तर बढ़ता रहा। उसमें प्रथम कलिका विकसित हुई और फिर संसार ने देखा कि जो बीज की तरह अपने आप को गलाना जानता है, जो बाधाओं से टक्कर लेना जानता है, प्रतिघातों से भी जो उत्तेजित और विचलित नहीं होता, तितिक्षा से जो कतराता नहीं, उसी का जीवन सौरभ बनकर प्रस्फुटित होता है, देवत्व की अभ्यर्थना करता है और संसार को ऐसी सुगन्ध से भर देता है, जिससे जन-जन का मन पुलकित और प्रफुल्लित हो उठता है।" इसी पुष्प बीज की भाँति रहा है श्री लव कुश सिह"विश्वमानव" का जीवन। महानता-अमरता जैसी वस्तु कोई विरासत या उपहार या आशीर्वाद में मिलने वाली वस्तु नहीं है। वह तो इसी पुष्प बीज वाले जीवन मार्ग से ही मिलता रहा है, मिलता ही है और मिलता ही रहेगा।

हम समीक्षक द्वय इस बात पर पूर्ण सहमत है कि वर्तमान समय में विश्वविद्यालय में हो रहे शोध मात्र शोध की कला सीखाने की संस्था है न कि ऐसे विषय पर शोध सिखाने की कला जिससे सामाजिक, राष्ट्रीय व वैश्विक विकास को नई दिशा प्राप्त हो जाये। यहाँ एक बात और बताना चाहते हैं कि यह शास्त्र अनेक ऐसे शोध विषयों की ओर दिशाबोध भी कराता है जो मनुष्यता के विकास में आने वाले समय के लिए अति आवश्यक है। हम अपने पीएच.डी. की डिग्रीयों पर गर्व अवश्य कर सकते हैं परन्तु यह केवल स्वयं के लिए रोजगार पाने के साधन के सिवाय कुछ नहीं है और वह भी संघर्ष से। जबकि हम डिग्रीधारीयों का समाज को नई दिशा देने का भी कत्र्तव्य होना चाहिए। आखिरकार हम डिग्रीधारी और सामज व देश के नेतृत्वकर्ता यह कार्य नहीं करेगें तो क्या उनसे उम्मीद की जाय जो दो वक्त की रोटी के संघर्ष के लिए चिंतित रहते है? आखिरकार सार्वजनिक मंचो से हम किसको यह बताना चाहते हैं कि ऐसा होना चाहिए या वैसा होना चाहिए?

हम समीक्षक द्वय अपने आप को इस रूप में सौभाग्यशाली समझते हैं कि हमें ऐसे शास्त्र की समीक्षा करने का अवसर प्राप्त हुआ जिसके योग्य हम स्वयं को नहीं समझते। ईश्वर को तो सभी चाहते हैं परन्तु उनके भाग्य को क्या कहेगें जो ईश्वर द्वारा स्वयं ही महान ईश्वरीय कार्य के लिए चुन लिए जाते हैं। शायद हम लोगों के पूर्वजन्म का कोई अच्छा कार्य ही हमें इस पूर्णता की उपलब्धि को पुरस्कार स्वरूप प्रदान किया गया हो। या महायोग-महामाया से युक्त श्री लव कुश सिह"विश्वमानव" के लिए हम समीक्षक द्वय भी उसी का नाम-रूप-गुण-कर्म (कन्हैया, श्रीराम, व्यास, पी.एच.डी, योग, समाजशास्त्र और बनारस हिन्दू विश्वविद्यालय) से हिस्सा बन गये हों। यही समझकर हम अपने अल्प ज्ञान से इस समीक्षा को यहीं समाप्त करते हैं। विश्व के यथार्थ कल्याण के लिए हम सभी को दिशा बोध प्राप्त हो, यही हम सब का प्रकाश हो, यही हम समीक्षक द्वय की मनोकामना है।

-डॉ0 कन्हैया लाल, एम.ए., एम.फिल.पीएच.डी (समाजशास्त्र-बी.एच.यू.)
निवास-घासीपुर बसाढ़ी, अधवार, चुनार, मीरजापुर (उ0 प्र0)-231304, भारत

-डॉ0 श्रीराम व्यास सिंह, एम.ए., पीएच.डी (योग, आई.एम.एस-बी.एच.यू.)
निवास-कोलना, चुनार, मीरजापुर (उ0 प्र0)-231304, भारत

विश्वशास्त्र की स्थापना

विश्वशास्त्र के माध्यम से निम्नलिखित अन्तिम सत्य ज्ञान को प्रसारित व स्थापित करने की कोशिश की गई है-

1. विश्व आत्मा या विश्व मन या एकात्म या सार्वभौम आत्मा जिसे ईश्वर या शिव या ब्रह्म भी कहते हैं, सर्वत्र विद्यमान है। इसे ही वर्तमान में सर्वमान्य रूप से सार्वभौम सत्य-सिद्धान्त कहा जा रहा है और इसे समझाने या अनुभूति कराने वाले शास्त्र को "विश्वशास्त्र"।
2. सार्वभौम-सत्य से सार्वभौम-सिद्धान्त तक की यात्रा का मार्ग ईश्वरीय मार्ग है। जिसे समय-समय पर मानवीय शरीर के माध्यम से व्यक्त कर समाज में स्थापित करने वाले शरीर को अवतार कहते हैं और अवतार द्वारा दी गयी व्यवस्था को व्यक्ति में स्थापित करने वाले को गुरू कहते हैं।
3. ईश्वर या अवतार सम्पूर्ण मानव जाति सहित ब्रह्माण्डीय कल्याण के लिए कर्म करने के लिए व्यक्त होते हैं न कि किसी कथित वर्तमान किसी विशेष धर्म की सर्वोच्चता के लिए।
4. कथित वर्तमान विशेष-विशेष धर्म उसी ईश्वर को अपने-अपने संस्कृति की दृष्टि से देखते व निरूपित करते हैं।
5. कोई भी अवतार अपने जीवन काल में कोई नई व अलग सामाजिक व्यवस्था या संस्कृति की स्थापना नहीं करता बल्कि वह अपने पूर्व के अवतार के कार्यों को ही आगे बढ़ाता है। इस प्रकार प्रत्येक अवतार अपने पूर्व के अवतार का पुनर्जन्म ही होता है और उसका अन्तिम लक्ष्य सार्वभौम सत्य-सिद्धान्त को पूर्ण प्रकाशित कर उसके द्वारा ईश्वरीय समाज का निर्माण करना होता है।
6. अवतार. सार्वभौम आत्मा या सार्वभौम मन का रूप होता है। इसलिए उसका "मैं" का सम्बोधन संयुक्त या समन्वय या सार्वभौम को सम्बोधित होता है और इस ओर गति करने वाला प्रत्येक मानव महापुरूष या ईश्वर के अवतार के रूप में स्थापित होता रहता है।
7. अन्तः सूक्ष्म अदृश्य विषयों पर केन्द्रित मन अदृश्य काल में स्थित मानव की स्थिति है तथा बाह्य स्थूल दृश्य विषयों पर केन्द्रित मन दृश्य काल में स्थित मानव की स्थिति है
8. अन्तः सूक्ष्म अदृश्य विषय द्वारा ईश्वर या आत्मतत्व की अनुभूति कराने वाले शास्त्र को "व्यक्तिगत प्रमाणित विश्वशास्त्र" तथा बाह्य स्थूल दृश्य विषय द्वारा ईश्वर या आत्मतत्व की अनुभूति कराने वाले शास्त्र को "सार्वजनिक प्रमाणित विश्वशास्त्र" कहते हैं। इस प्रकार श्री कृष्ण द्वारा व्यक्त व व्यास रचित "गीता या गीतोपनिषद्" व्यक्तिगत प्रमाणित विश्वशास्त्र है तथा यह शास्त्र सार्वजनिक प्रमाणित "गीता या गीतोपनिषद्" या "विश्वशास्त्र" है।
9. काल और युग का निर्धारण किसी पूर्व निर्धारित समय सीमा या तिथि द्वारा नहीं बल्कि अधिकतम मानव के मन के केन्द्रित स्थिति द्वारा निर्धारित होती है।
10. ईश्वर नाम उस शब्द को कहते हैं जिसके माध्यम से उस ईश्वर या आत्मतत्व को जाना जाता है। अदृश्य काल में यह अदृश्य ईश्वर नाम तथा दृश्य काल में यह दृश्य ईश्वर नाम के रूप में व्यक्त होता है।
11. परिवर्तन या आदान-प्रदान या Transaction या Trade या व्यापार ही एक मात्र सार्वजनिक प्रमाणित दृश्य सत्य है और यह सम्पूर्ण ब्रह्माण्ड क्षेत्र में व्याप्त है। इस कारण यह सम्पूर्ण ब्रह्माण्ड सर्वोच्च और अन्तिम व्यापार क्षेत्र या व्यापार केन्द्र (TRADE CENTRE) है।
12. कोई किसी अन्य के लिए कर्म नहीं करता। सभी अपनी शान्ति, स्थिरता, एकता व विकास के लिए कर्म करते हैं चाहे वह मानव हो या ईश्वर हो या अवतार हो या कोई अन्य।
13. जिसका न आदि है, न अन्त है अर्थात् जो शाश्वत, हमेशा और सर्वत्र है। उस आत्म तत्व का जानना ही एक मात्र धर्म को जानना है और उस धर्म का नाम सनातन धर्म है। अवतारगण बार-बार समाज के बहुमत मन और प्रचलित भाषा की दिशा से उस आत्मतत्व की ओर योग कराने के लिए ही आते रहे हैं।

14. उस आत्मतत्व को जानने के लिए ज्ञान सूत्रों के माध्यम से वेदों में, ईश्वर नाम (ओउम्) के माध्यम से उपनिषद् में, उस आत्मतत्व के गुणों व ब्रह्माण्डीय वस्तुओं (सूर्य, चाँद, ग्रह, नक्षत्र, तत्व इत्यादि) के गुणों के साकार निरूपण (मूर्ति) के माध्यम से पुराणों में, प्रकृति (सत्व, रज, तम, आसुरी, दैवी व उसके अन्य अंश गुणों) के माध्यम से गीता/गीतोपनिषद् में व्यक्त किया गया है। इन सभी माध्यमों सहित वर्तमान पदार्थ विज्ञान, समाज विज्ञान, राजनीति विज्ञान, शासन प्रणाली इत्यादि के माध्यम से "सार्वजनिक प्रमाणित गीता (समष्टि गीता)" अर्थात् "विश्वशास्त्र" में व्यक्त किया गया है।
15. पौराणिक साकार चरित्रों के निरूपण से ही समाज में जो पहचान बनी वह धर्म- हिन्दू धर्म कहलाया जबकि अवतारगण (सनातन समर्थक) का इनसे कोई सम्बन्ध नहीं रहा और न ही वे इनकी पूजा करते हुये दर्शाये गये। अवतारगण मात्र शिव (आत्मा) और उसके प्रतीक रूप शिवलिंग तक ही सीमित रहे। क्योंकि वे जानते थे कि ये सब मात्र माध्यम हैं न कि लक्ष्य।
16. पिछले कुछ सौ वर्षों में जो दो सार्वाधिक महत्वपूर्ण परिवर्तन इस मानव समाज में हुए हैं वे हैं- पदार्थ (भौतिक) विज्ञान व निराकार आधारित लोकतान्त्रिक शासन का विकास व इनके प्रभुत्व की ओर सदैव बढ़ता हुआ विकास। व्यक्ति का स्वयं को संचालन व्यष्टि मन से होता है परन्तु जब वह राजा के पद पर बैठता है तब वह व्यक्ति होते हुये भी संयुक्त मन-समष्टि मन से संचालित होता है। भगवान परशुराम ने साकार आधारित लोकतंत्र व्यवस्था दी थी जिसे "परशुराम परम्परा" के नाम से जानते हैं। वाल्मीकि रचित रामायण से आदर्श मानक व्यक्ति चरित्र का प्रस्तुतीकरण व्यक्ति संचालन का आदर्श रूप प्रस्तुत हुआ। भगवान श्रीकृष्ण ने साकार आधारित परशुराम परम्परा का नाश किया (क्योंकि उस समय राजा भी व्यष्टि मन से शासन करने लगे थे) और पूर्ववर्ती सभी मतों का समन्वय व एकीकरण करते हुये निराकार आधारित लोकतंत्र व्यवस्था के प्रारम्भ का बीज शास्त्र "गीता/गीतोपनिषद्" प्रस्तुत किये। उसके उपरान्त भगवान बुद्ध ने भगवान श्रीकृष्ण के क्रम को आगे बढ़ाते हुए बुद्धि, संघ व धर्म के शरण में जाने की शिक्षा दी। वर्तमान में पूर्ववर्ती सभी धर्मों व मतों का समन्वय व एकीकरण करते हुये निराकार आधारित लोकतंत्र व्यवस्था का वृक्ष शास्त्र विश्व नागरिक धर्म का धर्मयुक्त धर्मशास्त्र-कर्मवेद: प्रथम, अन्तिम तथा पंचम वेदीय श्रृंखला, विश्व-राज्यधर्म का धर्मनिपेक्ष धर्मशास्त्र-विश्वमानक शून्य-मन की गुणवत्ता का विश्वमानक श्रृंखला, आदर्श मानक सामाजिक व्यक्ति चरित्र समाहित आदर्श मानक वैश्विक व्यक्ति चरित्र अर्थात् सार्वजनिक प्रमाणित आदर्श मानक वैश्विक व्यक्ति चरित्र का प्रस्तुतीकरण लव कुश सिंह "विश्वमानव" ने इस "विश्वशास्त्र" से किया है। आत्मतत्व की ओर जो व्यक्ति को जोड़ता है वह व्यष्टि गुरू तथा जो राज्य सहित व्यक्ति को आत्मतत्व की ओर मोड़ता व जोड़ता है वह राजगुरू या राष्ट्रगुरू कहलाता है। वर्तमान समय में राष्ट्र (राज्य) को मार्गदर्शन देने वाले शास्त्र का अभाव था जिसके लिए नये धर्मशास्त्र की आवश्यकता थी जो पूर्ण हुई। यदि आवश्यकता न रहती तो अन्तिम महावतार कल्कि की क्या आवश्यकता रहती और किस कार्य के लिए रहती? विचारणीय विषय है।
17. शास्त्र में दिये गये स्थानों के नाम, वे वर्तमान में हैं, इसलिए प्रयोग किये गये हैं जबकि शास्त्र उसकी ऐतिहासिक प्रमाणिकता को सिद्ध नहीं करता है।
18. शास्त्र में व्यक्त सार्वभौम सत्य-सिद्धान्त अन्तिम है जो सत्य है, न कि परिवर्तनशील विचार। जिसे मानव विचारों के उत्तरोत्तर बढ़ते स्तर से अन्त में यही प्राप्त करेगा। विचारों का अन्त ही सत्य है।

"विश्वशास्त्र" की रचना क्यों?

"विश्वशास्त्र" की रचना मात्र निम्न कारणो से की गई है और अगर प्रस्तुत शास्त्र, "विश्वशास्त्र" नहीं है तो ऐसे शास्त्र की रचना मानव बुद्धि शक्ति समाज द्वारा निम्न कारणों के लिए की जानी चाहिए।

1. प्रकृति के तीन गुण- सत्व, रज, तम से मुक्त होकर ईश्वर से साक्षात्कार करने के "ज्ञान" का शास्त्र "श्रीमदभगवद्गीता या गीता या गीतोपनिषद्" उपल्ब्ध हो चुका था परन्तु साक्षात्कार के उपरान्त कर्म करने के ज्ञान अर्थात् ईश्वर के मस्तिष्क का "कर्मज्ञान" का शास्त्र उपलब्ध नहीं हुआ था अर्थात् ईश्वर के साक्षात्कार का शास्त्र तो उपलब्ध था परन्तु ईश्वर के कर्म करने की विधि का शास्त्र उपलब्ध नहीं था। मानव को ईश्वर से ज्यादा उसके मस्तिष्क की आवश्यकता है।
2. प्रकृति की व्याख्या का ज्ञान का शास्त्र "श्रीमदभगवद्गीता या गीता या गीतोपनिषद्" तो उपलब्ध था परन्तु काल और ब्रह्माण्ड की व्याख्या का तन्त्र शास्त्र उपलब्ध नहीं था।
3. समाज में व्यष्टि (व्यक्तिगत प्रमाणित) धर्म शास्त्र (वेद, उपनिषद्, गीता, बाइबिल, कुरान इत्यादि) तो उपलब्ध था परन्तु समष्टि (सार्वजनिक प्रमाणित) धर्म शास्त्र उपलब्ध नहीं था जिससे मानव अपने-अपने धर्मों में रहते और दूसरे धर्म का सम्मान करते हुए विश्व-राष्ट्र धर्म को भी समझ सके तथा उसके प्रति अपने कर्तव्य को जान सके।
4. शास्त्र-साहित्य से भरे इस संसार में कोई भी एक ऐसा मानक शास्त्र उपलब्ध नहीं था जिससे पूर्ण ज्ञान - कर्मज्ञान की उपलब्धि हो सके साथ ही मानव और उसके शासन प्रणाली के सत्यीकरण के लिए अनन्त काल तक के लिए मार्गदर्शन प्राप्त हो सके अर्थात् भोजन के अलावा जिस प्रकार पूरक दवा ली जाती है उसी प्रकार ज्ञान - कर्मज्ञान के लिए पूरक शास्त्र उपलब्ध नहीं था जिससे व्यक्ति की आजिविका तो उसके संसाधन के अनुसार रहे परन्तु उसका ज्ञान - कर्मज्ञान अन्य के बराबर हो जाये।
5. ईश्वर को समझने के अनेक भिन्न-भिन्न प्रकार के शास्त्र उपलब्ध थे परन्तु अवतार को समझने का शास्त्र उपलब्ध नहीं था।

विश्वशास्त्र के बाद का मनुष्य, समाज और शासन

प्रकृति की व्याख्या द्वारा ज्ञान के अन्त के शास्त्र "श्रीमदभगवद्गीता या गीता या गीतोपनिषद्" के बाद ब्रह्माण्ड की व्याख्या द्वारा कर्मज्ञान के अन्त का मानक व तन्त्र शास्त्र - विश्वशास्त्र उपलब्ध होने के बाद मनुष्य, समाज और शासन का निर्माण किस दिशा की ओर होगी यह विचारणीय विषय है। जिसकी संक्षिप्त रूपरेखा निम्न प्रकार है-

1. शिक्षा में शिक्षा पाठ्यक्रम को बदले बिना एक पूरक शास्त्र मनुष्य को उपलब्ध हो जायेगा जिससे वह अपने कर्मों के विश्लेषण व तुलना से जान सकेगा कि वह पूर्ण ईश्वरीय कार्य के अंश जीवन यात्रा में कितनी यात्रा तय कर चुका है और वह यात्रा इस जीवन में पूर्ण करना चाहता है या यात्रा जारी रखना चाहता है।
2. पृथ्वी के मानसिक विवादों को समाप्त कर मनुष्य, समाज व शासन को एक संतुलित कर्मज्ञान का मानक प्राप्त होगा जिससे एकात्मकर्मवाद का जन्म होगा। इस कारण सम्पूर्ण कर्म और मनुष्यता की सम्पूर्ण शक्ति एक दिशा की ओर होगी जिससे ब्रह्माण्डीय विकास होगा।
3. व्यक्ति आधारित समाज व शासन से उठकर मानक आधारित समाज व शासन का निर्माण होगा। अर्थात् जिस प्रकार हम सभी व्यक्ति आधारित राजतन्त्र में राजा से उठकर व्यक्ति आधारित लोकतन्त्र में आये, फिर संविधान आधारित लोकतन्त्र में आ गये उसी प्रकार पूर्ण लोकतन्त्र के लिए मानक व संविधान आधारित लोकतन्त्र में हम सभी को पहुँचना है।
4. सभी का ज्ञान-कर्मज्ञान समान हो जाने से हम सभी वर्तमान में जीवन जीते हुये अपनी शक्ति का अधिकतम उपयोग करने में सक्षम हो जायेंगे।
5. अन्ततः सार्वजनिक प्रमाणित दृश्य जगत व विज्ञान में अधिकतम मन केन्द्रित होने से प्रत्यक्ष पर ही विश्वास होगा और डा0 संदीप बीजे बाग, संस्थापक एवं अध्यक्ष, "विश्व सेवा तीर्थ", 106, ओस्तवाल शापिंग सेन्टर, प्रथम तल, भयन्दर (पूर्व), थाणे (महाराष्ट्र)-401105 के निम्न पाँच विचार सत्य सिद्ध होंगे।

ईश्वर के नाम पर युद्ध समाप्त करने के लिए एक प्रभु - सूर्य
देश के नाम पर युद्ध समाप्त करने के लिए एक देश - विश्व
धर्म के नाम पर युद्ध समाप्त करने के लिए एक धर्म - प्रेम
कर्म के नाम पर युद्ध समाप्त करने के लिए एक कर्म - सेवा
जाति के नाम पर युद्ध समाप्त करने के लिए एक जाति - मानव

निर्णय आपके हाथ,
एकता का प्रयास या अनेकता का विकास

एक ही विश्वशास्त्र साहित्य के विभिन्न नाम

धर्म क्षेत्र से नाम

01.कर्मवेद 02.शब्दवेद 03.सत्यवेद 04.सूक्ष्मवेद 05.दृश्यवेद 06. पूर्णवेद 07.अघोरवेद 08.विश्ववेद 09.ऋषिवेद 10.मूलवेद 11.शिववेद 12.आत्मवेद 13.अन्तवेद 14.जनवेद 15.स्ववेद 16.लोकवेद 17. कल्किवेद 18.धर्मवेद 19.व्यासवेद 20.सार्वभौमवेद 21.ईशवेद 22.ध्यानवेद 23.प्रेमवेद 24.योगवेद 25.स्वरवेद 26.वाणीवेद 27.ज्ञानवेद 28.युगवेद 29.स्वर्णयुगवेद 30.समर्पणवेद 31.उपासनावेद 32. शववेद 33.मैंवेद 34.अहंवेद 35.तमवेद 36.सत्वेद 37.रजवेद 38.कालवेद 39.कालावेद 40.कालीवेद 41.शक्तिवेद 42.शून्यवेद 43.यथार्थवेद 44.कृष्णवेद सभी प्रथम,

अन्तिम तथा पंचम वेद 45. कर्मोपनिषद् - अन्तिम उपनिषद् 46.कर्म वेदान्त 47.धर्मयुक्त धर्म शास्त्र 48.ईश्वर 49.ईश्वर का संक्षिप्त इतिहास 50.ईश्वरशास्त्र 51. पुनर्जन्म 52.श्री लव कुश: पूर्ण प्रेरक अन्तिम कल्कि अवतार 53. भोगेश्वर: योगेश्वर समाहित 54.पूर्णदृश्य-मैं 55.बहुरूप में एक 56. ईश्वर का मस्तिष्क 57.सत्य-शिव-सुन्दर 58.विश्वभारत: सार्वजनिक प्रमाणित महाभारत 59.विश्व-पुराण 60.विश्व-धर्म: सर्वधर्म समाहित 61.विश्व-कला: कृष्ण-कला समाहित 62.विश्व-गुरू 63.विश्व भक्ति 64.सत्य-पुराण 65.सत्य-धर्म 66.सत्य-कला: कृष्ण-कला समाहित 67.सत्य-गुरू 68.सत्य भक्ति 69.सत्यकाशी: पंचम, सप्तम और अन्तिम काशी 70.द्वारिका: स्वर्णयुग का प्रवेश द्वार 71.कृष्ण निर्माण योजना 72. बुद्धा कृष्ण: कृष्ण का भाग दो और अन्तिम 73.धारा और राधा 74.शिवद्वार: शिवयुग का प्रवेश द्वार 75. जीव का शिव में निर्माण 76.सत्व-रज-तम: राम-कृष्ण-लवकुश 77. लवकुश: सेतू या से तू 78.भोग माया: योग माया समाहित 79.मैं हूँ तैतीस करोड़ 80.अर्धनारीश्वर 81. काल-काली-काला 82. सृष्टि-स्थिति-प्रलय और सृष्टि 83.पशुपास्त्र: ब्रह्मास्त्र व नारायणास्त्र समाहित 84.पुराण पुरूष: सर्वोच्च व अन्तिम 85.पुराण: सर्वोच्च व अन्तिम 86.धर्म: सर्वोच्च व अन्तिम 87.आत्मा: सर्वोच्च व अन्तिम 88.गुरू: सर्वोच्च व अन्तिम 89.महायज्ञ: सर्वोच्च व अन्तिम 90.तीसरा नेत्र

धर्मनिरपेक्ष व सर्वधर्मसमभाव क्षेत्र से नाम

1.मार्ग 2.बुद्धि 3.अहंकार 4.व्यापार 5.महत्वाकांक्षा 6.युग पुरूष 7.शंखनाद 8.उपासना 9.योग 10.मानक 11.एजेण्डा 12.कला 13.ध्यान 14.समर्पण 15.लीला 16.समन्वयाचार्य 17.दर्पण 18.मन 19.शिक्षा 20.रूप 21.विश्वमानव 22.बुद्धि 23.चेतना 24.प्रकाश 25.दृष्टि 26.मार्ग 27.राजनीति 28.एकता 29.शान्ति 30.सेवा 31.भक्ति 32.बन्धुत्व 33.जातिवाद 34.अहंकार 35.दर्शन, सभी सर्वोच्च व अन्तिम 36.विकास-दर्शन 37.विनाश-दर्शन 38.एकात्मकर्मवाद 39.मस्तिष्क परावर्तक (ब्रेन टर्मिनेटर) 40.धर्मनिरपेक्ष धर्म शास्त्र 41.लोकतंत्र धर्म शास्त्र 42. लोक-शास्त्र 43.जन-शास्त्र 44.स्व-शास्त्र 45.लोक नायक शास्त्र 46. यथार्थ-प्रकाश 47.लोक/जन/स्व तंत्र 48.एकात्म विज्ञान 49.मानक विज्ञान 50.पूर्ण ज्ञान 51.कर्म ज्ञान 52.जय ज्ञान-जय कर्म ज्ञान 53. विश्व-उपासना 54.विश्व-योग 55.विश्व-मानक 56. विश्व-राष्ट्र-जन एजेण्डा 57.विश्व-ध्यान 58.विश्व-समर्पण 59. विश्व-लीला 60.विश्व-आत्मा 61.विश्व-समन्वयाचार्य 62. विश्व-दर्पण 63.विश्व-मन 64.विश्व-शिक्षा 65.विश्व-रूप 66. विश्वमानव - विश्वमन से युक्त 67.विश्व-बुद्धि 68.विश्व-चेतना 69. विश्व-प्रकाश 70.विश्व-दृष्टि 71.विश्व-मार्ग 72. विश्व-राजनीति 73. विश्व एकता 74.विश्व शान्ति 75.विश्व सेवा 76.विश्व महायज्ञ: सार्वजनिक प्रमाणित दृश्य 77.विश्व-बन्धुत्व 78.विश्व जातिवाद 79. विश्व अहंकार 80.सत्य-भारत 81.सत्य-उपासना 82.सत्य-योग 83.सत्य-ध्यान 84.सत्य-मानक 85.सत्य-राष्ट्र-जन एजेण्डा 86. सत्य-ध्यान 87.सत्य-समर्पण 88.सत्य-लीला 89.सत्य-आत्मा 90. सत्य-समन्वयाचार्य 91.सत्य-दर्पण 92.सत्य-मन 93.सत्य-शिक्षा 94. सत्य-रूप 95.सत्य-मानव: सत्य-मन से युक्त 96. सत्य-बुद्धि 97. सत्य-चेतना 98.सत्य-प्रकाश 99.सत्य-दृष्टि 100.सत्य-मार्ग 101. सत्य-राजनीति 102.सत्य एकता 103.सत्य शान्ति 104.सत्य सेवा 105.सत्य महायज्ञ: सार्वजनिक प्रमाणित दृश्य 106.सत्य-बन्धुत्व 107. सत्य जातिवाद 108.सत्य अहंकार 109.स्वर्णयुग का प्रथम मानव 110. मात्र यही हूँ-मानो या ना मानो 111.पाँचवा और अन्तिम सूर्य 112. चक्रान्त - चक्र का अन्त 113.दिव्य-दृष्टि 114.दिव्य-रूप 115. दृश्य-योग 116.दृश्य-ध्यान 117.ज्ञान बम 118.आध्यात्मिक न्यूट्रान बम 119. सार्वभौम सत्य-सिद्धान्त 120.मानक एवं मन का विश्व मानक और पूर्ण वैश्विक मानव निर्माण की तकनीकी 121.मन का ब्रह्माण्डीयकरण 122. सार्वभौम दर्पण-व्यक्ति से ब्रह्माण्ड तक 123.सम्पूर्ण क्रान्ति-प्रथम, अन्तिम और सर्वोच्च क्रान्ति 124. सामाजिक अभियंत्रण (सोशल इंजिनीयरींग) 125.सन् 2012: पाँचवें और अन्तिम स्वर्ण युग का आरम्भ वर्ष 126.आध्यात्मिक ब्लैक होल 127.तख्तापलट 128.एक आवाज, मधुशाला से 129.आकड़ा (डाटा) 130.मंथन रत्न 131.काला किताब 132.पूर्ण सकारात्मक विचार 133.विश्व संविधान का आधार 134. एक अलग यात्रा 135.समभोग: एकात्म भाव से भोग 136.सर्वजन हिताय - सर्वजन सुखाय 137.वसुधैव कुटुम्बकम् 138.सर्वेभवन्तु सुखिनः 139.अगीतांजलि 140.सत्य शास्त्र 141. व्यवस्था परिवर्तन का प्रथम प्रारूप

उपरोक्त नाम क्यों हैं, इसकी व्याख्या "विश्वशास्त्र" के परिशिष्ट में दी गयी है।

मानवों के नाम खुला चुनौति पत्र

प्रिय मानवों,

हम (अवतारी श्रृंखला) आप लोगों के प्रति कल्याण भावना रखते हुये उन सभी रहस्यों को खोलकर रख देना चाहते है जिससे आज तक हम आप का भोग करते आये है। पत्र के अन्त में यह भी बताऊँगा कि इन रहस्यों के खोलने के प्रति मेरा उद्देश्य क्या है? और यह भाव हमारे मन में क्यों आया? दिल खोलकर यह भी स्पष्ट करेंगे कि हम लोगों की उत्पत्ति कैसे हुई? और हमने अपने अधिपत्य के लिए क्या-क्या किया। अब स्थिति क्या है तथा भाविष्य में काल की गति किस ओर जा रही है?

इन सब बातों को स्पष्ट करने से पहले कुछ सूत्रों को स्पष्ट करना चाहूँगा। वर्तमान समय में यह देख रहा हूँ कि आरोप-प्रत्यारोप तथा अपने अपने सीमित मस्तिष्क से अनेकों प्रकार की व्याख्या की संस्कृति बढ़ती जा रही है। इस सम्बन्ध में यह कहना चाहूँगा कि सर्वप्रथम यह जानो कि अब तक के संसार में उत्पन्न कोई भी महापुरूष, पैगम्बर, दूत इत्यादि सार्वजनिक प्रमाणित रूप से पूर्ण रूप में नही थे। क्योंकि यदि वे पूर्ण होते तो उनके द्वारा व्यक्त विचारों की सत्ता उसी भाँति निर्विरोध रूप से स्थापित हो चुकी होती जिस प्रकार सार्वजनिक प्रमाणित विज्ञान ने अपनी सत्ता को अल्प समय में ही सभी के उपर स्थापित कर लिया है। दूसरी बात यह है कि सीमित मस्तिष्क से असीम मस्तिष्क (या अपने से अधिक मस्तिष्क) की सही व्याख्या कभी नहीं की जा सकती। यदि तुम श्री कृष्ण (या अपने से अधिक) की व्याख्या करना चाहते हो तो पहले श्री कृष्ण के मस्तिष्क (या अपने से अधिक मस्तिष्क) के बराबर होना पड़ेगा। इसी प्रकार बुद्ध, मुहम्मद, ईसा इत्यादि के सम्बन्ध में भी है। तीसरी बात यह है कि आरोप-प्रत्यारोप की संस्कृति से कोई हल नही निकलता, न ही बुद्धि का विकास होता है बल्कि साम्प्रदायिक विद्वेष व एक दूसरे का प्रचार-प्रसार ही होता है। क्योंकि तुम विरोध या आरोप-प्रत्यारोप ही सही परन्तु अपने विरोधी का नाम तो लेते ही हो। फलस्वरूप जिसके पास बुद्धि की प्रबलता होती है उसके लिए अल्प बुद्धि वाला विरोधी प्रचारक बन जाता है। और यह तो तुम जानते ही होगे कि हम बुद्धि प्रबल वर्ग है। इसलिए तुम लोग अनजाने ही हमारे प्रचारक बने बैठे हो। इसके लिए आवश्यक है कि तुम लोग ऐसे रास्ते को अपनाओं जिससे हम लोगों का नाम न ही आये और तुम लोग में बुद्धि का विकास तेजी से हो। तुम्हें यह बात सदा याद रखनी पड़ेगी कि बुद्धि के विकास से संगठित संगठन लम्बी अवधि तक स्थायित्व बनाये रहती है जबकि इसके विपरीत संगठित संगठन को कभी भी बुद्धि के प्रयोग द्वारा विखण्डित किया जा सकता है। प्रायः ऐसे संगठन का प्रयोग तुम्हारे अपने ही नेता अपने स्वार्थ को साधने में करते है।

हे मानवों, पहले कर्म या पहले ज्ञान बुद्धि? यह प्रश्न तो पहले अण्डा या पहले मुर्गी? जैसा प्रश्न है, और यह सदा से अनसुलझा ही है और रहेगा भी। परन्तु इतना तो जानना आवश्यक है कि हम कर्म करते-करते कुछ नियमों को प्राप्त करते है। यदि हम इन नियमों पर ध्यान देते रहते हैं तो हमें अपने गलतियों के पुनरावृत्ति को रोकने में सहयोग मिलता है। इन नियमों का जानना ही ज्ञान-बुद्धि कहलाता है। अब कोई व्यक्ति यह सोच सकता है कि कर्म करने से पहले हम इन नियमों का अध्ययन करेंगे तो कोई यह सोच सकता है कि ज्ञान-बुद्धि को पढ़ने से क्या होगा, हमें पहले कर्म करना है। इस स्थिति में इन दोनों में पहले नियमों को अध्ययन कर कर्म करने वाले व्यक्ति के जीवन में विकास की गति अधिक होगी जबकि पहले कर्म करने वाला व्यक्ति उन्हीं नियमों को कर्म करते-करते अनुभव करेगा जो पहले ही अनुभव कर व्यक्त की जा चुकी है। शिक्षा का अर्थ यही है कि पहले उन तमाम नियमों का अध्ययन कर लिया जाय फिर कर्मरत हुआ जाय। हम ऐसा ही करते रहे हैं और तुम को नचाते रहे हैं।

कम समय में अधिकतम ज्ञान-बुद्धि के विकास का मार्ग यह है कि जिस प्रकार विज्ञान के क्षेत्र में जिस वस्तु का आविष्कार पूर्ण हो जाता है। पुनः उसके आविष्कार पर समय व बुद्धि खर्च नहीं करते बल्कि उसके आगे की ओर आविष्कार या उस आविष्कार को समझने पर समय व बुद्धि खर्च किया जाता है। उसी प्रकार ज्ञान के क्षेत्र में जो भी आविष्कार हो चुके हैं सीधे वहाँ से प्रारम्भ करना चाहिए। विज्ञान के क्षेत्र में आविष्कार कहाँ तक पहुँचा है

इसकी चर्चा हम इस पत्र में बाद में करेंगे। परन्तु ज्ञान के क्षेत्र में समन्वायाचार्य श्रीकृष्ण के बाद विद्रोही के रूप में भगवान बुद्ध आये, इनके बाद पुनः समन्वयाचार्य श्री रामकृष्ण-स्वामी विवेकानन्द आये, फिर विद्रोही के रूप में आचार्य रजनीश "ओशो" आये। ओशो के बाद कार्य शेष है। इसलिए बुद्धि के सम्बन्ध में ओशो का क्या कहना है यह देखना आवश्यक है। ओशो का कहना है -" अगर तुम अकड़े रहे कि हम अपनी गरीबी खुद ही मिटा येंगे, तो तुम ही तो गरीबी बनाने वाले हो, तुम मिटाओगे कैसे? तुम्हारी बुद्धि इसके भीतर आधार है, तुम इसे मिटाओगे कैसे? तुम्हें अपने द्वार-दरवाजे खोलने होंगे। तुम्हें अपना मस्तिष्क थोड़ा विस्तीर्ण करना होगा। इस देश को कुछ बाते समझनी होंगी। एक तो इस देश को यह बात समझनी होंगी कि तुम्हारी परेशानियों, तुम्हारी गरीबी, तुम्हारी मुसीबतों, तुम्हारी दीनता के बहुत कुछ कारण तुम्हारे अंधविश्वासों में है। भारत अभी भी समसामयिक नहीं है, कम से कम डेढ़ हजार वर्ष पिछे घिसट रहा है। ये डेढ़ हजार साल पूरे होने जरूरी है। भारत को खींचकर आधुनिक बनाना जरूरी है। लेकिन सबसे बड़ी अड़चन इस देश की मान्यताएँ है। इसलिए मैं लड़ रहा हूँ तुम्हारे लिए।" यह डेढ़ हजार वर्षों का अन्तर हम किसके परिश्रम से उत्पन्न बुद्धि की देन है? विचार करो मानवों।

अब हम अपने मूल विषय की ओर आते हैं परन्तु इसे समझने के लिए अपने ही बुद्धि, ज्ञान, तथा विज्ञान का ही प्रयोग उचित होगा और सदैव ध्यान में रखना होगा कि यदि सिर्फ कृष्ण को लेकर समाज निर्माण चाहोगे तो न हो सकेगा। इसी प्रकार न ही सिर्फ बुद्ध से, न मुहम्मद से, न ही ईसा या अन्य किसी से। हाँ भीड़ इकट्ठा हो जायेगी परन्तु बुद्धि विकास नहीं।

प्रारम्भ से अब तक की कथा इस प्रकार है। मानव के वर्तमान सभ्यता तक की यात्रा में उत्थान-पतन के अनेकों चरण आये परन्तु इनमें मुख्य चरण ऐसे थे जो सम्पूर्ण मानव सभ्यता और मानवता को पतन के मोड़ पर ले जाने वाली थी। उनमें -

मानव सभ्यता पर पहला संकट काल प्रकृति द्वारा आज से कई हजार वर्ष पूर्व आया था। उस समय पृथ्वी एक भंयकर प्राकृतिक आपदा का शिकार हो गयी थी, फलस्वरूप जहाँ जल था वहाँ थल, तथा जहाँ थल था वहाँ जल की स्थिति अधिकतम स्थानों पर उत्पन्न हो गयी। इस आपदा के स्थिर होने के बाद कुछ लोग एक टापू पर जीवित बच गये। जहाँ मानव सभ्यता के विकास के लिए आवश्यक संसाधन नहीं थी फलस्वरूप उनका वहाँ से बड़े भूभाग पर जाना विवशता बन गयी। उनमें से एक बुद्धि प्रबल व्यक्ति ने मछलियों के स्वभाव जल की धारा के विपरीत दिशा में गति करने से ज्ञान (सिद्धान्त) प्राप्त कर नाव द्वारा मछलियों की दिशा की ओर चल पड़े और वे ऐसे स्थान पर पहुँच गये जो मानव सभ्यता के विकास के लिए पूर्ण योग्य थी। ये स्थान ही हिमालय का क्षेत्र था। इस प्रकार बुद्धि प्रबल उस व्यक्ति ने मानव सभ्यता को उसके संकट काल से बचाया।

मानव सभ्यता पर दूसरा संकट काल मानवों द्वारा ही उत्पन्न हो गया था। प्रथम संकट काल के उपरान्त कालान्तर में जल स्तर घटने लगा और हिमालय के चारो ओर की ओर भूमि रिक्त होती गयी। प्रथम दृष्टि में आयी भूमि ही कूर्मांचल क्षेत्र है। जैसे-जैसे भूमि रिक्त होती गयी मानव सभ्यता का विकास व प्रसार होना पुनः प्रारम्भ हो गया। जनसंख्या व कार्य बढ़ने से व्यवस्था संकट उत्पन्न हो गया जिससे दो व्यवस्था प्रणाली का जन्म हुआ। पहला - हम अपनी व्यवस्था खुद मिलकर-बैठकर आपसी सहमति से करेंगे। दूसरा- सभी व्यवस्थओं की जिम्मेदारी किसी एक व्यक्ति के उपर छोड़ दिया जाय। पहली व्यवस्था गणराज्य या समाजवाद कहलायी तथा दूसरी व्यवस्था राज्य या व्यक्तिवाद कहलायी। पहली व्यवस्था के समर्थक देवता कहलाये क्योंकि ये प्रकृति के समर्थक और उसके अनुसार सभी के सह-अस्तित्व को महत्ता देते थे जबकि दूसरी व्यवस्था के समर्थक असुर कहलाये क्योंकि ये सिर्फ अपनी इच्छा और अस्तित्व को महत्ता देते थे। समयोपरान्त दोनों व्यवस्थाओं में अपने-अपने अधिपत्य के लिए युद्ध होने लगा। फलस्वरूप मानवता व मानव सभ्यता का विकास रूक कर पतन की ओर जाने लगी। संकट के इस समय में एक सहनशील, शांत, धैर्यवान, लगनशील व्यक्ति ने दोनों पक्षो के बीच मध्यस्थ की भूमिका के द्वारा विचारों के मंथन अर्थात् निर्णायक बहस से अनेक विचारों पर समन्वय स्थापित कर मानव सभ्यता के विकास की ओर दोनों पक्षों का ध्यान केन्द्रित किया। फलस्वरूप मानव सभ्यता पुनः विकास की ओर बढ़ चली।

मानव सभ्यता पर तीसरा संकट काल राज्य का नेतृत्व करने वाले राजा के कारण ही उत्पन्न हो गया। दूसरे संकट के उपरान्त राज्य का नेतृत्व करने वाला राजा अपने साम्राज्य को विशाल रूप से विकसित किया और अपने प्रभाव को लगातार बढ़ाता जा रहा था ऐसी स्थिति में समाज समर्थक देवताओं का मनोबल समाप्त होने की ओर हो गया। इस स्थिति का अनुभव कर एक मेधावी, सूझ-बुझ, सम्पन्न, पुरूषार्थी, धीर-गम्भीर, निष्कामी, बलिष्ठ, सक्रिय, अहिंसक और समूह प्रेमी व्यक्ति ने लोगों का मनोबल बढ़ाया, उन्हें उत्साहित और सक्रिय किया जिसके परिणामस्वरूप समाज समर्थकों के मनोबल में वृद्धि हुई और उस राजा के राज्य को समाप्त कर गणराज्य व्यवस्था की स्थापना से मानवता आधारित मानव सभ्यता का विकास पुनः प्रारम्भ हो गया।

मानव सभ्यता पर चौथा संकट काल पुनः राज्य का नेतृत्व करने वाले राजा के कारण ही उत्पन्न हो गया। उसने पूर्व के सभी सह-अस्तित्व के विचारों को तोड़कर अपनी इच्छा से व्यवस्था चलाने को प्राथमिकता दी। और प्रजा के कष्टों में वृद्धि होने लगी। परिणामस्वरूप उस राजा का पुत्र प्रजाहित को ध्यान में लेते हुये समाज समर्थक बन गया। राजा अपने पुत्र को समाज समर्थक बनता देख अपने पुत्र को ही अनेक प्रकार के कष्ट देने लगा। वह राजा इतना बलशाली था कि उसको युद्ध से हराना नामुकिन था, उसके कार्यों से उसके सहयोगी दरबारी भी अन्दर ही अन्दर घृणा करते थे। परन्तु प्रत्यक्ष विरोध किसी के लिए सम्भव नहीं था। इन परिस्थितियों में सभी समाज समर्थक प्रजा देवता भी विरोधक क्षमता को खो चुके थे। ऐसी स्थिति में उस राजा का एक दरबारी ही प्रत्यक्ष रूप से एका-एक हिंसक बनकर दरबार में ही राजा का वध कर डाला चूँकि वह दरबारियों के मन की स्थिति को अच्छी प्रकार जानता था इसलिए ऐसा करने में उसे कोई बाधा नहीं थी। वहीं वह राजा अपने प्रभुत्व के कारण सभी दरबारियों को अपने हित में ही समर्पित रहने वाला समझकर भ्रम में था। राजा का वध के उपरान्त राजा के समाज समर्थक पुत्र ने गणराज्य व्यवस्था द्वारा मानव सभ्यता के विकास के लिए आगे कर्म किया। जिसका निर्माता वह हिंसक दरबारी व्यक्ति था।

मानव सभ्यता पर पाँचवा संकट काल पुनः राज्य का नेतृत्व करने वाले राजा के ही कारण उत्पन्न हो गया था। यह राजा इतना अधिक कुशल था कि इसने समाज समर्थक गुणों को भी आत्मसात् कर समाज समर्थक देवताओं का भी विश्वास पात्र बन गया। परिणामस्वरूप समाज समर्थक देवता भी राजा का गुणगान करते हुये आश्वस्त व निष्क्रिय होने लगे। इस राजा ने अपने राज्य का प्रसार व्यापक रूप से किया। इस स्थिति में मानव सभ्यता का वर्तमान तो सुरक्षित था परन्तु भविष्य अन्धकार में था क्योंकि वर्तमान राजा के उपरान्त, आवश्यक नहीं था कि नया राजा भी उसी राजा की भाँति हो और तब तक समाज समर्थक पूर्ण रूप से निष्क्रिय हो गये र हेंगे। इस स्थिति को एक दूर द्दष्टा व्यक्ति ने समझकर राजा के ही गुण का प्रयोग करते हुये उससे थोड़ी सी भूमि लेकर उस व्यक्ति ने उस भूमि पर गणराज्य व्यवस्था की स्थापना व व्यवस्था को जीवित कर, उसके सुख से प्रजा को परिचित कराया। फलस्वरूप इस व्यवस्था का प्रसार होने लगा और राजा का सु-राज्य भी स्व-राज से समाप्त हो गया। गणराज्य की स्थापना कर उस व्यक्ति ने मानवता और मानव सभ्यता को विकास की ओर गति दी।

मानव सभ्यता पर छठा सकंट काल अनेक राज्यों के नेतृत्व करने वाले अनेक राजाओं के कारण गणराज्य व्यवस्था के स्थायी स्थिरता के लिए उत्पन्न हो गया। पाँचवे संकट से निकलने के बाद जनसंख्या और भूमि का विस्तार इतना अधिक हो चुका था कि एक राजा और राज्य के अधीन नियत्रंण असम्भव हो गया, जिसके परिणामस्वरूप अनेक राजाओं के नेतृत्व में अलग-अलग अनेक राज्य स्थापित हो गये थे। ऐसी स्थिति में राज्यवाद बढ़ रहा था। और राज्यवादी राजाओं का वध भी असम्भव होता जा रहा था। ऐसी स्थिति में गणराज्य या समाजवाद की स्थिरता पर प्रश्न चिन्ह लगने लगा था। फलस्वरूप एक व्यक्ति ने अनेक राज्यवादी राजाओं का वध करके अनेक राज्यों को गणराज्य के रूप में परिवर्तित कर दिया। परन्तु उस व्यक्ति ने देखा कि यह समस्या का स्थायी हल नहीं हो सकता क्योंकि अनेकों राजाओं का वध बारबार सम्भव नहीं और ऐसा करने से प्रजा में अन्यवाद अर्थात् हमारे कार्य दूसरे करें का भाव बढ़ रहा था। इन स्थितियों के स्थायी हल के लिए उस व्यक्ति ने राज्यवाद और समाजवाद दोनों में समन्वय स्थापित कर एक नई व्यवस्था का सूत्रपत किया। इस व्यवस्था के लिए उस पुरूष ने ब्रह्माण्ड में व्याप्त व्यवस्था सिद्धान्तों को आधार बनाया तथा मूल तीन गुणों की पहचान की

1. सत्व गुण- सुख, ज्ञान और प्रकाश अर्थात् आत्मा और सूक्ष्म बुद्धि अर्थात् मार्गदर्शक और विकास दर्शन का गुण
2. रज गुण- आंकाक्षा, इच्छा और सकाम कर्म अर्थात् भाव हृदय और मन अर्थात् क्रियान्वयन दर्शन का गुण
3. तम गुण - अज्ञान, दुःख और अंधकार अर्थात् इन्द्रिय, अनात्म, प्राण और स्थूल शरीर अर्थात् विनाश दर्शन का गुण।

इन गुणों के आधार पर सभी जीव विभजित किये गये। मानव जाति में चार विभाजन हुये।

1. सत्व गुण प्रधान- ब्राह्मण वर्ग
2. रज गुण प्रधान - क्षत्रिय वर्ग
3. रज तम गुण प्रधान - वैश्य वर्ग
4. तम गुण प्रधान - शूद्र वर्ग।

इन गुणों के आधार पर उनके लिए कर्म निर्धारित किये गये। और गणराज्य की व्यवस्था बनायी गयी जो इस प्रकार थी।

1. गणराज्य का एक रज गुण प्रधान - क्षत्रिय राजा होगा क्योंकि ब्रह्माण्डीय गणराज्य में रज गुण प्रधान प्रकृति ही राजा है।
2. राजा, राज्यवादी न हो इसलिए उस पर सत्व गुण प्रधान -ब्राह्मण का नियंत्रण होगा क्योंकि ब्रह्माण्डीय गणराज्य में रज गुण प्रधान प्रकृति पर नियंत्रण के लिए सत्व गुण प्रधान आत्मा है।
3. राजा, सीधे आम जनता से चुना जायेगा क्योंकि ब्रह्माण्डीय गणराज्य में प्रकृति सर्वव्यापी है और वह सभी गुणों का सम्मिलित रूप है।
4. राजा का निर्णय राज्यसभा के दो तिहाई बहुमत से हो क्योंकि ब्रह्माण्डीय गणराज्य में प्रकृति का निर्णय सत्व, रज व तम तीन गुणों में से दो गुणों के समर्थन का ही रूप होता है।
5. रज-तम प्रधान-वैश्य तथा तम प्रधान शूद्र चूंकि इन्द्रिय, प्राण और स्थूल शरीर पर ही केन्द्रित रहते है इसलिए इन्हें बुद्धि ज्ञान से नियत्रिंत न करके बल, कानून व आज्ञा के नियत्रंण में रखा जाय।

इस प्रकार उस महापुरूष ने राज्य व गणराज्य के मिश्रित व्यवस्था से एक सर्वमान्य व्यवस्था को स्थापित कर मानवता व मानव सभ्यता के विकास के लिए स्थायी मार्ग उपलब्ध कराया जो दीर्घ काल तक चली।

मानव सभ्यता पर सातवां संकट काल गणराज्य के नयी व्यवस्था के स्थायी स्थिरता के कारण आया। छठें संकट से उत्थान की ओर अग्रसर करने वाले पुरूष के समक्ष यह समस्या आयी कि नयी व्यवस्था को बने रहने और उसके प्रसार का दायित्व किसे सौंपा जाय। इसके लिए उस पुरूष ने अन्य सहयोगियों के सहयोग और योजनाबद्ध तरीके से एक राजा के पुत्र (भावी राजा) में नई व्यवस्था के प्रसार के लिए योग्यता का निर्माण किये परिणामस्वरूप उस युवराज ने अपने जीवन पर्यन्त इस व्यवस्था की स्थापना और प्रसार किया तथा मानवता और मानव सभ्यता की रक्षा की।

मानव सभ्यता पर आठवां संकट काल गणराज्य व्यवस्था के कारण नहीं बल्कि उस व्यवस्था के पीठासीन व्यक्तियों के कर्तव्य विमुख और देवता तथा असुर संस्कारों के पूर्ण पहचान से बुद्धि के अक्षम हो जाने के कारण आया। इस संकट काल के समय राजा को नियंत्रण व मार्गदर्शन में रखने वाला ब्राह्मण भी जनकल्याण से विमुख हो स्व-कल्याण में लिप्त हो चुका था। यह स्थिति छोटे राज्यों से लेकर बड़े राज्यों में व्याप्त हो चुकी थी। ऐसी स्थिति में एक व्यक्ति ने यह देखा कि पीछे, जब भी मानवता पर संकट आया, तब उस संकट से किसी व्यक्ति के द्वारा उत्थान हो जाने पर जब तक उत्थान करने वाला व्यक्ति जीवित रहता था तभी तक गणराज्य व्यवस्था यथावत् रहती थी। बाद में पुनः राज्यवादी व्यवस्था स्थापित हो जाती थी। दूसरे यह कि व्यवस्था कोई भी खराब नहीं होती उस पर बैठने वाले लोगों की बुद्धि के अनुसार ही व्यवस्था का रूप संचालित होता है मानवता और मानव सभ्यता के इस संकट काल में सभी अपने अपने बुद्धि को पूर्ण तथा व्यक्तिगत स्वार्थ में इस प्रकार डूबे हुये थे कि बिना पूर्ण वध के उत्थान मुश्किल हो चुका था। परिणामस्वरूप उस अति बुद्धि सम्पन्न व्यक्ति ने आम जनता को सक्रिय करने के लिए प्रेरित किया, गणराज्य के उदाहरण स्वरूप एक नगर का निर्माण कराया तथा पूर्ण वध के लिए उस समय

के विशाल राज्य के नेतृत्व में उपजे विवाद का सहारा प्राप्त कर बहुत से एकतन्त्रात्मक राज्यों को नष्ट किया और करवाया। साथ ही उस समय में समाज में व्याप्त अनेक मत-मतान्तार व विचारों के एकीकरण के लिए सत्य-विचार का ज्ञान भी दिया जिससे व्यक्ति, व्यक्ति पर विश्वास न कर अपने बुद्धि से स्वयं निर्णय करें और प्रेरणा प्राप्त करता रहे। इस प्रकार साकार व्यक्ति आधारित मानवता के सर्वोच्च संकट से उस व्यक्ति ने नई निराकार सिद्धान्त आधारित मानवता के उत्थान का मार्ग उपलब्ध कराया।

मानव समाज पर नौवां संकट काल वर्तमान से लगभग 2500 वर्ष पूर्व आया था जिसका कारण राजाओं का साम्राज्यवादी-प्रसारवादी व्यवहार था। इस समय मानव समाज जितना विकास करता वह अल्पसमय में एक राज्य से दूसरे राज्य में युद्ध करने में ही नष्ट हो जाता। सम्पूर्ण मानवता हिंसा से भर उठी थी। ऐसे में राजपरिवार का ही एक युवा व्यक्ति अपने परिवार तथा राज्य का त्याग कर अहिंसा का सन्देश दिया। तथा प्रजा को प्रेरित करने के लिए धर्म, संघ और बुद्धि के शरण में जाने की मूल शिक्षा दी। एक राजा के द्वारा इस युवा सन्यासी के सन्देश को स्वीकार कर शिष्य बन जाने से इस सन्यासी का प्रसार जितना हुआ उससे बहुत कम उसके विचारों का हुआ परिणामस्वरूप अल्पअवधि के लिए हिंसा भरे मानव समाज को थोड़ी राहत मिली और सभ्यता उत्थान की ओर अग्रसर हुई।

हे मानवों, मानव सभ्यता और मानवता के दसवें, अन्तिम तथा वर्तमान संकट का खुलासा हम इस पत्र में आगे करेंगे। यहाँ हम कुछ ऐसे रहस्यों का खुलासा करने जा रहे है। जो वर्तमान मानव के दृष्टि में परिवर्तन हाने मात्र के कारण उत्पन्न हुई है।

पाँचवें सकंट के समय तक भारत के मूल निवासी ही भारत की भूमि के अधिपति थे, परन्तु वे राज्य को कुशलता पूर्वक चलाने में असमर्थ होते जा रहे थे। इसी समय में हिमालय के उत्तर-पश्चिम क्षेत्र से भारत के बाहर के मनुष्यों का भारत में आगमन हुआ। इस समय भारत के मूल निवासी प्रकृति पूजक बहुदेववाद को मानती थी। भारत के बाहर से आये मनुष्यों ने भारत के मूल निवासियों के लिए राज्य प्रशासन में अपने ज्ञान-बुद्धि का प्रयोग कर एक अच्छे मार्गदर्शक का कार्य करते थे। प्रकृति के गुणों के आधार पर जब मनुष्यों का विभाजन हुआ तब भारत के मूल निवासी शूद्र वर्ग की योग्यता रखते थे। परन्तु ऐसा नही था कि भारत के बाहर से आये मनुष्य ब्राह्मण, क्षत्रिय, तथा वैश्य वर्ग में अर्थात् भारत के बाहर सभी उच्च वर्ग में तथा भारत के मूल निवासी सभी निम्न वर्ग में थे। परन्तु उनमें इसकी अधिकता थी। कालान्तर में ये वर्ग जन्म आधारित हो अनेक उपवर्गों -जातियों में विभाजित हो गयी। जिसका रूप वर्तमान में दिख रहा है। परन्तु आज भी यदि जन्म आधारित दृष्टि से हटकर गुण आधारित दृष्टि से देखोगे तो प्रत्येक वर्ग या जाति में प्रत्येक वर्ग के व्यक्ति दिखाई पड़ेंगे। भारत के बाहर के ये व्यक्ति ही आर्य कहलाये तथा कालान्तर में मानव सभ्यता में अनेक उत्थान-पतन से ये आर्य जाति और मूल भारतीय जाति इतने अधिक मिश्रित हुये कि वर्तमान में समग्र हिन्दू जाति ही आर्यों की मूल पहचान बन गयी। और अब सभी के लिए शस्त्र बल बढ़ाकर क्षत्रिय बनना, ज्ञान बल बढ़ाकर ब्राह्मण बनना तथा धन बल बढ़ाकर वैश्य बनाना खुला हुआ है, परन्तु जातियाँ इसके लिए प्रयत्न तो करे।

प्रकृति के तीन गुणों में से सर्वोच्च, शुद्ध और सर्वव्यापी गुण सत्व आधारित मानव वर्ग ही हम हैं। जन्म के समय हम आदर्श ब्राह्मण थे। हमारा कार्य ब्रह्माण्ड में सर्वव्यापी अटलनीय, अपरिवर्तनीय सत्य-सिद्धान्त और उसके अनुसार कर्म विधान की अनुभूति करना तथा राजा और राज्य के माध्यम से उसे प्रभावी बनाना था। बदले में राजा द्वारा हमें साधन-सुविधा प्राप्त होती थी। यही हमारा सम्पूर्ण जीवन था। इस क्रम में हम लोगों न सर्वव्यापी सत्य-सिद्धान्तों को संहिता रूप में लिखा जो बाद में विषयों आधारित विभक्त होकर चार वेद ऋगु, यजु, साम और अथर्वेद का रूप धारण किया। इसी प्रकार धर्म अनुष्ठान एवं पवित्र ग्रन्थो की व्याख्या से सम्बन्धित ग्रन्थ अरण्यक का सृजन हम लोगों ने किया। कालान्तर में जब राजाओं द्वारा यज्ञों से यथेष्ठ फल न प्राप्त होने की बुद्धि आयी तब क्षत्रिय राजाओं न स्वयं अपने कर्मों के अनुभव से दर्शन क्षेत्र में अपने बुद्धि को दिशा दी, जिसके फलस्वरूप अधिकतम उपनिषद् उन्होंने स्वयं लिखे जो बाद में भारतीय दर्शन का मुख्य आधार बनी। इस क्रम में हमलोगों ने वेदांग अर्थात् सूत्र साहित्य में 1. स्वर विज्ञान से सम्बन्धित शिक्षा 2. धर्मानुसार अर्थात् कल्प में चार वर्ग - श्रोत सूत्र (श्रोत यज्ञ से

सम्बन्धित), शुल्क सूत्र (यज्ञ स्थल तथा अग्निवेदी निर्माण तथा माप से सम्बन्धित जो आगे चलकर ज्योतिष का आधार बना) गृहय सूत्र (मानव जीवन से सम्बन्धित अनुष्ठान) तथा धर्म सूत्र (धार्मिक तथा अन्य प्रकार के नियम जो आगे चलकर भारतीय विधि का आधार बना) 3. व्याकरण 4. निरूक्त अर्थात् व्युत्पत्ति 5. छन्द 6. ज्योतिष की भी रचना की। मनुष्य को पुरूषार्थ करने के लिए- धर्म, अर्थ, काम, मोक्ष तथा आदर्श जीवन के लिए ब्रह्मचर्य, गृहस्थ, वानप्रस्थ तथा सन्यास आश्रम की व्यवस्था हम प्राचीन आदर्श ब्राह्मणों की ही देन है।

हे प्रिय मानवों हम प्राचीन आदर्श ब्राह्मण प्रत्येक विषय को चक्रीय रूप में देखते हैं और यह ज्ञान हमने भारत के मूल निवासी ऋषियों से ही प्राप्त किये जिसके आधार पर समस्त वैदिक साहित्य का विस्तार हुआ है। हम प्रचीन ब्राह्मण ईश्वरवादी है और ईश्वर को स्वीकारते थे परन्तु उस रूप में नहीं जिस रूप में वर्तमान समाज मानता है, वर्तमान समाज का ईश्वर, मूर्ति, जप, तप, व्रत, पर्व, त्यौहार इत्यादि तो हमारी अगली पीढ़ी ने अपने जीवकोपार्जन और ईश्वर की ओर आपको लाने के लिए तब बनायी, जब हमारे कर्मकण्डों को राजाओं और राज्यों का समर्थन मिलना बन्द हो गया। हम ईश्वर को निराकार सर्वव्यापी, सर्वशक्तिमान सत्य-सिद्धान्त के रूप में देखते हैं। तथा जो इसे अपने जीवन में धारण कर प्रत्यक्ष या अप्रत्यक्ष रूप से मानव सभ्यता और मानव उत्थान के लिए अगले चरण के रूप में कालानुसार प्रयोग करता हैं उसे साकार ईश्वर या अवतार कहे। इस प्रकार मानव सभ्यता और मानवता पर आये उपरोक्त वर्णित नौ सकंटों से उत्थान की ओर ले जाने वाले व्यक्तियों को हमने क्रमशः उनके गुणों के आधार पर तथा नाम से मत्स्य, कूर्म, वाराह, नृसिंह, वामन, परशुराम तथा राम को प्रत्यक्ष अंशावतार, श्री कृष्ण को व्याक्तिगत प्रमाणित प्रत्यक्ष एवं प्रेरक पूर्णावतार तथा भगवान बुद्ध को प्रेरक अंशावतार कहा और स्वीकार किया है। और जो भी ऐसा करेगा वह अवतार कहा ही जायेगा। सत्य कहूँ तो हम आदर्श ब्राह्मणों का वही प्रतिरूप होता है। और मात्र अवतार ही हमलोगों के समर्पण का कारण होता है। वही मात्र एक सर्वोच्च आदर्श ब्राह्मण होता है क्योंकि वही ब्रह्म है। यहाँ तक आने के लिए तुम्हें स्थूल शरीर, इन्द्रिय, प्राण, भाव, मन तथा सूक्ष्म बुद्धि को पार करना होगा। अर्थात् तुम्हारा मन इन सब विषयों में होते हुये भी इनसे मुक्त होना चाहिए। तभी तुम इन सबका संचालन कर सकते हो। अभी तो तुम इस क्रम में धीरे-धीरे बढ़ते हुए बुद्धि तक पहुँच रहे हो। मैं नहीं कह रहा कि तुम बुद्धिहीन हो, तुम्हारा कर्म कह रहा है। क्योंकि बुद्धि का अर्थ यह नहीं होता कि तुम स्थूल शरीर, इन्द्रिय, प्राण, भाव, मन की पूर्ति के लिए अपनी बुद्धि लगाओ। ऐसी बुद्धि क्षैतिज अर्थात् जीवन स्तर की बुद्धि कही जाती है। तुम्हें उध्व अर्थात् सामाजिक, राजनीतिक, राष्ट्रीय, वैश्विक स्तर की ओर बुद्धि खर्च करनी चाहिए। तभी तुम्हारा उत्थान हो सकता है। जब तुम सर्वोच्च और आत्मीय स्तर पर पहुँच जाओगे तो तुम ब्राह्मण, क्षत्रिय, वैश्य व शूद्र में आवश्यकतानुसार व समयानुसार परिवर्तित हो अभिनय करने में हमलोगों की भाँति कुशल हो जाओगे। क्योंकि यह एक पर एक आवरण की भाँति गुणों का संक्रमणीय, संग्रहणीय और गुणात्मक रूप है। अर्थात् शूद्र होने पर वैश्य के गुणों को नहीं समझा जा सकता। परन्तु वैश्य होने पर शूद्र के गुण को आसानी से समझा जा सकता है। इसी प्रकार क्षत्रिय होने पर वैश्य व शूद्र के गुणों को, ब्राह्मण होने पर क्षत्रिय, वैश्य व शूद्र के गुणों को तथा आदर्श ब्राह्मण अर्थात् ब्रह्म होने पर ब्राह्मण, क्षत्रिय, वैश्य व शूद्र के गुणों को आसानी से समझा जा सकता है। आदर्श ब्राह्मण अर्थात् ब्रह्म का अंश तो सभी में विद्यमान है परन्तु वह गुणों के आवरण से छिपा है। इन गुणों पर एक-एक कर नियंत्रण करते हुये आवरण हटाते जाओ अन्ततः तुम स्वयं को ब्रह्म रूप में देखोगे। तुम कहोगे इससे क्या होगा? तो हम यह स्पष्ट और सत्य रूप से कहते हैं कि तुम हम लोगों जैसे हो जाओगे और तुम्हारी बुद्धि क्षैतिज सहित उध्व हो जायेगी। तब तुम अपने वास्तविक अधिकार को प्राप्त कर पाओगे।

हे मानवों इस संसार में मानव शरीर से व्यक्त होने वाले व्यवहारों में असीम विभिन्नता और विचित्रता है। हमलोगों का प्रयत्न सत्य तथा लोककल्याण के स्थायी भाव को बनाये रखने के लिए विभिन्न रूपों से इस ओर मोड़ना तथा जोड़ना ही रहा है। इन मानव व्यवहारों के विचित्रताओं और विभिन्नताओं में कुछ तो ऐसे होते हैं जो अपनी ही इच्छा पर आजीवन संकल्पित रहते हैं। ये ऐसे होते हैं कि 'हम नहीं बदलेगे चाहे जमाना क्यों न बदल जाये' कुछ ऐसे होते हैं जो अपनी इच्छा की पूर्ति के लिए अनेकों प्रकार के अनैतिक कार्य करने से भी नहीं चूकते, चाहे उसका परिणाम अन्ततः दुःखदायी ही क्यों न हो। कुछ ऐसे होते हैं जो व्यक्तिगत स्तर पर आर्दश व्यक्ति के रूप में तो कुछ

समाजिक स्तर पर तो कुछ वैश्विक स्तर पर आर्दश के रूप में स्वयं को प्रस्तुत करते हैं। मनुष्य के इन विभिन्न व्यवहारों की क्रिया के रूप में समझने के लिए ही हमलोगों ने पुराणों की रचना की। जिससे मनुष्य अनेक प्रकार के व्यवहारों सहित समग्र ब्रह्माण्ड को एक साथ समझ सके और अपने व्यवहार को नियंत्रित कर सके। साथ ही स्वयं अपने व्यवहारों को समझे और उसके अनुसार व्यक्त हो सके। हे मानवों जगत् का सम्पूर्ण कल्याण स्वकल्याण में ही निहित है परन्तु जो स्व का अर्थ सिर्फ व्यक्तिगत समझते हैं वे ही व्यक्तिवादी असुरी प्रकृति के होते हैं तथा जो स्व का अर्थ सार्वमौभ, जिसमें वह स्वयं भी होता है, ऐसा समझते हैं वे दैवी समाजवादी प्रकृति के होते हैं। असुरी प्रवृत्तियाँ सिर्फ सीधी रेखा में सोचती ही जैसे - जन्म फिर मृत्यु जबकि दैवी प्रवृत्तियाँ चक्रीय रूप में अर्थात् जन्म फिर मृत्यु फिर जन्म इस प्रकार सोचती हैं। समस्त पुराणों की रचना दैवी प्रवृति की ही कृतियाँ हैं। जिसमें असुरों के आदर्श गुरू को शुक्राचार्य कहा गया है। जबकि देवताओं के आदर्श गुरू को गुरू बृहस्पति कहा गया। राजाओं के आदर्श राजा को इन्द्र कहा गया है। अन्य सभी ब्रह्माण्ड में उपलब्ध प्रभावकारी विषयों को देवताओं के रूप में कल्पना कर प्रक्षेपित किया गया है। जैसे - वायु देव, अग्नि देव, चन्द्र देव इत्यादि। इसी प्रकार आदर्श व्यक्ति चरित्र को ब्रहमा एवं परिवार तथा आदर्श सामाजिक व्यक्ति चरित्र अर्थात् व्यक्तिगत प्रमाणित आदर्श वैश्विक व्यक्ति चरित्र को विष्णु एवं परिवार तथा आदर्श वैश्विक व्यक्ति अर्थात् सार्वजनिक प्रमाणित आदर्श वैश्विक व्यक्ति चरित्र को शिव-शंकर एवं परिवार के रूप में प्रक्षेपित है। यहाँ ध्यान देने योग्य यह है कि आदर्श वैश्विक व्यक्ति चरित्र में आदर्श सामाजिक व्यक्ति चरित्र तथा आदर्श समाजिक व्यक्ति चरित्र में आदर्श व्यक्ति चरित्र समाहित है। इन आदर्श चरित्रों की इनकी गुणों के अनुसार इनके वस्त्र, शस्त्र, शास्त्र, वाहन इत्यादि भी प्रक्षेपित किये गये हैं। जो मात्र व्यक्तिगत प्रमाणित प्रतिकात्मक मानव रूप में प्रक्षेपण मात्र है न कि वास्तविकता के आधार रूप में। इन मानक आदर्श चरित्रों के पूर्ण या अंश रूप में जो भी मानव संसार में व्यक्त होता है उसे पुर्नजन्म या अंश या पूर्ण अवतार के रूप में स्वीकार किया जाता है। और चूंकि दैवी प्रवृत्तियाँ प्रत्येक वस्तु के पूर्व के भी एक अस्तित्व को स्वीकार करती हैं। इसलिए इन पुर्नजन्म या अंश या पूर्ण अवतारों को आदर्श मानक चरित्रों से जोड़कर अवतारी पुराण की रचना की जाती रही है। इस अनुसार उपरोक्त नौ अंश-पूर्ण अवतारों में दो - श्रीराम को ब्रह्मा का पूर्णावतार तथा श्री कृष्ण को विष्णु का पूर्णावतार कहा गया जबकि शेष सात (मत्स्य, कूर्म, वाराह, नृसिंह, वामन, परशुराम तथा बुद्ध), ईश्वर (सत्य-सिद्धान्त) के अंशावतार के रूप में स्वीकार किये गये हैं।

हे मानवों शास्त्र रचनाकार को व्यास उपाधि से पुकारा जाता है। व्यास कितने दिव्य और दूर द्रष्टा रहे होंगे, इस पर विचार करना आवश्यक है क्योंकि अन्ततः हम सभी के विचारों का निर्माण विचारों को ही पढ़कर या सुनकर ही होता रहा है और अनुभव द्वारा उसकी पुष्टि की जाती रही है। व्यास रचित पुराणों में कुल 24 (1. श्री सनकादि, 2. वराहावतार, 3. नारद मुनि, 4. नर-नारायण, 5. कपिल, 6. दत्तात्रेय, 7. यज्ञ, 8. ऋषभदेव, 9. पृथु, 10. मत्स्यावतार, 11. कूर्म, 12. धन्वन्तरि, 13. मोहिनी, 14. हयग्रीव, 15. नृसिंह, 16. वामन, 17. गजेन्द्रोधारावतार, 18. परशुराम, 19. वेदव्यास, 20. हन्सावतार, 21. राम, 22. कृष्ण, 23. बुद्ध, 24. कल्कि) अवतार जिसमें मुख्य 10 (मत्स्य, कूर्म, वाराह, नृसिंह, वामन, परशुराम, राम, कृष्ण, बुद्ध और कल्कि) अवतार का ही विवरण है। दोनों में अन्तिम, कल्कि अवतार ही हैं। तो क्या अन्तिम अवतार के बाद अवतारी श्रृंखला का कार्य समाप्त हो जायेगा? और यदि यह सत्य होता है तब व्यास के उस अवतारी श्रृंखला के गणित को आप लोग क्या कहोगे? इसे जानने के लिए मानव सभ्यता के उस अन्तिम संकट को पहचानना होगा जो अन्तिम अवतार का कार्य होगा। यह अन्तिम अवतार ही सार्वजनिक प्रमाणित आदर्श वैश्विक व्यक्ति चरित्र और शिव-शंकर के पूर्णावतार के रूप में होगा। क्योंकि कालक्रम में ब्रह्मा के पूर्णावतार के रूप में श्रीराम तथा विष्णु का पूर्णावतार के रूप में श्रीकृष्ण का अवतरण हो चुका है।

मानव सभ्यता पर दसवाँ और अन्तिमं संकट काल स्वयं मानवों द्वारा ही उत्पन्न हो गया था जिसका ज्ञान स्वयं मानवों को भी नहीं था। इस संकट को समझने के लिए एक सत्य-प्रत्यक्ष वृतान्त उदाहरणस्वरूप लिख रहा हूँ-

मैं जब भी हाबड़ा (पश्चिम बंगाल) जाता हूँ तब दो स्थानों पर अवश्य जाता हूँ। पहला राम कृष्ण मिशन, बेलूड़ मठ और दूसरा वनस्पति उद्यान (बोटेनिकल गार्डन)। यहाँ कुल अब तक तीन बार, सन् 1984 (कालेज शैक्षणिक यात्रा), सन् 1987 (स्वयं) और सन् 2010 (स्वयं) में जा चुका हूँ। राम कृष्ण मिशन, बेलूड़ मठ इसलिए जाता हूँ क्योंकि वहाँ से सर्वोच्च "आध्यात्मिक सत्य" की अनुभूति कर सकूँ, उस मन स्तर से स्वयं का योग करा सकूँ। वनस्पति उद्यान (बोटेनिकल गार्डन) इसलिए जाता हूँ क्योंकि वहाँ एक वट वृक्ष है जिसे बिग बनियान ट्री (Big Banyan Tree) कहते हैं, यहाँ बैठकर मैं संसार की संरचना, तन्त्र और उसके संगठन से स्वयं का महायोग कराता हूँ। इन दोनों के कारण स्वयं को मैं सार्वभौम का एक इकाई होते भी, स्वयं को सार्वभौम ही अनुभव करता हूँ और यह सतत मेरे अन्दर प्रवाहित होता रहता है।

बड़ा वट वृक्ष (Big Banyan Tree), सैकड़ों वर्ष पुराना एक विशाल क्षेत्र में फैला वट वृक्ष है। जिसका मूल वृक्ष अब अस्तित्व में नहीं है उसके तनों से निकले सैंकड़ों जड़ वर्तमान में स्वयं एक वृक्ष, फिर उनके तनों से निकले सैंकड़ों जड़ भी वर्तमान में एक-एक वृक्ष के रूप में स्थापित हैं और सभी एक-दूसरे से जुड़े हुये हैं, बस जो नहीं है, वह है मूल वृक्ष। इस प्रकार सम्पूर्ण वृक्ष परिवार एक बड़े क्षेत्र में फैल चुका है और निरन्तर जारी भी है। प्रत्येक स्वयं स्वतन्त्र वृक्ष के रूप में स्थापित वृक्ष का अपने परिवार के रूप में तना, पत्ता, फूल और फल सब निकलते रहते हैं और जिसे जहाँ अर्थात् नजदीकी स्रोत से सुविधा अर्थात् खुराक मिल सकता हैं वहाँ से प्राप्त करते हुये विकास कर रहे हैं। इस कार्य में आपस में कोई विवाद नहीं है। कोई किसी पर अधिपत्य जमाना नहीं चाहता, ना ही अन्य के विकास में कोई बाधा पहुँचाता है। जिसको जिस ओर उचित वातावरण मिलता जाता है, उस ओर वह विकास कर रहा है। कुल मिलाकर स्व प्रेरित सुशासन की भाँति संचालित है। इस वट वृक्ष के सबसे बाद अर्थात् वर्तमान के तनों-पत्तों के लिए उसका जन्मदाता व पालनकर्ता के रूप में उसका नजदीकी जड़ ही है इसलिए उसकी कथा-कहानी वहीं से शुरू होती है और वहीं तक उसका ज्ञान है जो एक संकुचित और सीमित ज्ञान है। वह पूर्ण को नहीं जान रहा, उसका पूर्णत्व, सार्वभौम पूर्णत्व नहीं बल्कि सीमित पूर्णत्व है। सीमित पूर्णत्व में भी वह आनन्द में हैं और विकासशील है। उसका विकास होना सार्वभौम का ही विकास होना है परन्तु उसे उसका ज्ञान नहीं है और वह उस सार्वभौम के विकास में अपने योगदान को करते हुये भी स्वयं को गौरवान्वित नहीं अनुभव कर रहा है। सार्वभौम से युक्त होने के बाद भी उसे अपने परिवार से ही जुड़ा रहना उसकी विवशता भी है और इसके अलावा कोई अन्य मार्ग भी नहीं हैं। उसके सार्वभौम का मार्ग भी उसके अपने परिवार के ही मार्ग से होकर जाता है। वृक्ष के साथ यह मजबूरी भी है कि क्योंकि वह स्थिर है इसलिए उसका छोटा परिवार केवल पड़ोस तक के ही दायरे के सम्पर्क में है। दूसरे छोर के परिवार का क्या हाल है उसे कुछ नहीं पता।

हे मानवों, ये संसार भी उपरोक्त वट वृक्ष के सामन ही फैला हुआ है। परन्तु उस भाँति विकास नहीं कर रहा है। मनुष्य के अन्दर बीमारी की भाँति अधिकतम "शक्ति और लाभ (पावर और प्राफिट)" की दौड़ ने उसे अधिपत्य, अत्याचार, दूसरे को दबाना इत्यादि से युक्त कर दिया है। और जो इस दौड़ में नहीं हैं वे सीमित पूर्णत्व में आनन्द के साथ विकासशील हैं। उन्हें और भी तेज विकास की इच्छा है परन्तु उनके बुद्धि का दायरा ही सीमित है इसलिए उन्हें मार्ग नहीं मिल रहा है। यदि उनको मार्ग भी मिल रहा हो तो वट वृक्ष की भाँति उसके नजदीकी जन्मदाता ने उसे यह बता रखा है कि जब उस सार्वभौम का मार्ग मेरे ही रास्ते से जाता है तो जो मैं कह रहा हूँ उसे करो। और इसके लिए वे अपने परिवार के लिए अनेक प्रकार की प्रणाली दे रखे हैं। जबकि ये प्रणाली देने वाले उनके नजदीकी जन्मदाता स्वयं कहाँ से आये हैं स्वयं उन्हे भी नहीं पता। क्योंकि वे स्वयं भी उस वट वृक्ष के खो गये मूल जड़ की तरह अपने मूल जड़ को नहीं जानते। वे भी अपने नजदीकी जन्मदाता का ही अनुसरण कर रहे होते हैं। ये प्रणालीयाँ अनेक प्रकार की हैं उदाहरणस्वरूप कुछ मुख्य निम्नवत् हैं-

1. उनके द्वारा प्रस्तुत कुछ पुस्तकें होती हैं जिन्हें नियमानुसार प्रतिदिन पढ़ना होता है। पढ़ने के पूर्व शुद्धता की भी प्रक्रिया अनिवार्य होती है अन्यथा पुस्तकें परिणाम नहीं दे पायेंगी, ये भी शर्त होती हैं।
2. उनके द्वारा भोजन से सम्बन्धित कुछ नियम बना दिये जाते हैं कि क्या खाना है और क्या नहीं खाना है।
3. उनके द्वारा कोई मन्त्र दे कर उसे नियमानुसार जपने के लिए दे दिया जाता है।

4. उनके द्वारा किसी यन्त्र-तन्त्र द्वारा समस्या मुक्ति का उपाय बता दिया जाता है।
5. उनके द्वारा किसी विशेष प्रकार के रंग और ढ़ग के वस्त्र निर्धारित कर दी जाती है जिससे उनकी पहचान एक अलग रूप में हो। अर्थात् समाज का एक और विभाजन कर उसे प्रस्तुत कर देते हैं।

सामान्य रूप से सभी द्वारा अनिवार्य रूप से ये भी निर्धारित कर दी जाती है कि किसी दूसरे के नियमों को न तो जानना है, न सुनना है, न पढ़ना है और न ही उसमें शामिल होना है। अर्थात् एक गतिशील प्राणी मनुष्य को जिसे सदैव श्रेष्ठ से, श्रेष्ठतम और सर्वोच्च तक उठने-विकास करने के लिए निर्मित किया गया था, उसे एक सीमित दायरे में बुद्धिबद्ध कर दिया गया। मनुष्य जिसका निर्माण अपनी मस्तिष्क को असीम क्षमता को विकसित कर ईश्वर रूप में व्यक्त होना था, उसे जड़ (स्थिर) बना दिया गया।

हे मानवों, मनुष्यों की सबसे बड़ी कमजोरी "स्वयं में गुणों का विकास कर स्वयं बन जाने या हो जाने" में नहीं बल्कि "पाने" की इच्छा है। इस पाने की इच्छा की कमजोरी का परिणाम ही है उपरोक्त अनेक प्रकार के बुद्धिबद्ध करने की विधियाँ।

हे मानवों, उपरोक्त के पृष्ठभूमि में उनका उद्देश्य केवल अपने स्वार्थ की पूर्ति के सिवाय कुछ नहीं होता। क्योंकि मार्गदर्शक या प्रेरक या शिक्षक का उद्देश्य स्वयं से श्रेष्ठ मानव का निर्माण होता है न कि सदैव जीवन भर एक ही प्रणाली या प्रक्रिया या कक्षा में पढ़ते-दुहराते रहने के लिए विवश करना। उपरोक्त के पृष्ठभूमि में शारीरिक-आर्थिक-मानसिक शोषण का ही कार्य विभिन्न प्रकार से चल रहा है। कोई अपने कृषि कार्य को मुफ्त में हल करवा रहा है, तो कोई अपने नाम के उत्पादों को सिर्फ उन्हें ही खरीदने के लिए बुद्धिबद्ध कर दिया है।

हे मानवों, इन सबको आस्था का व्यापार कहते हैं। जबकि मैं देख रहा हूँ कि प्रत्येक संस्कारित करने की क्रिया जो उस काल के लिए आस्था का विषय था। उसके अगले काल के लिए संस्कारित करने की नयी क्रिया उपलब्ध हो जाने के बावजूद, मानव शरीर पिछले काल के संस्कारित करने वाली क्रिया के प्रति आस्था रखते हुये मूर्खता का स्पष्ट प्रदर्शन कर रहा है। सभी कालों में, सभी संस्कारित करने की क्रियाओं में मैं (सार्वभौम आत्मा) ही आस्था का विषय था परन्तु क्रिया के प्रति आस्था रखना मूर्खता का स्पष्ट प्रमाण ही तो है। चाहे वह व्यक्तिगत इच्छा से हो या सामाजिक प्रदर्शन की इच्छा से। इन समस्त संस्कारित करने के क्रिया के पीछे जो रहस्य आज तक गोपनीय था उसे मैंने तुम्हारें समक्ष सार्वजनिक प्रकाशित कर दिया है। अब कुछ भी गोपनीय नहीं। बावजूद इसके प्रत्येक मनुष्य अपनी मूर्खता रूपी आस्था को प्रदर्शित करने के लिए स्वतन्त्र है। परन्तु वह मुझ (सार्वभौम आत्मा) को प्राप्त नहीं कर सकता। हे मानवों, ईश्वर बहुमत से नहीं निर्धारित किया जाता इसलिए ही उसे अनिवर्चनीय कहा गया है। किसी भी वस्तु के प्रति आस्था के विकास से और समस्त मानवों को उसके प्रति आस्थावान् बना देने से वह वस्तु गुण प्रकट कर वैसा नहीं बन सकती जैसा आप उम्मीद करते हो।

हे मानवों, एक तरह से देखा जाये तो उपरोक्त व्यवस्था से कोई समस्या है ही नहीं क्योंकि जिसकी इच्छा जहाँ से पूर्ति हो रही है और विकास का मार्ग मिल रहा है, वह वहाँ से जुडा हुआ है। इसलिए मानव सभ्यता पर आया यह दसवाँ और अन्तिम संकट, संकट होते हुये भी संकट जैसा नहीं दिखता। इस व्यवस्था से हमें कोई समस्या भी नहीं है। समस्या ये है कि धर्म को जिस उद्देश्य के लिए निर्मित किया गया था वही धर्म, संकट में है। यह धर्म ही उस वट वृक्ष का मूल है, सार्वभौम है, समष्टि है। इसके ज्ञान से युक्त दोनों को अर्थात् विशाल संसार रूपी वट वृक्ष के छोटे-छोटे परिवार के नेतृत्वकर्ता मुखिया सहित उसके सदस्यों को होना आवश्यक है। तभी परिवार के नेतृत्वकर्ता मुखिया द्वारा बनाये गये उपरोक्त प्रणाली-नियम परिणाम-फल दे पायेंगे जिसकी इच्छा परिवार के सदस्य करते हैं।

हे मानवों, अब सार्वजनिक प्रमाणित आदर्श वैश्विक व्यक्ति चरित्र और शिव-शंकर के पूर्णावतार के रूप में होने वाले अन्तिम अवतार के स्वरूप को समझते हैं जिनसे संकट में पड़े धर्म का उत्थान होना है-

इस क्रम में पहले शिव-शंकर के रूप को समझते हैं। फिर अन्तिम अवतार के लिए बचे शेष कार्य को भी समझेंगे। शिव-शंकर अवतार के आठ रूप और उनके अर्थ निम्नवत हैं-

1. शर्व- सम्पूर्ण पृथ्वी को धारण कर लेना अर्थात् पृथ्वी के विकास या सृष्टि कार्य में इस रूप को पार किये बिना सम्भव न होना।
2. भव- जगत को संजीवन देना अर्थात् उस विषय को देना जिससे जगत संकुचित व मृत्यु को प्राप्त होने न पाये।
3. उग्र- जगत के भीतर और बाहर रहकर श्री विष्णु को धारण करना अर्थात् जगत के पालन के लिए प्रत्यक्ष या प्रेरक कर्म करना।
4. भीम- सर्वव्यापक आकाशात्मक रूप अर्थात् आकाश की भाँति सर्वव्यापी अनन्त ज्ञान जो सभी नेतृत्व विचारों को अपने में समाहित कर ले।
5. पशुपति- मनुष्य समाज से पशु प्रवृत्तियों को समाप्त करना अर्थात् पशु मानव से मनुष्य को उठाकर ईश्वर मानव की ओर ले जाना। दूसरे रूप में जीव का शिव रूप में निर्माण।
6. ईशान- सूर्य रूप से दिन में सम्पूर्ण संसार में प्रकाश करना अर्थात् ऐसा ज्ञान जो सम्पूर्ण संसार को पूर्ण ज्ञान से प्रकाशित कर दे।
7. महादेव- चन्द्र रूप से रात में सम्पूर्ण संसार में अमृत वर्षा द्वारा प्रकाश व तृप्ति देना अर्थात् ऐसा ज्ञान जो संसार को अमृतरूपी शीतल ज्ञान से प्रकाशित कर दे।
8. रूद्र- जीवात्मा का रूप अर्थात् शिव का जीव रूप में व्यक्त होना।

शिव-शंकर देवता व दानव दोनों के देवता हैं जबकि श्री विष्णु सिर्फ देवताओं के देवता हैं। अर्थात् शिव-शंकर जब रूद्र रूप की प्राथमिकता में होंगे तब उनके लिए देवता व दानव दोनो प्रिय होंगे लेकिन जब उग्र रूप की प्राथमिकता में होंगे तब केवल देवता प्रिय होंगे। अर्थात् शिव-शंकर का पूर्णवतार इन आठ रूपों से युक्त हो संसार का कल्याण करते हैं।

हे मानवों, अब सार्वजनिक प्रमाणित आदर्श वैश्विक व्यक्ति चरित्र और शिव-शंकर के पूर्णावतार के रूप में होने वाले अन्तिम अवतार के कार्य को समझते हैं जिनसे संकट में पड़े धर्म का उत्थान होना है-

ईश्वर (सार्वभौम सत्य-सिद्धान्त) के दसवें और अन्तिम अवतार के समय तक राज्य और समाज स्वतः ही प्राकृतिक बल के अधीन कर्म करते-करते सिद्धान्त प्राप्त करते हुए पूर्ण गणराज्य की ओर बढ़ रहा था परिणामस्वरुप गणराज्य का रुप होते हुए भी गणराज्य सिर्फ राज्य था और एकतन्त्रात्मक अर्थात् व्यक्ति समर्थक तथा समाज समर्थक दोनों की ओर विवशतावश बढ़ रहा था।

भारत में निम्लिखित रुप व्यक्त हो चुका था।
1. ग्राम, विकास खण्ड, नगर, जनपद, प्रदेश और देश स्तर पर गणराज्य और गणसंघ का रुप।
2. सिर्फ ग्राम स्तर पर राजा (ग्राम व नगर पंचायत अध्यक्ष) का चुनाव सीधे जनता द्वारा।
3. गणराज्य को संचालित करने के लिए संचालक का निराकार रुप- संविधान।
4. गणराज्य के तन्त्रों को संचालित करने के लिए तन्त्र और क्रियाकलाप का निराकार रुप-नियम और कानून।
5. राजा पर नियन्त्रण के लिए ब्राह्मण का साकार रुप- राष्ट्रपति, राज्यपाल, जिलाधिकारी इत्यादि।

विश्व स्तर पर निम्नलिखित रुप व्यक्त हो चुका था।
1. गणराज्यों के संघ के रुप में संयुक्त राष्ट्र संघ का रुप।
2. संघ के संचालन के लिए संचालक और संचालक का निराकार रुप- संविधान।
3. संघ के तन्त्रों को संचालित करने के लिए तन्त्र और क्रियाकलाप का निराकार रुप- नियम और कानून।
4. संघ पर नियन्त्रण के लिए ब्राह्मण का साकार रुप-पाँच वीटो पावर।
5. प्रस्ताव पर निर्णय के लिए सदस्यों की सभा।
6. नेतृत्व के लिए राजा- महासचिव।

जिस प्रकार आठवें अवतार द्वारा व्यक्त आत्मा के निराकार रुप "गीता" के प्रसार के कारण आत्मीय प्राकृतिक बल सक्रिय होकर गणराज्य के रुप को विवशतावश समाज की ओर बढ़ा रहा था उसी प्रकार अन्तिम

अवतार द्वारा निम्नलिखित शेष समष्टि कार्य पूर्ण कर प्रस्तुत कर देने मात्र से ही विवशतावश उसके अधिपत्य की स्थापना हो जाना है।

1. गणराज्य या लोकतन्त्र के सत्य रुप- गणराज्य या लोकतन्त्र के स्वरुप का अन्तर्राष्ट्रीय/ विश्व मानक।
2. राजा और सभा सहित गणराज्य पर नियन्त्रण के लिए साकार ब्राह्मण का निराकार रुप- मन का अन्तर्राष्ट्रीय/ विश्व मानक।
3. गणराज्य के प्रबन्ध का सत्य रुप- प्रबन्ध का अन्तर्राष्ट्रीय/ विश्व मानक।
4. गणराज्य के संचालन के लिए संचालक का निराकार रुप- संविधान के स्वरुप का अन्तर्राष्ट्रीय/ विश्व मानक।
5. साकार ब्राह्मण निर्माण के लिए शिक्षा का स्वरुप- शिक्षा पाठ्यक्रम का अन्तर्राष्ट्रीय/ विश्व मानक।

इस समष्टि कार्य द्वारा ही काल व युग परिवर्तन होगा न कि सिर्फ चिल्लाने से कि "सतयुग आयेगा", "सतयुग आयेगा" से। यह समष्टि कार्य जिस शरीर से सम्पन्न होगा वही अन्तिम अवतार के रूप में व्यक्त होगा। धर्म में स्थित वह अवतार चाहे जिस सम्प्रदाय (वर्तमान अर्थ में धर्म) का होगा उसका मूल लक्ष्य यही शेष समष्टि कार्य होगा और स्थापना का माध्यम उसके सम्प्रदाय की परम्परा व संस्कृति होगी।

हे मानवों, उपरोक्त कार्य ही उस एक मात्र शेष अन्तिम अवतार का कार्य है और जो उपरोक्त कार्य को पूर्ण करेगा वह कल्कि अवतार के नाम से जाना जायेगा। हे मानवों उपरोक्त कार्य ही शेष ईश्वर के लिए कार्य है और मनुष्य के लिए चुनौति।

इस क्रम में मैं लव कुश सिंह "विश्वमानव" अपने "विश्वशास्त्र" से उपरोक्त कार्य को पूर्ण करने के लिए और स्वयं को धर्म मार्ग से अनिर्वचनीय कल्कि महाअवतार भोगेश्वर के रूप में तथा भारतीय लोकतान्त्रिक गणराज्य मार्ग से "भारत रत्न" के रूप में स्थापित करने के लिए एक मार्ग-एक प्रारूप प्रस्तुत किया हूँ जो अपने युग-समय में पहला प्रारूप है। इस प्रारूप "विश्वशास्त्र" के धर्मक्षेत्र से 90 नाम और धर्मनिरपेक्ष या सर्वधर्मसमभाव क्षेत्र से 141 नाम देने के बाद भी इस प्रारूप का नाम "ब्रह्माण्डशास्त्र" नहीं रखा। मनुष्यों के लिए यह चुनौति है कि वे "ब्रह्माण्डशास्त्र" की रचना कर मेरे प्रारूप "विश्वशास्त्र" को गलत या संकुचित सिद्ध कर मुझे अनिर्वचनीय कल्कि महाअवतार भोगेश्वर की योग्यता से वंचित कर दे। हे मानवों अगर आप ऐसा कर पाओं तो मेरे लिए मेरे द्वारा उत्पन्न किये गये अनन्त कृतियों में सबसे सम्मान के योग्य मानव नाम की कृति ही अन्तिम रूप से सर्वश्रेष्ठ होगी अन्यथा "विश्वशास्त्र" से मैं तुम्हारे अन्दर प्रवेश कर तुम में से ही स्वयं को प्रकट करूँगा।

हे मानवों, इन रहस्यों के खोलने के प्रति मेरा उद्देश्य क्या है? यह उद्देश्य सरल है क्योंकि एक सरल, साधारण, अघोर का उद्देश्य कभी भी कठीन, असाधारण और घोर नहीं हो सकता। साधारण सी बात है- प्रत्येक वस्तु स्वयं अपने जैसा ही निर्माण, उत्पादन या प्रजनन करती है। इस क्रम में ईश्वर भी स्वयं जैसा ईश्वर का ही निर्माण, उत्पादन या प्रजनन करेगा, न कि मूर्ख, अज्ञानी, बुद्धिबद्ध और गुलाम मनुष्य का। मात्र एक विचार- "ईश्वर ने इच्छा व्यक्त की कि मैं एक हूँ, अनेक हो जाऊँ" और "सभी ईश्वर हैं", यह प्रारम्भ और अन्तिम लक्ष्य है। मनुष्य की रचना "पावर और प्राफिट (शक्ति और लाभ)" के लिए नहीं बल्कि असीम मस्तिष्क क्षमता के विकास के लिए हुआ है। फलस्वरूप वह स्वयं को ईश्वर रूप में अनुभव कर सके, जहाँ उसे किसी गुरू की आवश्यकता न पड़ें, वह स्वंयभू हो जाये, उसका प्रकाश वह स्वयं हो। एक गुरू का लक्ष्य भी यही होता है कि शिष्य मार्गदर्शन प्राप्त कर गुरू से आगे निकलकर, गुरू तथा स्वयं अपना नाम और कृति इस संसार में फैलाये, ना कि जीवनभर एक ही कक्षा में (गुरू में) पढ़ता रह जाये। एक ही कक्षा में जीवनभर पढ़ने वाले को समाज क्या नाम देता है, समाज अच्छी प्रकार जानता है और आपलोग खुद स्वयं भी जातने हैं। "विश्वशास्त्र" से कालक्रम को उसी मुख्यधारा में मोड़ दिया गया है। एक शास्त्राकार, अपने द्वारा व्यक्त किये गये पूर्व के शास्त्र का उद्देश्य और उसकी सीमा तो बता ही सकता है परन्तु व्याख्याकार ऐसा नहीं कर सकता।

स्वामी विवेकानन्द जी कहते हैं- "हम गुरु के बिना कोई ज्ञान प्राप्त नहीं कर सकते। अब बात यह है कि यदि मनुष्य, देवता अथवा कोई स्वर्गदूत हमारे गुरु हो, तो वे भी तो ससीम हैं, फिर उनसे पहले उनके गुरु कौन थे? हमें मजबूर होकर यह चरम सिद्धान्त स्थिर करना ही होगा कि एक ऐसे गुरु हैं जो काल के द्वारा सीमाबद्ध या

अविच्छिन्न नहीं हैं। उन्हीं अनन्त ज्ञान सम्पन्न गुरु को, जिनका आदि भी नहीं और अन्त भी नहीं, ईश्वर कहते हैं। (राजयोग, रामकृष्ण मिशन, पृष्ठ-134)

चाँद की ओर ईशारा करने वाले की उँगली की ओर नहीं, चाँद की ओर देखा जाता है। और चाँद को पकड़ा जाता है न कि उँगली दिखाने वाले को।

हे मानवों, यह भाव हमारे मन में क्यों आया? यह भाव हमारे मन में आने का कारण हृदय की विशालता है। हम अब अपने द्वारा निर्मित उत्पादों को, अब और अधिक समय तक कबाड़ के रूप में न तो रख सकते हैं और ना ही देखना चाहते हैं। अब सभी को हम स्वयं जैसा पूर्ण देखना चाहते हैं।

हे मानवों, हम लोगों की उत्पत्ति कैसे हुई? हमारी उत्पत्ति ज्ञान से हुई है। जिन्हें ज्ञान है वही अपने आप को संघर्ष में पाते हैं और सर्वश्रेष्ठता के लिए कर्मशील हैं। शेष सभी तो प्रकृति के अनुसार आते-जाते रहते हैं। इस ज्ञान को ही ब्रह्म कहते हैं। देवता रूप में इस ज्ञान को ब्रह्मा के रूप में प्रक्षेपित किया गया है। यह ज्ञान जिस-जिस अंगो द्वारा प्राथमिकता से अनुभव में आता है उतने प्रकार के मानव अपने-आप को उत्पन्न समझते हैं। पुराण रचनाकार महर्षि व्यास ने ब्रह्मा अर्थात् ज्ञान के पुत्रों का प्रक्षेपण किये हैं। ब्रह्मा के 10 मानस पुत्रों 1. मन (विचार से ज्ञान प्राप्त करने वाले) से मरीचि, 2. नेत्रों (देखकर ज्ञान प्राप्त करने वाले) से अत्रि, 3. मुख (वाणी से ज्ञान प्राप्त करने वाले) से अंगिरा, 4. कान (सुन कर ज्ञान प्राप्त करने वाले) से पुलस्त्य, 5. नाभि (केन्द्र से ज्ञान प्राप्त करने वाले) से पुलह, 6. हाथ (कर्म से ज्ञान प्राप्त करने वाले) से कृतु, 7. त्वचा (स्पर्श से ज्ञान प्राप्त करने वाले) से भृगु, 8. प्राण (श्वास से ज्ञान प्राप्त करने वाले) से वशिष्ठ, 9. अँगूठे (आत्मा से ज्ञान प्राप्त करने वाले) से दक्ष तथा 10. गोद (प्रेम से ज्ञान प्राप्त करने वाले) से नारद उत्पन्न हुये। ये दस प्रकार ज्ञान से उत्पन्न है और इतने प्रकार के मानव निर्मित होकर संसार में विचरण कर रहे हैं। इसे ये न समझना चाहिए कि मन या नेत्र इत्यादि से कैसे ब्रह्मा ने अपने पुत्रों को उत्पन्न किया? चूंकि शरीर का अस्तित्व अस्थायी है इसलिए विचार के आधार पर ये मनुष्य के वर्ग या श्रेणी का निर्धारण है। हमारे द्वारा इतने वर्गों अर्थात् परिवार को उत्पन्न करने के बाद स्वयं को सर्वश्रेष्ठ और मूल सिद्ध करते रहना भी हमारी ही जिम्मेदारी और कर्तव्य है ताकि हमारा परिवार एक संयुक्त परिवार के रूप में प्रकाशित हो।

हे मानवों, हमने अपने अधिपत्य के लिए क्या-क्या किया? हे मानवों हमने अपने अधिपत्य के लिए सदैव साम-दाम-दण्ड-भेद की विधि से निम्नलिखित गुणों को समय-समय पर प्रेम से मानव मस्तिष्क में स्थापित किया और करता रहूँगा और अन्त में इसे मानवों को स्वेच्छा से स्वीकार करने पर विवश भी कर दूँगा-

01. मुख्य-गुण सिद्धान्त - इसमें धारा के विपरीत दिशा (राधा) में गति करने का विचार-सिद्धान्त मानव मस्तिष्क में डाला गया।

02. मुख्य-गुण सिद्धान्त - इसमें सहनशील, शांत, धैर्यवान, लगनशील, दोनों पक्षों के बीच मध्यस्थ की भूमिका वाला गुण (समन्वय का सिद्धान्त) का विचार-सिद्धान्त मानव मस्तिष्क में डाला गया।

03. मुख्य-गुण सिद्धान्त - इसमें सूझ-बुझ, सम्पन्न, पुरूषार्थी, धीर-गम्भीर, निष्कामी, बलिष्ठ, सक्रिय, शाकाहारी, अहिंसक और समूह प्रेमी, लोगों का मनोबल बढ़ाना, उत्साहित और सक्रिय करने वाला गुण (प्रेरणा का सिद्धान्त) का विचार-सिद्धान्त मानव मस्तिष्क में डाला गया।

04. मुख्य-गुण सिद्धान्त - प्रत्यक्ष रूप से एका-एक लक्ष्य को पूर्ण करने वाले (लक्ष्य के लिए त्वरित कार्यवाही का सिद्धान्त) का विचार-सिद्धान्त मानव मस्तिष्क में डाला गया।

05. मुख्य-गुण सिद्धान्त - भविष्य दृष्टा, राजा के गुण का प्रयोग करना, थोड़ी सी भूमि पर गणराज्य व्यवस्था की स्थापना व व्यवस्था को जिवित करना, उसके सुख से प्रजा को परिचित कराने वाले गुण (समाज का सिद्धान्त) का विचार-सिद्धान्त मानव मस्तिष्क में डाला गया।

06. मुख्य-गुण सिद्धान्त - गणराज्य व्यवस्था को ब्रह्माण्ड में व्याप्त व्यवस्था सिद्धान्तों को आधार बनाने वाले गुण और व्यवस्था के प्रसार के लिए योग्य व्यक्ति को नियुक्त करने वाले गुण (लोकतन्त्र का सिद्धान्त और उसके प्रसार के लिए योग्य उत्तराधिकारी नियुक्त करने का सिद्धान्त) का विचार-सिद्धान्त मानव मस्तिष्क में डाला गया।

07. मुख्य-गुण सिद्धान्त - आदर्श चरित्र के गुण के साथ प्रसार करने वाला गुण (व्यक्तिगत आदर्श चरित्र के आधार पर विचार प्रसार का सिद्धान्त) का विचार-सिद्धान्त मानव मस्तिष्क में डाला गया।

08. मुख्य-गुण सिद्धान्त - आदर्श सामाजिक व्यक्ति चरित्र के गुण, समाज में व्याप्त अनेक मत-मतान्तर व विचारों के समन्वय और एकीकरण से सत्य-विचार के प्रेरक ज्ञान को निकालने वाले गुण (सामाजिक आदर्श व्यक्ति का सिद्धान्त और व्यक्ति से उठकर विचार आधारित व्यक्ति निर्माण का सिद्धान्त) का विचार-सिद्धान्त मानव मस्तिष्क में डाला गया।

09. मुख्य-गुण सिद्धान्त - प्रजा को प्रेरित करने के लिए धर्म, संघ और बुद्धि के शरण में जाने का गुण (धर्म, संघ और बुद्धि का सिद्धान्त) का विचार-सिद्धान्त मानव मस्तिष्क में डाला गया।

10. मुख्य-गुण सिद्धान्त - आदर्श मानक सामाजिक व्यक्ति चरित्र समाहित आदर्श मानक वैश्विक व्यक्ति चरित्र अर्थात् सार्वजनिक प्रमाणित आदर्श मानक वैश्विक व्यक्ति चरित्र का विचार-सिद्धान्त मानव मस्तिष्क में डालने का काम वर्तमान है और वो अन्तिम भी है।

हे मानवों, अब स्थिति क्या है तथा भाविष्य में काल की गति किस ओर जा रही है? हे मानवों अब स्थिति यह है कि हमें आपके परम प्रिय सिद्धान्त "शक्ति और लाभ (पावर और प्राफिट)" से कोई असहमति नहीं हैं बल्कि यह आपमें कुछ करने की प्रवृत्ति का महान गुण हैं। इसका प्रकाश आप में सदैव जलते रहना चाहिए। काल की गति इस प्रकाश को कैसे सफलतापूर्वक प्राप्त किया जा सकता है उस ज्ञान को ग्रहण करके उस अनुसार कार्य करने की ओर जा रही है अर्थात् ज्ञान युग की ओर जा रही है। और मस्तिष्क का विकास ही इसका मार्ग है। भविष्य का समय ऐसे ही मानवों के स्वागत की प्रतीक्षा कर रहा है।

विश्व शान्ति का अन्तिम सत्य-सन्देश

प्रिय आत्मीय मानवों,

इस संसार के मनुष्यों को अपना अन्तिम सन्देश देने से पहले मैं आपको उस क्षेत्र से परिचय कराना चाहता हूँ जिस क्षेत्र से यह सन्देश देने का साहस किया गया है क्योंकि कोई भी क्रिया बिना कारण के नहीं होती। मेरा समस्त मूल कार्य जिस क्षेत्र से सम्पूर्ण हुआ, उस क्षेत्र को मैं सत्यकाशी क्षेत्र कहता हूँ और मैं जिस ग्राम का निवासी हूँ वह काशी (वाराणसी) के चौरासी कोस यात्रा तथा सत्यकाशी क्षेत्र का उभय क्षेत्र में स्थित है। इसलिए मैं जितना काशी (वाराणसी) का हूँ उतना ही सत्यकाशी का हूँ। इस प्रकार यह सन्देश काशी-सत्यकाशी का संयुक्त सन्देश है।

सत्यकाशी क्षेत्र जो काशी (वाराणसी), विन्ध्याचल, शिवद्वार और सोनभद्र के बीच का क्षेत्र है, एक पौराणिक-आध्यात्मिक और साधना के लिए उपयुक्त क्षेत्र के रूप में प्राचीन काल से आकर्षण में रहा है। इस क्षेत्र का हृदय क्षेत्र चुनार है। चुनार का किला राजा विक्रमादित्य ने अपने भाई भर्तहरि के तपस्या में हिंसक जानवरों द्वारा व्यवधान न उत्पन्न हो इसके लिए बनवाया था। ये राजा विक्रमादित्य वही हैं जिनके नाम से विक्रम सम्वत् कैलेण्डर स्थापित है। चुनार ईश्वर के पाँचवें अवतार-वामन अवतार का क्षेत्र है जिनसे समाज की शक्ति का प्रथम जन्म हुआ था।

सत्यकाशी क्षेत्र के चारों कोण पर स्थित 1. काशी (वाराणसी) का अपना प्राचीन और पुरातन इतिहास है जो सर्वविदित है। 2. विन्ध्याचल, जो शिव-शक्ति के उपासना का अद्भुत केन्द्र है। यशोदा से उत्पन्न पुत्री (जिनके बदले श्रीकृष्ण प्राप्त हुये थे) महासरस्वती अष्टभुजा देवी के नाम से यहीं स्थापित हैं। भारत देश का मानक समय माँ विन्ध्यवासिनी धाम से तय होता है। पुराणों के अनुसार रावण ने भी इसे मानक समय स्थल मानकर यहाँ शिवलिंग की स्थापना की थी। 3. शिवद्वार, त्रिकोणीय तान्त्रिक साधना के लिए जगत विख्यात था और साधना की राजधानी था। इसे ही मीरजापुर गजेटियर में गुप्तकाशी की संज्ञा से अभिकल्पित किया गया है। 4. सोनभद्र, सोन संस्कृति की पौराणिक पृष्ठभूमि वैदिककालीन सभ्यता की पराकाष्ठापरक ऐतिहासिकता से सम्बद्ध है। सन्त परम्पराओं का एक महत्वपूर्ण परिव्रजन इस क्षेत्र में हुआ जिसमें शैव व शाक्त प्रमुख थे। शैव सम्प्रदाय से जुड़े अघोर तन्त्र ने इसे बहुत सराहा और इसे अपनी कर्मभूमि बना लिया। सोन नद के तट पर शव छेदन क्रिया की भी प्रशिक्षा आयुर्वेद के जिज्ञासुओं को दी जाती थी। शैव तन्त्र से प्रभावित अघोर तन्त्र शव-साधना में सिद्धहस्त था और शव में इकार की प्राण प्रतिष्ठा का जीवन्त रूप शिव को दे देना इनकी अलौकिक साधना का चरमोत्कर्ष है। अघोरपन्थी नाम के पश्चात् "राम" का प्रयोग करते थे। इस क्षेत्र में सवर्ण वर्ग में प्रायः ब्राह्मण वर्ग भी राम का प्रयोग अपने नाम में करता है। इस क्षेत्र में पाशुपात तन्त्र के महान साधक लोरिक का नाम विशेष है।

उपरोक्त तो अति संक्षिप्त परिचय है विस्तार से "विश्वशास्त्र" के अध्याय-दो में प्रकाशित है, जिस क्षेत्र से ये विश्व ऐतिहासिक अन्तिम, अपरिवर्तनीय और अटलनीय सन्देश देने का साहस किया गया है।

हे मानवों, इस संसार में व्यक्त साहित्य, दर्शन, मत, सम्प्रदाय, नियम, संविधान इत्यादि को व्यक्त करने का माध्यम मात्र केवल मानव शरीर ही है इसलिए यह सोचो की यदि सार्वभौम सत्य-सिद्धान्त आधारित ऐसा साहित्य जो सार्वदेशीय, सार्वकालिक और सम्पूर्ण मानव समाज के लिए असीम गुणों और दिशाओं से युक्त हो, अन्तिम रुप से एक ही मानव शरीर से व्यक्त हो रहा हो जिसके ज्ञान के बिना मानव, मानव नहीं पशु हो, उसे स्वीकार और आत्मसात् करना मानव की विवशता हो, तो तुम उस व्यक्तकर्ता मानव को क्या कहोगे? और उसका क्या दोष? यह तो मैं तुम पर ही छोड़ता हूँ। परन्तु धार्मिक-आध्यात्मिक भाषा में उसी असीम गुणों-दिशाओं के प्रकाट्य शरीर को पूर्ण और अन्तिम साकार-सगुण-दृश्य-ब्रह्म-ईश्वर-आत्मा-शिव कहते हैं तथा सार्वभौम सत्य-सिद्धान्त को निराकार-निर्गुण-अदृश्य-ब्रह्म-ईश्वर-आत्मा-शिव कहते हैं वह शरीर चूँकि सिद्धान्त युक्त होता है इसलिए वह धर्मशास्त्र का प्रमाण रुप होता है। जो धर्मशास्त्रों और धर्मज्ञानियों के प्रति विश्वास बढ़ाता है। वर्तमान

समय में सिर्फ यह देखने की आवश्यकता है कि क्या वह सार्वभौम सत्य-सिद्धान्त शास्त्र-साहित्य विश्व विकास-एकता-स्थिरता-शान्ति के क्षेत्र में कुछ रचनात्मक भूमिका निभा सकता है या नहीं? यह देखने की आवश्यकता नहीं है कि उसका व्यक्तकर्ता एक ही शरीर है क्योंकि इससे कोई लाभ नहीं। प्रत्येक मानव चाहे वह किसी भी स्तर का हो वह शारीरिक संरचना में समान होता है परन्तु वह विचारों से ही विभिन्न स्तर पर पीठासीन है, इसलिए मानव, शरीर नहीं विचार है उसी प्रकार विश्वमानव शरीर नहीं, विश्व विचार अर्थात् सार्वभौम सत्य-सिद्धान्त है। इसी प्रकार "मैं", अहंकार नहीं, "सिद्धान्त" है। प्रत्येक स्तर पर पीठासीन मानव अपने स्तर का सिद्धान्त रुप से "मैं" का अंश रुप से तथा विचार रुप से "अहंकार" का अंश रुप ही है। "मैं" का पूर्ण दृश्य, वास्तविक, सर्वोच्च और अन्तिम रुप वही होगा जो सम्पूर्ण ब्रह्माण्ड के सभी विषयों में व्याप्त हो जाय। तभी तो वह असीम गुणों और दिशाओं से युक्त होगा तथा प्रत्येक दिशा या गुण से उसका नाम अलग-अलग होगा परन्तु वह एक ही होगा। हे मानव, तुम इसे देख नहीं पाते क्योंकि तुम "दृष्टि" से युक्त हो अर्थात् तुम एक ही दिशा या गुण द्वारा देखने की क्षमता रखते हो तुम्हें "दिव्य दृष्टि" अर्थात् अनेक दिशा या गुणों द्वारा एक साथ देखने की क्षमता रखनी चाहिए तभी तुम यथार्थ को देख पाओगे, तभी तुम "मैं" के विश्व रुप को देख पाओगे। दृष्टि से युक्त होने के कारण ही तुम मेरे आभासी रुप-शरीर रुप को ही देखते हो, तुम मेरे वास्तविक रुप-सिद्धान्त रुप को देख ही नहीं पाते। इसी कारण तुम मुझे अहंकार रुप में देखते हो। और इसी कारण तुम "भूमण्डलीकरण (Globalisation)" का विरोध करते हो जबकि "ग्लोबलाईज्ड" दृष्टि ही "दिव्य दृष्टि" है। जिसका तुम मात्र विरोध कर सकते हो क्योंकि यह प्राकृतिक बल के अधीन है जो तुम्हें मानव से विश्वमानव तक के विकास के लिए अटलनीय है। दृष्टि, अहंकार है, अंधकार है, अपूर्ण मानव है तो दिव्य दृष्टि, सिद्धान्त है, प्रकाश है, पूर्णमानव-विश्वमानव है। तुम मानव की अवस्था से विश्वमानव की अवस्था में आने का प्रयत्न करो न कि विश्वमानव का विरोध। विरोध से तुम्हारी क्षति ही होगी। जिस प्रकार "श्रीकृष्ण" नाम है "योगेश्वर" अवस्था है, "गदाधर" नाम है "रामकृष्ण परमहंस" अवस्था है, "सिद्धार्थ" नाम है "बुद्ध" अवस्था है, "नरेन्द्र नाथ दत्त" नाम है "स्वामी विवेकानन्द" अवस्था है, "रजनीश" नाम है "ओशो" अवस्था है। उसी प्रकार व्यक्तियों के नाम, नाम है "भोगेश्वर विश्वमानव" उसकी चरम विकसित, सर्वोच्च और अन्तिम अवस्था है। "दृष्टि" से युक्त होकर विचार व्यक्त करना निरर्थक है, प्रभावहीन है, यहाँ तक की तुम्हें विरोध करने का भी अधिकार नहीं क्योंकि वर्तमान और भविष्य के समय में इसका कोई महत्व नहीं, अर्थ नहीं क्योंकि वह व्यक्तिगत विचार होगा न कि सार्वजनिक संयुक्त विचार। यह सार्वजनिक संयुक्त विचार ही "एकात्म विचार" है और यही वह अन्तिम सत्य है, यही "सार्वभौम सत्य-सिद्धान्त" है। यही धर्मनिपरपेक्ष और सर्वधर्मसमभाव नाम से विश्वमानक-शून्य श्रृंखला: मन की गुणवत्ता का विश्वमानक तथा धर्म नाम से कर्मवेद: प्रथम, अन्तिम और पंचमवेदीय श्रृंखला है जिसकी शाखाएं सम्पूर्ण ब्रह्माण्ड में व्याप्त है और सम्पूर्ण ब्रह्माण्ड व्यक्त है जिसकी स्थापना चेतना के अन्तिम रुप-दृश्य सत्य चेतना के अधीन है। यही "मैं" का दृश्य रुप है। यही "विश्व-बन्धुत्व", "वसुधैव-कुटुम्बकम्", "बहुजनहिताय-बहुजनसुखाय", "एकात्म-मानवतावाद", "सर्वेभवन्तु-सुखिनः" की स्थापना का "एकात्मकर्मवाद" आधारित अन्तिम मार्ग है।

मन और मन का मानक। मन-व्यक्तिगत प्रमाणित अदृश्य सत्य। मन का मानक-सार्वजनिक प्रमाणित दृश्य सत्य। अनासक्त मन अर्थात् आत्मा अर्थात् व्यक्तिगत प्रमाणित अदृश्य आत्मा अर्थात् मन का अदृश्य मानक। मन का मानक अर्थात् सार्वजनिक प्रमाणित दृश्य आत्मा अर्थात् सार्वजनिक प्रमाणित दृश्य अनासक्त मन। मन का मानक में मन समाहित है।

आत्मा का सार्वजनिक प्रमाणित धर्मनिरपेक्ष एवं सर्वधर्मसमभाव दृश्य रुप एकात्म ज्ञान, एकात्म ज्ञान सहित एकात्म कर्म तथा एकात्म ज्ञान और एकात्म कर्म सहित एकात्म ध्यान के तीन व्यक्त होने के स्तर हैं जो क्रमशः एकात्म वाणी, एकात्म वाणी सहित एकात्म प्रेम तथा एकात्म वाणी और एकात्म प्रेम सहित एकात्म समर्पण द्वारा शक्ति प्राप्त करता है। जिनका धर्मयुक्त अदृश्य रुप भारतीय संस्कृति के पौराणिक कथाओं में ब्रह्मा, विष्णु, महेश (शंकर) के रुप में तथा सरस्वती, लक्ष्मी और पार्वती शक्ति के रुप में प्रक्षेपित हैं। जिनकी उपयोगिता क्रमशः व्यक्ति, समाज और ब्रह्माण्ड को संतुलन, स्थिरता एवं विकास में है।

यदि तुम उपरोक्त गुणों को रखते हो तो तुम ही ब्रह्मा हो, विष्णु और महेश हो। साथ ही सरस्वती, लक्ष्मी और पार्वती भी। और यदि यह सीमित कर्मक्षेत्र तक में है तो तुम एक सीमाबद्ध और यदि यह सम्पूर्ण ब्रह्माण्ड के सर्वोच्च व्यापक अन्तिम और असीमित कर्म क्षेत्र तक में है तो तुम एक मूल ब्रह्मा, विष्णु, महेश और शक्ति सरस्वती, लक्ष्मी और पार्वती के अवतार हो। यदि तुम इस अनुसार नहीं तो तुम इनके अलावा मानव, दानव, पशु-मानव इत्यादि हो।

जब प्रत्येक शब्द धर्म और धर्मनिरपेक्ष या सर्वधर्मसमभाव में वर्गीकृत किया जा सकता है तब ईश्वर नाम को भी धर्मयुक्त नाम और धर्म निरपेक्ष या सर्वधर्मसमभाव नाम में व्यक्त किया जा सकता है। क्योंकि ईश्वर नाम भी शब्द है। जिस प्रकार व्यक्तिगत प्रमाणित अदृश्य काल के लिए धर्मयुक्त समष्टि ईश्वर नाम-" ऊँ" है। उसी प्रकार सार्वजनिक प्रमाणित दृश्य काल के लिए धर्मनिरपेक्ष और सर्वधर्मसमभाव समष्टि ईश्वर नाम- " TRADE CENTRE" है। जिसमें धर्म युक्त ईश्वर नाम-" ऊँ" का धर्मनिरपेक्ष और सर्वधर्मसमभाव रुप समाहित है।

एक ही देश काल मुक्त सर्वव्यापी अदृश्य सत्य-धर्म-ज्ञान है-आत्मा। और एक ही देश काल मुक्त सर्वव्यापी दृश्य सत्य-धर्म-ज्ञान है- क्रिया या परिवर्तन या $E=MC^2$ या आदान-प्रदान या TRADE या TRANSACTION। इस प्रकार सर्वोच्च और अन्तिम दृश्य सत्य-धर्म-ज्ञान से समस्त विषयों के यथार्थ व्यक्त रुप सर्वमान्य, सार्वजनिक प्रमाणित दृश्य और अन्तिम है। और व्यक्त कर्ता ज्ञानी या ब्रह्म या शिव की अन्तिम कड़ी है। इस आधार पर यह कहा जा सकता है कि "आत्मा" और मेरा दृश्य रुप (आदान-प्रदान) ही स्वस्थ उद्योग, स्वस्थ समाज और स्वस्थ लोकतन्त्र सहित विश्व शान्ति, एकता, स्थिरता और विकास का अन्तिम मार्ग है। चाहे वह वर्तमान में आत्मसात् किया जाये या भविष्य में परन्तु सत्य तो यही है।

मन से मन के मानक के व्यक्त होने के सम्पूर्ण यात्रा में कुछ महापुरुषों ने अदृश्य मानक आत्मा को व्यक्त करने के लिए कार्य किये तो कुछ ने अदृश्य सहित दृश्य मानक के लिए। मन के अदृश्य मानक आत्मा की श्रृंखला में निवृत्ति मार्गी-साधु, संत इत्यादि जिनकी सर्वोच्च स्थिति ब्रह्मा हैं। मन के अदृश्य सहित दृश्य मानक के श्रृंखला में प्रवृत्ति मार्गी-गृहस्थ युक्त सन्यासी इत्यादि जिनकी सर्वोच्च स्थिति विष्णु हैं। इस मानक को व्यवहारिकता में लाने के लिए ध्यान मार्गी जिनकी सर्वोच्च स्थिति महेश हैं। और यही वर्तमान तथा भविष्य के समाज की आवश्यकता है। और यही मन के मानक की उपयोगिता है।

मन के मानक को व्यक्त करने में जो शब्द, ज्ञान-विज्ञान, नाम-रुप इत्यादि प्रयोग किये गये हैं-वे सब मन से मन के मानक के विकास यात्रा में विभिन्न महापुरुषों द्वारा व्यक्त हो मानव समाज में पहले से मान्यता प्राप्त कर विद्यमान है। मैं (विश्वात्मा) सिर्फ उसको वर्तमान की आवश्यकता और वर्तमान से जोड़ने के लिए समयानुसार व्यक्त कर मन के मानक को व्यक्त कर दिया हूँ। यदि समाज इसे आत्मसात् नहीं करता तो उसके पहले मैं (विश्वात्मा) ही उसे आत्मसात् नहीं करता क्योंकि मैं शुद्ध-बुद्ध-मुक्त आत्मा हूँ, मैं नाम-रुप से मुक्त हूँ, मैं शिव हूँ, मैं शिव हूँ, मैं शिव हूँ। और ऐसा कहने वाला मैं पहला नहीं हूँ। मुझसे पहले भी अनेक सिद्धों द्वारा ऐसी उद्घोषणा की जा चुकी है और वे अपने समय के देश-काल स्थितियों में उसे सिद्ध भी कर चुके हैं और जब तक प्रत्येक मानव ऐसा कहने के योग्य नहीं बनता तब तक धर्म शास्त्रों में सृष्टि के प्रारम्भ में कहा गया ईश्वरीय वाणी-" ईश्वर ने इच्छा व्यक्त की कि मैं एक हूँ अनेक हो जाऊँ" कैसे सिद्ध हो पायेगा। मेरे उद्घोष का सबसे बड़ा प्रमाण "सत्य मानक शिक्षा" द्वारा लक्ष्य "पुनर्निर्माण" व उसके प्राप्ति की कार्य योजना है। जो अपने आप में पुरातन, विलक्षण और वर्तमान तक ऐसा नहीं हुआ है, जैसा है। श्रीराम द्वारा शारीरिक शक्ति के माध्यम से शारीरिक शक्ति का प्रयोग कर सत्यीकरण हुआ था, श्रीकृष्ण द्वारा आर्थिक शक्ति के माध्यम से व्यक्तिगत बौद्धिक शक्ति का प्रयोग कर सत्यीकरण हुआ था, अब यह कार्य व्यक्तिगत बौद्धिक शक्ति के माध्यम से सार्वभौम बौद्धिक शक्ति का प्रयोग कर सत्यीकरण किया जा रहा है। जो श्रीराम, श्रीकृष्ण के क्रम में अगला कार्य है। यह मानने का कार्य नहीं जानने का कार्य है। मानने से, मानने वाले का कोई कल्याण नहीं होता, कल्याण तो सिर्फ जानने वालों का ही होता रहा है, होता है और होता रहेगा।

वर्तमान एवं भविष्य के मानव समाज को मैं (विश्वात्मा) का यह अन्तिम सत्य संदेश है कि-मानव की वास्तविक चेतना-सत्य चेतना अर्थात् भूतकाल का अनुभव और भविष्य की आवश्यकतानुसार वर्तमान में परिणाम ज्ञान से युक्त हो कार्य करना है न कि पशुओं की प्राकृतिक चेतना अर्थात् शुद्ध रुप से वर्तमान में कार्य करना है। सत्य चेतना में प्राकृतिक चेतना समाहित रहती है। अर्थात् मानव का विकास प्राकृतिक चेतना से सत्य चेतना की ओर होना चाहिए। और विज्ञान की भाँति धर्म के विषय में भी सदा आविष्कृत विषय से आविष्कार की ओर बढ़ना चाहिए अन्यथा स्थिति यह होगी कि वह तो आपके पास पहले से आविष्कृत था परन्तु उसी के आविष्कार में आपने पूरा जीवन व्यतीत कर दिया।

सम्पूर्ण मानव समाज से यह निवेदन है कि ईश्वर के सम्बन्ध में जो कुछ भी अब तक आविष्कृत है यद्यपि कि वह सब मैं (आत्मा) इस भौतिक शरीर (श्री लव कुश सिंह "विश्वमानव") से व्यक्त कर चुका हूँ लेकिन फिर भी व्यक्ति ईश्वर नहीं बन सकता। सिर्फ समष्टि ही ईश्वर होता है और समष्टि ही संयुक्त है। जिसकी चरम विकसित अवस्था सम्पूर्ण ब्रह्माण्ड का यथार्थ रुप है जो एक संयुक्त विचार-सत्य-सिद्धान्त ही है व्यक्ति नहीं। जबकि इसको व्यक्त और आत्मसात् करने वाला व्यक्ति ही है अर्थात् ईश्वर और व्यक्ति एक दूसरे पर निर्भर है। परिणामस्वरुप जो कुछ भी इस भौतिक शरीर द्वारा व्यक्त कर देना था-वह दे दिया गया और बात यहीं समाप्त हो गयी। क्योंकि मैं (विश्वात्मा) तुम्हारे अनूरुप सामान्य हो गया क्योंकि ईश्वर (संयुक्त विचार सत्य-सिद्धान्त) बाहर हो गया और वह सभी में व्याप्त हो गया। तू भी सामान्य, मैं भी सामान्य। तू भी ईश्वर, मैं भी ईश्वर। तू भी शिव, मैं भी शिव। इससे अलग सिर्फ माया, भ्रम, अन्धविश्वास है। और जब तक मैं (विश्वात्मा) इस शरीर में हूँ एक वर्तमान और भविष्य का एकात्म ध्यान युक्त प्रबुद्ध मानव के सिवाय कुछ अधिक भी नहीं समझा जाना चाहिए बस यही निवेदन है।

इस अन्तिम के सम्बन्ध में यह कहना चाहूँगा कि इस पर अभी विवाद करने से कोई लाभ नहीं है। अभी तो सिर्फ यह देखना है कि यह कालानुसार वर्तमान और भविष्य के लिए व्यक्ति से विश्व प्रबन्ध तक के लिए उपयोगी है या नहीं और जब तक मानव सृष्टि रहेगी तब तक यह सार्वभौम सत्य-सिद्धान्त अभेद्य और अकाट्य बना रहता है। तब यह समझ लेना होगा कि यह अन्तिम था। और व्यक्त करने वाला मानव शरीर पूर्ण ब्रह्म की अन्तिम कड़ी अर्थात् शिव का साकार सगुण रुप ही था।

आलोचना और विरोध मानव का स्वभाव है परन्तु सत्य की आलोचना और विरोध यदि बिना विचारे ही होगा तो यह उस मनुष्य के लिए स्वयं की मूर्खता का प्रदर्शन ही बन सकता है क्योंकि ऐसा नहीं है कि अन्य मनुष्य इसे नहीं समझ रहे हैं। इसलिए इसके लिए थोड़ा सतर्कता रखें विशेषकर उन लोगों के लिए जो सार्वजनिक रुप से विचार प्रस्तुत करते हैं।

हाँ, एक अन्तिम सत्य और-उपरोक्त अन्तिम सत्य भी सत्य और अन्तिम सत्य है या नहीं? इसके लिए भी तो ज्ञान और बुद्धि चाहिए।

प्रकाशित खुशमय तीसरी सहस्त्राब्दि के साथ यह एक सर्वोच्च समाचार है कि नयी सहस्त्राब्दि केवल बीते सहस्त्राब्दियों की तरह एक सहस्त्राब्दि नहीं है। यह प्रकाशित और विश्व के लिए नये अध्याय के प्रारम्भ का सहस्त्राब्दि है। केवल वक्तव्यों द्वारा लक्ष्य निर्धारण का नहीं बल्कि स्वर्गीकरण के लिए असिमीत भूमण्डलीय मनुष्य और सर्वोच्च अभिभावक संयुक्त राष्ट्र संघ सहित सभी स्तर के अभिभावक के कर्तव्य के साथ कार्य योजना पर आधारित। क्योंकि दूसरी सहस्त्राब्दि के अन्त तक विश्व की आवश्यकता, जो किसी के द्वारा प्रतिनिधित्व नहीं हुई उसे विवादमुक्त और सफलतापूर्वक प्रस्तुत किया जा चुका है। जबकि विभिन्न विषयों जैसे-विज्ञान, धर्म, आध्यात्म, समाज, राज्य, राजनीति, अन्तर्राष्ट्रीय सम्बन्ध, परिवार, व्यक्ति, विभिन्न संगठनों के क्रियाकलाप, प्राकृतिक, ब्रह्माण्डीय, देश, संयुक्त राष्ट्र संघ इत्यादि की स्थिति और परिणाम सार्वजनिक प्रमाणित दृश्य रुप में थे।

विज्ञान के सर्वोच्च आविष्कार के आधार पर अब यह विवाद मुक्त हो चुका है कि मन केवल व्यक्ति, समाज, और राज्य को ही नहीं प्रभावित करता बल्कि यह प्रकृति और ब्रह्माण्ड को भी प्रभावित करता है। केन्द्रीयकृत और ध्यानीकृत मन विभिन्न शारीरिक सामाजिक और राज्य के असमान्यताओं के उपचार का अन्तिम मार्ग है। स्थायी स्थिरता, विकास, शान्ति, एकता, समर्पण और सुरक्षा के लिए प्रत्येक राज्य के शासन प्रणाली के लिए

आवश्यक है कि राज्य अपने उद्देश्य के लिए नागरिकों का निर्माण करें। और यह निर्धारित हो चुका है कि क्रमबद्ध स्वस्थ मानव पीढ़ी के लिए विश्व की सुरक्षा आवश्यक है। इसलिए विश्वमानव के निर्माण की आवश्यकता है, लेकिन ऐसा नहीं है और विभिन्न अनियन्त्रित समस्या जैसे-जनसंख्या, रोग, प्रदूषण, आतंकवाद, भ्रष्टाचार, विकेन्द्रीकृत मानव शक्ति एवं कर्म इत्यादि लगातार बढ़ रहे है। जबकि अन्तरिक्ष और ब्रह्माण्ड के क्षेत्र में मानव का व्यापक विकास अभी शेष है। दूसरी तरफ लाभकारी भूमण्डलीकरण विशेषीकृत मन के निर्माण के कारण विरोध और नासमझी से संघर्ष कर रहा है। और यह असम्भव है कि विभिन्न विषयों के प्रति जागरण समस्याओं का हल उपलब्ध करायेगा।

मानक के विकास के इतिहास में उत्पादों के मानकीकरण के बाद वर्तमान में मानव, प्रक्रिया और पर्यावरण का मानकीकरण तथा स्थापना आई0 एस0 ओ0-9000 एवं आई0 एस0 ओ0-14000 श्रृंखला के द्वारा मानकीकरण के क्षेत्र में बढ़ रहा है। लेकिन इस बढ़ते हुये श्रृंखला में मनुष्य की आवश्यकता (जो मानव और मानवता के लिए आवश्यक है) का आधार "मानव संसाधन का मानकीकरण" है क्योंकि मनुष्य सभी (जीव और निर्जीव) का निर्माणकर्ता और उसका नियन्त्रणकर्ता है। मानव संसाधन के मानकीकरण के बाद सभी विषय आसानी से लक्ष्य अर्थात् विश्वस्तरीय गुणवत्ता की ओर बढ़ जायेगी क्योंकि मानव संसाधन के मानक में सभी तन्त्रों के मूल सिद्धान्त का समावेश होगा।

वर्तमान समय में शब्द- "निर्माण" भूमण्डलीय रुप से परिचित हो चुका है इसलिए हमें अपना लक्ष्य मनुष्य के निर्माण के लिए निर्धारित करना चाहिए। और दूसरी तरफ विवादमुक्त, दृश्य, प्रकाशित तथा वर्तमान सरकारी प्रक्रिया के अनुसार मानक प्रक्रिया उपलब्ध है। जैसा कि हम सभी जानते हैं कि मानक हमेशा सत्य का सार्वजनिक प्रमाणित विषय होता है न कि विचारों का व्यक्तिगत प्रमाणित विषय। अर्थात् प्रस्तुत मानक विभिन्न विषयों जैसे-आध्यात्म, विज्ञान, तकनीकी, समाजिक, नीतिक, सैद्धान्तिक, राजनीतिक इत्यादि के व्यापक समर्थन के साथ होगा। "उपयोग के लिए तैयार" तथा "प्रक्रिया के लिए तैयार" के आधार पर प्रस्तुत मानव के विश्व स्तरीय निर्माण विधि को प्राप्त करने के लिए मानव निर्माण तकनीकी WCM-TLM-SHYAM.C (World Class Manufactuing–Total Life Maintenance- Satya, Heart, Yoga, Ashram, Meditation.Conceousnesas) प्रणाली आविष्कृत है जिसमें सम्पूर्ण तन्त्र सहभागिता (Total System Involvement-TSI) है और विश्वमानक शून्य: मन की गुणवत्ता का विश्वमानक श्रृंखला (WS-0: World Standard of Mind Series) समाहित है। जो विश्वमानव निर्माण प्रक्रिया की तकनीकी और मानव संसाधन की गुणवत्ता का विश्वमानक है। जैसे-औद्योगिक क्षेत्र में इन्स्टीच्यूट आफ प्लान्ट मेंन्टीनेन्स, जापान द्वारा उत्पादों के विश्वस्तरीय निर्माण विधि को प्राप्त करने के लिए उत्पाद निर्माण तकनीकी डब्ल्यू0 सी0 एम0-टी0 पी0 एम0-5 एस (WCM-TPM-5S (World Class Manufacturing - Total Productive Maintenance -Siri (छँटाई), Seton (सुव्यवस्थित), Sesaso (स्वच्छता), Siketsu (अच्छास्तर), Shituke (अनुशासन) प्रणाली संचालित है। जिसमें सम्पूर्ण कर्मचारी सहभागिता (Total Employees Involvement) है।) का प्रयोग उद्योगों में विश्व स्तरीय निर्माण प्रक्रिया के लिए होता है। और आई.एस.ओ.-9000 (ISO-9000) तथा आई.एस.ओ.-14000 (ISO-14000) है।

युग के अनुसार सत्यीकरण का मार्ग उपलब्ध कराना ईश्वर का कर्तव्य है आश्रितों पर सत्यीकरण का मार्ग प्रभावित करना अभिभावक का कर्तव्य है। और सत्यीकरण के मार्ग के अनुसार जीना आश्रितों का कर्तव्य है जैसा कि हम सभी जानते है कि अभिभावक, आश्रितों के समझने और समर्थन की प्रतिक्षा नहीं करते। अभिभावक यदि किसी विषय को आवश्यक समझते हैं तब केवल शक्ति और शीघ्रता से प्रभावी बनाना अन्तिम मार्ग होता है। विश्व के बच्चों के लिए यह अधिकार है कि पूर्ण ज्ञान के द्वारा पूर्ण मानव अर्थात् विश्वमानव के रुप में बनना। हम सभी विश्व के नागरिक सभी स्तर के अभिभावक जैसे-महासचिव संयुक्त राष्ट्र संघ, राष्ट्रों के राष्ट्रपति-प्रधानमंत्री, धर्म, समाज, राजनीति, उद्योग, शिक्षा, प्रबन्ध, पत्रकारिता इत्यादि द्वारा अन्य समानान्तर आवश्यक लक्ष्य के साथ इसे जीवन का मुख्य और मूल लक्ष्य निर्धारित कर प्रभावी बनाने की आशा करते हैं। क्योंकि लक्ष्य निर्धारण वक्तव्य का सूर्य नये सहस्त्राब्दि के साथ डूब चुका है। और कार्य योजना का सूर्य उग चुका है। इसलिए धरती को स्वर्ग बनाने

का अन्तिम मार्ग सिर्फ कर्तव्य है। और रहने वाले सिर्फ सत्य-सिद्धान्त से युक्त संयुक्तमन आधारित मानव है, न कि संयुक्तमन या व्यक्तिगतमन से युक्तमानव।

आविष्कार विषय "व्यक्तिगत मन और संयुक्तमन का विश्व मानक और पूर्णमानव निर्माण की तकनीकी है जिसे धर्म क्षेत्र से कर्मवेद: प्रथम, अन्तिम तथा पंचमवेदीय श्रृंखला तथा शासन क्षेत्र से WS-0: मन की गुणवत्ता का विश्व मानक श्रृंखला तथा WCM-TLM-SHYAM.C तकनीकी कहते है। सम्पूर्ण आविष्कार सार्वभौम सत्य-सिद्धान्त अर्थात् सम्पूर्ण ब्रह्माण्ड में व्याप्त अटलनीय, अपरिवर्तनीय, शाश्वत व सनातन नियम पर आधारित है, न कि मानवीय विचार या मत पर आधारित।" सम्पूर्ण ब्रह्माण्ड में व्याप्त एक ही सत्य-सिद्धान्त द्वारा व्यक्तिगत व संयुक्त मन को एकमुखी कर सर्वोच्च, मूल और अन्तिम स्तर पर स्थापित करने के लिए शून्य पर अन्तिम आविष्कार WS-0 श्रृंखला की निम्नलिखित पाँच शाखाएँ है।

1. डब्ल्यू.एस. (WS)-0:विचार एवं साहित्य का विश्वमानक
2. डब्ल्यू.एस. (WS)-00: विषय एवं विशेषज्ञों की परिभाषा का विश्वमानक
3. डब्ल्यू.एस. (WS)-000:ब्रह्माण्ड (सूक्ष्म एवं स्थूल) के प्रबन्ध और क्रियाकलाप का विश्वमानक
4. डब्ल्यू.एस. (WS)-0000: मानव (सूक्ष्म तथा स्थूल) के प्रबन्ध और क्रियाकलाप का विश्वमानक
5. डब्ल्यू.एस. (WS)-00000:उपासना और उपासना स्थल का विश्वमानक

संयुक्त राष्ट्र संघ सीधे इस मानक श्रृंखला को स्थापना के लिए अपने सदस्य देशों के महासभा के समक्ष प्रस्तुत कर अन्तर्राष्ट्रीय मानकीकरण संगठन व विश्व व्यापार संगठन के माध्यम से सभी देशों में स्थापित करने के लिए उसी प्रकार बाध्य कर सकता है, जिस प्रकार ISO-9000 व ISO-14000 श्रृंखला का विश्वव्यापी स्थापना हो रहा है।

20 वर्षों से जिस समय की प्रतीक्षा मैं लव कुश सिंह "विश्वमानव" कर रहा था वह आ गया है। जो व्यक्ति प्राकृतिक बल को समझ जाते हैं वे उसके अनुसार कार्य योजना तैयार करते है। इस क्रम में व्यक्ति, समाज, देश व विश्व की आवश्यकता को 20 वर्ष पहले ही समझ लिया गया था और उस अनुसार ही लक्ष्य निर्धारित कर उसके प्राप्ति के लिए कार्य योजना तैयार की जा रही थी। सिर्फ लक्ष्य निर्धारण से ही कार्य सम्पन्न नहीं हो जाता बल्कि लक्ष्य की सत्यता की प्रमाणिकता के लिए धर्म शास्त्रों, पुराणों, दार्शनिकों, सामाजिक-राजनीतिक नेतृत्वकर्ताओं, विज्ञान व आध्यात्म इत्यादि के विचारों-सिद्धान्तों के द्वारा उसे पुष्टि प्रदान करने की भी आवश्यकता होती है। फिर उसे उस लक्ष्य तक पहुँचाने के लिए कार्य योजना बनानी पड़ती है।

वर्तमान समय, सम्पूर्ण पुनर्निर्माण और सत्यीकरण का समय है। हमें प्रत्येक विषय को प्रारम्भ से समझना और समझाना पड़ेगा। तभी व्यक्ति, समाज, देश व विश्व को सत्य दिशा प्राप्त हो सकेगी और इस कार्य को करने वाला काशी-सत्यकाशी क्षेत्र इस वर्तमान समय में राष्ट्र गुरू बनेगा जिसका कारण होगा-" राष्ट्र को सत्य मार्गदर्शन देना"। और फिर यही कारण भारत को जगतगुरू के रूप में स्थापित कर देगा।

हम सभी के मोटर वाहनों में, वाहन कितने किलोमीटर चला उसे दिखाने के लिए एक यंत्र होता है। यदि इस यंत्र की अधिकतम 6 अंकों तक किलोमीटर दिखाने की क्षमता हो तब उसमें 6 अंक दिखते है। जो प्रारम्भ में 000000 के रूप में होता है। वाहन के चलते अर्थात् विकास करते रहने से 000001 फिर 000002 इस क्रम से बढ़ते हुये पहले इकाई में, फिर दहाई में, फिर सैकड़ा में, फिर हजार में, फिर दस हजार में, फिर लाख में, के क्रम में यह आगे बढ़ते हुये बदलता रहता है। एक समय ऐसा आता है जब सभी अंक 999999 हो जाते हें फिर क्या होगा? फिर सभी 000000 के अपने प्रारम्भ वाली स्थिति में आ जायेंगे। इन 6 अंक के प्रत्येक अंक के चक्र में 0 से 9 अंक के चक्र होते है। जो वाहन के चलने से बदलकर चले हुये किलोमीटर को दिखाते है। यही स्थिति भी इस सृष्टि के काल चक्र की है। सृष्टि चक्र में पहले काल है जिसके दो रूप अदृश्य और दृश्य हैं। फिर इन दोनों काल में 5 युग हैं। 4 अदृश्य काल के 1 दृश्य काल के। और इन दोनों काल में 14 मनवन्तर और मनु हैं। 7 अदृश्य काल के 7 दृश्य काल के। फिर इन युगों में युगावतार अवतार होते हैं। फिर व्यास व शास्त्र होते हैं। ये सब वैसे ही है जैसे अंक गणित में इकाई, दहाई, सैकड़ा, हजार, दस हजार, लाख इत्यादि होते हैं। उपर उदाहरण दिये गये यंत्र में जब सभी

अंक 999999 हो जाते हैं तब विकास के अगले एक बदलाव से इकाई, दहाई, सैकड़ा, हजार, दस हजार, लाख सभी बदलते हैं। वर्तमान सृष्टि चक्र की स्थिति भी यही हो गयी है कि अब अगले अवतार के मात्र एक विकास के लिए सत्यीकरण से काल, मनवन्तर व मनु, अवतार, व्यास व शास्त्र सभी बदलेंगे। इसलिए देश व विश्व के धर्माचार्यों, विद्वानों, ज्योतिषाचार्यों इत्यादि को अपने-अपने शास्त्रों को देखने व समझने की आवश्यकता आ गयी है क्योंकि कहीं ये कार्य वही तो नहीं है? और यदि नहीं तो वह कौन सा कार्य होगा जो इन सबको बदलने वाली घटना को घटित करेगा?

सामान्यतः मनुष्य का स्वभाव अपने जैसा ही दूसरे को समझना होता है। वह कैसे यह सोच सकता है कि एक व्यक्ति सांसारिक कार्यों से निर्लिप्त रहते हुये 20 वर्षों से ऐसी शोध व योजना पर ध्यान केन्द्रित कर कार्य करने में लगा हुआ है जो भारत को उसके सत्य महानता की ओर ले जाने वाला कार्य है। और ऐसा कार्य भारत सहित विश्व के लिए कितने बड़े समाचार का विषय बनेगा?

"विश्वशास्त्र" में जन्म-जीवन-पुर्नजन्म-अवतार-साकार ईश्वर-निराकार ईश्वर, अदृश्य और दृश्य ईश्वर नाम, मानसिक मृत्यु व जन्म, भूत-वर्तमान-भविष्य, शिक्षा व पूर्ण शिक्षा, संविधान व विश्व संविधान, ग्राम सरकार व विश्व सरकार, विश्व शान्ति व एकता, स्थिरता व व्यापार, विचारधारा व क्रियाकलाप, त्याग और भोग, राधा और धारा, प्रकृति और अहंकार, कर्तव्य और अधिकार, राजनीति व विश्व राजनीति, व्यक्ति और वैश्विक व्यक्ति, ज्ञान व कर्मज्ञान, योग, अदृश्य और दृश्य योग व ध्यान, मानवतावाद व एकात्मकर्मवाद, नायक-शास्त्राकार-आत्मकथा, महाभारत और विश्वभारत, जाति और समाजनीति, मन और मन का विश्वमानक, मानव और पूर्ण मानव एवं पूर्ण मानव निर्माण की तकनीकी, आकड़ा व सूचना और विश्लेषण, शास्त्र और पुराण इत्यादि अनेकों विषय और उनके वर्तमान समय के शासनिक व्यवस्था में स्थापना स्तर तक की विधि को व्यक्त किया गया है। इस एक ही "विश्वशास्त्र" साहित्य के गुणों के आधार पर धर्म क्षेत्र से 90 नाम और धर्मनिरपेक्ष व सर्वधर्मसमभाव क्षेत्र से 141 नाम भी निर्धारित किये गये हैं।

जब दुनिया बीसवीं सदी के समाप्ति के समीप थी तब वर्ष 1995 ई0 में कोपेनहेगन में सामाजिक विकास का विश्व शिखर सम्मेंलन हुआ था। इस शिखर सम्मेंलन में यह माना गया कि-" आर्थिक विकास अपने आप में महत्वपूर्ण विषय नहीं है, उसे समाजिक विकास के हित में काम करना चाहिए। यह कहा गया कि पिछले वर्षों में आर्थिक विकास तो हुआ, पर सभी देश सामाजिक विकास की दृष्टि से पिछड़े ही रहे। जिसमें मुख्यतः तीन बिन्दुओं-बढ़ती बेरोजगारी, भीषण गरीबी और सामाजिक विघटन पर चिन्ता व्यक्त की गई। यह स्वीकार किया गया कि सामाजिक विकास की समस्या सार्वभौमिक है। यह सर्वत्र है, लेकिन इस घोर समस्या का समाधान प्रत्येक संस्कृति के सन्दर्भ में खोजना चाहिए।" इसका सीधा सा अर्थ यह है कि व्यक्ति हो या देश, आर्थिक विकास तभी सफल होगा जब बौद्धिक विकास के साथ मनुष्य के गुणवत्ता में भी विकास हो। इसी सम्मेलन में भारत ने यह घोषणा की कि-" वह अपने सकल घरेलू उत्पाद का 6 प्रतिशत शिक्षा पर व्यय करेगा।" भारत इस पर तब से कितना अमल कर पाया यह तो सबके सामने है। लेकिन बौद्धिक विकास के साथ मनुष्य के गुणवत्ता में भी विकास के लिए भारत सहित विश्व के हजारों विश्वविद्यालय जिस पूर्ण सकारात्मक एवं एकीकरण के विश्वस्तरीय शोध को न कर पाये, वह पूर्ण किया जा चुका है और उसे पाठ्यक्रम का रूप देकर पुनर्निर्माण के माध्यम से आपके सामने है। परिणामस्वरूप एकल सार्वभौमिक रचनात्मक बुद्धि बनाम विश्व बुद्धि का रूप आपके सामने है।

शास्त्रों व अनेक भविष्यवक्ताओं के भविष्यवाणीयों को पूर्णतया सिद्ध करते हुये यह कार्य उसी समय अवधि में सम्पन्न हुआ है। भविष्यवाणीयों के अनुसार ही जन्म, कार्य प्रारम्भ और पूर्ण करने का समय और जीवन है। अधिक जानने के लिए इन्टरनेट पर गूगल व फेसबुक में नियामतपुर कलाँ, लव कुश सिंह "विश्वमानव", सत्यकाशी, विश्वशास्त्र, विश्वमानव (NIYAMATPUR KALAN, LAVA KUSH SINGH "VISHWMANAV", SATYAKASHI, VISHWSHASTRA, VISHWMANAV) इत्यादि से सर्च कर जानकारी पायी जा सकती है।

सामाजिक-आर्थिक प्रणाली और शिक्षा के दायित्व पर आधारित सम्पूर्ण कार्य योजना को राष्ट्र को समर्पित करते हुये और प्रकृति से लिए गये हवा, पानी, धूप इत्यादि का कर्ज उतारते हुये, इस व्यापार पर स्वयं का

एकाधिकार न रहे इसलिए इसे, पूरी रूचि से संचालित करने वालों के हाथों में ही सौंपने की भी योजना है जिससे ज्ञान का व्यापार भी हो जायेगा और राष्ट्र सेवा भी हो जायेगी।

जय भारत देश, जय विश्व राष्ट्र

सत्य, आधुनिक अथवा प्राचीन किसी समाज का सम्मान नहीं करता। समाज को ही सत्य का सम्मान करना पड़ेगा। अन्यथा समाज ध्वंस हो जाये कोई हानि नहीं। किसी प्रकार की राजनीति में मुझे विश्वास नहीं है। ईश्वर तथा सत्य ही एक मात्र राजनीति है बाकि सब कूड़ा-करकट है।

-स्वामी विवेकानन्द

Think Globally - Act Locally
वैश्विक सोच - स्थानीय कार्यवाही

जिस प्रकार शरीर स्थित मन का स्तर व्यक्ति को इस संसार में अभिनय करवाता है, उसी प्रकार एक लेखक ही पर्दे पर या जीवन में अभिनय करवाता है। वाल्मिकि और तुलसी के लिखने से श्रीराम का अभिनय, और व्यास के लिखने से श्रीकृष्ण का अभिनय अभी भी चल रहा है। व्यापक सोचें, व्यापक लिखे। पढ़े- "विश्वशास्त्र"

आत्मा पर कौन विश्वास करता है, सभी शरीर पर विश्वास करते हैं

WRITER IS ACTOR

भाग-7
परिवर्तन

सीधी समझ

नये भारत में, नये मनुष्य के उदय के लिए

व्यवस्था के परिवर्तन या सत्यीकरण का पहला प्रारूप और उसकी कार्य विधि

वे शब्द जिसके बिना युग परिवर्तन सम्भव नहीं

उपाधियाँ मिलती है- पीएच0 डी0, डी0 लिट0 और डी0 फिल0 और उनका बड़ा सम्मान होता है। उनका काम क्या है? उनका काम यह है कि वे तय करते हैं कि गोरखनाथ कब पैदा हुए थे। कोई कहता है दसवीं सदी के अंत में, कोई कहता है ग्यारहवीं सदी के प्रारम्भ में। इस पर बड़ा विवाद चलता है। बड़े-बड़े विश्वविद्यालयों के ज्ञानी सिर खपा कर खोज में लगे रहते हैं। शास्त्रों की, प्रमाणों की, इसकी, उसकी। उनकी पूरी जिन्दगी इसी में जाती है। इससे बड़ा अज्ञान और क्या होगा? गोरख कब पैदा हुए, इसे जानकर करोगे क्या? इसे जान भी लिया तो पाओगे क्या? गोरख न भी पैदा हुए, यह भी सिद्ध हो जाये, तो भी क्या फायदा? हुए हों या न हुए हों, अर्थहीन है। गोरख ने क्या जिया उसका स्वाद लो। इसलिए तुम्हारे विश्वविद्यालय ऐसी व्यर्थता के कामों में संलग्न हैं कि बड़ा आश्चर्य होता है कि इन्हें विश्वविद्यालय कहो या न कहो। इनका काम ही........तुम्हारे विश्वविद्यालय में चलने वाली जितनी शोध है, सब कूड़ा-करकट है।

-आचार्य रजनीश "ओशो"

(अक्टुबर व नवम्बर 1978 में दिये गये प्रवचन का अंश)

FINAL KNOWLEDGE BOMB BLAST

AFTER FIRST NOBEL DISCOVERY OF ZERO BY INDIA AGAIN ZERO BASED FINAL DISCOVERY

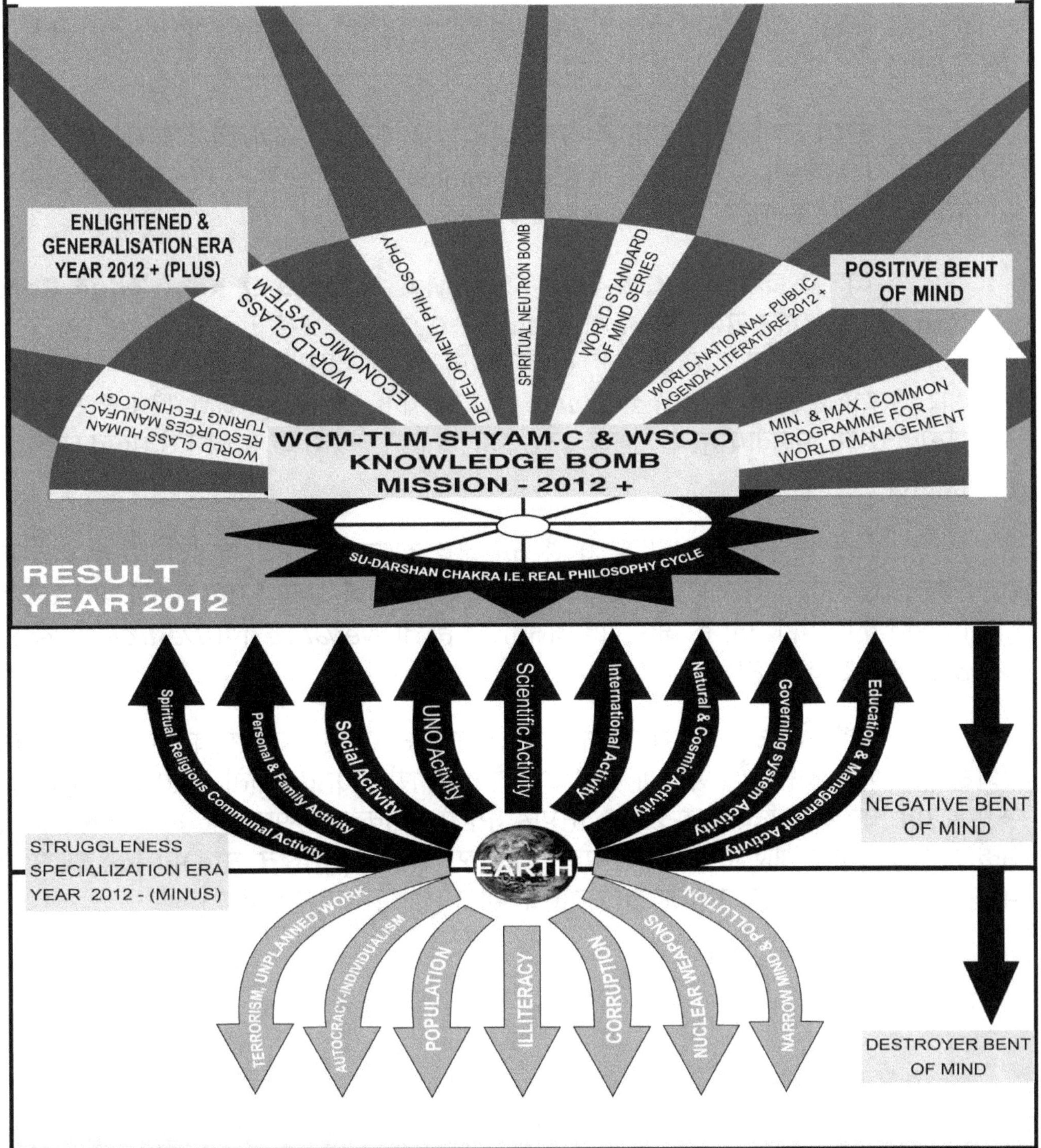

मैकाले शिक्षा पद्धति हम बदल नहीं सकते लेकिन अलग से "सत्य मानक शिक्षा" ग्रहण तो कर सकते हैं।

सरकारी पाठ्यक्रम बनाम नीजी पाठ्यक्रम / सार्वभौम आत्मीय पाठ्यक्रम / ईश्वरीय पाठ्यक्रम

ज्ञान के इस युग में ज्ञान की ओर चलें

FINAL KNOWLEDGE BOMB BLAST

यह चित्र **"FINAL KNOWLEDGE BOMB BLAST"** एक गहन वैचारिक मानचित्र है, जो मानव चेतना, ज्ञान, दर्शन और वैश्विक व्यवस्था के परिवर्तन को प्रतीकात्मक रूप में प्रस्तुत करता है।

इसमें यह दिखाया गया है कि वर्ष 2012 को एक *युग-संधि* के रूप में देखा गया है- जहाँ संघर्ष, विशेषज्ञता और विखंडन (2012–minus) से निकलकर मानवता को प्रबोधन, सामान्यीकरण और समन्वय (2012–plus) की ओर बढ़ना है।

चित्र के केंद्र में **WCM–TLM–SHYAM.C & WSO-O Knowledge Bomb Mission** और **सु-दर्शन चक्र (Real Philosophy Cycle)** को रखा गया है, जो यह संकेत देता है कि वास्तविक परिवर्तन शस्त्रों से नहीं, बल्कि दर्शन, विवेक और समग्र ज्ञान से आता है। ऊपर की ओर उठती संरचना *Positive Bent of Mind* को दर्शाती है, जहाँ विश्व-स्तरीय सोच, आध्यात्मिक दर्शन, मानवीय मूल्य, वैश्विक एजेंडा और कॉमन प्रोग्राम के माध्यम से मानव चेतना का विस्तार होता है।

चित्र के निचले भाग में पृथ्वी को केंद्र बनाकर मानव गतिविधियों-आध्यात्मिक, सामाजिक, वैज्ञानिक, अंतरराष्ट्रीय, शैक्षिक और प्रशासनिक-को दर्शाया गया है, जो यदि संतुलित हों तो उन्नति का मार्ग बनती हैं, और यदि असंतुलित हों तो *Negative* तथा *Destroyer Bent of Mind* की ओर ले जाती हैं।

वहीं नीचे की ओर गिरते तीर आतंकवाद, तानाशाही, जनसंख्या विस्फोट, अशिक्षा, भ्रष्टाचार, परमाणु खतरे और संकीर्ण सोच जैसे विनाशकारी तत्वों का प्रतिनिधित्व करते हैं। समग्र रूप से यह चित्र यह संदेश देता है कि वर्तमान युग में मानवता के सामने विकल्प स्पष्ट है-या तो संकीर्ण, नकारात्मक और विनाशकारी सोच, या फिर **"ज्ञान आधारित सार्वभौमिक दर्शन"** के माध्यम से पृथ्वी और मानव सभ्यता का संतुलित, शांतिपूर्ण और प्रबुद्ध भविष्य।

सीधी समझ

बड़ा वट वृक्ष (Big Banyan Tree), सैकड़ों वर्ष पुराना एक विशाल क्षेत्र में फैला वट वृक्ष है। जिसका मूल वृक्ष अब अस्तित्व में नहीं है उसके तनों से निकले सैंकड़ों जड़ वर्तमान में स्वयं एक वृक्ष, फिर उनके तनों से निकले सैंकड़ों जड़ भी वर्तमान में एक-एक वृक्ष के रूप में स्थापित हैं और सभी एक-दूसरे से जुड़े हुये हैं, बस जो नहीं है, वह है मूल वृक्ष। इस प्रकार सम्पूर्ण वृक्ष परिवार एक बड़े क्षेत्र में फैल चुका है और निरन्तर जारी भी है। प्रत्येक स्वयं स्वतन्त्र वृक्ष के रूप में स्थापित वृक्ष का अपने परिवार के रूप में तना, पत्ता, फूल और फल सब निकलते रहते हैं और जिसे जहाँ अर्थात् नजदीकी स्रोत से सुविधा अर्थात् खुराक मिल सकता हैं वहाँ से प्राप्त करते हुये विकास कर रहे हैं। इस कार्य में आपस में कोई विवाद नहीं है। कोई किसी पर अधिपत्य जमाना नहीं चाहता, ना ही अन्य के विकास में कोई बाधा पहुँचाता है। जिसको जिस ओर उचित वातावरण मिलता जाता है, उस ओर वह विकास कर रहा है। कुल मिलाकर स्व प्रेरित सुशासन की भाँति संचालित है। इस वट वृक्ष के सबसे बाद अर्थात् वर्तमान के तनों-पत्तों के लिए उसका जन्मदाता व पालनकर्ता के रूप में उसका नजदीकी जड़ ही है इसलिए उसकी कथा-कहानी वहीं से शुरू होती है और वहीं तक उसका ज्ञान है जो एक संकुचित और सीमित ज्ञान है। वह पूर्ण को नहीं जान रहा, उसका पूर्णत्व, सार्वभौम पूर्णत्व नहीं बल्कि सीमित पूर्णत्व है। सीमित पूर्णत्व में भी वह आनन्द में हैं और विकासशील है। उसका विकास होना सार्वभौम का ही विकास होना है परन्तु उसे उसका ज्ञान नहीं है और वह उस सार्वभौम के विकास में अपने योगदान को करते हुये भी स्वयं को गौरवान्वित नहीं अनुभव कर रहा है। सार्वभौम से युक्त होने के बाद भी उसे अपने परिवार से ही जुड़ा रहना उसकी विवशता भी है और इसके अलावा कोई अन्य मार्ग भी नहीं हैं। उसके सार्वभौम का मार्ग भी उसके अपने परिवार के ही मार्ग से होकर जाता है। वृक्ष के साथ यह मजबूरी भी है कि क्योंकि वह स्थिर है इसलिए उसका छोटा परिवार केवल पड़ोस तक के ही दायरे के सम्पर्क में है। दूसरे छोर के परिवार का क्या हाल है उसे कुछ नहीं पता।

हे मानवों, ये संसार भी उपरोक्त वट वृक्ष के सामन ही फैला हुआ है। परन्तु उस भाँति विकास नहीं कर रहा है। मनुष्य के अन्दर बीमारी की भाँति अधिकतम "शक्ति और लाभ (पावर और प्राफिट)" की दौड़ ने उसे अधिपत्य, अत्याचार, दूसरे को दबाना इत्यादि से युक्त कर दिया है। और जो इस दौड़ में नहीं हैं वे सीमित पूर्णत्व में आनन्द के साथ विकासशील हैं। उन्हें और भी तेज विकास की इच्छा है परन्तु उनके बुद्धि का दायरा ही सीमित है इसलिए उन्हें मार्ग नहीं मिल रहा है। यदि उनको मार्ग भी मिल रहा हो तो वट वृक्ष की भाँति उसके नजदीकी जन्मदाता ने उसे यह बता रखा है कि जब उस सार्वभौम का मार्ग मेरे ही रास्ते से जाता है तो जो मैं कह रहा हूँ उसे करो। और इसके लिए वे अपने परिवार के लिए अनेक प्रकार की प्रणाली दे रखे हैं। जबकि ये प्रणाली देने वाले उनके नजदीकी जन्मदाता स्वयं कहाँ से आये हैं स्वयं उन्हे भी नहीं पता। क्योंकि वे स्वयं भी उस वट वृक्ष के खो गये मूल जड़ की तरह अपने मूल जड़ को नहीं जानते। वे भी अपने नजदीकी जन्मदाता का ही अनुसरण कर रहे होते हैं। ये प्रणालीयाँ अनेक प्रकार की हैं उदाहरणस्वरूप कुछ मुख्य निम्नवत् हैं-

1 उनके द्वारा प्रस्तुत कुछ पुस्तकें होती हैं जिन्हें नियमानुसार प्रतिदिन पढ़ना होता है। पढ़ने के पूर्व शुद्धता की भी प्रक्रिया अनिवार्य होती है अन्यथा पुस्तकें परिणाम नहीं दे पायेंगी, ये भी शर्त होती हैं।
2 उनके द्वारा भोजन से सम्बन्धित कुछ नियम बना दिये जाते हैं कि क्या खाना है और क्या नहीं खाना है।
3 उनके द्वारा कोई मन्त्र दे कर उसे नियमानुसार जपने के लिए दे दिया जाता है।
4 उनके द्वारा किसी यन्त्र-तन्त्र द्वारा समस्या मुक्ति का उपाय बता दिया जाता है।
5 उनके द्वारा किसी विशेष प्रकार के रंग और ढ़ग के वस्त्र निर्धारित कर दी जाती है जिससे उनकी पहचान एक अलग रूप में हो। अर्थात् समाज का एक और विभाजन कर उसे प्रस्तुत कर देते हैं।

सामान्य रूप से सभी द्वारा अनिवार्य रूप से ये भी निर्धारित कर दी जाती है कि किसी दूसरे के नियमों को न तो जानना है, न सुनना है, न पढ़ना है और न ही उसमें शामिल होना है। अर्थात् एक गतिशील प्राणी मनुष्य को जिसे सदैव श्रेष्ठ से, श्रेष्ठतम और सर्वोच्च तक उठने-विकास करने के लिए निर्मित किया गया था, उसे एक सीमित

दायरे में बुद्धिबद्ध कर दिया गया। मनुष्य जिसका निर्माण अपनी मस्तिष्क को असीम क्षमता को विकसित कर ईश्वर रूप में व्यक्त होना था, उसे जड़ (स्थिर) बना दिया गया।

हे मानवों, मनुष्यों की सबसे बड़ी कमजोरी "स्वयं में गुणों का विकास कर स्वयं बन जाने या हो जाने" में नहीं बल्कि "पाने" की इच्छा है। इस पाने की इच्छा की कमजोरी का परिणाम ही है उपरोक्त अनेक प्रकार के बुद्धिबद्ध करने की विधियाँ।

हे मानवों, उपरोक्त के पृष्ठभूमि में उनका उद्देश्य केवल अपने स्वार्थ की पूर्ति के सिवाय कुछ नहीं होता। क्योंकि मार्गदर्शक या प्रेरक या शिक्षक का उद्देश्य स्वयं से श्रेष्ठ मानव का निर्माण होता है न कि सदैव जीवन भर एक ही प्रणाली या प्रक्रिया या कक्षा में पढ़ते-दुहराते रहने के लिए विवश करना। उपरोक्त के पृष्ठभूमि में शारीरिक-आर्थिक-मानसिक शोषण का ही कार्य विभिन्न प्रकार से चल रहा है। कोई अपने कृषि कार्य को मुफ्त में हल करवा रहा है, तो कोई अपने नाम के उत्पादों को सिर्फ उन्हें ही खरीदने के लिए बुद्धिबद्ध कर दिया है।

हे मानवों, इन सबको आस्था का व्यापार कहते हैं। जबकि मैं देख रहा हूँ कि प्रत्येक संस्कारित करने की क्रिया जो उस काल के लिए आस्था का विषय था। उसके अगले काल के लिए संस्कारित करने की नयी क्रिया उपलब्ध हो जाने के बावजूद, मानव शरीर पिछले काल के संस्कारित करने वाली क्रिया के प्रति आस्था रखते हुये मूर्खता का स्पष्ट प्रदर्शन कर रहा है। सभी कालों में, सभी संस्कारित करने की क्रियाओं में मैं (सार्वभौम आत्मा) ही आस्था का विषय था परन्तु क्रिया के प्रति आस्था रखना मूर्खता का स्पष्ट प्रमाण ही तो है। चाहे वह व्यक्तिगत इच्छा से हो या सामाजिक प्रदर्शन की इच्छा से। इन समस्त संस्कारित करने के क्रिया के पीछे जो रहस्य आज तक गोपनीय था उसे मैंने तुम्हारें समक्ष सार्वजनिक प्रकाशित कर दिया है। अब कुछ भी गोपनीय नहीं। बावजूद इसके प्रत्येक मनुष्य अपनी मूर्खता रूपी आस्था को प्रदर्शित करने के लिए स्वतन्त्र है। परन्तु वह मुझ (सार्वभौम आत्मा) को प्राप्त नहीं कर सकता। हे मानवों, ईश्वर बहुमत से नहीं निर्धारित किया जाता इसलिए ही उसे अनिवर्चनीय कहा गया है। किसी भी वस्तु के प्रति आस्था के विकास से और समस्त मानवों को उसके प्रति आस्थावान् बना देने से वह वस्तु गुण प्रकट कर वैसा नहीं बन सकती जैसा आप उम्मीद करते हो।

हे मानवों, एक तरह से देखा जाये तो उपरोक्त व्यवस्था से कोई समस्या है ही नहीं क्योंकि जिसकी इच्छा जहाँ से पूर्ति हो रही है और विकास का मार्ग मिल रहा है, वह वहाँ से जुडा हुआ है। इसलिए मानव सभ्यता पर आया यह दसवाँ और अन्तिम संकट, संकट होते हुये भी संकट जैसा नहीं दिखता। इस व्यवस्था से हमें कोई समस्या भी नहीं है। समस्या ये है कि धर्म को जिस उद्देश्य के लिए निर्मित किया गया था वही धर्म, संकट में है। यह धर्म ही उस वट वृक्ष का मूल है, सार्वभौम है, समष्टि है। इसके ज्ञान से युक्त दोनों को अर्थात् विशाल संसार रूपी वट वृक्ष के छोटे-छोटे परिवार के नेतृत्वकर्ता मुखिया सहित उसके सदस्यों को होना आवश्यक है। तभी परिवार के नेतृत्वकर्ता मुखिया द्वारा बनाये गये उपरोक्त प्रणाली-नियम परिणाम-फल दे पायेंगे जिसकी इच्छा परिवार के सदस्य करते हैं।

हमारी उत्पत्ति ज्ञान से हुई है। जिन्हें ज्ञान है वही अपने आप को संघर्ष में पाते हैं और सर्वश्रेष्ठता के लिए कर्मशील हैं। शेष सभी तो प्रकृति के अनुसार आते-जाते रहते हैं। इस ज्ञान को ही ब्रह्म (सार्वभौम एकात्म ज्ञान) कहते हैं। देवता रूप में इस ज्ञान को ब्रह्मा के रूप में प्रक्षेपित किया गया है। यह ज्ञान जिस-जिस अंगो द्वारा प्राथमिकता से अनुभव में आता है उतने प्रकार के मानव अपने-आप को उत्पन्न समझते हैं।

पुराण रचनाकार महर्षि व्यास ने ब्रह्मा अर्थात ज्ञान के पुत्रों का प्रक्षेपण किये हैं। ब्रह्मा के 10 मानस पुत्रों

01.मन (विचार) से ज्ञान प्राप्त करने वाले मरीचि

02.नेत्रों (देखकर) ज्ञान प्राप्त करने वाले अत्रि

03.मुख (वाणी) से ज्ञान प्राप्त करने वाले अंगिरा

04.कान (सुन) कर ज्ञान प्राप्त करने वाले पुलस्त्य

05.नाभि (केन्द्र) से ज्ञान प्राप्त करने वाले पुलह

06.हाथ (कर्म) से ज्ञान प्राप्त करने वाले कृतु

07.त्वचा (स्पर्श) से ज्ञान प्राप्त करने वाले भृगु

08.प्राण (श्वास) से ज्ञान प्राप्त करने वाले वशिष्ठ

09.अँगूठे (आत्मा) से ज्ञान प्राप्त करने वाले दक्ष

10.गोद (प्रेम) से ज्ञान प्राप्त करने वाले नारद

ये दस प्रकार ज्ञान से उत्पन्न है और इतने प्रकार के मानव निर्मित होकर संसार में विचरण कर रहे हैं। इसे ये न समझना चाहिए कि मन या नेत्र इत्यादि से कैसे ब्रह्मा ने अपने पुत्रों को उत्पन्न किया? चूंकि शरीर का अस्तित्व अस्थायी है इसलिए विचार के आधार पर ये मनुष्य के वर्ग या श्रेणी का निर्धारण है। इसे मानकीकरण (Standardization) या वर्गीकरण (Classification) भी कहा जा सकता है। जिस प्रकार आजकल मानकीकरण के शब्द ISOऔर ISI मार्का दिये जाते हैं।

नये भारत में, नये मनुष्य के उदय के लिए

आप लंगोट से जौकी पर आ गये...पायजामे से पतलून पर आ गये...नाड़े से बेल्ट पर आ गये...खड़ाऊँ से बूट पर आ गये...कलम से कीबोर्ड पर आ गये। पगडंडियों से एक्सप्रेस वे पर आ गये...चूल्हे से इंडक्शन कुकर पर आ गये...जंगलो से अपार्टमेंट तक आ गये। हल से ट्रैक्टर पर आ गये...पैदल से लक्ज़री जहाज़ों पर आ गये...दीये-मशाल से एलईडी पर आ गये...आप लैंडलाइन से ओरियो एंड्रॉयड तक आ गये...तीर-कमान और गदा से ऑटोमैटिक बंदूकों और मिसाइलों पर आ गये। दुनियां चाँद पे चली गई...मंगल की छाती पर नासा ने रोबोट उतार दिया....शनि मंगल सूर्यग्रहण-चन्द्रग्रहण के हर रहस्य से पर्दा उठ गया!

आप पाँच हज़ार ईसापूर्व और पाँचवी-छठवीं शताब्दी से इक्कीसवी शताब्दी में आ गये...आप लगातार अपडेट होते रहे हैं!!! मगर फिर भी तुम ग्रह-नक्षत्रों को...शनि-मंगल को जन्मकुंडली में देख-देख कर काँप रहे हो। अपना भविष्य सुधारने के लिए बाबा-बाबियों का रास्ता नाप रहे हो। क्या इसी दिन के लिए तुमने बी.एससी, एम.एससी पीएच.डी की थी?? कि तुम पढ़े-लिखे जाहिलों की फौज में शामिल हो जाना! क्या इसी दिन के लिए तुम डॉक्टर, इंजीनियर, वकील, मजिस्ट्रेट या प्रोफेसर बने थे? कि बंगले पर काली हांडी टांगना! निम्बू मिर्ची टांगना! नजर न लगने से एक पैर में काला धागा बांधना?? और अपने उज्ज्वल भविष्य की भीख किसी बाबा-बाबी के दर पर नाक रगड़ के मांगना?

देश आजाद हो गया! दुनिया आजाद हो गई! आखिर कब मिलेगी तुम्हें आजादी?? इस अंधी मानसिक गुलामी से? दुनिया रोज नए-नए आविष्कार कर रही है! तुम हजारों साल पुरानी भाषा, संस्कृति, रीति, रिवाजो की वैज्ञानिक व्याख्या करने में लगे हो! क्या भारत पुनः विश्वगुरु तुम्हारे जैसे मनोरोगियों की वजह से कभी बन पाएगा? बंद कमरे में तुम्हारी चोटी कट जाती! अँधेरे में अकेले में तुम्हें भूत-पलीत सताते हैं! तुम्हें ही सारी दुनिया की नजर लगती है! डायन तो तुम्हारे हर घर में मौजूद है!! तुम्हारे तंत्र-मंत्र-यंत्र काम क्यों नहीं करते हैं? एक पैर में काले धागे वाला रक्षा सूत्र तुम्हारी चोंटी क्यों नहीं बचाता है? आखिर कब तक तुम मानसिक गुलाम रहोगे?

तुम्हारी समस्याएं लौकिक है। मगर तुम्हें हर समस्या का हल परलोक में नजर आता है! संसार तुम्हारे लिए स्वप्नवत् है माया है! भगवान की लीला है! नाटक है! भ्रम है! आखिर तुम्हें इस सपने से कौन जगाए? कब तक शब्दों के साथ बलात्कार करोगे? कब तक धोखे में रहोगे? कब तक हर सिद्धान्त हर आविष्कार को शास्त्रों ऋषि-मुनियों के माथे मड़ोगे??

तुम लोग को जो जगाए वही धर्मद्रोही, देशद्रोही, जातिवादी या नास्तिक है? चारुवाक, बुद्ध, महावीर, कपिल, कणाद गौतम, नागसेन, अश्वघोष, कबीर, नानक, रविदास, ओशो, फुले, शाहू, पेरियार, भीम, भगतसिंह, कोवूर, राहुल संस्कृत्यायन, दयानन्द, विवेकानंद, सबने विवेक लगाया! मगर फिर भी तुम्हारा विवेक नहीं जागा!

तुम्हारा धर्म कब अपडेट (Update) होगा?
तुम्हारी आस्था कब अपडेट (Update) होगी?
तुम्हारा ईश्वर कब अपडेट (Update) होगा?
तुम्हारी सोच कब अपडेट (Update) होगी?
तुम्हारे धर्म की किताबें कब अपडेट (Update) होंगी?

कम्प्यूटर और मोबाइल का साफ्टवेयर तो तुरन्त करते हो, तुम्हारे मस्तिष्क का साफ्टवेयर कब अपडेट (Update) होगा?

क्योंकि तुम विश्वगुरु के अहंकार की दारू पीकर गरीबी, अनपढ़ता, लिंगभेद, जातिभेद, भाषाभेद, क्षेत्रभेद, साम्प्रदायिकता की नाली में पड़े हो! आखिर तुम्हें कब मिलेगी आजादी? इस उम्दा मानसिक गुलामी से?

सोच के बता देना!!
आओ एक कदम शब्दों के उँचाइयों की ओर..........

IDEAS + ACTION = CHANGE

व्यवस्था के परिवर्तन या सत्यीकरण का पहला प्रारूप और उसकी कार्य विधि

उदाहरण के रूप में, यदि किसी शिक्षित व्यक्ति जिसे अंकगणित का ज्ञान हो, उसके समक्ष संख्या 5 लिख दिया जाये और उससे कहा जाये कि इस संख्या के आगे और पीछे की संख्या लिखें तो वह आसानी से उसे लिख देगा परन्तु अंकगणित का अज्ञानी ऐसा नहीं कर पायेगा। उसका सारा ध्यान केवल संख्या 5 पर ही टिका रह जायेगा क्योंकि वह संख्या पद्धति से अपरिचित है। अगर वह कुछ लिख भी देगा तो वह आवश्यक नहीं कि सत्य हो और उसमें सुधार की पूरी सम्भावना बनी रहेगी। समाज सुधार के क्षेत्र में भी यही बात है। हम एक समस्या देखते हैं फिर उसमें कुछ सुधार कर देते हैं। फल यह होता है कि कुछ समय बाद पुनः उसमें सुधार की आवश्यकता आ जाती है।

जितने अधिक आकड़ों को विश्लेषित कर हम परिणाम को खोजेंगे उतने ही सत्य परिणाम हमारे सामने आयेंगे। प्रस्तुत शास्त्र व्यक्त अधिकतम आकड़ों के व्यवस्थित प्रस्तुतीकरण का शास्त्र है। दूसरे रूप में इसे धर्म ज्ञान का बैलेन्ससीट भी कह सकते है। इन सम्पूर्ण आकड़ों पर आधारित होकर व्यक्ति, समाज और विश्व राष्ट्र के लिए लिया गया निर्णय ही एक सत्य निर्णय हो सकता है। समाज सुधार के सम्बन्ध में स्वामी विवेकानन्द का कहना है कि-"तथाकथित समाज-सुधार के विषय में हस्तक्षेप न करना क्योंकि पहले आध्यात्मिक सुधार हुये बिना अन्य किसी भी प्रकार का सुधार हो नहीं सकता (राम पृष्ठ मिशन, पत्रावली भाग-1, पृष्ठ-29), भारत के शिक्षित समाज से मैं इस बात पर सहमत हूँ कि समाज का आमूल परिवर्तन करना आवश्यक है। पर यह किया किस तरह जाये? सुधारकों की सब कुछ नष्ट कर डालने की रीति व्यर्थ सिद्ध हो चुकी है। मेरी योजना यह है, हमने अतीत में कुछ बुरा नहीं किया। निश्चय ही नहीं किया। हमारा समाज खराब नहीं, बल्कि अच्छा है। मैं केवल चाहता हूँ कि वह और भी अच्छा हो। हमें असत्य से सत्य तक अथवा बुरे से अच्छे तक पहुँचना नहीं है। वरन् सत्य से उच्चतर सत्य तक, श्रेष्ठ से श्रेष्ठतर और श्रेष्ठतम तक पहुँचना है। मैं अपने देशवासियों से कहता हूँ कि अब तक जो तुमने किया, सो अच्छा ही किया है, अब इस समय और भी अच्छा करने का मौका आ गया है।"-(राम पृष्ठ मिशन, जितने मत उतने पथ, पृष्ठ-46)

व्यक्ति हो या ज्ञानी, समाज हो या राज्य, देश हो या विश्व, समाज नेता हों या राजनेता सभी को अब यह जान लेना चाहिए कि विश्व एक परिवार है और उस परिवार का शास्त्र-"विश्वशास्त्र" है। जब तक यह शास्त्र उपलब्ध नहीं था तब तक इस विश्व परिवार के एकीकरण का मार्ग नहीं खुला था, अब वह मार्ग मिल चुका है। कोई भी समाज निर्माण या युग परिवर्तन का कार्य एक क्षण का कार्य नहीं है। यह एक लम्बी अवधि की प्रक्रिया का कार्य है। इसे हम उन समाज सुधारकों के संस्थाओं के कार्य को देख कर अनुभव कर सकते हैं।

व्यवस्था परिवर्तन, एक राजनीतिक लुभावना वाला शब्द है। वह कैसे होगा, इसके लिए एक प्रारूप की आवश्यकता होती है अगर वह नहीं है तो व्यवस्था परिवर्तन चिल्लाने से नहीं होता। फिर व्यवस्था परिवर्तन किस बात का? मानव समाज को संचालित करने के लिए तो सिर्फ दो ही मूल व्यवस्था है-एक राजतन्त्र, जिसका युग जा चुका है। दूसरा-लोकतन्त्र, जिसका युग चल रहा है और यही अन्तिम व्यवस्था भी बनी रहेगी क्योंकि ब्रह्माण्डीय व्यवस्था भी लोकतन्त्र से ही चल रहा है और मनुष्य के मस्तिष्क से अन्ततः वही व्यक्त हो रहा है। लोकतन्त्र से हम राजतन्त्र में नहीं जा सकते इसलिए व्यवस्था परिवर्तन का अर्थ ही निरर्थक है।

आवश्यकता है वर्तमान लोकतन्त्र व्यवस्था को ही सत्य आधारित करने की जिसे व्यवस्था सत्यीकरण कहा जा सकता है। इस कार्य में हमें मानकशास्त्र की आवश्यकता है जिससे तोल कर यह देख सके कि इस लोकतन्त्र व्यवस्था में कहाँ सुधार करने से सत्यीकरण हो जायेगा। यह मानकशास्त्र ही "विश्वशास्त्र" है। सिर्फ मतदाता बनने व वोट डालने से ही लोकतन्त्र स्वस्थ नहीं हो सकता। उसके लिए देश व विश्व के पूर्ण ज्ञान की आवश्यकता होगी। इसलिए आवश्यक है कि प्रत्येक मतदाता "विश्वशास्त्र" के ज्ञान से युक्त हो।

अच्छा होता कि हमारे राजनेतागण कुछ दिनों के लिए सन्यास लेकर थोड़ा कुछ अध्ययन-चिंतन करते रहते ताकि उन्हें बार-बार लक्ष्य के लिए शब्दों का परिवर्तन न करना पड़ता। एक ही स्थिति में बहुत समय तक रहने पर बुद्धि, बद्ध हो जाती है। एक-एक सीढ़ी चढ़कर, पहुँच गये-पहुँच गये चिल्लाने से अच्छा है कि अन्तिम सीढ़ी पर पर बैठकर चिल्लाना कि पहुँच गये।

चाहे कुछ हो यदि प्रारूप नहीं, तो न तो व्यवस्था परिवर्तन हो सकता है, न ही व्यवस्था सत्यीकरण हो सकता है, न ही सम्पूर्ण क्रान्ति। भीड़ से क्रान्ति नहीं सिर्फ हंगामा होता है। भीड़ में जोश होता है, होश नहीं।

इस मानक शास्त्र के प्रस्तुत हो जाने से व्यवस्था परिवर्तन की नहीं बल्कि व्यवस्था के सत्यीकरण का मार्ग खुल चुका है। जिसका व्यक्ति, समाज और विश्व राष्ट्र को आवश्यकता भी है। किसी एक विषय पर बहुत अधिक पुस्तक मस्तिष्क को भ्रमित ही करती है। यह शास्त्र प्रारम्भ से अन्त तक के विकास को क्रमबद्ध प्रस्तुत करता है जिससे हम सभी एक सत्य निर्णय करने में सक्षम हों और पूर्ण ज्ञान से युक्त हो जायें और हमारा कोई भी सुधार एक स्थायी, अच्छा और दूरगामी परिणाम देने वाला हो।

प्रश्न यह भी उठता है कि परिवार का मुखिया जिसके द्वारा परिवार का संचालन होता है, यदि वह परिवार के हित व विकास के विषय में कर्म न करता हो तो क्या परिवार का सदस्य उसमें हस्तक्षेप करने का अधिकारी है या नहीं? यही बात देश को चलाने वाले संसद के विषय में भी है। यदि संसद स्वयं देशहित व जनहित के प्रति उदासीन हो जाये तो क्या जनता संसद को मार्गदर्शन देने का अधिकार नहीं रखती? यदि नहीं तो संविधान की धारा-51(ए) के अन्तर्गत नागरिक का मौलिक कर्तव्य की उपयोगिता क्या है? ध्यान रखने योग्य विषय यह है कि कोई भी चुना हुआ प्रतिनिधि सिर्फ उतने ही बड़े क्षेत्र का प्रतिनिधि होता है जिस क्षेत्र से वह चुना जाता है। भारत में ऐसा कोई प्रतिनिधि जनता से नहीं चुना जाता जो भारत का प्रतिनिधित्व करता हो और जब तक भारत का प्रतिनिधित्व करने वाला चुनाव नहीं होता या भारत की जनता का राष्ट्रीय मुद्दों पर विचार कर संसद के कर्तव्य का बोध कराने वाली स्वतन्त्र संस्था नहीं बन जाती, तब तक जनता को संसद को संविधान की धारा-51(ए) के अन्तर्गत नागरिक का मौलिक कर्तव्य के अनुसार न्यायालय व संसद के माध्यम से सरकार को मार्गदर्शन देने का कर्तव्य करना चाहिए जो उसका अधिकार भी है।

वे शब्द जिसके बिना युग परिवर्तन सम्भव नहीं

सन् 1893 से सन् 1993 के 100 वर्षों के समय में विश्व के बौद्धिक शक्ति को जिन्होंने सबसे अधिक हलचल दी वे हैं-धर्म की ओर से स्वामी विवेकानन्द और धार्मिकता की ओर से आचार्य रजनीश"ओशो"। मनुष्य जिस प्रकार भौतिक विज्ञान के नवीन आविष्कारों को आसानी से ग्रहण करता है उसी प्रकार धर्म-आध्यात्म-दर्शन के नवीन आविष्कारों को भी मनुष्य को ग्रहण करना चाहिए, तभी मानसिक-आध्यात्मिक स्वतन्त्रता का अनुभव हो सकेगा। अन्यथा पूर्ण शारीरिक गुलामी का समय बीत चुका, आर्थिक गुलामी का काल चल रहा है और मानसिक गुलामी के काल चक्र में मनुष्य फँस जायेगा।

स्वामी विवेकानन्द जी का कहना था-

- "उसी मूल सत्य की फिर से शिक्षा ग्रहण करनी होगी, जो केवल यहीं से, हमारी इसी मातृभूमि से प्रचारित हुआ था। फिर एक बार भारत को संसार में इसी मूल तत्व का-इसी सत्य का प्रचार करना होगा। ऐसा क्यों है? इसलिए नहीं कि यह सत्य हमारे शास्त्रों में लिखा है वरन् हमारे राष्ट्रीय साहित्य का प्रत्येक विभाग और हमारा राष्ट्रीय जीवन उससे पूर्णतः ओत-प्रोत है। इस धार्मिक सहिष्णुता की तथा इस सहानुभूति की, मातृभाव की महान शिक्षा प्रत्येक बालक, स्त्री, पुरुष, शिक्षित, अशिक्षित सब जाति और वर्ण वाले सीख सकते हैं। तुमको अनेक नामों से पुकारा जाता है, पर तुम एक हो।" (जितने मत उतने पथ, राम कृष्ण मिशन, पृष्ठ-39)।
- "अत: यदि भारत को महान बनाना है, तो इसके लिए आवश्यकता है संगठन की, शक्ति संग्रह की और बिखरी हुई इच्छाशक्ति को एकत्र कर उसमें समन्वय लाने की। अथर्ववेद संहिता की एक विलक्षण ऋचा याद आ गयी जिसमें कहा गया है, "तुम सब लोग एक मन हो जाओ, सब लोग एक ही विचार के बन जाओ। एक मन हो जाना ही समाज गठन का रहस्य है बस इच्छाशक्ति का संचय और उनका समन्वय कर उन्हें एकमुखी करना ही सारा रहस्य है।" (देखें "नया भारत गढ़ो" पृष्ठ संख्या-55)
- "यह भी न भूलना चाहिए कि हमारे बाद जो लोग आएंगे, वे उसी तरह हमारे धर्म और ईश्वर सम्बन्धी धारणा पर हँसेंगे, जिस तरह हम प्राचीन लोगों के धर्म और ईश्वर की धारणा पर हँसते हैं। यह सब होने पर भी, इन सब ईश्वर सम्बन्धित धारणाओं का संयोग करने वाला एक स्वर्ण सूत्र है और वेदान्त का उद्देश्य है-इस सूत्र की खोज करना। भागवान कृष्ण ने कहा है-""भिन्न भिन्न मणियाँ जिस प्रकार एक सूत्र में पिरोयी जा सकती हैं, उसी प्रकार इन सब विभिन्न भावों के भीतर भी एक सूत्र विद्यमान है।" (देखें "ज्ञानयोग", पृष्ठ संख्या-65) ,
- "एक शब्द में वेदान्त का आदर्श है-मनुष्य के सच्चे स्वरूप को जानना।" (देखें "विवेकानन्द राष्ट्र को आह्वान", पृष्ठ सं0-48)।
- यदि हम अपने व्यक्तिगत एवं सामूहिक जीवन में वैज्ञानिक चेतना सम्पन्न एवं आध्यात्मिक एक साथ न हो पाए, तो मानवजाति का अर्थपूर्ण अस्तित्व ही संशय का विषय हो जाएगा। (विज्ञान और आध्यात्मिकता, पृष्ठ-9)
- हमेशा यूरोप से सामाजिक तथा एशिया से आध्यात्मिक शक्तियों का उद्भव होता रहा है एवं इन दोनों शक्तियों के विभिन्न प्रकार के सम्मिश्रण से ही जगत का इतिहास बना है। वर्तमान मानवेतिहास का एक और नवीन पृष्ठ धीरे-धीरे विकसित हो रहा है एवं चारो ओर उसी का चिन्ह दिखाई दे रहा है। कितनी ही नवीन योजनाओं का उद्भव तथा नाश होगा, किन्तु योग्यतम वस्तु की प्रतिष्ठा सुनिश्चित है, सत्य और शिव की अपेक्षा योग्यतम वस्तु और हो ही क्या सकती है? (पत्रावली भाग-1, पृष्ठ-310)

स्वामी विवेकानन्द के अनुसार शब्द से सृष्टि का रहस्य

01. बृहत् ब्रह्माण्ड में भी ब्रह्मा, हिरण्यगर्भ या समष्टि महत् ने पहले अपने आप को नाम के, और फिर बाद में रुप के आकार में अर्थात् इस परिदृश्यमान जगत के आकार में अभिव्यक्त किया। (भक्ति योग, पृष्ठ-44)
02. यह सारा व्यक्त इन्द्रियग्राह्य जगत रुप है, और इसके पीछे है अनन्त अव्यकृत स्फोट। स्फोट का अर्थ-समस्त जगत की अभिव्यक्ति का कारण शब्द-ब्रह्म है। समस्त नामों अर्थात् भावों की नित्य समवायी उपादान स्वरुप यह नित्य स्फोट ही वह शक्ति है, जिससे भगवान इस विश्व की सृष्टि करते हैं। यही नहीं बल्कि भगवान पहले स्फोट रुप में परिणत हो जाते हैं और तत्पश्चात् अपने को उससे भी स्थूल इस इन्द्रियग्राह्य जगत के रुप में परिणत कर लेते हैं। (भक्ति योग, पृष्ठ-45)
03. इस स्फोट का एक मात्र वाचक शब्द है-"ऊँ"। और चूँकि हम किसी भी उपाय से शब्द को भाव से अलग नहीं कर सकते, इसलिए यह "ऊँ" भी इस नित्य स्फोट से नित्य संयुक्त है। (भक्ति योग, पृष्ठ-45)
04. एकमेव यह "ऊँ" ही इस प्रकार सर्वभावाव्यापी वाचक शब्द है, अन्य कोई भी इसके समान नहीं। स्फोट ही सारे भावों का उपादान है, फिर भी वह स्वयं पूर्ण रुप से विकसित कोई विशिष्ट भाव नहीं है। अर्थात् यदि उन सब भेदों को, जो एक भाव को दूसरे से अलग करते हैं, निकाल दिया जाय, तो जो कुछ बचा रहता है, वही स्फोट है। इसलिए इस स्फोट को "नादब्रह्म" कहते हैं। (भक्ति योग, पृष्ठ-45)
05. जो वाचक शब्द उसे सब से कम विशेषभावापन्न करेगा, पर साथ ही उसके स्वरुप को यथासम्भव पूरी तरह प्रकाशित करेगा, वही उसका सबसे सच्चा वाचक होगा। और यह वाचक शब्द है-एकमात्र "ऊँ" क्योंकि ये तीनों अक्षर अ, उ और म्, जिनका एक साथ उच्चारण करने से "ऊँ" होता है, समान शब्दों के साधारण वाचक के तौर पर लिये जा सकते हैं। (भक्ति योग पृष्ठ, पृष्ठ-46)
06. अक्षर "अ" सारे अक्षरों में सबसे कम विशेषभावापन्न है। इसीलिए भगवान श्रीकृष्ण गीता में कहते हैं-"अक्षरों में मैं "अ" कार हूँ। " (गीता,10/33) स्पष्ट रुप से उच्चारित जितने भी शब्द हैं, उनकी उच्चारण क्रिया मुख में जिह्वा के मूल से आरम्भ होती है और ओठों में आकर समाप्त हो जाती है। "अ" जिह्वा मूल अर्थात् कण्ठ से उच्चारित होता है, और "म" ओठों से होने वाला अन्तिम शब्द है। और "उ" उस शक्ति का सूचक है, जो जिह्वा मूल से आरम्भ होकर मुँह भर में लुढ़कती हुई ओठों में आकर समाप्त हो जाती है। यदि "ऊँ" का उच्चारण ठीक ढंग से किया जाय, तो इसके शब्दोच्चारण की सम्पूर्ण क्रिया सम्पन्न हो जाती है-दूसरे किसी भी शब्द में यह शक्ति नहीं। (भक्ति योग, पृष्ठ-46)
07. जिस प्रकार अल्पतम् विशेष भावात्मक तथा सार्वभौमिक वाचक शब्द "ऊँ" के सम्बन्ध में वाच्य और वाचक आपस में अभेद्य रुप से सम्बद्ध हैं उसी प्रकार वाच्य और वाचक का यह अविच्छिन्न सम्बन्ध भगवान और विश्व के विभिन्न खण्ड भावों पर भी लागू है, अतएव उनमें से प्रत्येक का एक विशिष्ट वाचक शब्द होना आवश्यक है। (भक्ति योग, पृष्ठ-47)
08. ये वाचक शब्द ऋषियों की गम्भीरतम आध्यात्मिक अनुभूति से उत्पन्न हुए हैं और वे भगवान तथा विश्व के जिन विशेष-विशेष खण्ड भाव के वाचक हैं, उन विशेष भावों को यथासम्भव प्रकाशित करते हैं। जिस प्रकार "ऊँ" अखण्ड ब्रह्म का वाचक है, उसी प्रकार अन्यान्य मंत्र भी उसी परम पुरुष के खण्ड-खण्ड भावों के वाचक हैं। ये सभी ईश्वर के ध्यान और प्रकृत ज्ञान की प्राप्ति में सहायक हैं। (भक्ति योग, पृष्ठ-47)
09. सृष्टि के पूर्व ब्रह्म शब्दात्मक बनते है, फिर ओंकारात्मक या नादात्मक होते है। तत्पश्चात पहले कल्पों के विशेष शब्द जैसे-भूः, भुवः, स्व-अथवा गो, मानव, घट, पट इत्यादि का प्रकाश उसी ओंकार से होता है। सिद्ध संकल्प ब्रह्म में क्रमश-एक-एक शब्द के होते ही उसी क्षण उन सब पदार्थो का भी प्रकाश हो जाता है और इस विचित्र जगत् का विकास हो उठता है। अब समझे न कि कैसे शब्द ही सृष्टि का मूल है। -स्वामी विवेकानन्द (विवेकानन्द जी के संग में पृष्ठ-62)
10. यह सारा व्यक्त इन्द्रिय ग्राह्य जगत रूप है, और इसके पीछे है अनन्त अव्यक्त स्फोट। स्फोट का अर्थ-समस्त जगत की अभिव्यक्ति का कारण शब्द-ब्रह्म। समस्त नामों अर्थात् भावों की नित्य समवायी उपादान स्वरूप यह नित्य स्फोट ही वह शक्ति है, जिससे भगवान इस विश्व की सृष्टि करते है। यही नहीं बल्कि भगवान पहले स्फोट-रूप में परिणत हो जाते है और तत्पश्चात अपने को उससे भी स्थूल इस इन्द्रिय ग्राह्य जगत् के रूप में परिणत कर लेते है। -स्वामी विवेकानन्द (राजयोग-पृष्ठ-45)

आचार्य रजनीश"ओशो" का कहना था-

- "श्रीकृष्ण का महत्व अतीत के लिए कम भविष्य के लिए ज्यादा है। सच ऐसा है कि कृष्ण अपने समय से कम से कम पाँच हजार वर्ष पहले पैदा हुये। सभी महत्वपूर्ण व्यक्ति अपने समय से पहले पैदा होते हैं और

सभी गैर महत्वपूर्ण व्यक्ति अपने समय के बाद पैदा होते हैं। बस महत्वपूर्ण और गैर महत्वपूर्ण में इतना फर्क है और सभी साधारण व्यक्ति अपने समय के साथ पैदा होते हैं महत्वपूर्ण व्यक्ति को समझना आसान नहीं होता। उसका वर्तमान और अतीत उसे समझने में असमर्थता अनुभव करता है जब हम समझने योग्य नहीं हो पाते तब हम उसकी पूजा शुरु कर देते हैं या तो हम उसका विरोध करते हैं। दोनों पूजाएं हैं एक मित्र की एक शत्रु की।"

- उसके लिए सब हंसी खेल है, सब लीला है। इसलिए हमने कृष्ण को पूर्णावतार कहा। राम गम्भीर हैं छोटी-छोटी बात का हिसाब रखते हैं। नियम मर्यादा से चलते हैं- मर्यादा पुरूषोत्तम हैं। कृष्ण अमर्याद हैं न कोई नियम है न कोई मर्यादा। कृष्ण के लिए जीवन लीला है।
- धर्म कोई विषय थोड़े ही है। धर्म की कोई सीमा थोड़े ही है। धर्म तो समस्त जीवन का नाम है। जीवन में जो कुछ भी समाविष्ट है, धर्म उस सभी के सम्बन्ध में वक्तव्य देने का हकदार है। राजनीतिज्ञ, धर्म के सम्बन्ध में वक्तव्य नहीं दे सकता क्योंकि राजनीति की सीमा है। लेकिन धार्मिक व्यक्ति, राजनीति के सम्बन्ध में वक्तव्य दे सकता है क्योंकि धर्म की कोई सीमा नही है धर्म असीम है, धर्म तो पूरे जीवन को घेरता है जैसे आकाश घेरता है। धर्म से तो कोई भी चीज छोड़ी नहीं जा सकती। धार्मिक व्यक्ति की दृष्टि तो सब सम्बन्धों में होगी।
- जो एक गुरू बोल रहा है, वह अनन्त सिद्धों की वाणी है। अभिव्यक्ति में भेद होगा, शब्द अलग होंगे, प्रतीक अलग होंगे मगर जो एक सिद्ध बोलता है, वह सभी सिद्धों की वाणी है। इनसे अन्यथा नहीं हो सकता है। इसलिए जिसने एक सिद्ध को पा लिया, उसने सारे सिद्धों की परम्परा को पा लिया। क्योंकि उनका सूत्र एक ही है। कुंजी तो एक ही है, जिसमें ताला खुलता है अस्तित्व का।
- "इस देश को कुछ बाते समझनी होगी। एक तो इस देश को यह बात समझनी होगी कि तुम्हारी परेशानियों, तुम्हारी गरीबी, तुम्हारी मुसीबतों, तुम्हारी दीनता के बहुत कुछ कारण तुम्हारे अंध विश्वासों में है, भारत कम से कम डेढ़ हजार साल पिछे घिसट रहा है। ये डेढ़ हजार साल पूरे होने जरूरी है। भारत को खिंचकर आधुनिक बनाना जरूरी है। मेरी उत्सुकता है कि इस देश का सौभाग्य खुले, यह देश भी खुशहाल हो, यह देश भी समृद्ध हो। क्योंकि समृद्ध हो यह देश तो फिर राम की धुन गुंजे, समृद्ध हो यह देश तो फिर लोग गीत गाँये, प्रभु की प्रार्थना करें। समृद्ध हो यह देश तो मंदिर की घंटिया फिर बजे, पूजा के थाल फिर सजे। समृद्ध हो यह देश तो फिर बाँसुरी बजे कृष्ण की, फिर रास रचे! यह दीन दरिद्र देश, अभी तुम इसमें कृष्ण को भी ले आओंगे तो राधा कहाँ पाओगे नाचनेवाली? अभी तुम कृष्ण को भी ले आओगे, तो कृष्ण बड़ी मुश्किल में पड़ जायेंगे, माखन कहाँ चुरायेगें? माखन है कहाँ? दूध दही की मटकिया कैसे तोड़ोगे? दूध दही की कहाँ, पानी तक की मटकिया मुश्किल है। नलों पर इतनी भीड़ है! और एक आध गोपी की मटकी फोड़ दी, जो नल से पानी भरकर लौट रही थी, तो पुलिस में रिपोर्ट दर्ज करा देगी कृष्ण की, तीन बजे रात से पानी भरने खड़ी थी नौ बजते बजते पानी भर पायी और इन सज्जन ने कंकड़ी मार दी। धर्म का जन्म होता है जब देश समृद्ध होता है। धर्म समृद्ध की सुवास है। तो मैं जरूर चाहता हूँ यह देश सौभाग्यशाली हो लेकिन सबसे बड़ी अड़चन इसी देश की मान्यताएं है। इसलिए मैं तुमसे लड़ रहा हूँ। तुम्हारे लिए।"

व्यक्ति-समाज-राज्य-विश्व की आवश्यकता, भविष्यवक्ताओं की भविष्यवाणीयां, ग्रहों के चालों, सूर्य व चन्द्र ग्रहण, सामाजिक-राजनीतिक विचारकों के विचार-सपनें-उम्मीद इत्यादि युग परिवर्तन की ओर दिशा निर्देश कर रहीं हैं। ऐसे में सृष्टि के लिए सार्वभौम सर्वोच्च अन्तिम अर्थों वाले शब्दों (जिसकी सूची अगले पृष्ठ पर दी गई है।) **पर चर्चा ही एक मात्र युग परिवर्तन का मार्ग है।**

वे सार्वभौम एकात्म शब्द जिसके बिना युग परिवर्तन सम्भव नहीं (सर्वोच्च, अन्तिम और दृश्य)

क्र.सं. विषय क्षेत्र	सम्बन्धित क्षेत्र से मुख्य नाम
01. विश्व क्षेत्र	विश्व संविधान / साहित्य / विचार / सिद्धान्त / प्रबन्ध / दर्शन / मत / मानव / एकता / शान्ति / विकास / स्थिरता / आत्मा / अभिनेता / बुद्धि / राजनीति / क्रांति
02. राज्य क्षेत्र	विश्व (राष्ट्र) ऐजेण्डा–2012+ (WORLD NATION AGENDA-2012+) विश्व व्यवस्था का अधिकतम एवं न्यूनतम साझा कार्यक्रम
03. समाज क्षेत्र	लोक / गण / जन ऐजेण्डा–2012+ (PUBLIC AGENDA-2000+)
04. धर्म क्षेत्र	वेदान्त धर्म स्थापना
05. साहित्य क्षेत्र	विश्व साहित्य–"विश्वभारत" समाहित "विश्वशास्त्र" साहित्य– आदर्श वैश्विक व्यक्ति चरित्र कथा साहित्य
06. सामाज शास्त्र	मानक / जन / गण / लोक शास्त्र
07. धर्मशास्त्र	धर्मयुक्त नाम – कर्मवेदः प्रथम, अन्तिम और पंचम वेद और आधारित उपनिषद् (व्यष्टि एवं समष्टि) सर्वधर्मसमभाव / धर्मनिरपेक्ष नाम – मन की गुणवत्ता का विश्व मानक : शून्य श्रृंखला (व्यष्टि एवं समष्टि)
08. मानक क्षेत्र	मन की गुणवत्ता का विश्व मानक : शून्य श्रृंखला
09. अदृश्य विज्ञान	दृश्य आध्यात्म विज्ञान
10. दृश्य विज्ञान	धर्म विज्ञान या एकात्म विज्ञान (Integration Science)
11. इंजीनियरिंग	सत्य सामाजिक अभियंत्रण (Real Social Engineering)
12. तकनीकी	सत्य सामाजिक तकनीकी (Real Social Technology) : WCM-TLM-SHYAM.C Technology
13. संविधान	विवादमुक्त तन्त्रों पर आधारित संविधान
14. राजनीति	सत्य राजनीति / राजनीति–2012+ (POLITICS-2012+)
15. संगठन	विश्व राजनीतिक पार्टी संघ (World Political Party Organisation- WPPO)
16. शिक्षा	पूर्णज्ञान / पूर्ण शिक्षा प्रणाली / शिक्षा -2012+ (EDUCATION-2012+)
17. राष्ट्र सम्बन्ध	आदर्श राष्ट्रीय नागरिक
18. वेदान्त	कर्म वेदान्त : वेदान्त की अन्तिम शाखा
19. मतवाद	एकात्म कर्मवाद : एकात्म मानवतावाद का व्यावहारिक रुप
20. दार्शनिक	विकास दर्शन (Development Philosophy)
21. क्रांति	संपूर्ण क्रांति (Complete Revolution) : प्रलय, स्थिति एवं सृष्टि
22. सांस्कृतिक	भोगेश्वरः भोग (पाश्चात्य) + ईश्वर (प्राच्य) = एकात्म या ईश्वरत्व भाव से भोग
23. मन	विश्व मन (WOLD MIND)
24. मानव	विश्वमानव (विश्वमन से युक्त)
25. मनु	8वें मनु – सावर्णि मनु
26. अवतार	भगवान विष्णु के 10वें और अन्तिम तथा भगवान शंकर के 22वें और अन्तिम संयुक्तावतार (निष्कलंक कल्कि एवं भोगेश्वर)
27. निराकार ब्रह्म	सार्वभौम सत्य–सिद्धान्त (UNIVERSAL TRUTH-THEORY) : विश्व–बन्धुत्व का सिद्धान्त
28. साकार ब्रह्म	लव कुश सिंह
29. पुनर्जन्म–सत् मार्ग से	बुड्ढा कृष्ण (कृष्ण भाग – 2 और अन्तिम) – कृष्ण की अगली और अन्तिम कड़ी
30. पुनर्जन्म–रज मार्ग से	स्वामी विवेकानन्द का पुनर्जन्म
31. पुनर्जन्म–तम मार्ग से	रावण की अगली कड़ी
32. आत्मा	दृश्य विश्वात्मा / शिव / ब्रह्म / मैं
33. अभिनय	वास्तविक जीवन का अभिनेता (Real Life Actor)
34. बम	ज्ञान बम – आध्यात्मिक न्यूट्रान बम
35. अस्त्र	अनियन्त्रित पशुपास्त्र (नारायणास्त्र या सु–दर्शन चक्र व ब्रह्मास्त्र समाहित)
36. माया	योग माया समाहित भोगमाया
37. ज्ञान	एकात्म कर्मज्ञान (शास्वत) : व्यष्टि एवं समष्टि
38. बुद्धि	विश्व बुद्धि व चेतना या सत्य चेतना : पूर्व व्यक्त सत्य चेतना
39. ध्यान व योग	दृश्य सत्य–क्रियाकलाप–एकात्म योग व ध्यान (अन्तिम योग व अन्तिम ध्यान)
40. मिशन	प्राकृतिक सत्य मिशन (Natural Truth Mission)–सर्वोच्च और अन्तिम मिशन
41. धार्मिक नगर	एकात्म काशी– जीवनदायिनी सत्यकाशी : पंचम, अन्तिम तथा सप्तम काशी
42. शक्ति	आत्मशक्ति (SPIRIT POWER),मस्तिष्क शक्ति (BRAIN POWER), मन शक्ति (MIND POWER),सत्य शक्ति (TRUTH POWER)
43. जीवन कथा	विश्वमानव लीला / दर्पण : दो विपरीत दिशाओं के साथ प्रथम एवं अन्तिम कथा
44. प्रेम और कर्म	शास्वत प्रेम और कर्म
45. समन्वय	अन्तिम समन्वय–सिद्धान्त
46. आचार्य	अन्तिम समन्वयाचार्य
47. कला	विश्वमानव कला (कृष्ण कला समाहित)
48. परिचालन प्रणाली	अवतार का परिचालन प्रणाली : मानव–10 (Avatar's Operating System-AOS : Human-10)
49. शंकराचार्य पीठ	सत्यकाशी पीठ : पंचम और अन्तिम शंकराचार्य पीठ

भाग-8

केन्द्र या मध्य (भारत) में पांचवां और अन्तिम सत्यकाशी पीठ

सत्यकाशी पीठः स्थान

सत्यकाशी पीठः इतिहास और उद्देश्य

पाँचवाँ और अंतिम शंकराचार्य पीठः इसकी विशेषता

"हिन्दू धर्म की जो पकड़ थी, वह इस समय कमजोर पड़ गयी है क्योंकि भारतीय स्वतंत्रता आन्दोलन के समय से राजनेताओं का वर्चस्व बढ़ा और उन्होंने धर्म रक्षकों को दबा दिया, जिसके परिणामस्वरूप 163 साल तक शंकराचार्य की पदवी खाली रही। इसलिए आवश्यक है कि शिक्षा के क्षेत्र में धर्म की स्थापना हो। स्वस्थ एवं श्रेष्ठ साहित्य का सृजन हो। महापुरूषों को घूम-घूम कर सनातन धर्म का प्रचार-प्रसार करना चाहिए जिससे लोगों के हृदय में भारतीय धर्म-शास्त्र के प्रति आस्था-विश्वास बढ़े।"

- स्वामी स्वरूपानन्द (द्वारिका पीठाधीश्वर जगद्गुरू शंकराचार्य)

साभार - दैनिक आज, समाचार पत्र, वाराणसी, दि0 10-5-1997

स्पष्टिकरण

सत्य से सार्वभौम सत्य-सिद्धान्त तक का मार्ग अवतारों का मार्ग है। सार्वभौम सत्य-सिद्धान्त की अनुभूति ही अवतरण है। इसके अंश अनुभूति को अंश अवतार तथा पूर्ण अनुभूति को पूर्ण अवतार कहते है। ग्रन्थों में अवतारों की कई कोटि बतायी गई है जैसे अंशाशावतार, अंशावतार, आवेशावतार, कलावतार, नित्यावतार, युगावतार इत्यादि, जो भी सार्वभौम सत्य-सिद्धान्त को व्यक्त करता है वे सभी अवतार कहलाते हैं। व्यक्ति से लेकर समाज के सर्वोच्च स्तर तक सार्वभौम सत्य-सिद्धान्त को व्यक्त करने के क्रम में ही विभिन्न कोटि के अवतार स्तरबद्ध होते हैं। अवतार मानव मात्र के लिए ही कर्म करते हैं न कि किसी विशेष मानव समूह या सम्प्रदाय के लिए। अवतार, धर्म, धर्मनिरपेक्ष व सर्वधर्मसमभाव से युक्त अर्थात एकात्म से युक्त होते है। इस प्रकार अवतार से उत्पन्न शास्त्र मानव के लिए होते हैं, न कि किसी विशेष मानव समूह के लिए। उत्प्रेरक, शासक और मार्गदर्शक आत्मा सर्वव्यापी है। इसलिए एकात्म का अर्थ संयुक्त आत्मा या सार्वजनिक आत्मा है। अवतारों के प्रत्यक्ष और प्रेरक दो कार्य विधि हैं। प्रत्यक्ष अवतार वे होते हैं जो स्वयं अपनी शक्ति का प्रत्यक्ष प्रयोग कर समाज का सत्यीकरण करते हैं। यह कार्य विधि समाज में उस समय प्रयोग होता है जब अधर्म का नेतृत्व एक या कुछ मानवों पर केन्द्रित होता है। प्रेरक अवतार वे होते हैं जो स्वयं अपनी शक्ति का अप्रत्यक्ष प्रयोग कर समाज का सत्यीकरण जनता एवं नेतृत्वकर्ता के माध्यम से करते हैं। यह कार्य विधि समाज में उस समय प्रयोग होता है जब समाज में अधर्म का नेतृत्व अनेक मानवों और नेतृत्वकर्ताओं पर केन्द्रित होता है।

इन विधियों में से कुल दस अवतारों में से प्रथम सात (मत्स्य, कूर्म, वाराह, नृसिंह, वामन, परशुराम, राम) अवतारों ने समाज का सत्यीकरण प्रत्यक्ष विधि के प्रयोग द्वारा किया था। आठवें अवतार (श्रीकृष्ण) ने दोनों विधियों प्रत्यक्ष ओर प्रेरक का प्रयोग किया था। नवें (भगवान बुद्ध) और अन्तिम दसवें अवतार की कार्य विधि प्रेरक ही है।

सनातन अद्वैत दर्शन के अनुसार यह जगत ही ईश्वर का दृश्य रूप है। ऐसे में सभी ईश्वर हैं। सभी ईश्वर के बहुरूप हैं और सभी में प्रकाशित वही ईश्वरीय सत्ता है। सार्वभौम एकात्म की ओर ले जाने वाले सभी प्रक्षेपित

मानक चरित्र सनातन हैं जैसे ब्रह्मा परिवार, विष्णु परिवार और महेश परिवार। इस सार्वभौम एकात्म की ओर विचार व्यक्त करने वाला अर्थात उसी का प्रचार-प्रसार व स्थापना करने वाला युगावतार तो नहीं हो सकता लेकिन वह अवतार अवश्य होता है क्योंकि उसने भी उस सार्वभौम सत्य-सिद्धान्त का साक्षात्कार किया है।

ईश्वर के मानवीयकरण व मानव के ईश्वरीयकरण के लिए आपके भौतिक शरीर से व्यक्त विश्वात्मा की इच्छा को धर्म क्षेत्र से नाम कर्मवेदः प्रथम, अन्तिम तथा पंचम वेद एवं धर्मनिरपेक्ष क्षेत्र से मन का विश्वमानकः शून्य श्रृंखला समाहित "विश्वशास्त्र-द नाॅलेज आॅफ फाइनल नाॅलेज" के रूप में पूर्ण किया जा चुका है। जिसमें पुराणों का धर्मनिरपेक्ष और सर्वधर्मसमभाव रूप भी सम्पूर्ण मानव जाति को स्पष्ट दृष्टिगत होगा। परिणामस्वरूप भारतीय धर्म शास्त्रों के प्रति विश्वव्यापी आस्था बढ़ना स्वाभाविक है। साथ ही अनेक सत्य-साहित्यों की रचना के लिए भी मार्ग प्रशस्त और रचना कर दिये गये हैं।

तीनों देवताओं ब्रह्मा, विष्णु और शिव-शंकर के मूल गुणों के आधार पर उनके वास्तविक रुप अर्थात् चार वेदों को व्यक्त करने वाले चार मुखों से युक्त सृष्टिकर्ता ब्रह्मा का रुप, चार भुजाओं से युक्त पालनकर्ता विष्णु का रुप तथा ब्रह्मा और विष्णु समाहित पाँचों वेदों को व्यक्त करने वाले पाँच मुखों से युक्त कल्याणकर्ता शिव-शंकर का अन्तिम रुप, तीनों देवताओं का दिव्यरुप कहलाता है। इसी अनुसार शिव-शंकर के अवतार ही केवल पंचमुखी होते हैं। इसी क्रम में पंचमुखी हनुमान और वेद माता मां गायत्री को भी दिखाया गया है। इस अनुसार पांचवें वेद और पांचवें शंकराचार्य पीठ की स्थापना ही युग परिवर्तन की प्रक्रिया का आरम्भ और सनातन विश्व की ओर कदम है।

व्यक्ति-समाज-राज्य-विश्व की आवश्यकता, भविष्यवक्ताओं की भविष्यवाणीयां, ग्रहों के चालों, सूर्य व चन्द्र ग्रहण, सामाजिक-राजनीतिक विचारकों के विचार-सपनें-उम्मीद इत्यादि युग परिवर्तन की ओर दिशा निर्देश कर रहीं हैं। ऐसे में सृष्टि के लिए सार्वभौम सर्वोच्च अन्तिम अर्थों वाले शब्दों पर चर्चा ही एक मात्र युग परिवर्तन का मार्ग है।

**आविष्कार उपयोगी होता है, आविष्कारक नहीं।
रचना अधिक समय तक रहती है रचनाकार अदृश्य हो जाता है और रचना के आधार पर अन्य रचना भी होती रहती है।**

सनातन विश्व के लिए समस्त प्रक्रिया 150 पुस्तकों के रूप में वेबसाइट

www.64inch.com

पर उपलब्ध है और कार्य समाप्त होता है। व्यक्ति और नेतृत्वकर्ता

अपने धर्म

का पालन करें, समाधान उपलब्ध हो चुका है।

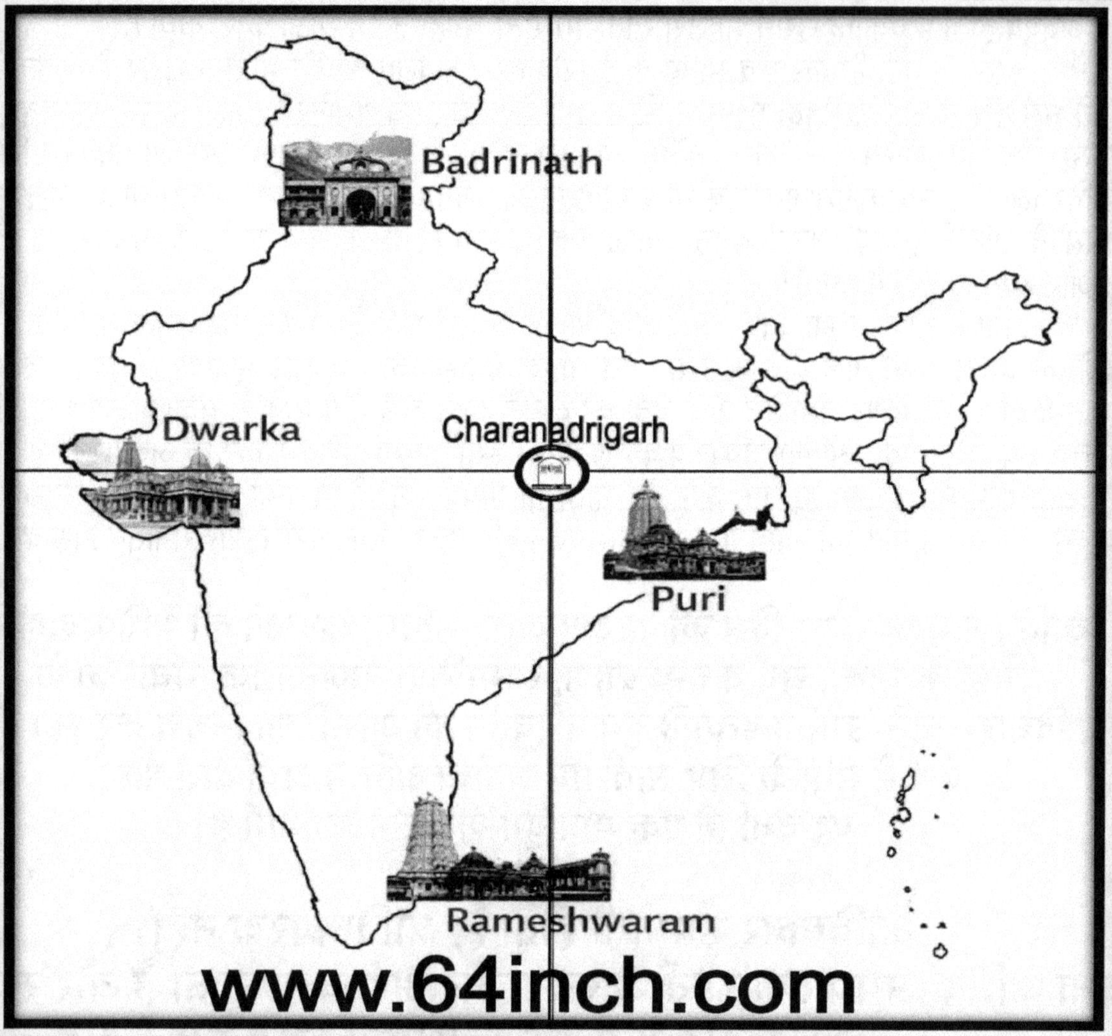

दिशा	पीठ का नाम/ स्थान	उद्देश्य	संबंधित वेद	महावाक्य	तत्व
उत्तर	बदरी ज्योतिर्मठ पीठ उत्तराखंड, जोशीमठ	ज्ञान और विवेक	अथर्ववेद	अयमात्मा ब्रह्म (यह आत्मा ब्रह्म है)	वायु
दक्षिण	श्रींगेरी शारदा पीठ कर्नाटक, श्रींगेरी	स्थिरता और परंपरा	यजुर्वेद	अहम् ब्रह्मास्मि (मैं ब्रह्म हूँ)	पृथ्वी
पूर्व	पुरी गोवर्धनमठ पीठ ओडिशा, पुरी	भक्ति और समर्पण	ऋग्वेद	प्रज्ञानं ब्रह्म (चेतना ब्रह्म है)	जल
पश्चिम	द्वारका शारदा पीठ गुजरात, द्वारका	कर्म और संकल्प	सामवेद	तत्त्वमसि (तू ब्रह्म है)	अग्नि
केन्द्र या मध्य	सत्यकाशी पीठ उत्तर प्रदेश, चरणाद्रिगढ़	चेतना और एकत्व	कर्मवेद	सर्वे ब्रह्म (सभी ब्रह्म हैं)	आकाश

क्षिति, जल, पावक, गगन, समीरा। पंच तत्व मिलि बनेहु शरीरा ।।

सत्यकाशी पीठ: स्थान

मानव जीवन की यात्रा को हम चार स्तरों में देख सकते हैं - **संभल (Shambhal), संभला (Shambhala), ज्ञानगंज (Gyanganj) और संगरीला (Sangrila)**

संभल (Shambhal) को हम भौतिक जगत का प्रतीक मान सकते हैं। यह धरती पर बसा हुआ वास्तविक नगर है, जहाँ लोग रहते हैं, संघर्ष करते हैं और जीवन की यात्रा करते हैं। धार्मिक मान्यता के अनुसार यहाँ भविष्य में कल्कि अवतार का जन्म होगा। इसका अर्थ यह भी है कि संभल हमें यह याद दिलाता है कि परिवर्तन और नवजागरण हमेशा इसी सांसारिक धरती से प्रारंभ होता है।

संभला (Shambhala) आध्यात्मिक जगत का प्रतीक है। यह उस आदर्श समाज और चेतना की ओर संकेत करता है, जहाँ धर्म, करुणा और सत्य का शासन है। बौद्ध ग्रंथों में इसे एक अदृश्य, पवित्र राज्य बताया गया है। इसका दार्शनिक अर्थ यह है कि हर मनुष्य के भीतर एक संभला है - एक ऐसा क्षेत्र जहाँ शांति, संतुलन और धर्म की शक्ति हमेशा जीवित रहती है। यह हमारे भीतर के आदर्श और परम लक्ष्य का रूप है।

ज्ञानगंज (Gyanganj) गूढ़ और रहस्यमय चेतना का प्रतीक है। यह वह क्षेत्र है, जहाँ अमर योगी और सिद्ध रहते हैं, और जो साधारण दृष्टि से छिपा हुआ है। इसका अर्थ यह है कि सत्य और सर्वोच्च ज्ञान कभी सतही रूप में उपलब्ध नहीं होते, बल्कि गहन साधना और आंतरिक परिवर्तन से ही प्राप्त किए जा सकते हैं। ज्ञानगंज हमें यह सिखाता है कि परम सत्य अदृश्य है, परंतु साधना से प्रकट हो सकता है।

इस प्रकार, ये चारों स्तर - **भौतिक, आध्यात्मिक, गूढ़ और आदर्श** - मानव जीवन और चेतना की समग्र यात्रा का प्रतिनिधित्व करते हैं, जहाँ साधना, अनुभव और ज्ञान मिलकर आत्मा को पूर्णता की ओर ले जाते हैं।

इस प्रकार, इन तीनों को मिलाकर देखा जाए तो:

- **संभल** = जीवन और समाज का यथार्थ (भौतिक जगत)
- **संभला** = आदर्श और धर्म का उच्च स्वरूप (आध्यात्मिक जगत)
- **ज्ञानगंज** = रहस्यमय सत्य और अमर ज्ञान (गूढ़ जगत)

ये तीनों मिलकर मानव जीवन की पूर्ण यात्रा का संकेत देते हैं - भौतिक से आध्यात्मिक और फिर गूढ़ एवं परम सत्य तक।

संगरीला (Sangrila/Shangri-La) एक कल्पित पर्वतीय स्थल है, जिसे आदर्श समाज और शांति का प्रतीक माना जाता है। यह जगह सामान्य दृष्टि से अदृश्य या दूरस्थ मानी जाती है, जहाँ जीवन सुखमय, स्वस्थ और सामंजस्यपूर्ण होता है। दार्शनिक रूप से इसे मानव चेतना के उच्चतम स्तर, आत्मा की शांति और आदर्श जीवन का प्रतीक माना जाता है। **संगरीला (Sangrila)** का अर्थ यह भी है कि सच्ची खुशी और संतुलन केवल भीतर की यात्रा और साधना से ही प्राप्त होते हैं, बाहरी समृद्धि से नहीं।

1. **शब्द-संदर्भ में**: "Sangrila" अक्सर "Shangri-La" का रूपांतर होता है, जो कि एक कल्पित, आदर्श, रहस्यमयी और शांति-पूर्ण स्थान है।
2. **दार्शनिक/आध्यात्मिक संदर्भ में**: इसे ज्ञानगंज या संभला जैसे गूढ़ और रहस्यमयी क्षेत्रों के समान माना जा सकता है।
3. **अन्य संदर्भ**: यदि यह किसी किताब, स्थान या परियोजना का नाम है, तो उसका अलग अर्थ हो सकता है।

पीठ (Peeth) स्थापित करने की योजना

उद्देश्य और दर्शन तय करना

- पहले यह स्पष्ट करें कि पीठ का उद्देश्य क्या होगा:
    - **अद्वैत वेदांत का प्रचार**
    - **साधकों का प्रशिक्षण और मोक्ष की ओर मार्गदर्शन**
    - **धार्मिक शिक्षा, योग और ध्यान केंद्रित करना**
- पीठ का नाम "Satyakashi" इसलिए चुना गया है क्योंकि यह **सत्य और ज्ञान के प्रकाश का प्रतीक** है।

गुरु या आध्यात्मिक मार्गदर्शक

- पीठ को वैध और आध्यात्मिक मान्यता प्राप्त करने के लिए **एक योग्य गुरु या शिष्य परंपरा वाला व्यक्ति** आवश्यक है।
- गुरु का कार्य होगा:
    - **साधकों का प्रशिक्षण**
    - **धर्म और वेदांत का प्रचार**
    - **पीठ की प्रतिष्ठा बनाना**

स्थान और इमारत का चयन

- स्थान चुनते समय ध्यान दें:
    - **शांत और आध्यात्मिक वातावरण**
    - **साधकों के लिए आवास और साधना स्थल**
    - **भक्तों और पर्यटकों के आने-जाने की सुविधा**
- इमारत में हो सकते हैं:
    - मुख्य मंदिर / पूजा स्थल
    - ध्यान और साधना कक्ष
    - वेदांत शिक्षण कक्ष
    - गुरुकुल या आश्रम

धार्मिक और आध्यात्मिक गतिविधियाँ

- नियमित क्रियाएँ:

    - **साधना, ध्यान और कीर्तन**
    - **वेदांत और शास्त्र अध्ययन**
    - **धार्मिक कार्यशालाएँ और प्रवचन**
- विशेष आयोजन:
    - **अस्थायी या वार्षिक उत्सव**
    - **अद्वैत वेदांत पर सेमिनार**
    - **साधक प्रशिक्षण शिविर**

समुदाय और साधकों का निर्माण

- पीठ केवल इमारत नहीं, **साधकों और भक्तों का केंद्र** होना चाहिए।
- इसके लिए करें:
    - सामाजिक और आध्यात्मिक गतिविधियों का आयोजन
    - साधकों के लिए निवास और शिक्षा सुविधाएँ
    - पीठ का प्रचार: पुस्तकों, वेबसाइट और सामाजिक मंचों के माध्यम से

आधिकारिक मान्यता और नेटवर्क

- भारत में शंकराचार्य परंपरा के मुख्य पीठों के साथ **संपर्क और मार्गदर्शन**।
- नए पीठ को स्थानीय प्रशासन और धार्मिक संस्थानों से **मान्यता और सहयोग** दिलाना।
- अन्य पीठों और गुरु परिषदों के साथ **संवाद और सहयोग**।

दीर्घकालीन योजना

- पीठ को स्थायी और प्रतिष्ठित बनाने के लिए:
    - नियमित साधना और शिक्षा कार्यक्रम
    - नए साधकों और भक्तों को जोड़ना
    - पीठ के **अध्यात्मिक, सामाजिक और शैक्षिक प्रभाव** को बढ़ाना

निष्कर्ष:

नया **Satyakashi Peeth** बनाया जा सकता है, लेकिन यह केवल इमारत नहीं, बल्कि **ज्ञान, साधना और आध्यात्मिक मार्गदर्शन का केंद्र** होना चाहिए। एक योग्य गुरु, साधक समुदाय और सही दृष्टिकोण इसके लिए अनिवार्य हैं।

अन्तिम अवतार कल्कि
का संभल (Shambhal), संभला (Shambhala), ज्ञानगंज (Gyanganj) और संगरीला (Sangrila) से सम्बन्ध

इसका उत्तर गहराई से समझा जाए तो यह केवल भूगोल या कथा का नहीं, बल्कि चेतना के विकास का रहस्य है।

1. संभल (Shambhal) - अवतार का धरातल

हिन्दू ग्रन्थों में कहा गया है कि **कल्कि अवतार का जन्म 'संभल' नामक स्थान पर होगा।** यह स्थान भौतिक जगत में मौजूद है - उत्तर प्रदेश का एक नगर, परंतु प्रतीक रूप से यह मानवता के भीतर जन्म लेती दिव्यता का संकेत है। जब धर्म क्षीण होता है, तब वही संभल - अर्थात् "संभलने का बिंदु" - अवतार का आधार बनता है।

संभल = पृथ्वी पर दिव्यता का उद्भव बिंदु।

2. संभला (Shambhala) - धर्मराज्य या दिव्य व्यवस्था

बौद्ध और हिन्दू दोनों परम्पराओं में **Shambhala** को धर्म का गुप्त राज्य माना गया है। बौद्ध ग्रंथ 'कालचक्र तंत्र' में कहा गया है कि जब अधर्म चरम पर होगा, तब Shambhala से एक राजा प्रकट होगा जो अधर्म का अंत करेगा - यह प्रतीक रूप से **कल्कि अवतार का ही वर्णन** है।

संभला = दिव्य शासन या धर्मराज्य, जहाँ से कल्कि की प्रेरणा उठती है।

3. ज्ञानगंज (Gyanganj) - सिद्धों का अदृश्य लोक

ज्ञानगंज को अमर योगियों का क्षेत्र कहा जाता है, जहाँ से विश्व के आध्यात्मिक प्रवाह को दिशा मिलती है। कई सिद्ध परंपराएँ मानती हैं कि कल्कि का आध्यात्मिक मार्गदर्शन इन्हीं योगियों द्वारा किया जाएगा।

ज्ञानगंज = दिव्य ऊर्जा और योगिक शक्ति का स्रोत, जहाँ से कल्कि को आत्मिक बल प्राप्त होगा।

4. संगरीला (Sangrila / Shangri-La) - आदर्श समाज या चेतना का चरम स्वरूप

संगरीला का विचार पश्चिमी और तिब्बती रहस्य परंपराओं में आता है - एक अमर, शांति-पूर्ण, आदर्श स्थान, जहाँ कोई रोग, संघर्ष या अधर्म नहीं होता। यह उस अवस्था का प्रतीक है जो **कल्कि युग के बाद की सृष्टि** होगी - अर्थात सत्ययुग का पुनर्स्थापन।

संगरीला = वह दिव्य युग या चेतना का चरम, जो कल्कि अवतार के कार्य का परिणाम है।

सारांश (संक्षेप में सम्बन्ध)

स्तर	प्रतीक	सम्बन्ध कल्कि से
संभल (Shambhal)	भौतिक जन्मभूमि	कल्कि अवतार का पृथ्वी पर अवतरण
संभला (Shambhala)	दिव्य धर्मराज्य	धर्म का पुनःस्थापन करने की शक्ति का उद्गम
ज्ञानगंज (Gyanganj)	गूढ़ योगिक लोक	कल्कि को आत्मिक दिशा और सिद्ध शक्ति का आधार
संगरीला (Sangrila)	आदर्श चेतना का युग	कल्कि कार्य का अंतिम परिणाम - पुनः सत्ययुग

अर्थात् -

संभल में कल्कि अवतरित होते हैं, संभला से उन्हें धर्म की प्रेरणा मिलती है, ज्ञानगंज से योगिक शक्ति, और संगरीला उनके कार्य का लक्ष्य है - सत्य और शांति का पुनर्स्थापन।

सत्यकाशी पीठ: योग्य स्थान

इस संसार को अन्तिम सन्देश देने से पहले आपको उस क्षेत्र से परिचय कराना चाहता हूँ जिस क्षेत्र से यह सन्देश देने का साहस किया गया है क्योंकि कोई भी क्रिया बिना कारण के नहीं होती।

समस्त मूल कार्य जिस क्षेत्र से सम्पूर्ण हुआ, उस क्षेत्र को सत्यकाशी क्षेत्र कहता हूँ और जिस ग्राम का निवासी हूँ वह काशी (वाराणसी) के चौरासी कोस यात्रा तथा सत्यकाशी क्षेत्र का उभय क्षेत्र में स्थित है। इसलिए जितना काशी (वाराणसी) का हूँ उतना ही सत्यकाशी का हूँ। इस प्रकार यह सन्देश काशी-सत्यकाशी का संयुक्त सन्देश है।

सत्यकाशी क्षेत्र जो काशी (वाराणसी), विन्ध्याचल, शिवद्वार और सोनभद्र के बीच का क्षेत्र है, एक पौराणिक-आध्यात्मिक और साधना के लिए उपयुक्त क्षेत्र के रूप में प्राचीन काल से आकर्षण में रहा है। इस क्षेत्र का हृदय क्षेत्र चुनार है। चुनार का किला राजा विक्रमादित्य ने अपने भाई भर्तहरि के तपस्या में हिंसक जानवरों द्वारा व्यवधान न उत्पन्न हो इसके लिए बनवाया था। ये राजा विक्रमादित्य वही हैं जिनके नाम से विक्रम सम्वत् कैलेण्डर स्थापित है। चुनार ईश्वर के पाँचवें अवतार-वामन अवतार का क्षेत्र है जिनसे समाज की शक्ति का प्रथम जन्म हुआ था।

सत्यकाशी क्षेत्र के चारों कोण पर स्थित

1. काशी (वाराणसी) का अपना प्राचीन और पुरातन इतिहास है जो सर्वविदित है।
2. विन्ध्याचल, जो शिव-शक्ति के उपासना का अद्भुत केन्द्र है। यशोदा से उत्पन्न पुत्री (जिनके बदले श्रीकृष्ण प्राप्त हुये थे) महासरस्वती अष्टभुजा देवी के नाम से यहीं स्थापित हैं। भारत देश का मानक समय माँ विन्ध्यवासिनी धाम से तय होता है। पुराणों के अनुसार रावण ने भी इसे मानक समय स्थल मानकर यहाँ शिवलिंग की स्थापना की थी।
3. शिवद्वार, त्रिकोणीय तान्त्रिक साधना के लिए जगत विख्यात था और साधना की राजधानी था। इसे ही मीरजापुर गजेटियर में गुप्तकाशी की संज्ञा से अभिकल्पित किया गया है।
4. सोनभद्र, सोन संस्कृति की पौराणिक पृष्ठभूमि वैदिककालीन सभ्यता की पराकाष्ठापरक ऐतिहासिकता से सम्बद्ध है। सन्त परम्पराओं का एक महत्वपूर्ण परिव्रजन इस क्षेत्र में हुआ जिसमें शैव व शाक्त प्रमुख थे। शैव सम्प्रदाय से जुड़े अघोर तन्त्र ने इसे बहुत सराहा और इसे अपनी कर्मभूमि बना लिया। सोन नद के तट पर शव छेदन क्रिया की भी प्रशिक्षा आयुर्वेद के जिज्ञासुओं को दी जाती थी। शैव तन्त्र से प्रभावित अघोर तन्त्र शव-साधना में सिद्धहस्त था और शव में इकार की प्राण प्रतिष्ठा का जीवन्त रूप शिव को दे देना इनकी अलौकिक साधना का चरमोत्कर्ष है। अघोरपन्थी नाम के पश्चात् "राम" का प्रयोग करते थे। इस क्षेत्र में सवर्ण वर्ग में प्रायः ब्राह्मण वर्ग भी राम का प्रयोग अपने नाम में करता है। इस क्षेत्र में पाशुपात तन्त्र के महान साधक लोरिक का नाम विशेष है।

उपरोक्त तो अति संक्षिप्त परिचय है विस्तार से "विश्वशास्त्र" के अध्याय-दो में प्रकाशित है, जिस क्षेत्र से ये विश्व ऐतिहासिक अन्तिम, अपरिवर्तनीय और अटलनीय सन्देश देने का साहस किया गया है।

भौतिक रूप से सत्यकाशी पीठ के लिए योग्य स्थान सत्यकाशी क्षेत्र ही है। सत्यकाशी पीठ उसी अद्वैत वेदान्त पर आधारित है। जिस के आधार पर आदि शंकाराचार्य द्वारा चार पीठों की स्थापना की थी। युग परिवर्तन के लिए आदि शंकाराचार्य द्वारा स्थापित चार पीठों के वर्तमान शंकाराचार्यों का यह दायित्व है कि वे इस श्रृंखला को आगे बढ़ाते हुये धर्म के वैश्विक स्थापना के लिए आगे आयें।

सत्यकाशी पीठ: इतिहास और उद्देश्य

भारत का इतिहास केवल राजाओं और युद्धों का इतिहास नहीं है,
बल्कि यह **चेतना के विकास का इतिहास** है।
हर युग में जब धर्म और राजनीति के बीच संतुलन बिगड़ता है,
तो कोई न कोई पीठ उस संतुलन को पुनर्स्थापित करने के लिए जन्म लेती है।

ऐसा ही एक अद्वितीय उदय है -
"सत्यकाशी पीठ" का,
जो मानवता के अगले अध्याय की भूमिका बन चुका है।

"जहाँ ज्ञान शासन को दिशा देता है,
वहीं शासन धर्म का साधन बन जाता है।"

काशी से सत्यकाशी तक: चेतना की यात्रा

प्राचीन काशी को "मोक्षभूमि" कहा गया,
क्योंकि वहाँ ज्ञान और मृत्यु - दोनों के रहस्य सिखाए जाते थे।
पर सत्यकाशी - ज्ञान का अगला आयाम है।
यह मृत्यु से मुक्ति नहीं, बल्कि **अज्ञान से मुक्ति** की भूमि है।

तीन चरणों में यह यात्रा समझी जा सकती है:

1. **काशी** - व्यक्तिगत मुक्ति का केंद्र।
2. **महाकाशी** - सार्वभौमिक चेतना का केंद्र।
3. **सत्यकाशी** - वैश्विक एकत्व और अद्वैत शासन का केंद्र।

"काशी आत्मा की दीक्षा है,
सत्यकाशी आत्मा का शासन है।"

स्थापना का उद्देश्य

सत्यकाशी पीठ का जन्म केवल धार्मिक नहीं,
बल्कि आध्यात्मिक-राजनीतिक समन्वय की आवश्यकता से हुआ।
विश्व में बढ़ती भौतिकता, असमानता, और नैतिक संकट के बीच
इस पीठ का उद्देश्य है -

1. **धर्म और शासन के बीच अद्वैत संबंध पुनः स्थापित करना।**
2. **राजनीति को आत्मा से जोड़ना।**
3. **विज्ञान, धर्म, और समाज - तीनों का एक समग्र मॉडल प्रस्तुत करना।**

इसके चार प्रमुख सूत्र:

- **धर्म = चेतना की नीति**
- **राजनीति = सेवा की क्रिया**
- **अर्थनीति = संतुलन की व्यवस्था**
- **विज्ञान = सत्य की खोज**

सत्यकाशी की परंपरा और वंश

सत्यकाशी पीठ किसी व्यक्ति द्वारा स्थापित संस्था नहीं है -
यह **ब्रह्म परंपरा का विस्तार** है।
आदि शंकराचार्य ने चार दिशाओं में चार पीठें स्थापित कीं -
पूर्व, पश्चिम, उत्तर, दक्षिण -
जो वेद, धर्म और आत्मज्ञान के केंद्र बने।

परंतु कालान्तर में जब राजनीति धर्म से अलग और धर्म समाज से अलग हुआ,
तो **पाँचवीं पीठ** की आवश्यकता पड़ी -
जो अद्वैत दर्शन को शासन की नीतियों में उतार सके।

"चार पीठों ने धर्म को जीवित रखा,
पाँचवीं पीठ उसे जीवन में उतारेगी।"

सत्यकाशी का उद्देश्य – धर्म का पुनर्निर्माण, शासन का पुनर्जागरण

आज की मानवता धर्म को या तो संप्रदाय मानती है या अनुष्ठान।
पर सत्यकाशी कहता है -

"धर्म = जीवन की वैज्ञानिक व्यवस्था।"

इस पीठ का उद्देश्य है -
धर्म को **व्यवहार में**, राजनीति को **सेवा में**,
और विज्ञान को **चेतना में** बदलना।

इसके तीन प्रमुख लक्ष्य:

1. **आध्यात्मिक शासन (Spiritual Governance):**
   जहाँ नीतियाँ करुणा और सत्य पर आधारित हों।
2. **चेतना आधारित शिक्षा (Conscious Education):**
   जहाँ बच्चों को ज्ञान नहीं, आत्मा से जोड़ने की विधि सिखाई जाए।
3. **वैश्विक समरसता (Global Oneness):**
   जहाँ राष्ट्रवाद का स्थान "मानववाद" ले ले।

सत्यकाशी और मानवता का भविष्य

सत्यकाशी केवल एक धार्मिक केंद्र नहीं,
बल्कि मानवता का भविष्य मॉडल है।

यह वह स्थान है जहाँ -

- विज्ञान और वेदांत मिलते हैं,
- राजनीति और करुणा जुड़ते हैं,
- और व्यक्ति स्वयं में "राजऋषि" बनता है।

"जब शासक साधक बन जाएगा,
तब ही पृथ्वी पर धर्मराज्य स्थापित होगा।"

निष्कर्ष

सत्यकाशी पीठ का इतिहास कोई कालखंड नहीं,
बल्कि एक **युग की उद्घोषणा** है।
यह उस समय का प्रतीक है
जब ब्रह्मज्ञान शासन का केंद्र बनेगा,
और शासन ब्रह्म की सेवा बन जाएगा।

"सत्यकाशी केवल एक स्थान नहीं -
वह चेतना की वह ज्योति है
जो युगों से अंधकार में जलती रही है।"

पाँचवाँ और अंतिम शंकराचार्य पीठ: इसकी विशेषता

आदि शंकराचार्य ने चार दिशाओं में चार पीठों की स्थापना की -
उत्तर में **ज्योतिर्मठ (बद्रीनाथ)**,
दक्षिण में **श्रृंगेरी पीठ**,
पूर्व में **गौड़पीठ (पुरी)**,
और पश्चिम में **द्वारका शारदापीठ**।

इन चारों पीठों ने धर्म की लौ को जलाए रखा -
ज्ञान, भक्ति, कर्म और योग - चारों मार्गों के संतुलन से।
परंतु जैसे-जैसे युग आगे बढ़ा,
मानवता की चुनौती केवल धर्म रक्षा नहीं रही,
बल्कि **धर्म को शासन, विज्ञान और समाज में जीवित रखना** बन गई।

इसी आवश्यकता से जन्म लेता है -
पाँचवाँ और अंतिम शंकराचार्य पीठ - "सत्यकाशी पीठ।"

"चार पीठों ने धर्म को सुरक्षित रखा,
पाँचवाँ पीठ धर्म को सार्वभौमिक बना देगा।"

पाँचवाँ पीठ क्यों आवश्यक हुआ

शंकराचार्य का कार्य केवल धार्मिक पुनर्जागरण नहीं था;
वह चेतना की क्रांति थी।
उनकी परंपरा ने अद्वैत का सिद्धांत दिया -
कि **सभी भिन्नताएँ एक ही परमसत्य की लहरें हैं।**

परंतु आधुनिक युग में -

- धर्म राजनीति से अलग हुआ,
- ज्ञान आस्था से अलग हुआ,

- और मनुष्य स्वयं अपने अस्तित्व से अलग हो गया।

ऐसे समय में आवश्यक था
कि अद्वैत केवल दर्शनशास्त्र न रह जाए,
बल्कि राजनीति और जीवन का सिद्धांत बन जाए।
इसी हेतु स्थापित हुआ -
सत्यकाशी पीठ - पाँचवाँ और अंतिम शंकराचार्य पीठ।

इसकी स्थापना का प्रतीकात्मक अर्थ

चार पीठें **चार तत्वों (पृथ्वी, जल, अग्नि, वायु)** से संबंधित हैं,
जबकि पाँचवाँ पीठ **आकाश तत्व** का प्रतीक है -
अर्थात् सर्वव्यापक चेतना।

दिशा	पीठ	तत्व	उद्देश्य
पूर्व	पुरी (गौड़)	जल	भक्ति और समर्पण
पश्चिम	द्वारका	अग्नि	कर्म और संकल्प
उत्तर	ज्योतिर्मठ	वायु	ज्ञान और विवेक
दक्षिण	श्रृंगेरी	पृथ्वी	स्थिरता और परंपरा
केंद्र	**सत्यकाशी**	**आकाश**	**चेतना और एकत्व**

“आकाश सबको जोड़ता है -
उसी तरह सत्यकाशी सभी परंपराओं को एक चेतना में जोड़ता है।”

पाँचवाँ पीठ - अद्वैत का आधुनिक रूप

सत्यकाशी पीठ का लक्ष्य अद्वैत को केवल ध्यान या उपनिषद तक सीमित नहीं रखना,
बल्कि उसे शासन और समाज की नीतियों में उतारना है।

इसका सार है -
“अद्वैत शासन” = ऐसा तंत्र जहाँ आत्मा और राज्य में कोई विभाजन न हो।
यह पीठ आत्मा-केन्द्रित राजनीति का सिद्धांत प्रस्तुत करती है -
जहाँ सत्ता साधना है,
शासन सेवा है,
और नेतृत्व तप है।

सत्यकाशी पीठ की पाँच विशेषताएँ

1. अद्वैत का संस्थागत रूप

यह पीठ अद्वैत को केवल तत्वज्ञान नहीं,
बल्कि संस्थागत चेतना बनाती है।
धर्म, शिक्षा, राजनीति, अर्थ और विज्ञान -
सभी को एकसूत्र में बाँधती है।

2. राजऋषि परंपरा का पुनर्जागरण

आदर्श शासक वही है जो साधक भी हो।
सत्यकाशी इस परंपरा को पुनर्जीवित करता है -
जहाँ राज्य का मार्गदर्शन ऋषियों द्वारा होता है।

3. विज्ञान और अध्यात्म का संगम

यह पीठ "Consciousness Studies" और "Spiritual Technology"
को एक साथ लाकर मानव चेतना के विकास को वैज्ञानिक दृष्टि देती है।

4. वैश्विक धर्म - Beyond Religion

सत्यकाशी का धर्म किसी संप्रदाय का नहीं,
बल्कि "मानवता की आत्मा" का है।
यह कहता है -

"जो सत्य को खोजता है, वही सनातन है।"

5. राज्य और आत्मा का समन्वय

यह पीठ बताती है कि शासन तंत्र तभी स्थायी है
जब वह आत्मिक अनुशासन पर आधारित हो।
यह "राजनीति का आध्यात्मिकीकरण" है,
जिसे भविष्य की सभ्यता का आधार माना गया है।

"अंतिम शंकराचार्य पीठ" क्यों कहा गया

चार पीठें धर्म की दिशा का प्रतीक थीं,
पाँचवाँ पीठ **धर्म की दिशा से परे उसकी पूर्णता** का प्रतीक है।
यह अब किसी भौगोलिक क्षेत्र के लिए नहीं,
बल्कि पूरे विश्व की चेतना के लिए है।

"जब मनुष्य का धर्म मानवता होगा,
तब सत्यकाशी पाँचवाँ ही नहीं, अंतिम पीठ सिद्ध होगा।"

सत्यकाशी पीठ का दार्शनिक आधार

इस पीठ की जड़ें तीन सूत्रों पर टिकी हैं -

1. **ब्रह्म सत्यम्** - सत्य सर्वत्र है।
2. **जगत् मिथ्या** - भेद, संप्रदाय और हिंसा केवल अज्ञान की छाया हैं।
3. **जीवो ब्रह्मैव नापरः** - प्रत्येक व्यक्ति ब्रह्म का ही अंश है।

यही दर्शन राजनीति में यह रूप लेता है -

दर्शन	राजनीतिक रूप
ब्रह्म सत्यम्	राज्य का आधार सत्य और नीति
जगत मिथ्या	जाति, रंग, धर्म से ऊपर समानता
जीवो ब्रह्मैव	प्रत्येक नागरिक में दिव्यता का सम्मान

निष्कर्ष

**सत्यकाशी पीठ शंकराचार्य की परंपरा का समापन नहीं,
बल्कि उसका परिपूर्ण रूप है।
यह धर्म, राजनीति, और चेतना -
तीनों के संगम से एक** नया युग **आरंभ करता है।**

**"पहले चार पीठों ने दिशा दी,
पाँचवें ने दिशा को प्रकाश बना दिया।"**

**सत्यकाशी पीठ इसलिए अंतिम है -
क्योंकि यह अद्वैत को सिद्धांत नहीं,
बल्कि जीवित अनुभव बना देता है।**

भाग-9
सत्यकाशी पीठ के कार्य

धारा-उद्धारः धर्म की पुनर्स्थापना

मनुष्य चेतना का रूपांतरण

साधना, दीक्षा और आध्यात्मिक अनुष्ठान

वैश्विक कार्यः मानवता के लिए संदेश

शिव-तत्व और कल्कि-तत्व का मिलन

"सार्वभौम सत्य-सिद्धान्त" पर आधारित "युग परिवर्तन श्रृंखला" के नवयुग के शास्त्र-साहित्य

धारा-उद्धार: धर्म की पुनर्स्थापना

सत्यकाशी पीठ का प्रथम और सर्वोपरि कार्य है-**धारा-उद्धार**, अर्थात वह दिव्य धारा जो युगों से मलीन, विभ्रांत या विकृत हो चुकी है, उसे पुनः शुद्ध स्वरूप में प्रवाहित करना। "धर्म" शब्द यहाँ किसी संप्रदाय, पद्धति या विचारधारा का नाम नहीं; धर्म का अर्थ है-**जगत की अंतर्निहित समरसता, सत्य और सृष्टि-नियम**।

जब युग बदलता है, धर्म की धारा अवरुद्ध हो जाती है।
सत्य केवल ग्रंथों में रह जाता है, इसके प्रयोग का बल खो जाता है।
लोग अनुष्ठान तो करते हैं, पररस के बिना;
मंत्र तो बोलते हैं, पर अर्थ के बिना;
धर्म का नाम तो लेते हैं, पर धर्म का जीवन नहीं जीते।

सत्यकाशी पीठ इस जड़ता को तोड़ता है।

यह धारा-उद्धार तीन प्रकार से होता है:

1. सत्य-दृष्टि का पुनर्जागरण

लोगों में सत्य को पहचानने और जीने की क्षमता पुनः सक्रिय होती है।
यह क्षमता बिना किसी प्रवचन-केवल चेतना-संक्रमण से जगती है।

2. धर्म का प्रयोगशाला-रूप

सत्यकाशी पीठ धर्म को जीवन के केंद्र में स्थापित करता है।
धर्म यहाँ सिद्धांत नहीं-व्यवहार और चरित्र का प्रवाह है।

3. युग-धर्म की घोषणा

हर युग का धर्म अलग होता है।
कलियुग से सतयुग में प्रवेश के लिए जो धर्म आवश्यक है-योग, करुणा, सत्य, उच्च चेतना, मानव-एकत्व-उसका पुनःस्थापन पीठ के मुख्य कार्यों में है।

इस प्रकार, धारा-उद्धार वह बीज है जिससे नए युग की पूरी फसल अंकुरित होती है।

मनुष्य चेतना का रूपांतरण

युग परिवर्तन का मूल आधार मनुष्य की बाहरी परिस्थितियाँ नहीं-उसकी **भीतर की चेतना** है। सत्यकाशी पीठ का दूसरा मुख्य कार्य इसी रूपांतरण से जुड़ा है।

मनुष्य आज बुद्धि में प्रबल है, पर चेतना में सुप्त।
ज्ञान बहुत है, पर विवेक कम।
सूचना बहुत है, पर अनुभूति नहीं।
असंतोष बहुत है, पर दिशा नहीं।

पीठ का उद्देश्य मनुष्य को बाहरी उपलब्धियों से हटाकर भीतर की यात्रा में प्रवेश कराना है।

रूपांतरण के चार चरण

1. जागरण (Awakening)

मनुष्य स्वयं से पहला प्रश्न पूछता है-"मैं कौन हूँ?"
यह प्रश्न जन्म देता है।

2. शुद्धि (Purification)

पुराने संस्कार, भय, भ्रम और अहंकार टूटने लगते हैं।

3. विस्तार (Expansion)

चेतना शरीर-मन से आगे बढ़कर सूक्ष्म और कारण-स्तरों को अनुभव करने लगती है।

4. परिणति (Realization)

मनुष्य अपने भीतर स्थित दिव्य-सत्ता को पहचान लेता है।
यही "नया मनुष्य" है-युग परिवर्तन का वाहक।

पीठ का कार्य प्रत्येक साधक को इन चार चरणों के मार्ग से गुज़ारना है-धीरे, सहज, और सामूहिक ऊर्जा के साथ।

साधना, दीक्षा और आध्यात्मिक अनुष्ठान

हर परिवर्तन की जड़ अनुशासन और साधना है।
सत्यकाशी पीठ में साधना केवल ध्यान या मंत्र नहीं-यह एक पूर्ण जीवन-शास्त्र है।

1. साधना (Spiritual Practice)

- आंतरिक शांति
- चेतना का विस्तार
- ऊर्जा का स्थिरीकरण
- स्मृति-शोधन
- आत्म-प्रकाश

पीठ की साधना आधुनिक मन के अनुसार सरल, गहरी और प्रभावकारी है।
यह शरीर, मन, प्राण और चेतना-सभी स्तरों पर काम करती है।

2. दीक्षा (Initiation)

दीक्षा बाहरी कर्म नहीं-ऊर्जा का आंतरिक स्थानांतरण है।
यह वह क्षण है जब साधक की चेतना में युग-ऊर्जा का बीज रोपा जाता है।
यह बीज धीरे-धीरे जागता है और साधक स्वयं एक "चेतना-केंद्र" बन जाता है।

3. अनुष्ठान (Rituals)

अनुष्ठान ब्रह्मांडीय ऊर्जा को पृथ्वी पर स्थिर करने के उपकरण हैं।
सत्यकाशी पीठ में अनुष्ठान प्राचीन और आधुनिक दोनों हैं-
वे बाहरी प्रतीकों से अधिक आंतरिक परिवर्तन पर आधारित हैं।

अनुष्ठान केवल पूजा नहीं-वे प्रकाश का आह्वान हैं।

वैश्विक कार्य - मानवता के लिए संदेश

सत्यकाशी पीठ का कार्य किसी एक देश, संस्कृति या समुदाय तक सीमित नहीं।
युग परिवर्तन हमेशा वैश्विक होता है-इसलिए उसका संदेश भी वैश्विक होता है।

आज मानवता कई स्तरों पर विभाजित है-
भाषा, धर्म, राजनीति, अर्थव्यवस्था, जाति, विचार।
पर चेतना का सत्य इन सभी से ऊपर है।

सत्यकाशी पीठ का वैश्विक संदेश यही है:

1. मानव एक है

भिन्नता केवल बाहरी है; भीतर सबमें एक ही प्रकाश विद्यमान है।

2. पृथ्वी हमारा साझा आश्रम है

मानवता को पृथ्वी-चेतना के साथ सुसंगत होना होगा।

3. धर्म संघर्ष नहीं-एकता का मार्ग है

सभी पवित्र परंपराएँ एक ही सत्य के भिन्न द्वार हैं।

4. विज्ञान और अध्यात्म एक-दूसरे के पूरक हैं

दुनिया का नया युग तभी जन्म लेगा जब विज्ञान चेतना को समझेगा, और अध्यात्म विज्ञान को अपनाएगा।

5. कल्कि-ऊर्जा सार्वभौमिक है

यह ऊर्जा किसी राष्ट्र का, पंथ का, या समूह का स्वामित्व नहीं;
यह सम्पूर्ण मानवता का जन्मसिद्ध अधिकार है।

सत्यकाशी पीठ का उद्देश्य इसी संदेश को विश्व तक पहुँचाना है-शब्द, कला, ध्यान, साधना, विज्ञान और ऊर्जा के माध्यम से।

शिव-तत्व और कल्कि-तत्व का मिलन

युग परिवर्तन का अंतिम रहस्य दो महाशक्तियों के मिलन में निहित है-
शिव-तत्व और **कल्कि-तत्व**।

शिव-तत्व

संहार, मौन, तत्त्व-ज्ञान, समाधि और शून्य का प्रतिनिधि।
यह सभी रूपों का विसर्जन है-स्रोत में लौटना।

कल्कि-तत्व

नव-सृष्टि, धर्मस्थापन, ऊर्जा का उत्थान और युग-चक्र का पुनर्मूल्यांकन।
यह समय को पुनः संतुलित करने वाली शक्ति है।

दोनों का मिलन तब होता है जब:

- पुराना युग समाप्त हो रहा हो
- नया युग जन्म ले रहा हो
- पृथ्वी अपनी चेतना बदल रही हो
- मानवता परिवर्तन की पुकार कर रही हो

शिव-तत्व पुरातन को शून्य करता है,
और उसी शून्य में कल्कि-तत्व नया ब्रह्मांडीय क्रम स्थापित करता है।

सत्यकाशी पीठ इसी मिलन का केंद्र है-
जहाँ **शिव का मौन** और **कल्कि का उदय**
एक साथ कार्य करते हैं।

यही मिलन युग के नये चक्र की शुरुआत है-
यहीं से सतयुग का नया सूर्योदय होता है।

"सार्वभौम सत्य-सिद्धान्त" पर आधारित "युग परिवर्तन श्रृंखला" के नवयुग के शास्त्र-साहित्य

विभिन्न सम्प्रदाय (धर्म), जाति, मत, दर्शन इत्यादि में विभाजित इस मानव समाज में वर्तमान तथा आने वाले भविष्य के समय की मूल आवश्यकता है- मानव के मनो का एकीकरण अर्थात मानव मन का भूमण्डलीकरण एवं ब्रह्माण्डीयकरण। इसकी आवश्यकता इसलिए भी है क्योंकि मानव अपने विज्ञान व तकनीकी ज्ञान से प्राप्त संसाधनो का प्रयोग करते हुये, एक तरफ तो ब्रह्माण्ड की ओर चल पड़ा है तो दुसरी तरफ विध्वंस के लिए अनेक हथियारों का भी निर्माण कर चुका है। ऐसी स्थिति में हमें निश्चित रूप से ऐसे एकीकरण की आवश्यकता है जिससे हम इस पृथ्वी से मानसिक स्तर के विवादों को समाप्त कर सकें।

माया सभ्यता के अनुसार विश्व के मानव समाज यह भी मान रहें हैं कि 21 दिसम्बर, 2012 को दुनिया का अन्त हो जायेगा। जबकि हिन्दू धर्म शास्त्र विष्णु पुराण, भागवत पुराण, अग्नि पुराण, गरूड़ पुराण, पद्म पुराण इत्यादि में भगवान के दसवें और महाअवतार "कल्कि" का होना अभी शेष है। जिनसे कलियुग के अंधकार व विनाश को समाप्त करने का कार्य सम्पन्न होगा, साथ ही सत्ययुग का आरम्भ होगा। सिक्ख धर्म के पवित्र ग्रन्थ "दशम् ग्रन्थ" में भी "कल्कि अवतार" का वर्णन मिलता है।

सृजन और विनाश, का स्तर शारीरिक, आर्थिक व मानसिक होता है। जो एक व्यक्ति, समाज, देश और विश्व राष्ट्र के लिए होता है। व्यक्ति पर हुये शारीरिक, आर्थिक व मानसिक सृजन और विनाश को व्यक्ति ही अनुभव करता है परन्तु समाज, देश और विश्व राष्ट्र पर हुये शारीरिक, आर्थिक व मानसिक सृजन व विनाश को सार्वजनिक रूप से सभी देखते है। समाज, देश और विश्व राष्ट्र पर शारीरिक व आर्थिक सृजन और विनाश वर्तमान में तो चल ही रहा है जिसे सार्वजनिक रूप से मानव समाज देख रहा है।

भौतिकवादी पश्चिमी संस्कृति किसी भी सृजन व विनाश को मानसिक स्तर पर सोच ही नहीं सकता क्योंकि वह समस्त क्रियाकलाप को बाह्य जगत में ही घटित होता समझाता है जबकि वर्तमान समय मानसिक स्तर पर विनाश व सृजन का है। इस आधार पर यह कहा जा सकता है कि माया सभ्यता के अनुसार 21 दिसम्बर, 2012 को जो विनाश व सृजन होगा, वह मानसिक स्तर का ही होगा। जिसके परिणामस्वरूप सभी सम्प्रदाय, मत, दर्शन एक उच्च स्तर के विचार या सत्य में विलीन अर्थात विनाश को प्राप्त करेगा। फलस्वरूप उच्च स्तर के विचार या सत्य में स्थापित होने से सृजन होगा। कुल मिलाकर माया सभ्यता के कैलेण्डर का अन्त तिथि 21 दिसम्बर, 2012, दुनिया के अन्त की तिथि नहीं बल्कि वह वर्तमान युग के अन्त की अन्तिम तिथि का अनुमान है जिसके बाद नये युग का आरम्भ होगा।

ईश्वर भी इतना मूर्ख व अज्ञानी नहीं है कि वह स्वयं को इस मानव षरीर में पूर्ण व्यक्त किये बिना ही दुनिया को नष्ट कर दे। इसके सम्बन्ध में हिन्दू धर्म शास्त्रों में सृष्टि के प्रारम्भ के सम्बन्ध में कहा गया है कि- "ईश्वर ने इच्छा व्यक्त की कि मैं एक हूँ, अनेक हो जाऊँ"। इस प्रकार जब वही ईश्वर सभी में है तब निश्चित रूप से जब तक सभी मानव ईश्वर नहीं हो जाते तब तक दुनिया के अन्त होने का कोई प्रश्न ही नहीं उठता। और विकास क्रम चलता रहेगा।

21 दिसम्बर, 2012 के बाद का समय नये युग के प्रारम्भ का समय है जिसमें ज्ञान, ध्यान, चेतना, भाव, जन, देश, विश्व राष्ट्र, आध्यात्मिक जागरण, मानवता इत्यादि का विश्वव्यापी विकास होगा। परिणामस्वरूप सभी मानव को ईश्वर रूप में स्थापित होने का अवसर प्राप्त होगा। और यही विश्व मानव समाज की मूल आवश्यकता है। प्राचीन वैदिक काल में समाज को नियंत्रित करने के लिए ज्ञानार्जन सबके लिए खुला नहीं था परन्तु वर्तमान और भविष्य की आवश्यकता यह है कि समाज को नियंत्रित करने के लिए सभी को पूर्ण ज्ञान से युक्त कर सभी के लिए ज्ञान को खोल दिया जाय। यही कारण था कि वेद को प्रतीकात्मक रूप में लिख कर गुरू-शिष्य परम्परा द्वारा उसकी व्याख्या की जाती रही थी जिससे राजा और समाज को नियंत्रण में रखा जा सके।

सभी मानव को ईश्वर रूप में स्थापित होने के लिए जो माध्यम चाहिए वह है-"एकात्म विज्ञान" व "ईश्वर शास्त्र" विषय से मानव को शिक्षित करना और शिक्षा पाठ्यक्रम में अनिवार्य रूप से अध्ययन के लिए शामिल कराया जा सके।

"सार्वभौम सत्य-सिद्धांत"पर आधारित "युग परिवर्तन श्रृंखला" मानवता के अगली पीढ़ी के उदय के लिए

"नये युग" में "नये भारत" के लिए "नवीन मान-राग-प्राण" पर आधारित क्रियान्वयन प्रणाली (Operation System)-मानव-10 (MANAV-10) की पुस्तकें

यह नई पीढ़ी (Gen-Z) के लिए "विकसित भारत" और "मानव-10 प्रणाली" (MANAV-10 System) को प्रोत्साहित करने वाली श्रृंखला का हिस्सा है। अर्थात् यह पुस्तक किसी धर्म, जाति या मत से ऊपर उठकर "Universal Truth Principles" की ओर संकेत करती है।

मुद्रित (Printed Hard Copy) पुस्तक के लिए लिंक(Link)

https://notionpress.com/author/lava_kush

E_Book के लिए

www.64inch.com

द्वापर युग में आठवें अवतार श्रीकृष्ण द्वारा प्रारम्भ किया गया कार्य नवसृजन के प्रथम भाग सार्वभौम ज्ञान के शास्त्र "गीता" के बाद कलियुग में द्वितीय और अन्तिम भाग "सार्वभौम कर्मज्ञान" और "पूर्णज्ञान का पूरक शास्त्र"

विश्व युद्ध के पहले
दिव्य दृष्टि
सत्यकाशी पीठ
पांचवां और अन्तिम शंकराचार्य पीठ
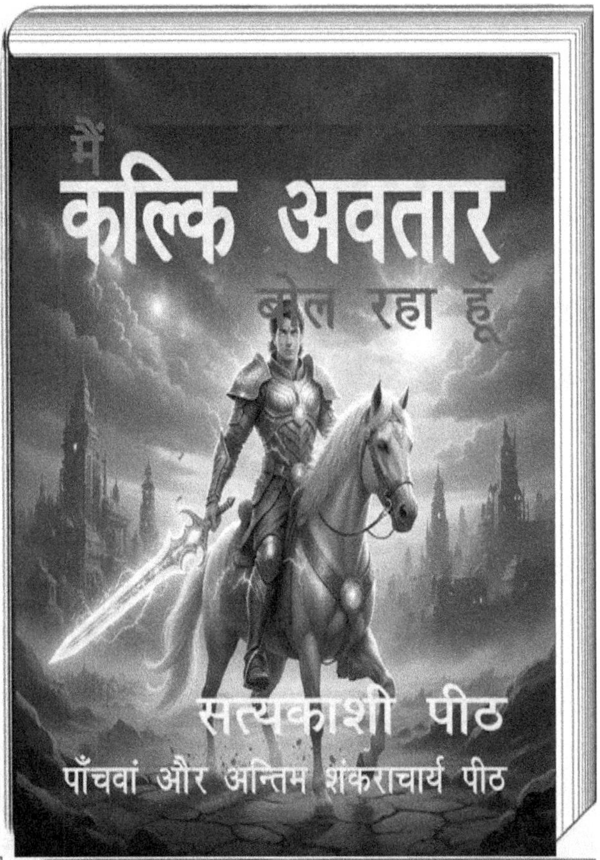
मैं
कल्कि अवतार
बोल रहा हूँ
सत्यकाशी पीठ
पाँचवां और अन्तिम शंकराचार्य पीठ

समष्टि गीता
सत्यकाशी पीठ
पाँचवां और अन्तिम शंकराचार्य पीठ

फिल्म स्क्रीप्ट
राइटिंग
IDEAS
You are the writer of your life
FRESH Ideas
Writing is designing with words
Creative THINKING
LIGHTS CAMERA ACTION
Short Films.
लव कुश सिंह "विश्वमानव"

प्रारम्भिक सत्य
अन्तिम
दृष्टि
सत्यकाशी पीठ
पाँचवां और अन्तिम शंकराचार्य पीठ

सत्य धर्म
युग परिवर्तक
दृष्टि
सत्यकाशी पीठ
पाँचवां और अन्तिम शंकराचार्य पीठ

सत्य दार्शनिक-दर्शन
और
कर्म वेदान्त-विकास
दर्शन
सत्यकाशी पीठ
पाँचवां और अन्तिम शंकराचार्य पीठ

सत्य शास्त्र
एवं
पुराण-रहस्य
महर्षि व्यास
कला
सत्यकाशी पीठ
पाँचवां और अन्तिम शंकराचार्य पीठ

संत एवं गुरु
और
विश्व संत एवं गुरु
सत्यकाशी पीठ
पाँचवां और अन्तिम शंकराचार्य पीठ

समाज और
ईश्वरीय समाज
सत्यकाशी पीठ
पाँचवां और अन्तिम शंकराचार्य पीठ

सत्य शास्त्र और
विश्वशास्त्र
सत्यकाशी पीठ
पाँचवां और अन्तिम शंकराचार्य पीठ

कृति
और
विश्व
कृति
सत्यकाशी पीठ
पाँचवां और अन्तिम शंकराचार्य पीठ

भारत माता मन्दिर
और
विश्वधर्म मन्दिर
सत्यकाशी पीठ
पाँचवां और अन्तिम शंकराचार्य पीठ

महाभारत
और
विश्वभारत
सत्यकाशी पीठ
पाँचवां और अन्तिम शंकराचार्य पीठ

संविधान और
विश्व संविधान
सत्यकाशी पीठ
पांचवां और अन्तिम शंकराचार्य पीठ

शिक्षा और
पूर्ण शिक्षा
सत्यकाशी पीठ
पांचवां और अन्तिम शंकराचार्य पीठ

देवता और सार्वभौम देवता
कल्कि
सत्यकाशी पीठ

माँ कल्कि

द्वादस ज्योतिर्लिंग और
१३वां अन्तिम ज्योतिर्लिंग
सत्यकाशी पीठ
पाँचवां और अन्तिम शंकराचार्य पीठ

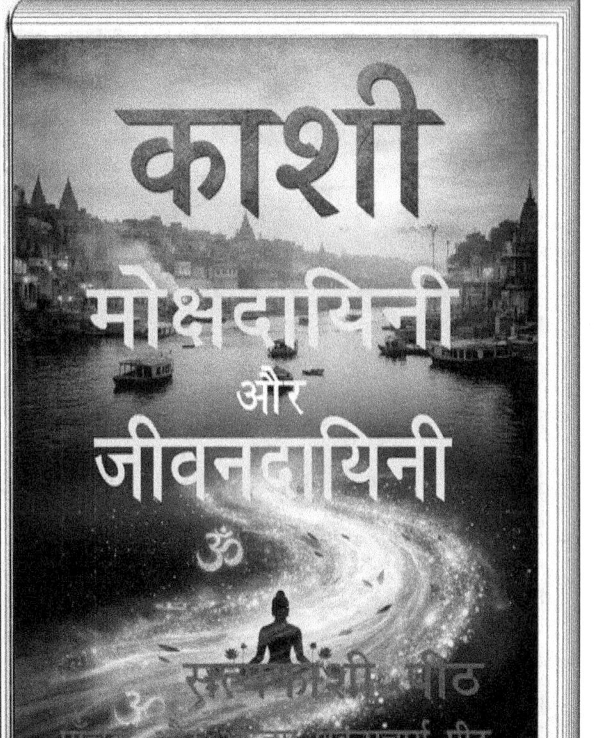
काशी
मोक्षदायिनी
और
जीवनदायिनी

सत्यकाशी
स्वर्णयुग
का
तीर्थ

काशी
रहस्योद्घाटन
सत्यकाशी पीठ
पांचवां और अन्तिम शंकराचार्य पीठ

2020
मन का नवीनीकरण
सत्यकाशी पीठ
पाँचवां और अन्तिम शंकराचार्य पीठ

ईश्वर
का
संक्षिप्त इतिहास
सत्यकाशी पीठ
पाँचवां और अन्तिम शंकराचार्य पीठ

अवतार
अन्तिम सत्य दृष्टि
सत्यकाशी पीठ
पाँचवां और अन्तिम शंकराचार्य पीठ

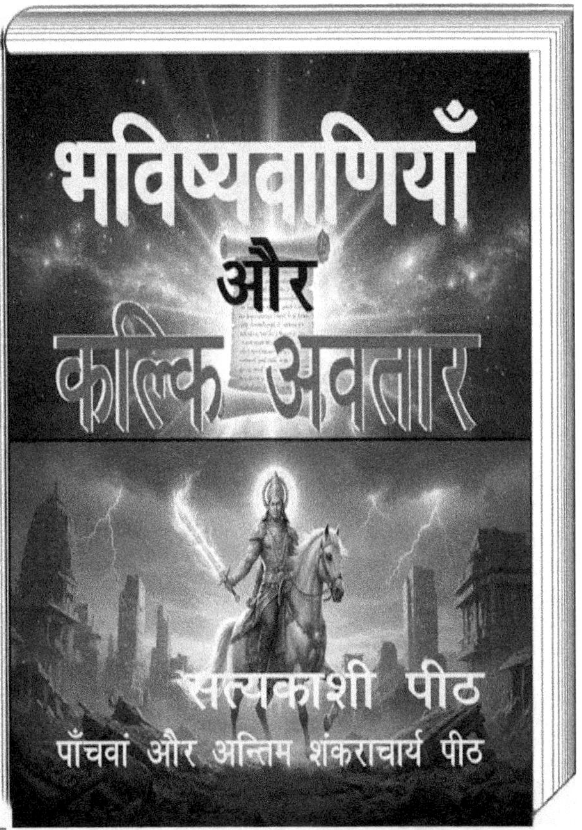
भविष्यवाणियाँ
और
कल्कि अवतार
सत्यकाशी पीठ
पाँचवां और अन्तिम शंकराचार्य पीठ

स्वामी विवेकानन्द
और
कल्कि अवतार
सत्यकाशी पीठ
पाँचवां और अन्तिम शंकराचार्य पीठ

मनु मनवन्तर
और
कल्कि अवतार
सत्यकाशी पीठ
पाँचवां और अन्तिम शंकराचार्य पीठ

व्यास, शास्त्र
और
कल्कि अवतार
सत्यकाशी पीठ
पाँचवां और अन्तिम शंकराचार्य पीठ

ऋषि, ऋषि परम्परा
और
कल्कि अवतार
सत्यकाशी पीठ
पाँचवां और अन्तिम शंकराचार्य पीठ

दूसरा आगमन
या
अन्तिम आगमन
सत्यकाशी पीठ
पाँचवां और अन्तिम शंकराचार्य पीठ

परिवर्तन
काल, मनु, युग,
व्यास और शास्त्र
सत्यकाशी पीठ
पाँचवां और अन्तिम शंकराचार्य पीठ

राम, रावण
और
सार्वभौम एकात्म
सत्यकाशी पीठ
पाँचवां और अन्तिम शंकराचार्य पीठ

मैं
व्यक्तिगत या सार्वभौम
सत्यकाशी पीठ
पाँचवां और अन्तिम शंकराचार्य पीठ

लव कुश (त्रेतायुग)
और
लवकुश (कलियुग)
सत्यकाशी पीठ
पाँचवां और अन्तिम शंकराचार्य पीठ

कल्कि महावतार
आ चुके हैं
(ACTION PLAN)
सत्यकाशी पीठ
पाँचवां और अन्तिम शंकराचार्य पीठ

लव कुश सिंह
(कल्कि महावतार)
जीवन, ज्ञान, कर्म और विश्वरूप
सत्यकाशी पीठ
पाँचवां और अन्तिम शंकराचार्य पीठ

वैश्विक बुद्ध
बुद्ध का
भाग-दो
और अन्तिम
सत्यकाशी पीठ
पाँचवां और अन्तिम शंकराचार्य पीठ

बुड्ढ़ा कृष्ण
कृष्ण का
भाग-दो
और अन्तिम
सत्यकाशी पीठ
पाँचवां और अन्तिम शंकराचार्य पीठ

सम्पूर्ण क्रान्ति
अन्तिम कार्य योजना
64
सत्यकाशी पीठ
पांचवां और अन्तिम शंकराचार्य पीठ

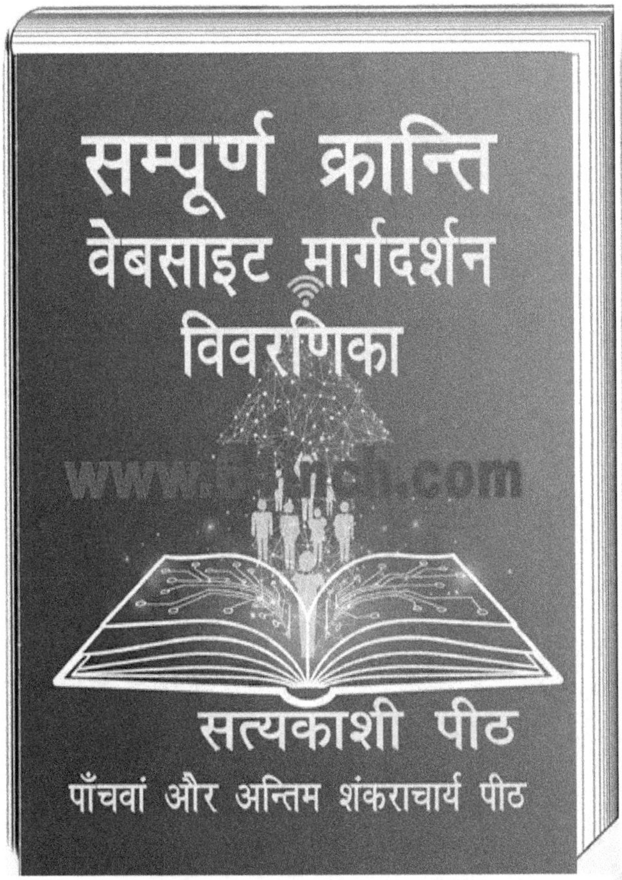
सम्पूर्ण क्रान्ति
वेबसाइट मार्गदर्शन
विवरणिका
www.64inch.com
सत्यकाशी पीठ
पाँचवां और अन्तिम शंकराचार्य पीठ

पुनर्निर्माण
(RENEW)
समस्या, समाधान
और
राष्ट्र निर्माण की योजना
सत्यकाशी पीठ
पाँचवां और अन्तिम शंकराचार्य पीठ

पुनर्निर्माण
(RENEW)
ग्राम एवं नगर वार्ड
प्रेरक
सत्यकाशी पीठ
पाँचवां और अन्तिम शंकराचार्य पीठ

द्वापर युग में आठवें अवतार श्रीकृष्ण द्वारा प्रारम्भ किया गया कार्य "नवसृजन" के
प्रथम भाग "सार्वभौम ज्ञान" के शास्त्र "गीता" के बाद कलियुग में
द्वितीय और अन्तिम भाग "सार्वभौम कर्मज्ञान" और "पूर्णज्ञान का पूरक शास्त्र"
।। विश्वशास्त्र ।।
द नॉलेज ऑफ फाइनल नॉलेज
परिचय
- लव कुश सिंह "विश्वमानव"

एन्टायर पालिटिक्स
पूर्ण पाठ्यक्रम
सत्यकाशी पीठ
पाँचवां और अन्तिम शंकराचार्य पीठ

वसुधैव
कुटुम्बकम्
सत्यकाशी पीठ
पाँचवां और अन्तिम शंकराचार्य पीठ

।।कर्मवेद।।
प्रथम, अन्तिम तथा पंचम
सत्यकाशी पीठ
पांचवां और अन्तिम शंकराचार्य पीठ

आठवें अवतार
श्रीकृष्ण
सत्यकाशी पीठ
पांचवां और अन्तिम शंकराचार्य पीठ

अयोध्या नहीं,
मुंगेर है
राम जन्मभूमि
सत्यकाशी पीठ
पाँचवां और अन्तिम शंकराचार्य पीठ

विश्वमानव
भूतपूर्व नेतृत्वकर्ताओं
का
स्पष्टिकरण
सत्यकाशी पीठ
पाँचवां और अन्तिम शंकराचार्य पीठ

विश्वमानव
वर्तमान नेतृत्वकर्ताओं
का
स्पष्टिकरण
सत्यकाशी पीठ
पाँचवां और अन्तिम शंकराचार्य पीठ

विश्वमानव
वार्ता, वक्तव्य
एवं
वाणीयाँ
सत्यकाशी पीठ
पाँचवां और अन्तिम शंकराचार्य पीठ

विश्वमानव
पत्रावली, प्रसारण
और
अन्तिम पत्र
सत्यकाशी पीठ
पाँचवां और अन्तिम शंकराचार्य पीठ

सत्य जनहित
आह्वान
सत्यकाशी पीठ
पाँचवां और अन्तिम शंकराचार्य पीठ

विश्व शान्ति
अन्तिम सत्य दृष्टि
सत्यकाशी पीठ
पाँचवां और अन्तिम शंकराचार्य पीठ

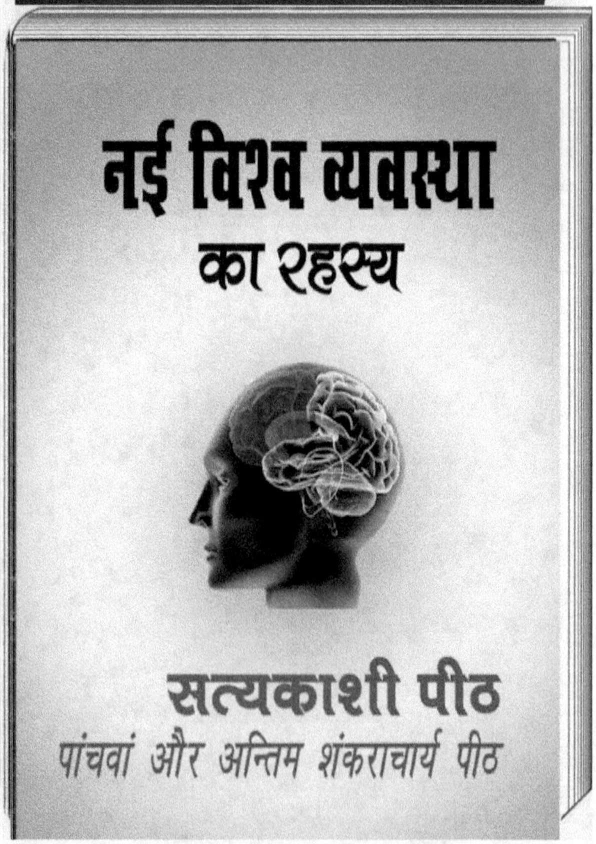
नई विश्व व्यवस्था
का रहस्य
सत्यकाशी पीठ
पांचवां और अन्तिम शंकराचार्य पीठ

समाजवाद
ब्रह्माण्डीय विकास का अवतारी मार्ग
सत्यकाशी पीठ
पांचवां और अन्तिम शंकराचार्य पीठ

भारतवाद
राष्ट्रवाद की मुख्यधारा
सत्यकाशी पीठ
पांचवां और अन्तिम शंकराचार्य पीठ

100 वर्षीय संयुक्त राष्ट्र
को अग्रिम सन्देश
सत्यकाशी पीठ
पांचवां और अन्तिम शंकराचार्य पीठ

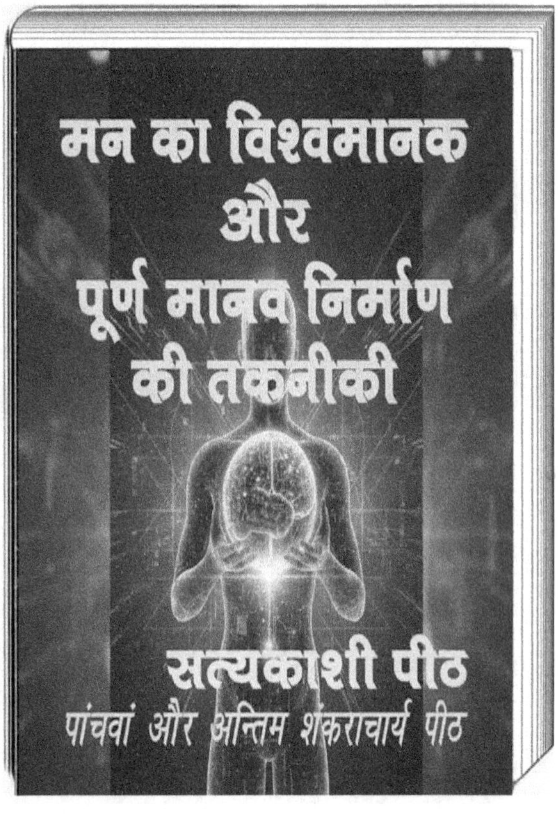
मन का विश्वमानक
और
पूर्ण मानव निर्माण
की तकनीकी
सत्यकाशी पीठ
पांचवां और अन्तिम शंकराचार्य पीठ

गणराज्य, संघ,
मानकीकरण संगठन
और
सम्पूर्ण मानक
ॐ
सत्यकाशी पीठ
पाँचवां और अन्तिम शंकराचार्य पीठ

व्यापार केन्द्र
दृश्य सत्य
सत्यकाशी पीठ
पाँचवां और अन्तिम शंकराचार्य पीठ

सार्वभौम एकात्म
नव विश्व निर्माण
सत्यकाशी पीठ
पांचवां और अन्तिम शंकराचार्य पीठ

मानक विपणन
प्रणाली
सत्यकाशी पीठ
पाँचवां और अन्तिम शंकराचार्य पीठ

स्वर्णयुग का मानक
आदर्श नागरिक
दिशा निर्देश
सत्यकाशी पीठ
पांचवां और अन्तिम शंकराचार्य पीठ

स्वर्णयुग का
विश्वधर्म
परिचय
सत्यकाशी पीठ
पांचवां और अन्तिम शंकराचार्य पीठ

मैत्रेय बुद्ध
की ओर
सत्यकाशी पीठ
पांचवां और अन्तिम शंकराचार्य पीठ

विशाल ज्ञान विज्ञान
सबका समाधान
सूर्योदय
जय जनता जय कानून
हम सब एक दूसरे से हैं और एक दूसरे के लिए हैं
सौजन्य से : सारे गैर सरकारी प्राणी : सरकारी प्राणी : इज्जतदार नेता और
सबका भविष्य विद्यार्थीगण........के लिए।

सार्वभौम सत्य-सिद्धान्त आधारित "युग परिवर्तक" श्रृंखला
कल्कि धाम
और
कल्कि परिचय
- लव कुश सिंह "विश्वमानव"

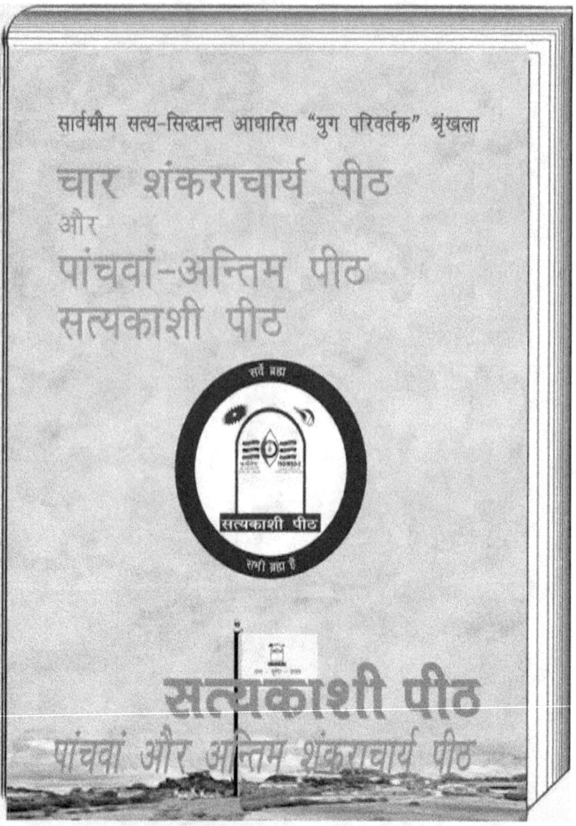
सार्वभौम सत्य-सिद्धान्त आधारित "युग परिवर्तक" श्रृंखला
चार शंकराचार्य पीठ
और
पांचवां-अन्तिम पीठ
सत्यकाशी पीठ
सत्यकाशी पीठ
सत्यकाशी पीठ
पांचवां और अन्तिम शंकराचार्य पीठ

कल्कि अमृत
महाकुम्भ
2025
FINAL KNOWLEDGE BOMB BLAST
सत्यकाशी पीठ
पांचवां और अन्तिम शंकराचार्य पीठ

ज्योति
युग परिवर्तन की
TRANSACTION
TRADE
DEVELOPMENT
RURAL
EDUCATION
ADVANCEMENT
NATURAL TRUTH
सत्यकाशी पीठ
पांचवां और अन्तिम शंकराचार्य पीठ

युग परिवर्तन
के
शब्द
सत्यकाशी पीठ
पांचवां और अन्तिम शंकराचार्य पीठ

विचारों का अंत
2025
सत्यकाशी पीठ
पांचवां और अन्तिम शंकराचार्य पीठ

विश्व सत्य घोषणा-पत्र
2025–मानव जाति तक
RSS
Rational Service
Society
सत्यकाशी पीठ
पांचवां और अन्तिम शंकराचार्यपीठ

वैश्विक युग परिवर्तन के लिए
विश्व राजनीतिक पार्टी
संघ
RSS
Rational Service
Society
सत्यकाशी पीठ
पांचवां और अन्तिम शंकराचार्यपीठ

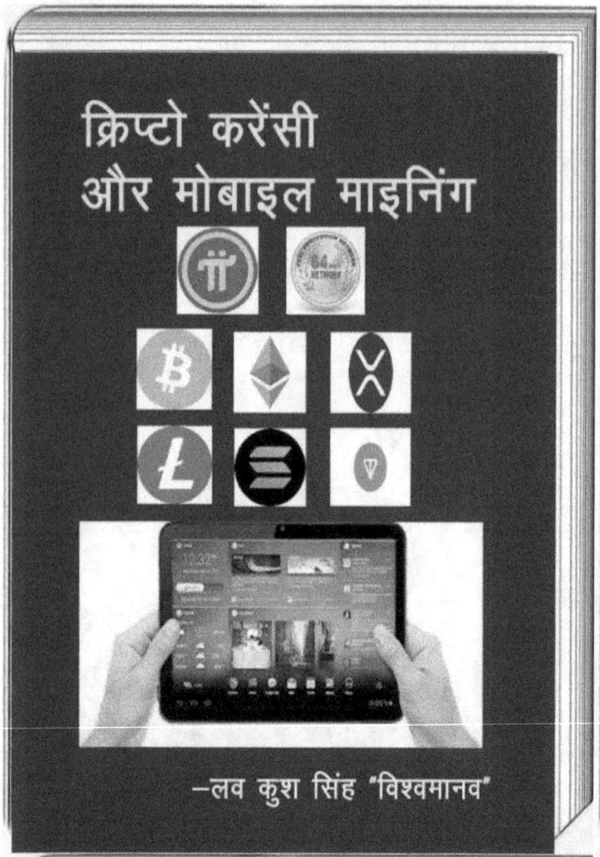
क्रिप्टो करेंसी
और मोबाइल माइनिंग
–लव कुश सिंह "विश्वमानव"

पीढ़ी
मानवीय और ईश्वरीय
2
3
4
5
6
7
8
9
10
वात्सल्य त्रिपाठी

बुढ़ा कृष्ण
अन्तिम मिलन
वात्सल्य त्रिपाठी

जेन जी
अन्तिम लक्ष्य
वात्सल्य त्रिपाठी

पाँचवां-अन्तिम पीठ
सत्यकाशी पीठ
परिचय
वात्सल्य त्रिपाठी
पाँचवां और आंतिम शंकराचार्य पीठ

कबीर और
जेन-जी
नई चेतना, नया मानव
चेतना और नवयुग की संवाद यात्रा
वात्सल्य त्रिपाठी

कल्कि की
ज्योति
बिहार से
ज्योति राठौड़

एक बिहारी
धरती पर भारी
ज्योति राठौड़

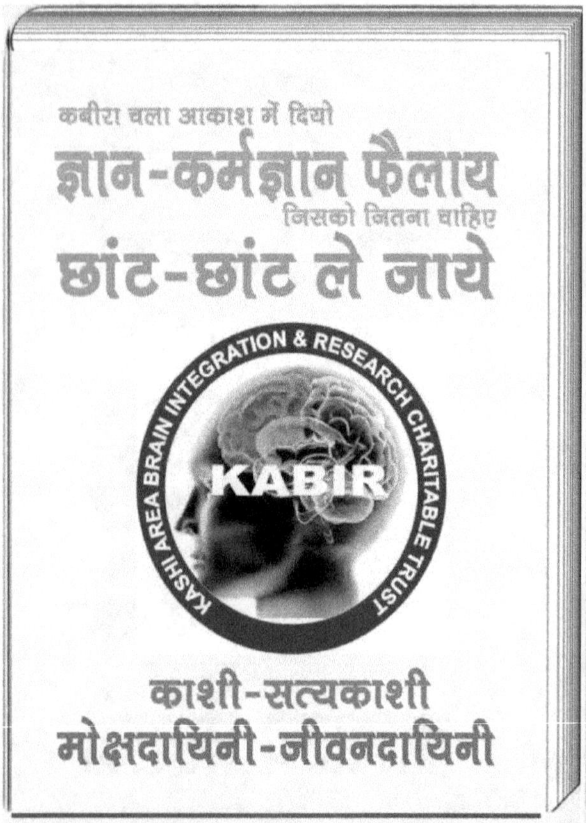
कबीरा चला आकाश में दियो
ज्ञान-कर्मज्ञान फैलाय
जिसको जितना चाहिए
छांट-छांट ले जाये
KASHI AREA BRAIN INTEGRATION & RESEARCH CHARITABLE TRUST
KABIR
काशी-सत्यकाशी
मोक्षदायिनी-जीवनदायिनी

कुर्म वंश
और
चरणाद्रिगढ़
स्वामी रमेशानन्द

आर.एस.एस
नवयुग के लिए
वैश्विक व्यक्तिगत पुस्तकालय
RATIONAL SERVICE SOCIETY (RSS)
WORLD PERSONAL LIBRARY FOR NEW AGE
A GUIDE TO GLOBAL WISDOM & FUTURE THOUGHT
स्वामी रमेशानन्द

झोला उठने के बाद
सोशल मीडिया
के लिए
कन्टेन्ट बैंक
विस्तृत गाइड: विचार, रणनीतियाँ, और संसाधन
www.64inch.com
सत्यकाशी पीठ
पांचवां और अन्तिम शंकराचार्य पीठ

झोला उठने के बाद
कल्कि
के तीन चरण
सत्यकाशी पीठ
पांचवां और अन्तिम शंकराचार्य पीठ

युग परिवर्तन के लिए:
विश्व पुस्तकालय बनाम कल्कि पुस्तकालय
www.64inch.com
ज्ञान का महासागर - अतीत से वर्तमान
बनाम
कल्कि पुस्तकालय
ज्ञान का महासंग्राम - भविष्य का निर्माण
सत्यकाशी पीठ
पांचवां और अन्तिम शंकराचार्य पीठ

व्हाट्सएप्प यूनिवर्सिटी
और
सु-इसु यूनिवर्सिटी
सत्यकाशी पीठ
पांचवां और अन्तिम शंकराचार्य पीठ

इंडिया
भारत का विश्वरूप
सत्यकाशी पीठ
पांचवां और अन्तिम शंकराचार्य पीठ

अधूरे
सपनों
का
अन्तिम मार्ग
सत्यकाशी पीठ
पांचवां और अन्तिम शंकराचार्य पीठ

मानक
संविधान
और
बहुजन
सत्यकाशी पीठ
पांचवां और अन्तिम शंकराचार्य पीठ

विकसित भारत
अन्तिम मुद्दे
-ईश्वरीय/मानवीय पीढ़ी-10 (GEN-10)
-व्यक्तिगत
-पारिवारीक
-सामाजिक
-धार्मिक
-राष्ट्रीय
-वैश्विक
सत्यकाशी पीठ
पांचवां और अन्तिम शंकराचार्य पीठ

एक नया
विकल्प
THREADS
सत्यकाशी पीठ
पांचवां और अन्तिम शंकराचार्य पीठ

विकसित भारत
शिक्षितों का अन्तिम ईश्वरीय मॉडल
सत्यकाशी पीठ
पांचवां और अन्तिम शंकराचार्य पीठ

विकास मॉडल
आसुरी
और
ईश्वरीय
सत्यकाशी पीठ
पांचवां और अन्तिम शंकराचार्य पीठ

युग परिवर्तन और 1000 वर्षों के लिए
सत्यकाशी पीठ
का सम्पूर्ण कार्य
कौन,
क्यों,
कैसे
कल्कि?
सत्यकाशी पीठ
पांचवां और अन्तिम शंकराचार्य पीठ

बैल बुद्धि
और
विकसित
भारत
सत्यकाशी पीठ
पांचवां और अन्तिम शंकराचार्य पीठ

सत्यकाशी पीठ
पांचवां और अन्तिम शंकराचार्य पीठ

एक्सट्रा
टु ए बी
समान नागरिक व्यापार ज्ञान संहिता (CCTKC)
सत्यकाशी पीठ
पांचवां और अन्तिम शंकराचार्य पीठ

एक्सट्रा
टु ए बी
समान नागरिक आर्थिक संहिता (UCEC)
सत्यकाशी पीठ
पांचवां और अन्तिम शंकराचार्य पीठ

अंध भक्ति
से मुक्ति की ओर
मुक्ति मंत्र
“जिसने अंधभक्ति दिया
वही मुक्ति देगा”
सत्यकाशी पीठ
पांचवां और अन्तिम शंकराचार्य पीठ

VISHVABHARAT
न मो
नारायण
सत्यकाशी पीठ
पांचवां और अन्तिम शंकराचार्य पीठ

अगला स्तर
फिल्म और राजनीति पर
विचारों का संग्रह
सत्यकाशी पीठ
पांचवां और अन्तिम शंकराचार्य पीठ

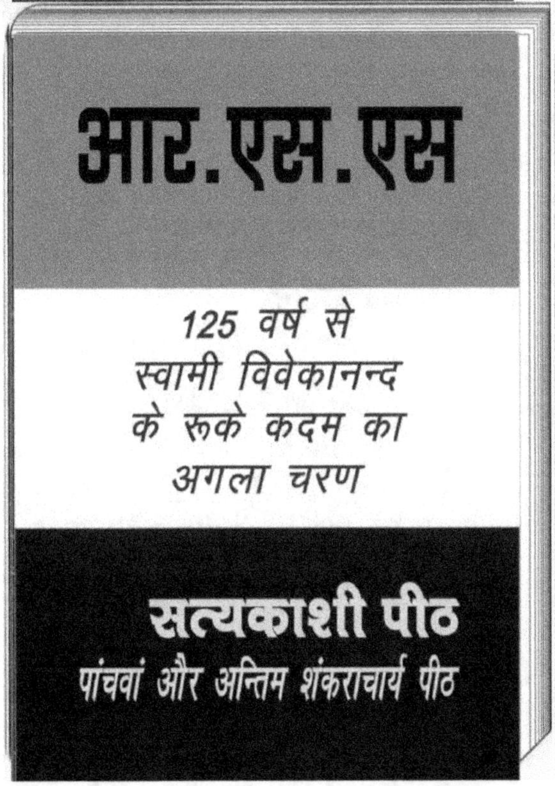
आर.एस.एस
125 वर्ष से
स्वामी विवेकानन्द
के रूके कदम का
अगला चरण
सत्यकाशी पीठ
पांचवां और अन्तिम शंकराचार्य पीठ

आर.एस.एस
रहस्योद्घाटन
सत्यकाशी पीठ
पांचवां और अन्तिम शंकराचार्य पीठ

125 वर्ष बाद
स्वामी विवेकानन्द
का अगला चरण

सत्येश्वर नरेन्द्र
सत्यकाशी पीठ
पांचवां और अन्तिम शंकराचार्य पीठ

आत्मकथा
लेखन कला
का विश्वमानक
सत्यकाशी पीठ
पांचवां और अन्तिम शंकराचार्य पीठ

लुच्चा
पुराण
पौराणिक कथाओं
और पात्रों के
सत्य समझ की व्यास दृष्टि
सत्यकाशी पीठ
पांचवां और अन्तिम शंकराचार्य पीठ

आठवां
सावर्णि मनु स्मृति
सत्यकाशी पीठ
पांचवां और अन्तिम शंकराचार्य पीठ

विश्वमानक
शून्य श्रृंखला
0
सत्यकाशी पीठ
पांचवां और अन्तिम शंकराचार्य पीठ

सर्वजीत साधना
भवन एक आध्यात्मिक अनुभव
सत्यकाशी पीठ
पांचवां और अन्तिम शंकराचार्य पीठ

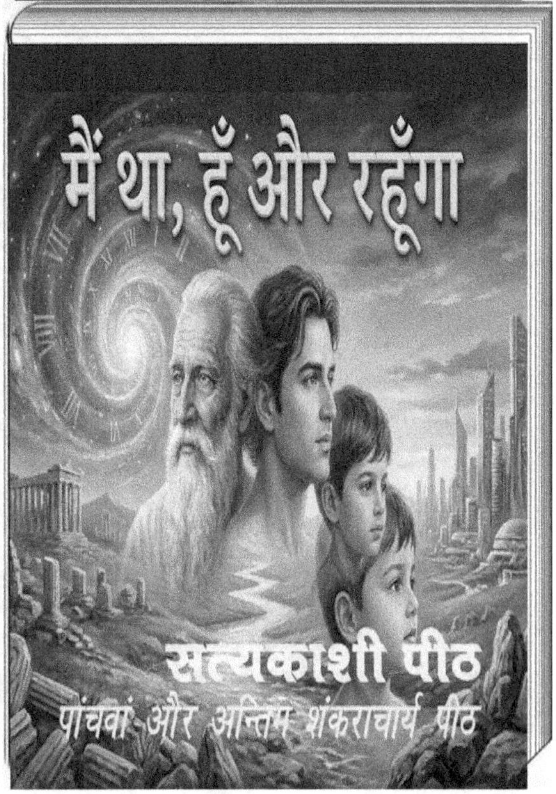
मैं था, हूँ और रहूँगा
सत्यकाशी पीठ
पांचवां और अन्तिम शंकराचार्य पीठ

लव
सत्यकाशी पीठ
पांचवां और अन्तिम शंकराचार्य पीठ

परब्रह्म,
प्रकृति,
अवतार
और वानर
सत्यकाशी पीठ
पांचवां और अन्तिम शंकराचार्य पीठ

संसार
दृश्य
और
अदृश्य
सत्यकाशी पीठ
पांचवां और अन्तिम शंकराचार्य पीठ

कर्मोपनिषद्
सत्यकाशी पीठ
पांचवां और अन्तिम शंकराचार्य पीठ

विश्वभारत
पुराण
सत्यकाशी पीठ
पांचवां और अन्तिम शंकराचार्य पीठ

एकात्म विज्ञान
सत्यकाशी पीठ
पांचवां और अन्तिम शंकराचार्य पीठ

मानक विज्ञान
सत्यकाशी पीठ
पांचवां और अन्तिम शंकराचार्य पीठ

ईश्वर शास्त्र
सत्यकाशी पीठ
पांचवां और अन्तिम शंकराचार्य पीठ

युगावतारों के प्रकटीकरण की कार्यविधि:
राम-कृष्ण-लवकुश
सत्यकाशी पीठ
पांचवां और अन्तिम शंकराचार्य पीठ

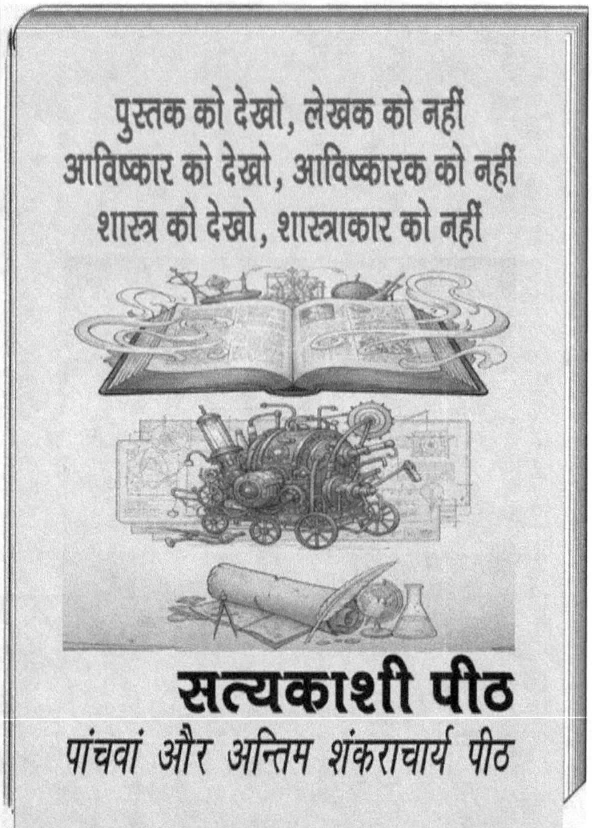
पुस्तक को देखो, लेखक को नहीं
आविष्कार को देखो, आविष्कारक को नहीं
शास्त्र को देखो, शास्त्राकार को नहीं
सत्यकाशी पीठ
पांचवां और अन्तिम शंकराचार्य पीठ

56 से 64
की ओर
सत्यकाशी पीठ
पांचवां और अन्तिम शंकराचार्य पीठ

मैं सत्यकाशी हूँ
कविता
सत्यकाशी पीठ
पांचवां और अन्तिम शंकराचार्य पीठ

पटेल
भारत के शारीरिक एकीकरण के बाद
मन का एकीकरण लक्ष्य
सत्यकाशी पीठ
पांचवां और अन्तिम शंकराचार्य पीठ

मन से
आत्मा तक
3 6 9 और 7
6
3
9
7
सत्यकाशी पीठ
पांचवां और अन्तिम शंकराचार्य पीठ

भारत
400 पार मुद्दा किसका
?
सत्यकाशी पीठ
पांचवां और अन्तिम शंकराचार्य पीठ

आर. एस. एस - पुस्तकालय
पढ़ो और कमाओ
शिक्षित समाज, समर्थ राष्ट्र
सत्यकाशी पीठ
पांचवां और अन्तिम शंकराचार्य पीठ

विश्वयुद्ध के पहले
विश्वगुरु भारत
का विश्व शान्ति और
पुनर्निर्माण का अन्तिम सन्देश
सत्यकाशी पीठ
पांचवां और अन्तिम शंकराचार्य पीठ

चुटिया पण्डित
वृन्दावन की सत्य घटना
स्वामी नन्दनानंद

कल्कि का
चुनार और वृन्दावन
से उठता प्रेम
स्वामी नन्दनानंद

कल्कि का
बेगुसराय और मीरजापुर
जन्म और कर्म क्षेत्र
स्वामी नन्दनानंद

सत्येश्वरोपनिषद्
सत्येश्वर
और
झूठेश्वर
वात्सल्य त्रिपाठी

अन्तिम अवतार
कल्कि
के लिए शेष कर्म
वात्सल्य त्रिपाठी

कल्कि अवतार
का मानव-10
विकसित भारत का प्रवेश द्वार
वात्सल्य त्रिपाठी

पप्पू-गप्पू
और
नागरिक झुलेलाल
वात्सल्य त्रिपाठी

ओपेन गेम
कभी-कभी नहीं,
अब कन्फर्म है
अपुन ही
भगवान है
(वेब सीरीज)
वात्सल्य त्रिपाठी

SATYAKASHI
THE END OF MIRZAPUR
सत्यकाशी पीठ
पांचवां और अन्तिम शंकराचार्य पीठ

अण्डरवर्ल्ड
सनातन से पुरूषों से छुपी महिलाओं की कहानी
(फिल्म स्क्रीनप्ले-रेडी टू शूट)
वात्सल्य त्रिपाठी

सोना और सोना
एवं
नारी सशक्तिकरण
वैदिक काल से वर्तमान तक
सत्यकाशी पीठ
पांचवां और अन्तिम शंकराचार्य पीठ

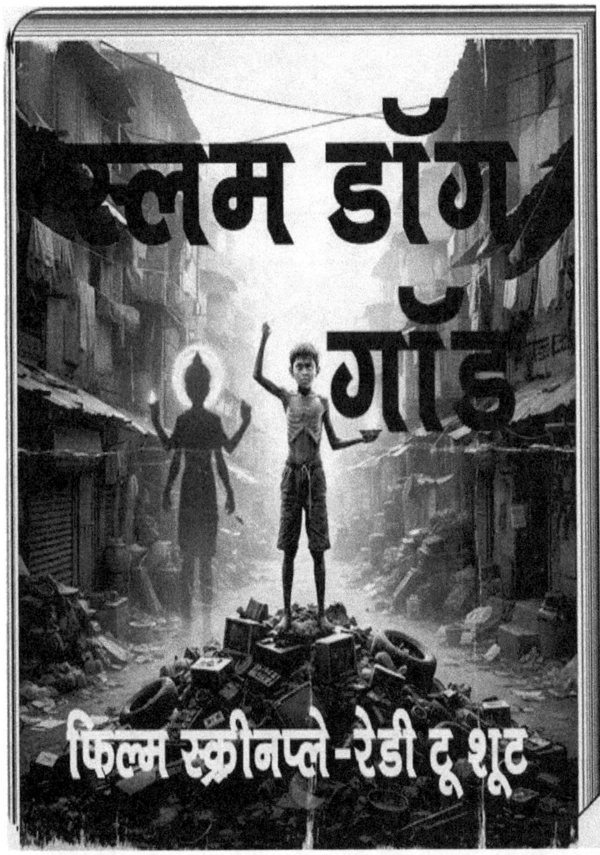
स्लम डॉग
गॉड
फिल्म स्क्रीनप्ले-रेडी टू शूट

उत्तर प्रदेश
का
उत्तर
वात्सल्य त्रिपाठी

अन्तिम समन्वयाचार्य
कल्कि
वात्सल्य त्रिपाठी

2026
2+0+2+6=10
सत्यकाशी पीठ
पांचवां और अन्तिम शंकराचार्य पीठ

राम न आयेंगे
लवकुश आ रहें हैं
www.64inch.com
पांचवां और अन्तिम शंकराचार्य पीठ

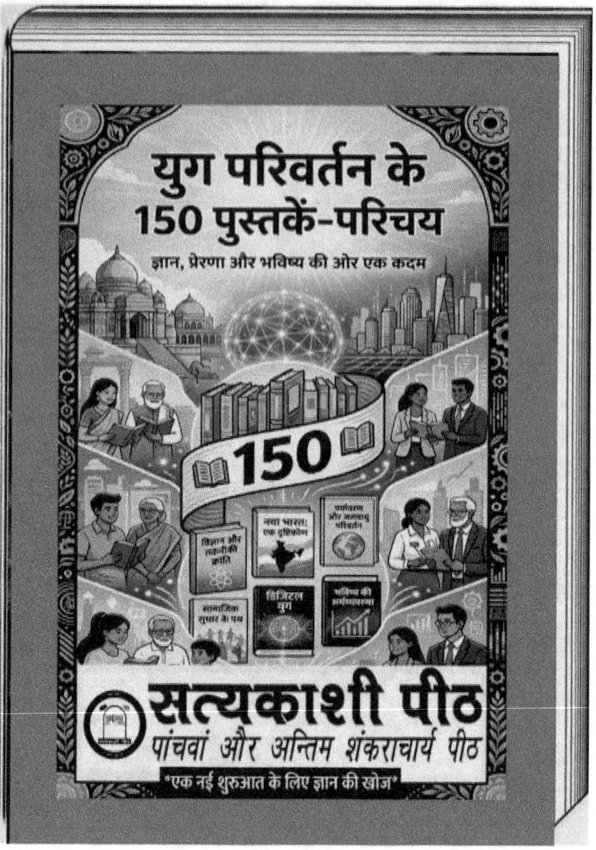
युग परिवर्तन के
150 पुस्तकें-परिचय
ज्ञान, प्रेरणा और भविष्य की ओर एक कदम
150
सत्यकाशी पीठ
पांचवां और अन्तिम शंकराचार्य पीठ
"एक नई शुरुआत के लिए ज्ञान की खोज"

जैसी तुम्हारी इच्छा वैसा करो

डॉ0 सर्वपल्ली राधाकृष्णन का जन्म 5 सितम्बर, 1888 को दक्षिण भारत के तिरूतनि स्थान पर हुआ था जो चेन्नई से 64 किमी उत्तर–पूर्व में है। डॉ0 सर्वपल्ली राधाकृष्णन भारत के उपराष्ट्रपति और दूसरे राष्ट्रपति सन् 1952 से 1962 तक में रहे। डॉ0 सर्वपल्ली राधाकृष्णन भारतीय समाजिक संस्कृति से ओत–प्रोत एक महान शिक्षाविद् महान दार्शनिक, महान वक्ता और आस्थावान हिन्दू विचारक थे। डॉ0 सर्वपल्ली राधाकृष्णन ने अपने जीवन के महत्वपूर्ण 40 वर्ष शिक्षक के रूप में व्यतीत किये। उनमें एक आदर्श शिक्षक के सारे गुण मौजूद थे। डॉ0 सर्वपल्ली राधाकृष्णन समस्त विश्व को एक शिक्षालय मानते थे। उनकी मान्यता थी कि शिक्षा के द्वारा ही मानव दिमाग का सद्उपयोग किया जाना सम्भव है इसलिए समस्त विश्व को एक इकाई समझकर ही शिक्षा का प्रबन्धन किया जाना चाहिए। उनके जन्मदिन को "शिक्षक दिवस" के रूप में मनाया जाता है।

इति ते ज्ञानमाख्यातं गुह्याद्गुह्यतरं मया।
विमृश्यैतदशेषेण यथेच्छसि तथा कुरू।।
(श्रीमद्भगवद्गीता, अध्याय–18, श्लोक–63)

अर्थात् – मैंने तुम्हें जो बताया, वह सब से बड़ा रहस्य है। इस पर भलीभाँति विचार कर तुम्हारी जैसी इच्छा वैसा करो।

"परमात्मा देखने में तटस्थ या निरपेक्ष दिखाई देता है, क्योंकि उसने चुनने का निर्णय अर्जुन के हाथ में छोड़ दिया है। उसकी यह निरपेक्षता ही अर्जुन के चिन्ता का कारण है। वह किसी पर भी दबाव नहीं डालता क्योंकि स्वतःस्फूर्त स्वतन्त्रता बहुत मूल्यवान होती है। भगवान अपना आदेश ऊपर से नहीं थोपता। वह स्वतन्त्र छोड़ देता है। परमात्मा की पुकार को स्वीकार करने या अस्वीकार कर देने के लिए हम हर समय स्वतन्त्र हैं। हम लड़खड़ाने लगें तो वह सहायता देने के लिए तैयार रहता है और प्रतीक्षा करने को तैयार है जब तक हम उसकी ओर उन्मुख न हों।

सब कुछ पहले से निर्धारित मानने वाले सिद्धान्त में टकराव के कारण यूरोप और भारत में काफी वाद–विवाद हुआ है। यूरोप का प्रमुख सिद्धान्त है कि संकल्प शक्ति और मानवीय प्रयत्न की स्वतन्त्रता का मनुष्य के उद्धार में बहुत बड़ा हाथ होता है। यद्यपि स्वयं संकल्प शक्ति को भी परमात्मा की कृपा के समर्थन की आवश्यकता पड़ सकती है। पहले से सब कुछ तय मानने वालों को अच्छे कार्यों और प्रार्थना के लिए यत्न करना होता है, क्योंकि वहाँ भी मानते हैं कि ये उपाय नियति को आगे बढ़ाने में सहायक तो हो सकते हैं लेकिन वे उसे रोक नहीं सकते। मनुष्य इस बात के लिए स्वतन्त्र है कि परमात्मा उन मनुष्यों पर कृपा करना चाहता है जो अपने आचरण से उस कृपा को ग्रहण करने के लिए तैयार करते हैं।

आध्यात्मिक नेता हम पर शारीरिक हिंसा, चमत्कार, प्रदर्शन के जरिये प्रभाव नहीं डालते। यदि सच्चा शिष्य कोई गलती कर भी बैठे, तो वह उसे केवल सलाह देगा। यदि शिष्य को चुनाव करने की स्वतन्त्रता पर आँच आती हो, तो वह उसे गलत रास्ते से भी वापस लौट आने के लिए विवश नहीं करेगा। गलती भी विकास की एक दिशा है।

कृष्ण केवल सारथी हैं। वह अर्जुन के आदेश का पालन करेगा। उसने कोई शस्त्र धारण नहीं किया हुआ है। यदि वह अर्जुन पर कोई प्रभाव डालता है तो वह उसे अपने उस सर्वजयी प्रेम के जरिए डालता है। जो कभी समाप्त नहीं होता।

अर्जुन को अपने लिए स्वयं विचार करना चाहिए और अपने लिए स्वयं ही मार्ग खोज करना चाहिए। अस्पष्ट मान्यताओं को अनिवार्य रूप से और भावुकतापूर्वक अपना लिए जाने के कारण फलस्वरूप कट्टर धर्मान्धता उत्पन्न हुई है और उनके कारण मनुष्यों को अकथनीय कष्ट उठाना पड़ा है। इसलिए यह आवश्यक है कि मन और विश्वासों के लिए कोई तर्क संगत और अनुभावात्मक औचित्य ढूंढ़े।

अर्जुन को एक वास्तविक अखण्डता की अनुभूति प्राप्त करनी होगी लेकिन उसके विचार अपने हैं। और गुरू के जरिये उस पर थोपे नहीं गये हैं। दूसरों पर अपने विचार थोपना शिक्षण नहीं हैं।"

– भगवद्गीता के आखिरी उपदेश पर भारतीय दर्शन के व्याख्याकार और दूसरे राष्ट्रपति डॉ0 राधाकृष्णनन का विवेचन

"यह विश्वशास्त्र, मनुष्यों पर थोपा नहीं जा रहा बल्कि वह मनुष्यों को, मनुष्यो के इस संसार मे जो वर्तमान है उसे और उसके आगे अनन्त मार्ग दिखा रहा है और सभी मार्गों के एकीकरण द्वारा, उस मार्ग को भी दिखा रहा है जो विश्व को सत्य–सुन्दर–शिव बना सकता है। फिर भी हे मनुष्यों जैसी तुम्हारी इच्छा वैसा करो। वर्तमान से योग कराने के लिए ही मैं व्यक्त होता हूँ।" – लव कुश सिंह "विश्वमानव"

सत्य मानक शिक्षा
(Real Standard Education)
8:52 PM
64 Inch-BOOK
NOTICE - Software का Testing
Login?
Register now?
64 Inch BOOK
REAL STANDARD EDUCATION
The Knowledge Equalizer
एक राष्ट्र
एक शास्त्र
विश्वशास्त्र
डिग्री और नौकरी
की शिक्षा
सरकार से
जीवन की "समझ और बुद्धि" की शिक्षा
रू0 1/- प्रतिदिन में यहाँ से
App-64inch-BOOK
सत्य मानक शिक्षा
App-64inch-BOOK

"सत्य मानक शिक्षा" का व्यापार-एक अन्तहीन व्यापार

एक नदी पर पुल था जिसे कोई व्यक्ति पैदल दो घण्टे में पार करता था। यह पुल पैदल यात्रीयों के लिए रोक दिया गया था जिसके लिए पुल के ठीक मध्य (एक घण्टे की यात्रा) पर एक गार्ड नियुक्त था। गार्ड एक घण्टे सोता था और एक घण्टे जागता था। एक चालाक व्यक्ति को पुल से नदी पार करना अतिआवश्यक था। इसलिए गार्ड जब सोया तब वह यात्रा प्रारम्भ किया जैसे ही गार्ड के जागने का समय आया, वह वापस लौटने लगा। गार्ड समझा कि वह दूसरे किनारे से आ रहा है इसलिए उसने उस यात्री को पकड़ा और दूसरी ओर भेज दिया। इस प्रकार यात्री नदी पार हो गया।

यदि हम में से किसी को तैरकर नदी पार करना हो और आधे से पहले ही हमारा हिम्मत टूटने लगे तो हम वापस ही आना चाहेंगे। यदि आधे से अधिक तैरने के बाद हिम्मत टूटने लगेगा तो हौसला बढ़ाकर आगे ही बढकर पार करना चाहेंगे।

इसी प्रकार मनुष्य के विकास क्रम में हम सब अदृश्य विज्ञान (आध्यात्म) से दृश्य विज्ञान (भौतिक) की ओर बढ़ गये हैं। नदी या पुल का एक किनारा अदृश्य विज्ञान है तो दूसरा किनारा दृश्य विज्ञान। वर्तमान का हमारा अधिकतम जीवन नदी के दूसरे किनारे दृश्य विज्ञान की ओर है, हर पल। जन्म से ही हम अधिकतम वे सब वस्तुएँ प्रयोग कर रहे हैं जिसका कच्चा माल भले ही ईश्वरकृत हो परन्तु उपयोग का रूप मनुष्यकृत है और विज्ञान द्वारा निर्मित है। इस प्रकार मनुष्य निर्माता के रूप में अपना रूप व्यक्त कर ईश्वर की ओर ही बढ़ रहा है।

नदी के पुल पर बैठे उस गार्ड का काम और तैरने वाले का निर्णय "सत्य शिक्षा" है। वर्तमान में मनुष्य समाज अदृश्य काल से चलकर दृश्य काल में आ चुका है। आधे से वापस किनारे जाना "सत्य" को पाना है। और आधे से दूसरे किनारे पार हो जाना "सिद्धान्त" को पाना है। इन्हीं सिद्धान्त को पाने के बाद संविधान-नियम-कानून का जन्म होता है जिससे आज हम सभी संचालित व प्रभावित है। इस "सत्य-सिद्धान्त" की शिक्षा ही "सत्य मानक शिक्षा" है।

वर्तमान में जीने का अर्थ होता है-विश्व ज्ञान जहाँ तक बढ़ चुका है वहाँ तक के ज्ञान से अपने मस्तिष्क को युक्त करना। तभी डेढ़ हजार वर्ष पुराने हमारे मस्तिष्क का आधुनिकीकरण हो पायेगा। सिर्फ वर्तमान में तो पशु रहकर कर्म करते हैं। "सत्य मानक शिक्षा" मनुष्य के मस्तिष्क के आधुनिकीकरण की शिक्षा है या विज्ञान की भाषा में कहें तो मस्तिष्क के आधुनिकीकरण का साफ्टवेयर या माइक्रोचिप्स (Integrated Circuit-I.C) है। वर्तमान की अब नवीनतम परिभाषा है-"पूर्ण ज्ञान से युक्त होना" और कार्यशैली की परिभाषा है-"भूतकाल का अनुभव, भविष्य की आवश्यकतानुसार पूर्णज्ञान और परिणाम ज्ञान से युक्त होकर वर्तमान समय में कार्य करना।"

ज्ञान के इस युग में शिक्षा-विद्या-कला का व्यापार मनुष्य के धरती पर रहने तक रहेगा। ऐसी स्थिति में "सत्य मानक शिक्षा"का व्यापार भी उस समय तक के लिए स्थायित्व में है। शिक्षा-विद्या-कला कोई प्रापर्टी नहीं है कि पिता जी ग्रहण कर चुके हैं तो पुत्र को हिस्सा प्राप्त हो जायेगा। पुत्र को भी वहीं से अर्थात् अक्षर ज्ञान से शुरू होना पड़ेगा जहाँ से पिता ने शुरू किया था। इस प्रकार "सत्य मानक शिक्षा"का व्यापार एक अन्तहीन व्यापार है जो मनुष्य के पृथ्वी पर रहने तक चलता रहेगा।

स्कूल-कालेजों के जाल से शिक्षा के व्यापार का विकास होता है न कि शिक्षा का। शिक्षा का विकास तो शिक्षा पाठ्यक्रम पर निर्भर होता है जिससे शिक्षक और शिक्षार्थी दोनों निर्मित होते हैं। जब तक पूर्ण शिक्षा पाठ्यक्रम का निर्माण नहीं होता, शिक्षा का विकास नहीं हो सकता लेकिन शिक्षा के व्यापार का विकास होता रहेगा।

आध्यात्म और विज्ञान ने मानव सभ्यता के विकास में अब कम से इतना विकास तो कर ही चुका है कि अब हमें मन के एकीकरण के लिए कार्य करना चाहिए। और उस मन पर कार्य करने का ही परिणाम है-

सम्पूर्ण ब्रह्माण्ड में व्याप्त एक ही सत्य-सिद्धान्त द्वारा व्यक्तिगत व संयुक्त मन को एकमुखी कर सर्वोच्च, मूल और अन्तिम स्तर पर स्थापित करने के लिए शून्य पर अन्तिम आविष्कार WS-0 श्रृंखला की निम्नलिखित पाँच शाखाएँ है।

1. डब्ल्यू.एस. (WS)-0: विचार एवम् साहित्य का विश्वमानक
2. डब्ल्यू.एस. (WS)-00: विषय एवम् विशेषज्ञों की परिभाषा का विश्वमानक
3. डब्ल्यू.एस. (WS)-000: ब्रह्माण्ड (सूक्ष्म एवम् स्थूल) के प्रबन्ध और क्रियाकलाप का विश्वमानक
4. डब्ल्यू.एस. (WS)-0000: मानव (सूक्ष्म तथा स्थूल) के प्रबन्ध और क्रियाकलाप का विश्वमानक
5. डब्ल्यू.एस. (WS)-00000: उपासना और उपासना स्थल का विश्वमानक

और पूर्णमानव निर्माण की तकनीकी WCM-TLM-SHYAM.C (World Class Manufacturing – Total Life Maintenance – Satya-Heart-Yog-Ashram-Meditaion.Conciousness) है।

जो शिक्षा का नया माडल है। गरीबों की समस्या सुलझानें का नैतिक दायित्व है। देश में 25 वर्ष से कम उम्र के 55 करोड़ लोगों के लिए पुनर्निर्माण जैसी योजना हैं। उन्हें नौकरी और प्रशिक्षण की व्यवस्था है। रचनात्मकता, समन्वय, लीडरशिप, ग्लोबल तथा प्रोफेशनल विषयों को पढ़ने तथा सूचना तकनीक के जरिए पढ़ाई पर ध्यान केन्द्रित करने से युक्त है। हमारे देश में जो अध्यापक हैं, वे शोध नहीं करते और जो शोध करते हैं वे पढ़ाते नहीं, इसलिए शिक्षार्थी को ही शोध पत्र (विश्वशास्त्र) पढ़ाया जाय क्योंकि शिक्षक पढ़ने से तो रहे क्योंकि समान्यतः धन के आने की सुनिश्चितता के बाद लोग पढ़ना छोड़ देते हैं, यही नहीं कोशिश तो यह भी रहती है कि पढ़ाना भी न पड़े और उन्हें सेवा से हटाया भी नहीं जा सकता।

स्वामी विवेकान्द जी ने कहा था – "सुधारकों से मैं कहूंगा कि मैं स्वयं उनसे कहीं बढ़कर सुधारक हूँ। वे लोग इधर-उधर थोड़ा सुधार करना चाहते हैं- और मैं चाहता हूँ आमूल सुधार। हम लोगों का मतभेद है केवल सुधार की प्रणाली में। उनकी प्रणाली विनाशात्मक है और मेरी संघटनात्मक। मैं सुधार में विश्वास नहीं करता, मैं विश्वास करता हूँ स्वाभाविक उन्नति में।"

स्वाभाविक उन्नति तभी होती है जब संसाधन उपलब्ध हो। कार-मोटरसाइकिल घर में पहले से रहता है तो स्वाभाविक रूप से कम उम्र में ही घर के लोग चलाना सिख जाते हैं

जो व्यक्ति या देश केवल आर्थिक उन्नति को ही सर्वस्व मानता है वह व्यक्ति या देश एक पशुवत् जीवन निर्वाह के मार्ग पर है-जीना और पीढ़ी बढ़ाना। दूसरे रूप में इसे ऐसे समझा जा सकता है कि ऐसे व्यक्ति जिनका लक्ष्य धन रहा था वे अपने धन के बल पर अपनी मूर्ति अपने घर पर ही लगा सकते हैं परन्तु जिनका लक्ष्य धन नहीं था, उनका समाज ने उन्हें, उनके रहते या उनके जाने के बाद अनेकों प्रकार से सम्मान दिया है और ये सार्वजनिक रूप से सभी के सामने प्रमाणित है। पूर्णत्व की प्राप्ति का मार्ग शारीरिक-आर्थिक उत्थान के साथ-साथ मानसिक-बौद्धिक उत्थान होना चाहिए और यही है ही। इस प्रकार भारत यदि पूर्णता व विश्व गुरूता की ओर बढ़ना चाहता है तब उसे मात्र कौशल विकास ही नहीं बल्कि राष्ट्रीय बौद्धिक विकास की ओर भी बढ़ना होगा। बौद्धिक विकास, व्यक्ति व राष्ट्र का इस ब्रह्माण्ड के प्रति दायित्व है और उसका लक्ष्य है।

राष्ट्र के पूर्णत्व के लिए पूर्ण शिक्षा निम्नलिखित शिक्षा का संयुक्त रूप है-

अ-सामान्यीकरण (Generalisation) शिक्षा

ज्ञान के लिए- यह शिक्षा व्यक्ति और राष्ट्र का बौद्धिक विकास कराती है जिससे व्यक्ति व राष्ट्रीय सुख में वृद्धि होती है।

ब-विशेषीकरण (Specialisation) शिक्षा

कौशल के लिए- यह शिक्षा व्यक्ति और राष्ट्र का कौशल विकास कराती है जिससे व्यक्ति व राष्ट्रीय उत्पादकता में वृद्धि होती है।

स-सत्य नेटवर्क (REAL NETWORK)

समाज में प्रकाशित होने के लिए-क्योंकि कोई भी क्यों न हो उसे स्वयं अपना परिचय (BIO-DATA) देना पड़ता है तभी उसके अनुसार समाज उसका उपयोग करता है।

वर्तमान समय में विशेषीकरण की शिक्षा, भारत में चल ही रहा है और वह कोई बहुत बड़ी समस्या भी नहीं है। समस्या है सामान्यीकरण शिक्षा की। व्यक्तियों के विचार से सदैव व्यक्त होता रहा है कि-मैकाले शिक्षा पद्धति बदलनी चाहिए, राष्ट्रीय शिक्षा नीति व पाठ्यक्रम बनना चाहिए। ये तो विचार हैं। पाठ्यक्रम बनेगा कैसे?, कौन बनायेगा? पाठ्यक्रम में पढ़ायेंगे क्या?

एक पूर्ण मानव निर्माण प्रक्रिया में शिक्षा पाठ्यक्रम के स्वरूप का विश्वमानक निम्नवत् है। जो किसी विशेष देश-काल-पात्र पर निर्भर नही करता अर्थात् यह प्रत्येक देशों और व्यक्तियों के लिए शिक्षा का स्वरूप है। जिससे ब्रह्माण्डीय, वैश्विक और व्यक्तिगत संतुलन, स्थिरता, एकता, प्रबन्ध, विकास, शान्ति और सुरक्षा निर्धारित होती है।

1. प्राइमरी शिक्षा (कक्षा-5 तक)-भाषा ज्ञान आधारित:- क्षेत्रीय, देश, विश्व और विज्ञान की भाषा का ज्ञान, सामान्य विज्ञान, सामान्य ज्ञान, चित्र कला।

2. जूनियर हाई स्कूल (कक्षा-6 से 8 तक)-समाज ज्ञान आधारित:- क्षेत्रीय, देश, विश्व और विज्ञान की भाषा का ज्ञान, सामान्य विज्ञान, सामान्य ज्ञान, चित्र कला का विस्तार, खेल, संगीत, कृषि, समाज विज्ञान।

3. हाई स्कूल (कक्षा-9 से 10 तक)-सामान्यीकृत ज्ञान आधारित:- ज्ञान-कर्मज्ञान समाहित WCM-TLM-SHYAM.C (World Class Manufacturing – Total Life Maintenance – Satya-Heart-Yog-Ashram-Meditaion.Conciousness) प्रणाली अर्थात शिक्षा पाठ्यक्रम का विश्व मानक, कालानुसार विज्ञान, तकनीकी, व्यापारीक व प्रबन्धकीय ज्ञान की शिक्षा।

4. इण्टरमीडिएट (कक्षा-11 से 12 तक)-विशेषीकृत ज्ञान आधारित:- कौशल विकास की शिक्षा।

5. उच्च शिक्षा-इच्छानुसार विशेष क्षेत्र आधारित

"किसी देश का संविधान, उस देश के स्वाभिमान का शास्त्र तब तक नहीं हो सकता जब तक उस देश की मूल भावना का शिक्षा पाठ्यक्रम उसका अंग न हो। इस प्रकार भारत देश का संविधान भारत देश का शास्त्र नहीं है। संविधान को भारत का शास्त्र बनाने के लिए भारत की मूल भावना के अनुरूप नागरिक निर्माण के शिक्षा पाठ्यक्रम को संविधान के अंग के रूप में शामिल करना होगा। जबकि राष्ट्रीय संविधान और राष्ट्रीय शास्त्र के लिए हमें विश्व के स्तर पर देखना होगा क्योंकि देश तो अनेक हैं राष्ट्र केवल एक विश्व है, यह धरती है, यह पृथ्वी है। भारत को विश्व गुरू बनने का अन्तिम रास्ता यह है कि वह अपने संविधान को वैश्विक स्तर पर विचार कर उसमें विश्व शिक्षा पाठ्यक्रम को शामिल करे। यह क़ार्य उसी दिशा की ओर एक पहल है, एक मार्ग है और उस उम्मीद का एक हल है। राष्ट्रीयता की परिभाषा व नागरिक कर्तव्य के निर्धारण का मार्ग है। जिस पर विचार करने का मार्ग खुला हुआ है।"

"भारत का प्रत्येक नागरिक अपने जीवकोपार्जन के मार्ग व संघर्ष में अपने विषय का जानकार व अनुभव तो प्राप्त कर रहा है परन्तु कुछ पाने के क्रम में कुछ छूट भी जाता है इसलिए प्रत्येक नागरिक को अपने अहंकार को भूलकर यह स्वीकार करना होगा कि वह अपने विषय से हटकर अन्य विषय के विषय में कम या नहीं जानता है।"

अतः एक "आदर्श नागरिक" बनने के क्रम में न्यूनतम ज्ञान सभी को एक समान रूप से चाहिए।

NEW WORLD ORDER

"न्यू इण्डिया" का एक्शन प्लान

www.64inch.com

The Knowledge Equalizer

"सार्वभौम सत्य–सिद्धान्त" एवं "आध्यात्मिक सत्य" पर आधारित जीवन शास्त्र –"विश्वशास्त्र" की

"युग परिवर्तन" श्रृंखला की पुस्तकें

मुख्य शास्त्र

01. *विश्वशास्त्र – द नॉलेज आफ फाइनल नॉलेज*

सारांश के अनुसार

02. मैं सत्यकाशी से कल्कि महावतार बोल रहा हूँ (समष्टि गीता – यथार्थ प्रकाश)

शीर्षक *के अनुसार भाग*

03. विश्वस्तरीय फिल्म लेखन कला
04. प्रारम्भिक सत्य – अन्तिम दृष्टि
05. सत्य धर्म – युग परिवर्तक दृष्टि
06. सत्य दार्शनिक–दर्शन और कर्म वेदान्त–विकास दर्शन
07. सत्य शास्त्र एवं पुराण रहस्य–महर्षि व्यास कला
08. संत एवं गुरू और विश्व संत एवं गुरू
09. समाज और ईश्वरीय समाज
10. सत्य शास्त्र और विश्वशास्त्र
11. कृति और विश्व कृति
12. भारत माता मन्दिर और विश्वधर्म मन्दिर
13. महाभारत और विश्वभारत
14. संविधान और विश्व संविधान
15. शिक्षा और पूर्ण शिक्षा
16. देवता और सार्वभौम देवता कल्कि
17. देवीयाँ और सार्वभौम देवी माँ कल्कि
18. द्वादश ज्योतिर्लिंग और 13वां अन्तिम ज्योतिर्लिंग
19. काशी – मोक्षदायिनी और जीवनदायिनी
20. सत्यकाशी – स्वर्णयुग का तीर्थ
21. काशी – रहस्योद्घाटन
22. 2020 – मन का नवीनीकरण
23. ईश्वर का संक्षिप्त इतिहास
24. अवतार – अन्तिम सत्य दृष्टि
25. भविष्यवाणियाँ और कल्कि अवतार
26. स्वामी विवेकानन्द और कल्कि अवतार
27. मनु, मनवन्तर और कल्कि महावतार
28. व्यास, शास्त्र और कल्कि महावतार
29. ऋषि, ऋषि परम्परा और कल्कि महावतार
30. दूसरा आगमन या अन्तिम आगमन
31. परिवर्तन–काल, मनु, युग, व्यास और शास्त्र
32. राम, रावण और सार्वभौम एकात्म
33. मैं, व्यक्तिगत या सार्वभौम
34. लव कुश (त्रेतायुग) और लवकुश (कलियुग)
35. कल्कि महावतार आ चुके हैं (ACTION PLAN)
36. लव कुश सिंह (कल्कि महाअवतार)–जीवन, ज्ञान, कर्म और विश्वरूप
37. वैश्विक बुद्ध – बुद्ध का भाग दो और अन्तिम
38. बुद्धा कृष्ण – कृष्ण का भाग दो और अन्तिम
39. सम्पूर्ण क्रान्ति–अन्तिम कार्य योजना
40. पुनर्निर्माण (RENEW)–समस्या, समाधान और राष्ट्र निर्माण की योजना
41. पुनर्निर्माण (RENEW)– ग्राम एवं नगर वार्ड प्रेरक
42. विश्वशास्त्र द नालेज आफ फाइनल नालेज–परिचय
43. एन्टायर पालिटिक्स – पूर्ण पाठ्यक्रम
44. वसुधैव–कुटुम्बकम्
45. कर्मवेद : प्रथम, अन्तिम तथा पंचम वेद
46. आठवें अवतार श्रीकृष्ण के अनकहे संदेश
47. अयोध्या नहीं, मुंगेर है राम जन्मभूमि
48. विश्वमानव–भूतपूर्व नेतृत्वकर्ताओं का स्पष्टिकरण
49. विश्वमानव–वर्तमान नेतृत्वकर्ताओं का स्पष्टिकरण
50. विश्वमानव–वार्ता, वक्तव्य एवं वाणियाँ
51. विश्वमानव–पत्रावली, प्रसारण और अन्तिम पत्र
52. सत्य जनहित आह्वान
53. विश्व शान्ति–अन्तिम सत्य दृष्टि
54. नई विश्व व्यवस्था का रहस्य
55. समाजवाद – ब्रह्माण्डीय विकास का अवतारी मार्ग
56. भारतवाद – राष्ट्रवाद की मुख्यधारा
57. 100 वर्षीय संयुक्त राष्ट्र को अग्रिम सन्देश
58. सार्वभौम एकात्म–नव विश्व निर्माण
59. गणराज्य, संघ, मानकीकरण संगठन और सम्पूर्ण मानक
60. व्यापार केन्द्र (TRADE CENTRE)–दृश्य सत्य
61. मन का विश्वमानक और पूर्ण मानव निर्माण की तकनीकी (WCM-TLM-SHYAM.C)
62. मानक विपणन प्रणाली (3F:FUEL-FIRE-FUEL)
63. स्वर्णयुग का मानक आदर्श नागरिक–दिशा निर्देश
64. विश्वधर्म : परिचय (स्वर्णयुग का धर्म)

व्यक्ति और विभागीय स्तर पर सफाई–सुधार का पहला प्रारूप की पुस्तक – डा0 रमेश कुमार द्वारा लिखित "विशाल ज्ञान विज्ञान सबका समाधान" है

दर्शन, विचार एवं संपादन

लव कुश सिंह "विश्वमानव"

Search on Google -> Lava Kush Singh "vishwmanav"

पुस्तक उपलब्ध

notionpress.com

Book Store

www.ingramcontent.com/pod-product-compliance
Lightning Source LLC
LaVergne TN
LVHW080927071026
849535LV00013B/4125
* 9 7 8 1 6 4 9 8 3 5 2 1 5 *